Institut national de recherche pédagogique

Équipe de didactique des mathématiques **ERMEL**

Apprentissages géométriques et résolution de problèmes au cycle 3

Responsables de la recherche

Roland Charnay
Professeur de mathématiques à l'IUFM de Lyon

Jacques Douaire
Professeur de mathématiques à l'IUFM de Versailles

Équipe de rédaction

Henri-Claude Argaud
IUFM de Grenoble (Centre de Valence)

Roland Charnay
IUFM de Lyon (Centre de Bourg-en-Bresse)

Jacques Douaire
IUFM de Versailles
(Centre d'Antony Val de Bièvre)

Marie-Paule Dussuc
IUFM de Lyon
(Centre de Bourg-en-Bresse)

Fabien Emprin
IUFM de Reims
(Centre de Châlons-en-Champagne)

Claude Fini
IUFM de Grenoble

Marianne Frémin
IUFM de Versailles
(Centre d'Antony Val de Bièvre)

Gérard Gerdil-Margueron
IUFM de Grenoble

Christiane Hubert
IUFM de Créteil (Centre de Livry-Gargan)

Michel Mante
IUFM de Lyon (Centre de Bourg-en-Bresse)

Jean-Louis Porcheron
IUFM de Toulouse

Claude Rajain
IUFM de Reims
(Centre de Châlons-en-Champagne)

Hatier

Cet ouvrage a été écrit dans le cadre des recherches INRP « Apprentissages géométriques et résolution de problèmes » et « Rôle de l'argumentation dans les phases de validation en géométrie au cycle 3 » auxquelles ont participé, avec le soutien des IUFM :

- **IUFM d'Aix-Marseille** : M.-H. Lallement
- **IUFM de Clermont-Ferrand** : M. Amiot, N. Bouculat
- **IUFM de Créteil** : J. Boët, C. Hubert
- **IUFM de Grenoble** : H.-C. Argaud, C. Fini, G. Gerdil-Margueron, M. Guillerault, R. Neyret
- **IUFM de Lyon** : C. Chaniac, R. Charnay, M.-P. Dussuc, M. Mante
- **IUFM de Paris** : M. Ramus
- **IUFM de Reims** : F. Emprin, C. Rajain
- **IUFM de Toulouse** : J.-L. Porcheron
- **IUFM de Versailles** : J. Douaire, M. Frémin, D. Valentin

Ainsi que les instituteurs, professeurs des écoles, maîtres formateurs, conseillers pédagogiques qui ont expérimenté les situations présentées :

- **Académie d'Aix-Marseille**
A. Béraud, R. Balboni (Avignon)
L. Rousset (Montfavet)
- **Académie de Clermont-Ferrand**
R. Chaput, P. Charpentier, P. Chenaud,
V. Maillot, V. Sudre (Clermont-Ferrand)
- **Académie de Créteil**
S. Jeannin (Aubervilliers)
F. Pisano, R. Steenhoute (Bobigny)
N. Corbières, C. Lahitte, F. Picart, C. Roussel (Saint-Denis)
- **Académie de Grenoble**
S. Girard, M. Dib (Crest)
C. Pardigon (Grâne)
J. Jolivet (Granges)
M. Brenner, A. Criquet, B. Odasso, J. Reboulet, A. Simonato, C. Taillandier, C. Tornicelli (Grenoble)
A. Frossard, Y. Gourgaud, N. Pélissier (Malissard)
A. Colenson, J.-C. Gay (Portes-les-Valence)
K. Certal (Romans)
S. Degeorges (Saint-Paul-Trois-Châteaux)
D. Cerdan, M.-O. Fromherz, J. Guérin, L. Lesert, B. Quiblier (Valence)
et aussi : C. Cornacchia, B. Franquet, I. Hernandez, N. Rey, L. Sautard, M. Serme
- **Académie de Lyon**
R. Cretin, B. Jaillet, D. Madier, C. Marin, C. Mazuy, P. Peney, M. Perrot, M. Thibon (Bourg-en-Bresse)
C. Guichardas, M. Imbert, M. Laurent, J. Munoz, J.-M. Niemec, C. Rondelle, O. Soulas (Vaulx-en-Velin)
- **Académie de Reims**
S. Dumont, F. Durruty, F. Emprin-Charotte, V. Hivernelle, A. Roccasalva, S. Sommier (Châlons-en-Champagne)
- **Académie de Toulouse**
A. Choureau, M.-A. Jourdan, E. Pezet (Toulouse)
- **Académie de Versailles**
C. Hébert (Boulogne-Billancourt)
A. Curallucci, C. Griveau (Chaville)
A. Faure (Clamart)
C. Le Quellenec (Clichy)
S. Allard, C. Delcamp (Gennevilliers)
D. Lhotellier (Nanterre)

Note de l'éditeur : nous pensons utile de préciser que les droits d'auteur relatifs à cet ouvrage reviennent intégralement à l'INRP.

© Hatier – Paris 2006 – ISBN 978-2-218-**92310**-4

▪ Préface

Le présent ouvrage, par son caractère original, vient très heureusement apporter un éclairage nouveau et des propositions pour l'enseignement de la géométrie au cycle 3. Très attendus par les utilisateurs habituels de cette collection, les travaux largement développés par l'équipe ERMEL sur les apprentissages numériques et la résolution de problème au cours de ces vingt dernières années trouvent ici leur indispensable complément.

La réalisation de ce travail sur la géométrie n'est pas le fait du hasard mais trouve sa justification au travers d'un certain nombre de raisons de natures diverses.

– Une première raison relève du **statut épistémologique de la géométrie** comme partie de la discipline scolaire « mathématiques ». En effet, les auteurs ont resitué dans une perspective historique les nombreux et profonds changements de statut – et de nom – de la partie géométrique des programmes de l'école élémentaire depuis les programmes de 1923 jusqu'à ceux de 2002. L'évolution de la « discipline géométrie » d'un point de vue écologique (difficultés de vie, changements de noms, place dans les programmes...) est ici soigneusement mise en évidence.

– Une deuxième raison trouve son origine dans la plus **grande complexité du domaine géométrique**, liée à la nature de ce savoir et accompagnée de la mise en place plus tardive et moins abondante de travaux de recherche dans ce domaine que dans celui du numérique. La conséquence en est la moindre richesse d'un « milieu didactique » dans lequel puisse s'inscrire une recherche/développement comme celle conduite par l'équipe ERMEL.

– Enfin une troisième raison, bien évidemment liée aux deux précédentes, tient à la **formation des enseignants** qui ne leur donne pas toujours une maîtrise très assurée de ce domaine particulièrement délicat de leur enseignement.

Je voudrais, dans cette préface que les auteurs de cet ouvrage m'ont fait le plaisir – et l'honneur – de me demander, mettre en évidence quelques caractéristiques essentielles de ce travail.

En portant un regard global sur les travaux de l'équipe ERMEL, il convient tout d'abord d'en souligner quelques caractéristiques majeures.

– Une première caractéristique de cet ouvrage tient au fait qu'il est l'aboutissement, comme ses prédécesseurs, d'un très long processus de recherche/développement initié au début des années 70 dans le courant de la réforme des « mathématiques modernes » et relancé dans le milieu des années 80 sur de nouvelles bases qui, en intégrant les divers apports des travaux de recherche en didactique des mathématiques, a permis la construction d'un cadre théorique dont la pertinence s'est renforcée au cours des années.

– Une deuxième caractéristique de l'ensemble des travaux de l'équipe est liée à son **fondement sur un patient travail d'élucidation théorique à partir de travaux de recherche existants et de larges expérimentations** réalisées dans un grand nombre de classes regroupées autour des équipes locales.

– Une troisième caractéristique, qui constitue une originalité majeure de ces travaux, réside dans son **approche de l'ensemble des éléments d'un curriculum** pour un niveau et un domaine d'enseignement. Cette perspective de didactique curriculaire mériterait d'être largement développée dans toutes les disciplines et cela aux différents niveaux de la scolarité. Elle permet d'assurer une veille didactique et épistémologique efficace qui tire sa force de la multiplicité des expérimentations. Elle s'avère très précieuse pour engager un processus de réflexion sur la définition (et la mise en œuvre) d'un nouveau curriculum. Ce type de travail, non pris en charge par les didactiques des apprentissages, nécessite évidemment un environnement coûteux que l'INRP, de par sa position institutionnelle, a été à même de gérer efficacement pendant ces nombreuses années.

– Une quatrième caractéristique de ces travaux réside dans l'**étroite articulation entre recherche, enseignement et formation**. Il faut ici souligner le rôle déterminant, dans cette perspective, qu'ont joué les professeurs d'Écoles Normales puis d'IUFM en assurant l'interface entre ces trois éléments. Leur mérite est d'autant plus grand si on considère les difficultés de reconnaissance dans le domaine de la recherche de ce type de travaux, pourtant bien éloignés d'une innovation « aveugle »...

En se situant maintenant au plan du contenu spécifique de cet ouvrage, quelques grandes orientations méritent également d'être soulignées.

• **Les choix didactiques des auteurs**, longuement développés, se situent dans la droite ligne de l'ensemble des ouvrages précédents consacrés aux apprentissages numériques en liaison avec la résolution de problèmes. Ils ont acquis, notamment au travers des programmes (depuis 1977), une place très importante dans les différents curriculums. Ainsi, le rôle attribué à la résolution de problème dans l'appropriation des concepts géométriques amène les auteurs :

– à proposer des situations qui permettent d'aborder différentes significations d'un même concept (propriétés géométriques ou spatiales) et donc de lui donner du sens... et non de se limiter à une définition mathématique qui n'est pas toujours opératoire (l'exemple du parallélisme est particulièrement éclairant) ; il y a non seulement une analogie avec les progressions élaborées pour le calcul additif ou multiplicatif, mais bien une unité de pensée ;

– à faire apparaître les instruments comme des outils adaptés pour résoudre certains problèmes, ce qui suppose (par exemple) de ne pas recourir immédiatement au CE2 à des instruments complexes comme l'équerre... ;

– à n'institutionnaliser un vocabulaire géométrique que progressivement, en tenant compte de la complexité et de la polysémie de ce vocabulaire et en ne se limitant pas à l'acquisition d'une terminologie, mais en étant également attentif aux difficultés des expressions langagières et à leur syntaxe particulière (voir, par exemple, des expressions différentes d'une même relation comme « une droite est parallèle à une autre » et « les deux droites parallèles »).

• **La construction de nouvelles connaissances géométriques est soigneusement articulée avec les connaissances spatiales antérieures des élèves** afin de permettre :

– de passer d'une perception globale des objets (leur forme) à une analyse nécessaire de leurs propriétés ;

– de ne pas faire jouer un rôle privilégié aux formes « prototypiques » ;

– de ne pas faire de la modélisation de l'espace sensible un incontournable absolu, car l'expérience a montré que les procédures géométriques visées ne se transfèrent pas toujours d'un type d'espace à un autre (de l'espace sensible à l'espace théorique notamment).

Cependant, est clairement affichée une **volonté de se référer à la réalité immédiate** et à des éléments de la vie quotidienne, marquée par l'élaboration de situations d'apprentissage qui permettent de faire ressortir des structures communes à des objets de la vie commune et à des objets de connaissance mathématique. Il y a là une construction très progressive et maîtrisée d'une modélisation évolutive de l'espace sensible qui se poursuivra au collège pour aboutir à la construction d'une géométrie de plus en plus théorique.

• **Le rôle essentiel du langage**, en particulier dans les phases d'interaction entre élèves, a été très finement analysé en mettant l'accent sur l'importance de la maîtrise de procédures argumentatives notamment dans les phases délicates de validation. Les différentes situations proposées mettent clairement en évidence :
– l'importance de la critique des productions, entre élèves et avec l'enseignant, pour l'émergence des propriétés ;
– le travail très spécifique qui doit être réalisé sur l'argumentation, la preuve et la validation ; en effet, ce travail est plus délicat en géométrie que dans le domaine numérique dans la mesure où il nécessite notamment de distinguer résultat et procédure, l'un pouvant être valide sans que l'autre le soit. Ainsi un dessin correct peut-il être obtenu à l'aide d'une procédure pas ou peu adaptée ou, au contraire, une procédure correcte (du point de vue des propriétés mobilisées) peut donner lieu à un dessin faux à cause d'un maniement malhabile des instruments ;
– la possibilité d'amorcer un travail soigneusement construit en vue de l'élaboration de premiers raisonnements géométriques qui se développeront au collège dans le processus de construction d'une géométrie théorique et de l'accès à la démonstration.

Ainsi les auteurs se sont efficacement placés dans une perspective interdisciplinaire qui sollicite des résultats de travaux de didactique des mathématiques en liaison avec des travaux de psychologie, de linguistique et de psycholinguistique. Ce type d'approche, trop peu développé dans la majorité des recherches en didactique, se révèle ici particulièrement fécond.

Il faut, enfin, souligner le remarquable travail effectué sur **la définition et l'utilisation des instruments** dont le rôle essentiel dans la construction des apprentissages géométriques est très finement analysé en le situant par rapport à une perspective d'ergonomie cognitive tout à fait intéressante.

Qu'il me soit permis, pour terminer, de remercier chaleureusement l'ensemble des collègues qui ont été successivement engagés, dans le cadre de l'équipe de didactique des mathématiques de l'INRP, dans les travaux et les diverses publications qu'elle a menés à bien depuis le milieu des années 70. En effet, nul ne peut sous-estimer la contribution décisive qu'ils ont ainsi apportée, pas à pas, à l'amélioration de l'enseignement des mathématiques à l'école élémentaire ainsi qu'à la formation des enseignants.

Jacques Colomb
Professeur des Universités
Institut National de Recherche Pédagogique

Sommaire

Introduction

Cet ouvrage est le résultat des travaux de recherche conduits, pendant plusieurs années, au cycle 3 par l'équipe ERMEL, équipe de recherche en didactique des mathématiques (INRP), associant des formateurs en IUFM et des enseignants de l'école élémentaire.

Les interrogations à l'origine de cette recherche portent sur plusieurs points relatifs à la nature des savoirs géométriques enseignés au cycle 3 : relèvent-ils, par exemple, de constats perceptifs ou s'appuient-ils sur des raisonnements géométriques ? Pour chaque concept (objet ou relation), quels aspects peuvent être abordés et quelles propriétés peuvent être institutionnalisées sur chacun des niveaux du cycle ? Mais aussi, face au constat d'une géométrie enseignée souvent réduite au vocabulaire et aux tracés, quelle place donner à la résolution de problème dans ces apprentissages ? Quand recourir à tel ou tel vocabulaire géométrique ? Comment introduire l'usage d'un instrument ?

Notre questionnement initial portait aussi sur les connaissances réellement mobilisables par les élèves à l'entrée du cycle 3 : comment, en particulier, prendre en compte les compétences spatiales développées par les élèves à l'école dans les cycles antérieurs ou dans leurs milieux de vie ?

Nous avons cherché à expliciter les rapports entre ces différentes **connaissances** et à déterminer les **problèmes** que ces connaissances permettent de résoudre. Notre recherche nous a amenés également à identifier les caractéristiques des différents **espaces** dans lesquels ces problèmes sont posés ou résolus de manière à enrichir et à diversifier les supports de travail à proposer aux élèves en géométrie. La question du **langage** géométrique utilisable s'est également imposée à nous, tant pour mieux comprendre les difficultés des élèves que pour éviter la réduction de la géométrie à son vocabulaire. De même, nous avons été conduits à étudier le rôle des **représentations** et des **instruments**, à en préciser éventuellement l'emploi ou à en inventer de nouveaux, et à analyser les procédures de résolution et de **validation** auxquelles les élèves peuvent recourir pour un problème géométrique.

Une première partie de l'ouvrage explicite les buts et les composantes communes aux apprentissages géométriques (savoirs, langage, représentations, instruments, validation). Pour chacune de ces rubriques, nous présentons d'abord les principales problématiques, une analyse des connaissances initiales des élèves, et ensuite, nos propres choix didactiques relatifs à son enseignement.

Dans une seconde partie, les progressions et les situations d'apprentissages sont structurées en sept thèmes portant sur les relations et les objets. Les aspects mathématiques et didactiques propres à l'étude de chacun d'eux sont exposés en premier lieu, puis les progressions et les situations sont décrites et commentées, à partir des expérimentations conduites dans des classes pendant plusieurs années.

Partie I

Nos conceptions de l'apprentissage et de l'enseignement

Chapitre 1 Quelle géométrie pour le cycle 3 ?

Il est difficile de penser un enseignement de la géométrie à l'école primaire sans avoir tenté auparavant d'apporter des réponses à quelques questions :

– Qu'est-ce que la géométrie ?

– Quels buts peut-on assigner à l'enseignement de la géométrie ? De quelles connaissances doit disposer un élève à l'issue de la scolarité obligatoire ?

– Quelle contribution l'école primaire peut-elle apporter à la construction de ces connaissances ?

– Quelle est l'évolution de l'enseignement de la géométrie à l'école primaire ?

Qu'est-ce que la géométrie ?

Longtemps définie, avec Euclide, comme la science des figures dans le plan et des volumes dans l'espace, la géométrie recouvre aujourd'hui un domaine beaucoup plus large et aux frontières moins bien définies (on peut développer des géométries à propos d'espaces très abstraits).

Communément, la géométrie reste cependant considérée comme science de l'espace, c'est-à-dire comme partie des mathématiques qui a pour objet l'étude de situations, d'organisations et de relations de notre espace sensible. Colette Laborde précise le propos : « La géométrie s'est constituée en partie comme modélisation de cet espace physique »[1], ce que traduit également Yves Chevallard lorsqu'il écrit : « Nous dirions aujourd'hui que la géométrie part du monde sensible pour le constituer en monde géométrique, celui des points, des droites, des cercles, des sphères, des courbes, des surfaces et des volumes, etc., de la même façon que, plus largement, la physique part du monde sensible pour le constituer en monde physique »[2]. La géométrie se situe donc, épistémologiquement, du côté de la théorie. Elle permet de traiter des problèmes pratiques posés dans l'espace sensible mais, comme toute théorie mathématique, elle se nourrit aussi des problèmes qui sont posés « en son sein ». Ces développements ont abouti à ce que la géométrie, au sens d'Euclide, n'existe plus en tant que branche autonome des

1. LABORDE COLETTE, « L'enseignement de la géométrie », *Recherches en didactique des mathématiques,* vol. 9/3, La Pensée Sauvage, Grenoble, 1990.

2. CHEVALLARD YVES, « Autour de l'enseignement de la géométrie au collège », *Petit x,* n° 27, IREM de Grenoble, 1991.

mathématiques. Ainsi, dans un texte appelé « Programme d'Erlangen » datant de 1872, Félix Klein[3] propose de définir la géométrie comme étant la donnée d'un groupe de transformations opérant sur un espace, ce point de vue permettant de rassembler conceptuellement les « différentes géométries ».
Il reste que la géométrie enseignée au cours de la scolarité obligatoire entretient des rapports étroits avec l'espace sensible dans lequel vit l'enfant et qui constitue donc son premier champ d'expériences, avant qu'elle ne devienne, par le biais d'un apprentissage, un modèle de cet espace physique. Des problèmes théoriques sont abordés, mais ils seront développés au collège, tels les problèmes de construction ou de constructibilité (par exemple, construction d'une perpendiculaire avec seulement la règle et le compas)...

Quels buts pour l'enseignement de la géométrie à l'école primaire et au collège ?

Pour préciser ces buts, nous nous appuierons sur le rapport récent de la CREM (Commission de Réflexion sur l'enseignement des mathématiques, dite aussi Commission Kahane[4]) qui propose diverses orientations :
– **développer la « vision dans l'espace »** en fournissant une « connaissance familière de l'espace » : comment se diriger, se déplacer dans un espace connu ou inconnu ? comment utiliser ou produire un plan pour repérer une position ou prévoir un trajet ? comment représenter ce que nous voyons autour de nous (schéma, plan, vue en perspective...) ? comment décrire ou représenter les solides et les figures planes élémentaires ?
– **apprendre à raisonner,** ce qui ne se réduit pas à l'apprentissage formel de la démonstration et ce qui implique la nécessité d'articuler (et donc de développer) observation, intuition, appel à des connaissances et rigueur ;
– **initier aux aspects culturels** et esthétiques de la géométrie : urbanisme, architecture, arts visuels... ;
– **connaître quelques utilisations courantes et professionnelles** de la géométrie ou son utilisation dans d'autres disciplines : lecture de plans ou de cartes, interprétation de représentations statistiques (histogrammes, camemberts...), logiciels de géométrie dynamique, astronomie...
Cette approche des finalités de la géométrie, à laquelle nous souscrivons, nous semble avoir le mérite de n'être pas réductrice et de rappeler le bien-fondé d'un enseignement de la géométrie dans une optique à la fois scientifique, technique et culturelle. Ce que le rapport de la CREM appelle le fait de « penser géométriquement » dépasse donc la

3. KLEIN FÉLIX, « Le programme d'Erlangen », Gauthiers-Villars, 1969.
4. CREM, *Enseignement des sciences mathématiques : Rapport au ministre de l'éducation nationale* (sous la direction de KAHANE JEAN-PIERRE), Odile Jacob – Centre National de Documentation Pédagogique, Paris, 2002.

théorisation de l'espace physique évoquée au départ pour avoir une vision globale du problème. Il évoque aussi la perspective « face à une situation qui n'est pas a priori géométrique d'être capable de faire un dessin ».

Quelle contribution de l'école primaire à l'enseignement de la géométrie ?

En choisissant d'intituler « Espace et géométrie » l'apprentissage de la géométrie à l'école primaire, le programme de 2002 définit une double orientation :

– rendre les élèves capables d'organiser et de contrôler leurs rapports usuels avec l'espace par le développement de ce qu'on appelle des **« connaissances spatiales »** leur permettant de se repérer, de se déplacer, de communiquer des informations dans l'espace ordinaire, de reconnaître et de construire des objets, de maîtriser quelques modes de représentation (plans, cartes, dessins d'assemblages…) ;

– aider les élèves à s'approprier les premiers éléments d'un **« savoir géométrique »** ; ce savoir sera ensuite développé au collège dans deux directions : d'une part outiller l'élève pour penser et traiter géométriquement des problèmes de l'espace physique, d'autre part l'initier au raisonnement déductif et à la démonstration.

Le jeune enfant élabore, par les expériences auxquelles il est confronté dans son milieu de vie et par les situations que lui propose l'école (en maternelle et au cycle 2), des connaissances spatiales pour lesquelles la perception joue un rôle important : une forme est « carrée » parce qu'elle est perçue comme telle. Au collège, il devra justifier ce qu'il annonce comme vrai, en utilisant des propriétés connues et en les articulant à l'aide d'un raisonnement déductif : une figure (qui est un objet théorique qu'une forme dessinée ne fait qu'évoquer) est un carré si certaines propriétés caractéristiques peuvent être déduites des données initialement fournies.

À quel moment la forme dessinée (objet de la réalité) devient-elle l'évocation d'une figure (objet de la pensée) ? Comment aide-t-on l'élève à la fois à associer l'une à l'autre et à les distinguer l'une de l'autre ?

La fin de l'école primaire (cycle 3) et le début du collège pourraient avoir comme visée de dégager les propriétés qui permettent de penser certaines relations entre objets dits « géométriques ». Les instruments jouent ici un rôle essentiel : on pourra décider qu'un dessin représente un carré parce qu'il est possible d'en contrôler certaines propriétés à l'aide d'un instrument ou bien de le prouver grâce à des raisonnements utilisant des propriétés.

Notre travail de recherche, mené depuis 1997, est en accord de principe avec les programmes actuels qui nous semblent poser clairement le type de travail possible et souhaitable au cycle 3, sans sacrifier les compétences spatiales et sans renoncer à une première initiation à la géométrie.

L'apprentissage de la géométrie, au cycle 3 et au début du collège, vise un passage progressif entre une approche perceptive des objets de l'espace et une approche théorique dans laquelle les propriétés ne sont plus contrôlées que par le raisonnement et par des théorèmes, le recours aux instruments permettant d'objectiver ces propriétés.
La difficulté, spécifique du domaine géométrique, est qu'à chaque étape le travail s'appuie sur les mêmes dessins, les mêmes formes qui doivent être interprétés différemment et faire l'objet de traitements eux aussi différents.

Pour illustrer les difficultés conceptuelles auxquelles peut se trouver confronté un élève de cycle 3, on peut rapporter ces deux réactions d'élèves de CM1.
La première réaction est celle d'un élève confronté à la question suivante, concernant ce dessin reproduit au tableau : « Ces deux droites sont-elles perpendiculaires ? »

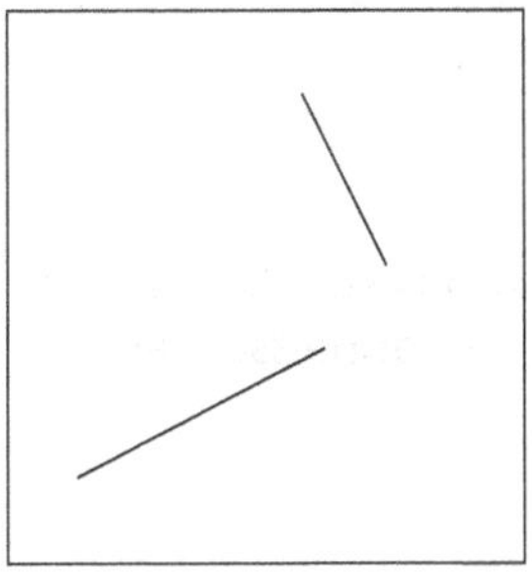

Comme la plupart de ses camarades, il a répondu négativement « car elles ne se coupent pas en faisant un angle droit ». Avec quelques élèves, l'enseignant argumente que les droites se coupent bien puisqu'on peut prolonger « aussi loin qu'on veut » les traits qui les représentent.
La plupart des élèves expriment leur scepticisme : « Si on prolonge, c'est oui, mais si on ne prolonge pas, c'est quand même non ! », l'élève concerné ajoutant : « De toute façon, tu ne peux pas prolonger aussi loin que tu veux, car tu seras arrêté par le sol de la classe… ».

On perçoit le quiproquo entre l'enseignant qui évoque un objet purement théorique (la droite) et l'élève qui ne s'intéresse qu'à l'objet physique (le trait dessiné à l'aide de la craie), qu'il accepte éventuellement de prolonger… mais pas au-delà du matériellement possible !

La seconde réaction est celle d'un élève à qui on demande de compléter, sur sa feuille, le dessin suivant « pour que celui-ci représente les rails d'une voie ferrée sur une portion bien droite, le deuxième rail étant fixé au point A ».

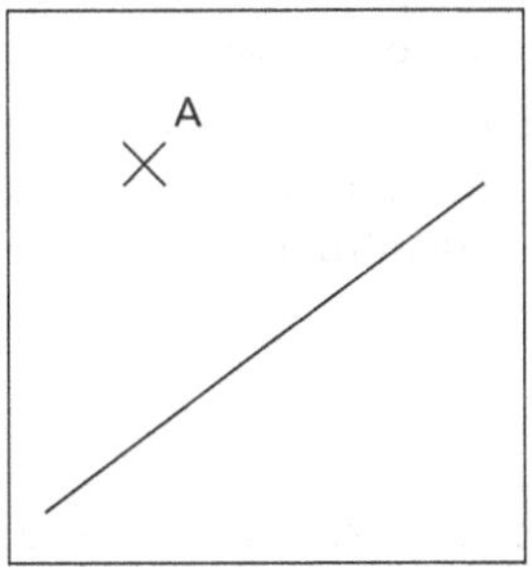

Cet élève intervient pour dire que ce trait ne peut pas être le dessin d'un rail, car « un rail c'est plus épais que ça ».

Il y a ici un quiproquo d'une autre nature. Pour l'enseignant, le rail est assimilable à une droite représentée par un trait, alors que pour l'élève la schématisation devrait faire apparaître d'autres propriétés de l'objet représenté, en particulier son épaisseur.

Cette question, cruciale en géométrie, de trois types d'objets (le dessin obtenu à la règle et au crayon, la droite idéale et un objet usuel de l'espace) mis en relation assez naturellement par un adulte instruit, pose de redoutables difficultés à certains élèves. Elle est analysée et développée plus en détail dans les paragraphes qui suivent. Un dessin peut être à la fois une représentation d'un objet théorique et/ou une représentation d'un objet de l'espace sensible : un trait rectiligne peut ainsi évoquer un segment, une droite (référence au théorique) ou un rail (référence à l'espace sensible).

Quelle évolution de l'enseignement de la géométrie à l'école primaire ?

La place de la géométrie a beaucoup varié dans les programmes successifs, en particulier de 1923 à 1977. Ceux de 1923 distinguent « calcul numérique » et « géométrie » alors que ceux de 1945 incluent les notions géométriques sous la rubrique « Calcul ». Le programme de 1970 distingue curieusement pour les niveaux CE et CM une rubrique « Éléments de mathématiques » limitée aux apprentissages numériques accompagnée d'une autre rubrique intitulée « Exercices d'observation et travaux sur des objets géométriques ». À partir de cette date, ce qui relève de la géométrie est séparé de ce qui relève de la mesure. En 1977, la géométrie apparaît plus nettement comme partie de l'enseignement mathématique, mais sous des intitulés divers : « Activités géométriques » en 1977, « Géométrie » en 1985 et en 1995, « Espace et géométrie » en 2002.

De manière schématique, on peut résumer les principales évolutions sur deux points, celui concernant les connaissances spatiales et celui concernant les connaissances géométriques.

1. ÉVOLUTION DES CONNAISSANCES SPATIALES

Jusqu'en 1977, les connaissances spatiales ne sont pas évoquées dans les programmes relatifs aux mathématiques pour le CP, le CE ou le CM, à l'exception des « notions élémentaires sur la représentation sur les plans et cartes à une échelle donnée » dans le seul programme de CM de 1923.

En 1977, puis en 1985, référence est faite dans le programme de CP à des notions relatives au repérage et au déplacement dans l'espace. Ces indications ne sont pas reprises au CE et au CM à l'exception du repérage sur quadrillage dans le programme de CM en 1985.

En 1995, dans la rubrique « Géométrie », ces mêmes notions sont évoquées pour le cycle 2, mais au cycle 3 elles sont prolongées au repérage dans le plan. La place des connaissances spatiales se trouve confortée dans les programmes de 2002 par l'intitulé commun aux cycles 2 et 3, « Espace et géométrie ».

2. ÉVOLUTION DES CONNAISSANCES GÉOMÉTRIQUES

L'évolution des programmes de CE et de CM, puis du cycle 3, peut être décrite en trois grandes étapes.

De 1923 à 1977, les programmes mettent l'accent sur les objets étudiés (figures planes et solides) et sur les instruments de tracé. Jusqu'en 1970, cette étude semble principalement destinée d'une part à la maîtrise de techniques de tracé, d'autre part à soutenir le travail sur la mesure d'aires et de volumes.

À partir de 1977, l'accent est mis sur les activités ou les problèmes qui permettent l'étude des objets géométriques (reproduire, décrire, représenter, construire) ; il apparaît une référence aux transformations géométriques qui occupent une place particulièrement importante dans les programmes de 1985 (translation, rotation, symétrie), leur place étant atténuée dans ceux de 1995 où seule la symétrie axiale est mentionnée.

Les programmes de 2002 ne remettent pas en cause ce qui a constitué un axe fort de tous les programmes (étude des figures planes et des solides), mais ils mettent davantage en évidence les connaissances relatives aux **relations et propriétés** (alignement, perpendicularité, parallélisme, égalité de longueurs, symétrie axiale).

Chapitre 2
Repères sur les savoirs en géométrie

Dans une première partie, nous analyserons les savoirs géométriques en jeu au cycle 3 en précisant les relations entre connaissances spatiales et connaissances géométriques, et les différents types de géométrie accessibles. Dans une seconde partie, nous présenterons nos choix d'enseignement.

Les composantes des savoirs géométriques au cycle 3

1. CONNAISSANCES SPATIALES ET CONNAISSANCES GÉOMÉTRIQUES

Les **connaissances spatiales** permettent à l'enfant de maîtriser ses rapports usuels avec l'espace sensible, rapports qui sont contrôlés par la perception ; elles concernent le repérage, les positions relatives d'objets, les parcours… Elles sont liées à l'expérience motrice et sensible, elles s'acquièrent à l'école depuis la maternelle mais aussi en dehors de tout enseignement.

Les **connaissances géométriques** portent sur des objets idéaux mais ayant des représentations dans l'environnement familier des élèves. La géométrie entretient donc des liens complexes avec l'espace physique qui nous entoure : en tant que théorie mathématique, la géométrie se compose d'un ensemble d'énoncés relatifs à des objets (points, droites, polygones…), à des relations (parallélisme…) compatibles avec la logique mathématique ; mais la géométrie vise aussi à rendre intelligible l'espace sensible et se présente comme un modèle de celui-ci. Ce double aspect est présent dans la géométrie enseignée au cycle 3 ; les élèves élaborent ou utilisent des modélisations de situations spatiales à l'aide de dessins ou de tracés, cette modélisation pouvant ou non s'appuyer sur des relations géométriques. Pour résoudre des problèmes géométriques, les élèves anticipent l'effet d'actions sur les objets, critiquent des productions au moyen de raisonnements et de propriétés reconnues, sollicitent des images mentales ou des évidences associées à des expériences spatiales, établissent des constats à l'aide d'instruments.
Si la géométrie permet donc une modélisation de l'espace, les raisonnements géométriques s'appuient simultanément sur des représentations figurales et sur un discours exprimé dans un langage naturel. La géométrie à l'école élémentaire ne peut être une

théorie mathématique de l'espace. Ce n'est qu'au collège que les élèves seront confrontés à une présentation progressive de la géométrie recourant à des raisonnements démonstratifs comme moyen exclusif de prouver des théorèmes et fondée sur des axiomes.

2. LES DIFFÉRENTES GÉOMÉTRIES RENCONTRÉES DANS L'ENSEIGNEMENT

L'enseignement de la géométrie, du primaire au supérieur, repose sur des conceptions successives différentes. En nous appuyant sur des travaux récents[5], nous pouvons distinguer :

• **Une approche concrète de l'espace,** où les tâches sont résolues directement par l'action sur des objets physiques et, en général, n'impliquent pas une anticipation ; les ajustements peuvent s'effectuer en cours d'action et la validation est pratique. Les formes sont vues globalement sans être nécessairement décomposées en éléments plus simples.

• **Une géométrie s'appuyant sur des situations concrètes modélisées par des représentations des objets** (dans le domaine spatio-graphique), où les problèmes ne peuvent être résolus simplement par l'action, mais où les procédures supposent une anticipation sur des objets idéalisés. Ces procédures sollicitent en général l'usage des instruments et le recours à des propriétés associées et à des raisonnements. Les formes sont progressivement analysées. Ici encore la validation pratique est possible, mais dans beaucoup de situations, la validation des productions peut privilégier l'analyse de raisonnements.

• **Une géométrie théorique** traitant d'énoncés mathématiques où la source de validation est la déduction logique. À l'intérieur de ce cadre, plusieurs niveaux peuvent être identifiés :
– les propositions de base sont des définitions, des propriétés reconnues comme vraies ou démontrées. Les seuls raisonnements acceptés sont les raisonnements logiques, valides. Mais l'axiomatique est non explicite ; la géométrie est théorique sans être complètement axiomatisée ;
– les énoncés de base ont explicitement un statut d'axiomes, la géométrie est fondée sur une axiomatique explicite ; les démonstrations sont formalisées.

Les critères permettant de distinguer ces géométries sont multiples : ils portent notamment sur la nature des objets (spatiaux, spatio-graphiques, théoriques), la nature des tâches du sujet (action, anticipation, déduction) et la nature des méthodes de validation (validation pratique, recours à la mesure, recours exclusif aux raisonnements) ainsi que sur le statut scientifique des énoncés.

---

5. HOUDEMENT Catherine et KUZNIAK Alain, « Formations des maîtres et paradigmes géométriques », *Recherches en Didactique des Mathématiques,* vol. 20/1, La Pensée Sauvage, Grenoble, 2000.

3. LES NIVEAUX D'ANALYSE DES ESPACES

3.1 Les différents types d'espaces du domaine sensible

Nous avons précédemment précisé la distinction entre deux champs de connaissances : les connaissances spatiales et les connaissances géométriques. Cette distinction a été formulée par Guy Brousseau et développée notamment par René Berthelot et Marie-Hélène Salin[6], tout comme celle des trois types d'espaces sensibles dans lesquels la situation didactique peut être placée :

– **le micro-espace** : il s'agit de l'espace proche dans lequel l'élève peut déplacer l'objet, le voir sous toutes ses dimensions. Le sujet se situe à l'extérieur de cet espace, dont il a une vue d'ensemble et dans lequel une manipulation est possible ;

– **le méso-espace** : il s'agit de l'« espace des déplacements du sujet dans un domaine contrôlé par la vue, les objets sont fixes et mesurent entre 0,5 et 50 fois la taille du sujet »[7]. Dans le méso-espace, les objets fixes sont des points de référence pour le sujet (par exemple, les portes dans une pièce ou un couloir), qui s'oriente suivant son repère corporel. L'école et ses différents lieux (préau, cour, salle de classe) sont un bon exemple de méso-espace ;

– le **macro-espace** : il s'agit de l'espace éloigné (espace de la ville visible depuis la cour de récréation) qui n'est accessible à l'élève que par une vision locale (les immeubles éloignés ne sont vus que sur une face). Le sujet doit se décentrer pour intégrer et coordonner des représentations fragmentaires. L'orientation dans cet espace doit être coordonnée à un système de repères extérieur au sujet lui-même.

Ce cadre théorique est pour nous un outil d'analyse et de construction des situations didactiques.

3.2 Le domaine spatio-graphique

Quand des objets théoriques sont représentés par l'élève sur sa feuille de papier, ou quand il schématise des objets du monde sensible, l'élève travaille dans un domaine bien particulier, que nous appelons le domaine spatio-graphique. Il s'agit d'un espace que l'élève contrôle, en partie du moins, par la perception et qui est constitué à la fois :

– d'un ensemble d'objets spatiaux ;

– d'un ensemble de représentations d'objets de l'espace sensible ;

– d'un ensemble de représentations des objets théoriques.

Le domaine spatio-graphique peut être celui qu'on appelle **« papier-crayon »**, et c'est le plus souvent le cas à l'école. Ce peut être aussi le domaine créé à **l'écran d'un ordinateur** par un logiciel de géométrie dynamique comme Cabri®[8]. Chacun d'eux a des contraintes et des représentations spécifiques.

---

6. BERTHELOT René et SALIN Marie-Hélène, « L'enseignement de l'espace et de la géométrie dans la scolarité obligatoire », Thèse d'université, Bordeaux 1, 1992 (cf. aussi *Grand N*, n° 53, IREM de Grenoble, 1993). Cette caractérisation des trois types d'espaces est développée dans le thème 7 (Systèmes de repères) du présent ouvrage.

7. BROUSSEAU Guy, « Études de questions d'enseignement. Un exemple : la géométrie », Séminaire de didactique des mathématiques et de l'informatique, LSD IMAG, Université J. Fourier, Grenoble, 1983.

8. Cabri est une marque déposée. Les logiciels Cabri II Plus® et Cabri 3D® sont développés, maintenus et commercialisés par Cabrilog SAS, Grenoble, France, www.cabri.com

Dans les activités que nous proposons, nous utiliserons le domaine spatio-graphique à la fois comme domaine de représentation d'objets théoriques (sans pour autant vouloir dire que les élèves sont dans la théorie !), et comme un domaine de représentation d'objets spatiaux usuels. Dans certains cas, pour l'alignement par exemple, le domaine spatio-graphique pourra être alternativement le « papier-crayon » et l'écran de l'ordinateur.
Ces distinctions sont importantes pour analyser les difficultés éventuelles dans l'apprentissage de la géométrie et nous ont donc amenés à identifier les connaissances des élèves du cycle 3.

4. LES CONSTITUANTS DES SAVOIRS GÉOMÉTRIQUES

4.1 Les objets

Les **« objets »** cités dans les textes officiels (un point, un segment, une droite, un rectangle, un pavé...) sont des objets de la géométrie. Ces termes peuvent désigner aussi bien des objets théoriques que des objets matériels existant dans l'espace sensible (rectangle), ou ces termes peuvent au contraire être spécifiques de la théorie (segment) ou de l'espace (trait, bord). Par ailleurs, certains objets (droite) n'ont d'existence que dans la théorie.
Les **« objets »** rencontrés dans les apprentissages à l'école élémentaire sont nombreux :
- point, milieu ;
- droite, segment, plan, droite perpendiculaire, droite parallèle ;
- cercle, disque, centre, rayon ;
- triangle, triangle particulier (isocèle, rectangle, équilatéral) ;
- polygone, quadrilatère, quadrilatère particulier (carré, rectangle, losange, parallélogramme, trapèze), sommet, côté ;
- polyèdres, polyèdres particuliers (cube, pavé, prisme, pyramide...), sommet, arête, face ;
- angle, angle droit, angle plat...

4.2 Les relations

Le terme **« relations »** est pris dans son sens habituel en mathématiques et désigne des liens de la théorie pouvant exister entre les objets. Comme les objets, les relations peuvent aussi être des modélisations de relations qui existent entre les objets dans l'espace sensible, par exemple :
- l'appartenance d'un point à un segment ;
- les relations existant entre deux bords d'une règle, soit l'égalité de longueurs et le parallélisme de segments.

Les relations habituellement rencontrées sont essentiellement, dans le plan :
- les relations d'appartenance (le terme mathématique d'incidence est aussi utilisé) et l'alignement[9] ;
- le parallélisme ;
- la perpendicularité ;
- l'égalité de longueurs (à travers la notion de « milieu » par exemple) ;

---

9. Ces termes seront précisés dans le thème 1 : Alignement.

– le repérage ;
– l'isométrie, la similitude d'objets (la superposabilité avec ou sans retournement, l'agrandissement ou la réduction).

4.3 Les propriétés

Les **énoncés**[10] permettent de décrire les liens attachant objets et relations (telle droite est parallèle à telle autre...).
Nous identifions ci-dessous quelques types d'énoncés en fonction, d'une part, de leur mobilisation occasionnelle par les élèves, d'autre part, de leur pertinence pour la mise en place ultérieure de la géométrie au collège.

Certains énoncés expriment des **propriétés d'objets**, qui peuvent être des éléments d'une définition (« un cube a huit sommets » ; « un parallélogramme a ses côtés opposés parallèles » ou « un parallélogramme est un polygone qui a quatre côtés parallèles deux à deux » si on veut un exemple de définition[11]) ou des **théorèmes** (« si deux droites sont parallèles, une droite perpendiculaire à l'une est perpendiculaire à l'autre », « si deux droites sont parallèles, une parallèle à l'une est parallèle à l'autre », « si deux droites sont perpendiculaires à une même droite, alors elles sont parallèles entre elles »).
Certains de ces énoncés sont implicitement contenus dans les méthodes de construction.
À l'école élémentaire, nous chercherons ainsi à faire apparaître ces **propriétés** d'abord comme **outils implicites de solutions à des problèmes**, par exemple dans le problème : « Est-il possible de construire un triangle ayant deux angles droits ? »
Ces propriétés constituent aussi des outils pour **valider une solution**. Elles sont donc nécessaires pour des problèmes dans lesquels la perception ne permet pas de prendre une décision ou, au contraire, amènerait à une décision en faveur d'un résultat faux.
En revanche, toutes ces propriétés ne sont pas des objets d'étude, il n'est pas question pour nous d'en faire une étude exhaustive, d'expliciter leur statut théorique, ni d'en viser une forme d'institutionnalisation.

5. L'IDENTIFICATION DES CONNAISSANCES DES ÉLÈVES

5.1 Les élèves ont des connaissances implicites sur des notions géométriques

L'élève met en œuvre des actions dans l'espace sensible qui s'appuient sur des connaissances spatiales, construites antérieurement dans l'enseignement ou par son expérience personnelle, que nous pouvons mettre en relation avec des connaissances géométriques.

10. Dans ce texte, nous ne faisons pas référence par ce terme « énoncé » à la signification courante qu'il prend dans l'enseignement élémentaire comme le texte proposant un problème, mais à sa signification mathématique : une assertion pouvant prendre les valeurs vrai ou faux.
11. D'autres énoncés correspondent à ce que seraient des **axiomes** dans une géométrie axiomatisée (« par deux points distincts il ne passe qu'une seule droite », « une droite et un point étant donnés, il ne passe qu'une parallèle à la droite donnée passant par le point »...).

Dans l'exemple ci-dessous, l'élève doit tracer un trait parallèle à la droite d, passant par A. La séquence suivante a été observée fréquemment chez les élèves.

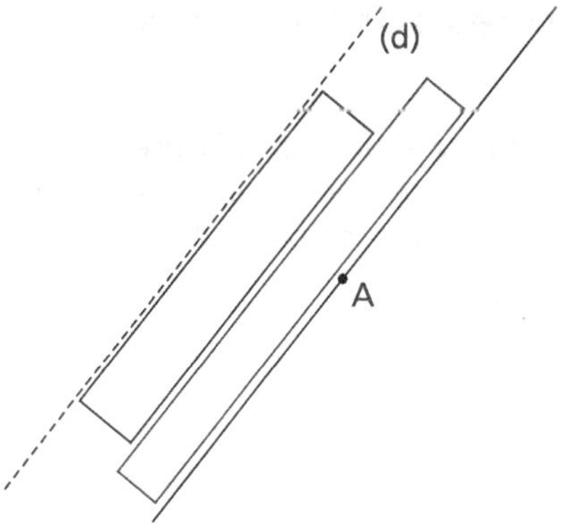

Séquence des actions

L'élève choisit une première règle et la place avec un bord le long de (d) (1).
Il choisit une seconde règle et la place bord à bord avec la première (2), ayant par ailleurs choisi les deux règles pour qu'elles lui permettent de tracer le trait passant par A (3).

Savoirs implicites

(1) L'élève utilise le parallélisme des bords opposés des règles.
(2) Il « transporte » la direction souhaitée en créant un trait intermédiaire fictif (le second bord de la première règle) parallèle au trait donné, utilisant implicitement le théorème (en acte) : « Si deux droites sont parallèles, une parallèle à l'une est parallèle à l'autre. »
(3) Il veille à ce que le second bord coïncide avec le point A.

Les propositions formulées peuvent être des certitudes pour l'élève, mais elles n'acquerront un statut de savoir que si un travail de justification et de critique par des connaissances mathématiques est développé.

Les **images mentales** remplissent aussi une fonction d'anticipation qui dispense les élèves d'une action réelle sur les objets. Pour savoir si deux figures sont superposables, alors qu'elles apparaissent dans des dispositions spatiales différentes, l'élève va les « faire tourner » ou les « retourner » dans sa tête, donc les détacher mentalement de la globalité perceptive dans laquelle elles apparaissaient. Les images mentales l'aident alors à mieux isoler, à spécifier ou à commencer à analyser des figures.

L'élève dispose aussi de savoir-faire liés notamment à la production d'objets matériels, à la reconnaissance d'objets ou au contrôle de la validité de relations :

• dans l'espace sensible usuel :
– utiliser des pliages ;
– contrôler l'alignement de plots…
• dans le domaine spatio-graphique :
– tracer un trait parallèle à un autre avec des instruments ;
– vérifier si un angle est droit avec un gabarit ou un pliage…

L'élève utilise différents types de signifiants pour évoquer les objets ou les relations. Ces signifiants peuvent être personnels :
– gestuels (pour montrer que l'on veut un triangle, que les traits sont parallèles…) ;

– verbaux (par exemple des métaphores – « c'est un mur de maison » – pour caractériser un pentagone...) ;
– graphiques (croquis, schémas...).

5.2 Certaines de ces connaissances sont valides et d'autres erronées

Des élèves de cycle 2 ou de début de cycle 3 sauront dire au sujet de la figure 1 ci-dessous que les deux couples de traits sont différents parce que dans le second cas « le trait en pointillé est penché », ce que l'on peut rapprocher d'une certaine connaissance sur l'angle droit ou sur la perpendicularité.

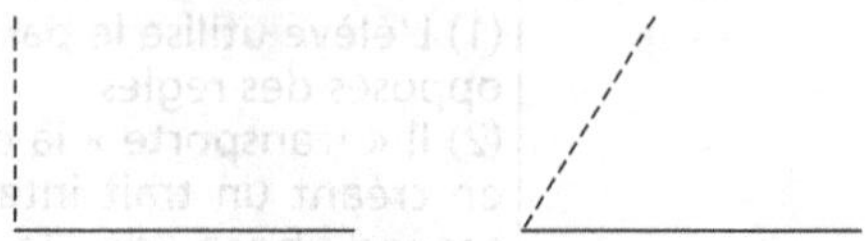

Figure 1

Mais ces mêmes élèves ou d'autres pourront dire au sujet de la figure 2 ci-dessous (où la distance réelle du point A à la droite est de 12 cm) que les segments qui se situent dans la zone grisée sont tous des plus courts chemins pour aller de A à d, parce que les mesures entre A et des points de la droite dans cette zone restent voisines à un ou deux millimètres près et donc sont égales pour eux.

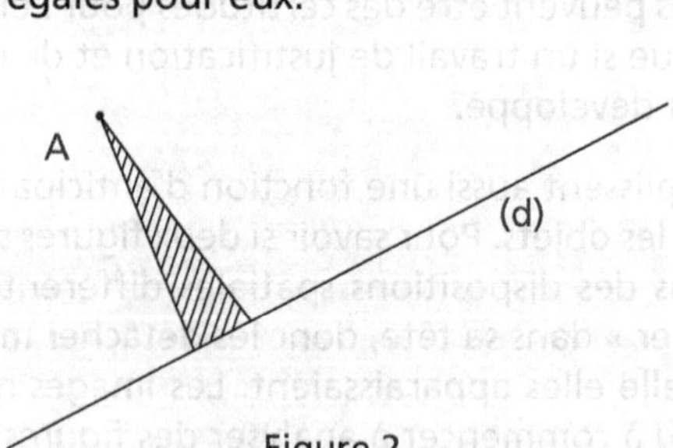

Figure 2

Les élèves ont donc, et parfois sur une même notion, des connaissances valides et des connaissances erronées.
Ces connaissances personnelles mobilisées par les élèves, notamment lors de la résolution de problèmes, ainsi que les obstacles auxquels elles peuvent être associées, doivent être repérées au début de tout dispositif d'enseignement. Cela est d'autant plus nécessaire et difficile en géométrie que les travaux scientifiques, en didactique ou en psychologie, permettant de les identifier et de les analyser, sont plus rares que dans le domaine numérique.

Nos choix didactiques

1. NOTRE CONCEPTION DE L'APPRENTISSAGE ET DE L'ENSEIGNEMENT

Nos choix fondamentaux concernant l'apprentissage ont déjà été explicités dans la collection ERMEL, « Apprentissages numériques et résolution de problèmes ». Ils n'ont pas changé et nous nous contentons de les rappeler ici brièvement.

Le rôle de la résolution de problèmes dans la construction des connaissances doit toujours être réaffirmé. En géométrie, comme dans toute activité mathématique, la construction des connaissances se fait le plus souvent à travers des actions mentales finalisées, c'est-à-dire qui permettent de résoudre un problème dans une situation que le sujet a pu s'approprier. Ce sont les actions mentales du sujet dans des situations déterminées qui contribuent à la résolution de problèmes et pour ce faire mobilisent les connaissances qui fonctionnent comme outils adéquats et prennent ainsi du sens, avant d'acquérir un véritable statut et d'être repérées ou nommées puis réinvesties dans d'autres contextes. Ces actions mentales ne doivent pas être confondues avec la simple « manipulation » d'objets concrets, même si elles s'enracinent dans des expériences réelles antérieures, surtout spatiales. Elles doivent permettre de résoudre un problème, et pas seulement de faire des constats empiriques.

L'activité de résolution de problèmes est à la fois le moteur et en bonne partie le lieu de l'apprentissage. Elle détermine un grand nombre d'exigences relatives aux situations à proposer aux élèves.

La prise en compte des connaissances des élèves est, dans cette optique, une nécessité pour l'enseignant. Si la construction des connaissances est au cœur de la résolution de problèmes, cette construction s'opère toujours dans une confrontation, ou une remise en question des connaissances « initiales », qui sont à considérer aussi bien comme des ressources, des points d'appui, que comme des obstacles à surmonter. Nous avons montré précédemment en quoi cette exigence de portée générale était particulièrement importante dans l'enseignement de la géométrie. Il faut éviter de surestimer les connaissances des élèves, en imaginant derrière leurs actions un savoir théorique explicite qui en fait n'est pas présent. Mais, à l'inverse, refuser de prendre en compte leurs expériences spatiales ou leur savoir-faire avec les instruments serait aussi regrettable et risquerait de rendre inefficace l'enseignement proposé.

Les apprentissages importants se font sur le long terme. Apprendre ne se fait ni rapidement, ni en une seule fois, dès lors qu'il s'agit d'une remise en question et d'une « réélaboration » des connaissances antérieures et non d'une simple information nouvelle. En géométrie, tout particulièrement, les principaux concepts sont à la fois complexes et chargés de multiples significations. Le temps est nécessaire pour maîtriser ces différentes significations, les distinguer et aussi les articuler entre elles. En outre, les différents concepts se superposent partiellement au fil du temps (par exemple, le concept d'alignement requiert dans une phase de sa construction celui de distance, comme on le verra dans la situation « Longueur minimum » du thème 3 (Distance), ce qui allonge encore la durée nécessaire pour les construire). Ainsi se trouve pleinement justifié notre choix de proposer une progression sur l'ensemble du cycle 3, le découpage par année n'étant en général pas suffisant pour faire acquérir de façon solide et organisée l'une ou l'autre des notions géométriques. Il faut non seulement plusieurs situations, mais aussi plusieurs reprises sous des angles différents pour parvenir à construire des notions géométriques non dénuées de sens.

Les interactions entre élèves doivent être favorisées. Notre approche constructiviste de l'apprentissage nécessite de mettre également l'accent sur les relations entre élèves. À cela, plusieurs raisons : d'abord, la confrontation avec d'autres élèves peut favoriser la **remise en question des connaissances,** mais aussi les interactions sont propices à l'échange et les **formulations** des élèves sont ainsi encouragées. En résolution de problèmes, **les procédures** des élèves sont diverses et méritent d'être à la fois exprimées par les élèves, recueillies et éventuellement reformulées par l'enseignant.

Enfin, en faisant appel à des connaissances antérieures stabilisées ou à un maillon de raisonnement pour argumenter en faveur de la vérité d'une production, les élèves en viennent peu à peu à se familiariser avec la rationalité mathématique. Ce travail d'**argumentation** contribue à les rendre de plus en plus autonomes et à faire évoluer leurs représentations de la géométrie.

2. QUELLE ARTICULATION AVEC LES CONNAISSANCES SPATIALES DE L'ÉLÈVE ?

Les connaissances spatiales des élèves du cycle 3 ne doivent pas être considérées comme achevées et nous consacrons un thème entier (thème 7 : Systèmes de repères) au travail de repérage dans l'espace et à l'élaboration des critères qui y sont utiles ; par exemple, savoir « lire » ou faire un plan est une compétence qui doit être travaillée. Nous essayons souvent d'appuyer, dans un premier temps, les activités géométriques des élèves sur leurs expériences spatiales, soit pour les confirmer, soit pour les infirmer.

Par ailleurs, il nous a semblé important qu'une part des activités consiste en **un travail effectif dans l'espace sensible** : la conduite d'activités dans le méso-espace et le macro-espace permet de développer des significations importantes des concepts géométriques (par exemple, le contrôle d'un alignement par la visée, ce qui paraît difficile dans le domaine spatio-graphique). En outre, des problèmes posés dans ces espaces peuvent être résolus par une modélisation sur la feuille de papier, que cette modélisation soit à la charge de l'élève ou fournie par le maître. Ainsi les connaissances géométriques sont enrichies en devenant des outils nécessaires à la résolution de problèmes spatiaux et la finalité de ces connaissances ne se trouve pas limitée à la seule cohérence des contenus mathématiques étudiés.

Toutefois, il serait illusoire de penser que les procédures développées dans ces espaces sont toujours transposables au domaine spatio-graphique. Certains obstacles à un tel transfert sont relatifs aux situations vécues dans le méso-espace, comme ceux liés au mouvement (joindre deux points par le chemin le plus court est perçu par les élèves en

terme de temps et non de distance) ; le recours au méso-espace pour motiver l'étude d'une notion ne garantit pas toujours la construction du concept visé ou peut générer des procédures qui ne sont pas transférables dans le domaine spatio-graphique. Par conséquent, la modélisation de situations dans le méso-espace ou le macro-espace ne constitue pas pour nous, par principe, un passage obligé : les progressions dans l'étude des connaissances géométriques sont en relation avec les significations des notions étudiées et leur organisation, et pas simplement avec les expériences sensibles potentielles. Par exemple, pour localiser un point comme intersection de lignes (un cercle et une droite) dans l'étude de la conjonction de deux relations, nous choisissons de proposer une situation (« Le trésor » dans le thème 3 : Distance) mise en œuvre dans le micro-espace, puis dans le méso-espace.
Des activités sont néanmoins proposées dans l'espace usuel (de la cour ou de la classe) de façon à confronter les élèves avec les connaissances particulières se rapportant à la maîtrise de ces espaces.

3. QUELS APPRENTISSAGES CONDUIRE SUR LES OBJETS ET LES RELATIONS ?

Les savoirs abordés au cycle 3 concernent des objets et des relations. Deux questions se posent : quels apprentissages conduire sur chacune des notions et comment articuler l'étude de ces notions entre elles ?

3.1 Quels apprentissages conduire sur les objets ?

Selon le point de vue d'une géométrie théorique, les éléments qui interviennent en premier sont ceux qui servent de base à l'axiomatique, par exemple les points ou les droites. D'autres éléments sont définis à partir de ces objets et de relations possibles entre ces objets, comme un trapèze ; nous qualifierons dans ce cas le trapèze d'objet « composé ».
Pour nous, à l'école élémentaire, en raison des interférences entre connaissances spatiales et connaissances géométriques, **l'étude des objets géométriques ne commence pas avec celle des objets « premiers » ou « de base »** d'une théorie. Notre expérience nous a montré que les élèves ne considèrent pas le cercle comme un ensemble de points et que le point reste pour eux un objet physique plutôt qu'un objet mathématique.
De plus, certains objets dits « premiers » ou « de base », au sens d'une théorie mathématique, peuvent aussi être vus comme des objets « composés » : par exemple, un point peut être vu comme l'intersection de deux droites.

Les jeunes élèves (de cycle 2) différencient à la vue un gabarit représentant un carré d'un gabarit représentant un rectangle ou un losange non carrés... De plus, en raison de leur usage social, de tels objets leur apparaissent dans leur **globalité,** et non comme étant le résultat d'une construction de segments contigus, perpendiculaires et égaux deux à deux, ou d'autres éléments de la même sorte.

La confrontation de l'élève à des problèmes devrait lui permettre en particulier de commencer à comprendre que cet objet est en fait complexe et composé, c'est-à-dire qu'il peut être vu comme constitué par des objets plus élémentaires, qui comportent eux aussi entre eux des relations. Le jeune élève peut donc être confronté immédiatement

à divers objets « complexes », « composés » de façon à en percevoir les propriétés (énoncés mettant en jeu objets et relations).
Au cycle 2, les élèves travaillent surtout sur des objets considérés comme des entités globales. Ces connaissances antérieures serviront d'appui à d'autres plus analytiques construites au cycle 3.

3.2 Quels apprentissages conduire sur les relations ?

Pour analyser l'apprentissage d'une relation, il nous paraît utile de préciser ce que nous appellerons les **significations de la relation.** Pour chaque relation, nous distinguons plusieurs significations qui peuvent faire appel à des propriétés du domaine théorique.
Prenons l'exemple du parallélisme. Deux droites distinctes sont parallèles :
– si elles n'ont pas de point commun (incidence) ;
– si leur écart est constant (distance) ;
– si elles ont la même direction ou si elles ont la même orientation par rapport à une droite donnée (angle) ;
– si elles ont une perpendiculaire commune (perpendicularité) ;
– si l'une est l'image de l'autre par une translation ;
– si elles sont les supports de côtés opposés d'un quadrilatère familier.
La signification de la relation renvoie donc aussi à des propriétés des objets composés (ici pour le parallélisme, deux droites qui contiennent les côtés opposés d'un rectangle sont parallèles).

Concernant toujours le parallélisme, construire une ou plusieurs droites parallèles à une droite donnée ou déterminer si deux droites sont parallèles restent, bien entendu, des problèmes communs à chacune des significations évoquées précédemment. Mais ces problèmes vont être résolus avec des procédures différentes suivant la signification de la relation mise en jeu dans la situation (production d'un réseau de parallèles ou d'une parallèle par glissement, report de l'écart, double perpendicularité...). Chacune de ces significations privilégie une procédure de construction et (ou) de reconnaissance. Par exemple, la signification « deux droites sont parallèles si l'une est l'image de l'autre par une translation » renvoie à la procédure de glissement de la règle pour tracer des droites parallèles et également pour les reconnaître.
Si les relations sont perçues d'abord spatialement, leur apprentissage suppose qu'elles apparaissent comme outils pour résoudre des problèmes. Dans chaque situation didactique, la signification visée va être portée par un contexte ; celui-ci a une double fonction :
– contenir implicitement la relation étudiée, et en particulier permettre une représentation du but à atteindre ;
– constituer des situations de référence pour la relation, auxquelles l'élève peut se reporter lorsqu'il est confronté à d'autres situations où la relation est en jeu.

L'étude d'une relation suppose que chacune des significations à laquelle peuvent accéder les élèves de cycle 3 soit appréhendée dans un ordre qui peut être déterminé par le recours nécessaire à d'autres relations ou dans un ordre qui peut rester plus libre. Par exemple pour le parallélisme, il est possible de proposer en premier soit la construction d'un trapèze, soit la production de lignes droites ayant une direction commune, ce qui renvoie à deux significations pouvant s'appuyer l'une et l'autre sur des procédures de glissement de la règle et un contrôle d'abord perceptif. En revanche, aborder la reconnaissance du parallélisme de deux droites, par l'existence d'une perpendiculaire commune, suppose que d'autres problèmes relatifs à la perpendicularité aient été traités.

Nous ne pensons pas qu'il suffise de résoudre des problèmes relevant de chacune des significations d'une relation pour garantir un apprentissage. C'est pourquoi il nous a fallu compléter ce travail en proposant, essentiellement au CM2, des problèmes de synthèse qui sollicitent plusieurs de ces relations ou qui sont relatifs aux propriétés des objets. Par ailleurs, un apprentissage suppose aussi de découvrir et de stabiliser, au cours de l'étude d'une relation, un vocabulaire spécifique, des propriétés, des techniques instrumentales, qui sont rencontrés ou institutionnalisés selon les situations.
Pour chacune des relations étudiées, l'ensemble des choix qui lui sont spécifiques est explicité dans la partie théorique du thème concerné.

3.3 Une approche par les relations au début du cycle

Notre recherche nous a conduits à faire ce choix pour plusieurs raisons.
• Une simple étude d'un objet spatial ne sera pas très riche si les relations entre les éléments le composant ou entre cet objet et d'autres n'interviennent pas. Par exemple, un cube peut être étudié du point de vue :
– de ses faces, de ses arêtes, de ses sommets, des relations que ces objets entretiennent entre eux dans le cube ;
– de ses relations avec d'autres objets qui ne sont pas des cubes (d'autres polyèdres par rapport à leur nombre de faces), qui ne sont pas des polyèdres, ou qui sont d'autres cubes que le cube étudié (comparaison des faces, des arêtes...).
Étudier un objet, c'est étudier les relations qui le constituent ou qui le distinguent d'un autre.

• **L'étude des relations va faciliter un passage à une géométrie plus théorique.** Dans l'espace sensible ou dans le domaine spatio-graphique, les relations n'ont pas de matérialisation propre : ce sont des liens entre objets que l'élève peut percevoir et identifier perceptivement, mais les relations ne pourront être caractérisées que par le recours au langage, d'abord au moyen d'expressions personnelles, puis au moyen d'expressions institutionnelles qui les fixeront.

Aussi, nous avons fait le choix d'organiser les apprentissages en entrant par les relations, parce que nous estimons que c'est un moyen d'inciter les élèves à passer :
– du global à l'analytique pour la résolution de problèmes, ce que la simple description des objets perçus n'induit généralement pas ;
– du spatio-graphique au « théorique » parce que l'évidence spatiale est moins présente et que les jugements « théoriques » sont nécessaires.

Si l'ensemble des situations d'apprentissage que nous proposons sont organisées autour des **relations sur les deux premières années du cycle,** cela ne veut pas bien sûr dire que les objets du plan et de l'espace sont oubliés. Les propriétés des objets sont analysées au CE2 et au CM1 dans le cadre du travail sur les relations et ils sont étudiés, pour eux-mêmes, plus systématiquement au CM2. En effet, nous pensons que les différents savoirs concernant les objets et les relations ne peuvent être appris indépendamment les uns des autres. En cela, notre démarche est en convergence avec les Instructions

Officielles de 2002 qui insistent sur l'apprentissage des relations, tout en les faisant suivre de précisions concernant les objets essentiels.

3.4 L'organisation autour des relations

Le développement qui vient d'être présenté nous a conduits à faire un inventaire des relations possibles :

– l'alignement, entre les objets que sont point, droite, segment ;

– l'égalité de distances (points à égale distance d'un point donné – cercle –, points à égale distance de deux points donnés – milieu, médiatrice) ;

– le parallélisme ;

– la perpendicularité avec l'angle droit ;

– le repérage vu comme la relation existant entre un objet et un repère ;

– les comparaisons : les isométries (symétrie) en tant que relations entre deux objets, avec l'axe de symétrie d'objets et les agrandissements et réductions.

Cette organisation fait apparaître des savoirs qui ne figuraient pas jusque-là dans les programmes officiels :

– **l'appartenance** (rencontrée pratiquement partout de façon implicite dans les activités géométriques, mais à laquelle nous pensons qu'il convient de donner un statut plus officiel...). Elle permet de définir certains concepts : droite définie par deux points, cercle défini par un centre et par un point... ;

– **l'alignement et l'égalité de distances** qui présentent un intérêt notamment pour des objets théoriques très courants (segment, droite, cercle ou disque).

Les relations géométriques dans le plan, énumérées précédemment, nous ont paru nécessiter des regroupements en quatre thèmes (« Alignement », « Angle, perpendicularité et parallélisme », « Distance » et « Comparaison ») ; l'ordre des thèmes ne signifie pas leur succession chronologique. Nous avons retenu sept thèmes : quatre d'entre eux concernent les relations géométriques dans le plan, un l'étude des objets du plan, un l'étude des relations et des objets dans l'espace et le dernier le repérage dans l'espace.

Thème 1 : Alignement

Thème 2 : Angle, perpendicularité et parallélisme

Thème 3 : Distance

Thème 4 : Comparaison

Thème 5 : Figures du plan (objets 2D)

Thème 6 : Objets de l'espace (objets 3D)

Thème 7 : Systèmes de repères

4. LES PROBLÈMES

Conformément aux conceptions sur l'apprentissage développées ci-dessus, nous avons cherché à placer l'élève dans la position de construire ses connaissances en les faisant d'abord apparaître comme outils de solution de problèmes, et pour cela, nous avons cherché à construire des situations d'apprentissage spécifiques.

Les éléments présentés ci-dessous sont communs à la plupart des situations. Ils ont une incidence directe sur les apprentissages développés – parce qu'ils les organisent –, et sur la structuration des situations mises en place.

4.1 Les différents types de problèmes

Chaque relation apparaît d'abord comme un outil implicite de résolution dans les premiers problèmes rencontrés. Les situations d'apprentissage élaborées se réfèrent à un contexte, mais aussi à un problème **géométrique.**

– Problème de **reconnaissance** de relation : par exemple, quelle relation entre les côtés opposés de tel quadrilatère ? Deux droites données sont-elles parallèles ?

– Problème de **production d'objet** (objet dont l'existence est assurée) : par exemple, produire une perpendiculaire à une droite donnée.

– Problème d'**existence d'objet** : par exemple, existe-t-il une forme, prise dans un ensemble, superposable à une autre forme donnée ?

– Problème de **recherche de toutes les solutions** (problèmes de lieux géométriques : exhaustivité ou universalité) : par exemple, trouver les points situés à 3 m de l'arbre et à 5 m du mur, ou encore le trésor est à égale distance de deux points A et de B ; où creuser ?

Dans les premières phases des apprentissages (au CE2 et au CM1 notamment), nous aurons recours essentiellement aux problèmes des deux premiers types, car les autres présentent un caractère théorique plus marqué.

4.2 Des problèmes spatiaux à des problèmes plus « théoriques »

Les problèmes que nous venons de décrire du point de vue de leurs caractéristiques mathématiques comportent des données qui sont en partie des objets, en partie des relations.

Face à ces problèmes, l'élève :

– peut anticiper et prévoir le résultat ;

– peut aussi décrire les actions en employant ou produisant des désignations ou des énoncés exprimés sous des formes variées qui évolueront vers une expression plus mathématique.

Par ailleurs, la résolution de ces problèmes peut conduire à des éléments d'institutionnalisation : le « pas de côté » effectué en passant notamment des relations ou des objets eux-mêmes à des évocations, et le recours au langage (institutionnel ou en voie de l'être) facilitent ce passage.

Le changement de domaine des objets peut être effectif au sein d'une même situation. Certaines d'entre elles d'ailleurs comportent consécutivement des problèmes dans les trois domaines.

Les problèmes posés **dans l'espace sensible** (en début de situation) permettent la dévolution (l'élève s'approprie les objets et les relations de la situation, il prend conscience du but du problème) ainsi que le développement de procédures propres à cet espace.

Les problèmes posés **dans le domaine spatio-graphique** placent l'élève face à des objets qui ont un double statut :

– d'un côté, ces objets sont des représentations des objets de l'espace sensible. Au sein de la situation, ils évoquent en effet les objets de l'espace sensible dans la situation de départ. De plus, la représentation peut correspondre à des objets très différents ; un point peut figurer une trace d'épingle ou un arbre de la forêt, un trait peut figurer un fil... ;
– d'un autre côté, ces objets sont des objets matériels (donc spatiaux). Par exemple dans la situation « Sur la trace des roues » du thème 2 (Angle, perpendicularité et parallélisme), les traits droits représentent les traces des roues d'une voiture dans le désert ; mais ils sont aussi des traits sur une feuille de papier avec lesquels l'élève va pouvoir prendre des mesures, tracer des perpendiculaires...

Ainsi donc, par le premier statut de ces objets, la dévolution des problèmes dans le domaine spatio-graphique est facilitée et, par le second statut, l'élève va développer des procédures et des connaissances moins directement spatiales et d'un caractère un peu plus « théorique ».

Enfin, les problèmes posés **dans le domaine plus « théorique »** sont moins fréquents et peuvent se justifier dans le cas d'une généralisation par exemple. Les objets restent des évocations de ceux rencontrés en début de situation, dans l'espace sensible. Mais ils ne sont pas donnés à l'élève sous forme matérielle ; ils sont seulement évoqués par l'énoncé du problème (qui fait référence à la situation de départ bien entendu) : l'élève peut les représenter, à sa façon, de manière à ne pas être tenté de reproduire des réalités spatiales, mais au contraire de manière à s'en dégager et à faire abstraction justement de ces réalités spatiales en réalisant un schéma, par exemple pour répondre à la question : « Peut-on produire un triangle qui a deux angles droits ? »

Chapitre 3
Langage et géométrie

Il est sans doute excessif de parler de « langage géométrique » ou de « langue géométrique » à l'école élémentaire, car il s'agit, plutôt que d'une langue à part entière, d'un domaine particulier de la langue naturelle et d'un usage défini et contraignant du langage ordinaire. Néanmoins, nous pensons qu'un certain nombre de caractéristiques spécifient suffisamment ce domaine et cet usage pour que l'enseignant n'oublie pas, pendant les activités de géométrie, qu'il doit aussi veiller à cet aspect particulier de la maîtrise de la langue chez ses élèves. Il faut que l'enseignant intègre dans sa réflexion didactique la dimension langagière qui interfère à tout moment avec les apprentissages disciplinaires.

Les spécificités du langage géométrique

Nous analyserons les spécificités du langage géométrique d'abord sous l'angle des difficultés que son apprentissage peut occasionner chez les élèves du cycle 3, puis sous l'angle de ses fonctions.

1. LES DIFFICULTÉS D'APPRENTISSAGE

1.1 Un vocabulaire nouveau

La géométrie, comme tout domaine théorique particulier, comporte un **vocabulaire spécifique** qui n'est pas familier à l'élève et qu'il va devoir apprendre. Ainsi, les termes « segment » et « perpendiculaire », par exemple, n'ont pour ainsi dire pas d'existence sociale en dehors de leur usage géométrique et il est très difficile de leur trouver des termes de remplacement, des substituts ou des périphrases adéquats. Pour segment, on parlera de « trait » ou de « morceau de droite » mais ces synonymes ne sont pas vraiment équivalents. Dans le champ des mathématiques et en particulier en géométrie, l'intérêt du vocabulaire est qu'il spécifie de manière univoque les notions qu'il désigne, qu'il est adéquat au concept en question ; les objets et les relations géométriques étant autoréférencés, leur désignation n'est pas source d'ambiguïté : une droite, par exemple, est identique à sa définition géométrique et n'est rien d'autre que cette définition même. Par ailleurs, chaque terme géométrique, de manière variable selon les différents niveaux de connaissance des sujets, condense tout un savoir.

La question relative à l'appropriation du vocabulaire géométrique par les élèves est double. D'abord, **à quel moment de l'apprentissage convient-il d'introduire tel ou tel terme ?** Dans la mesure où ces termes sont tout à fait conventionnels, ils ne peuvent être devinés ou déduits par les élèves. C'est le maître ou éventuellement un élève « savant » qui proposera l'usage du mot nouveau et les élèves peuvent percevoir l'intérêt de donner un nom à certains objets ou relations sur lesquels ils travaillent. L'introduction d'un mot nouveau n'est pas tout, il faut aussi décider **à quel moment l'institutionnaliser,** voire quand l'exiger. Il faut également déterminer quels sont les termes spécifiques dont le sens et la maîtrise sont indispensables en fin de cycle 3.

Si les réponses précises quant à l'introduction et à l'institutionnalisation de tel ou tel terme sont apportées dans chacun des thèmes, des éléments communs guident la réflexion. Nous avons remarqué que, comme dans d'autres domaines lexicaux, la compréhension précède la production et que le vocabulaire passif (susceptible d'être compris) est plus étendu que le vocabulaire actif (effectivement utilisé). Un élève peut reconnaître et comprendre le mot « segment » sans être pour autant capable de le mobiliser et de l'employer en situation. **Il convient donc que ces termes nouveaux soient introduits en classe et que les élèves se familiarisent avec eux avant de leur demander de les utiliser.** Comme nous le verrons plus loin également, **ce vocabulaire spécifique n'a de chance d'être assimilé que s'il est utilisé, réutilisé, surappris dans des conditions réelles de communication.** Les études sur l'acquisition des langues vivantes ont également montré la nécessité de limiter l'introduction de vocabulaire nouveau. Si l'on multiplie à l'excès les termes à apprendre, les élèves oublient les mots anciens au profit des mots nouveaux. La multiplicité de termes spécifiques de la géométrie peut être (et est de fait) source de confusion ; des élèves peuvent confondre les mots « rayon » et « diamètre », ou « parallèle » et « perpendiculaire », sans que cela révèle une confusion des notions en jeu. Si ce vocabulaire rigoureux est une aide à la compréhension et à la fixation, il importe de ne pas transformer cette aide en obstacle.

1.2 Un vocabulaire polysémique

Plus problématique et source de plus grandes difficultés est le **vocabulaire commun au langage naturel et au langage géométrique,** mais dont le sens géométrique s'éloigne ou diffère des sens habituels. Il en va ainsi de termes très usuels comme « milieu » ou « centre ». La polysémie du terme « milieu » n'est en fait maîtrisable que si l'on distingue clairement les différents domaines d'emploi de ce terme, c'est-à-dire les différents champs de connaissance qui y recourent : le milieu du segment n'est pas le même que le milieu social, qui lui-même n'est pas le même que le milieu marin, ou le Milieu tout court… Tant que les champs de référence ne sont pas distingués, le mot peut être source de confusion. Pour certains adultes, la prégnance du sens banal est telle qu'elle vient oblitérer le sens géométrique : par exemple, pour certains, le triangle n'a et ne peut avoir qu'un « sommet », c'est-à-dire ce qui est à la fois « pointu » et « en haut », comme le sommet d'une montagne, alors qu'on demande très vite aux élèves de reconnaître qu'un triangle a trois sommets. Toutes les expressions comportant le mot « droit » ou « tout droit » sont porteuses de nombreuses ambiguïtés. Pour certains élèves de cycle 3, un trait droit se distingue d'un trait « penché », c'est-à-dire qu'un trait droit est forcément parallèle à l'un des bords de la feuille, sinon il n'est « pas droit ». Rectilinéarité et parallélisme, horizontalité et verticalité, ne sont pas distincts d'emblée dans le terme « droit ».

On voit qu'il y a là des significations à détacher les unes des autres, à démêler, à délier, ce qui se fera corrélativement à la construction des connaissances et à la maîtrise des procédures géométriques.

1.3 Une familiarisation antérieure

Un problème particulier concerne le **vocabulaire géométrique initial devenu familier.** Dès l'école maternelle, les élèves emploient les termes « carré », « triangle » ou « rectangle » et ils fréquentent les objets scolaires correspondants (objets matériels, bien sûr, mais incarnant pour l'adulte des objets géométriques). Ils connaissent donc ces termes-là bien avant d'avoir construit les propriétés des concepts sous-jacents à ces objets. Il s'agit de termes qui adhèrent alors fortement à des prototypes perceptifs, à des dispositions spatiales souvent très codifiées dans des configurations particulières. Le carré est toujours sur sa base, le triangle n'est jamais quelconque... Cette inscription dans des prototypes risque de faire obstacle ensuite à la plasticité du concept et à ses relations avec les autres. C'est ainsi que certains élèves parlent de « rectangles penchés » pour désigner des parallélogrammes. Plus encore, pour eux, les rectangles allongés sont plus « rectangles » que les rectangles dont les longueurs de côtés sont peu différentes.

1.4 Des formulations spécifiques

Le langage géométrique comporte non seulement un lexique spécifique mais aussi des tournures, **des expressions caractéristiques,** des « façons de dire » bien particulières dont il est difficile de faire l'économie. Sans même utiliser les formulations canoniques et conventionnelles qui seront travaillées au collège, parler du « cercle passant par deux sommets du carré » peut entraîner des difficultés de compréhension chez l'élève qui parfois situe les sommets du carré à l'intérieur du disque.

En outre, en géométrie, les élèves sont parfois confrontés, à une diversité de formulations, source de difficultés. Par exemple, nous admettons facilement l'équivalence des deux propositions suivantes : « les droites D1 et D2 sont parallèles » et « la droite D1 est parallèle à la droite D2 », mais sont-elles équivalentes pour des élèves qui sont justement en train de construire la notion de parallélisme ? La première formule considère de la même manière les deux droites en question, alors que, dans la seconde, l'une des droites est caractérisée par sa référence à l'autre. De plus, chacune de ces formulations peut être à l'origine de difficultés différentes. Si je parle de « droites parallèles », le parallélisme peut apparaître moins comme une relation entre objets théoriques ou spatiaux (ici droites ou traits), ce qu'il est effectivement, que comme une caractéristique intrinsèque à un ou plusieurs objets donnés, caractéristique tellement déterminante qu'elle pourrait à la limite en exclure d'autres : comment deux droites qui sont, par nature, parallèles, pourraient-elles être en sus perpendiculaires, même si c'est à une troisième droite ? À l'inverse, si le maître parle d'une « droite parallèle à une autre droite », il ne s'aperçoit pas nécessairement que la réciprocité de la relation en question est occultée par la formulation et, pour de jeunes élèves, il n'est pas d'emblée évident que la seconde droite est parallèle à la première, comme la première l'est à la seconde. Tout cela incite l'enseignant à la plus grande vigilance dans le maniement de formules apparemment simples, mais qui justement « ne vont pas de soi ».

1.5 La multiplicité des signes graphiques

Enfin, le langage géométrique comporte un certain nombre de **signes graphiques** particuliers qui codent une relation ou une propriété géométrique, comme ⊥ ou //, dans des textes ou sur des figures. En un sens, ces signes sont simples car ils sont le plus souvent de nature iconique et entretiennent un rapport de ressemblance avec cela même qu'ils désignent. Mais il faut se souvenir que ce sont des signes au deuxième degré, « des signes de signes », et que leur emploi ne peut donc précéder l'emploi du vocabulaire de référence. L'élève n'emploiera pas le codage de l'angle droit si le terme linguistique lui échappe. N'oublions pas aussi que ces codages graphiques peuvent eux aussi être source d'ambiguïtés. Que l'on songe simplement aux multiples façons de coder un point : un petit rond, un rond nettement plus gros, une croix (le point, intersection de deux droites pour l'expert), une croix et la lettre le désignant à côté, une petite barre pour indiquer le point comme extrémité d'un segment ! Il serait naïf de croire que les élèves manipulent d'emblée avec aisance ces différents codages.

2. APPRENDRE LE VOCABULAIRE GÉOMÉTRIQUE OU APPRENDRE À PARLER GÉOMÉTRIE ?

Décrire les spécificités et les difficultés du langage géométrique en termes de lexique et de formulations, comme nous venons de le faire, n'implique surtout pas de confronter les élèves à une leçon de vocabulaire. Il ne s'agit en rien, de notre point de vue, de faire apprendre aux élèves une liste de termes décontextualisés, indépendants les uns des autres, avec leur définition simplifiée (en langage théorique mais non axiomatique) ou une liste de formulations canoniques (ce qui pourra devenir nécessaire plus tard, au collège).

Certes, toute langue peut s'analyser en lexique plus syntaxe mais il s'agit là d'une approche théorique de l'objet langue, et en aucun cas, d'une théorie de l'apprentissage de cette langue. Apprendre à parler, c'est toujours apprendre à maîtriser tout un ensemble de conduites langagières, riches et variées, dans lesquelles les outils linguistiques vont peu à peu apparaître et révéler leur nécessité puis être eux-mêmes objectivés.

Le même principe peut s'appliquer au langage géométrique, qu'il convient d'introduire dans des pratiques langagières effectives, dans des situations où elles sont requises ou utiles, en sollicitant et en développant des compétences spécifiques.

Si une grande vigilance s'impose quant à la manière d'aborder le langage géométrique, c'est aussi parce que l'on sait maintenant que le « rapport scolaire au langage » est bien au cœur des inégalités scolaires. Comme le montrent les travaux de Lahire : « Les élèves restant les plus étrangers à l'univers scolaire parviennent difficilement à saisir le langage indépendamment des situations qu'il structure et dans lequel il trouve son sens et ses fonctions, c'est-à-dire comme quelque chose de dissociable des situations d'énonciation et des situations construites par les énoncés. »[12] Si nous voulons que tous les élèves trouvent sens au langage géométrique, nous ne devons pas les placer d'emblée dans une

12. LAHIRE BERNARD, « Culture écrite et inégalités scolaires. Sociologie de l'échec à l'école primaire », Presses Universitaires, Lyon, 1993.

situation où ce langage soit comme importé, imposé comme une norme culturelle extérieure et de fait discriminante. Nous devons aussi éviter l'écueil inverse qui reviendrait à se contenter trop longtemps de formulations imprécises et approximatives, sans permettre la moindre prise de conscience de la nature même de ce langage précis. Nous avons essayé de placer les élèves dans de réelles situations d'interactions, où l'on parle parce que l'on en a besoin et où les formulations géométriques émergent des exigences de la communication, et sont d'autant plus facilement appréhendées qu'elles sont justifiées.

3. POURQUOI ABORDER LE LANGAGE GÉOMÉTRIQUE DÈS LE CYCLE 3 ?

L'analyse des difficultés et des risques évoqués plus haut pourrait en effet conduire à différer vers le collège l'appropriation d'un langage géométrique spécifique, en ne voyant en lui qu'une source de difficultés superflues et plus un obstacle qu'une aide. À la limite, on pourrait tolérer de passer sa vie en parlant de « rond », sans jamais utiliser ni distinguer le mot « cercle » ni le mot « disque », en arguant du fait que les enfants qui parlent de « rond » se font fort bien comprendre et savent de quoi ils parlent ! Il faut donc analyser la légitimité de ce langage d'une part et d'autre part l'intérêt de travailler à sa maîtrise dès le cycle 3 de l'école élémentaire, en liaison avec la construction des connaissances géométriques.
« On pense signes du langage ou de la mathématique, ou de la musique – ou on ne pense pas ; il n'existe pas de pensée innommée, de concepts innommés, dans aucun domaine de l'esprit »[13], affirmait le philosophe Meyerson. Cette indissolubilité du langage et de la pensée s'affirme incontestablement à l'école où la pensée des élèves se construit grâce à la parole et à travers l'échange, et ce dès l'école maternelle, comme le montrent les travaux d'Amigues et Zerbato-Poudou[14].

On peut rapidement élucider la question des relations entre un domaine de pensée et un usage spécifique du langage dans le cadre de référence de la pensée vygotskienne, en posant d'abord que tout langage remplit indissolublement deux fonctions fondamentales.

D'abord, il permet la **communication** en assurant le partage des significations, l'adhésion individuelle à des sens collectifs. Un langage géométrique correct, rigoureux, permet de créer des consensus de référence qui vont pouvoir peu à peu se passer de la caution du maître et déborder le cadre restreint du groupe classe de départ. Ce qui fonctionne dans la langue ordinaire, l'émergence de significations communes, fonctionne a fortiori et de manière plus nette dans et grâce au vocabulaire géométrique. Un segment, c'est la même chose pour toi et pour moi (même si ce n'est pas exactement la même chose pour l'expert et pour le novice), nous nous sommes mis explicitement d'accord là-dessus, ce qui n'est pas forcément le cas d'une maison par exemple, puisque

13. MEYERSON Ignace, « Écrits 1920-1983. Pour une psychologie historique », PUF, Paris, 1987.
14. AMIGUES René et ZERBATO-POUDOU Marie-Thérèse, « Comment l'enfant devient élève », Retz, Paris, 2000.

ce dernier mot peut avoir des halos de significations, des connotations différentes pour les uns et pour les autres, et que nous l'employons sans avoir vérifié notre « commun accord ». Il apparaît clairement qu'un langage approprié permet le réglage social qui va s'exercer dans l'échange et la coopération, en évitant que les opérations de pensée ou les actions restent individuelles et difficilement transmissibles.

Cette première fonction (de communication) prend toute sa valeur si on la corrèle à la seconde, qui est une fonction de **construction de la pensée,** ce que Vygotski résume ainsi : « En se transformant en langage, la pensée se réorganise et se modifie. Elle ne s'exprime pas mais se réalise dans le mot. »[15] Sans doute le langage géométrique réorganise-t-il un premier niveau de pensée et de langage naturel mais il ne s'agit pas seulement d'un outil supplémentaire, encore moins d'un nouvel « habit » de la pensée, mais d'une élaboration conjointe où le concept construit va acquérir un niveau supérieur d'élaboration et de relations avec les autres concepts. La compréhension et l'utilisation du terme théoriquement juste font partie de la construction du concept (même si elles n'en sont pas le tout et doivent s'accompagner d'expériences variées[16]).

Toute formulation géométrique met d'ailleurs nécessairement l'accent sur les relations qu'entretiennent les objets théoriques entre eux. Les élèves ont besoin des mots « parallèle » et « perpendiculaire » dès lors qu'ils ont à construire ou à communiquer une figure comme la figure 1. Avec à leur disposition seulement les expressions ordinaires (« ça se coupe » et « ça va tout droit »), ils ne peuvent en venir à bout. **Le vocabulaire géométrique va donc contribuer à créer chez l'élève la prise de conscience de la spécificité des objets géométriques.** Pourquoi se met-on à parler de « segment » et non plus seulement de « trait » ? Pourquoi les traits représentent-ils, selon les cas, une droite ou un segment ? Si l'on a pris soin d'éviter une transmission formelle de définitions, alors la distinction entre trait et segment doit faire sens pour l'élève et l'amener, au minimum, à se dire que non, décidément, un segment ce n'est pas la même chose qu'un trait[17].

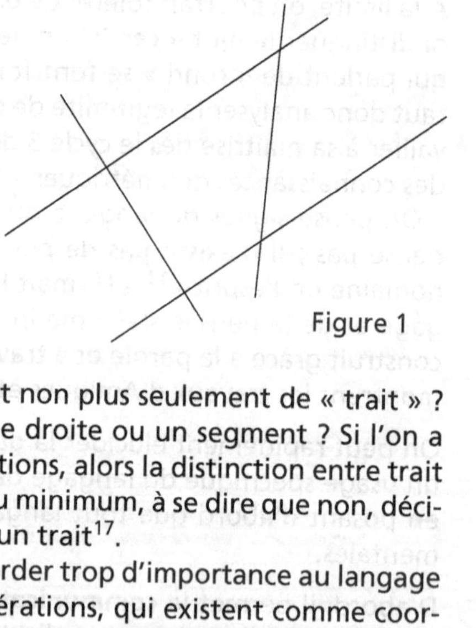
Figure 1

Piaget lui-même, qu'on ne saurait soupçonner d'accorder trop d'importance au langage dans la construction de la pensée, notait que les opérations, qui existent comme coordinations entre actions avant d'être transposées sous une forme verbale, gagnaient ensuite indéfiniment plus de pouvoir, de mobilité, de généralité grâce au langage. **Les mots sont porteurs d'un pouvoir de généralisation et d'abstraction qui aide grandement à la conceptualisation, grâce à leur « condensation symbolique ».**

Il semble donc que, quelle que soit la référence théorique choisie, on ne doive pas sous-estimer l'importance d'un vocabulaire et des formulations propres au domaine géométrique ; **une des tâches du maître est alors d'en faciliter l'accès et la progressive maîtrise.**

15. VYGOTSKI LEV, « Pensée et langage ». Éditions sociales, 1985.
16. Voir le chapitre 2 de la présente partie, « Repères sur les savoirs en géométrie ».
17. Cf. la distinction entre « figure » et « dessin », page 50.

Les mots de la géométrie à la fois facilitent la fixation et la structuration des connaissances pour chacun et portent avec eux la dimension symbolique de la culture commune à tous.

4. QUELLES FONCTIONS DU LANGAGE GÉOMÉTRIQUE AU CYCLE 3 ?

Le langage en géométrie permet d'effectuer une **analyse de la tâche** mais aussi une **analyse de la figure** : dans une situation de communication, les formulations que les élèves élaborent sont un moyen essentiel pour passer du dessin, qui a des caractéristiques perceptibles, à la figure qui, tout en conservant des caractères sensibles, est définie par des caractères géométriques. Le langage peut porter aussi sur une **description de la production,** celle qu'on a effectuée ou celle d'un autre, une **description de la méthode** employée et enfin une **justification** de ce qui a été fait ou une **critique.** Nous signalons par là que la **verbalisation est un outil, un moment indispensable pour l'acquisition des connaissances en géométrie.** Les formulations sont importantes et nécessaires, puisqu'il n'est pas toujours possible de se contenter de représentations mentales (images d'action virtuelle, notions, etc.) difficiles à transmettre : il faut aussi des représentations sémiotiques (signes langagiers oraux ou écrits appartenant à un système qui a ses contraintes propres) partagées et réglées.

Une des premières conséquences de notre point de vue sur la fonctionnalité du langage géométrique est d'accorder, bien sûr, **la priorité chronologique à l'oral.** Il faut d'abord que les élèves « parlent géométrie » et que les pratiques d'écriture, qui sont aussi indispensables, viennent s'ancrer sur des pratiques orales et les transformer, mais non les précéder ou les empêcher.

Quelles conduites langagières développer dans le cadre de la géométrie au cycle 3 ?
Les élèves ont besoin d'un minimum de langage géométrique pour :
- décrire des figures ;
- expliquer leurs procédures ;
- argumenter sur leurs productions ou celles de leurs camarades.

C'est à travers ces conduites qu'ils découvriront la nécessité et l'intérêt de disposer d'un langage approprié, et qu'ils le développeront peu à peu.

4.1 La description

Qu'est-ce que décrire ? Il s'agit d'une conduite discursive précise qui suppose des compétences langagières bien particulières et qui est fortement sollicitée à l'école. Décrire suppose d'abord un travail minimal de **décentration.** En effet, pour décrire à quelqu'un quelque chose qu'il ne voit pas (et sinon pourquoi en faire une description ?), il faut d'abord se faire une représentation de ce qu'il sait et de ce qu'il ne sait pas, de ce qu'il voit et de ce qu'il ne voit pas. Il faut aussi connaître l'enjeu de cette description : à quoi sert-elle ? à identifier une possibilité parmi plusieurs ? à faire reproduire à l'identique ? à créer une image mentale ? Les situations de communication proposées en géométrie doivent prendre en compte ces paramètres, si l'on veut que les élèves adhèrent à l'activité et y trouvent du sens.

Dans une description de figure à des fins de reproduction, il y a souvent une chronologie : par exemple si on veut décrire la figure 2, il faut commencer par tracer le triangle ABC puis la perpendiculaire à (AC) passant par B... Cette chronologie repose sur une analyse de la figure : avant d'arriver à la description, il est nécessaire d'identifier les figures de bases (ou élémentaires) qui la composent. Dans la figure ci-contre, il faut identifier, par exemple, un triangle rectangle, une droite perpendiculaire (ou une hauteur), un segment. Il faut ensuite identifier les liens entre ces figures (par exemple se dire que la perpendiculaire est perpendiculaire à un côté du triangle et passe par un sommet...), et enfin définir une chronologie.

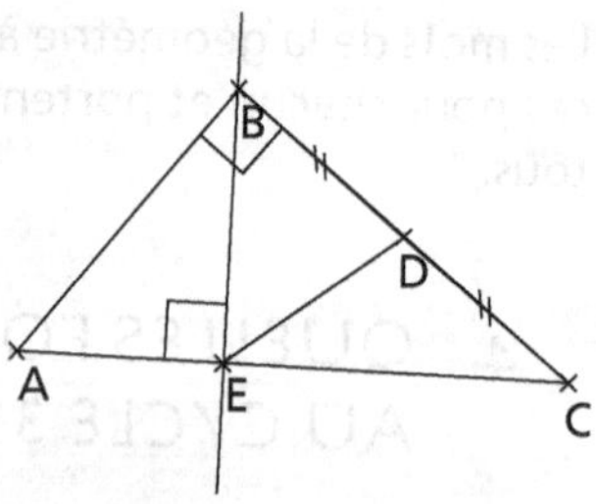

Figure 2

4.2 L'explication

L'explication des procédures employées en géométrie met bien en évidence la difficulté pour de jeunes élèves de s'exprimer sans montrer, souvent même sans accompagner leur propos d'une gestuelle. C'est ce dont témoigne la présence de nombreux déictiques dans leurs discours : « et puis là, j'ai fait ça », ou « j'ai fait comme ça », appuyé par un geste. Un discours explicatif auto-suffisant, difficile, pousse à la mentalisation des procédures employées et donc à l'évocation d'images mentales et non plus seulement de gestes d'action. S'il faut trouver les mots pour dire comment on a pu, par exemple, anticiper dans sa tête la position d'un point symétrique d'un autre par rapport à une droite, l'élève va sentir la nécessité de termes précis et d'une explication claire.

Cependant, lorsque les élèves recherchent des procédures inédites dans le cadre de la résolution d'un problème, il est parfois difficile pour eux d'expliquer ou d'expliciter les tracés qu'ils ont produits. En effet, ceux-ci sont effectués de manière successive mais ils apparaissent ensuite synchroniquement sur le papier. Les élèves ont du mal à retrouver la chronologie de leurs procédures, chronologie qui n'est pas apparente comme elle peut l'être dans le domaine numérique.

4.3 L'argumentation

Il ne suffit pas d'échanger pour argumenter ; tous les échanges relatifs aux activités de géométrie ne sont pas nécessairement de nature argumentative, puisqu'ils peuvent consister aussi bien en descriptions, en explications. En revanche, si communiquer a une dimension plus large qu'argumenter, c'est un truisme de dire que toute argumentation suppose le recours au langage. Mais cette évidence est parfois difficile à assumer, surtout en géométrie où, pour les élèves, il est tellement plus facile de montrer ou de voir ! Nous nous sommes demandé ce que, grâce aux formulations langagières, la situation d'argumentation apportait d'indispensable à la construction de connaissances géométriques.

L'argumentation orale est ce qui permet aux élèves d'exprimer un désaccord et de faire de ce désaccord éventuellement une critique, peut-être aussi d'exprimer une incertitude... **Ce n'est que par l'argumentation que le conflit entre plusieurs types de preuves** (preuves perceptives, preuves instrumentées, preuves s'appuyant sur des propriétés) **peut être traité.**

Premièrement, il nous semble que le **recours au langage** sous la forme d'échanges oraux **permet de trancher là où le constat perceptif ne le permet pas.** En rendant possible l'analyse d'une production géométrique ou des propriétés d'une figure, c'est le langage qui permet de clarifier les ambiguïtés impossibles à lever par le regard. Pensons au cas, par exemple, des droites « presque » parallèles : si à l'œil on ne peut pas trancher, on ne pourra pas se dispenser de produire des arguments exprimés oralement pour faire valoir sa position.

Deuxièmement, **l'argumentation permet aussi de trancher sur la valeur d'une production**, de déterminer si elle est erronée ou non. Par exemple, si un tracé n'est pas parfait (l'angle droit n'est pas exactement droit), il peut s'agir d'une approximation, d'une maladresse du tracé ou encore d'une erreur de méthode. Là aussi, il nous semble que seul le recours au langage permet de dépasser des ambiguïtés, en explicitant par exemple une propriété géométrique de la figure tracée. C'est l'occasion de produire un langage élaboré qui ne s'appuie pas simplement sur la perception (« ben, ça se voit » ne suffit pas toujours à convaincre).

Plus généralement, **nous pensons que le langage en géométrie est le moyen privilégié pour faire évoluer les types de preuve auxquels les élèves peuvent recourir.** Sur le plan des apprentissages, les formulations mettent en effet en évidence les limites de la preuve perceptive : fondamentalement, le langage fragilise le simple appui sur la perception et cet aspect doit être appréhendé et travaillé par les élèves, même si par ailleurs les formulations qu'ils produisent sont souvent imparfaites. Ce qui rend l'argumentation en géométrie difficile, c'est le fait que les formulations ne peuvent être la simple négation du registre figural mais consistent en un travail sur ce registre, en une réinterprétation de ce dernier.

La reconnaissance du rôle des interactions orales et de la nécessité d'assurer aux élèves une réelle dévolution des processus de validation ont donné une importance croissante à l'étude des échanges argumentatifs. La conception de l'argumentation dans l'enseignement a évolué dans de nombreuses disciplines. Elle n'est plus considérée simplement comme l'opposition rhétorique, dans le cadre de débats ou de dissertations, de deux thèses déjà constituées devant conduire au rejet de l'une ou à une synthèse. Cette évolution est due en particulier au renouvellement des travaux sur l'argumentation à la fois par Perelman[18] et par Toulmin[19] en 1958, puis aux nombreux travaux menés dans le domaine de la logique naturelle et de la langue notamment par Grize[20], mais aussi à la redécouverte des premiers travaux de Piaget portant sur le jugement et le raisonnement[21].

L'argumentation en classe est envisagée plutôt comme la **co-construction** par des interlocuteurs d'une proposition que comme la persuasion de l'auditoire par un locuteur. Pour nous, elle a la double fonction d'**établir le vrai** (ou le vraisemblable) et de **convaincre** la communauté que constitue la classe. Il s'agit toujours de conviction et non de persuasion, c'est-à-dire d'amener à comprendre et non d'entraîner à agir.

---

18. PERELMAN Chaïm et OLBRECHTS-TYTECA Lucie, « Traité de l'argumentation », Paris, P.U.F., 1970.
19. TOULMIN Stephen, « The uses of argument », Cambridge University Press, Cambridge, 1958. Traduction française : « Les Usages de l'Argumentation », P.U.F., Paris, 1993.
20. GRIZE Jean-Blaise, « De la logique à l'argumentation », Droz, Genève, 1982.
GRIZE Jean-Blaise, « Logique et langage », Ophrys, Paris, 1990.
21. Cf. « Vrai ? Faux ? ...On en débat ! De l'argumentation vers la preuve en mathématiques au cycle 3 », chapitre 1. Équipe ERMEL, coordination DOUAIRE Jacques et HUBERT Christiane, INRP, Paris, 1999.

Dans tous les cas, **le débat en géométrie doit avoir un enjeu suffisant** pour les élèves et l'une des priorités est pour nous qu'ils ressentent la nécessité de formuler, de verbaliser, d'expliciter, et peu à peu d'analyser des propriétés pour argumenter en géométrie.

4.4 Vers un écrit géométrique ?

Par rapport aux travaux que nous avons menés dans le domaine numérique, la place de l'écrit en géométrie au cycle 3 paraîtra différente, même si elle relève des mêmes principes. Les **écrits institutionnels** ont bien sûr leur place, à condition qu'on ne les aborde pas trop tôt : il est utile, avec l'aide du maître, de garder la trace de définitions ou de formules synthétiques qui officialisent et authentifient le savoir construit. Le vocabulaire géométrique doit être consigné. Ce type d'écrit, certes limité, est destiné à durer, à rester utilisable, à servir de référence pour tous ; c'est la fonction du **cahier mémoire** évoqué dans certaines situations.

Mais, quand un élève est en situation de recherche en géométrie, ce qu'il produit de visible, ce ne sont pas des écrits, mais des **tracés**. Il ne nous paraît pas possible d'exiger de lui un texte écrit, témoignage de sa recherche personnelle, comme il nous semblait légitime de le demander dans le contexte numérique. En effet, avec les tracés géométriques produits, le risque de perdre de vue le but de la résolution du problème est moindre qu'avec les calculs seuls. Nous n'avons pas observé beaucoup de productions erratiques de dessins géométriques en guise d'élaboration de solutions, comme cela peut être le cas pour des calculs produits en boucle. En outre, les difficultés liées à la production d'une solution graphique comme le maniement des outils par exemple, requièrent déjà suffisamment l'attention de l'élève.

Par conséquent, nous mettons aussi moins l'accent sur la maîtrise progressive d'écrits communicables qui sont destinés à servir ensuite de supports de discussions entre élèves. Quand il s'agit de formuler des jugements sur les productions géométriques d'autres élèves, le recours à l'écrit est possible mais il n'apporte sans doute rien de spécifique par rapport à un échange oral. Le travail sur les ambiguïtés et les approximations des productions s'exerce déjà sur un support graphique qui peut être observé et analysé par tous. L'écrit peut être une aide à la formulation des jugements mais l'essentiel se joue au niveau des échanges oraux.

En revanche, certaines situations requièrent la maîtrise de la lecture et de l'écriture de textes bien précis. Il s'agit des **programmes de construction**. Ici, seul l'écrit permet de « dérouler » avec assez de rigueur l'enchaînement des actions à effectuer. Dans certaines activités, les élèves ont à produire une figure en suivant dans un ordre fixe les indications géométriques données : la lecture est alors incontournable. Réciproquement, il est utile qu'ils mesurent les difficultés de ce genre de texte, en termes d'explicitation, de clarté, de lisibilité quand, dans une situation de communication, ils ont à faire reproduire une figure à un camarade. La production d'un écrit de nature géométrique prend ici tout son sens, puisque dans ce cas l'écrit remplit ses deux fonctions majeures : médium de communication à distance avec autrui d'une part, et stabilisation, fixation, d'une pluralité d'actions ou de consignes à effectuer d'autre part.

Enfin, alors que dans le domaine numérique les problèmes de planification au cycle 3 exigeaient un travail spécifique sur la rédaction de solutions, nous pensons que, pour la géométrie, cet apprentissage relève très clairement du collège. Les problèmes que nous proposons ici ne nécessitent pas encore l'enchaînement de raisonnements qui sera au départ du travail sur la démonstration. Or c'est ce travail-là qui rend précisément indispensable la rédaction écrite de la solution. L'élaboration d'un texte écrit, reconstruisant de manière organisée et rigoureuse une démarche de résolution, nous paraît inaccessible et prématurée au cycle 3. Le travail de recherche et de validation exige déjà beaucoup des élèves en géométrie et le travail de mise en forme, caractéristique de l'écrit, est forcément plus tardif.

Nos choix didactiques

Nous avons vu qu'il était nécessaire d'ancrer les échanges en géométrie dans des fonctions langagières particulières et, tout particulièrement pour nous, dans la fonction argumentative. Il nous reste à préciser nos exigences concernant les expressions employées par les élèves.

1. QUELLE PLACE POUR LES FORMULATIONS DES ÉLÈVES ?

Le maître réalise l'interface entre le parler spontané des élèves et le langage géométrique correct. Il nous semble que **les tournures langagières produites par les élèves** ne doivent ni être systématiquement approuvées ni être systématiquement rejetées comme impropres, mais qu'elles **doivent bien sûr évoluer vers plus de justesse**. Dans ces expressions spontanément utilisées par les élèves, certaines sont gênantes et très ambiguës, d'autres beaucoup moins. Elles ne doivent pas être traitées de la même façon.

Si l'ambiguïté d'un terme ou d'une formule est irréductible, c'est au cours d'un débat impliquant l'usage de ce terme qu'elle apparaîtra comme source de difficultés telles qu'on ne peut que la rejeter. Par exemple, quand les élèves emploient le mot « entre » comme synonyme de « milieu » ou quand ils utilisent le mot « droit » dans tellement d'acceptions, avec des résonances tellement multiples que quasiment tout peut être dit « droit » ou « tout droit », il nous semble pertinent de **proposer des situations de communication où le mot juste, plus précis, plus rigoureux apparaîtra comme le seul moyen d'établir l'accord et de savoir, sans ambiguïté, de quoi l'on parle.**

Si un langage privé trop ambigu ne doit pas s'installer dans la classe, il serait en revanche **dangereux de dévaloriser systématiquement des formules qui sont porteuses de sens pour les élèves.** Elles permettent de constituer dans la classe un langage partagé qui, s'il n'est pas irréprochable sur le plan académique, n'est pas gênant intellectuellement car il ne suscite pas d'incompréhension ou de glissement de sens. Par exemple, après la situation « Les feuilles qui coulissent » du thème 2 (Angle, perpendicularité et parallélisme), les élèves ont tendance à parler de droites, ou de traits « penchés pareil ». Cette expression résume bien l'aspect du parallélisme qui y est travaillé (deux droites parallèles ont même direction), elle est acceptable et peut, de manière temporaire, faire sens pour tous les élèves. Sans doute vaut-il mieux l'accepter que d'imposer, de manière abrupte et profitable seulement à certains des élèves, le terme « parallèle ». Il ne s'agit pas non plus de le proscrire, s'il émane de certains élèves. L'enseignant peut y recourir mais sans l'imposer à ce moment-là.

À moyen terme, **ce langage partagé doit évoluer vers un langage institutionnalisé,** où le terme géométrique propre est introduit, reconnu et devient disponible pour chacun, puis exigible. Cette mise en place lexicale n'obéit pas à des exigences proprement linguistiques mais, bien davantage, à la construction progressive du concept, de manière à ce que le terme précis renvoie aux caractères invariants et essentiels du concept et non à un seul de ses aspects ou à une seule de ses caractéristiques au détriment des autres. Concrètement, cela signifie que le maître n'introduit pas prématurément du vocabulaire géométrique, qu'il doit **créer les conditions d'apparition d'un mot nouveau, solliciter les élèves dans des conditions de communication où le mot juste est nécessaire puis le faire travailler.** Nous précisons, dans la description des situations, à quel moment le vocabulaire géométrique est introduit, utilisé, puis institutionnalisé. À ce moment-là, il devient intéressant de s'arrêter à certains mots, d'en faire non seulement des outils pour s'exprimer mais des objets d'étude pour eux-mêmes (on peut par exemple faire savoir aux élèves que les mots « carré » et « équerre » ont une étymologie commune). Le vocabulaire géométrique appartient à une culture présente, mais aussi fort ancienne, que les élèves ne peuvent évidemment pas inventer et dont il faut assurer la transmission. Dans ce sens, **des activités de lecture de textes mathématiques** sont aussi un moyen de leur faire découvrir un vocabulaire culturel commun.

2. LE VOCABULAIRE EXIGIBLE

Nous avons, pour notre part et bien sûr dans le cadre des textes officiels, élaboré une liste exhaustive des termes, expressions et codages dont la maîtrise à la fin du cycle 3 nous paraît exigible des élèves parce qu'indispensable.
Il s'agit du langage géométrique à institutionnaliser à la fin du cycle 3 et non pas ici du langage « local » des élèves ou/et du maître.
Les élèves manipulent certaines expressions langagières correctement et assez facilement, d'autres méritent que le maître s'y arrête un peu ; d'autres encore seront utilisées par le maître dans des situations variées autour des algorithmes de construction, permettant ainsi aux élèves de s'imprégner d'un langage, d'une syntaxe qu'ils ne peuvent inventer.

2.1 À propos des relations

• **Alignement**

– Point, segment, droite, ligne : un point est sur une droite, sur un segment, sur une ligne, sur un cercle.
– Une ligne qui passe par un point.
– Milieu d'un segment, d'un côté.
– Points alignés.
– Un point est aligné avec deux autres points.

– Le point où les droites se coupent ; les droites se coupent en A.
– Le point est sur ... et sur ... .
Le point est désigné par une lettre majuscule (par exemple A).
On écrira le segment AB ; il n'est pas utile d'approcher la désignation usuelle [AB]. On dira toutefois que A et B sont les extrémités de ce segment.
On écrira la droite AB ; il n'est pas utile d'approcher la désignation usuelle (AB).
Le point est représenté par une croix : x , un petit rond : o , un petit trait quand il s'agit des extrémités d'un segment représenté ou par rien de spécial quand il s'agit du point d'intersection de deux droites représentées.

Pour l'élève, un trait tracé sur une feuille commence à représenter l'objet géométrique « droite », lorsqu'il intègre le fait qu'il s'agit toujours du même objet quand il le prolonge.
De même, un trait tracé sur une feuille représente l'objet géométrique « segment » lorsqu'il ne s'agit plus du même objet quand il prolonge ce trait.

• **Perpendiculaire/parallèle**

– Deux droites, deux côtés, deux arêtes sont perpendiculaires (parallèles).
– Une droite (segment) est perpendiculaire (parallèle) à une autre droite (segment).
– Les côtés sont parallèles entre eux (les côtés opposés sont parallèles).
– Deux côtés consécutifs sont perpendiculaires.
– Deux droites se coupent à angle droit.
– Deux droites se coupent en faisant quatre angles droits.

L'élève doit être capable de comprendre un énoncé qui exprime conjointement plusieurs informations (par exemple : « Trace la droite qui est perpendiculaire à la droite AB et qui passe par le point C. »)

• **Distance**

– La distance entre A et B.
– La longueur du segment AB.

• **Transformation (comparaison)**

– Une figure a un axe de symétrie.
– Deux figures sont symétriques.
– Deux figures sont superposables sans retournement ou avec retournement (avec initialement le langage : deux figures sont « pareilles/pas pareilles », réversibles).

• **Relations d'incidence**

– Un côté commun à deux figures.
– Une arête commune à deux faces.

• **Systèmes de repères**

– Ligne, colonne, rangée, case, nœud.
– Codage d'une case ou d'un nœud par le couple (a, 3) par exemple (on évitera de choisir le même système de codage sur les abscisses et les ordonnées de façon à ne pas avoir à traiter des codages du type (3,4) qui supposent une orientation du plan).

2.2 À propos des objets

• Pour les figures planes

Cercle

– Centre, rayon, diamètre et les expressions langagières associées :
  * le cercle de centre A et de rayon x cm ;
  * le cercle de centre A passant par B ;
  * le cercle de centre A et de diamètre x cm ;
  * le cercle de centre A et de diamètre BC.

Polygone

– Quadrilatère, losange, carré, rectangle (sa longueur et sa largeur).
– Sommet d'un polygone, côté d'un polygone.
– Triangles et triangles particuliers.
– Angle, angle droit, angles égaux.

• Pour les objets de l'espace

– Cube, solide, polyèdre, parallélépipède rectangle.
– Patron.
– Face.

Chapitre 4
Dessins, figures et représentations

Il est parfois nécessaire de représenter les objets pour rendre le monde plus compréhensible, plus intelligible. En effet, les différents objets rencontrés sont trop grands, trop petits ou trop chargés d'informations pour être appréhendés directement et convenablement : « Nous pouvons alors les appréhender de deux façons : la première en nous appuyant sur des mesures et des raisonnements, [...] dont l'intellect permet de dépasser les limitations des sens ; la seconde en construisant l'une ou l'autre représentation accessible à notre vue distincte, mais une telle construction s'appuie aussi sur des mesures et des raisonnements... »[22].

Si l'on reprend les termes de micro-espace et macro-espace, il s'agit de mettre au point ce qui est nécessaire pour saisir immédiatement dans le micro-espace ce qu'il n'est pas possible de saisir dans le même champ de vision dans le macro-espace (il est à remarquer que l'arpentage, la topographie et la géodésie sont trois techniques développées par l'homme pour saisir des portions de plus en plus vastes de son environnement).

En géométrie, comme dans d'autres domaines de l'activité humaine, l'utilisation des objets du plan ou de l'espace suppose donc le recours à des moyens pour les représenter. Nous apporterons d'abord quelques précisions quant aux termes liés aux représentations, puis nous décrirons les différents modes de représentation et enfin nous nous intéresserons à la place des techniques de dessin dans les apprentissages. Ces deux dernières parties permettront d'expliciter nos choix didactiques.

Quelques définitions

Pour pouvoir parler de dessins, figures et représentations, il faut distinguer deux sortes d'objets.

– **Les objets de l'espace sensible usuel** (une table, une boîte, une plaque de métal, etc.). C'est à partir des actions du sujet sur ces objets que la géométrie commence, « en repérant les régularités naturelles, elles [les actions] s'enchaînent et se coordonnent non pas au hasard, mais guidées par son intention de connaître. »[23] La perception des objets réels va permettre la construction de ce que Nicolas Rouche nomme les « pré-concepts », qui « se situent essentiellement au niveau de l'action et de l'intelligence des situations »[24].

22. Rapporté par ROUCHE NICOLAS dans « Formes et Mouvements », 4e partie : « Représenter les objets », produit par le CREM, page 207.
23. Rapporté par ROUCHE NICOLAS dans « Formes et Mouvements », 1re partie, produit par le CREM, page 19.
24. *Ibid.*, page 32.

– **Les objets idéaux ou objets géométriques** (une droite, un rectangle…). Ils trouvent leur place dans une théorie ; ces objets idéaux n'existent pas dans la nature, c'est à l'issue d'une construction intellectuelle qu'ils « […] tirent leur sens des expériences sensorielles et psychomotrices fondamentales »[25].

1. LES DESSINS ET LES FIGURES

1.1 Les dessins

On appelle dessin toute trace laissée par un outil dans un espace graphique.
Différents supports permettent de recevoir un dessin :
– le sable, trace laissée par un bâton[26] ;
– la feuille de papier (support papier-crayon), trace laissée par un crayon ;
– un écran d'ordinateur, par exemple au moyen de Cabri ou de Déclic Géo…

1.2 Les figures

La « figure » est l'objet de la géométrie euclidienne en deux ou trois dimensions, c'est une construction de l'esprit, un objet idéal. Elle peut être décrite par un texte, une formulation, l'énoncé de ses propriétés.

1.3 La différence entre figure et dessin

La figure ne doit pas être confondue avec sa « représentation » qui peut être un dessin dans l'espace graphique, mais également un objet de l'espace sensible (par exemple, une maquette ; voir ci-dessous).
Entre figure et dessin, d'autres distinctions sont possibles, en particulier dans la triade « référent – signifiant – signifié »[27].
Voici un schéma qui synthétise cette idée :

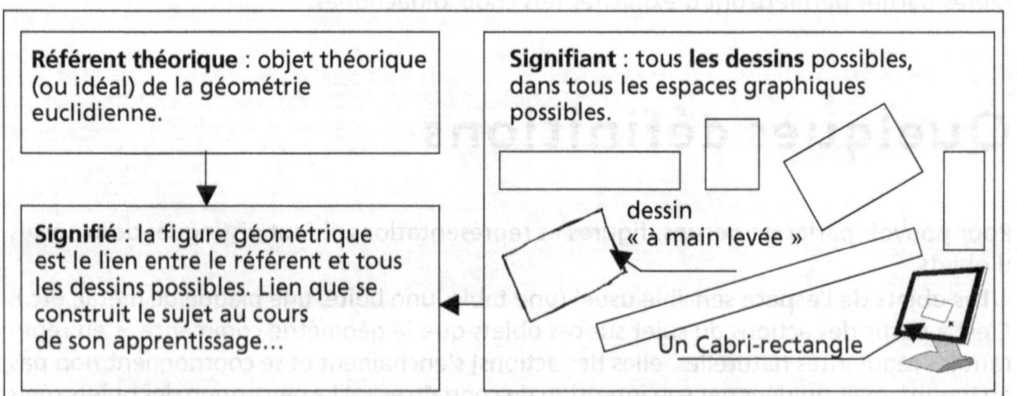

La triade référent – signifiant – signifié : l'exemple du rectangle

25. *Ibid.*, page 38.
26. Socrate trace un carré sur le sable pour faire travailler le jeune esclave de Ménon sur le problème de la duplication du carré (qui consiste à tracer un carré d'aire double d'un carré donné).
27. LABORDE COLETTE et CAPPONI BERNARD, « Cabri-géomètre constituant d'un milieu pour l'apprentissage de la notion de figure géométrique », *R.D.M.*, Vol. 14-1.2, La Pensée Sauvage, Grenoble, 1994.

En premier lieu, ces distinctions sont intéressantes car elles insistent sur le fait que ce n'est pas « un » dessin seul qui est significatif de la représentation d'un objet géométrique, mais tous les dessins possibles associés. Certains élèves affirment, en observant la trace d'un rectangle sur le papier : « c'est un (ou le) rectangle », exprimant certainement qu'il n'y en a pas d'autres, ou bien qu'un autre dessin « est » un autre rectangle. Cette centration sur le dessin unique est certainement un obstacle, rencontré au collège : « puisque ça se voit sur le dessin, il n'est pas nécessaire de produire une démonstration »...
Ensuite, ces distinctions sont importantes dans le sens où elles expriment que la notion de « figure géométrique » est une construction intellectuelle et donc qu'elle est progressive. Elle est, en effet, de longue durée et déjà en germe dès l'école maternelle.

2. LE DESSIN EST UN OBJET SPATIAL

Le dessin est un élément de l'espace graphique, dont certaines propriétés spatiales ne sont pas significatives des propriétés géométriques de l'objet qu'il est censé représenter (place sur la feuille, orientation, etc.) alors que d'autres le sont.
Ainsi la relation de perpendicularité (relation géométrique entre deux droites) est représentée par l'emplacement spatial particulier de deux « traits », obtenus par l'utilisation d'un instrument particulier (la réquerre[28] par exemple) ; de même pour le parallélisme, les angles, etc. Il ne va pas de soi, pour le novice, de faire la différence entre ce qui est justement significatif en terme de propriétés et de relations géométriques et ce qui ne l'est pas. Combien d'élèves du cycle 3 affirment que le dessin du carré désigne cette figure seulement quand les côtés sont parallèles aux bords de la feuille ?

3. LE DESSIN PEUT ÊTRE LA REPRÉSENTATION D'UN OBJET PHYSIQUE OU GÉOMÉTRIQUE

Reprenons le rectangle : si le dessin (figure 1) se veut la représentation d'un rectangle de 5 cm sur 3 cm, alors celle-ci est confondue avec l'objet. Mais ce dessin peut être la représentation d'un dessus de table (à l'échelle) pour laquelle on a effectué des choix dans les informations prélevées : par exemple, faire fi des propriétés qualitatives (les veines du bois...) pour ne conserver que celles que l'on peut qualifier de propriétés géométriques. Enfin, ce peut être aussi une figure (représentation d'un objet idéal) : les informations métriques que l'on pourrait prendre sur le dessin n'ont alors plus aucun sens.

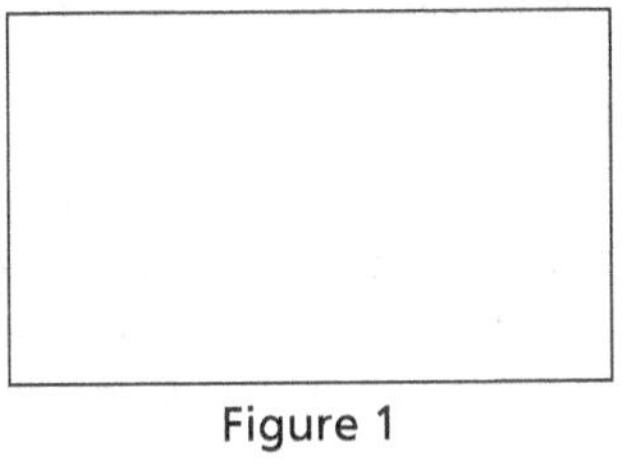

Figure 1

28. Voir le chapitre 5 de la présente partie : Les instruments de géométrie, p. 66.

Concernant ces différents types de représentations, la distinction entre les représentations d'un objet géométrique et celles d'un objet physique se fait selon le contexte et la fonction de celui qui produit et utilise le dessin : une nécessité de démonstration logique impose au mathématicien (ou à l'apprenti mathématicien) de concevoir le dessin comme la représentation d'un objet idéal (géométrique) ; en revanche, le dessinateur industriel, dans une situation de communication dans un bureau d'étude, représente, avec une technique particulière, des objets du monde professionnel (le dessus de la table).

Les différents modes de représentation

Commentons quelques représentations concernant les objets spatiaux et géométriques 3D et 2D, essentiellement celles qui sont susceptibles d'être utilisées ou mises en œuvre à l'école élémentaire. La « restitution du sens » de la représentation ne peut se faire qu'au prix d'une « certaine connivence » entre l'auteur de la représentation et le lecteur, et d'une culture commune entre ces deux locuteurs. L'auteur peut être l'enseignant qui pose un problème à un élève, qui illustre une propriété ou un élève qui doit communiquer à un autre des informations.

1. LES OBJETS 2D

Deux types d'objets sont à représenter :
– **les objets sociaux**, par exemple : quartiers de villes, les terrains, les pays (localement considérés comme plans, ce qui n'est qu'une approximation puisqu'ils sont en fait une partie de la surface de la sphère terrestre), etc. Le système de représentation sera nommé « plans et cartes ». Les objets matériels (donc en trois dimensions), s'ils ont une faible épaisseur, peuvent être aussi considérés comme des objets 2D (une feuille de papier, une pièce de tangram, une bâche dans la cour) ;
– **les objets géométriques**, en tant qu'objets idéaux de la géométrie euclidienne : rectangles, triangles, polygones, etc.
Nous renvoyons au paragraphe 1.3 (p. 54) pour l'étude des problèmes concernant les représentations des objets 2D. Plus loin (p. 57 et suivantes), nous étudions différentes techniques mises en œuvre dans les dessins représentant ces objets.

1.1 Les cartes et les plans

Dans les programmes actuels du cycle 2, on note : « situer des objets d'un espace réel sur une maquette ou un plan, et inversement situer dans l'espace réel des objets placés sur une maquette ou un plan »[29]. Il s'agit de mettre l'accent sur un apprentissage dont les difficultés étaient auparavant sous estimées. Marie-Germaine Pêcheux écrivait en 1990 :

29. MEN, « Programmes de 2002 », Espace et Géométrie, 4.1 Repérage, paragraphe 4. Voir sur le site Internet : http://www.education.gouv.fr/bo/2002/hs1/default.htm pour les commentaires.

« Au total, dans les pratiques scolaires, la systématisation des connaissances spatiales est laissée largement au hasard. »[30]

René Berthelot et Marie- Hélène Salin posent la question : « La représentation de l'espace à trois dimensions par un plan ou une carte peut-elle être considérée comme un véritable objet d'enseignement ? »[31] Nous pensons que quelques situations peuvent effectivement être proposées aux élèves des cycles 2 et 3, à condition, évidemment, qu'elles respectent un certain nombre de conditions didactiques qui seront développées dans le thème 7.

1.2 Dans quels types de situations ?

Nous distinguons les situations où les cartes ou plans sont nécessaires pour communiquer des informations sur un macro-espace inconnu de celles où les cartes et plans sont nécessaires pour communiquer ou déterminer une localisation précise où une action doit être entreprise (ce sont en fait des pratiques de référence, l'espace pouvant être, à l'école, le méso-espace).

Si nous nous plaçons dans une situation de communication, ce qui paraît être conforme à l'idée de construction d'un plan ou d'une carte, il est nécessaire de distinguer deux locuteurs, l'émetteur et le récepteur :
- pour l'émetteur : il s'agit d'anticiper les choix du récepteur ; en effet, le dessin qu'il va réaliser devra respecter au moins les propriétés topologiques et affines[32] de l'espace qu'il est censé représenter. Il y a également le problème des repères fixes qui seront indispensables à l'orientation du plan ;
- pour le récepteur : la démarche est inverse, à savoir mettre en relation les divers éléments du plan avec ceux qui leur correspondent dans un certain domaine de réalité. Il est nécessaire de déterminer l'orientation qui permet une lecture rapide et efficace du plan. La maîtrise, au moins implicite, de la transformation géométrique nommée « similitude », c'est-à-dire la capacité à faire des choix appropriés liés à la taille de l'espace, est nécessaire.

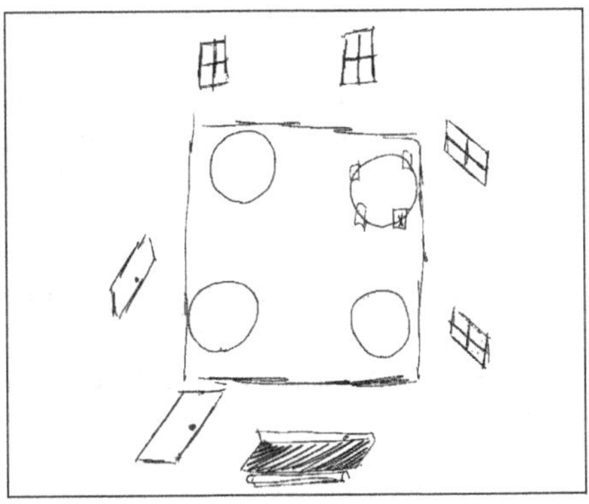

Figure 2 : dessin à main levée par un groupe d'élèves, à la fin de la situation « Positions et plan ».

Parmi ce type de situations, on trouve au CE2 la situation « Positions et plan » du thème 7 (Systèmes de repères) qui vise les objectifs suivants :
- trouver des moyens pour communiquer des positions d'objets dans un grand espace, en prenant en compte les positions relatives des objets entre eux et par rapport à des repères fixes externes au dispositif. Donc confectionner un plan d'un dispositif dans un grand espace (méso-espace) et le repérer par rapport à des repères fixes, externes à ce dispositif ;
- reconnaître la position d'un objet dans un grand espace étant donné sa position sur un plan manipulable ;
- mettre en congruence un plan et un espace.

30. PÊCHEUX Marie-Germaine, « Le développement des rapports des enfants à l'espace », Nathan, Paris, 1990.
31. BERTHELOT René et SALIN Marie-Hélène, « Conditions didactiques de l'apprentissage des plans et cartes », *in Espaces Graphiques et graphismes d'espaces*, La Pensée Sauvage, Grenoble, 1993, page 89.
32. Propriétés topologiques et affines : succinctement les relations de voisinage, de tracés d'un seul tenant, également de parallélisme, mais sans se préoccuper des mesures.

1.3 Quelles difficultés spécifiques ?

L'émetteur et le récepteur sont obligés de maîtriser un stock de références, nommées « archétypes »[33], qui est nécessaire pour qu'ils puissent se comprendre (représentation conventionnelle de points, segments, triangles, cercles, etc.). Toutes les représentations peuvent alors être rattachées par un assemblage de tels archétypes.

Certains dessins, bien que parfois éloignés de ce qu'ils sont censés représenter (par exemple sur certains logiciels une droite est représentée par un « escalier » à cause de la résolution graphique insuffisante), sont correctement reconnus. En effet, entre deux locuteurs experts, rares sont les lacunes communes. Mais, pour les novices, en particulier à l'école élémentaire, il en est tout autrement : une certaine familiarisation, pour ne pas dire un apprentissage, est nécessaire (pensons par exemple au symbole représentant un angle droit ou au signe exprimant le parallélisme).

En revanche, ce qui pose vraiment problème, ce sont **les objets idéaux qui ne sont pas représentables dans leur totalité** : droites, plans, angles, etc. De véritables difficultés sont observées chez les élèves de l'école élémentaire et du collège concernant ces objets géométriques particuliers.

Par exemple, sur la figure 3 ci-dessous, beaucoup d'élèves affirment que le point C n'est pas sur la droite d ou bien n'est pas aligné avec les deux points A et B. Tout ceci, parce que C n'est pas sur le « trait », en tant qu'objet spatial dans l'espace graphique.

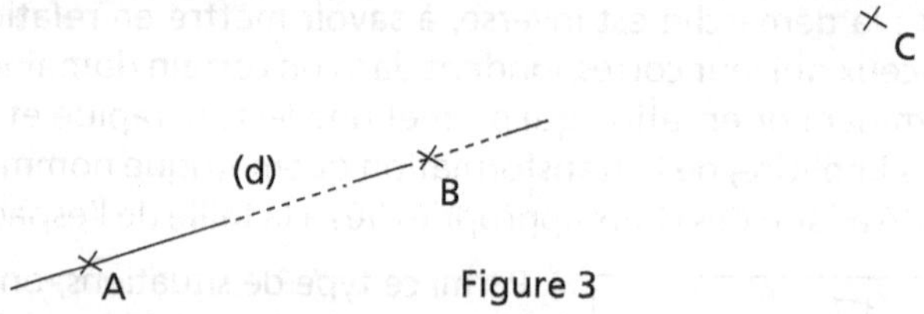

Figure 3

Le lien entre « trait » (dessin borné, les pointillés ne sont pas proposés à l'élève) et l'objet géométrique « droite » est très difficile pour l'élève. Il est vrai qu'aucun dessin ne pourra représenter en totalité l'objet idéal « droite », une substitution est donc nécessaire. Ceci est source d'ambiguïté pour le novice…

Alors que les points sont représentables dans leur totalité, ils présentent une difficulté liée justement au fait qu'ils sont « petits », qu'ils n'ont pas de dimension : il faut donc rajouter des traits pour les représenter. D'une manière générale, on perçoit trois niveaux dans l'interprétation d'une représentation graphique :

- l'objet : ici le point ;
- sa représentation : ici l'intersection des deux branches d'une croix, une tache d'encre ou un petit rond ;
- le nom du point : une lettre souvent en majuscules.

Entre ces trois niveaux, les confusions sont nombreuses chez les élèves :

- confusion « objet/représentation graphique » : pour eux le point c'est la croix, et l'on perçoit parfois cette erreur au niveau du repérage de l'alignement de points ;

33. PARZYZS BERNARD, « Le vu et le su », *Bulletin APMEP*, n° 364, 1989.

• confusion « point/lettre » : quand on parle de tracer une droite passant par le point A, certains élèves font passer cette droite par la lettre A elle-même.

Soit deux points A et B. Trace la droite passant par A et B puis...

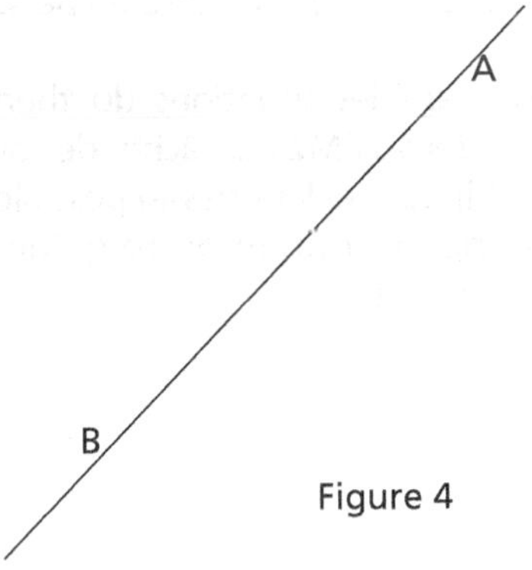

Figure 4

2. LES OBJETS 3D

2.1 Les « maquettes »

Cette représentation 3D, bien connue (des architectes par exemple), donne un maximum d'informations géométriques sur l'objet.
Au premier abord, faire des maquettes de solides est parfois considéré comme une tâche non mathématique relevant plus des activités de loisir que de l'enseignement mais ce n'est pas le cas : par la fabrication, les élèves expérimentent matériellement les relations d'incidence, les rotations dans l'espace (pliages) ; ainsi ils pourront ensuite les faire mentalement lors de la construction de patrons. Les objets fabriqués permettent également la validation pratique.
Dès le cycle 2, la confection de la maquette de la classe, en utilisant des boîtes de différentes grandeurs, est une activité qui met en jeu différentes connaissances spatiales (orientation, repérage relatif, etc.) ainsi que des problèmes de réduction (similitude/réduction).
Au cycle 3, nous faisons confectionner des maquettes en carton représentant certains objets idéaux (cubes, tétraèdres, solides divers, etc.) dans des situations adaptées (voir, par exemple, les situations « Assemblons les faces » au CE2, « Cube tronqué » au CM1, « Boucher le trou 2 » au CM2 du thème 6).

2.2 Les dessins en perspective

Il s'agit en fait de conventions et de codages tels que les pointillés, le rétrécissement des longueurs qui ne sont pas dans le plan frontal. Ces techniques sont codifiées : perspective cavalière, isométrique, perspective cylindrique ou conique (la figure 5 montre une représentation proche de la vision de l'œil humain et utilisée par les artistes). L'apprentissage de telles techniques ne relève pas de l'école primaire mais nous avons fait le choix de proposer des situations ayant pour enjeu la représentation,

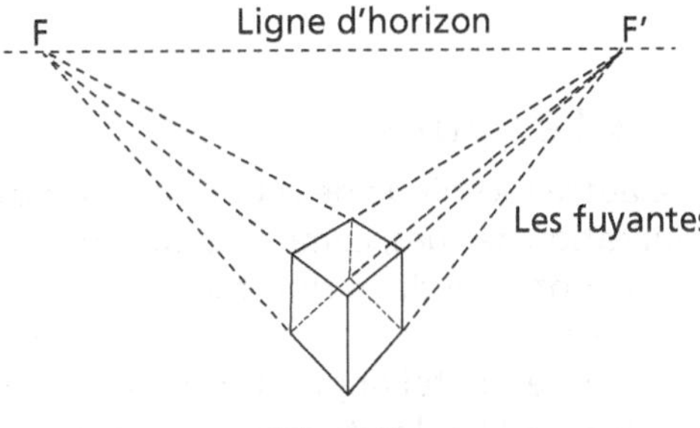

Figure 5

qui vont permettre aux élèves d'approcher la problématique de la perte d'information. Ce choix est influencé par le fait que les élèves fréquentent régulièrement, dans des livres de mathématiques ou non, des représentations en perspective sans que la technique elle-même ne soit questionnée.

Nous proposons donc dans les situations du thème 6 « Deviner le solide » au CE2 et « Représenter un solide 2 » au CM2 des tâches de communication entre groupes d'élèves, les obligeant ainsi à réfléchir au meilleur dessin possible afin de se faire comprendre.

La figure 6 propose une illustration de ce qu'un élève est susceptible de produire au cours d'une de ces situations.

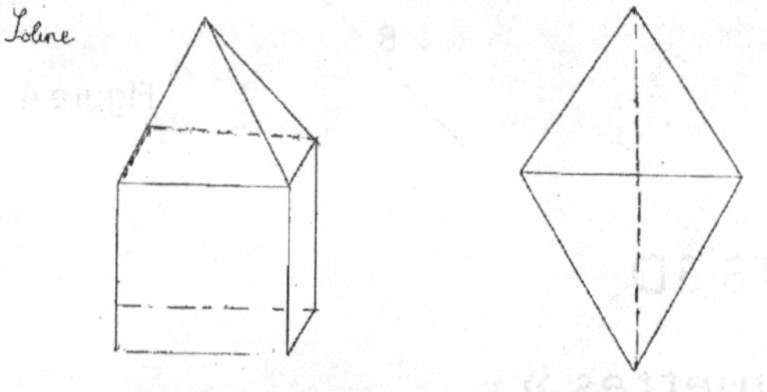

Figure 6

2.3 Les patrons

Dans les « patrons » de solides (figure 7), l'accent est mis sur la forme géométrique des faces ainsi que sur les relations d'incidence (relation entre faces, arêtes et sommets), bien que certaines (la flèche sur la figure ci-contre met en évidence l'une d'entre elles) soient occultées et qu'il ne soit pas facile pour l'élève de les restituer en observant seulement la représentation plane. Des situations concernant la construction des patrons sont mises en œuvre au cycle 3 ; par exemple, dans le thème 6 « Patron de solide » au CM1 et « Patron de pavé » au CM2.

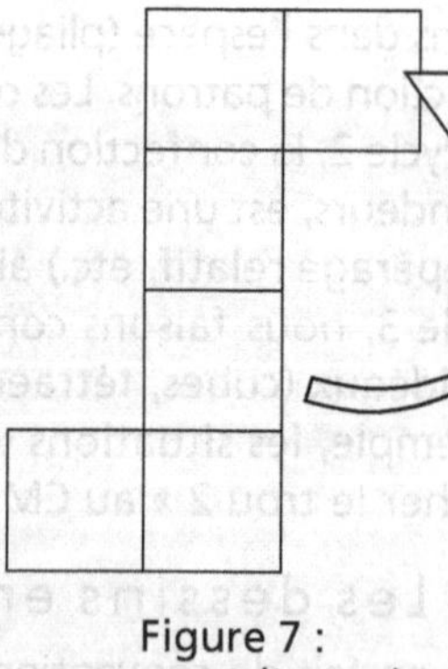

Figure 7 :
« patron » d'un cube

2.4 Les vues

Une autre technique de représentation usuelle, surtout dans le domaine technique, est l'utilisation de vues, comme le montre la figure 8. Cette technique a de nombreux avantages dont celui de permettre, moyennant une disposition adéquate des vues, de faire des constructions d'intersections par report de longueurs. Encore une fois il ne s'agit pas de proposer un tel apprentissage aux élèves de l'école mais on voit apparaître des dessins de vues lors de situations de communication.

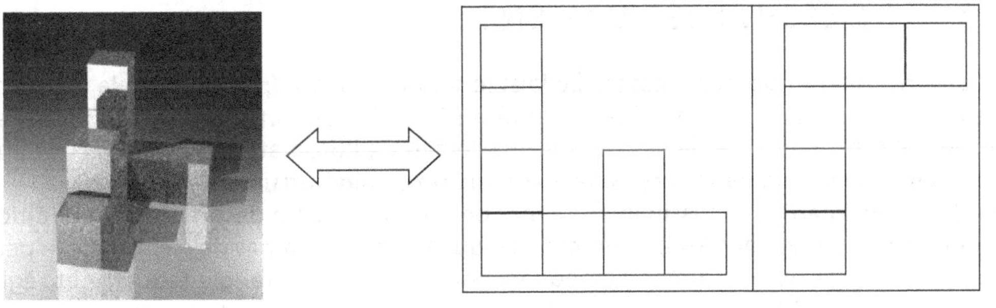

Assemblage composé de cubes, photographié sous un angle de vue particulier.

Deux dessins représentant des vues (gauche et dessus) du solide ci-contre.

Figure 8

2.5 Quelles difficultés spécifiques au 3D ?

Le passage de l'objet à sa représentation entraîne une perte d'informations plus ou moins importante selon le type de représentation choisi. Le choix des informations à préserver ou pas entraîne différents modes de représentations.

Si la représentation s'avère fondamentalement utile, le passage de l'objet 3D à sa représentation nécessite un long apprentissage. Nous développons plus en détail dans la partie théorique du thème 6 ces différents aspects.

Les techniques de dessin

Dans certains problèmes, la représentation a besoin d'être très précise car elle est utilisée pour prendre des mesures ; dans d'autres, la précision est sans intérêt car la représentation graphique est une simple aide au raisonnement. Dans ce dernier cas, l'aide vient du fait qu'une représentation graphique fait apparaître, pour chaque élément, ses propriétés et ses relations avec les autres (R. Duval[34]). Cela permet d'anticiper les résultats de procédures et de trouver des solutions. Les techniques de dessin ont un coût tant pour l'élève qui peut y dépenser beaucoup d'énergie et de concentration que pour l'enseignant qui voit les phases de recherche s'allonger sans que les élèves n'abordent le fond du problème. Ainsi des choix s'opèrent dans les situations pour trouver une bonne rentabilité entre la maîtrise nécessaire des techniques et la réflexion géométrique.

34. DUVAL R., « Les différents fonctionnements d'une figure dans une démarche géométrique », *Repères* n° 17 1994, page 121.

1. LE DESSIN INSTRUMENTÉ

Le dessin, en tant que trace matérielle laissée sur une surface (par exemple la feuille de papier) par un sujet, est dit « instrumenté » s'il est le résultat d'un tracé effectué au moyen d'instruments. Le dessin produit sur l'écran de l'ordinateur par le logiciel Cabri ou Déclic Géo est également considéré comme un dessin instrumenté.
Sur le support papier, le dessin instrumenté peut permettre un dessin précis à condition d'utiliser judicieusement les instruments, ce qui a priori ne va pas de soi. Un élève peut très bien utiliser des instruments adéquats pour tracer un rectangle (équerre et règle, par exemple) et obtenir un tracé dont le degré d'exactitude s'écarte notoirement de ce qui permettrait, à vue, de reconnaître un rectangle…

1.1 Le dessin instrumenté comme objet du travail

Le dessin peut être, lui-même, un enjeu. Par exemple, dans le problème « Rectangle à terminer 2 » au CM1 du thème 2, un morceau de rectangle est à construire indépendamment de l'autre partie ; le but du problème est la réalisation d'un dessin.
Ceci pose aussi la question, notamment dans les phases de validation, de savoir qui détermine le degré de précision. Elle sera abordée au chapitre 6 (La validation en géométrie).

1.2 Le dessin instrumenté comme outil de résolution

Dans les problèmes de modélisation, par exemple, la représentation graphique est une représentation de la réalité. Cette représentation est obtenue à partir d'une sélection des informations pertinentes de l'espace sensible dans lequel le problème est posé et d'une schématisation de ces informations.
Par exemple, la situation « Longueurs inaccessibles » au CM2 du thème 3 : l'activité consiste à déterminer la longueur d'un fil tendu entre deux sommets opposés d'une boîte fermée en forme de parallélépipède ou d'une grande pièce. Les élèves ne peuvent pas mesurer directement ce fil mais peuvent prélever toutes les mesures concernant les côtés extérieurs de la boîte. Ils doivent alors transférer le problème sur une feuille en modélisant avec des « traits » et des « croix », c'est-à-dire en dessinant, par exemple, un triangle rectangle dont les côtés représentent un côté de la boîte (respectivement de la pièce), une diagonale d'une face de la boîte (respectivement de la pièce), l'hypoténuse représentant le fil (le tout à une certaine échelle).

1.3 Limites du dessin instrumenté

À quoi sert un dessin instrumenté ? Au collège et après, le dessin instrumenté soigné sera utile ; c'est une aide à l'heuristique et un outil pour la recherche de la démonstration appropriée, un auxiliaire de cette démonstration (Bernard Parzysz[35]). Mais il y a des conditions pour qu'il en soit ainsi. En effet, il est nécessaire que le dessin soit analysé par le sujet comme une représentation d'objets idéaux, un support à l'analyse des propriétés et des relations entre ces propriétés.

---

35. PARZYSZ BERNARD, « Représentations planes et enseignement de la géométrie de l'espace au lycée : contribution à l'étude de la relation voir/savoir », Thèse de doctorat, Paris 7, 1989.

L'exemple ci-dessous a été expérimenté dans des classes de cycle 3 : il s'agit pour les élèves de construire un triangle dont les côtés font respectivement 4 cm, 5 cm et 9 cm.
En utilisant le dessin à la règle ou à la règle et au compas, de nombreux élèves de la classe obtiennent un « petit » triangle comme sur la figure 9 en ne commettant qu'une erreur de l'ordre du dixième de millimètre.

Figure 9

Le dessin instrumenté soigné apparaît ici comme un obstacle puisqu'il permet de construire un triangle ayant des longueurs de côtés 4, 5 et 9. Le dessin n'est pas le seul à faire obstacle. En effet, lors du débat, la question de savoir si un triangle aplati est un triangle se posera également.
En résumé, le dessin instrumenté ne crée-t-il pas parfois des obstacles à la construction de certaines connaissances géométriques ?
Si la démonstration n'est certes pas un enjeu de l'école élémentaire, la question est de savoir ce qu'il est possible de pratiquer comme apprentissage du dessin afin que ce type d'obstacle soit maîtrisé au collège. Dans cette optique, faire une place au dessin à main levée est une façon de limiter l'obstacle ultérieur.

2. LE DESSIN À MAIN LEVÉE OU SCHÉMA

Ce type de dessin correspond à une trace sur la feuille, obtenue sans instrument.
On peut parler également de schéma, de croquis, etc. D'après Le Robert, en voici une définition : « Figure[36] donnant une représentation simplifiée et fonctionnelle (d'un objet, d'un mouvement, d'un processus) » ou « Représentation figurée, souvent symbolique (de réalités non perceptibles et de relations) ».
On peut parler de schéma ou de dessin à main levée dans le cas où seules les propriétés topologiques sont conservées (prise en compte des propriétés de voisinage des éléments, de leur ordre, des discontinuités ou continuités).
Dans le cas où seules les propriétés projectives (les milieux, l'alignement, le parallélisme) et l'orthogonalité sont conservées, on peut encore parler de schéma. Il y a nécessité de codage pour marquer ces propriétés.
Lorsque les propriétés métriques, dans un contexte donné, doivent être conservées, on peut alors parler spécifiquement de dessin. Le dessin instrumenté soigné est utilisé s'il y a nécessité de précision.
Donnons d'abord un exemple : cet item des évaluations nationales de 6e en 1998 (figure 10).
Il est nécessaire que l'élève comprenne quel est le statut de cette représentation graphique : puisque c'est un dessin à main levée d'une part, il ne peut pas prélever de mesures grâce aux instruments ; d'autre part, il doit comprendre que le quadrilatère est un rectangle et pour cela prendre en compte les signes désignant les angles droits,

36. Le mot « figure » doit ici être entendu au sens de représentation graphique, c'est-à-dire le dessin, selon Bernard Parzysz.

puis réinvestir une propriété caractéristique du rectangle (quadrilatère qui a quatre angles droits) ; enfin, il doit reconnaître la représentation d'un cercle. Un raisonnement est à mener, il s'appuie sur les propriétés des objets représentés (par exemple : si un quadrilatère est un rectangle alors il a des côtés opposés de même longueur). C'est une activité pour laquelle les élèves de l'école élémentaire ne sont pas préparés, les résultats à cet item furent faibles, de l'ordre de 22 % à 39 %.

Sur ce dessin à main levée, on a représenté un rectangle ABCD et un cercle de centre A qui passe par D. Les mesures réelles sont en centimètres.
Ce cercle coupe le segment [AB] au point E.

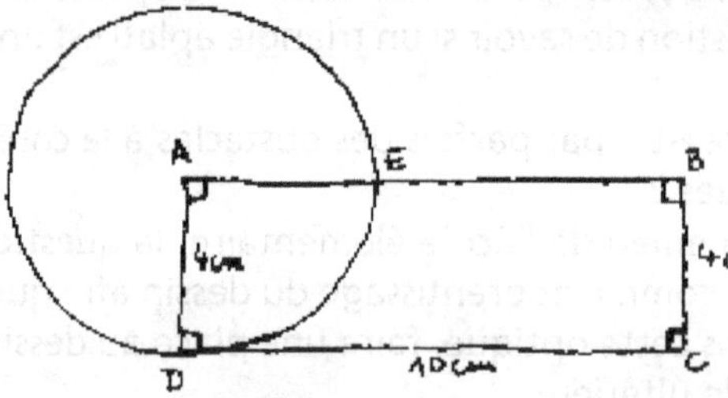

Trouve la longueur du segment [EB]. Explique ta réponse.

Figure 10

Notre choix est d'aider les élèves à s'approprier les spécificités du dessin à main levée pour éviter les erreurs citées ci-dessus mais surtout parce qu'il est économique en temps de réalisation et qu'il permet de mettre à distance la validation pratique.

2.1 Le dessin à main levée comme outil de communication ou de mémorisation

Dans les situations de reproduction ou de communication, le dessin à main levée peut être une solution économique et rapide pour prendre et conserver des informations en particulier quand le modèle est mis à distance, dans une autre pièce.
L'utilisation du dessin à main levée peut être laissée à l'initiative de l'élève ou imposée par l'enseignant :
– dans la version de « Labyrinthe » au CM2 (thème 7) où l'élève peut prendre des informations sur le plan, il peut choisir de faire un schéma du labyrinthe, de coder son déplacement ou ses changements de direction. L'enseignant peut influencer le choix de l'élève en jouant sur la taille du support qu'il lui fournit ;
– dans « Boucher le trou 2 » au CM2 (thème 6), l'élève doit dessiner à main levée un patron qui servira, lors d'une mise en commun, à éliminer les productions qui ne conviendraient pas par le biais d'arguments.

2.2 Le dessin à main levée comme outil de modélisation

Voici un exemple issu de la situation « Cube tronqué » du thème 6 qui met en évidence cet aspect : un élève (de CM1 ou CM2) doit expliquer à un autre comment est réalisé un « cube tronqué » (figure 11), celui-ci ayant la tâche de le réaliser effectivement. On attend qu'il réalise un schéma du type ci-dessous (figure 12).

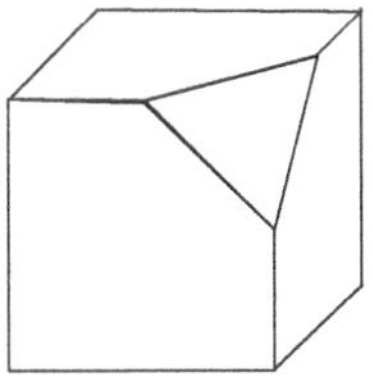

Figure 11

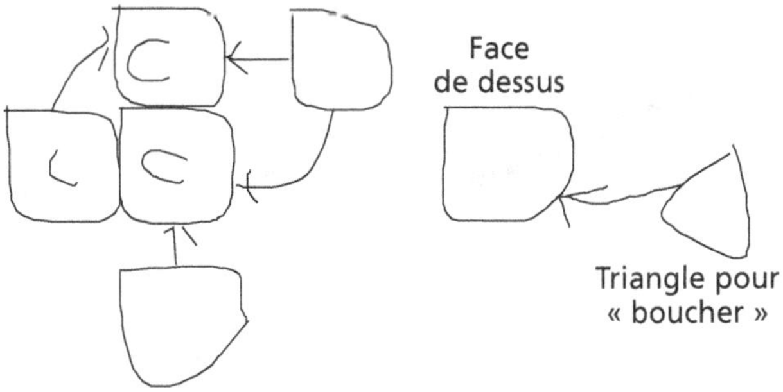

Figure 12

À l'aide de cet exemple, qui se situe dans une dialectique « dessin à main levée » ↔ « espace sensible », on peut avancer que le dessin à main levée est un outil de modélisation...

Le dessin à main levée, réalisé en prélevant les divers indices présentant un intérêt pour la recherche de la solution du problème, paraît une première tâche que l'élève peut accomplir et il peut constituer une aide à la résolution du problème.

Mais il s'avère nécessaire de « dialectiser » le processus, en inversant le problème : à partir d'un schéma à main levée, résoudre un problème spatial en passant de l'espace théorique à l'espace sensible, la validation se faisant dans l'espace sensible.

2.3 Le dessin à main levée comme aide à l'institutionnalisation et au changement de registre

À la suite d'une situation dans laquelle les élèves ont été amenés à mettre en œuvre diverses procédures instrumentées (« Rectangle à terminer 1 » au CE2, thème 2), l'enseignant demande de faire des dessins à main levée qui mettent en évidence les différentes procédures instrumentées utilisées et explicitées lors de la mise en commun. Par exemple, la figure 13 met en évidence les différentes procédures utilisées : le dessin 1 (équerre placée correctement), le dessin 3 (téquerre[37] placée correctement), et le dessin 5 (mise face à face des graduations opposées de la règle) sont listés comme ayant permis de réussir la tâche alors que le dessin 2 (on peut remarquer que l'élève ne semble pas donner un rôle particulier à l'angle droit de son équerre qui n'est pas identifiable) et le dessin 4 (l'équerre a glissé du trait lors du tracé) ne le permettent pas.

La schématisation peut permettre de garder une trace des différentes procédures, mais peut s'avérer insuffisante car, avec le temps, l'élève risque de ne plus se rappeler la signification des dessins. Un recours régulier aux schémas, le fait d'y faire référence lors des

37. Voir le chapitre 5 de la présente partie : Les instruments de géométrie, p. 66.

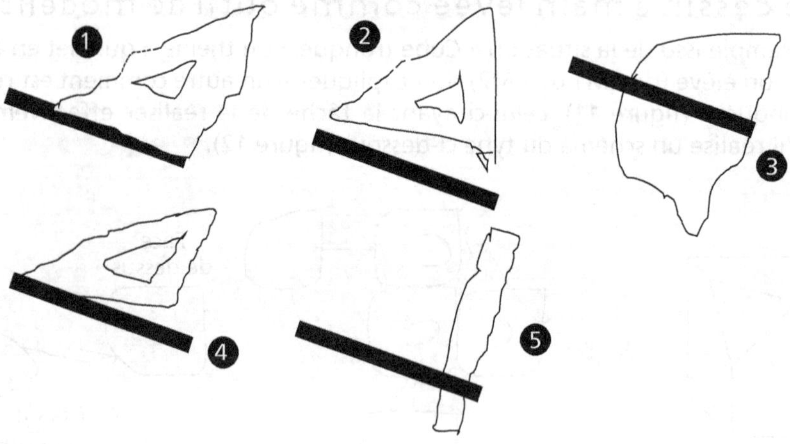

Figure 13

mises en commun ultérieures et l'ajout de commentaires écrits permettent de limiter ce phénomène. Les dessins deviennent alors une aide à l'explicitation des procédures lors de la rédaction de ces commentaires, l'interaction entre écrit et dessin devient productrice de connaissances[38].

Dans l'optique de gagner du temps dans la réalisation des dessins et d'aider à l'explicitation, le dessin à main levée est un outil pertinent mais qui donne un produit fini peu satisfaisant à la fois socialement et pour les élèves. L'outil informatique quant à lui va permettre aux élèves d'obtenir une réalisation de bonne qualité tout en palliant certaines lacunes du dessin papier-crayon, qu'il soit instrumenté ou à main levée.

3. L'OUTIL INFORMATIQUE

Dans les environnements papier-crayon, tels que nous venons de les analyser, existent certaines insuffisances inhérentes aux contraintes matérielles, donc quasiment incontournables. Il s'agit par exemple de :
– la difficulté à repérer, dans la production elle-même, les compétences et les connaissances spatiales ou géométriques mises en œuvre ;
– la difficulté à valider ou à invalider, car le contrôle est quasi exclusivement basé sur la perception d'un unique dessin. Il est nécessaire de rappeler qu'une propriété ou une relation est de nature géométrique (théorique) si elle est vraie sur une infinité de représentations graphiques, ce qui est manifestement difficile à percevoir sur un dessin… ;
– la présence de la feuille de papier dans le micro-espace. En effet, même si l'espace de la feuille de papier a des spécificités, il ne s'en trouve pas moins complètement sous le regard de l'élève et accessible uniquement à des instruments de tracé du micro-espace (règle, équerre…).

38. Sur l'articulation des registres : voir DUVAL R., « Sémiosis et pensée humaine », Éd. Peter Lang, Coll. « Exploration », Berne, 1995.

Nous avons choisi d'utiliser les logiciels de géométrie dynamique (principalement Cabri ou Déclic Géo) parce qu'ils permettent de répondre à ces insuffisances du « papier-crayon ».

3.1 La résistance des objets

Lorsqu'un élève fait un dessin dans un logiciel de géométrie dynamique, il peut placer les objets perceptivement (en utilisant le propriétés de l'écran comme repère, cf. figure 14) ou les primitives de construction du logiciel (trace → parallèle → droite parallèle à (droite) passant par (point)).

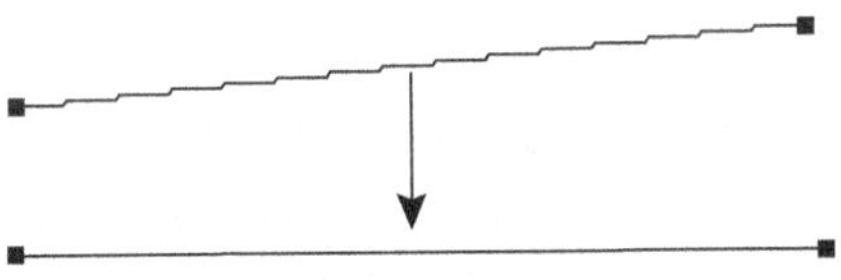

Figure 14 : recherche de l'horizontalité en utilisant le crénage (« les escaliers »)

Dans le premier cas, l'élève obtiendra un dessin qui ne « résiste » pas au déplacement : lorsqu'il déplace un point mobile du dessin, la figure perd ses propriétés (figure 15). Dans le second cas, l'élève n'a pas obtenu un dessin mais une classe de dessins, il peut y avoir un très grand nombre de cas. Ce type d'objets, spécifiques à la géométrie dynamique, se situe entre le dessin et la figure.

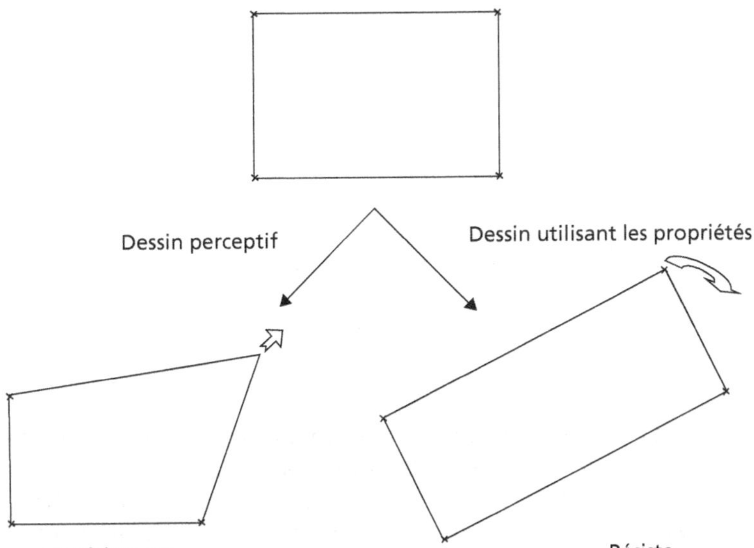

Figure 15

La résistance des objets a plusieurs intérêts, elle permet :
– de garantir que l'élève a réalisé la tâche en utilisant des connaissances et des compétences données. Il suffit, par exemple, de demander aux élèves de construire

un rectangle : seules les productions obtenues en utilisant des propriétés du rectangle (angles, longueurs ou diagonales...) résistent au déplacement ;
– d'analyser les relations entre les objets comme dans la situation « Menhir » au CM2 (thème 1 : Alignement) adaptée pour la géométrie dynamique[39], où les élèves doivent analyser les relations entre les points d'un nuage pour y repérer deux réseaux de parallèles ;
– d'obtenir une vision dynamique d'une situation. Dans « Œilsurtout revient » au CM1 (thème 1 : Alignement), les élèves doivent identifier la zone dans laquelle Œilsurtout voit ou non Férocel. En utilisant l'outil « droite » associé à l'outil « trace » (qui laisse une trace à l'écran de toutes les positions de l'objet), on voit se définir la zone (secteur angulaire).

3.2 La taille de l'espace dans les logiciels

L'espace de l'écran d'ordinateur ne peut pas être situé dans un des trois espaces classiques, il nous permet de simuler des contraintes des différents espaces. Dans la situation « Œilsurtout revient » au CM1 (thème 1 : Alignement), si on place les deux personnages dans deux zones qui ne sont pas visibles à l'écran simultanément comme sur la figure 16, on recrée des contraintes qui n'existent que dans le méso-espace.

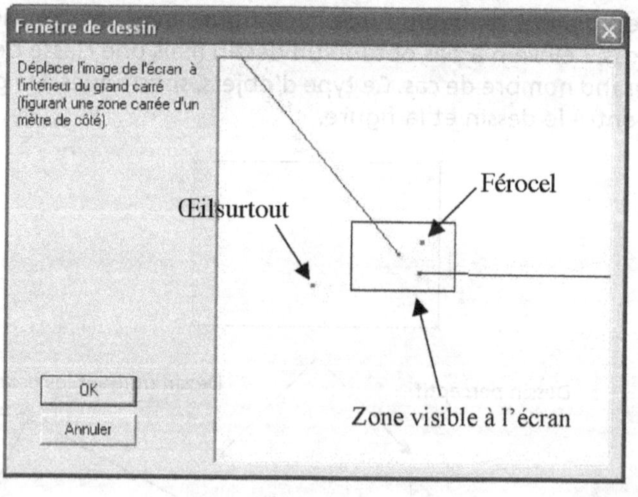

Figure 16

L'ordinateur permet également de simuler des situations qui ne pourraient pas être mises en œuvre réellement. C'est le cas de « Labyrinthe » au CM2 (thème 7 : Systèmes de repères), où les élèves se déplacent virtuellement dans la ville de Châlons-en-Champagne. Il est clair que cette situation ne recrée pas toutes les conditions d'un déplacement réel, tel qu'il se ferait en course d'orientation, mais elle permet malgré tout de retrouver certaines contraintes comme la nécessité de mettre en congruence espace et plan.

39. Les fichiers Déclic Géo et Cabri® pour la situation « Menhir » sont disponibles sur le site : http://perso.wanadoo.fr/fabien-emprin ainsi que sur le site compagnon du présent ouvrage : www.ermel-hatier.com

3.3 Les objets des logiciels de géométrie dynamique

Dans les espaces informatiques, les objets tels que les points, les droites, sont définis par des primitives c'est-à-dire du langage et des propriétés ; ils sont donc plus proches de la définition des objets géométriques. La trace obtenue à l'écran est non figée et non orientée ce qui diminue l'influence des configurations prototypiques. De plus, les concepteurs de logiciels font des efforts pour que les objets représentés à l'écran répondent le plus possible aux besoins de l'enseignement : on peut choisir si le point est représenté par un point, une croix ; dans la nouvelle version de Cabri, les droites sont « intelligentes » : elles sont finies à l'écran mais se terminent de façon à laisser voir qu'elles ne sont pas limitées, elles sont extensibles et se prolongent d'ailleurs automatiquement pour construire une intersection.

À travers les situations proposées, on peut voir qu'il n'est pas question d'abandonner l'environnement papier-crayon, pour des raisons évidentes de facilité d'organisation des tâches géométriques, mais nous pensons que les environnements de géométrie dynamique peuvent être un auxiliaire qui, mis en interaction avec l'environnement papier-crayon, sera une source d'apprentissage importante et incontournable.

Conclusion

Comme nous l'avons vu tout au long de ce chapitre, nous avons fait le choix didactique de commencer à mettre en place les bases d'un apprentissage des représentations et de différentes formes de dessin spécifiques à la géométrie à l'école élémentaire. Les situations signalées dans les paragraphes précédents participent à ce choix. Il nous semble nécessaire d'insister :

– sur la validation des dessins et des représentations d'objets 2D et 3D qui est, le plus souvent possible, pratiquée lors d'une validation théorique à la charge des élèves. Il s'agit d'amener l'élève à mettre à distance l'objet spatial qu'est le dessin. Cet enseignement se poursuivra au collège ;

– sur l'outil informatique (logiciels Cabri ou Déclic), afin que le dessin soit dynamique et que les élèves en perçoivent et en analysent mieux les invariants (propriétés géométriques). Une continuité dans l'utilisation de ces outils nous paraît souhaitable au collège.

L'enjeu est que l'élève ne soit « (...) plus l'esclave de dessins stéréotypés, ayant finalement perdu une grande part de leur pouvoir opératoire »[40] dans les activités prévues à cet effet.

---

40. PARZYSZ BERNARD, « Voir et savoir », *Bulletin APMEP*, n° 364, 1988, pages 339-350.

Chapitre 5
Les instruments de géométrie

La demande d'une précision croissante et le développement des mathématiques sont à l'origine de l'évolution des instruments de dessin. Mais il est à noter que les instruments privilégiés de l'école (règle, compas et équerre) existent depuis la plus haute antiquité.

Les plans et les monuments égyptiens et babyloniens de l'Antiquité attestent de l'existence de tels instruments. Jusqu'au Moyen Âge, ils étaient, semble-t-il, surtout utilisés par les artisans pour élaborer des objets. Au Moyen Âge, on se mit à s'en servir pour réaliser des plans de construction. À partir de la Renaissance, le développement des sciences, de la topographie, de la navigation, du génie militaire entraîna une demande importante d'instruments de dessins géométriques. Cette demande correspondait autant à l'élargissement du choix de ces instruments qu'à une augmentation de leur précision.

Au milieu du XXe siècle, les instruments de dessin sont concurrencés par l'arrivée de machines à dessin, puis progressivement du dessin assisté par ordinateur (DAO).

Aspects théoriques

1. LES INSTRUMENTS ET LEUR UTILISATION

Selon Pierre Rabardel[41], un instrument peut être considéré comme la résultante de trois composantes : un artefact, des schèmes d'utilisation, des représentations du concept en jeu.

Les trois composantes	Exemples pour l'équerre graduée usuelle
L'artefact : c'est le dispositif matériel qui a été conçu initialement dans un but déterminé.	L'objet matériel 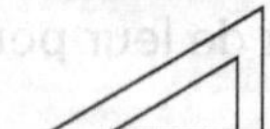 est conçu pour tracer deux traits perpendiculaires, mesurer une longueur ou tracer un angle de 90°. Historiquement, l'équerre triangulaire a été construite pour tracer aussi des angles de 60° et de 30° mais cette utilisation est abandonnée actuellement.

41. RABARDEL Pierre, « Les Hommes et les Technologies, approche cognitive des instruments contemporains », Armand Colin, 1995, page 240.

Les trois composantes	Exemples pour l'équerre graduée usuelle
Les schèmes d'utilisation : c'est l'ensemble des modes d'utilisation standard des instruments.	Pour tracer la perpendiculaire à une droite d donnée passant par un point A donné, un schème d'utilisation de l'équerre peut s'écrire : « Mettre un côté de l'angle droit de l'équerre le long de d ; faire glisser cette équerre jusqu'à ce que le deuxième côté de l'angle droit vienne sur A ; tracer la ligne le long du deuxième côté et la prolonger. »
Les représentations du concept sur lesquelles l'élève s'appuie pour utiliser l'instrument.	Cela peut être : – le concept d'angle droit pour construire un rectangle ou vérifier la perpendicularité de deux droites ; – la notion d'écart constant, pris perpendiculairement, pour construire deux parallèles ou vérifier le parallélisme de deux droites à l'aide de l'équerre.

Quand un élève utilise un instrument, il fait intervenir les trois aspects de manière plus ou moins claire. Il revient à l'enseignant de les faire expliciter progressivement, en distinguant ce qui relève de l'instrument matériel, de son utilisation et du concept principal sous-jacent. Par exemple, quand un élève a tracé sur papier blanc un triangle rectangle et que l'enseignant lui demande ce qu'il a fait, les réponses peuvent être diverses et souvent complémentaires : « J'ai tracé ici un angle droit » (le concept principal) ; « Avec mon équerre ! » (l'artefact utilisé) ; « J'ai tracé un premier côté, puis au bout j'ai posé l'équerre, puis j'ai tracé le deuxième côté » (un schème d'utilisation).
Le manque de liaison entre ces composantes amène parfois les élèves à rencontrer des difficultés pour penser à utiliser l'outil adéquat. Cela est tout particulièrement vrai lorsque l'artefact n'est pas un référent perceptif de la figure qu'il permet de construire. Par exemple, le compas ne ressemble pas au cercle qu'il permet de construire ; ou encore, l'élève ne voit pas dans l'équerre les droites parallèles qu'elle permet de construire, il voit assez difficilement les droites perpendiculaires (bords de l'équerre) mais plus facilement l'angle droit (considéré comme secteur angulaire).

La maîtrise de l'instrument participe de deux processus évoluant en interaction[42].

Les deux processus	Exemples pour quelques instruments
La prise de conscience progressive des fonctions propres à l'artefact (ce que l'on appelle le **processus d'instrumentalisation**).	L'objet équerre peut d'abord être utilisé pour ses bords droits reliés aux notions de droite et d'alignement. Puis il est utilisé plus spécifiquement pour son angle droit, qui sera plus tard associé aux notions de perpendicularité et de droites perpendiculaires.
L'évolution des schèmes d'utilisation, façons prévues ou non par le concepteur d'utiliser l'objet matériel (ce que l'on appelle le **processus d'instrumentation**).	L'objet compas peut servir : – en lien avec l'objet cercle : d'abord à tracer un « rond », puis à tracer un cercle de centre donné passant par un point donné, puis à tracer des arcs de cercle ; – en lien avec la notion de distance : d'abord à reporter ou à comparer des longueurs, puis à placer plusieurs points à la même distance d'un point donné.

42. *Ibid.*

La coordination de ces deux processus rend délicate la construction d'activités destinées à faire prendre conscience à l'élève de la nécessité de l'usage d'un nouvel instrument : l'élève peut sentir l'intérêt de l'utiliser (par exemple, pour aboutir à un tracé précis), mais les schèmes associés à cet instrument n'étant pas encore opérationnels, il n'arrive pas au résultat escompté et abandonne ainsi le nouvel instrument. Ce point constitue une difficulté de gestion spécifique de la géométrie. Cela nécessite de proposer aux élèves, avant ou après les situations destinées à associer concept et instruments, des situations destinées à développer des schèmes d'utilisation de ces outils.

Il faut souligner également l'importance des images mentales anticipatrices pour réussir un tracé avec un instrument. Par exemple, c'est parce qu'un élève « voit mentalement » la perpendiculaire à une droite qui passe par un point donné qu'il peut utiliser convenablement son équerre pour la tracer. La construction de telles images mentales devrait précéder ou accompagner le tracé effectif.

Selon les situations, les instruments peuvent intervenir :
– plutôt par leurs liens intrinsèques avec les objets géométriques et leurs relations ;
– plutôt par leur rôle propre au type de situation (cf. le paragraphe 3 : « Instruments et situations » qui suit).

2. INSTRUMENTS, OBJETS ET RELATIONS GÉOMÉTRIQUES

Les instruments interviennent par leurs liens intrinsèques avec les objets géométriques et leurs relations (le lecteur retrouvera ces exemples dans de multiples situations de cet ouvrage et la description des instruments quelques pages plus loin).

Instrument	Objet géométrique visualisé	Relation vérifiée	Objet géométrique construit
Règle ou ficelle tendue	Segment ou droite	Alignement de points	Segment ou trait représentant une droite (avec la règle)
Équerre	Angle droit ou paire de droites perpendiculaires	Perpendicularité de deux droites	Segments perpendiculaires ou représentant des droites perpendiculaires
Téquerre ou transparent	Paire de droites perpendiculaires	Perpendicularité de deux droites	Segments perpendiculaires ou représentant des droites perpendiculaires
Gabarit droit ou feuille à double pliage	Angle droit	Égalité avec angle droit par superposition	Secteur angulaire droit
Gabarits d'angles	Angles	Égalité d'angles par superposition	Secteur angulaire correspondant au même angle

Instrument	Objet géométrique visualisé	Relation vérifiée	Objet géométrique construit
Réquerre	Droites perpendiculaires, parallèles	Symétrie de deux points par rapport à une droite ; point milieu d'un segment ; parallélisme de droites	Paire de droites parallèles ; points symétriques par rapport à une droite
Compas		Égalité des longueurs de segments	Cercle ou arc de cercle
Calque		Réversibilité d'une figure ; droite axe de symétrie (par pliage)	Figure symétrique (par retournement) ou complétée par symétrie
Réseau de parallèles[43]	Paire de droites parallèles	Parallélisme de droites	
Géomiroir		Symétrie de deux points ou deux objets par rapport à une droite	Deux points symétriques par rapport à une droite

Avec plusieurs instruments, on peut :

• vérifier une relation entre objets. Par exemple, avec la règle et l'équerre, le parallélisme de deux droites ;

• représenter un ou des objets géométriques. Par exemple, en s'appuyant sur des propriétés ou théorèmes en acte :

– avec la règle et l'équerre, tracer deux droites parallèles, une parallèle à une droite passant par un point ou une perpendiculaire à une droite passant par un point ;

– avec le compas et la règle, construire le milieu d'un segment ;

– avec la téquerre et la règle graduée, construire des points symétriques par rapport à une droite.

3. INSTRUMENTS ET SITUATIONS

Les instruments interviennent aussi par leur rôle propre au type de situation. Voici quelques rôles des instruments dans les situations didactiques.

3.1 Instruments et communication

Les élèves manquent souvent de mots précis pour désigner un objet ou une action. Ils utilisent alors des gestes ou des objets usuels. Dans une phase transitoire, un instrument peut constituer un support pour faciliter une communication. Il devient ensuite un objet de référence. Lors des échanges, il peut s'avérer utile pour visualiser un concept ou une action. Par exemple, pour désigner un angle droit, les élèves vont montrer le coin d'un

43. Ce réseau de parallèles est aussi appelé guide-âne.

tableau, d'une feuille, d'un rectangle, puis le coin d'une équerre. Pour désigner deux droites perpendiculaires, ils vont montrer une verticale et une horizontale, deux doigts correctement écartés, puis les deux bords d'une équerre. Cette équerre devient peu à peu un objet de référence. Ainsi, quand un élève voudra dire que deux droites sont perpendiculaires, il joindra la parole et le geste et il dira : « Les deux traits sont comme… » et montrera les bords de l'équerre.

3.2 Instruments et construction

Il s'agit essentiellement des actions de construction. L'enseignant doit distinguer :
– les simples algorithmes de construction, techniques mémorisées et automatisées, qui ne sont pas ou plus étayées par des raisons mathématiques pour l'élève. Par exemple, pour tracer deux parallèles, on applique une « recette » : « Je trace une droite d1 ; je trace une droite d2 perpendiculaire à d1, puis une droite d3 perpendiculaire à d2 ». Au cycle 3, cette exécution automatisée de tracés place la procédure de l'élève plutôt du côté du spatial ;
– une mise en œuvre fondée sur des explicitations des procédures de tracés. Par exemple dans le cas précédent, l'élève est capable de faire référence au théorème : « Deux perpendiculaires à une même droite sont parallèles entre elles. » Cette intention de tracé (choix d'un instrument selon la relation que l'on veut mettre en œuvre) place la procédure de l'élève plutôt du côté du théorique.

3.3 Instruments et validation[44]

Les instruments interviennent soit dans une phase d'exploration d'une figure donnée, soit dans une phase de vérification d'une construction.

Dans le premier cas, l'élève essaie de confirmer les propriétés d'un dessin donné suite à une reconnaissance perceptive. Le recours aux instruments vient alors valider les hypothèses faites sur des propriétés supposées.

Par exemple, si l'on demande à l'élève de reproduire le premier dessin ci-contre, il peut pressentir que ABC est isocèle et que DEFG représente un rectangle ; il prendra alors sa règle graduée pour vérifier l'égalité des longueurs des côtés et son équerre pour vérifier la perpendicularité des côtés de DEFG.

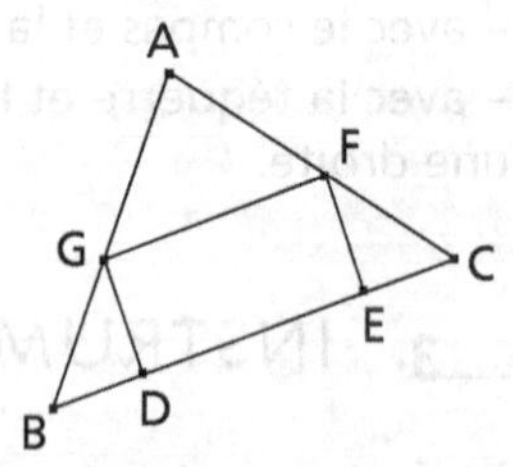

Dans le second cas, après avoir réalisé une construction, l'élève va utiliser des instruments pour vérifier que le dessin final est conforme à la demande.

Par exemple, si l'élève a construit dans l'ordre un segment AB, puis un segment perpendiculaire BC, puis un segment CD perpendiculaire à BC et de même longueur que AB, il peut se demander si les segments DA et BC sont parallèles et de même longueur.

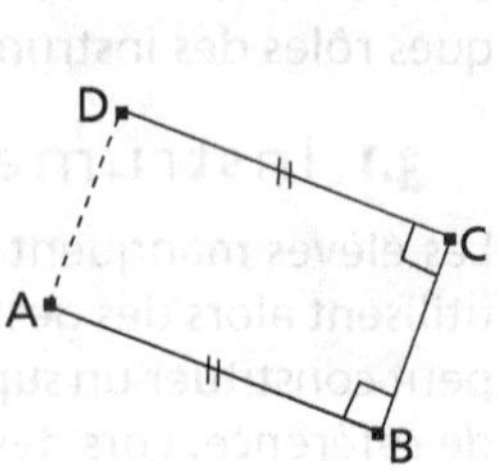

44. Voir aussi le chapitre suivant sur la validation.

Les programmes

Le programme de mathématiques de 2002[45] explicite ces apprentissages de manière beaucoup plus détaillée que celui de 1995[46].

Les compétences des élèves relatives aux instruments peuvent se répartir en deux grandes catégories :

– vérifier une relation (alignement de points, égalité de longueurs de segments, perpendicularité ou parallélisme de droites) ;

– tracer (segment de longueur donnée, parallèle ou perpendiculaire à une droite donnée).

On demande aux élèves de mettre en œuvre :

– une seule compétence (par exemple, vérifier que deux droites sont perpendiculaires) ;

– plusieurs compétences successivement de manière explicite (par exemple, pour tracer une figure à partir de la donnée d'un programme de construction, on exécute dans l'ordre chaque instruction simple) ;

– plusieurs compétences simultanément de manière implicite (par exemple, pour construire deux droites parallèles avec la propriété de l'écart constant, on doit faire intervenir presque simultanément la perpendicularité et un report de longueur).

Nos choix didactiques

1. RÔLE DES INSTRUMENTS

Nous avons choisi de ne pas travailler isolément la maîtrise technique des instruments. L'acquisition de schèmes d'utilisation nous semble devoir être étroitement liée aux concepts visés dans un apprentissage, et donc à la résolution de problèmes.

Nous avons cherché à rendre les instruments nécessaires pour assurer la réussite de la tâche mais souvent nous avons constaté que les élèves utilisaient des instruments non attendus pour effectuer leurs constructions. C'est souvent dans les phases de validation instrumentées que les instruments adéquats apparaissent.

1.1 Un même instrument pour plusieurs concepts

Pour illustrer ce qui précède, étudions un exemple : le cas de la règle à travers certaines situations d'un même thème (thème 1 : Alignement) que nous proposons à différents niveaux du cycle 3.

---

45. MEN, « Qu'apprend-on à l'école élémentaire ? Les nouveaux programmes », CNDP, 2002, p. 239 ; ou MEN, « Documents d'application des programmes, Mathématiques, Cycle des approfondissements », CNDP, 2002, pp. 31 à 33.

46. MEN, « Programmes de l'école primaire », CNDP- Savoir Livre, 1995, pp. 64, 110 et 111.

L'artefact « règle » est principalement conçu pour tracer des traits droits, construire ou vérifier un alignement, et, si elle dispose de graduations, mesurer ou reporter des longueurs.

La règle est associée à plusieurs concepts : alignement de points ; droite ou segment ; mesure de longueur (pour une règle graduée) ; intersection de droites ; parallélisme.

Précisons comment la règle intervient dans cinq situations auxquelles le lecteur pourra se reporter :

– « Épingles sur pli » en CE2 (thème 1)

Les instruments ficelle, pli, règle donnent des procédures de contrôle d'un alignement, mais aussi de production de points alignés. Le choix de donner à l'élève seulement plusieurs règles trop courtes le conduit, pour prolonger une ligne droite, à placer deux règles soit bout à bout, soit côte à côte (schèmes d'utilisation non standards, associés à une instrumentation insuffisante). L'autre choix consistant à donner à l'élève seulement une règle trop courte le conduit à prolonger un trait de proche en proche. On s'achemine ainsi vers un seul instrument (et une instrumentation plus évoluée) et vers une de ses fonctions propres.

– « Placer le point » en CE2 (thème 1)

La règle sert à vérifier des alignements, puis à utiliser ces alignements pour construire un point. Elle peut intervenir pour mesurer une longueur. On retrouve les trois fonctions propres de la règle.

– « Œilsurtout » en CE2 (thème 1)

Ici, la règle n'est plus guère un objet d'étude ou d'apprentissage, elle se place au service de l'acquisition de concepts (droite ; droite comme frontière entre deux zones ; droite comme ensemble de points).

– « Faisceaux de traits » en CM1 (thème 1)

L'objectif n'est plus la maîtrise de la règle, mais l'analyse puis l'obtention de tracés constitutifs d'une figure complexe.

– « Menhir » en CM2 (thème 1)

Les alignements font partie du contexte et n'ont pas à être vérifiés. Le tracé des droites n'est plus un objectif en soi mais un moyen pour résoudre un problème (consistant à construire un point). Le tracé de la parallèle demande soit des reports d'un écart constant (avec la seule règle), soit l'utilisation conjointe d'une équerre.

1.2 Plusieurs instruments pour un même concept

Nous venons de voir que l'instrument « règle » peut être associé à plusieurs concepts ; par ailleurs, plusieurs instruments peuvent être utilisés pour un même concept.

Un concept prend forme à travers une multiplicité de situations dans lesquelles il apparaît comme un invariant.

Nous proposons donc que divers instruments concernant un même concept soient utilisés et mis en relation par l'enseignant. Par exemple, les utilisations de l'équerre, de la téquerre (voir plus loin la description des instruments), du coin d'une feuille rectangulaire, d'une feuille pliée en quatre selon une technique pli sur pli, éclairent progressivement, de différentes façons, la notion de perpendicularité.

La connaissance de plusieurs instruments met en réseau l'ensemble des connaissances relatives à chacun (artefacts, schèmes d'utilisation, concepts). Cette mise en relation peut se produire :
– soit lors d'une seule situation où l'on peut jouer sur les variables didactiques pour favoriser certains instruments au détriment d'autres : par exemple, pour reporter une longueur ou comparer deux longueurs, on peut utiliser une règle graduée ce qui demande de savoir mesurer, ou utiliser un compas, la mesure n'étant alors pas nécessaire ;
– soit lors de situations successives où l'on peut insister sur l'évolution des utilisations (par exemple, pour placer un seul point à 5 cm d'un point donné, on peut utiliser une règle graduée ; mais pour en placer une vingtaine, un compas se révèle plus rapide. Nous avons choisi de provoquer cette évolution dans la situation « Même distance à coup sûr » du thème 3 au CM1).

1.3 Usages attendus, détournés ou incorrects des instruments

Les instruments sont initialement conçus pour des usages attendus. Par exemple, la téquerre est nettement destinée à la construction et à la vérification de droites perpendiculaires. Mais d'autres instruments, par la multiplicité des éléments de l'artefact, suggèrent à l'élève d'autres utilisations que celles attendues. On parle alors d'usages détournés (ou « catachrèse »[47]).

Prenons l'exemple de la règle graduée (ou doublement graduée). Un élève peut y voir principalement :

– un bord droit,

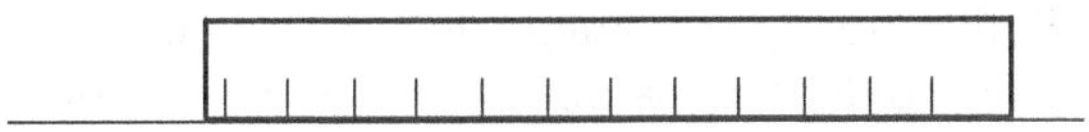

– deux bords parallèles,

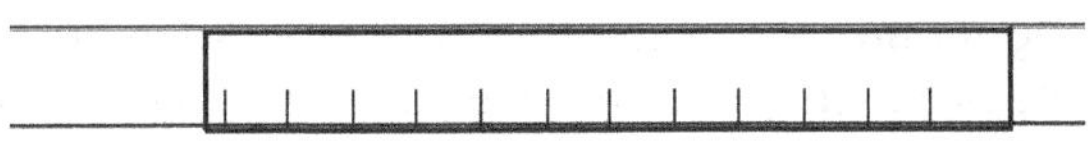

– deux bords perpendiculaires,

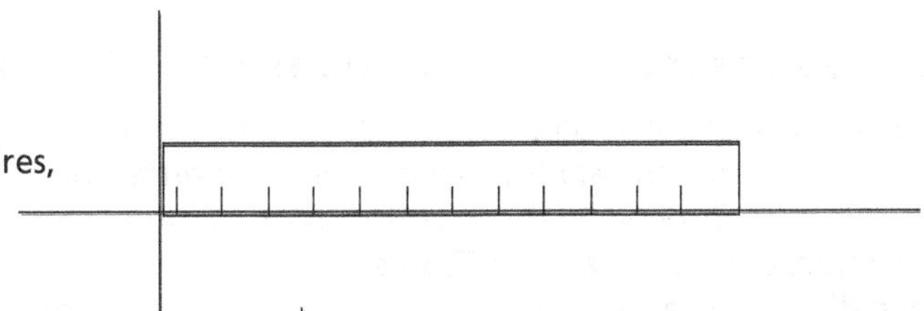

– un bord et une graduation perpendiculaires.

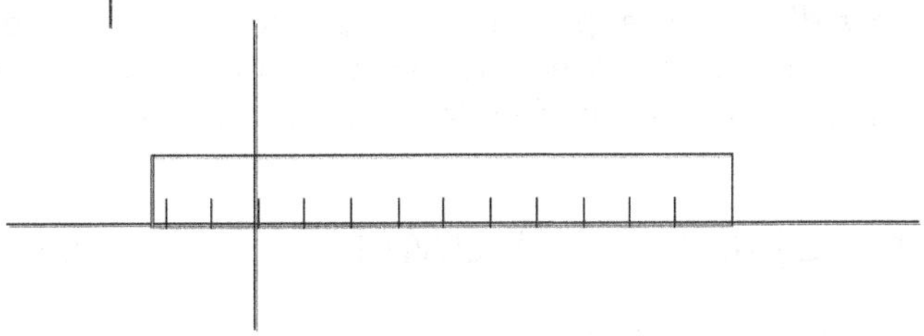

47. « La catachrèse est un détournement d'usage. C'est le fait d'utiliser un artefact à la place d'un autre ou bien d'utiliser un artefact pour un usage pour lequel il n'est pas conçu. ». RABARDEL PIERRE, « Les Hommes et les Technologies, approche cognitive des instruments contemporains », Armand Colin, Paris, 1995.

Il n'est donc pas étonnant que les élèves se servent d'une règle graduée pour tracer des parallèles ou des perpendiculaires.

Il revient à l'enseignant d'aider les élèves à clarifier cette différence entre les usages attendus et les usages détournés. Par exemple, pour tracer deux droites perpendiculaires, on peut certes utiliser une équerre ou une règle graduée ; l'équerre permet une plus grande précision (théoriquement au moins !) mais, surtout, l'utiliser signifie que l'on déclare (pour soi ou pour l'enseignant) l'intention de tracer un angle droit. C'est à l'enseignant également, via les situations proposées, d'inciter les élèves à abandonner certains détournements et à préférer l'équerre pour affirmer la perpendicularité. Cependant, cela relève d'une référence scolaire, d'une attente de l'enseignant qui y voit une marque d'apprentissage. Si un élève trace une perpendiculaire à l'aide par exemple d'une graduation d'une règle et si, sur l'incitation de l'enseignant, il est capable d'affirmer la perpendicularité et son intention de la mettre en œuvre, on peut considérer que le concept visé ou utilisé est acquis.

La maîtrise de l'instrument passe par une maîtrise des conditions pratiques de son utilisation correcte. Les incorrections peuvent être de diverse nature. On peut distinguer :
– les maladresses dans la prise de l'instrument (par exemple, les hésitations dans le tracé d'un cercle avec le compas amenant à déplacer le centre ou à agrandir le rayon) ;
– la non-exploitation de la potentialité de l'instrument (par exemple, utiliser l'équerre pour tracer deux petits traits perpendiculaires, puis prolonger ces traits avec une règle, ce qui donne une forte imprécision pour l'angle formé par les deux traits prolongés) ;
– les erreurs d'utilisation (par exemple, le fait de ne pas mesurer à partir de la graduation origine mais du bord de la règle pour prendre un écartement de 5 cm avec le compas).

L'enseignant doit pointer et corriger des erreurs mais un de ses objectifs est de s'efforcer de faire distinguer aux élèves la procédure envisagée (juste ou erronée), la précision du tracé (avec une production qui selon les cas peut s'avérer satisfaisante ou non) et l'adaptation de l'instrument choisi au tracé projeté.

1.4 Les instruments utilisés dans les situations

L'enseignant peut construire des situations centrées sur l'un de ces trois aspects mais le plus souvent, il peut utiliser les aller-retour entre différents moments de construction, de communication et de validation, en insistant éventuellement sur l'un de ces moments. Par exemple, dans la situation « Trait sur trait » du thème 2, où les élèves ont à anticiper le tracé d'une pliure (perpendiculaire à un trait), ils tracent souvent perceptivement la pliure, puis vérifient avec une téquerre la perpendicularité ; à l'occasion de nouveaux essais et après échanges dans la classe, ils utilisent plus systématiquement la téquerre.

2. QUELS INSTRUMENTS DANS LA BOÎTE À OUTILS ?

La **« boîte à outils »**[48] des élèves contient un certain nombre d'instruments. Certains sont achetés par l'école, d'autres fabriqués par l'enseignant.

48. Outil est pris ici dans le sens d'instrument.

Il nous semble important que les élèves disposent d'un instrument adapté aux objectifs visés dans chaque situation.
Pour une validation ou une vérification perceptive, nous soulignons l'utilité des transparents. Ils sont assez faciles et rapides à réaliser et peuvent être utilisés collectivement avec un rétroprojecteur. Nous proposons par exemple (voir les images plus bas) des transparents avec des droites/demi-droites perpendiculaires ou un triangle rectangle, ou un transparent avec un réseau de droites parallèles. L'élève peut facilement placer ces transparents sur un dessin et vérifier un angle droit, une perpendicularité, un parallélisme.
Pour la construction de perpendiculaires, pour la vérification de la perpendicularité et pour éviter des erreurs classiques d'utilisation d'une équerre, nous avons ressenti la nécessité d'un nouvel instrument. Nous proposons la téquerre (voir l'image et les références plus bas). Le bord droit permet de tracer une perpendiculaire ; la perpendiculaire tracée au « milieu » permet une vérification de perpendicularité ; aucune graduation ne vient perturber l'élève.

Certains instruments sont utilisés très fréquemment par les élèves, d'autres ne servent que pour quelques situations.

Nous proposons que dès le début de l'année (ou éventuellement par période), tous les instruments soient disponibles dans la boîte à outils. Pour chaque situation, c'est à l'élève de choisir celui auquel il pense pour répondre au problème. Le maître ne donne pas à l'élève, avant de démarrer une situation, l'instrument qui correspond à la procédure experte et ce pour éviter les phénomènes de contrat didactique : si le maître donne cet instrument, alors il doit servir. Si, dans une situation donnée, le maître ne veut pas qu'un instrument soit utilisé, alors il l'enlève.

Voici une liste non exhaustive des instruments qui peuvent faire partie de la boîte à outils.

2.1 Les instruments fréquemment utilisés

• **Règle**
– Non graduée (à fabriquer soi-même).
– Graduée : plate ou à section carrée.

• **Équerre**
– Non graduée (à fabriquer soi-même ou à acheter dans le commerce).
– Graduée avec origine non placée au sommet de l'angle droit (outil courant du commerce).
– Support transparent, soit avec dessins de demi-droites ou droites perpendiculaires, soit avec dessin d'un triangle rectangle.

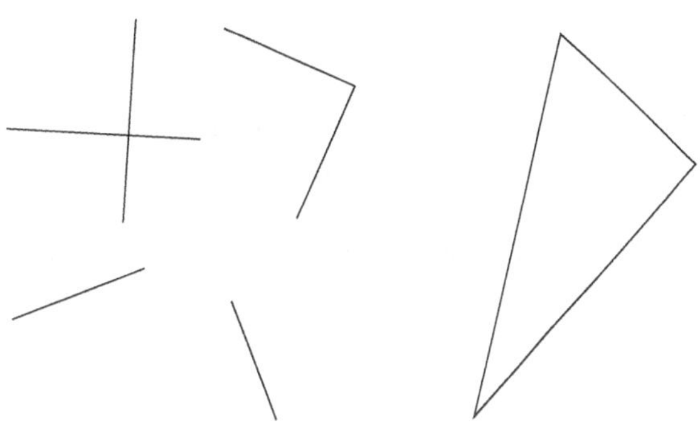

• **Réquerre**[49]

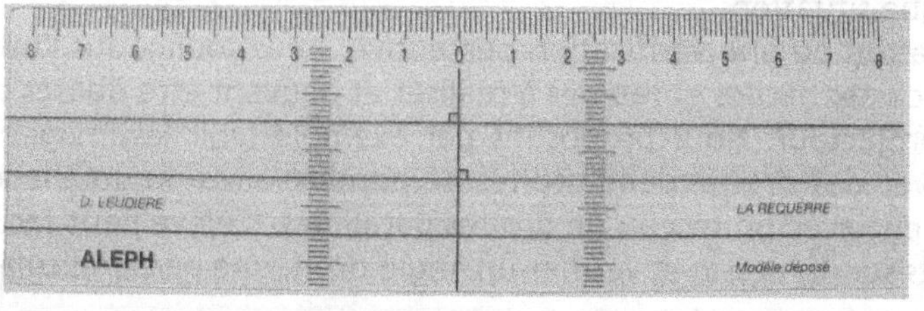

Il s'agit d'un rectangle transparent :
– le long côté étant gradué symétriquement par rapport à l'origine au milieu ;
– de largeur 5 cm, avec double graduation ;
– avec trois droites tracées à 2, 3 et 4 cm du bord gradué.

• **Téquerre**

Il s'agit d'une plaque translucide (qui est dans la valisette ERMEL Géométrie ou à fabriquer soi-même) avec un bord droit et une perpendiculaire tracée au « milieu ».

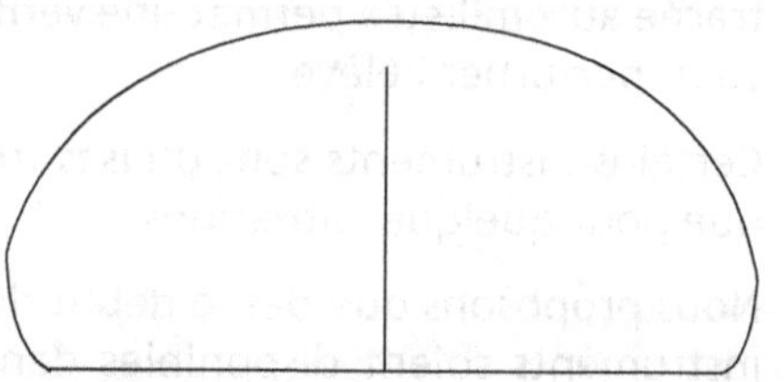

• **Compas**

• **Gérimoir**[50]

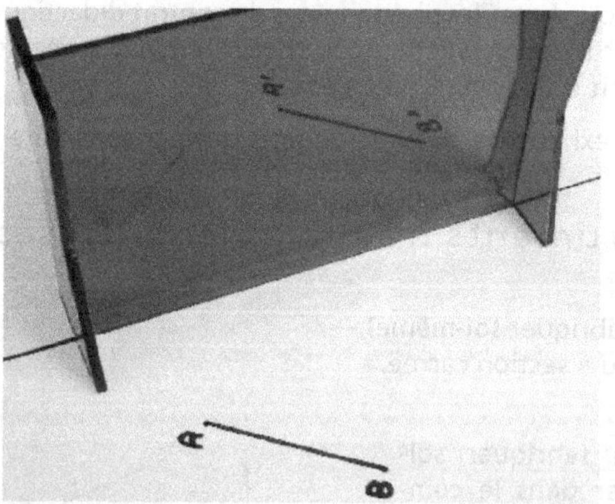

Il s'agit d'une plaque semi-réfléchissante :
– à placer verticalement sur l'axe tracé sur une feuille ;
– le bord inférieur étant placé sur l'axe et un objet (par exemple un segment AB) devant le géomiroir, on voit à la fois l'arrière du géomiroir (par exemple le segment A'B' tracé par l'élève) et l'image symétrique de l'objet par rapport à la droite.

• **Le papier calque**

49. On peut trouver cet outil chez : ALEPH, 51 bis rue Joliot Curie, 69005 Lyon.
50. On peut trouver cet outil chez : Éditions CELDA, 60 rue L. et R. Desgrand, 69625 Villeurbanne Cedex.

2.2 Les instruments occasionnels

- **Des gabarits d'angles**

De différentes ouvertures (droit, aigu, obtus).

- **Feuille à double pliage** (comme substitut d'équerre)

- **Réseau de parallèles**

Transparent avec un réseau de droites parallèles, les écarts étant différents.

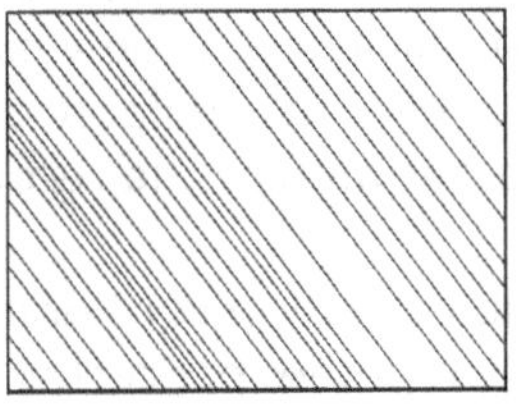

- **Ficelle**

2.3 Les instruments disponibles dans la boîte à outils

Pour orienter les élèves vers tel concept ou telle procédure, l'enseignant peut jouer sur la variable « outils disponibles ». Il peut décider d'enlever certains outils à un moment précis d'une situation.

- **Premier exemple**

Si l'objectif est de construire rapidement des parallèles, on peut laisser à disposition une réquerre ; mais si l'objectif est de faire construire une parallèle en se basant sur la double perpendicularité, l'enseignant peut enlever la réquerre et mettre à disposition une équerre non graduée seulement.

- **Second exemple**

Si l'objectif consiste à faire appréhender globalement la symétrie axiale sous son aspect de retournement (notion de figure réversible), le papier calque est indiqué ; mais s'il s'agit ensuite de travailler la position d'objets symétriques par rapport à un axe, un géomiroir ou une réquerre seront préférables.

Chapitre 6
La validation en géométrie

Aspects théoriques

1. QUELLE VALIDATION EN GÉOMÉTRIE AU CYCLE 3 ?

L'enseignement de la géométrie au cycle 3 prend en compte l'acquisition antérieure de connaissances spatiales et se poursuit par la construction progressive d'une géométrie déductive au collège. Or, comme nous l'avons vu, ces « géométries » diffèrent par le type de connaissances mais aussi par les types de validation spécifiques à chacune : la validation pratique (par exemple, plier ou déplacer deux figures pour vérifier qu'elles sont superposables), le recours à des mesures, le recours à des raisonnements et à des propriétés.

Au cycle 3, ces différents types de validation vont donc coexister. Cette recherche nous a conduits à expliciter des questions posées par cette coexistence et à élucider des choix concernant la validation, en particulier les limites de la validation pratique et les difficultés liées à la critique des procédures. Nous avons aussi expérimenté des situations rendant possible, voire pour certaines nécessaire, le recours à une validation fondée sur des raisonnements et dégagée de la mesure.

1.1 Les limites de la validation pratique

La validation pratique ne suffit pas toujours à une remise en cause des méthodes ou des connaissances. En effet, les élèves en restent parfois à l'évidence de la perception visuelle ou interprètent des erreurs comme n'étant que des imprécisions de mesure ou de tracé.

Par exemple, pour compléter un rectangle dont deux côtés sont déjà dessinés, certains élèves peuvent obtenir des tracés apparemment exacts en utilisant simplement une règle, sans chercher à produire des angles droits, tandis que d'autres aboutissent à un tracé insatisfaisant du rectangle pour des raisons techniques alors qu'ils ont explicitement recours à l'angle droit. Des procédures simplement graphiques peuvent donc conduire à des productions acceptables d'un point de vue perceptif et des procédures basées sur des propriétés à des productions erronées selon ce même point de vue. La perception seule peut donc faire obstacle à l'analyse des erreurs. De plus, quand l'élève se rend compte que sa production ne convient pas, il peut ne remettre en cause que son exécution. Inversement, si sa procédure est correcte mais son exécution incorrecte, il peut remettre en cause la procédure elle-même.

La validation pratique des constructions produites pose aussi la question de l'appréciation de la précision, qui est fonction de la nature de la production graphique attendue (dans certains problèmes, des schémas ou un positionnement global des objets suffisent, dans d'autres, les constructions doivent être précises).

Les différentes expérimentations menées en classe nous ont donc peu à peu amenés à un regard prudent, voire réservé, sur le rôle de la validation pratique dans les apprentissages. Pour permettre la validation des productions, l'explicitation et la critique des méthodes sont donc souvent nécessaires.

1.2 Les difficultés de formulation et de critique des procédures de résolution

En géométrie au cycle 3, les procédures de résolution réellement utilisées sont parfois difficiles à formuler par les élèves car elles s'appuient non seulement sur des techniques – en relation ou non avec des savoirs institutionnalisés dans la classe –, mais aussi sur des images mentales, des actions ou des gestes fugaces dont ils n'ont pas toujours conscience. La référence à des expériences spatiales est parfois interprétée de façon contradictoire. Ainsi, pour comparer les longueurs de deux chemins reliant deux sommets d'un triangle aplati, certains élèves peuvent mimer avec leurs mains l'aplatissement des deux côtés d'un triangle sur sa base et conclure : « Tu vois bien que c'est pareil » et d'autres affirmer : « Tu vois bien que c'est plus grand », sans pour autant pouvoir l'exprimer par une proposition plus complète. En géométrie, les traces écrites d'essais sont aussi plus rares et ne sont pas faciles à interpréter par les élèves alors que, dans le domaine numérique, ils peuvent s'appuyer sur elles pour présenter a posteriori leurs méthodes.

Par ailleurs, la critique des procédures ne présente pas toujours un enjeu suffisant pour les élèves ; elle se situe parfois en rupture avec l'investissement fort qu'ils peuvent avoir dans les tâches de construction ou dans les tracés. Les élèves sont centrés sur la production finie et ne comprennent pas pourquoi il faut discuter des méthodes dont ils ne se souviennent qu'imparfaitement. Le risque d'accords implicites est grand. Leur goût pour la géométrie peut en être affecté.

1.3 Le passage à une validation fondée sur les propriétés

Ainsi la réponse à la question : « Est-ce que c'est juste et pourquoi ? » ne peut pas toujours être obtenue par l'explicitation des procédures. Les élèves doivent alors recourir à un discours en partie dégagé de l'action et qui mette en évidence les relations ou les propriétés : ce travail sollicite alors chez eux des méthodes de validation qui sont, du fait des connaissances mobilisées, d'un niveau plus « théorique » que les procédures de résolution.

Les débats permettent l'émergence de critères de validation. En effet :

- d'une part, les propositions personnelles ont souvent besoin d'être formulées plus précisément pour être rendues publiques au cours du débat ;
- d'autre part, les critiques de ces propositions doivent êtres faites selon des critères reconnus par tous.

En poussant à l'explicitation de ce que la perception ou l'action ne permettaient pas de distinguer, les débats menés lors de mises en commun constituent un moyen essentiel pour amener les élèves à prendre conscience peu à peu du caractère théorique des propriétés géométriques.

Nous faisons l'hypothèse que le langage a un rôle décisif dans l'évolution des types de preuves auxquelles recourent les élèves, qu'il est un moyen privilégié pour favoriser le dépassement du constat perceptif : il permet non seulement de mettre en évidence et de bien distinguer les différents types de preuves (basées sur l'action, la mesure, le recours à l'instrument, les images mentales ou seulement les raisonnements et les propriétés), mais aussi de reconnaître le statut différent des critères en jeu (techniques ou mathématiques).

Certaines validations ne nécessitent pas de débattre : ainsi pour rejeter un tracé de deux traits parallèles, le constat que les droites se rapprochent suffit souvent. Mais des débats s'imposent lorsque l'enjeu est celui de la fiabilité d'un constat perceptif. Ils sont aussi nécessaires pour rendre possible l'anticipation d'une construction, pour généraliser une propriété et permettre d'expliciter les critères de preuve en mathématiques. Ils contribuent à faire comprendre la spécificité des mathématiques qui devra être approfondie au collège où la démonstration devra apparaître comme une exigence rationnelle de preuve et non comme une convention voire une simple mise en forme langagière.

L'argumentation produite en géométrie lors de la mise en commun s'appuie sur un langage pouvant avoir différents degrés de généralisation. Par exemple, la formulation de la proposition : « La ligne droite est le plus court chemin entre deux points » peut se référer à une expérience spatiale, à une image mentale permettant de décrire une action qui n'est pas encore réalisée ou à une connaissance théorique (un théorème). Dans tous les cas, elle indique une généralisation et fait donc appel à des propriétés dont le statut est en construction.

Nous pensons qu'il est possible d'amener les élèves à débattre de la validité de trois « objets ».

■ Une production

Pour cela, il y a plusieurs types de validation suivant les contraintes qu'on impose aux élèves.

– **La validation pratique** : elle consiste à vérifier que la production répond aux exigences du problème. Par exemple, dans la situation « Les feuilles qui coulissent » du thème 2, l'élève vérifie si la droite qu'il a tracée est bien recouverte par le trait du guide.

– **La validation à vue d'œil** : la validation pratique est différée et les élèves doivent indiquer à vue d'œil si la production est correcte. À cette occasion, un vocabulaire généralement spatial (« Ça ne va pas aller car les traits se rapprochent ») est utilisé. Il s'appuie sur des connaissances (théorème en acte) qui n'ont pas toujours été mobilisées dans la phase de production. Pour certaines productions, les élèves ne peuvent évidemment pas conclure, ce qui permet de donner du sens à la validation instrumentée.

– **La validation instrumentée** : ici encore la validation pratique est différée et la validation à vue d'œil ne permet pas de conclure. C'est souvent à cette occasion que les élèves utilisent des instruments ad hoc alors qu'au cours de la phase de production ils utilisent des instruments non attendus. Par exemple dans la situation « Trait sur trait » du thème 2, des élèves tracent un trait perpendiculaire à un autre en utilisant une règle, en revanche ils valident avec une équerre.

■ Une procédure

En différant la validation de la production, il s'agit de demander à des élèves comment ils ont procédé et d'inviter la classe à dire si cette procédure va donner un résultat exact. À cette occasion sont mobilisées des propriétés en acte proches de propriétés « théoriques ». Mais le débat est difficile à gérer car les descriptions sont souvent imprécises et les étapes intermédiaires ne laissent pas de trace.

■ Une propriété

Par exemple, pour comparer des longueurs de trajets reliant deux points, les élèves peuvent recourir à une propriété.

2. Les types de preuves que peuvent produire les élèves

Plusieurs niveaux de preuve peuvent être identifiés.

– **La réalisation pratique de l'action et la perception visuelle dans l'espace graphique,** le plus souvent : « C'est la même figure puisque j'ai réussi à les superposer », « Ça se voit que c'est un triangle ».

– Les élèves peuvent recourir à **l'usage de l'instrument** (vérifier avec l'équerre, par exemple, qu'il s'agit bien d'un angle droit). Ces preuves, que nous appelons instrumentées, mettent en jeu une vérification pratique mais elles supposent aussi déjà une certaine connaissance de l'instrument, porteur de caractéristiques géométriques.

– **L'action peut être simplement évoquée,** s'appuyer sur des images mentales (« Je l'ai fait tourner dans ma tête »).

Enfin, d'autres justifications peuvent se référer à des connaissances dont l'origine est diverse : **une évidence construite sur l'expérience** (par exemple : « C'est plus grand car on fait un détour »), mais aussi **une connaissance partagée,** un savoir géométrique (propriétés de telle figure, par exemple) ou **un raisonnement.**

Ces différents types de preuve coexistent chez les élèves du cycle 3, d'un élève à l'autre mais aussi chez le même élève, en fonction de la situation. L'objectif n'est pas tant d'éliminer les critères liés à la validation pratique que de **permettre aux élèves d'appréhender les différences entre ces preuves.**

Nos choix didactiques

Dans certaines situations, la validation pratique des solutions ne suit pas immédiatement la résolution : une analyse des productions la précède. Dans d'autres situations, un travail spécifique de preuve est développé. **Quel que soit le type de débat engagé, il est nécessaire que celui-ci présente un réel enjeu pour les élèves, que les propositions qu'ils énoncent aient à leurs yeux une certaine solidité.** L'enjeu de ces phases de validation n'est pas seulement la résolution de contradictions entre des productions différentes, ou entre ces productions et le résultat attendu (« Pourquoi telle figure que j'ai agrandie n'a pas la même forme que celle que j'avais au départ ? »). Ces débats amènent aussi parfois la formulation de la question : « Comment refaire pour que la solution soit correcte ? » Cela suppose que les élèves se sentent responsables de la critique des propositions.

1. DIFFÉRER LA VALIDATION PRATIQUE

Un premier choix important à nos yeux est de différer la validation pratique et de commencer la phase de validation par un débat sur les productions qui s'appuie sur leur analyse.

Les débats qui précèdent la validation pratique nous paraissent **surtout indispensables pour faciliter l'appropriation des connaissances et développer l'usage d'un vocabulaire commun** répondant à des contraintes de clarté. Les mises en commun conduites à cet effet ne constituent ni une présentation exhaustive, voire fastidieuse, des productions où les élèves ne se sentent pas vraiment concernés par les productions de leurs camarades, ni une simple correction. **Leur fonction est de permettre aux élèves de formuler leurs résultats, et donc d'en prendre conscience, d'améliorer la précision du vocabulaire utilisé, mais aussi de critiquer leurs solutions et celles des autres élèves, c'est-à-dire de juger par eux-mêmes de leur validité.** Ces échanges permettent aux élèves de développer des argumentations géométriques, dans la mesure où des énoncés sont formulés, justifiés, critiqués. Ces argumentations font appel à plusieurs critères : graphiques, liés à la mesure, à l'évocation d'actions, à des savoirs partagés ou à des raisonnements.

Au cours de ces échanges, les élèves utilisent des instruments adéquats pour vérifier (cf. les situations « Rectangle à terminer 1 » ou « Trait sur trait » du thème 2). S'ils n'avaient pas utilisé l'équerre ou la réquerre pour tracer, ils le font après avoir perçu l'impossibilité de donner leur point de vue sur certains résultats dans les phases de validation perceptive. En somme, pour certaines situations, l'instrument adéquat n'apparaît pas dans la phase de résolution mais au cours de la phase de validation instrumentée, une fois que les élèves ont pu prendre conscience que le constat perceptif ne leur permettait pas de trancher sur la validité de certaines productions.

Ces phases de mise en commun leur permettent aussi d'expliciter les contraintes du problème et la manière dont ils les ont prises en compte ; elles s'accompagnent de justifications sur les méthodes ou de rappels de savoirs reconnus. La validation pratique qui suit permet alors de renforcer ces critiques voire de trancher.

Les objectifs visés dans ces phases de validation peuvent être différents :
– **remettre en cause une conception ou une procédure.** Par exemple dans les deux situations « Rectangle à terminer » du thème 2, certains élèves prennent conscience qu'il ne suffit pas de choisir perceptivement une direction pour tracer l'angle d'un rectangle, étant entendu qu'un seul débat ne suffit pas toujours à remettre en question une procédure inappropriée ;
– **développer ou réinvestir une connaissance, une procédure pour mettre en place une connaissance nouvelle.** Par exemple, au CM2, dans la situation « Triangles, quadrilatères et angles droits » du thème 2, des propriétés des figures planes (nombre d'angles droits) peuvent être explicitées du thème 2 à partir du parallélisme et de la perpendicularité des côtés.

2. PROPOSER DES SITUATIONS DE PREUVE

D'autres situations ont pour but la production d'un jugement sur une proposition. Ce sont des situations de preuve ou de validation. L'enjeu ne porte pas in fine sur la réalisation pratique selon des critères d'efficacité (le résultat obtenu correspond-il au résultat attendu ?) mais sur la vérité de propositions à portée générale. Les propositions à débattre ont été produites par les élèves lors de la résolution antérieure d'un problème.

Il peut s'agir d'établir des propriétés générales, comme dans la situation « Longueur minimum » du thème 3 (Quel est le chemin le plus court entre deux points ?), ou d'aborder la question : « Combien de points sont nécessaires pour tracer une droite ? », pour laquelle certains élèves affirment qu'il faut trois ou plus de points pour assurer la qualité du tracé tout en reconnaissant, grâce au débat sur cette question, que deux points suffisent : la distinction entre des justifications techniques et une propriété mathématique peut être faite. Dans ces deux cas, un objectif du débat est de prendre conscience des différents critères de preuves et de permettre la construction de savoirs plus théoriques.

Or, après un débat sollicitant des arguments théoriques, comme dans les exemples précédents, le recours à une validation pratique ultérieure pose des problèmes :
– d'une part, parce que pour certaines situations, il peut y avoir des contradictions entre les informations apportées par la mesure et le savoir mathématique visé. Par exemple, lorsque des élèves modélisent sur le papier une solution expérimentée dans la cour pour justifier quel est le plus court chemin d'un point à une droite, ils trouvent (pour ceux qui tracent un trait qui « va en face »), des mesures voisines de quelques millimètres, différences acceptées habituellement comme relevant des imprécisions de la mesure. La validation pratique laisserait croire qu'il existe plusieurs solutions. Ce problème ne peut donc être traité dans un cadre graphique sous cette forme au primaire ;
– d'autre part, parce que même si les élèves sont arrivés à remettre en cause des constats perceptifs ou basés sur le mouvement, le recours à la mesure risque d'entraîner des confusions sur la façon d'établir le vrai en mathématiques. Par exemple, au CE2 ou au CM1, dans la situation « Longueur minimum » du thème 3 citée précédemment, après le débat visant à déterminer quel est le plus court chemin entre deux points séparés par un obstacle, non seulement le recours à la mesure pourrait induire en erreur comme précédemment, mais il dévaloriserait le statut de preuve des raisonnements développés.
Ces situations de preuve supposent une organisation didactique précise qui est présentée dans chacune des situations.

L'évolution à long terme de la validation irait du perceptif à la mesure puis au recours aux propriétés, le recours aux instruments correspondant à une phase charnière. Par exemple dans le travail mené sur la symétrie dans le thème 4 (Comparaison), les validations dans les premières situations portent sur la forme générale puis sur le recours à la mesure précise des distances. Enfin, la critique des productions erronées suppose la décomposition des figures pour mettre en évidence leurs propriétés ainsi que des contraintes implicites non respectées.

Les problèmes présentant des situations de preuve peuvent être des problèmes d'existence (point situé à telle distance d'une droite et d'un point), ou d'impossibilité (produire un triangle qui a deux angles droits ou un quadrilatère qui a exactement trois angles droits), d'unicité ou d'optimisation, d'exhaustivité ou de généralisation. Ils peuvent concerner des problèmes de lieux ou de construction de figures ou de solides.

Voici quelques situations de preuve :
– La situation « Le cercle et les cercles » du thème 5 : prendre conscience que le non-respect des contraintes entraîne une construction erronée alors que des essais antérieurs pouvaient paraître dans un premier temps acceptables.
– La situation « Parapuzzle » du thème 2 : distinguer dans un débat sur « Combien de points sont nécessaires pour tracer une droite ? » une condition théorique (deux points distincts suffisent) d'exigences techniques relatives à la précision du tracé.
– La situation « Longueur minimum » du thème 3 : déterminer, sans recourir à la mesure, mais en s'appuyant sur des raisonnements, quel est le trajet le plus court reliant deux points entre plusieurs lignes brisées contournant un obstacle.
– La situation « Triangles, quadrilatères et angles droits » du thème 2 : expliciter qu'il est impossible de tracer un tel triangle en prouvant le parallélisme de droites.
– La situation « Recherche de tous les quadrilatères » du thème 5 : distinguer les propriétés des polygones.

3. LES INTERVENTIONS DU MAÎTRE

Le positionnement de l'enseignant par rapport au statut scientifique de la géométrie est délicat, tant dans la résolution de problèmes que dans la validation des solutions, d'autant plus que la distinction des différents critères de preuve suppose une analyse préalable des procédés de validation mathématique. De plus, comme dans toutes les mises en commun, et, à plus forte raison dans les débats argumentatifs, il est nécessaire de prévoir quelles sont les connaissances visées pendant ces phases.

Les interventions du maître dans ces débats sont de plusieurs ordres : respect des règles de prise de parole, cadrage des échanges ou des débats, incitations (demandes de reformulation, sollicitation de certains élèves), corrections techniques de certaines imprécisions. En revanche, des interventions mathématiques de sa part, liées au savoir en jeu (validation de propositions par exemple), risquent de transformer la mise en commun – où les élèves ont en charge la critique des propositions – en une phase de synthèse ou de correction où le maître porte des jugements et formule des conclusions... La mise en commun favorise la prise de conscience des enjeux de la situation en termes de savoir par les élèves et, à ce titre, elle facilite la synthèse ultérieure par le maître et l'institutionnalisation de ces savoirs.
Cette synthèse terminale ne prend pas nécessairement place à la fin de chaque situation mais parfois aussi lorsque plusieurs contextes différents relatifs à un même concept ont été rencontrés. La synthèse est nécessaire car elle permet de stabiliser les savoirs en jeu, mais la confusion avec la mise en commun peut conduire les élèves à limiter leur tâche à la formulation de leurs méthodes sans les critiquer, voire à faire uniquement des suppositions sur les réponses attendues par le maître, ce qui n'est pas souhaitable.

Nous avons cherché simplement à décrire des choix possibles. Si les niveaux de preuve sont semblables à ceux développés dans le domaine numérique au cycle 3, la multiplicité des types de géométrie, des registres, rend plus complexe la mise en œuvre de la validation.

Ces expérimentations nous amènent aussi à mettre en évidence quelques résultats complémentaires sur les argumentations développées dans les mises en commun.

Premièrement, la construction par les élèves des propriétés géométriques montre qu'il y a un décalage dans le temps entre, d'une part, leur utilisation en acte et, d'autre part, leur reconnaissance, leur disponibilité sous forme de savoir dans des débats argumentatifs. Par exemple, dès le CE1 ou même avant, les élèves savent prolonger un trait... mais c'est seulement au CE2 voire au CM1 qu'ils peuvent utiliser cette caractéristique d'un trait de pouvoir être prolongé pour résoudre un problème. Dans ce sens, certaines représentations graphiques prennent le statut de figures qui, elles, sont porteuses de propriétés.

Deuxièmement, alors que la validation dans le domaine numérique peut s'appuyer sur des procédures plus anciennes que celles sollicitées dans la résolution, **la validation en géométrie fait appel à des procédures plus théoriques,** dans lesquelles l'élaboration discursive est nécessaire lorsque l'on bloque la validation pratique : elles supposent de dépasser la simple évocation gestuelle ou la désignation sur un dessin, elles exigent d'être mises en mots, de recourir au vocabulaire de la géométrie qui prend ainsi son sens. **Le recours au langage géométrique lors de phases argumentatives nous paraît essentiel,** dans la mesure où il permet seul de dépasser la validation pratique, et de faire fonctionner de facto la distinction entre les différents critères de validité et les différents registres relatifs à la géométrie. La distinction des critères de validité, rendue possible à nos yeux par les moments argumentatifs, est une condition à une entrée progressive dans le monde des mathématiques.

Par exemple pour le problème : « Est-il possible de construire un triangle à deux angles droits ? », un élève de cycle 3 peut énoncer (en étayant les déclarations suivantes par des gestes, ou éventuellement par un dessin à main levée) :
- « je trace un côté du triangle » ;
- « je trace un deuxième trait qui fait un angle droit avec le premier » ;
- « je trace un troisième trait qui fait aussi un angle droit avec le premier » ;
- « les deux traits ne peuvent pas se couper, même si je les prolonge ».

Nous avons choisi de proposer un nombre de situations pouvant être supérieur au temps souvent consacré à l'enseignement de la géométrie. Aussi, nous avons indiqué en gras sur le tableau les situations qui nous paraissent incontournables.
Il nous est aussi apparu utile de proposer un ordre dans la succession des situations pour chaque année du cycle. Ceci constitue une indication, pouvant être modifiée, en particulier dans l'enchaînement des thèmes, alors qu'au sein d'un thème il est préférable de suivre l'ordre proposé.

Progression des situations sur le cycle 3

Nous avons choisi de proposer un nombre de situations pouvant être supérieur au temps souvent consacré à l'enseignement de la géométrie. Aussi, nous avons indiqué en gras sur le tableau les situations qui nous paraissent incontournables.
Il nous est aussi apparu utile de proposer un ordre dans la succession des situations pour chaque année du cycle. Ceci constitue une indication, pouvant être modifiée, en particulier dans l'enchaînement des thèmes, alors qu'au sein d'un thème il est préférable de suivre l'ordre proposé.

	Thème 1 Alignement	Thème 2 Angle, perpendicularité et parallélisme	Thème 3 Distance	Thème 4 Comparaison	Thème 5 Figures du plan (objets 2D)	Thème 6 Objets de l'espace (objets 3D)	Thème 7 Systèmes de repères
CE2	**Épingles sur pli 1** 3 **Épingles sur pli 2** 4 Placer le point 15 **Œilsurtout surveille** 20 Œilsurtout revient 21	**Rectangle à terminer 1** 11 **Quatre droits pour un tour** 12 **Trait sur trait** 13 **Les feuilles qui coulissent** 17 Trapèze à terminer 18 **Construire un angle droit** 22 C'est d'équerre ! 23	**Courte ligne** 9 Longueur minimum 10 **Conjonction de relations** 16	**Pareil, pas pareil 1 ?** 1 **Puzzle 1** 8 **Agrandir le puzzle** 19		**Deviner le solide** 5 *ou* **Habiller le solide** **Construire un solide** 14 *ou* Représenter un solide 1	**Points de vue** 2 **Positions et plan** 6 Positions dans un quadrillage 7

	Thème 1 Alignement	Thème 2 Angle, perpendicularité et parallélisme	Thème 3 Distance	Thème 4 Comparaison	Thème 5 Figures du plan (objets 2D)	Thème 6 Objets de l'espace (objets 3D)	Thème 7 Systèmes de repères
CM1	Où est le plot ? 12 **Faisceaux de traits** 13	**Rectangle à terminer 2** 8 **Sur la trace des roues** 10 Parapuzzle 11 Construire un rectangle 20	**Même distance à coup sûr** 1 **Le trésor** 18 Le trésor est dans la cour 19	Tracer pareil 6 **Polycubes pareils** 7 **Empreintes** 9 Puzzle 2 16 **Attrape 1** 17		**Assemblons les faces** 2 **Patron de solide** 3 Cube tronqué 14 Boucher le trou 1 15	**Points dans un quadrillage** 4 **Repérage dans un quadrillage** 5
CM2	Menhir 2	En partant de la rotonde 3 **Un polygone et ses angles** 7 Triangles, quadrilatères et angles droits 13 Bords de bandes 19	Longueurs inaccessibles 17	**Pareil, pas pareil 2 ?** 1 **Agrandir la drôle de boîte** 4 **Attrape 2** 8	**Deviner la figure** 6 **Tout un programme** 11 **Recherche de tous les quadrilatères** 12 Combien de polygones ? 14 Le cercle et les cercles 18	**Patron de pavé** 5 Boucher le trou 2 9 Représenter un solide 2 16	Labyrinthe 10 Figures dans un cadre 15

Partie II

Les situations d'apprentissages organisées selon sept thèmes sont accompagnées par des dispositifs facilitant ou complétant leur mise en œuvre :

– un ouvrage contenant les fiches photocopiables, signalées dans les situations par le symbole ci-contre ;

– une valisette contenant le matériel (patrons de solides et gabarits en matière plastique, en nombre suffisant pour une classe de 30 élèves) qui sera utilisé dans plusieurs situations et signalé par le symbole ci-contre ;

– un site compagnon (www.ermel-hatier.com) sur lequel les enseignants et les formateurs pourront trouver des informations et des situations complémentaires et en particulier des situations de géométrie dynamique.

La mise en œuvre des situations suppose que les élèves disposent d'une boîte à outils géométriques dont le contenu est présenté dans le chapitre 5 (Les instruments de géométrie) de la partie I.

Activités pour la classe

Thème 1

Alignement

Aspects théoriques

Conduire des activités sur l'alignement au cycle 3 peut surprendre : les connaissances visées ne sont-elles pas déjà acquises ? Plusieurs raisons justifient cet enseignement.
La première raison est d'ordre mathématique. Il existe sur l'alignement de points des problèmes comme il y en a sur des relations comme la perpendicularité, le parallélisme ou l'égalité de longueurs. L'alignement engendre de nouveaux « objets » mathématiques – la droite, le segment –, comme l'égalité de distances engendre le cercle ou la médiatrice d'un segment. Droite et segment peuvent apparaître non pas comme des objets « premiers » de la géométrie mais comme de véritables ensembles de solutions de problèmes d'alignement.
La seconde raison tient à la diversité des procédures développées, aux difficultés rencontrées par des élèves face aux problèmes posés sur l'alignement, à l'écart entre les expressions langagières spontanées et les formulations institutionnelles.

Aspects historiques et mathématiques

1. LES PROGRAMMES

Les programmes parus avant 2002 ne mentionnent pas l'alignement comme savoir particulier, cette relation apparaissant comme courante, voire banale et très élémentaire au plan mathématique.

• Depuis février 2002, l'alignement apparaît explicitement dès **les programmes du cycle 2**. Les « Compétences » précisent pour ce cycle :
– percevoir (la relation d'alignement) sur un objet, un ensemble d'objets, ou sur un dessin pour le reproduire ou le décrire ;
– vérifier ces relations (dont l'alignement) ou réaliser des tracés en utilisant des instruments (gabarits de longueurs ou d'angle droit, règle) et des techniques (pliage, calque, papier quadrillé) ;
– utiliser le vocabulaire : aligné.

• **Les programmes de cycle 3** indiquent que les connaissances relatives à l'espace et à la géométrie concernent les relations et propriétés géométriques, dont l'alignement, tandis que les « Compétences » contiennent au paragraphe sur les relations et propriétés :
– vérifier à l'aide des instruments : l'alignement de points (règle) ;
– effectuer les tracés correspondants ;
– utiliser à bon escient le vocabulaire suivant : points alignés, droite, droites perpendiculaires, droites parallèles, segment, milieu, angle, figure symétrique d'une figure donnée par rapport à une droite, axe de symétrie.

Un apprentissage de la relation d'alignement est donc nécessaire.

2. LES SITUATIONS D'ALIGNEMENT

2.1 Les contextes familiers

L'alignement d'objets est très présent dans notre environnement quotidien :
– dans le méso-espace : les files de personnes, les piquets de clôture, les éléments d'objets structurés (réseaux de points, motifs de tapisseries ou de dessins…) ;
– dans le micro-espace : les jeux (morpion, dame, Puissance 5…), les croisements de lignes sur une feuille quadrillée, les touches d'appareils (téléphones, calculettes, claviers…).
L'alignement est aussi présent à travers des objets rectilignes de notre environnement.
Ces contextes peuvent servir de support à des situations d'apprentissage.

2.2 Les types de problèmes mathématiques

Les problèmes susceptibles de donner du sens à la relation d'alignement sont d'abord des **problèmes élémentaires** : la relation est isolée de façon à ce que l'alignement apparaisse comme outil adapté et nécessaire à la résolution du problème. Différents types de problèmes « élémentaires » se présentent alors :

• des problèmes de **« reconnaissance »** : identifier si des points présents sont alignés ;

• des problèmes de **« production »** d'un point aligné (ou non aligné) avec deux autres points ;

• des problèmes d'**« existence »** (et d'**« exhaustivité »**…) :
– « Existe-t-il un point aligné avec ces deux points ? » ;
– « Trouver des (les ?) points alignés avec ces deux points ».
Ils peuvent donc contribuer à la construction des concepts de segment ou de droite vus non comme objets primitifs mais comme solutions de problèmes.

Il existe également des **problèmes plus complexes** : les problèmes de **« conjonction »** qui mettent en jeu une double relation d'alignement (un point est-il aligné avec deux paires de points, elles-mêmes non alignées entre elles ?).
Ils peuvent conduire à la production ou au contrôle de point d'**intersection de deux droites**.
La relation d'alignement peut aussi être rendue nécessaire dans le travail sur d'autres relations comme le parallélisme.

2.3 La « taille » de l'espace

• **Dans le micro-espace**, l'élève qui résout un problème où intervient l'alignement peut percevoir d'un coup d'œil toutes les relations, dont l'alignement, et peut ainsi résoudre le problème sans déplacement.

• **Dans le méso-espace**, il peut lui être nécessaire de se déplacer en raison de sa position par rapport aux objets donnés. La résolution au moyen d'un instrument reste possible. La visée est aussi une procédure adaptée.

• **Dans le macro-espace** enfin, les différents objets du domaine ne sont accessibles que de façon fragmentaire. Ce sont des conditions délicates à mettre en place en situation scolaire. Mais cela peut être l'occasion, pour l'élève, d'avoir recours à des outils plus théoriques, le concept de droite notamment[1].

De plus, l'élève qui résout le problème est dans certains cas « partie prenante » de la relation d'alignement ou, dans d'autres cas, complètement indépendant des « objets » en jeu. Le fait de faire partie ou non du système de points l'amène nécessairement à des positions particulières et donc à des procédures particulières :
– si l'élève doit se placer dans l'alignement de deux points donnés (cas des jeux dans la cour), la visée est la procédure la plus appropriée ;
– s'il est extérieur au triplet de points, un point de vue global (au-dessus du dispositif) ou l'usage d'instruments sont mieux adaptés.

2.4 Le cadre du problème

Les situations se situent dans le cadre habituel des figures du plan mais d'autres situations pourraient être proposées dans un cadre « analytique »[2] (jeu du morpion par exemple). La résolution du problème y est en général plus aisée et moins sujette à débat au plan de la précision dans le second cas. Le cadre analytique peut être habituel (carreaux en réseau carré) mais aussi être un réseau de points (triangles équilatéraux par exemple).

3. ASPECTS MATHÉMATIQUES : CONCEPTS ET THÉORÈMES

La relation d'alignement existe en lien avec un certain nombre d'autres concepts qui sont des objets ou des relations.

3.1 Les objets

■ Le point

Pour un élève de cycle 3, **le point** est une trace matérielle et non un objet théorique : l'endroit où on pique une épingle, la petite tache ronde sur une feuille de papier...
Un tel point, dessiné sur une feuille de papier, est un « objet spatial », un objet spatio-graphique, sur lequel l'élève exerce, en général, des contrôles de type spatial au moyen de la perception et éventuellement d'instruments.
Les points peuvent aussi être l'intersection de deux objets particuliers comme les cercles ou les droites...

■ La droite

Au cycle 3, la **droite** devient progressivement un objet théorique. Elle peut être considérée de différentes manières, comme un objet initial de la théorie ou un objet construit. Elle peut, en particulier, être construite comme un ensemble d'**invariants** –

1. Nous proposons à cet effet une situation dans l'environnement informatique de Cabri afin d'éviter une mise en œuvre trop importante (« Œilsurtout revient » avec Cabri, page 136).
2. Une situation du cadre « analytique » a une structure sous-jacente de tableau avec lignes et colonnes ; les objets sur lesquels le problème est posé sont des éléments du réseau. Dans certains cas, les positions des objets peuvent être codées par des nombres.

l'ensemble des points alignés avec deux points donnés – ce qui nous intéresse du point de vue de la relation d'alignement. Elle est alors une modélisation d'un ensemble d'objets matériels alignés.
Dans l'espace sensible, on parle de préférence de « ligne droite ».
Le concept de droite peut être appréhendé par l'élève à travers différentes significations :
– un fil tendu, un objet ou un bord d'objet rectiligne, un rayon lumineux, un pli de feuille… ;
– un trait rectiligne que l'on peut prolonger au-delà des extrémités, ce qui permet de faire apparaître une première distinction entre « segment » et « droite », tout en restant sur des considérations spatiales ;
– le lieu de points alignés avec deux points (« Tout point de la droite est aligné avec deux de ses points ; tout point aligné avec deux de ses points est sur la droite ») ;
– le lieu de points à égale distance d'une droite donnée, ou de deux points donnés ;
– la frontière entre deux régions planes, comme les arêtes d'un polyèdre ;
– la trajectoire d'un objet ponctuel animé d'un mouvement rectiligne… ;
– la trace écran provoquée par l'outil « droite » dans Cabri…

De la droite, nous nous limiterons à donner à l'élève l'idée d'un trait rectiligne, sans extrémité, qui peut se prolonger.

■ Le segment

Le **segment** peut apparaître le plus souvent comme :
– une ligne rectiligne qui a deux extrémités ;
– le plus court chemin d'un point à un autre ;
– l'ensemble des points d'une droite compris entre deux points.

Comme la droite, le segment n'est pas un concept facile à appréhender, notamment à cause des extrémités ; dans une représentation, elles sont en effet indiquées sur le trait, comme surajoutées, alors que, pour l'élève, cela ne paraît pas nécessaire.
Nous ne ferons pas appréhender le segment comme ensemble de points alignés avec deux points donnés : comme nous l'avons vu dans la première partie de cet ouvrage, la droite ou le cercle ne peuvent être compris par les élèves du cycle 3 comme l'ensemble des points vérifiant telle ou telle propriété. Cette approche relève du collège, mais cette propriété est utilisée en acte dans certaines situations comme « Même distance à coup sûr » (thème 3 : Distance).

■ Le demi-plan, l'angle

Le **demi-plan** est défini par sa frontière et un point qui lui appartient. Les points d'un demi-plan vérifient une propriété commune : être du même côté de la droite.

Le concept d'**angle** est en lien avec les relations d'incidence, en général à travers le fait que des droites du plan peuvent être parallèles ou confondues (angle nul ou plat), ou au contraire sécantes (angle non nul et non plat). Il est en lien plus particulièrement avec l'alignement dans la mesure où trois points A, B et C sont alignés si un des angles ayant pour sommet l'un d'entre eux est plat, par exemple si l'angle ABC de sommet B est plat.

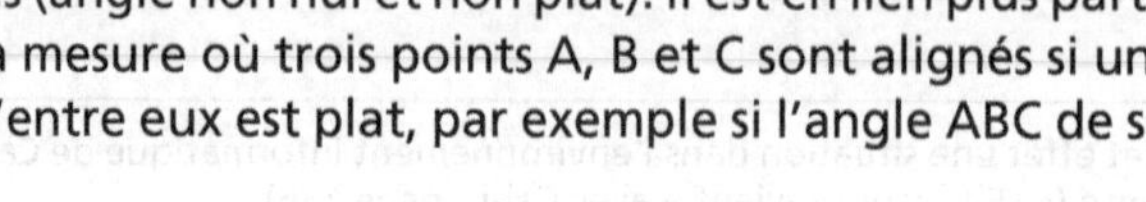

3.2 Les relations

Au plan mathématique, l'alignement est très lié :

• aux **relations d'incidence**, par exemple :

– à l'appartenance d'un point à une droite (d'un point à un demi-plan) ou au fait qu'une droite passe par un point, puisqu'une droite peut être définie par deux points distincts A et B : « M appartient à la droite (AB) si M est aligné avec A et B » ;

– à l'inclusion d'un segment dans une droite par exemple puisque : « [AB] est inclus dans la droite (MN) si A, B, M et N sont alignés », ou à l'inclusion d'une droite ou d'un segment dans un plan ou d'un demi-plan ;

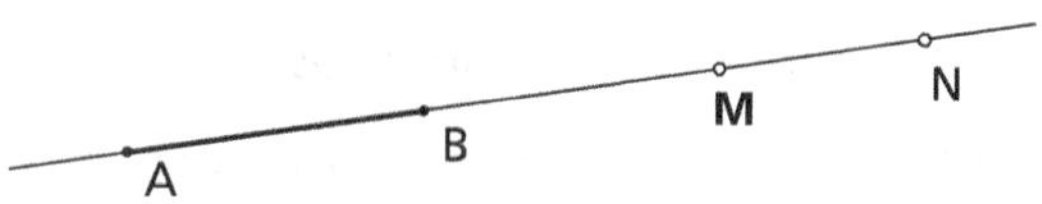

– au fait que deux droites sont sécantes ou non : « (AB) et (CD) sont sécantes en un point si ce point est aligné avec A et B d'une part, C et D d'autre part » ;

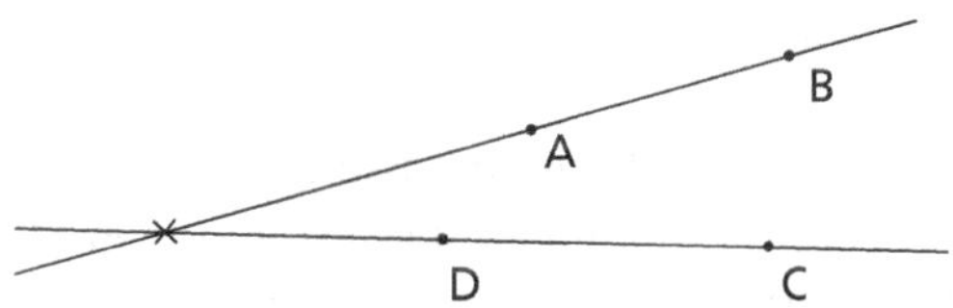

• à **la relation d'ordre** : produire un point aligné avec deux points distincts n'est pas un problème de même difficulté selon que le point à construire est dans l'intervalle des points donnés ou extérieur à cet intervalle ;

• **aux relations de congruence** comme l'égalité de longueurs :

– avec la construction d'un point aligné avec deux points donnés et à même distance de l'un des points que de l'autre ;

– avec la construction de points équidistants de A et B.

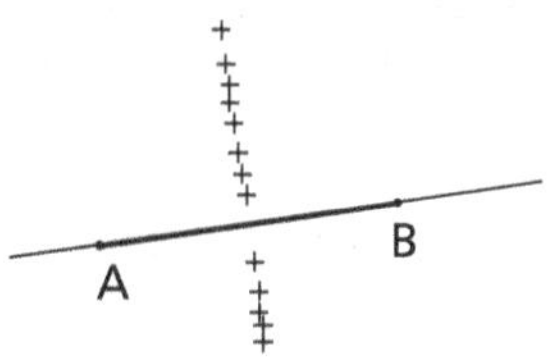

Or ces relations interviennent souvent, en géométrie, comme contraintes portant sur des objets du problème, conjointement avec d'autres contraintes ; en effet, on dit par exemple : « tracer une droite parallèle à une droite donnée et passant par un point ».
Cela contribue à en justifier la prise en compte plus importante dans les apprentissages.

3.3 Les théorèmes

Nous entendons par théorèmes les propriétés, axiomes, postulats, théorèmes usités. La relation d'alignement intervient aussi dans de tels « théorèmes ».

• Certains théorèmes mettent en jeu les relations que nous avons rappelées. La plupart ne sont pas l'objet d'un apprentissage au cycle 3 mais certains élèves peuvent en avoir une connaissance implicite :
– « Par deux points, il ne passe qu'une seule droite » ;
– « A, B et P sont alignés. Si M est aligné avec B et P, alors M est aligné avec A et P » (« transitivité » de l'alignement) ;

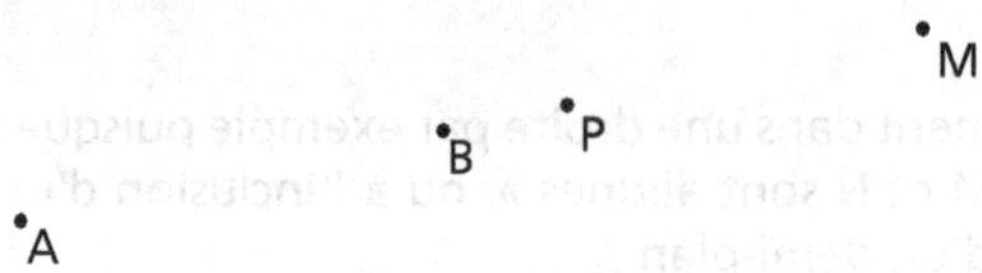

– « Tout point d'une droite est aligné avec deux points quelconques de la droite » ;
– « Tout point aligné avec deux points d'une droite est un point de la droite ».

• D'autres théorèmes, outre l'alignement, sont associés au parallélisme, à la perpendicularité ou la comparaison de longueurs :
– « A, B et C sont alignés si et seulement si (AB) et (BC) sont parallèles » ;

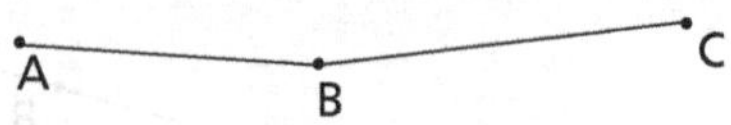

– « Par un point extérieur à une droite, il ne passe qu'une parallèle à cette droite » ;
– « La longueur du trajet AMB est minimale si M est aligné avec A et B ;
– « Un point est à égale distance de deux points donnés s'il appartient à la médiatrice de la paire de points ».

Seuls les deux derniers théorèmes donnent lieu à des apprentissages particuliers.

4. LES PROCÉDURES DE CONTRÔLE DE LA RELATION D'ALIGNEMENT

Les modes de contrôle de l'alignement sont liés évidemment aux situations proposées et aux variables dont elles dépendent. Nous distinguons trois modalités significatives de contrôle.

4.1 Les contrôles perceptifs non instrumentés

Différentes procédures de contrôle peuvent être observées.
– La visée, moyen de contrôle ou de production de l'alignement qui, dans le cas d'objets physiques, ne laisse pas de trace matérielle de la relation.
– La perception visuelle globale où l'élève, extérieur au dispositif, conclut depuis sa position (au-dessus ou de côté). Dans le cadre analytique (cf. page 93), cette procédure est aidée par la structure du réseau.

– La perception visuelle avec la visée où l'élève fait partie du dispositif et cherche à se placer dans l'alignement.
– Le repérage des objets sur réseau (cas du jeu Puissance 5, par exemple).

4.2 Les modes perceptifs instrumentés

Les élèves qui ont recours à un instrument ont perçu que l'instrument « porte » la relation à contrôler ou à produire. Ils associent l'objet du contrôle et l'outil du contrôle en raison probablement de la fréquence de la relation dans le réel. Les modes instrumentés dépendent alors des variables des situations (taille de l'espace, outils disponibles...).
Les principaux modes de contrôle instrumentés peuvent être :
– **l'usage d'un objet souple** pouvant être rendu rectiligne (un fil tendu) ou d'un **objet rectiligne rigide** (une règle de bureau, de tableau, de maçon...) ou de plusieurs objets rectilignes : règles mises bout à bout ou en chevauchement, positionnées de manière correcte ou incorrecte ;
– les outils de l'espace Cabri par exemple (segment, droite...) qui associent un graphisme à une désignation. L'élève doit ici faire le lien entre une désignation (le mot institutionnel ou non), un code (l'icône de l'outil) et un graphisme (en général). Par exemple, il va chercher dans les outils le mot « segment » ou l'icône : ⟋ ;
– **le recours à une sorte de « transitivité » de l'alignement.** Par l'usage d'un instrument (règle) en repérant des points intermédiaires successifs alignés avec les premiers : procédure utile notamment lorsque l'instrument n'est pas suffisamment long. Ces modes mettent en jeu de façon implicite des éléments théoriques de plus en plus manifestes.

4.3 Le recours à un tracé

Certaines des procédures de contrôle s'appuient sur un tracé de traits qui aide la conclusion par la perception.
Elles sont mobilisables dans la résolution de problèmes spatiaux ou de problèmes théoriques. Dans ces cas, les modes de contrôle ou de preuve de l'alignement sont fondés sur des connaissances ou sur des images mentales diverses.
1. « Le point est sur ce trait. » Le fait de tracer le trait et de s'assurer que le point touche le trait assure l'alignement.

2. « Le point est dans le prolongement de ce trait. » Le fait de tracer le trait, de le prolonger, effectivement ou fictivement, et le contrôle d'appartenance assurent l'alignement.

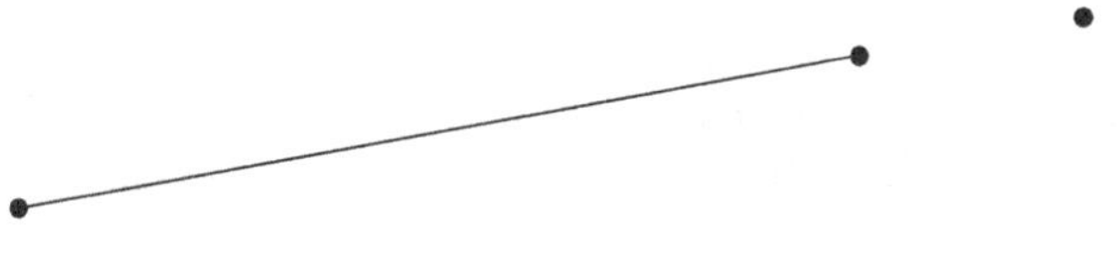

4.4 Le recours à la « théorie »

Lorsque l'élève, face à un problème, doit justifier, **sans instrument**, l'alignement d'un point avec deux points donnés, il peut accompagner éventuellement sa déclaration d'un croquis à main levée pour la rendre plus explicite (cf. « Œilsurtout surveille », pp. 132 à 135).
Il n'y a pas, à ce moment-là, de contrôle spatial mais un contrôle plus « théorique » puisqu'il s'opère sur des objets conceptualisés.

5. LES REPRÉSENTATIONS SCHÉMATIQUES ET LANGAGIÈRES

Pour l'alignement comme pour les autres concepts de géométrie, les représentations sont donc principalement de deux types : schématiques (gestuelles ou graphiques) et langagières (spontanées ou institutionnelles).

5.1 Les représentations schématiques

• **Les représentations gestuelles** dans l'espace ou sur un support :
– un doigt pointé pour les points, un trajet du doigt pour une ligne droite, deux doigts pointés pour un segment... ;
– un trajet rectiligne de la main avec les doigts tendus pour la relation d'alignement.

Les représentations gestuelles servent essentiellement dans les activités de communication orale et interactive ; elles sont rapidement obtenues, étayées par le langage oral, précisées, rectifiées. En revanche, elles sont spontanées, volatiles, et il n'y a pas d'attente institutionnelle.

• **Les représentations graphiques** sur une feuille ou au tableau : points, droites, segments, qui servent aussi à représenter d'autres objets tels le demi-plan, la médiatrice, l'intersection... Tous peuvent être désignés par des lettres.
Des savoir-faire sont à acquérir :
– tracer un trait passant par deux points, même quand les points sont éloignés ;
– prolonger un trait droit.

Ces représentations graphiques concernent d'abord les « objets » mathématiques avec lesquels les élèves raisonnent.
Dans une activité géométrique autour d'une situation réelle, l'élève peut être amené, au moyen d'un **tracé à main levée**, à modéliser la situation elle-même, afin de pouvoir conduire son raisonnement ou son argumentation.

5.2 Les représentations langagières

L'alignement (qui n'a pas de code graphique particulier) a des désignations habituelles qui se limitent à des mots ou des expressions verbales :
– « Les points sont alignés » ou « Les points ne sont pas alignés » ;
– « Ce point est aligné avec ceux-ci... » ou « Ce point n'est pas aligné... ».
Ce sont évidemment des expressions de fin de processus d'apprentissage et nous verrons, dans les descriptifs des situations, que les élèves passent par des expressions intermédiaires.

Pour ce qui est des relations d'incidence, nous retiendrons certaines expressions comme :
- « Point sur une ligne ou une ligne droite » (appartenance) ;
- « Ligne, ligne droite, ligne droite qui passe par un point » ;
- « Les lignes droites se coupent en tel point », « d coupe d' en tel point ».

Il s'avère que les représentations spontanées de l'élève sont souvent déficientes (le terme « droit » par exemple a plusieurs significations pour l'élève : « rectiligne », « vertical » ou « horizontal », « en face »... et cela engendre des erreurs ou des incompréhensions lors de son emploi).
Il s'avère aussi que les représentations institutionnelles sont difficiles d'accès. Par exemple, confronté au mot « aligné », l'élève ne sait souvent pas :
- à quoi il s'applique (à un objet ou à plusieurs objets, à des points ou à des lignes...) ;
- quelle relation il établit (un point est aligné avec deux points donnés ou les trois points sont alignés).

Cela entraîne des difficultés pour constituer des énoncés.

Nos choix didactiques

1. CHOIX POUR LE PROCESSUS D'APPRENTISSAGE

1.1 Aborder le concept tôt dans la scolarité, sur des objets et des situations du monde réel

Le processus d'apprentissage s'étend sur les cycles 2 et 3.
L'alignement est un concept qui peut être travaillé tôt à l'école élémentaire. En effet, l'élève est amené à le « rencontrer » très jeune au gré de ses déplacements et de l'observation de son environnement ce qui lui donne l'occasion de se constituer très vite des connaissances implicites.
Aussi l'alignement peut être abordé seul, indépendamment des autres relations : le parallélisme, la perpendicularité ou l'égalité de distance ne sont pas indispensables pour une première approche de l'alignement.
Notre choix est d'aborder l'alignement sur des objets du monde réel (issus de situations de la vie courante, familières des élèves), et non sur des objets modélisés tels que les points, même les points dessinés sur une feuille de papier. Cet apprentissage de l'alignement amène à reconnaître les cas où il n'y a pas d'alignement.

1.2 De l'apprentissage de connaissances spatiales à celui de connaissances théoriques

Nous avons cherché à faire en sorte qu'à travers des situations de l'espace sensible et des problèmes courants, les élèves acquièrent :
- des connaissances spatiales sur l'alignement pour leur permettre de mieux maîtriser l'espace, et de résoudre certains problèmes spatiaux ;

– des connaissances théoriques, nécessaires pour les mathématiques, mais aussi pour l'espace.

Ainsi l'élève doit comprendre que la relation d'alignement est indépendante des distances mutuelles des points et de la direction de la droite (horizontale, verticale, oblique). Les objectifs essentiels sont donc de faire mobiliser les connaissances initiales (spatiales essentiellement) des élèves, d'en percevoir les limites et le champ de validité, de faire étendre progressivement le champ de ces connaissances et de provoquer la construction de connaissances théoriques.

1.3 La prise en compte de la variable « taille de l'espace »

En raison du fait qu'elles sont assez communes et familières aux élèves, le choix d'examiner le méso-espace s'avérait approprié pour les premières phases des situations. Or, dans le méso-espace, les élèves font partie de l'espace où se résout le problème : il leur faut donc se décentrer ou se déplacer pour résoudre le problème ; les instruments adaptés pour la résolution sont moins familiers et, par suite, les procédures sont plus difficiles à développer. Cela a souvent conduit les élèves à des difficultés telles qu'il a paru préférable de proposer les phases initiales des situations dans le micro-espace. Ainsi, les élèves passent plus facilement d'une position d'acteur dans le dispositif (contrôler l'alignement des objets par la visée) à un alignement d'ensemble, comme observateur de la configuration. Seule la situation « Où est le plot ? » démarre dans le méso-espace. Ainsi la variable « taille » n'a pas été essentielle pour le développement de connaissances plus théoriques. Nous verrons cependant comment elle est intervenue au sein d'une même situation.

Les **phases intermédiaires** sont plutôt dans le micro-espace, avec des objets davantage modélisés, des outils différents davantage conceptualisés.

Les **phases finales** sont encore dans le micro-espace, mais les outils dont disposent les élèves sont plus puissants et plus nombreux. Une des situations se déroule cependant en méso-espace pour y utiliser les connaissances acquises antérieurement et étendre le champ d'application.

1.4 D'un alignement « unique » à un alignement lié à d'autres relations

Cette progression est composée de trois paliers.

- **L'alignement unique**

Les situations initiales sont conçues de façon à ce que l'alignement soit la seule relation susceptible d'être outil de résolution des problèmes.

- **Les alignements multiples : la conjonction d'alignements**

- **L'alignement et les autres relations**

L'alignement est un outil pour appréhender d'autres relations.

Les situations correspondantes sollicitent des liens entre alignement et parallélisme, égalité de longueurs, égalité de distances, symétrie axiale. Elles se situent donc plutôt en fin de progression et se placent dans la perspective du collège. Aucune formalisation des théorèmes sous-jacents n'est attendue dans les activités des élèves.

1.5 Les problèmes

L'enchaînement de problèmes qui nous a paru se justifier est le suivant :
- problème de production ou de contrôle d'un **point aligné avec deux autres points,** ou non aligné avec deux autres points ;
- problème **d'existence (et d'exhaustivité...) de point aligné ou non** avec deux autres ;
- problème de production ou de contrôle de point constituant **l'intersection de deux alignements ;**
- problème de production ou de contrôle de **point aligné avec deux autres points,** ou non aligné avec deux autres, mais **au moyen d'une relation** (par exemple prolonger des traits parallèles d'un réseau).

Les problèmes d'existence sont bien résolus par les élèves en général. En revanche, les problèmes d'exhaustivité sont plus délicats, les élèves percevant assez facilement la pluralité de solutions mais ne parvenant pas à l'exhaustivité effective.

2. CARACTÉRISTIQUES PRINCIPALES DES SITUATIONS

2.1 Les principes généraux de constitution des situations

Nous proposons aux élèves de résoudre un problème où le concept d'alignement est présent comme outil nécessaire de résolution, outil implicite, c'est-à-dire qui n'est pas nommé.
Au moment où commence l'apprentissage, nous considérons qu'aucune signification n'a jamais été donnée en classe à la proposition : « un point M est aligné avec deux points A et B si... » Les situations doivent donc permettre de donner une signification à la relation, c'est-à-dire :
- faire saisir à l'élève la position relative d'un point aligné avec deux points distincts ;
- associer à la relation des représentations langagières et, en particulier, la terminologie institutionnelle.

Nous avons fait le choix de poser des problèmes simples de localisation (cf. les problèmes types déjà mis en évidence) où il s'agit de placer des objets par rapport à d'autres. Les contextes choisis sont implicitement porteurs de la relation d'alignement : l'élève doit percevoir l'alignement par la situation.

Dans le déroulement d'une situation ou dans l'enchaînement de plusieurs situations, nous avons fait en sorte, grâce à un ensemble de contraintes, que la part de connaissances « théoriques » utiles à la résolution du problème augmente.

2.2 Les contraintes

■ Le domaine des objets

La modification du domaine des objets constitue un des éléments d'organisation des situations.

• En général, la première partie de la situation se déroule dans **l'espace sensible** usuel en vue notamment de la dévolution du problème et de la mobilisation de connaissances spontanées. Les objets sont des objets spatiaux.

Les élèves utilisent alors pour l'essentiel des connaissances spatiales. On peut considérer qu'il en est ainsi dans les situations « Épingles sur pli », « Œilsurtout » ou même « Où est le plot ? ». Les situations de l'espace réel peuvent paraître coûteuses en préparation matérielle. Mais les problèmes qui sont posés étant essentiels pour donner du sens, nous avons cherché à minimiser le coût.

• La deuxième partie, alors que ni le texte ni les problèmes ne changent, est dans un **domaine spatio-graphique** : les objets initiaux ne sont plus présents ; seules apparaissent des traces graphiques les représentant ou les évoquant.
Les objets sont ici des modélisations des premiers, données par le maître (des points sur une feuille à la place d'épingles).

• Dans la troisième partie (qui n'est pas menée systématiquement dans toutes les situations), avec un contexte et des problèmes encore inchangés de façon sensible, **les objets ne sont plus représentés** : ils ne sont qu'évoqués par le texte du problème. La modélisation est ici de la responsabilité de l'élève mais il lui suffit de se rappeler les modèles employés dans la partie précédente.

La modification du domaine des objets contribue ainsi à la conceptualisation, à travers la mobilisation de connaissances plus « théoriques ».

■ Les instruments

L'impossibilité d'utiliser certains instruments est une autre variable. C'est le cas, par exemple, dans la situation « Épingles sur pli » comme les élèves disposent a priori d'une boîte à outils complète, nous avons décidé de retirer des instruments en fonction de nos attentes.
Par exemple :
– les priver de règle graduée, pour rendre coûteux et imprécis le mesurage qu'ils peuvent utiliser en tant que substitut à l'alignement ;
– les priver d'instruments rectilignes de façon à privilégier la visée.

2.3 Constitution des représentations

■ Les représentations langagières

Elles devraient émerger, grâce à des situations de communication, comme éléments de description des outils de résolution personnels aux élèves.
Les situations doivent **prendre en compte** ce que nous appelons **les catégories de formulations institutionnelles.**
• **Les formulations principales**, pour lesquelles on estime qu'une véritable situation de formulation est indispensable ; c'est le cas pour :
– « les points sont alignés » ou « les points ne sont pas alignés » ;
– « ce point est aligné avec ceux-ci… » ou « n'est pas aligné… ».

• **Les formulations pour lesquelles les élèves ne montrent pas de problèmes majeurs :**
– « point », « trait » ;
– « ligne », « ligne droite », « ligne qui passe par un point ».

• **Les formulations qui nécessitent des mises au point particulières**, au moyen de situations adaptées :
– « segment », « segment d'extrémités... », « droite », « droite passant par les points... » ;
– « point sur une ligne », « une ligne droite ou une droite » (appartenance) ;
– « les droites se coupent en tel point, d coupe d' en tel point » ;
– « point sur ceci et sur cela, point où les deux droites se coupent ».

Les représentations graphiques institutionnelles

Certaines représentations doivent être explicitées :
– le codage d'un point par une croix ;
– le codage d'un segment (cf. le chapitre 4 de la partie I : Dessins, figures et représentations).

Dans les activités proposées, les élèves n'ont pas à inventer de modélisation des points : les pointes d'aiguille, les arbres, les emplacements de personnages sont des éléments donnés des situations et sont codés au moyen de petits cercles évidés, de points ou de croix.

2.4 Aménagements pour les élèves de CM n'ayant pas suivi cette progression en CE2

La progression des situations est conçue pour un élève de cycle 3 qui la commencerait au CE2.
Des adaptations s'avèrent nécessaires pour des élèves de CM1 ou CM2 à qui l'on proposerait pour la première fois des apprentissages sur le concept d'alignement.
Ainsi, pour le CM1, il nous semble nécessaire de reprendre « Épingles sur pli 1 », car c'est une situation qui donne du sens, de même que « Placer le point » nous semble être une situation dans laquelle les élèves qui n'auraient pas rencontré le concept auparavant trouveront du sens.
« Œilsurtout » figure dans les trois niveaux. L'apprentissage (visé dans la partie papier-crayon) sur le non-alignement, les demi-plans et leur frontière, sur l'ensemble de points alignés avec ceux d'une demi-droite est laissé à l'appréciation du maître ; l'apprentissage visé dans la partie Cabri nous semble important pour la distinction segment/droite (trait qui se prolonge), en liaison avec les représentations graphiques et verbales de ces objets.

Progression et objectifs des situations

	Situations	Description rapide	Objectifs	Objets	Durée
CE2	**1. Épingles sur pli 1**	Un pli dans une feuille étant caché mais ses extrémités apparentes (épingles), placer ou contrôler une épingle piquée dans l'alignement et dans l'intervalle de celles fixées aux extrémités.	– Donner du sens à l'alignement d'objets ponctuels. – Développer des procédures de contrôle ou de production. – Améliorer les compétences pratiques dans l'espace sensible.	Point Segment	2 séances
CE2	**2. Épingles sur pli 2**	Le problème est plus « théorique » : les élèves ne disposent ici que des traces des épingles sur la feuille (marquées par une croix).	– Faire employer des procédures de contrôle ou de production plus conceptualisées. – Améliorer les compétences pratiques (tracés).	Trait (comme approche de droite)	1 séance
CE2	**3. Placer le point**	Sur une feuille remplie de points répartis irrégulièrement ou sur des lignes (droites ou courbes), localiser et désigner des points comme conjonctions d'alignement.	– Situer des points comme conjonctions d'alignement. – Caractériser ces points par une expression verbale. – Institutionnaliser des éléments de terminologie relatifs à l'alignement.	Point (comme conjonction d'alignements) Droite	2 séances
CE2	**4. Œilsurtout surveille** (environnement papier-crayon)	Un mur rectiligne est placé sur le plan d'une feuille, délimitant le domaine d'Œilsurtout… Des voleurs s'introduisent dans le domaine. Le problème est de savoir si : – Œilsurtout peut les repérer ; – les voleurs peuvent trouver à se cacher.	– Renforcer les différentes procédures rencontrées pour contrôler ou produire un alignement ou un non-alignement ; les étendre à des problèmes plus complexes. – Approcher l'ensemble des points alignés avec deux points donnés, comme ensemble de solutions d'un problème de localisation, et en produire une modélisation. – Distinguer un ensemble de points alignés avec deux points donnés d'un ensemble de points non alignés avec un des deux points, le premier étant la frontière du second.	Demi-plan (partie de plan) défini par sa frontière	4 séances

	Situations	Description rapide	Objectifs	Objets	Durée
CE2	**5. Œilsurtout revient** (environnement Cabri)	Modélisation de la situation initiale dans l'environnement Cabri. Le problème est de contrôler un alignement ou un non-alignement grâce aux outils spécifiques du logiciel.	– Renforcer les aspects institutionnels : * caractéristiques des objets (extrémités d'un segment, point définissant une droite) et de la relation d'alignement ; * désignations de ces objets.	Droite Segment	3 séances
CM1	**6. Où est le plot ?**	Deux plots étant donnés dans le méso-espace, placer un plot dans leur alignement. L'énoncé plus « théorique » que celui des situations précédentes, utilise explicitement le terme « aligné ». Cette situation facilite l'accès des élèves à « Faisceaux de traits », notamment grâce aux problèmes écrits.	– Percevoir les limites de procédures spécifiques du méso-espace dans l'environnement papier-crayon ; comprendre leur intérêt (la visée). – Donner de la signification au terme « aligné » pour des objets dans le méso-espace.	Point	2 séances
	7. Faisceaux de traits	Reproduire une configuration donnée de traits sécants à partir de certains des points qui la définissent.	– Comprendre que l'appartenance d'un point à un trait, d'un point à deux traits ou l'alignement peuvent suffire à reproduire une configuration (sans prendre en compte les relations sur les longueurs). – Comprendre la nécessité de mettre en place une chronologie d'actions (ici de tracés).	Point Droite	2 séances
CM2	**8. Menhir**	Les élèves doivent placer et contrôler des points alignés dans une configuration de points alignés dans deux directions.	– Faire apparaître le parallélisme comme outil pour produire un alignement.	Point Segment Droite	2 séances

L'apprentissage de l'alignement avec un logiciel de géométrie dynamique

1. POURQUOI DES ACTIVITÉS SUR L'ALIGNEMENT AVEC DES LOGICIELS DE GÉOMÉTRIE DYNAMIQUE ?

Cabri[3] constitue une aide à l'apprentissage et une aide à la constitution de dispositifs d'enseignement.

Ce logiciel permet de créer facilement les conditions du méso-espace ou du macro-espace sur l'écran de l'ordinateur. Les élèves sont ainsi placés dans des espaces de taille « méso » ou « macro » sans que la taille matérielle de l'espace ne soit grande. On peut se reporter à la situation « Œilsurtout revient » (page 136) pour plus de détails.

Cabri permet aussi des sauts de valeurs de variables efficaces et faciles à mettre en place :
- ôter des barres d'outils disponibles tels que l'outil : « segment » par exemple ;
- bloquer des points qui auparavant se déplaçaient ou au contraire faire se déplacer des points qui étaient fixes...

De tels sauts de valeur ont un effet sensible sur les procédures en général : ils obligent l'élève à élaborer de nouvelles procédures.
Dans l'environnement usuel (comme papier-crayon), il est aussi possible d'enlever des outils. Mais l'élève aura davantage tendance à revenir aux procédures qui, jusque-là, lui ont permis de résoudre – et qui sont invalides maintenant – qu'à élaborer des procédures où de nouvelles connaissances sont construites.

Cabri propose des outils qui ont des désignations institutionnelles. Ainsi, ce n'est pas le maître qui doit les donner. Il est possible de créer un outil ayant une fonction analogue à un outil donné, mais ayant une désignation différente, se rapprochant notamment des désignations employées par les élèves :
- « segment » peut être remplacé par « trait d'extrémités... » ;
- « droite » par « ligne droite ».

Les premières situations que nous décrivons sur le concept d'alignement dans cet environnement sont plutôt des situations de début d'apprentissage. Nous n'utilisons pas le caractère dynamique de la géométrie avec Cabri : cela constitue une autre étape dans la connaissance du logiciel. Plus tard dans l'apprentissage, ce caractère dynamique est utilisé pour renforcer la validation notamment.

---

3. Les situations présentées ici ont été expérimentées avec le logiciel Cabri-géomètre®. Elles peuvent être réalisées avec les versions ultérieures dont Cabri II Plus®.

2. CABRI AIDE À L'APPRENTISSAGE

Cabri peut constituer une aide précieuse dans ce que nous appelons « le passage au théorique », c'est-à-dire le moment où l'élève, dans la résolution des problèmes, utilise moins de connaissances spatiales et les remplace, au moins partiellement, par des connaissances « théoriques ». Et cela inclut la formulation des connaissances, notamment sous leur forme institutionnelle. Ce passage est facilité par deux contraintes principales imposées par le logiciel :
– la confrontation obligée de l'élève à des modélisations des objets spatiaux de la situation d'origine, dans son contexte ;
– le remplacement des instruments de l'environnement usuel par des outils à caractère conceptuel plus marqué, en raison de leur accès par une désignation.
Nous n'avons pas exploité certaines des possibilités du logiciel permettant de considérer des objets d'un point de vue différent, le segment ou la droite apparaissant comme :
– ligne support de points qui se déplacent, au moyen de l'outil « point sur objet » ;
– trajet particulier entre deux points, au moyen de l'outil « trace » ;
– le point apparaissant comme intersection de droites ou de segments, ou comme élément d'une ligne...

De même, l'alignement n'est pas travaillé comme invariant de configurations spatiales, ce qui aurait pu se faire avec le caractère dynamique des objets : les constructions ne respectant pas les propriétés géométriques visées, mais simplement la forme, sont déformées lorsque certains des points sont déplacés.

3. UN CHOIX PRINCIPAL : LE CHANGEMENT D'ENVIRONNEMENT AU SEIN D'UNE MÊME SITUATION

Nous n'avons pas proposé de situation se déroulant entièrement dans le logiciel. Les situations intégrant le logiciel sont des situations comportant au départ un volet mettant en jeu des objets de l'espace sensible usuel, puis un volet mettant en jeu des objets de l'environnement papier-crayon, et enfin un volet avec des objets Cabri.
Tant les objets de l'environnement papier-crayon que les objets Cabri s'avèrent être des représentations des objets de l'espace sensible de la situation de départ. Ce sont des représentations que l'élève n'a pas à élaborer, elles sont proposées par la situation.
L'intérêt du volet dans l'espace sensible réside dans le fait qu'il permet à l'élève de s'approprier les éléments en jeu dans la situation (les objets aussi bien que certaines contraintes ou relations). Le volet papier-crayon permet à l'élève d'entrer déjà dans une modélisation relativement familière de la situation.

4. COMMENT PERMETTRE LES PREMIERS APPRENTISSAGES DU LOGICIEL

Le logiciel constitue pour l'élève un environnement nouveau, véhiculant des savoirs, des règles, des outils particuliers. Il est donc nécessaire que l'élève s'approprie les éléments de l'environnement tout en apprenant des connaissances sur l'espace et sur la géométrie. D'autres questions en résultent :

– comment prendre en compte les outils figurant sur la barre des outils à l'écran ?

Ils apparaissent en effet sous une forme langagière institutionnelle (segment, droite, alignés ?...) avec d'autres dans le même registre (parallèle, perpendiculaire...). Leur emploi s'apparente à celui de fonctions : éléments initiaux, activation de l'outil, éléments finaux ;

– faut-il proposer des outils s'y substituant et qui sont plus accessibles ?

Plus proches en particulier des désignations des élèves : par exemple « trait », « ligne droite » pour segment ou droite, « ils sont sur la même ligne droite » pour « les points sont alignés ».

5. MODALITÉS DE MISE EN ŒUVRE

Il faut concilier différentes contraintes, en particulier :

– les élèves sont confrontés à l'environnement nouveau que constitue le logiciel ;

– ils doivent en apprendre différents éléments de fonctionnement ;

– ils doivent simultanément apprendre des connaissances sur des éléments de base (points, segment, droite, alignement, appartenance...) ;

– ils sont élèves de cycle 3 (on peut penser que les premiers apprentissages sur la relation ont eu lieu au cycle 2).

Pour cette dernière raison notamment, nous n'avons pas laissé ou fait employer, dans les barres d'outils, de désignations élève particulières pour les objets liés directement à l'alignement (points, segments, droite...) ou les relations elles-mêmes (appartenance, passer par, alignés...). Nous avons fait utiliser directement les désignations fournies par le logiciel (elles ont un caractère institutionnel marqué).

Les outils mis à disposition par le logiciel sont activables grâce à une interaction à la fois graphique (les icônes accompagnant les mots désignant les outils) et verbale (les mots de la barre d'outils et les locutions accompagnant leur activation et le déplacement du curseur à l'écran). Ils nous ont paru pouvoir conduire à des apprentissages portant sur deux éléments principaux.

• **Le renforcement du sens des concepts**

– Il y a des objets premiers : les points.

– Il y a des objets composés comme segment ou droite (par des points et une relation d'alignement).

– Ces objets se caractérisent par des éléments particuliers : un segment par ses extrémités, une droite par deux points distincts.

• **Le développement de certains aspects institutionnels** comme les désignations verbales ou les codages graphiques qui peuvent accompagner les concepts.
L'étayage graphique et langagier proposé par le logiciel (celui de la barre d'outils ou celui apparaissant à l'écran dans l'activation des outils) nous semble tout à fait approprié pour les apprentissages.
Les outils sont aussi souvent de type fonctionnel (en s'appliquant à des objets initiaux pour produire un objet final) et les apprentissages « instrumentaux » avec Cabri s'effectuent donc en relation avec les apprentissages géométriques.

Les activités qui se rapportent au caractère dynamique de la géométrie ont, comme nous l'avons dit, d'autres fonctions :
– provoquer l'emploi de relations outils pour en produire d'autres, en les rendant plus explicites ;
– aider à l'invalidation de relations et de procédures de résolution inadaptées ;
– faire apparaître les concepts comme des invariants perceptifs de configurations spatiales (ici, l'alignement d'objets peut être conservé malgré des déplacements de ces objets).

Situations

1. Épingles sur pli 1 (CE2)

> DESCRIPTION RAPIDE

Un pli, fait dans une feuille de papier, est caché par une autre feuille de papier placée dessus. Les extrémités de ce pli sont matérialisées par des épingles piquées dans le support. Le problème consiste pour l'élève à piquer une troisième épingle de façon à ce qu'elle soit dans le pli.
Le pli fait office de contexte : c'est un objet spatial rectiligne, connu des élèves, qui fait que la situation porte en elle-même la relation d'alignement sans qu'il soit nécessaire au maître de l'expliciter aux élèves.
Le problème est résolu en partie grâce à la perception et en partie grâce aux instruments de tracé.

> OBJECTIFS

– Donner du sens à l'alignement à travers un contexte où le concept n'est pas explicite, mais toutefois présent par le moyen d'un trait rectiligne, l'alignement de points se rattachant à l'idée de points sur une ligne droite.
– Développer des procédures de contrôle ou de « production » d'alignement comme l'appréciation perceptive, l'usage d'instruments appropriés – fil tendu, règle, pli… – et la visée, pour conduire à l'équivalence de ces procédures.

Les termes « aligné » et « droite » n'apparaissent en général pas dans les expressions des élèves. Le maître ne les imposera pas non plus ici : les expressions des élèves suffisent.

> DURÉE

Deux séances.

> MATÉRIEL

– Le dispositif suivant par groupe de 2 ou 4 élèves :

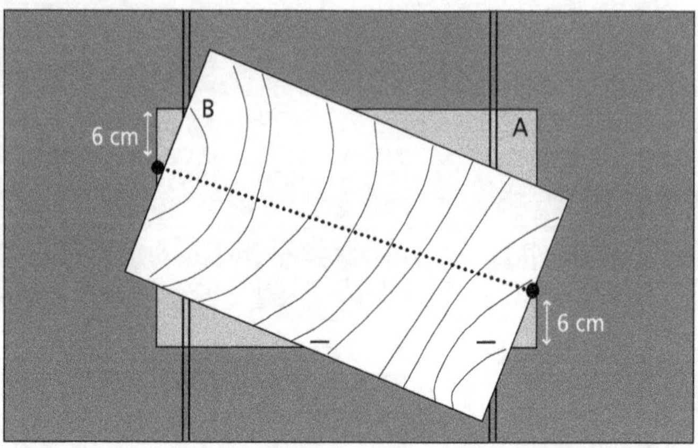

Légende

Plaque de polystyrène, support du dispositif.

A — Feuille A : feuille du dessous de format A3 où est fait le pli en travers.

……… Pli en creux sur la feuille A (feuille du dessous), figuré ici mais non visible dans le dispositif réel puisque caché par la feuille B.

═══ Deux élastiques maintiennent la feuille A sur la plaque de polystyrène.

• Épingles aux deux extrémités du pli sur la feuille A, appelées « épingles repères » ou « points repères ». Ces épingles sont situées sur les largeurs de la feuille A à 6 cm du bord supérieur pour l'une et 6 cm du bord inférieur pour l'autre.

B — Feuille zone B, feuille du dessus dont deux bords s'appuient sur les épingles et cachent le pli de la feuille A. Au format A3, cette feuille en papier ordinaire ou en bristol est la reproduction de la fiche photocopiable 1 où sont figurées les zones de z_1 à z_8.

— Deux agrafes (ou de la Patafix) maintiennent la feuille B sur le dispositif, d'un seul côté afin qu'elle puisse être soulevée de l'autre.

– Une épingle par groupe. Les prendre à tête assez large et de couleur différente de celle des épingles repères : veiller à ce que les épingles dépassent de 2 à 3 cm, une fois piquées dans le polystyrène.
– La boîte à outils complète, comportant en particulier des longueurs de fil et plusieurs règles (dont une de 30 cm).

> PROBLÈME

Deux points distincts étant donnés, placer (ou contrôler) un point aligné avec ces deux points.

> VARIABLES

La résolution du problème s'effectue dans l'espace sensible au moyen du dispositif, du pli caché, des épingles et de la feuille zones, pour que des procédures employant des outils se développent et que la visée puisse apparaître comme une procédure conduisant à la solution en l'absence d'instruments.
Les épingles repères sont positionnées aux extrémités du pli. Le point à placer est dans l'intervalle des points donnés.
Ici, c'est la disponibilité des instruments qui varie. En effet :
– dans la première phase, tout le matériel est disponible, ce qui autorise toutes les procédures citées ci-dessous, celles qui mettent en jeu des instruments comme celles qui n'en mettent pas en jeu ;

– dans la deuxième phase, il n'y a plus d'instrument équivalent seul à la distance entre les épingles situées aux extrémités du pli. Il faut mettre plusieurs instruments bout à bout ou viser ;
– dans la troisième phase, le matériel n'est plus disponible pour rendre davantage nécessaire la visée.

> PROCÉDURES POSSIBLES

Les procédures de placement de l'épingle en s'aidant des doigts pour repérer le pli sont interdites.

Procédures de production d'objets alignés

Perception seule

– Positionnement aléatoire.
– Essais de positions.

À l'aide d'outils

– Placement d'une règle assez grande ou d'une feuille pliée assez grande contre les deux épingles repères, et piquage avec la troisième épingle le long de la règle.
– Tracé d'un trait à la règle et positionnement sur le tracé.

Procédures de contrôle d'alignement

Perception seule

– Au jugé seulement (vision « par-dessus ») : simple appréciation des positions, sans déplacement de l'observateur pour améliorer le contrôle.
– Au jugé, à l'aide d'une visée effective, par un positionnement recherché de l'observateur.

À l'aide d'outils

– Par contrôle à l'aide d'un instrument (règle, fil tendu…) sans tracé.
– Par contrôle à l'aide d'un instrument (règle, fil tendu…) avec tracé.

DÉROULEMENT

■ Première phase
Appropriation des contraintes avec tous les instruments

> OBJECTIFS

– Faire approprier les limites autorisées pour l'acceptation d'un point comme solution (donc aligné avec les épingles) et les différents codages des positionnements réussis ou erronés des points par les élèves.
– Faire développer les procédures d'alignement les plus élémentaires, de la visée (éventuelle) à la matérialisation par un trait rectiligne simple (grande règle, fil tendu ou trait graphique).

> MATÉRIEL

– Le dispositif, à construire devant les élèves (voir la rubrique « Matériel » en début de situation).
– La boîte à outils complète par équipe (ficelles et règles de 50 cm si possible, de 30 cm et de 20 cm également) : il faut au moins un instrument dont la longueur dépasse celle de l'intervalle entre les épingles.

Le maître constitue des équipes de deux et attribue un numéro aux élèves de chacune. Une boîte à outils est donnée à chaque équipe.

☐ **Étape 1 :** fabrication d'un dispositif devant les élèves

Le maître réalise un dispositif devant la classe pour en expliquer la constitution.

Il applique au tableau une plaque de polystyrène. Il prend ensuite une feuille A3 et dit : « J'ai pris une feuille que j'ai pliée ; j'ai bien marqué le pli avec l'ongle et je l'ai placée comme ceci sur la plaque. »

Il montre comment il plie la feuille et la place sur la plaque de polystyrène. Puis il positionne les épingles : « Je prends une épingle, et je la pique ici, juste au bout du pli, avec beaucoup de précision ; puis je prends une autre épingle et je la pique aussi avec précision à l'autre extrémité du pli. »

Il pique effectivement les deux épingles. Il prend la feuille « zones » (fiche 1) et dit : « Ensuite, je prends une autre feuille comme celle-ci – c'est la feuille « zones » – et je la place sur la feuille pliée. Il y a dessus des zones, marquées de z_1 à z_8. »

Le maître montre les zones puis fait pivoter la feuille « zones » jusqu'à ce qu'elle cache complètement le pli. Il commente cette manipulation et refait le mouvement pour bien montrer l'opération et ce à quoi on aboutit. Et il fixe la feuille « zones » sur la feuille avec le pli. Il ajoute : « Si je soulève la feuille "zones", on voit le pli. »

☐ **Étape 2 :** communication du problème

Le maître montre une épingle et dit :

« Il faut que chaque équipe essaie de piquer l'épingle sur le pli qui est caché. Les élèves d'une même équipe peuvent s'entraider.

Chacun leur tour, les élèves piqueront une épingle dans une zone de la feuille du dessus : d'abord les élèves n° 1 dans la zone 1, puis les élèves n° 2 dans la zone 2, ensuite les élèves n° 1 dans la zone 3 et enfin les élèves n° 2 dans la zone 4.

Lorsque tous les élèves n° 1 auront piqué leur épingle dans la zone 1 et à mon signal, on vérifiera si l'épingle est bien piquée sur le pli en soulevant la feuille. Si l'épingle est bien piquée sur le pli, vous retirez l'épingle et vous marquez son emplacement sur la feuille du dessous par une croix. Si elle n'est pas sur le pli, vous la retirez également et marquez son emplacement sur la feuille du dessous par un rond. On procédera de la même façon pour chaque zone. »

Le maître distribue un dispositif et une épingle par équipe.

☐ **Étape 3 :** recherche

Les mêmes feuilles (feuille « zones » et feuille avec le pli) sont gardées tout au long de l'étape.

Après chaque positionnement d'une épingle dans une zone par tous les élèves (élèves n° 1 : zones 1 et 3 ; élèves n° 2 : zones 2 et 4), le maître donne le signal de la vérification et rappelle les modalités du codage.

Il peut aussi procéder à un bilan collectif rapide (sans présentation collective des productions) destiné à faire apparaître s'il y a des difficultés particulières, des raisons à une réussite ou à un échec, s'il est possible de faire mieux...

Au fil des positionnements, les élèves peuvent ainsi éventuellement changer de procédure pour améliorer leur résultat. À ce stade, ils ne montrent pas leurs productions à l'ensemble de la classe.

☐ Étape 4 : bilan collectif final

Il s'agit de faire le bilan sur l'ensemble des productions de positions d'une équipe sur les points suivants :

– le nombre d'emplacements valides et non valides (donner le score de l'équipe) avec un contrôle collectif de certains emplacements discutables ;

– le positionnement des deux catégories d'emplacements – ceux qui sont valides et ceux qui ne le sont pas –, la vision globale des emplacements valides faisant apparaître l'alignement ;

– la communication des informations sur la procédure utilisée, occasionnellement et si les élèves en manifestent le besoin.

Les équipes viennent tour à tour présenter leurs productions. Les dispositifs sans les feuilles zones sont suspendus au tableau. Les élèves donnent des informations sur l'ensemble des points cités plus haut. Les élèves de la classe interagissent et commentent eux aussi ; ils peuvent venir faire des contrôles sur la feuille de l'équipe qui présente, en se déplaçant au tableau au cas où il y a doute.

■ Deuxième phase
Sans instrument aussi long que la distance entre les épingles

> OBJECTIF

Amener la production ou le contrôle de l'alignement par report ou prolongement d'instrument rectiligne.

Les élèves emploient peu la visée à ce stade : celle-ci ne s'impose que lorsqu'il n'y a plus d'outil à disposition.

> MATÉRIEL

– Les dispositifs sont constitués de la même manière que dans la première phase ; on change simplement la feuille « pli » et la feuille « zones ». Si le maître le souhaite, il peut garder la même feuille « zones ».

– Les boîtes à outils sont présentées complètes aux élèves puis, au cours de l'activité, les outils (grande règle ou fils...) pouvant aller d'un bout à l'autre des extrémités du pli sont enlevés.

Elles doivent impérativement contenir deux instruments (ficelles, règles...) qui, en se chevauchant (deux règles ou une règle et un fil) ou en étant mis bout à bout (deux règles), permettent de joindre les deux points repères (ou épingles).

> VARIABLES

Cette fois, la distance entre les épingles dépasse la longueur des instruments rectilignes à disposition, donc il y a nécessité de report, de mise bout à bout ou de visée...

☐ Étape 1 : communication du problème et recherche

Les élèves sont toujours par équipes de deux.

Au début de l'activité, un dispositif est installé au tableau et les boîtes à outils complètes sont sur les tables des équipes. Le maître indique que l'on va reprendre la situation de la feuille pliée. Il fait ensuite chercher par les élèves dans leurs boîtes la grande règle et les fils qui dépassent 30 cm.

Il les fait ramasser par un élève (faisant apparaître ainsi qu'ils sont inaccessibles maintenant).

☐ Étape 2 : bilan collectif final

Le déroulement de l'activité est ensuite analogue à celui de la phase précédente. Dans la phase collective, les élèves présentent le résultat de leur travail et leurs procédures Les résultats sont déclarés corrects ou non.

Les élèves peuvent faire des remarques : « Sans la grande règle, c'est plus difficile », « En plaçant les règles de cette façon, on n'arrive pas à aller droit », etc.

À titre d'exemple, les procédures observées dans une classe (treize groupes de deux) ont été les suivantes :
- quatre groupes utilisent une ficelle ;
- deux groupes utilisent la visée ;
- les autres juxtaposent deux règles (voire trois) :
* soit en les positionnant « correctement » par une mise bout à bout ou par un chevauchement,
* soit en les positionnant de manière non correcte.

Troisième phase
Sans aucun instrument

> OBJECTIF

Amener l'emploi de la visée comme procédure à privilégier pour produire ou contrôler l'alignement et permettre de faire le lien avec les procédures utilisant des instruments.

La visée devrait être rendue nécessaire pour le placement correct sans instrument, d'autant qu'elle apparaît parfois dans les étapes précédentes. Il arrive cependant que les élèves placent l'épingle à l'aide du suivi avec le doigt à partir d'une épingle en direction de l'autre : cela ne donne pas un résultat correct en général. Le contrôle en enlevant la feuille de dessus ainsi que les arguments qui apparaissent lors de la phase collective devraient invalider cette procédure.

> MATÉRIEL

Le matériel est (en tout début d'activité du moins) le même que dans la deuxième phase.

La feuille avec le pli et la feuille « zones » sont changées.

> VARIABLES

Les épingles à placer se situent entre les épingles repères.

L'épingle doit être piquée, comme dans la première phase, dans l'intervalle entre les épingles repères aux extrémités du pli et dans les mêmes zones successivement que dans les phases précédentes par les élèves n° 1 ou les élèves n° 2.

La boîte à outils est enlevée pour la résolution du problème.

☐ Étape 1 : communication du problème et recherche

Les élèves sont toujours par équipes de deux. Le maître distribue à chaque équipe un dispositif et fait enlever la boîte à outils de chaque équipe.

Le maître s'assure que les élèves n'ont rien d'autre sur la table. Il ne faut pas qu'un quelconque instrument rectiligne soit disponible. Il rappelle à nouveau qu'il faut piquer l'épingle dans le pli dans la zone dont il précise le numéro : il invite les élèves à faire un premier essai.

Quand l'essai est fait, il fait soulever la feuille « zones » pour que les élèves effectuent le contrôle.

☐ Étape 2 : bilan collectif

Une phase collective est menée : l'une après l'autre, les équipes présentent leur production (« On a réussi » ou pas) ainsi que la procédure qu'elles ont employée. Leur dispositif, sans la feuille « zones », est placé en hauteur au tableau pour l'examen du résultat. Cette phase collective peut n'avoir lieu qu'après d'autres essais si le maître le juge approprié.

D'autres essais de positionnement sont faits ensuite : les activités sont conduites de la même manière. En général, la procédure adéquate, la visée, se diffuse rapidement, d'autant que les élèves la trouvent adaptée pour obtenir un positionnement précis.

2. Épingles sur pli 2 (CE2)

> DESCRIPTION RAPIDE

La situation « Épingles sur pli 2 » est la situation « Épingles sur pli 1 » modélisée et résolue dans le domaine spatio-graphique : les élèves n'ont plus ni le dispositif ni les épingles (leurs places sont figurées par des points sur la feuille de travail). La situation oriente les élèves sur des procédures de contrôle et de production d'alignement utilisant les tracés « composés » (prolongement d'un tracé premier) et sur le fait qu'il y a des points alignés avec deux points donnés en dehors de l'intervalle qu'ils définissent : ainsi, il est fait une approche un peu plus fine du concept de droite. Cette situation nous semble être spécifique du CE2 et doit suivre « Épingles sur pli 1 » conduite une semaine ou deux auparavant.

> OBJECTIFS

• Faire abandonner l'emploi de procédures dépendant :
- des éléments du contexte (épingles) comme la visée,
- des instruments disponibles (plusieurs règles, un fil...),

pour faire recourir l'élève à des procédures mettant en jeu des éléments plus « conceptualisés » : tracés de traits, prolongement de traits, utilisation de points intermédiaires.

• Renforcer l'apprentissage de tracés rectilignes.

> DURÉE

Une séance.

> MATÉRIEL

Une affiche pour le tableau comportant l'énoncé du problème : « Marquez, dans la zone 1, l'emplacement d'une épingle. Quand on piquera l'épingle dans cet emplacement, elle devra faire un trou juste dans le pli qui est caché. Faites de même dans la zone 2. »

Par équipe de 2

- La boîte à outils où il ne reste que des outils rectilignes (règles, bandes de bristol...) ou pouvant le devenir (fils) dont la longueur ne dépasse pas 20 cm.
- Un feutre fin.
- Un agrandissement au format A3 de la fiche 1 comportant les zones 1 et 2. 

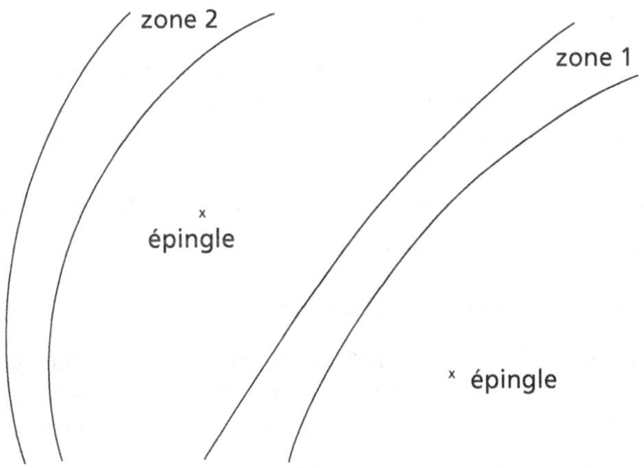

Fiche 1

- Trois épingles par équipe : deux bleues (pour les emplacements donnés) et une verte (épingle à placer) ; elles sont utiles pour la vérification des productions.
- Une feuille A3 pliée comme habituellement et fixée sur la plaque.

> VARIABLES

Dans la feuille agrandie, les emplacements des épingles doivent être distants de 20 cm au plus, de façon à ce que les élèves puissent repérer l'emplacement de la première épingle avec un double décimètre.

La réponse au problème de positionnement de l'épingle dans le pli et la zone 1 ne pose alors pas de difficulté particulière, les élèves utilisant la petite règle pour trouver le point. Le second problème, en revanche, celui où l'épingle à placer se situe dans la zone 2 nécessite de trouver de nouvelles procédures : les tracés de traits et leur prolongement s'avèrent appropriés car une seule règle est présente et elle est trop courte pour un tracé direct.

DÉROULEMENT

Les élèves sont par deux et disposent de la boîte à outils (constituée comme indiqué plus haut) et d'un feutre.

☐ Étape 1 : appropriation des nouvelles contraintes de la situation

Comme cette situation se déroule quelque temps après « Épingles sur pli 1 », il faut rappeler les caractéristiques de l'activité initiale. Devant la classe, un dispositif de la situation est présenté ; il comporte le socle en polystyrène ou en carton, la feuille A3 avec le pli fixée dessus, et la feuille « zones » (fiche 1) par-dessus. Deux épingles sont piquées à l'emplacement des croix sur cette feuille « zones » ; elles sont piquées aussi dans le pli de la feuille de dessous. Le maître décrit (ou fait décrire par les élèves) la feuille « zones » : « Sur la feuille du dessus, il y a des croix ; elles marquent l'emplacement des épingles. Il y a aussi des zones, la zone 1 et la zone 2. »

Puis il retire les deux épingles et fixe la feuille « zones » au tableau, à part. Il prend d'autre part une fiche 1 agrandie et la montre à la classe : « Vous allez recevoir une feuille comme celle-ci ; elle est semblable à celle qui est fixée au tableau... »
Et il la fait décrire à nouveau : « Il y a des croix ; elles marquent l'emplacement des épingles. Il y a deux zones, la zone 1 et la zone 2. »

☐ Étape 2 : communication du problème

Le maître présente l'affiche préparée et présente l'énoncé correspondant : « Marquez, dans la zone 1, l'emplacement d'une épingle. Quand on piquera l'épingle dans cet emplacement, elle devra faire un trou juste dans le pli qui est caché. Faites de même dans la zone 2. »
Il distribue alors à chaque équipe un agrandissement A3 de la fiche 1.

☐ Étape 3 : recherche

Lorsque les élèves ont décidé de l'emplacement des épingles, ils indiquent les positions de la façon la plus nette possible (pour qu'elles soient visibles de loin) : par une croix, au stylo-feutre.

☐ Étape 4 : exposé des propositions et argumentation

Les équipes passent au tableau pour exposer « ce qu'elles ont fait » à la classe (leur production et la procédure associée). Les différentes procédures sont discutées ; des hypothèses sont faites sur la validité de chaque production. En fin d'étape, le maître demande à la classe comment on peut s'assurer que les emplacements choisis sont corrects ou non : « C'est en plaçant les feuilles "zones" sur les dispositifs et en piquant les épingles aux endroits que l'on a choisis. »
On pourrait aussi éventuellement à ce moment-là recourir, si les élèves y pensent, à la grande règle (de 50 cm) pour vérifier et contrôler.

☐ Étape 5 : contrôle des productions

Les équipes, à leur place à nouveau, disposent :
- de la feuille où elles ont fait leur proposition de productions ;
- des trois épingles : deux bleues (pour les épingles repères) et une verte pour l'épingle à piquer dans les zones ;
- de la feuille pliée fixée sur le dispositif.

Le maître fait procéder les élèves en quatre temps (il faut agir avec soin) :
1. il fait piquer les épingles bleues aux emplacements des croix de la feuille des productions ;
2. il fait piquer ensuite ces épingles sur le pli de la feuille du dessous ;
3. il fait piquer l'épingle verte à l'emplacement de la solution proposée par l'équipe ;
4. il fait contrôler la position du trou.

Les élèves en déduisent une conclusion qu'ils gardent pour eux pour le moment et ils laissent leur dispositif en l'état, monté.

☐ Étape 6 : exposé public des résultats et conclusion de validité

Chaque équipe passe à nouveau au tableau avec son dispositif. Elle présente sa conclusion pour chaque position sous le contrôle des autres équipes : cette conclusion est débattue puis la validité de chaque emplacement est décidée collectivement, une croix signifiant « position correcte », un rond signifiant « position incorrecte ». Les résultats sont inscrits dans un tableau analogue aux tableaux précédents utilisés dans « Épingles sur pli 1 ». Tous ces résultats permettent de situer les équipes vis-à-vis de l'apprentissage.

Procédures observées pour placer l'épingle dans la zone 2
- Placer la règle en appui sur les deux points repères et placer l'épingle par prolongement à vue d'œil.
- Tracer un trait droit entre les deux emplacements d'épingles avec la règle, puis placer la règle au bout du trait obtenu et en contrôlant à l'œil son alignement avec le trait.
- Faire glisser la règle le long de son support ou la faire pivoter autour de sa « largeur ».
- Placer la règle en appui sur le point tracé dans la zone 1 et sur l'emplacement de l'épingle le plus proche de la zone 2 de façon à ce qu'elle atteigne la zone 2.
- Tracer un trait soit entre les deux emplacements initiaux, soit entre un emplacement initial et le point trouvé de la zone 1 puis le prolonger jusqu'à la zone 2.

3. Placer le point (CE2)

> DESCRIPTION RAPIDE

Dans un premier temps, l'élève doit situer un point dans un ensemble de points. Dans un second temps, il doit communiquer à un autre élève un ensemble d'informations pour que ce dernier situe le point.

> OBJECTIFS

– Caractériser un point de l'espace plan par une conjonction d'appartenance à des lignes ou d'alignements de points avec deux ensembles de points alignés.

– Expliciter cette caractérisation en vue d'aboutir à une formulation du type : « il est sur la ligne droite des … et sur la ligne courbe des … » ou « il est aligné avec les points … et les points … ».

> DURÉE

Deux séances.

> PROBLÈMES

Étant donné un plan contenant plusieurs ensembles de points alignés, plusieurs ensembles de points sur des lignes courbes, des points répartis de façon quelconque et un point M (intersection de deux alignements) sur la fiche 1, replacer le point M sur la fiche 2, reproduction de cet espace, privée du point M. Cette seconde fiche est placée à distance de la première.

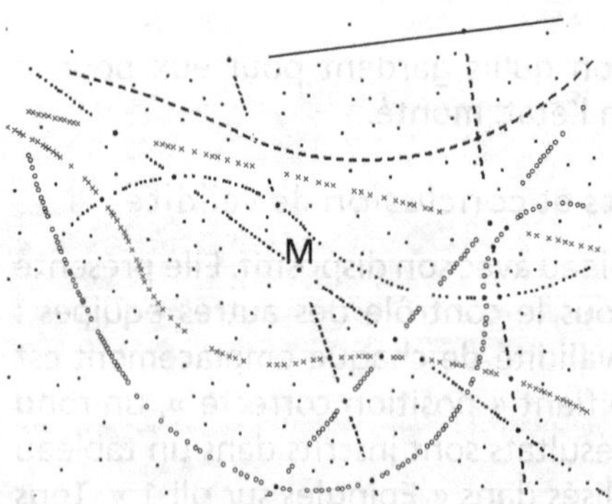

Fiche 1

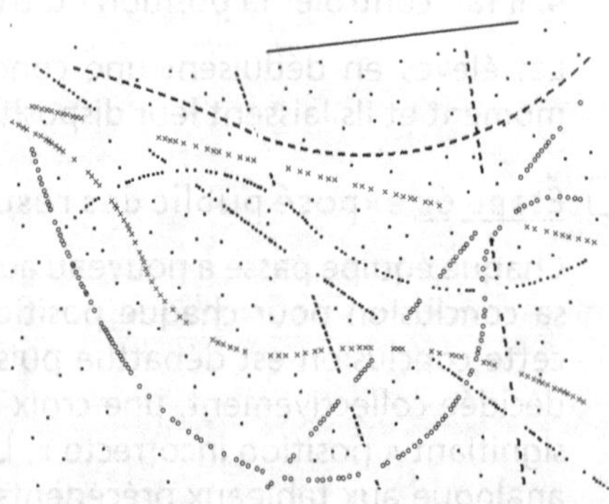

Fiche 2

Le problème se décompose donc en deux sous-problèmes.

Problème 1 : étant donné l'espace et le point M, identifier les caractéristiques de ce point en vue de le reproduire.

Problème 2 : étant donné les caractéristiques d'un point, le reproduire dans l'espace où il est absent.

> MATÉRIEL

– Un transparent de la fiche 1 pour deux élèves (document équivalent à celui ci-dessus), posée sur une feuille A4 blanche et appelée carte référence (carte R).

– Un transparent de la fiche 2 pour deux élèves, posée sur une feuille A4 blanche et appelée carte problème (carte P) où les points d'intersection de lignes n'apparaissent pas.
– Un feutre non permanent pour écrire sur transparent.
– La boîte à outils sans instruments gradués (règles, équerres).

> PROCÉDURES ATTENDUES

Pour le repérage d'un point, un élève peut très bien utiliser plusieurs des procédures suivantes.
– Utilisation de relations floues établies au jugé (entre..., au bout de...).
– Utilisation de repères divers (points particuliers, bords de feuilles...) sans alignement.
– Utilisation conjointe de critères de mesure (unité inventée) et d'appartenance à une ligne : le point est sur la ligne des x à 2 cm du bord (le cm étant une unité approchée choisie par l'élève par estimation).
– Utilisation d'un seul alignement (avec ou sans instrument) avec une prise de repère ou de mesure.
– Utilisation de deux alignements (avec ou sans instrument).
Nous avons cherché à créer les conditions pour que les mesures ne soient pas opératoires.

> VARIABLES

– Le problème est résolu, à deux, par les élèves d'une équipe. Puis dans la phase de communication, les rôles sont différents : un élève (l'émetteur) résout le problème 1 et l'autre (le récepteur) résout le problème 2.

– Les points situés sur des lignes courbes servent, lors des communications, à rendre nécessaire la spécification du caractère (rectiligne ou non) des lignes auxquelles appartient le point à localiser. Les autres points, placés de façon aléatoire, rendent facilement identifiables la relation d'appartenance à une ligne droite ou la relation d'alignement (cf. l'objectif d'institutionnalisation), et la relation d'appartenance à une ligne courbe.
La distinction des lignes est rendue possible par les codages (différents) des points. Le nombre d'alignements sur la carte est important pour que le concept d'alignement soit apparent et utilisé.

– Les points à localiser sont assez loin des autres points de la ligne à laquelle ils appartiennent : le cas contraire favoriserait des évaluations de longueurs au jugé. De plus, ce point peut se trouver au « croisement » de deux alignements (position « intérieure ») ou dans le prolongement de deux alignements (position « extérieure ») : dans le premier cas, les relations d'alignement sont a priori mieux détectables que dans le second.
Dans chacune des phases de la situation, la feuille référence comprendra des points différents (par exemple, pour la première phase les points A, B, C et D) pour bien éclairer la façon dont la situation va « fonctionner ».

Pour pouvoir bien se dérouler, la situation nécessite trois « lieux » bien distincts :
– un premier lieu, où se trouve la carte problème P ;

– un deuxième lieu, éloigné, où se trouve la carte référence R ;
– un troisième lieu où les élèves émetteur et récepteur communiqueront (pour la deuxième phase).

DÉROULEMENT

Première phase
Placer des points

> OBJECTIFS

• Comprendre que des points se caractérisent :
– soit par un alignement et un repère sur cet alignement ou par l'appartenance à une autre ligne ;
– soit par une conjonction d'alignements.
• Améliorer la technique et la précision des tracés de point vérifiant des alignements.

> PROBLÈME

« Placer sur la carte problème P le point A, B, C ou D vu sur la carte référence R. »
Le premier point à replacer est en position médiane en vue de faciliter l'appropriation.
Les élèves sont organisés par équipes de deux, désignées par A, B, C...

> MATÉRIEL

Le maître distribue les boîtes à outils aux équipes, une pour deux équipes. L'autre moitié des boîtes se trouve près des cartes références (une pour deux équipes aussi).

☐ Étape 1 : communication du problème

Le premier but de cette étape est de faire comprendre **les contraintes** de la situation :
– la composition des équipes d'élèves ;
– les différents lieux de travail et les contraintes qui s'y rattachent ;
– les informations qui seront accessibles et celles qui ne le seront pas ;
– les différentes tâches qui y seront exécutées, dans quel ordre et par quel membre de l'équipe...

Le second but est de communiquer le **problème** à l'équipe, les données et ce qu'il y aura à chercher :
– la boîte à outils ;
– la carte P, la carte problème : connaissance de ce qu'elle contient ; connaissance de ce qu'il manque (un point) et du lieu où les informations manquantes pourront être trouvées ; connaissance de l'impossibilité de la déplacer.

☐ Étape 2 : recherche des informations nécessaires

Comme cela a été indiqué précédemment, les deux fiches ne sont pas situées au même endroit dans la classe.

On vise l'identification du point comme intersection de deux alignements (les instruments utilisés diffèrent d'une équipe à l'autre). Il n'y a pas de recours à la mesure.

☐ Étape 3 : positionnement du point

Les élèves disposent de la carte problème (fiche 2).
Le maître les informe : « C'est à vous maintenant, avec ce que vous avez vu sur le plan, avec ce que vous avez fait, d'indiquer sur la carte où se trouve le point noir *(le maître, s'il le souhaite, peut parler de cachette d'un trésor...)*. Pour cela, j'ai préparé des feutres spéciaux : c'est avec ce feutre que vous dessinerez sur la carte le point pour indiquer où se trouve le trésor. »

Éventuellement, le maître peut annoncer : « Quand ce sera fait, pour voir si c'est réussi ou non, on vérifiera :
– si votre point est au bon endroit, votre équipe obtiendra alors un point ;
– si votre point n'est pas au bon endroit, votre équipe obtiendra alors zéro point. »

☐ Étape 4 : contrôle des productions

Le maître donne à chaque équipe son transparent où il y a le point noir (les cartes référence, que le maître montre).
« Pour voir si vous avez réussi, vous n'enlèverez pas le papier blanc... vous le mettrez de côté, mais vous ne le détacherez pas (le papier qui est collé au transparent pour servir de fond). Vous placerez ensuite les petits points ronds bien sur ceux de la feuille et après, vous verrez si c'est juste. Si c'est juste, cela nous intéresse ! »
Le maître distribue les cartes références. La vérification s'effectue.

En général, les élèves comprennent qu'il faut faire une vérification minutieuse en plaçant bien les uns sur les autres les points correspondants des deux cartes, en superposition.

☐ Étape 5 : bilan

Le maître demande quelles sont les équipes qui ont réussi, puis quelles sont celles qui n'ont pas réussi. Il demande ensuite à celles qui ont réussi de venir présenter leur travail successivement (cette présentation peut utiliser un rétroprojecteur). Les procédures de construction sont discutées.
La séance se clôt par des remarques des élèves sur ce qui a été fait : « Si on le fait avec des ficelles, ce n'est pas très précis », « Il vaut mieux le faire avec les bandes de bristol ».

Il est conseillé de reprendre l'activité avec les autres points, notamment ceux qui sont en prolongement d'alignements. La situation peut créer un enjeu de précision.

■ Deuxième phase
Communication orale : faire placer des points

> OBJECTIF

Faire expliciter oralement des moyens de localiser des points du plan, notamment en termes de conjonction de propriétés et, en particulier, de conjonction d'alignements.

> MATÉRIEL

Le matériel est du même type que lors de la phase précédente et placé aux mêmes endroits.

Le transparent de la carte problème (fiche 2), ne montre plus de points (les points précédents sont à effacer ou un nouvel exemplaire est à distribuer).

Les problèmes porteront sur les points E, F, G et H de la carte référence (fiche 1), qui est toujours située dans un deuxième lieu.

> PROBLÈME

« Faire placer par un autre élève sur la carte problème P le point E, F, G ou H vu sur la carte référence R. »

> VARIABLES

Il s'agit d'une phase de communication orale, donc un élève fait la description et un autre la construction. Le second élève ne voit pas la feuille lors de l'échange (un lieu est désigné par le maître pour cette communication). La communication peut se faire par mots, par gestes ou par les deux.

Les points sont caractérisés comme intersection de deux lignes. Tous les points d'une même ligne sont codés de manière identique de façon à faire expliciter la relation particulière qui les lie. Les points à replacer sont en position « intérieure », c'est-à-dire au « croisement » des deux alignements.

Un travail en autonomie est à prévoir pour les élèves lorsqu'ils ne travaillent pas dans la situation.

Les équipes de deux sont identiques à celles de la précédente phase.

☐ Étape 1 : communication du problème en classe

Rappeler les contraintes de la situation qui demeurent :
- le travail par équipes de deux ;
- les informations qui seront accessibles et celles qui ne le seront pas ;
- les différentes tâches à exécuter, dans quel ordre.

Faire comprendre **les nouvelles contraintes** de la situation :
- les lieux de travail différents (les élèves n° 1 avec la carte problème, les élèves n° 2 avec la carte référence) ;
- la présence d'un lieu supplémentaire pour la communication ;
- les rôles dissymétriques des élèves de l'équipe (les élèves n° 1 prennent les informations et les donnent, les élèves n° 2 placent le point à partir des informations reçues).

Communiquer ensuite le **problème** à l'équipe : les données et ce qu'il y aura à chercher. Cette fois, le sous-problème n° 1 est à la charge de l'élève n° 1, alors que le sous-problème n° 2 est à la charge de l'élève n° 2.

Les boîtes à outils (une pour deux équipes), et elles seules, sont sur les tables.

☐ Étape 2 : recherche d'informations

Le déroulement est le même qu'à l'étape correspondante de la première phase, à savoir que les élèves n° 1 viennent chercher les informations nécessaires à la localisation du point pour la résolution du sous-problème 1.

☐ Étape 3 : communication

Les élèves de chaque équipe se regroupent au lieu désigné par la lettre de l'équipe : l'élève n° 1 fournit les informations à l'élève n° 2 sur la localisation du point. Le n° 2 peut questionner.

☐ Étape 4 : positionnement du point (en classe)

C'est l'étape de résolution du sous-problème 2 par les élèves n° 2 : positionner le point sur la base des informations reçues.

☐ Étape 5 : examen et contrôle collectifs des productions

Le maître indique aux élèves n° 1 : « Vos camarades ont donc cherché... Ils ont réfléchi... Je vais vous montrer les cartes avec l'emplacement du point qu'ils ont choisi. »
Les équipes n'ont pas leur carte référence initiale qui a été ramassée par le maître.

Le maître peut utiliser un rétroprojecteur pour montrer la position proposée. Le maître fait d'abord présenter les productions pour lesquelles une argumentation suffit pour invalider. Le maître fait ensuite considérer les productions pour lesquelles l'argumentation seule peut s'avérer insuffisante pour valider (celles où les erreurs sont généralement imperceptibles au jugé). Les résultats des élèves sont inscrits au tableau au fur et à mesure.

Il devient rapidement nécessaire, pour faciliter les échanges, de se mettre d'accord sur les désignations des objets constituant chaque ligne. Le maître peut décider, à la suite de la phase de contrôle pour le premier positionnement, de demander aux élèves les désignations que l'on pourrait choisir pour distinguer les objets de chaque ligne. Par exemple :

× croix	•	gros points	
○ ronds	▬▬▬▬▬▬▬	tirets courts	
· petits points	▬ ▬ ▬ ▬	tirets longs	...

L'activité est reprise avec les autres points problèmes en échangeant les rôles des élèves (deux problèmes peuvent suffire).
Sur le transparent de la carte problème, le maître a effacé le point construit par les élèves lors du problème précédent. Les cartes références comportent le nouveau point problème inscrit au feutre fluorescent.

4. Œilsurtout surveille (CE2)

> DESCRIPTION RAPIDE

Cette situation et la suivante contiennent des problèmes dans les différents domaines d'objets : l'espace sensible usuel et le domaine spatio-graphique (environnement papier-crayon) dans « Œilsurtout surveille », Cabri et le domaine des objets conceptualisés dans « Œilsurtout revient ».
Mais ces problèmes sont ici quelque peu différents, par leur nature et leur contexte, en vue d'étendre la signification des concepts (alignement, appartenance, segment, droite…).
Le personnage central – Œilsurtout – surveille son domaine contre des voleurs qui veulent lui dérober son trésor… mais un mur gêne sa surveillance : « Où les voleurs peuvent-ils se placer sans être vus d'Œilsurtout ? » ou bien « Où Œilsurtout peut-il se placer pour mieux surveiller ? ».

> OBJECTIFS

– Renforcer les différentes procédures rencontrées pour contrôler ou produire un alignement et un non-alignement et les étendre à des problèmes plus complexes.
– Approcher l'ensemble des points alignés avec deux points donnés comme ensemble de solutions d'un problème de localisation, et en faire produire une modélisation.
– Distinguer un ensemble de points alignés avec deux points donnés d'un ensemble de points non alignés avec ces deux points, le premier étant la frontière du second.

> DURÉE

Quatre séances.

> PROBLÈMES

Œilsurtout a un immense domaine qu'il a aménagé pour cacher son trésor. Il veut se positionner pour pouvoir le surveiller de façon à ce que les voleurs (Férocel et Kruel entre autres) ne viennent pas lui voler son trésor. Mais il doit tenir compte d'un mur indestructible qui a été construit…

Problème 1 – Est-ce que Œilsurtout repère Kruel et Férocel depuis sa position ?
Problème 2 – Où les voleurs peuvent-ils se positionner pour ne pas être repérés par Œilsurtout ?
Problèmes 3 et 4 – Y a-t-il des endroits où Œilsurtout peut se positionner pour pouvoir repérer n'importe quel voleur ?

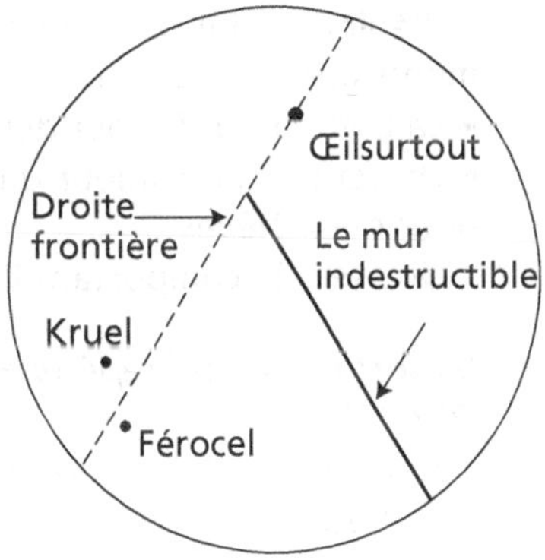

> VARIABLES DIDACTIQUES

La situation est construite autour du changement de domaine d'objets :
– le domaine sensible usuel dans la première phase ;
– le domaine spatio-graphique et l'environnement papier-crayon dans la deuxième phase ;
– le domaine plus conceptualisé des objets de l'espace sensible dans la troisième phase, de façon à obliger les élèves à parler des objets et des relations de la situation et non plus seulement à les traiter spatialement.
Ce choix a de l'incidence sur la catégorie de procédure employée (perceptive seulement, perceptive instrumentée ou plus théorique).
Parallèlement, le type de problème change, avec le but de faire rencontrer les différents savoirs déjà évoqués, et non pas de faire évoluer les procédures de contrôle ou de production d'alignement :
– soit Œilsurtout est positionné, et il faut déterminer si les voleurs sont repérés et où ils peuvent se positionner pour ne pas être vus ;
– soit il faut chercher où Œilsurtout peut se positionner pour pouvoir tout surveiller.

DÉROULEMENT

Première phase
Dans le domaine sensible usuel (problème 1)

> OBJECTIFS

S'approprier la situation et contrôler un non-alignement par la visée ou par des procédures utilisant des instruments ou des tracés.

> MATÉRIEL

• Une maquette par groupe de deux élèves composée :
– d'un agrandissement A3 de la figure (fiche 1) dont les bords sont découpés pour ne pas être rectilignes, fixé avec de la colle repositionnable sur une plaque de polystyrène (cf. celle utilisée pour « Épingles sur pli ») : y sont figurées les positions d'Œilsurtout, de Férocel et de Kruel.
– d'une bande en carton, posée verticalement sur cette feuille, constituant le « mur ».

– d'épingles figurant les personnages piquées dans le support aux emplacements prévus pour eux.

• La boîte à outils pour deux élèves.

• Un feutre, de couleur différente de celle du trait du mur pour dessiner pour deux élèves.

• Une feuille comportant l'énoncé du problème 1 pour deux élèves :

Œilsurtout peut-il repérer Férocel ?
OUI ? NON ?
Œilsurtout peut-il repérer Kruel ?
OUI ? NON ?
Entoure ta réponse et explique-la bien.

• Une affiche de format A3 avec l'énoncé du problème 1 pour la classe.

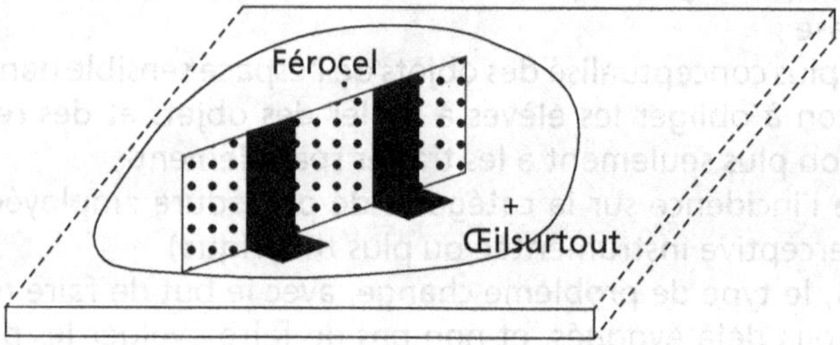

> VARIABLES

Le domaine des objets est celui de l'espace sensible usuel et le problème posé est le problème 1.

La distance entre l'angle du mur et le point à tester est choisie suffisamment grande par rapport à l'espace concerné (une feuille A3) pour aider à disqualifier le jugé.

L'écart des points à tester par rapport à la droite frontière est choisi assez grand (1 cm pour celui qui peut être vu, 1,5 cm pour celui qui est caché), de façon à ce que la conclusion puisse être établie sans ambiguïté, mais il est toutefois suffisamment réduit pour qu'une conclusion au jugé soit difficile.

Tout le matériel de la boîte à outils est disponible pour autoriser les différents types de contrôle.

Si cela est possible, placer les maquettes (au moins celle qui est pour la phase collective) sur des supports (cartons) afin qu'elles soient à hauteur des yeux de l'élève : cela aide l'emploi de la visée.

☐ Étape 1 : communication du problème

Le maître avertit les élèves qu'ils vont travailler à deux et il constitue les équipes. Sur les bureaux des équipes, il y a seulement la boîte à outils. Le maître commence l'histoire. Il présente Œilsurtout.

« Œilsurtout a un immense domaine *(le maître le montre sur une maquette comportant la fiche 1 au format A3 et le mur, mais où les personnages ne sont pas encore placés).*
Il l'a aménagé pour dissimuler son trésor.
Œilsurtout s'est placé ici pour faire le guet *(le maître positionne sur la maquette un élément figurant Œilsurtout).* Il veut surveiller son domaine pour repérer les voleurs qui cherchent le trésor. Mais il est ennuyé parce que, dans le domaine, un grand mur indestructible a été construit *(le maître le montre).*

Férocel et Kruel *(le maître les présente)* se sont introduit dans le domaine pour découvrir le trésor : ils sont venus chercher ici. » Le maître place les deux bonshommes (ou les épingles qui les figurent) aux endroits prévus.
Le maître : « Vous devinez la question qui se pose... ? »
Les élèves émettent leurs hypothèses, et le maître les formalise à l'aide de l'énoncé qu'il affiche au tableau, qu'il fait lire individuellement puis collectivement.

Puis il distribue aux groupes d'élèves les maquettes : « Voici une maquette pour chaque groupe ainsi qu'un énoncé et un feutre un peu épais. Sur cette feuille, vous entourerez votre réponse avec le feutre et vous écrirez vos explications en dessous. »

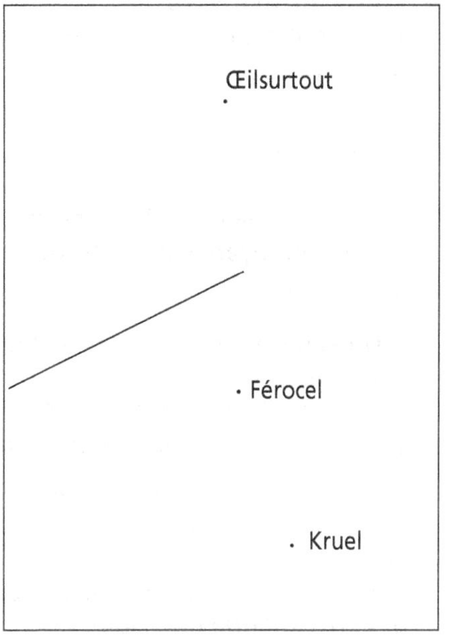

Fiche 1

☐ Étape 2 : recherche

Le maître ne donne pas d'indication pouvant apporter des informations aux élèves pour la résolution du problème ou pour faire améliorer l'explication de l'élève. Il peut repérer les procédures employées.

Le jugé, même s'il reste employé par des élèves, n'est pas la seule procédure possible : la visée, ou même le positionnement d'un outil rectiligne (fil ou règle) entre Œilsurtout et l'extrémité du mur, peuvent être également utilisés.

☐ Étape 3 : bilan collectif

Il a pour premier but de faire en sorte que les élèves se mettent d'accord sur une réponse aux questions en utilisant les conclusions des autres équipes. Il a aussi pour but de faire partager les procédures employées par les élèves et de discuter de leur validité. Cependant, aucune d'entre elles n'est valorisée par rapport à une autre.

Chaque équipe vient présenter son travail à tour de rôle :
– en installant sa maquette sur le carton servant de trépied ;
– en affichant au tableau sa feuille réponse que le maître fait lire ;
– en donnant explications et justifications.
Celles-ci sont débattues avec la classe.

À la fin, pour récapituler, le maître demande quelle réponse il faut donner à chaque question du problème.

■ Deuxième phase
Problème 2 (dans l'environnement papier-crayon)

> OBJECTIFS

– Faire distinguer un ensemble de points alignés avec deux points donnés d'un ensemble de points non alignés avec ces deux points, par le tracé d'un trait représentant la droite frontière en particulier.
– Amener l'élève à résoudre un problème plus conceptualisé, par des procédés s'appuyant sur des tracés.

> MATÉRIEL

– Un agrandissement A3 de la figure (fiche 2) posée sur le bureau des élèves (sans maquette).
– Une feuille A4 avec le texte de l'énoncé du problème 2 pour deux (il pourra y figurer aussi une place pour la réponse) :

Œilsurtout s'est positionné pour faire le guet.
Y a-t-il des endroits où Férocel et Kruel peuvent se placer pour ne pas être repérés ?
Si oui, montre tous les endroits possibles.
Si non, explique pourquoi.

– Une affiche de format A3 avec l'énoncé du problème 2 pour la classe.
– La boîte à outils pour deux.
– Un feutre pour deux, de couleur de préférence, pour que les solutions se distinguent des données.

> VARIABLES

Dans cette phase, les objets sont ceux de l'environnement papier-crayon, des modélisations de ceux de la première phase : le « mur » en carton et les épingles par exemple ne sont pas présents. Il y a seulement leur trace : un trait ou des points. Les élèves ne disposent donc que de la figure agrandie en A3 (fiche 2) et de la feuille A4 où figure l'énoncé.
Œilsurtout n'est pas dans l'alignement du mur de façon à ce que le problème ait des solutions.
La boîte à outils est accessible.

☐ Étape 1 : communication du problème

Les élèves sont toujours par deux. Le maître donne la boîte à outils à chaque équipe et montre la feuille domaine d'Œilsurtout (fiche 2). En posant des questions, il fait rappeler les éléments de l'histoire que cette feuille évoque, puis il fait observer ce qui, par rapport à la première phase, n'a ou n'a pas évolué :
« Cette fois-ci, vous n'aurez que la feulile de papier du domaine. Il n'y aura pas le mur : il y a seulement sa trace dessinée sur le domaine d'Œilsurtout. Œilsurtout, lui, n'est pas présent, mais il veut se poster ici pour le guet... »
Le maître montre la position.
Il fait alors lire l'énoncé du problème (écrit au tableau ou sur une affiche) en s'aidant d'une copie du domaine fixée au tableau :

Œilsurtout s'est posté pour le guet.
Y a-t-il des endroits où il ne pourra pas repérer Férocel et Kruel ?
Si oui, montre tous les endroits possibles.
Si non, explique pourquoi.

Le maître donne à chaque équipe l'énoncé du problème, avec une partie vierge et un feutre pour la recherche et la réponse.

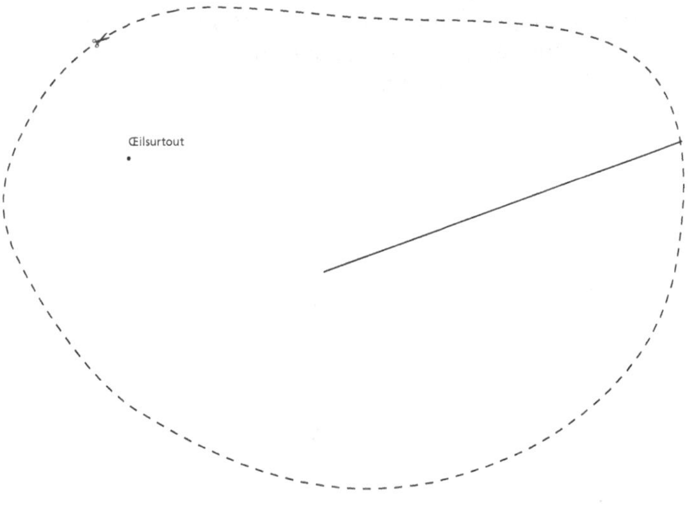

Fiche 2

☐ Étape 2 : recherche

Les élèves utilisent des connaissances plus « théoriques ». En général, ils proposent quelques points solutions, beaucoup de points solutions, quelques points avec un tracé de la frontière ou aussi la frontière seule.

☐ Étape 3 : bilan collectif

Comme dans la première phase, les productions sont, à tour de rôle, affichées et présentées. Les élèves exposent leur conclusion qui est soumise aux commentaires des autres élèves. S'il y a ambiguïté sur certaines positions et difficulté à conclure, on peut toujours avoir recours au mur et à la visée pour trancher.

Les réponses peuvent montrer :

– seulement quelques endroits marqués (répartis dans la zone ou juste derrière le mur...) ;

– beaucoup de points marqués ;

– toute la zone solution marquée, au moyen de sa frontière...

Ces productions sont commentées, et il est possible d'en discuter les différences. On souhaiterait que la réponse apparaisse par le tracé de la droite frontière et ainsi que la zone apparaisse à l'aide de sa limite : en général, tous les élèves n'y parviennent pas, mais l'exposé des solutions complètes suffit à les sensibiliser aux insuffisances d'une solution ne comportant que quelques points.

Pour laisser une trace sur le cahier de l'élève, on peut proposer à nouveau le problème sous quelques nouvelles configurations (sur feuille A5) en faisant varier la position relative d'Œilsurtout par rapport au mur : prendre la feuille représentant la figure (fiche 3) avec le même énoncé. Après résolution et confrontation, la demi-droite frontière pourra être tracée systématiquement et la zone réponse colorée sur un exemplaire être ensuite collée dans le cahier de l'élève avec l'énoncé.

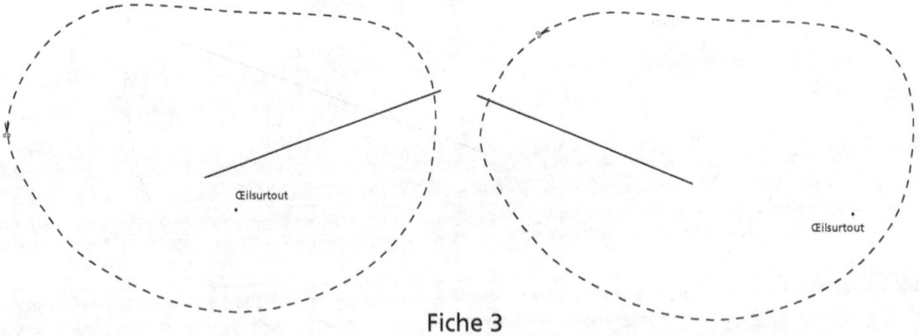

Fiche 3

Troisième phase
Problèmes 3 et 4 (dans un domaine d'objets conceptualisé)

> OBJECTIF

Faire identifier et caractériser un ensemble de points alignés comme solution d'un problème de localisation, c'est-à-dire au moyen d'éléments mettant en jeu peu de connaissances spatiales.

> MATÉRIEL

– Une affiche rectangulaire vierge pour deux élèves, pour pouvoir présenter une solution lisible de loin.

– Un gros feutre pour deux.
– Il n'y a ni la boîte à outils, ni le dispositif de référence (le domaine).
– Une affiche pour la classe sur laquelle est écrit l'énoncé du problème 3 :

Œilsurtout est désolé de voir qu'à chaque fois qu'il se place pour le guet, il y a des endroits où Férocel et Kruel ne peuvent être repérés.
Désespéré, il s'exclame :
« C'est pas possible !!! Il y aura toujours des endroits où je ne pourrai pas repérer les voleurs. »
« Si, si, c'est possible… », lui dit Savantine.
À ton avis, qui a raison ?
Œilsurtout ? *Savantine ?*
Explique pourquoi.

– Une autre affiche pour la classe, avec l'énoncé du problème 4 :

« Eh ! Pas mal ! dit Savantine, mais à mon avis, tu peux te placer ailleurs !!! »
Savantine a-t-elle raison ?
Si oui, montre tous les endroits possibles.
Si non, explique pourquoi.

> VARIABLES ET PROCÉDURES

• La boîte à outils est absente : aucun instrument d'aide au tracé n'est donc donné. Le dispositif est également absent : les éléments de la situation (domaine d'Œilsurtout, le mur, les personnages, et même leur positionnement) ne peuvent être qu'évoqués ou représentés. L'élève doit caractériser l'alignement par des arguments et/ou des croquis ou schémas. Il fait le plus souvent une représentation du domaine d'Œilsurtout par :
– un dessin proche de celui qui lui est donné dans les étapes précédentes (premier pas dans la modélisation, écart faible entre ce que produit l'élève et les dessins fournis) ;
– un schéma : la modélisation est plus grande dans la mesure où il y a un plus grand écart avec les dessins des étapes précédentes, par la rectitude des traits par exemple, ou l'emploi de représentations diverses.

• L'élève fournit ses solutions sous forme de dessin fait à main levée (et non pas seulement au moyen d'un énoncé) :
– avec quelques points ou beaucoup de points (avec en germe l'idée qu'il n'y en a pas peu) ;
– avec l'ensemble des points (matérialisé par la demi-droite).

Plusieurs élèves ont répondu en dessinant plusieurs « exemplaires » de domaine, avec sur chacun une position possible d'Œilsurtout, avec des positions évidemment différentes pour chaque domaine.

☐ Étape 1 : communication du problème

Les élèves sont par deux. Le maître dit : « On va voir aujourd'hui la suite de l'histoire d'Œilsurtout et des voleurs du trésor. »
Il fait lire l'énoncé du problème 3 écrit sur l'affiche.

Le maître donne à chaque groupe la feuille de format A2 et le feutre puis il ajoute : « Vous ne disposez que du matériel que je vous ai donné… À vous de vous débrouiller ! »

☐ <u>Étape 2 :</u> recherche

Les élèves répondent en général assez vite que Savantine a raison, ce qu'ils justifient par la production de quelques (deux ou trois) positions d'Œilsurtout.

☐ <u>Étape 3 :</u> exposé des réponses

Tous les groupes exposent l'un après l'autre la conclusion à laquelle ils sont arrivés, **sans débat** (de façon à ce que la validité de certaines productions, plus avancées que les autres, n'apparaisse pas publiquement, et que le second problème ait du sens et de l'intérêt pour tous). Il n'y a donc pas de conclusion particulière : les élèves ne produisent généralement pas l'ensemble des solutions mais seulement une ou quelques solutions.

☐ <u>Étape 4 :</u> communication du second problème et recherche

Le maître a préparé une affiche sur laquelle est écrit le texte du problème 4, et il le présente au tableau. Un élève le lit à voix haute. Puis le maître fournit à chaque groupe une nouvelle feuille A2 et lui demande d'écrire sa réponse sur cette feuille.

☐ <u>Étape 5 :</u> conclusion collective

Les élèves à tour de rôle apportent leur production et l'affichent au tableau. Ils présentent leur réponse ; celle-ci est soumise à l'avis des autres élèves. C'est le recours à la situation de référence dont on peut évoquer les caractéristiques ou éventuellement à la maquette elle-même, qui peut permettre de trancher, de régler des désaccords et de conclure :
– d'une part, sur les représentations utilisées qui peuvent être différentes ;
– d'autre part, sur la réponse : il y a beaucoup d'endroits, tous ceux qui sont dans le prolongement du mur.

Le maître peut chercher à faire conclure en demandant : « Alors, qui a raison ? Quelle est la réponse correcte à la question ? »

Productions d'élèves

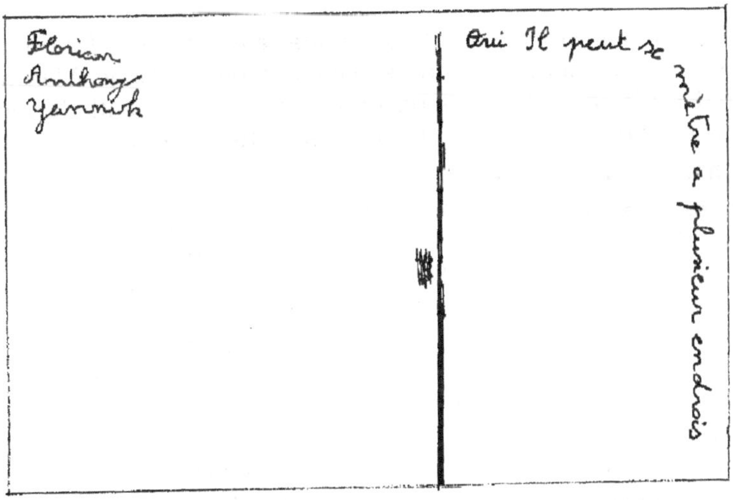

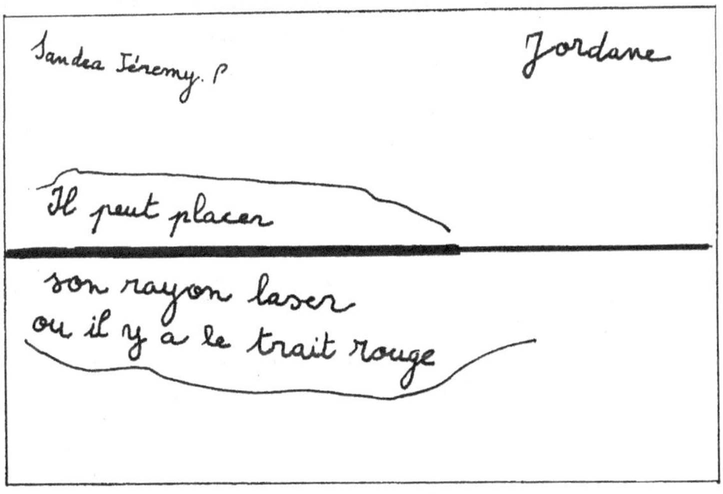

Le trait horizontal (ci-dessus) apparaît ici plus épais.

5. Œilsurtout revient (Cabri)

Les activités dans l'environnement Cabri permettent à la fois de fournir aux élèves des éléments de distinction entre segment et droite et d'aider à l'institutionnalisation des différents termes (segment et droite notamment) : la géométrie dynamique n'est pas encore entrevue à travers cette situation.

> DESCRIPTION RAPIDE

Les problèmes proposés dans cette situation prennent appui sur la situation de référence « Œilsurtout surveille ». Les objets et les relations existant entre les objets sont les mêmes que ceux de la situation de référence, mis à part le fait qu'ils sont dans un espace qui est une modélisation de l'espace d'origine : les « points Cabri » représentent la position d'Œilsurtout et des voleurs, les traits représentent les traces des murs… Cette situation ne peut venir qu'en prolongement de la situation « Œilsurtout surveille ». Son intérêt est qu'elle constitue une approche assez sensible du concept de droite comme outil spécifique de résolution de problèmes, et qu'elle aborde les différents codages proposés par le logiciel : représentations diverses (à l'écran, dans la barre d'outils), langage institutionnel.

> OBJECTIFS

– Contrôler l'alignement de points dans des espaces de « taille » différente (micro-espace, méso-espace, macro-espace).
– Introduire les concepts de segment et de droite ou demi-droite et les différencier de celui de segment par les problèmes qu'ils permettent de résoudre, par leur apparence graphique, et en identifiant leurs caractéristiques dans l'usage des outils Cabri.
– Développer certaines connaissances informatiques comme celle de l'outil « fenêtre », « droite » et « demi-droite ».

> DURÉE

Trois séances.

> PROBLÈME

Il s'agit d'une modélisation de la situation de départ figurant à l'écran de l'ordinateur sous Cabri (fichier P-Œil1)[4].

Le problème est le même que dans « Œilsurtout surveille » : Férocel et Kruel peuvent-ils être repérés par Œilsurtout ?

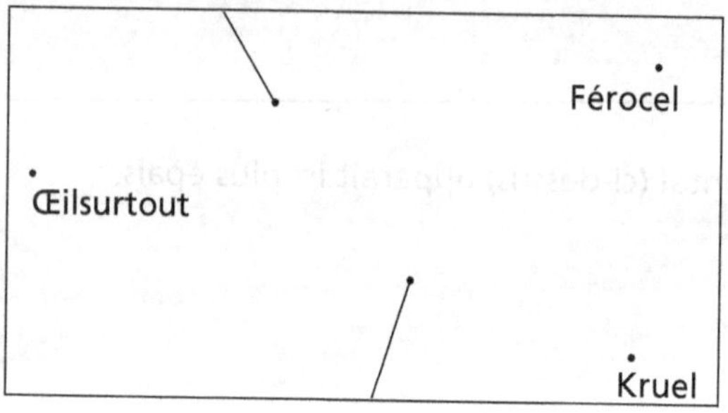

4. Les fichiers nécessaires à cette situation sont disponibles gratuitement sur le site www.ermel-hatier.com

> VARIABLES

La situation est construite autour du changement de « taille » de l'espace, de façon à amener les élèves vers le concept de droite. L'environnement Cabri permet de proposer le problème dans des espaces dont les conditions (notamment par la visibilité simultanée ou non des trois points considérés : Œilsurtout, l'angle du mur, le voleur) se rapprochent de celles :
- du micro-espace pour les phases 1 et 4, avec la perception seule ou avec des outils tels que le segment ;
- du méso-espace pour la phase 2, avec un outil identique, mais la perception seule ne suffit pas ;
- du macro-espace pour la phase 3, avec un outil tel que la droite ou la demi-droite.

L'éloignement relatif des points en jeu est choisi suffisamment grand pour amener l'élève à dépasser le contrôle au jugé simple. L'écart du troisième point par rapport à l'alignement des deux autres est encore choisi suffisamment grand pour éviter les ambiguïtés pour la validation, mais pas trop grand pour justifier une procédure plus fine que le jugé. Les élèves n'ont pas la boîte à outils afin de se limiter aux outils Cabri et à la perception. Il y a deux murs, mais cela n'a pas d'incidence forte sur les procédures.
Si la perception est encore utile, le caractère « théorique » est plus marqué.

> PROCÉDURES

Procédure 1 : procédure perceptive par contrôle visuel externe, à l'aide d'un instrument ou quelque chose qui s'y rapporte (bord d'une feuille de papier).
Procédure 2 : procédure perceptive au jugé, appréciation visuelle seule.
Procédure 3 : à l'aide des ressources de l'environnement :
- Procédure 3a : procédure instrumentée par création de segments d'extrémités Œilsurtout et le voleur ;
- Procédure 3b : procédure instrumentée par création de droites ou demi-droites passant par Œilsurtout et le voleur ;
- Procédure 3c : procédure instrumentée par création de la droite passant par Œilsurtout et l'angle du mur ;
- Procédure 3d : procédure plus théorique par recours au vérificateur de propriété.

La visée n'est pas adaptée ici. Les procédures par contrôle visuel externe et au jugé (procédures 1 et 2) mettent fortement en jeu la perception et sont peu fiables mais peuvent toujours se produire. Les autres procédures mettent encore en jeu la perception mais permettent de donner une conclusion sûre grâce aux outils proposés par l'environnement. Elles peuvent être mises en œuvre de façon non satisfaisante : par exemple, les élèves peuvent créer une droite qui passe effectivement par Œilsurtout, mais qui ne passe pas par un des autres points caractéristiques (l'angle du mur ou un voleur) parce qu'ils n'ont pas « montré » un tel point lors de la création de la droite.

DÉROULEMENT

Première phase
Dans le micro-espace

> OBJECTIFS

S'approprier le problème dans la modélisation de la situation de référence proposée par le logiciel et décider d'un alignement d'objets avec les outils de tracé Cabri.

> MATÉRIEL

– Le fichier de la barre d'outils : B-Œil.
– Le fichier de la situation : P-Œil1.
– Une feuille réponse par équipe de deux élèves.

> PROBLÈME

« Est-ce que, depuis sa position, Œilsurtout repère Kruel et Férocel ? »

> VARIABLES

Tous les points sont fixes et visibles simultanément. Leur position est telle que la conclusion est possible sans ambiguïté. La procédure de création de segments d'extrémités Œilsurtout et le voleur (procédure 3a) est la plus fréquente.

☐ Étape 1 : mise en route

Les élèves sont en demi-classe de préférence ou à deux par poste. Les élèves n'ont pas de règle mais uniquement un crayon (court pour éviter qu'ils ne l'utilisent comme règle).

Le maître a préparé et placé au tableau une affiche présentant le protocole pour charger la barre d'outils et ouvrir la figure. Toutes les étapes sont écrites les unes en dessous des autres. Un cache est placé de façon à ne montrer que la première étape, les autres étant dévoilées au fur et à mesure que les élèves progressent dans l'ouverture des fichiers. Le maître veille à ce que chaque groupe atteigne bien la fin de chaque étape et notamment les suivantes :
– cliquer deux fois « B-Œil » pour ouvrir la barre d'outils ;
– et, selon la même procédure, cliquer deux fois « P-Œil1 » pour ouvrir la figure.

☐ Étape 2 : communication du problème

Le maître demande aux élèves d'observer ce qui est à l'écran. On attend qu'ils fassent le lien avec la situation papier-crayon, en identifiant les éléments correspondants : les places des personnages, la « trace » des deux murs (différence avec la situation papier-crayon), et le domaine (la partie qui est visible et la partie cachée mais dont on peut avoir une vue de dessus en actionnant « Montrer la page » dans le menu « Fichier », ce que le maître fait faire aux élèves) : le domaine est plus grand que ce qu'on voit strictement à l'écran. Cela est important pour la suite.

Le maître fait revenir les élèves à l'écran initial et découvre alors l'énoncé (écrit au tableau par exemple ou sur une affiche) puis il le fait lire : « Est-ce que, depuis sa position, Œilsurtout repère Kruel et Férocel ? »

☐ Étape 3 : recherche et bilan collectif

Le maître veille à faire écrire la réponse à chaque question sur une feuille réponse distribuée à chaque équipe. On ne demande pas aux élèves de trace du procédé employé.

En fonction des conditions matérielles (vidéoprojecteur…), le maître demande à chaque équipe de donner sa conclusion et d'expliciter comment elle y est parvenue. Ces deux aspects de la réponse sont débattus dans la classe et validés.

Le maître s'efforce de n'intervenir que pour des problèmes matériels ou de gestion de classe (tour de parole, bruit…).

Deuxième phase Dans le méso-espace

> OBJECTIFS

– Comprendre qu'un problème d'alignement peut se poser pour un point n'apparaissant pas simultanément avec les deux points donnés.

– Comprendre ce qu'est une « fenêtre » écran à travers ses déplacements dans l'espace plus vaste qui la contient, pour accéder à des informations non présentes sous les yeux.

> PROBLÈME

« Tapageur s'est introduit sans faire de bruit. Œilsurtout peut-il le repérer ? »

> VARIABLES

Dans cette étape, les conditions sont proches de conditions méso-espace. La visibilité simultanée des trois points considérés (Œilsurtout, le coin des murs et Tapageur) n'est plus possible ; initialement, l'élève peut voir dans la fenêtre écran Œilsurtout et les murs.

Mais le domaine étant plus grand, il est nécessaire de déplacer la fenêtre écran (par l'intermédiaire de la commande « Montrer la page » du menu « Fichier ») pour découvrir Tapageur, c'est-à-dire qu'il est nécessaire de se déplacer dans l'espace pour avoir accès à chaque lieu.

Les outils à disposition sont les mêmes que dans la première phase. On attend encore les procédures 3a, 3b ou 3c ; à noter que la procédure de tracé de segment peut fonctionner : une fois l'outil « segment » activé, l'élève place le pointeur sur Œilsurtout puis déplace les ascenseurs (nous utiliserons ce terme dans cette situation pour nommer les curseurs de déplacement) tout en conservant l'outil « segment » activé et ce, jusqu'à ce que la seconde extrémité soit accessible au pointeur. Il est possible cependant que les nouvelles contraintes incitent les élèves à répondre en utilisant le concept de droite même si la réponse peut être établie à l'aide de « segment ».

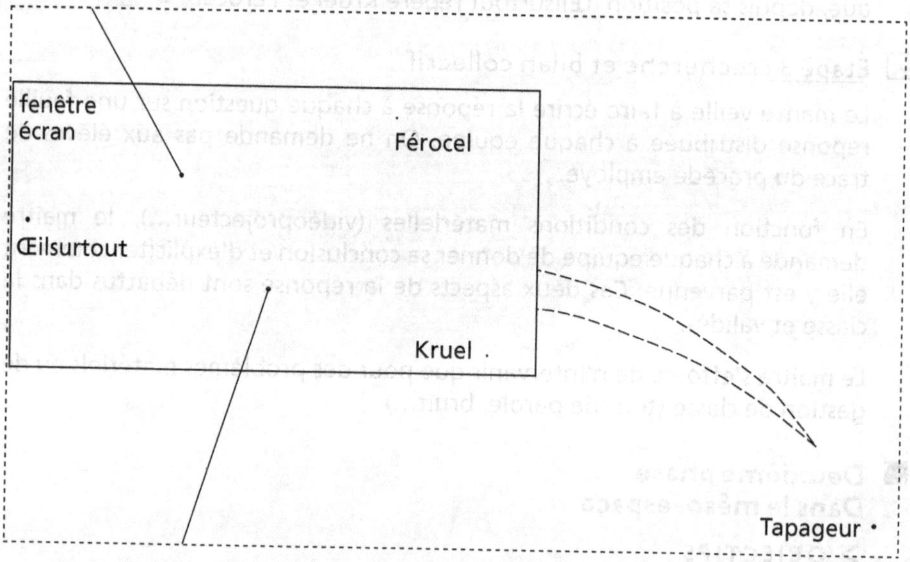

> MATÉRIEL

– Le fichier barre d'outils : B-Œil.
– Le fichier de la situation : P-Œil2.

Le matériel collectif suivant sera fixé au tableau.

– Une feuille de format 75 × 100 cm environ dans laquelle une « fenêtre » rectangulaire est découpée (cette fenêtre représente l'écran de l'ordinateur).
– Une feuille (plus petite) placée sous la précédente, représentant le domaine, le mur et les personnages (Œilsurtout, Férocel, Kruel, Tapageur) ; son format doit être bien inférieur à celui de la « feuille fenêtrée ». À la présentation du problème, la fenêtre est placée sur le domaine de façon à ce que celui-ci apparaisse partiellement comme c'est le cas à l'écran de l'ordinateur, lorsque la figure P-Œil2 est chargée : tous les personnages et le mur apparaissent, mais pas Tapageur.

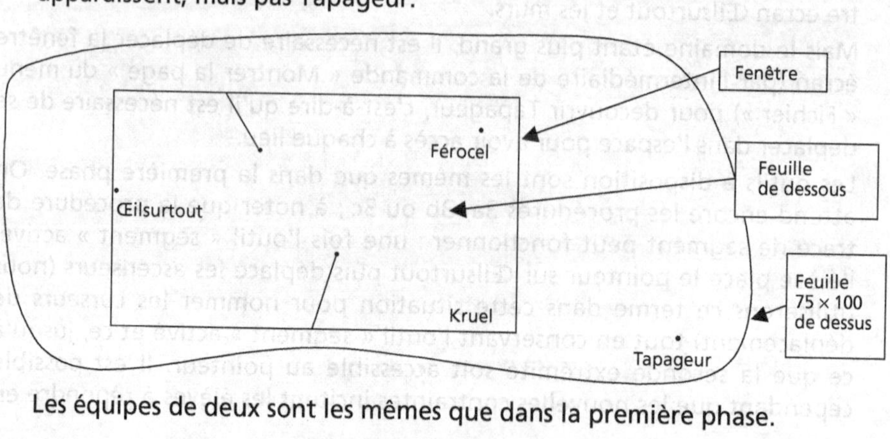

Les équipes de deux sont les mêmes que dans la première phase.

☐ Étape 1 : mise en route et communication des nouvelles données

Comme dans la première phase, les élèves chargent le logiciel puis la barre d'outils B-Œil, et ouvrent la figure P-Œil2.

« Tapageur, un autre voleur, s'est introduit dans le domaine pour découvrir le trésor… Sur votre écran, comme sur les affiches au tableau, on ne peut voir qu'une partie du domaine ! Il faut trouver Tapageur. Explorez le domaine : pour faire déplacer votre fenêtre de haut en bas comme je le fais au tableau, vous allez utiliser… »

Le maître s'assure que les élèves savent utiliser les ascenseurs.

☐ Étape 2 : recherche

Les élèves cherchent souvent un bon moment avant de trouver Tapageur. Quand le premier groupe trouve, cela crée un élan qui stimule les autres à persévérer dans la recherche. Il est possible de trouver à l'aide des ascenseurs ou à l'aide de « Montrer la page ».

☐ Étape 3 : bilan

Le maître fait passer quelques équipes de façon à ce qu'elles montrent ce qu'elles ont trouvé :

- peut-être rien… ;
- la position de Tapageur et comment ils y sont parvenus.

Il fait (ou fait faire par un élève) la manipulation correspondante sur la maquette et « découvre » Tapageur : il place la fenêtre pour qu'on le voie. Il fait aussi remarquer la position des « ascenseurs » de déplacement à l'écran de l'ordinateur collectif. Au cours de cette phase, il fait mimer avec la maquette les mouvements nécessaires pour découvrir Tapageur sur l'écran. C'est l'occasion d'une phase intéressante de formulation de positions de points ou de zones, et de formulation de déplacements nécessaires. On conclut que Tapageur se trouve à droite et au bas du domaine.

À partir de l'observation de la position des « ascenseurs », le maître demande aux élèves qui n'auraient pas découvert Tapageur de le faire apparaître sur leur écran : il est possible que certains aient besoin d'aide (le maître leur « montre » les déplacements des boutons sur leur écran). Le maître s'assure enfin que tous les groupes ont repéré Tapageur sur le domaine à leur écran. Le maître pose la question en collectif : « Comment faire pour revenir à la position initiale de la fenêtre, c'est-à-dire celle où l'on voyait Œilsurtout, les murs, Kruel et Férocel ? »

Le maître fait faire plusieurs fois les déplacements suivants :

- recherche de Tapageur ;
- retour à la position initiale.

Le maître fait passer à l'ordinateur collectif une équipe pour la recherche de Tapageur et une autre équipe pour le retour à la position initiale.

☐ Étape 4 : communication du problème et recherche

Le maître a préparé l'affiche suivante qu'il lit aux élèves : « Tapageur est un petit futé ; il s'est bien caché. Œilsurtout peut-il le repérer ? »

Pour tracer des segments d'extrémités Œilsurtout et Tapageur, les élèves ont souvent l'intuition, une fois qu'ils ont cliqué sur une des extrémités du segment, de maintenir le bouton de la souris et de déplacer les ascenseurs, ce qui fonctionne bien. Le maître n'intervient pas pour les aider à trouver.

☐ Étape 5 : bilan collectif

Les équipes viennent à tour de rôle présenter leur conclusion et leur procédure : celles qui sont valides doivent être reconnues comme telles et les autres rejetées. Le maître s'abstient de porter un jugement de valeur sur les procédures, l'enjeu est seulement la validité de la réponse et de la procédure.

Troisième phase
Dans le macro-espace

> OBJECTIF

Connaître et employer la représentation graphique d'une droite comme outil d'investigation d'une zone inaccessible pour une question d'alignement.

> VARIABLES

L'ascenseur vertical n'est plus accessible ; seul le bouton de déplacement horizontal l'est. Pour cela, une fois le fichier P-Œil3 ouvert à l'écran :
– ouvrir la fenêtre au maximum compte tenu des dimensions de l'écran, et déplacer la fenêtre sur la gauche (de 3 ou 4 cm) ;
– réagrandir alors la fenêtre sur le bord droit à nouveau jusqu'au bord de l'écran ;
– déplacer la fenêtre obtenue sur la droite à l'aide du bandeau horizontal du haut de façon à faire disparaître la zone de déplacement vertical à droite.
Le voleur (qui s'appelle Chipeur dans cette phase) n'est donc pas visible à l'écran au moyen des déplacements des curseurs.

L'élève voit :

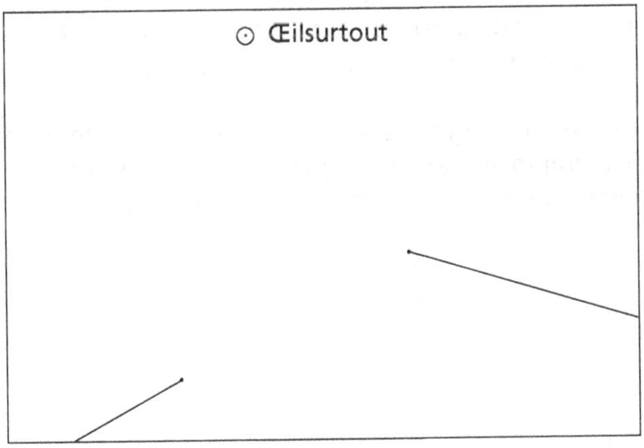

En revanche, le maître présentera « Montrer la page » ce qui fait que l'élève verra :

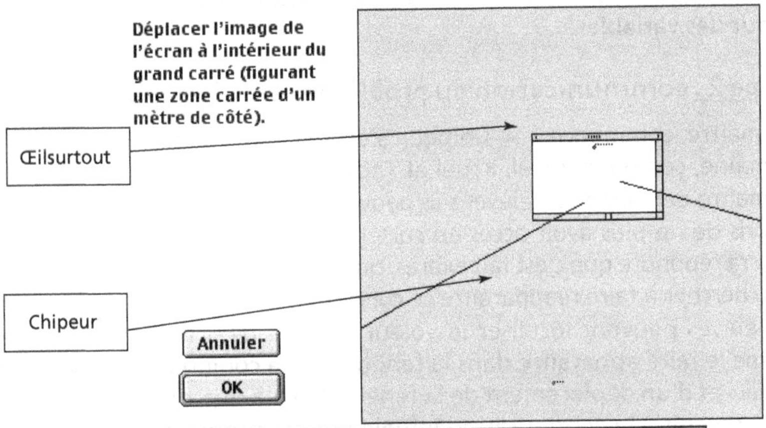

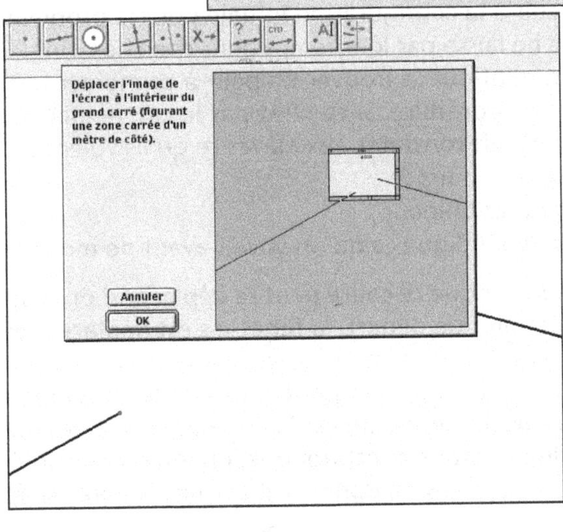

Cette image est donc composée :
- de la partie visible à l'écran du domaine (Œilsurtout et les deux murs) ;
- de Chipeur (au bas du dessin) visible uniquement avec « Montrer la page ».

Il y a encore les deux murs, Œilsurtout et un voleur, mais ils ont changé de place.

Bien que « segment » figure encore en tant qu'outil, le problème le rend très difficile à employer : les élèves peuvent faire des réajustements successifs du segment par son autre extrémité (celle qui n'est pas l'origine positionnée sur Œilsurtout) avec « Montrer la page ». C'est donc le tracé de la droite qui est attendu : la droite en question est définie par deux points d'une zone accessible de l'espace et fournit des informations sur une zone inaccessible de cet espace.

☐ Étape 1 : mise en route

Les élèves sont par deux. Le logiciel est chargé et la barre d'outils habituelle ouverte ainsi que la figure P-Œil3. Il faut bien s'assurer alors que l'ascenseur vertical n'est pas accessible : s'il l'était, il est possible (à l'insu des élèves) d'agrandir le cadre, puis de le déplacer selon la procédure indiquée au début des variables.

☐ Étape 2 : communication du problème et recherche

Le maître commence : « Chipeur s'est introduit à pas de loup dans le domaine, comme Férocel, Kruel et Tapageur. »

Le maître demande aux élèves s'ils peuvent le trouver. Bien sûr, les élèves sont surpris de ne plus avoir accès au curseur de déplacement vertical : le maître pourra répondre que c'est fait exprès, que c'est une règle ici et qu'ils ne doivent pas chercher à faire réapparaître ce curseur ; il faut qu'ils fassent autrement.

Les élèves peuvent localiser le voleur à l'aide de « Montrer la page », et même le faire apparaître dans la fenêtre par la conjugaison de « Montrer la page » et d'un déplacement de la fenêtre (si cela se produit, il faut bien penser à revenir à la configuration initiale pour le problème).

Le maître ne laisse pas longtemps pour chercher. Une ou deux équipes parviendront peut-être à trouver Chipeur à ce moment et à faire la présentation de leur procédure. Si ce n'est pas le cas, le maître actionne « Montrer la page » et fait constater aux élèves ce qu'ils voient :
- les traces des murs ;
- Œilsurtout et Chipeur ;
- le cadre qui indique ce qu'on voyait avant de montrer la page.

Il peut montrer que ce cadre peut se déplacer si on le souhaite, et que si on revient au point de départ, la fenêtre s'est déplacée (en référence à ce qui s'est fait avant avec le matériel en papier) : il n'est pourtant pas conseillé de le faire parce que cela peut favoriser le développement d'une procédure de réajustements successifs de segments d'origine Œilsurtout. Il peut éventuellement faire constater que, quand on montre la page, les outils ne sont pas accessibles et donc qu'il est impossible de faire des tracés à ce

moment-là : on ne peut faire des tracés que lorsqu'on ne montre pas la page. Ce sont des aides…
Mais il peut directement communiquer le problème : « Œilsurtout peut-il repérer Chipeur ? » et laisser les élèves chercher seuls.

Le maître laisse suffisamment de temps aux élèves pour faire leurs essais avec « Montrer la page », leurs déplacements, leurs tracés, leurs essais de solution.

☐ Étape 3 : bilan collectif des productions et conclusion

Cette étape est analogue aux étapes de bilan précédentes. Il est possible que les élèves tracent la droite passant par l'émetteur et par un point autre que le point « angle du mur », tout en faisant en sorte que la droite passe perceptivement par l'angle…

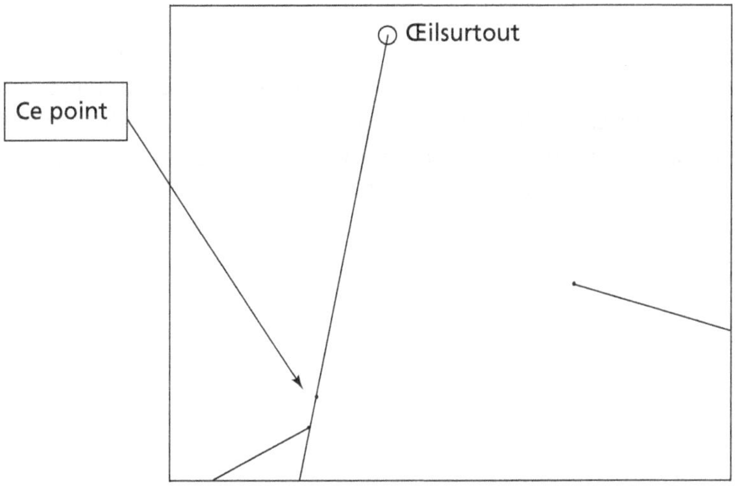

On ne disqualifiera pas cette procédure de création de droite, qui pourra être invalidée plus tard avec le déplacement des objets de base. On attend la conclusion : il faut tracer la droite passant par l'émetteur laser et l'angle du mur.
Le maître pourra laisser une trace écrite de ce qui a été fait : les outils employés « demi-droite » et/ou « droite » sont inscrits dans le cahier mémoire.

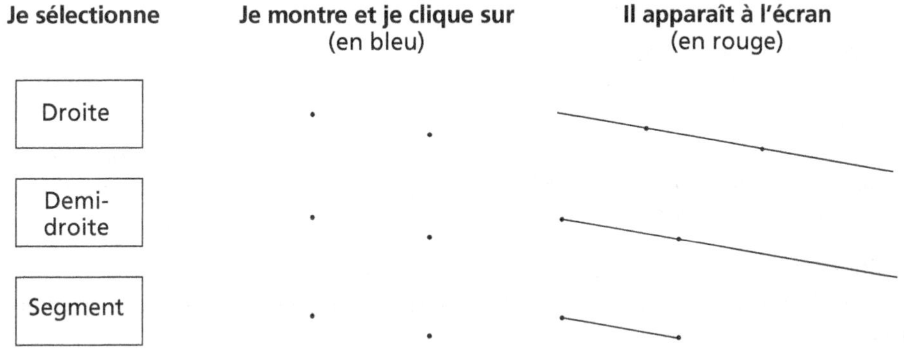

6. Où est le plot ? (CM1)

> DESCRIPTION RAPIDE

La situation consiste à faire placer un plot aligné avec deux plots donnés, et sur une ligne donnée, dans un méso-espace (la cour). Le terme « aligné » est explicite dans l'énoncé pour l'élève. L'énoncé a ainsi un caractère plus théorique que ceux des situations précédentes.
Elle facilite l'accès des élèves à « Faisceaux de traits » (situation plus « théorique » encore), notamment par le moyen des problèmes écrits posés en fin de descriptif.

> OBJECTIFS

– Percevoir les limites de procédures spécifiques du micro-espace (notamment celles employées dans l'environnement papier-crayon), et comprendre l'intérêt de procédures spécifiques du méso-espace (la visée ou la tension d'un fil).
– Donner de la signification au terme « aligné » pour des objets dans le méso-espace (l'énoncé du problème est assez formel, même si sa solution est spatiale).
– Comprendre que deux points distincts suffisent à définir un alignement.
– Lier la relation d'alignement à celle d'incidence (l'appartenance à une ligne), l'objet à placer devant vérifier ces deux relations.

> DURÉE

Deux séances.

> PROBLÈME

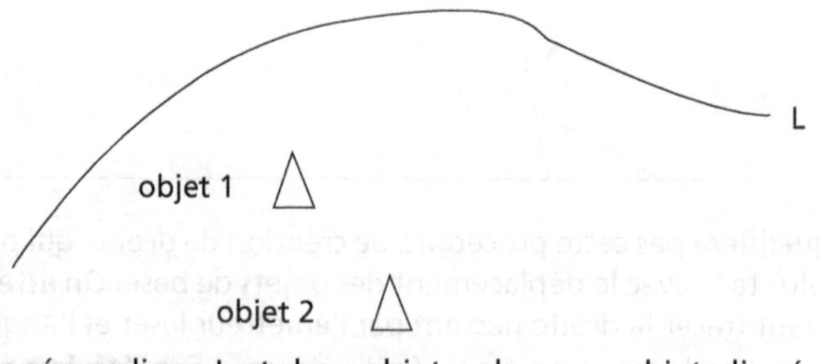

« Étant donné une ligne L et deux objets, placer un objet aligné avec les deux objets donnés et appartenant à la ligne L. »

> VARIABLES ET PROCÉDURES

Il y a deux contraintes particulières :
– le nombre d'objets donnés (plots) définissant l'alignement est fixé à deux, et deux seulement ;
– il n'y a pas dans la boîte à outils, lors de la phase de résolution du problème, d'élément rectiligne ou pouvant le devenir (fil) susceptible de joindre les différents objets ; un tel élément est en revanche fourni pour la validation.

La situation est organisée autour de trois variables :
– les problèmes sont posés soit en méso-espace, soit en micro-espace (papier-crayon en fin de situation) ;

– l'objet à placer est soit dans l'intervalle des objets donnés, soit à l'extérieur de cet intervalle ;
– l'objet à placer est soit sur un alignement et une ligne donnée, soit sur deux alignements.

Les élèves interprètent en général correctement le terme « aligné ».
Pour l'alignement, deux procédures apparaissent principalement :
– la réalisation individuelle d'un alignement matériel en mettant des instruments bout à bout, en reportant un instrument ou ses propres pieds l'un derrière l'autre ;
– la visée qui nécessite plusieurs élèves, ne serait-ce que pour qu'un élève place l'objet pendant qu'un autre élève vise.
La visée est apparue à chaque fois dans les expérimentations au moins une fois dans un groupe et elle a ensuite vite diffusé puisque les groupes se voient travailler.

> DISPOSITIF

Le dispositif général est mis en place dans la cour ou sous le préau. Il est composé d'autant de dispositifs particuliers (les « chantiers ») qu'il y a d'équipes de trois, et d'une ligne formée par une longue corde sur laquelle « on doit placer des poteaux » (se reporter à la fiche 1 pour la disposition).

Schématisation du dispositif

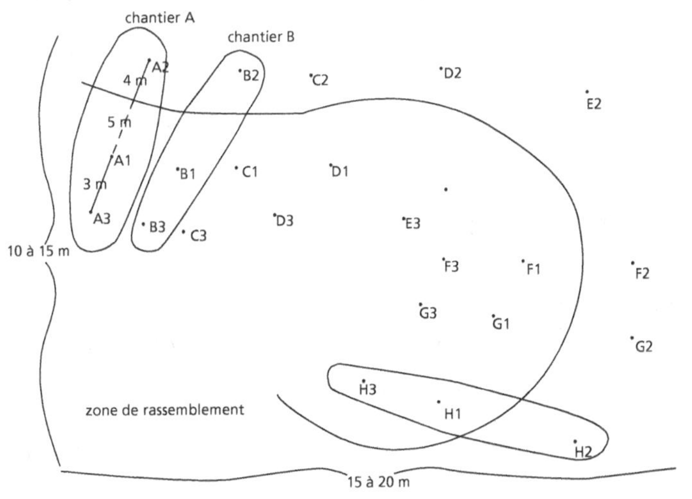

Fiche 1

Un chantier (pour une équipe) est composé de deux poteaux (plots, bouteilles en plastique remplies de sable…) choisis parmi les trois qui sont codés sur le dessin au moyen d'une lettre et d'un nombre (par exemple : A1, A2, A3) :
– pour le premier problème, ce sont les poteaux 2 et 3 qui sont donnés et installés ;
– pour le second problème, ce sont les poteaux 1 et 3 qui sont donnés et installés.

Dans les deux problèmes :
– le poteau problème est à placer sur la « ligne » L (c'est-à-dire sur la corde ou la trace à la craie) ;
– le poteau n° 3 reste en place, l'autre poteau donné change.
La distance entre les poteaux donnés est la suivante : distance de P_2 à P_3 = environ 12 m ; distance de P_1 à P_3 = environ 3 m ; distance de P_1 à L = environ 5 m.

> MATÉRIEL

– Une photo de ligne électrique agrandie au format A3 ou sur transparent (pour le rétroprojecteur) dans la classe.
– Une « ligne », matérialisée par une corde ou tracée à la craie, sur le sol.
– Deux plots de matériel d'EPS comme poteaux (ou bouteilles en plastique à moitié remplies d'eau) et identifiés par des étiquettes A, B, C… par équipe.
– Un plot avec une bande de papier crépon bleu (en guise de poteau à placer) par équipe.
– Une boîte à outils par équipe sans les objets rectilignes longs (les fils en particulier).
– Une affiche consigne sur carton par équipe.
– Une ficelle de laine d'au moins 10 m en guise de ligne (corde EPS) pour la validation.

Le dispositif est à installer selon le schéma de la fiche 1 : faire en sorte que les élèves arrivent du côté de la « ligne » où se trouve le poteau 3 (zone de rassemblement) ; ils appréhendent le problème en ayant une vue extérieure de l'espace des objets, et chacun a une vue assez semblable de cet espace : ils sont donc placés dans des conditions analogues. Veiller aussi à ce que, lors de la résolution, les élèves ne soient pas trop près les uns des autres pour éviter qu'ils se gênent lors de la visée.

DÉROULEMENT

■ Première phase
Alignement simple et appartenance à une ligne en méso-espace

Le dispositif est en place dans la cour.

☐ Étape 1 : présentation de la situation et communication du problème

Dans la classe

Le maître montre une photo de ligne électrique et il demande aux élèves de quoi il s'agit. Ceux-ci s'expriment et on attend qu'il ressorte en particulier que c'est une ligne électrique avec des poteaux qui soutiennent un fil et **qui sont en ligne droite** ou **qui sont alignés**.

Il est important que les élèves perçoivent cette contrainte en vue de comprendre correctement le problème qui va leur être posé. Pour plusieurs élèves en effet, « aligné » signifie « être sur la même ligne » et pas nécessairement « être sur la même ligne droite ». Nous avons choisi intentionnellement une photo de façon à ne pas être obligé de montrer (avec un instrument rectiligne par exemple) ce que signifie « droit » ou « rectiligne » : cela pourrait avoir une incidence sur les procédures.

Le maître place les élèves par équipes de trois. Ils reçoivent du maître un nom d'équipe (1, 2, 3...). Puis le maître donne les indications suivantes : « Aujourd'hui, vous êtes des ouvriers chargés de poser des poteaux électriques sur un chantier. Toutes les équipes travaillent dans la cour sur différents chantiers qui sont appelés A, B, C... : ils sont composés de poteaux électriques déjà placés et d'une ligne sur laquelle vous devrez placer un troisième poteau. Le travail a donc déjà été commencé par d'autres ouvriers, aujourd'hui vous allez devoir continuer. »

Le maître montre l'affiche : « Placer le troisième poteau sur la ligne faite à la craie (ou la corde), de façon à ce qu'il soit aligné avec les deux autres poteaux », et en fait lire le texte par un élève.
« Chaque équipe va aller trouver dans la cour le chantier sur lequel elle doit travailler : l'équipe 1 va au chantier A travailler avec les poteaux A, l'équipe 2 au chantier B travailler avec les poteaux B, etc. »
Le maître emporte la ficelle de laine et l'affiche avec lui.

Dans la cour
À l'arrivée, le maître demande dans la zone de rassemblement : « Chaque équipe a-t-elle repéré ses poteaux ? Chaque équipe voit-elle bien où se trouve la ligne où il faut placer le troisième poteau ? Je vous montre ici ce qu'il faut faire. »
Il place l'affiche contre un mur de façon à ce qu'elle soit visible de tous et envoie les élèves sur leur chantier pour la résolution.

☐ Étape 2 : recherche

Chaque équipe travaille pour placer son poteau. Lorsqu'une équipe a fini, le maître la fait asseoir.

☐ Étape 3 : contrôle collectif des productions

Les élèves sont rassemblés à l'extérieur du dispositif, en zone de rassemblement. Chaque équipe expose la façon dont elle a placé le poteau. Les autres élèves peuvent intervenir tant sur le procédé que sur la production finale.
À la demande du maître, ils prononcent éventuellement un avis ; il ne peut être que provisoire : à ce moment-là, les élèves ne peuvent s'appuyer que sur la validité de la procédure qu'ils ont mise en œuvre (en la reprenant par exemple), et non sur une preuve plus extérieure venant de la situation (la mise en place du fil tendu, la ficelle de laine, entre les plots).
Le maître demande aux élèves s'ils ont une idée pour contrôler de façon sûre. Si les élèves n'ont pas de réponse, le maître propose de poser la ligne. Deux élèves tendent la ligne avec la ficelle. Comme il y a différentes façons de faire, le maître fait expliciter en quoi la procédure qu'emploient les élèves pour vérifier est valide.

Par exemple :

– le fil tendu peut être installé par terre contre les plots ou, au contraire, au sommet, sur le goulot ;

– le fil peut être aligné sur A2 et A3 (en contrôlant le plot placé par rapport à l'alignement ainsi défini), ou il peut être aligné entre A3 et le plot placé (en contrôlant le plot A2 par rapport à l'alignement ainsi défini).

Les réussites peuvent être notées sur un tableau de résultats.

Le maître fait rapporter le poteau de chaque équipe près du poteau 3. Les élèves rentrent en classe.

Le maître peut, à ce moment-là, installer le deuxième dispositif de poteaux : les poteaux 1 et 3 sont donnés, le poteau 2 est à chercher. Il dispose les poteaux en conservant le poteau 3 à sa place, et le poteau 1 est le second poteau donné.

Les activités sont reprises pour ce deuxième problème qui est communiqué dans les mêmes conditions. Le déroulement est le même que pour le premier problème. Mais le maître change la situation des équipes dans le dispositif (ex. : l'équipe 1 sur le chantier H, avec les poteaux H, etc.).

Il annonce : « Voici le second travail de la journée. Cette fois, les poteaux déjà posés ne sont pas à la même place : les voici. Pour l'équipe 1, c'est le chantier H... pour l'équipe 2, etc. Vous devez placer à nouveau le troisième poteau sur la ligne à la craie et aligné avec les deux poteaux déjà placés. »

Deuxième phase
Conjonction d'alignements en méso-espace

> OBJECTIFS

– Explorer l'espace où l'on peut trouver un point aligné avec deux autres.

– Être capable de placer un point à partir d'une conjonction d'alignements.

> DISPOSITIF

Le dispositif général est composé d'autant de dispositifs particuliers (les chantiers) qu'il y a d'équipes.

Un chantier est toujours composé de deux poteaux codés par une lettre et un chiffre sur le schéma (A1, A2 ; B1, B2...). Les chantiers vont par deux (chantier A avec chantier B, chantier C avec chantier D...) : cela se traduit en particulier par le fait qu'il est possible de placer un poteau aligné avec deux paires de poteaux. Deux équipes sont liées parce qu'elles ont à placer le même poteau, et parce qu'elles travaillent sur deux chantiers voisins.

> MATÉRIEL

– Deux plots par chantier/équipe en guise de poteaux et identifiés par une lettre et un chiffre.

– Une enveloppe avec message pour chaque équipe (fiche 2).

	Chantier Problème A	Chantier Problème B	Message
Équipe A	A	E	Placer le poteau rose de façon à ce qu'il soit aligné avec vos deux poteaux.
Équipe B	B	H	Placer le poteau rose de façon à ce qu'il soit aligné avec vos deux poteaux.
Équipe C	C	G	Placer le poteau bleu de façon à ce qu'il soit aligné avec vos deux poteaux.
Équipe D	D	J	Placer le poteau bleu de façon à ce qu'il soit aligné avec vos deux poteaux.
Équipe E	E	I	Placer le poteau violet de façon à ce qu'il soit aligné avec vos deux poteaux.
Équipe F	F	L	Placer le poteau violet de façon à ce qu'il soit aligné avec vos deux poteaux.

Fiche 2 (extrait)

– Une boîte à outils par équipe.
– Un plot avec une bande de papier crépon pour deux équipes liées.

> PROBLÈME

« Étant donné deux paires d'objets (A1,A2) et (B1,B2), placer un objet aligné à la fois avec (A1,A2) et (B1,B2). »

Le dispositif est en place dans la cour.

☐ Étape 1 : présentation de la situation et communication du problème

Dans la classe

Les élèves sont placés par équipes de deux. Ils reçoivent comme auparavant du maître un nom d'équipe (1 à 12) et un chantier (équipe 1 : chantier A ; équipe 2 : chantier B...).
Puis le maître donne les indications suivantes : « Aujourd'hui, vous allez, une nouvelle fois, placer un poteau sur le chantier qui vous a été attribué. Il est composé de deux poteaux déjà installés. Votre mission est dans cette enveloppe. Vous l'ouvrirez dans la cour, au point de rassemblement. »
Chaque équipe va dans la cour chercher son chantier puis toutes les équipes se réunissent au point de rassemblement.

Dans la cour

« Chaque équipe a-t-elle repéré son chantier ? Ouvrez votre enveloppe et exécutez votre mission. »

☐ Étape 2 : recherche

Chaque équipe ouvre son enveloppe. En général, l'équipe la plus rapide à lire la couleur du poteau qu'elle a à placer s'empare du poteau en question et se dirige vers son chantier. Dans ces conditions, l'équipe liée est confrontée à une difficulté : soit elle ne trouve pas son poteau et s'en plaint, soit elle se plaint qu'une autre équipe l'a pris…

Dans ces conditions, le maître se contente de demander à l'équipe quel poteau elle a à placer et ensuite il lui montre où il se trouve (c'est-à-dire dans les mains de l'équipe liée).

Très vite, les élèves des deux équipes liées comprennent qu'ils doivent coopérer. Lorsqu'une équipe a fini, le maître lui demande de regagner le point de rassemblement.

☐ Étape 3 : contrôle collectif des productions

Cette étape est conduite comme celle de l'activité de départ. Une seule ligne de fil suffit pour la validation. Mais si on dispose de deux fils de laine, il est possible, en réalisant avec ce fil les deux contraintes d'alignement, de bien concrétiser que le point est aligné avec A1 et A2 et avec B1 et B2 simultanément.

Le maître installe le deuxième dispositif : il lui suffit de permuter A1 et B1, C1 et D1…

Les activités sont reprises pour ce second problème dans les mêmes conditions. Le déroulement est le même mais le maître change la situation des équipes dans le dispositif (cf. fiche 2).

■ Troisième phase
Problèmes d'alignements en micro-espace (environnement papier-crayon)

Cet environnement permet d'abord au maître d'évaluer les acquis des élèves. Les élèves reçoivent individuellement sur une feuille l'énoncé du premier problème et le résolvent, puis celui du second problème et ils le résolvent aussi (les énoncés se trouvent sur les fiches 3 et 4). Il n'y a pas de reprise collective des productions des élèves.

Il permet aussi de faciliter l'entrée des élèves dans la situation suivante : « Faisceaux de traits ».

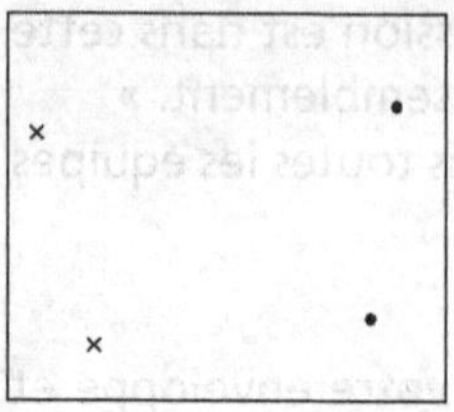

Fiche 3

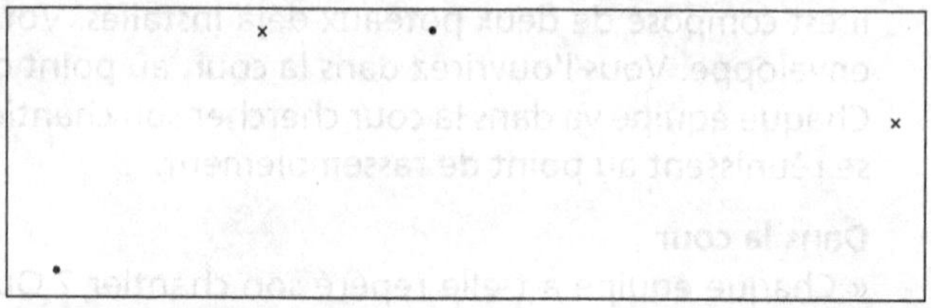

Fiche 4

7. Faisceaux de traits (CM1)

> DESCRIPTION RAPIDE

Le problème consiste ici à donner à l'élève une configuration de traits sécants sur une première feuille ainsi que, sur une seconde feuille, le début de la reproduction de cette configuration par certains des points d'intersection des traits : l'élève doit terminer la reproduction.
L'absence de contexte pour la situation justifie sa place dans la progression des situations : il peut être facilitant de mener au préalable la situation « Où est le plot ? ».

> OBJECTIFS

- Employer des relations d'incidence comme l'appartenance d'un point à un segment, l'appartenance d'un point à deux segments – intersection – ou l'alignement, comme outils de reproduction de dessin-figure et comprendre que ces relations peuvent suffire, c'est-à-dire que l'on peut se passer de relations sur les longueurs.
- Comprendre la nécessité de mettre en place une chronologie d'actions (de tracés).
- Apprendre à faire des tracés précis.

> DURÉE

Deux séances.

> PROBLÈME

Étant donné un objet graphique (faisceau de traits) comme ci-dessous :

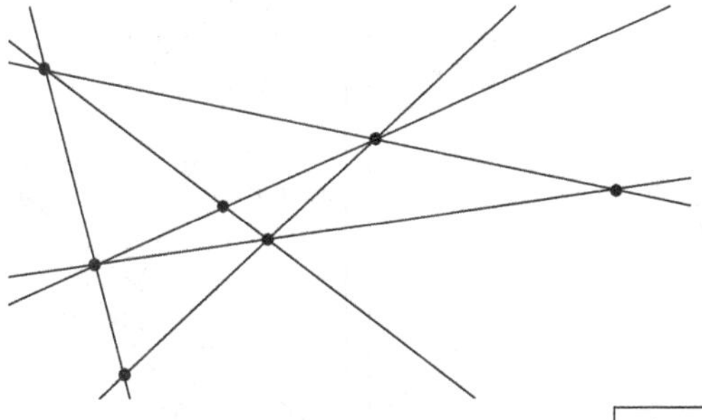

et le début de sa reproduction comme ci-contre : terminer la reproduction.

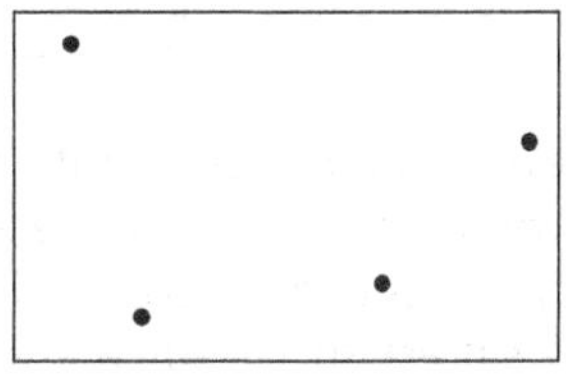

> VARIABLES

L'objet à reproduire

Il ne s'agit pas d'un objet usuel (comme les cercles, les carrés ou les rectangles) ni, non plus, d'une composition de tels objets. L'élève ne dispose donc pas de relations comme le parallélisme ou la perpendicularité pour les reproduire (les longueurs ne sont pas non plus adaptées, au premier abord du moins) : ce sont essentiellement les relations d'incidence et l'alignement qui sont des outils de solution appropriés.

L'orientation de la reproduction par rapport à la figure origine
C'est la même afin de faciliter l'interprétation du début de la reproduction sur la seconde feuille et la bonne identification des points donnés.

Le type d'environnement
Le choix est fait a priori de résoudre les problèmes dans l'environnement papier-crayon, quoique le choix de l'environnement Cabri peut être approprié puisqu'il est plus facile, dans cet environnement, de rendre inadaptées certaines procédures, notamment celles s'appuyant sur les longueurs.

Les outils disponibles de la boîte
Tous les outils sont disponibles. Si les élèves devaient malgré tout utiliser les longueurs, il est possible que des restrictions sur les instruments (enlever la règle graduée ou le fil) les obligent à ne pas utiliser ces longueurs : cela nous semble être pourtant une solution à n'envisager qu'en cas extrême (il arrive que, même dans ce cas, l'élève se constitue une unité « personnelle », une largeur de pouce par exemple, qu'il appelle « centimètre » et avec laquelle il cherche les mesures...).

Un seul élément change au cours de la situation, ce que nous appelons **le « degré de proximité »** de la figure à reproduire par rapport aux objets donnés :
– soit il est 1, c'est-à-dire que tous les objets à reproduire de la figure (points ou traits) peuvent l'être directement à partir des éléments donnés de la reproduction : la figure est alors relativement aisée à reproduire. C'est le cas dans le problème 1 :

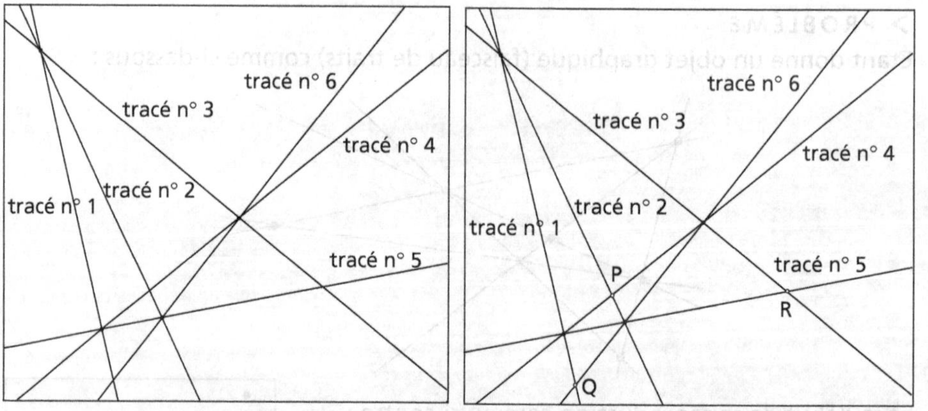

en joignant les points donnés deux par deux, on obtient la configuration complète ; il reste juste à marquer les derniers points (P, Q, R) comme intersection des droites construites.
– s'il est supérieur à 1, c'est-à-dire qu'il existe des objets qui ne peuvent être reproduits directement à partir des objets donnés mais seulement à la suite d'objets intermédiaires, eux-mêmes déjà créés par celui qui résout. C'est le cas dans le problème 2 :

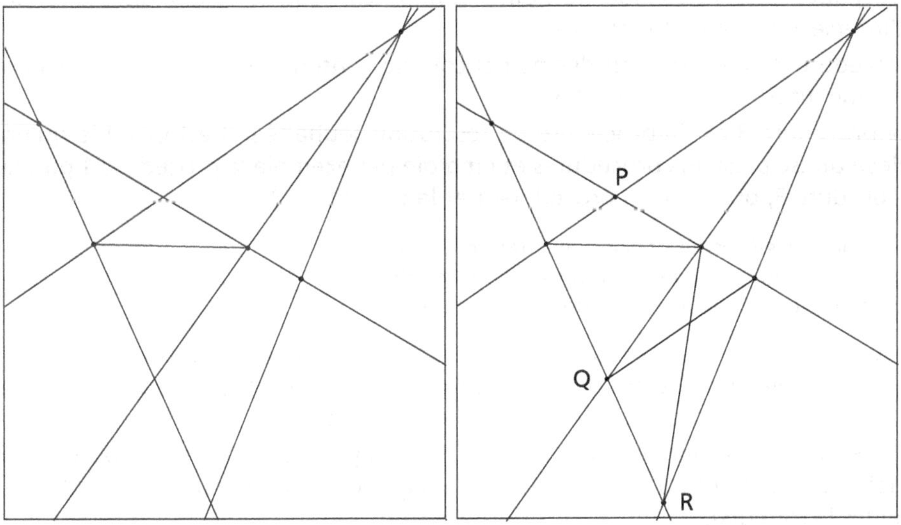

en joignant les points donnés deux par deux, on n'obtient pas la configuration complète ; mais on obtient les points P, Q et R, qui, à leur tour, engendrent deux segments [QS] et [RT] dont l'intersection U engendre [OU].

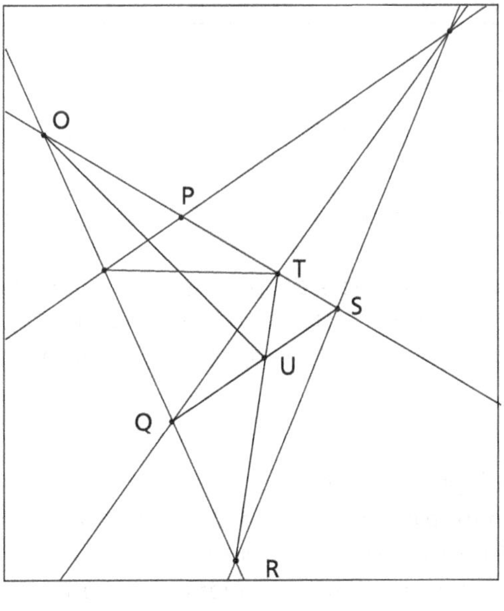

> PROCÉDURES

Nous prenons la construction des points particuliers de la figure comme élément de détermination de la procédure.

Procédure 1 : essais de points déterminés au jugé suivis du contrôle de leur validité à partir du tracé de nouveaux objets engendrés et de leur comparaison par rapport à ceux attendus.

Procédure 2 : construction de points comme conséquences d'alignements ou d'intersections et de longueurs.

Procédure 3 : construction des points comme conséquences d'alignements ou comme intersections de droites.

La procédure 3 est la procédure de résolution souhaitée. Il est possible qu'un élève utilise plusieurs procédures et emploie par exemple la procédure 1 puis la procédure 3, ou même la procédure 1 et la procédure 3.

Tous les élèves ne parviennent pas en général à n'utiliser que l'alignement et les intersections comme relations pour reproduire l'objet alors que ces relations suffisent ; les longueurs sont aussi parfois utilisées.

Pour le problème 2, les procédures de construction peuvent aussi être examinées du point de vue du degré de proximité des points par lesquels l'élève débute la construction dans le sens où l'élève peut :

Procédure 1' : commencer par l'élément de degré de proximité 2 (procédure moins adaptée puisqu'il sera peut-être obligé de procéder par essais ou d'utiliser les longueurs).

Procédure 2' : commencer par les éléments de degré de proximité 1 (procédure adaptée).

DÉROULEMENT

■ Première phase
Le « degré de proximité » de la figure est 1

> OBJECTIFS

– Se familiariser avec le type de problème (celui consistant à reproduire une configuration plane non usuelle).

– Comprendre que des objets du plan (points notamment) peuvent être construits sans le recours à certaines relations comme les longueurs.

– Comprendre que certains des objets d'une figure dépendent d'autres objets.

> MATÉRIEL

– La boîte à outils pour deux élèves.

– L'objet à reproduire (faisceau n° 1, fiche 1) sur transparent, de préférence, ou sinon sur calque de format A4 pour chaque élève.

– Le début de la reproduction sur papier normal ou sur transparent de format A4 (fiche 2) pour chaque élève.

Si ces deux feuilles sont des transparents :

– le même matériel est utilisable d'autres années (encre indélébile pour les tracés du maître, effaçable pour les tracés de l'élève) ;

– la phase collective est grandement facilitée : les élèves peuvent montrer leur travail à tous, et contrôler sa validité au vu de tous aussi.

Les feuilles sont fixées côte à côte sur le bureau avec du ruban adhésif dans des orientations proches (dans le cas de transparents, les placer sur des feuilles blanches).

> **VARIABLES**

– Le « degré de proximité » des objets à créer est 1 ; il semble donc que la procédure utilisée puisse être la procédure 3.
– Tous les objets de la boîte sont disponibles, notamment afin de se rendre compte si les caractéristiques de la figure sont suffisamment fortes pour que l'élève n'ait pas recours aux longueurs.

☐ Étape 1 : communication du problème et recherche

Les élèves travaillent individuellement.
Le maître s'assure que les boîtes à outils sont accessibles aux élèves puis il projette un transparent comportant l'objet à reproduire (fiche 1). Il peut aussi distribuer la feuille en question aux élèves s'il n'a pas de transparent. Il demande aux élèves ce qu'ils voient :
- « c'est une figure, un dessin ...» ;
- « il y a des traits » ;
- « il y a des traits qui indiquent des segments et d'autres des droites... » ;
...

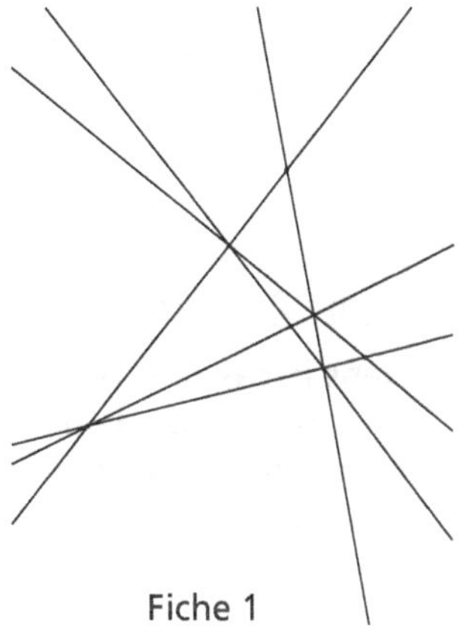

Fiche 1

Les élèves ayant rencontré les situations précédentes (notamment « Œilsurtout revient » avec Cabri peuvent ne pas employer le terme « traits » et faire la distinction entre segment et droite.

Le maître fait fixer la fiche 1 avec du ruban adhésif sur le bureau dans une orientation standard, telle qu'elle est présentée plus haut par exemple, c'est-à-dire avec le point de concours de trois droites du faisceau en haut de feuille. Puis il présente avec le rétroprojecteur la seconde feuille (fiche 2) où se trouve le début de la reproduction. Il demande aux élèves ce que cela peut être.

Les élèves font des hypothèses jusqu'à ce qu'ils expriment que les points que l'on voit sont les reproductions de points de la « figure » origine.
Le maître peut intervenir pour faire expliciter en quoi les deux « figures » diffèrent (« sur la première, il y a des traits et des points ; sur la seconde, il n'y a que des points »), ou en quoi elles sont analogues (« les points sont placés pareil », ou « si on plaçait le transparent de la reproduction sur le transparent de la figure, les points seraient l'un sur l'autre »...). Il serait préférable de ne pas effectuer cette superposition de façon à ce que les élèves puissent se poser des questions sur l'identité des points de la reproduction.

Il distribue maintenant la fiche 2 aux élèves et les fait fixer sur le bureau à côté de la précédente (dans une orientation voisine, une pour deux suffit s'il y a deux élèves par table).

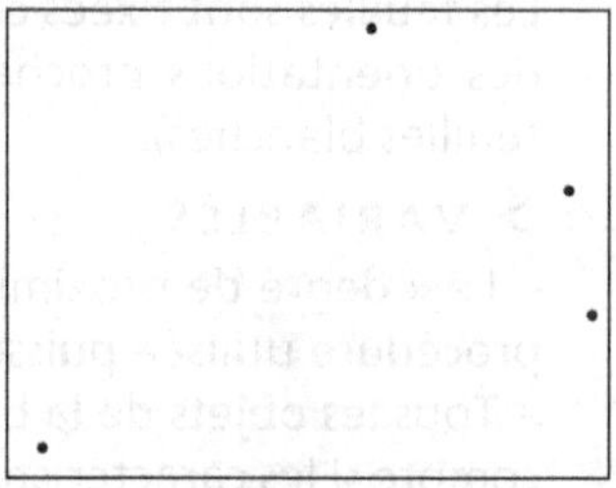

Fiche 2

Si le maître ne dispose pas de rétroprojecteur, c'est à ce moment-là qu'il demande aux élèves de décrire ce qu'ils voient (des points) et de comprendre que c'est le début de la reproduction de la figure donnée. Les élèves peuvent oralement expliciter le fait que tel point de la figure à reproduire (fiche 1) est tel point de la figure du début de la reproduction (fiche 2), en s'appuyant sur un affichage au tableau de la figure origine et du début de sa reproduction.

Il fait lire l'énoncé du problème (écrit sur une affiche) : « Sur la première feuille, il y a une figure. Sur la deuxième feuille, des points de cette figure ont été reproduits. Terminer la reproduction de la figure. »

Le maître n'apporte ni aide ni conseils.

☐ Étape 2 : bilan

Dans le cas calque + papier

Le maître peut demander aux élèves de superposer la figure initiale sur la figure qu'ils ont reproduite et d'examiner si cela est correct. Les élèves peuvent alors, un à un, présenter leur production, leur méthode et leur conclusion. Cette façon de faire présente le risque que les productions ne soient pas très visibles de loin par les autres, et donc que le contrôle laissé au seul élève « producteur » ne soit pas très rigoureux ; c'est pourquoi d'autres élèves peuvent venir contrôler.

Dans le cas des transparents

Les élèves viennent à tour de rôle présenter leur seconde feuille en montrant leur production, leur méthode et leur conclusion. En plaçant la fiche 1 par-dessus, il est possible de conclure sur la validité de la production :
– points ou traits mal dessinés ;
– pas de distinction entre traits indiquant des segments et traits indiquant de droites.

Les élèves peuvent aussi revenir sur leur mode de tracé, mais l'explicitation de la méthode de tracé n'est pas exigée par la situation. Le maître ne doit donc pas intervenir pour la faire émerger. Les résultats sont notés au tableau.

■ Deuxième phase
Le « degré de proximité » de la figure est 2

> OBJECTIFS

– Comprendre que des points peuvent être définis par des alignements.
– Comprendre que la construction de certains objets peut dépendre de la construction d'autres objets (intermédiaires).
– Apprendre à faire des tracés précis.

> MATÉRIEL

– La boîte à outils.
– La feuille comportant la figure à reproduire (fiche 3) sur calque ou sur transparent.
– La feuille comportant le début de la reproduction (fiche 4) sur papier normal ou sur transparent.
Les feuilles sont fixées côte à côte à l'aide de scotch sur le bureau dans des orientations proches.
– Une feuille de brouillon pour faire des dessins si cette phase est réalisée sous Cabri.

> VARIABLES ET PROCÉDURES

– Le « degré de proximité » de certains objets à créer, donc de la figure, est 2 ; on souhaite que les élèves développent les procédures 3 ou 2', mais il est possible que, devant la difficulté, ils emploient aussi les procédures 1 ou 2 (ou encore 1').
– Tous les outils de la boîte sont disponibles.

Il semble que cela incite certains élèves à effectuer des comparaisons de longueurs ; dès que l'on laisse dans les outils disponibles un objet présentant une partie rectiligne, les élèves peuvent s'en servir pour des comparaisons de longueurs et pour des mesures.

Le déroulement est identique à celui de la première phase.

☐ Étape 1 : communication du problème et recherche

Les élèves travaillent individuellement. Le maître distribue les feuilles comportant les figures à reproduire (fiche 3) et s'assure que les boîtes à outils sont accessibles aux élèves.

Il demande aux élèves ce qu'ils voient (« c'est une figure », « un dessin », « il y a des traits », « il y a des traits qui indiquent des segments et d'autres des droites »...).
Les élèves peuvent faire des remarques et, en particulier, faire apparaître des ressemblances et des différences avec la figure de la première phase.

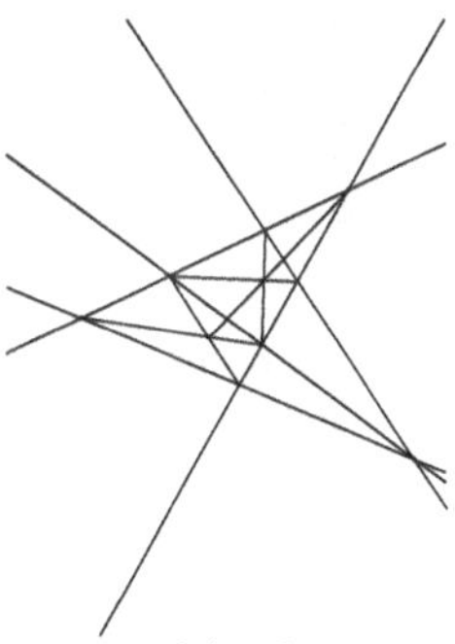

Fiche 3

Le maître fait fixer les feuilles avec du ruban adhésif sur le bureau (dans une orientation standard).

Il distribue maintenant les feuilles « début de reproduction » (fiche 4) aux élèves et les fait fixer aussi sur le bureau à côté de la précédente (dans la même orientation, une pour deux suffit s'il y a deux élèves par table). Il demande aux élèves de décrire ce qu'ils voient (des points) et de comprendre que c'est le début de la reproduction de la figure donnée ; les élèves peuvent oralement expliciter le fait que tel point de la figure à reproduire est tel point de la figure du début de la reproduction.

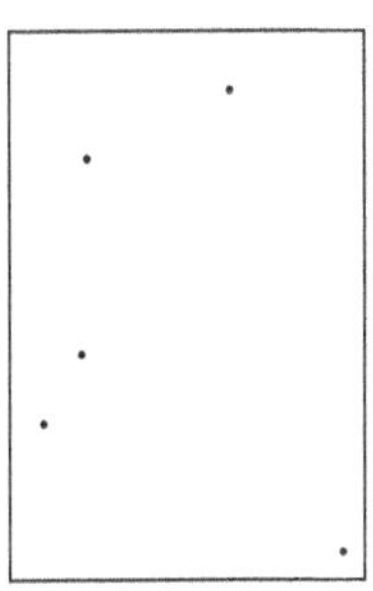

Fiche 4

Il énonce alors encore : « Sur la première feuille, il y a une figure à reproduire. Sur la feuille 2, il y a le début de sa reproduction. Terminer la reproduction de la figure. »
Le maître n'apporte ni aide ni conseils.

☐ Étape 2 : bilan

Le seul mode de contrôle de validité de la reproduction semble être encore le contrôle de la conformité de la production de l'élève avec la figure initiale. Revenir à l'explicitation du mode de tracé ne nous paraît pas indispensable.

Dans le cas calque + papier

Le maître peut demander aux élèves de superposer la figure initiale sur la figure qu'ils ont reproduite et d'examiner si cela est correct. Les élèves peuvent alors, un à un, présenter leur dessin et leur conclusion. Cette façon de faire présente le risque que les productions ne soient pas très visibles de loin par les autres, et donc que le contrôle laissé au seul élève « producteur » soit un peu « élastique ».

Dans le cas des transparents

Le maître procède de façon analogue mais à l'aide du rétroprojecteur. Les élèves devraient pouvoir dire si la production est correcte ou, au contraire, argumenter pour la déclarer non correcte :
– points ou traits mal dessinés ;
– pas de distinction entre traits indiquant des segments et des traits indiquant des droites.

Les élèves peuvent aussi revenir sur leur mode de tracé, mais l'explicitation de la méthode de tracé n'est pas exigée par la situation. Le maître ne doit donc pas intervenir pour la faire émerger. Nous espérons que la taille de la figure à reproduire peut être un élément favorable à la disqualification des procédures de type 1 ou 2 utilisant les longueurs ou consistant à faire des essais.

Exemples de productions d'élèves

Mathieu (erronée)

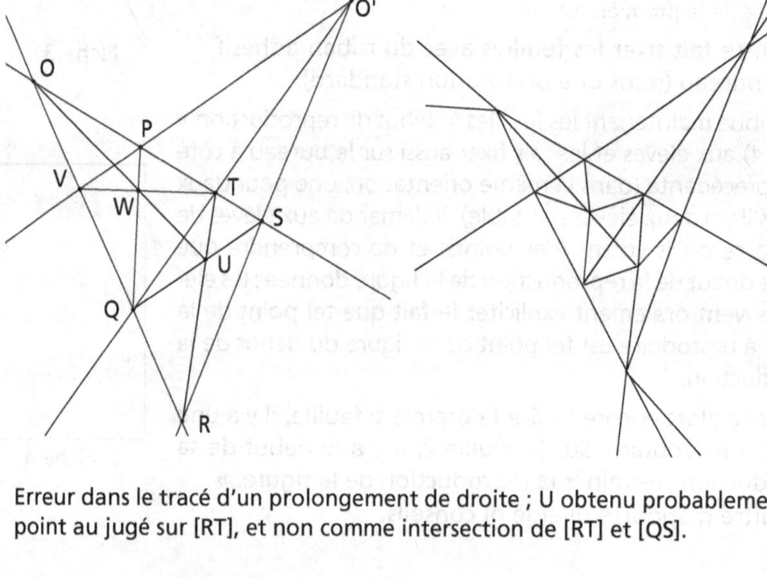

Erreur dans le tracé d'un prolongement de droite ; U obtenu probablement comme point au jugé sur [RT], et non comme intersection de [RT] et [QS].

Julia (erronée)

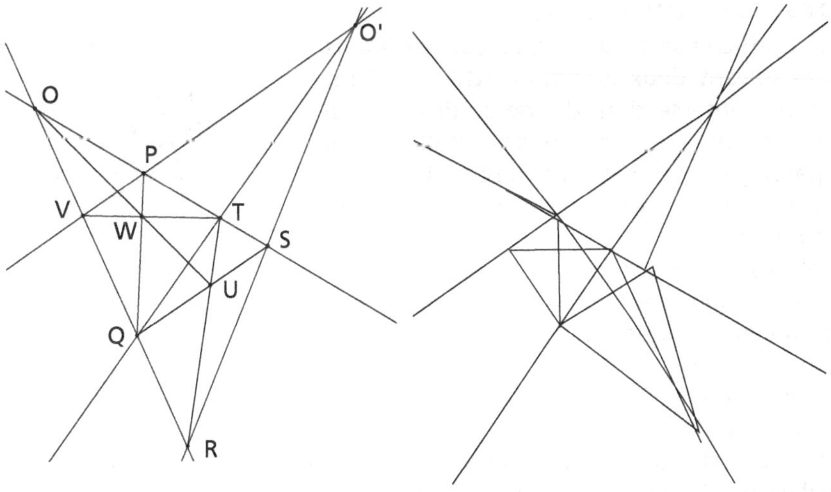

Erreur probable : identification incomplète des droites de chacun des faisceaux de droites, celles concourantes en O et celles concourantes en O′. D'où l'erreur de positionnement de R.

Clémence (réussi)

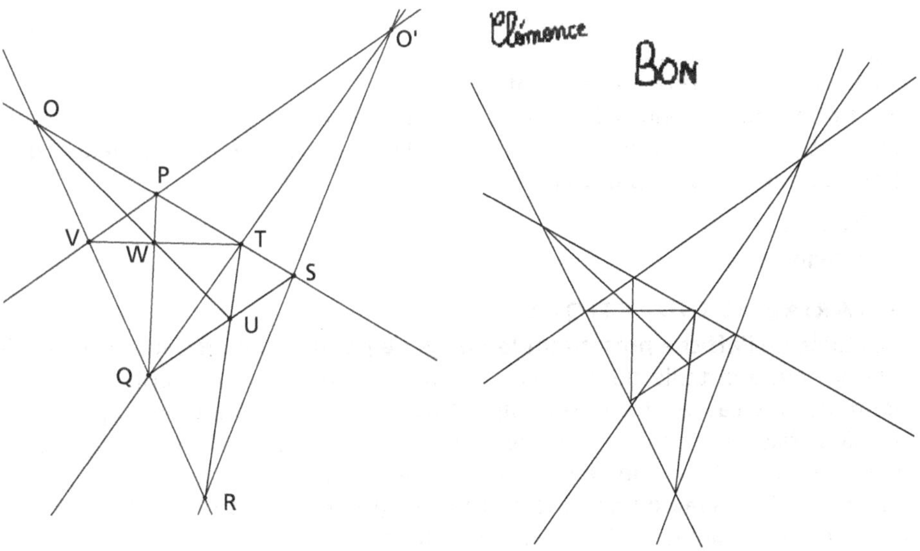

8. Menhir (CM2)

> DESCRIPTION RAPIDE

Sur une affiche se trouve un réseau de points alignés suivant deux directions (chaque point est donc l'intersection de deux droites qui appartiennent à un réseau de parallèles qui n'apparaît pas, bien sûr, sur le dessin). Un de ces points est repéré parmi les autres comme indiqué sur la figure 1.

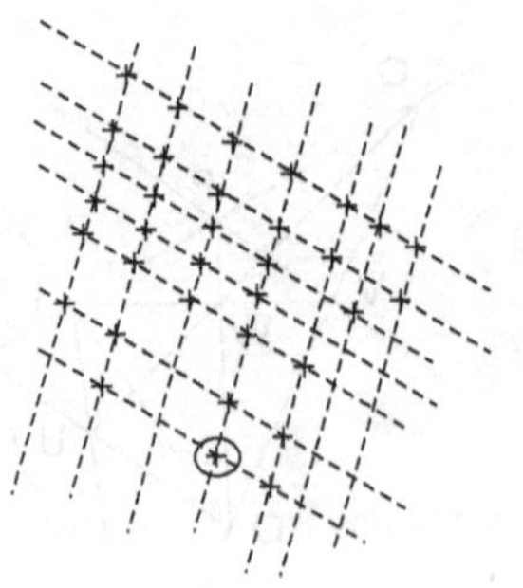
Figure 1

Les élèves disposent d'une feuille en taille réduite reproduisant le même réseau de points mais où il en manque un certain nombre (dont le point marqué comme spécial). Ils doivent le replacer exactement, la validation se fera par superposition d'un calque.

La situation est proposée dans un contexte d'alignement de menhirs mais n'est travaillée par les élèves que dans sa forme modélisée par un alignement de points.

> OBJECTIFS

Il s'agit de réinvestir, dans une situation complexe, les compétences travaillées dans le thème 7 (Systèmes de repères) et dans le thème 2 (Angle, perpendicularité et parallélisme). Dans cette optique, cette situation doit intervenir quand les élèves disposent de connaissances et de techniques sur les relations d'alignement et de parallélisme.

Les élèves doivent repérer un point absent comme intersection de deux droites. Ces droites sont obtenues dans un premier temps directement par l'alignement de points, puis par l'utilisation du parallélisme (la droite est parallèle à une droite donnée passant par un point).

> DURÉE

Deux séances.

> VARIABLES DIDACTIQUES

– **La taille de l'affiche présentant le nuage de points** complet peut être identique ou non à la taille de la feuille sur laquelle les élèves doivent replacer le point, dans ce cas les stratégies utilisant des reports de distance sont pertinentes. Nous faisons le choix d'orienter le travail sur l'alignement et le parallélisme en proposant une affiche de référence agrandie au format A3.

– **Le choix du réseau de parallèles et la densité des points** rendent les alignements et le parallélisme plus ou moins visibles.

– **Le nombre et l'emplacement des points qui sont effacés** dans la feuille des élèves modifient leurs procédures. Le point à replacer est à l'intersection de deux droites du réseau. Pour retrouver ces droites on peut laisser au moins deux points (seul l'alignement entre en jeu) ou un seul point (il s'agit alors d'utiliser le parallélisme).

– La distance du point manquant aux points qui restent sur la feuille : si cette distance est grande les procédures par approximation ou de proche en proche sont limitées.

> PROCÉDURES RENCONTRÉES ET VISÉES

Les procédures rencontrées peuvent être classées en deux catégories.

Procédures par approximations

– Placement du point uniquement au jugé.
– Utilisation de reports de longueurs prises approximativement (avec un crayon, un écartement de doigt…) ou précisément mais converties approximativement (si le point est à 8 cm du bord sur l'affiche A3 alors l'élève peut réduire cette distance à 6 cm sur la feuille A4).
– Utilisation d'alignements approximatifs hors du réseau de parallèles : avec un grand nombre de points il est facile de trouver des alignements, ne faisant pas partie du réseau de parallèles, qui « passent » non loin du point.

Procédures expertes

– Repérage du point à partir des distances et d'une règle de proportionnalité. Les élèves repèrent deux points qui sont à la fois sur l'affiche et sur leur feuille, comparent les deux mesures et appliquent la proportionnalité (5 cm devient 3,5 cm donc 6 cm devient 4,2 cm…).
– Le point est repéré comme intersection de deux droites du réseau de parallèles. Ces droites sont tracées en utilisant deux points ou un point et le parallélisme (le parallélisme peut être obtenu par glissement, par double perpendicularité…).
– La composition de ces deux procédures. Les élèves repèrent une droite et une distance sur cette droite.

> MATÉRIEL

– Une affiche A3 de la fiche 1 si l'enseignant le souhaite pour introduire le problème dans le contexte du champ de menhirs.
– Quatre affiches A3 de la fiche 2 (respectivement de la fiche 4 pour la phase 2) disposées aux quatre coins de la salle.
– Quatre affiches A3 de la fiche 3 (resp. de la fiche 5) au format A4 à raison d'une par binômes.

– Au moins une photocopie sur calque ou transparent de la fiche 2 (resp. de la fiche 4) pour la validation.
– Pour la mise en commun et l'institutionnalisation, l'enseignant peut utiliser quatre photocopies au format A3 de la fiche 3 (resp. de la fiche 5) pour le tableau et une version réduite de cette fiche (de façon à avoir quatre fiches par feuille A4) pour chaque élève.

DÉROULEMENT

Les élèves sont par binômes. L'enseignant accroche les feuilles A3 aux quatre coins de la salle et l'affiche du champ de menhirs au tableau. Les élèves ont la boîte à outils complète. La première phase consiste en une appropriation de la tâche et un travail sur l'alignement. La deuxième phase doit permettre, quand les élèves ont réussi le travail sur les alignements, d'utiliser le parallélisme comme outil pour résoudre un problème.

■ Première phase
Retrouver un point à l'intersection de deux alignements

□ Étape 1 : mise en situation (facultatif)

Une fois le matériel en place, l'enseignant raconte une petite histoire, par exemple celle qui suit.

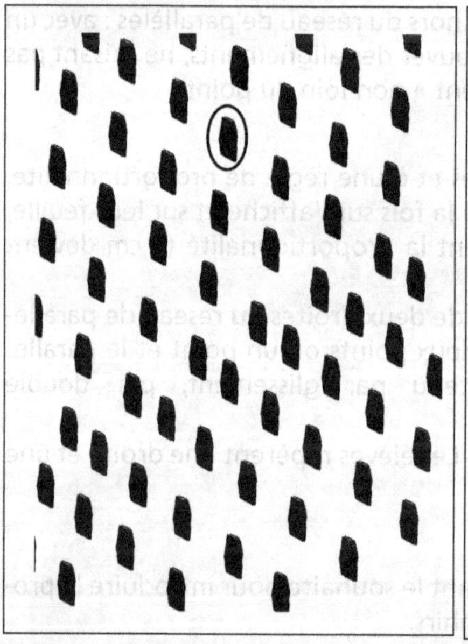

Fiche 1

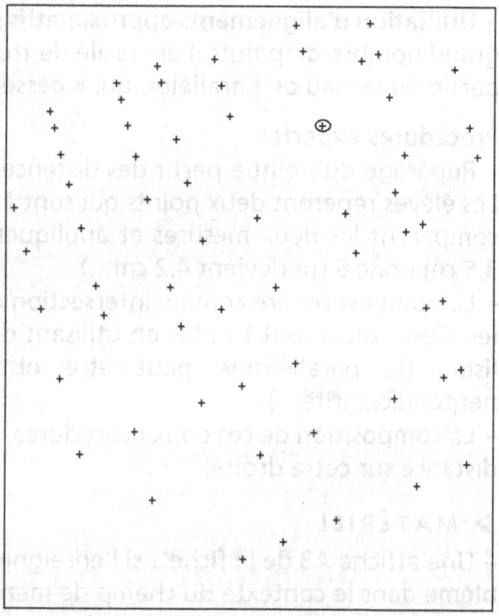

Fiche 2

Consigne

« Nous avons découvert un site archéologique où de nombreux menhirs ont été placés par les Gaulois selon une disposition bien particulière. Malheureusement des pilleurs ont volé des menhirs pendant la nuit. Heureusement nous avions réalisé un plan du site quelques jours avant le vol *(fiche 1)*. Sur ce plan, j'ai entouré le menhir sacré que tu dois remettre exactement à sa place pour annuler la malédiction. Nous avons représenté les menhirs par des croix *(fiche 2)*. C'est maintenant à toi de replacer la croix au bon endroit. Nous pourrons vérifier avec un calque : attention je ne passerai qu'une seule fois pour valider il faut y arriver du premier coup. »[5]

5. Lors des expérimentations, des élèves ajustent successivement à l'œil la position du point lorsque l'on passe avec le calque, c'est pour éviter cela que l'on limite la validation à un passage.

« Vous avez le droit de vous déplacer pour voir la photographie du champ de menhirs *(fiche 2)* qui est la plus proche de votre table pour prendre des informations. Un seul élève du binôme se déplace à la fois, il n'a pas le droit d'emporter de crayon. »

☐ Étape 2 : recherche et validation

Les élèves se déplacent pour prendre des informations. Ils peuvent demander des précisions : « Peut-on aller voir l'affiche avec notre règle ? Peut-on prendre un papier ? » L'enseignant autorise tout matériel à condition que les élèves ne prennent pas de note.
Ci-dessous sont récapitulées les procédures recueillies dans deux classes différentes.

Procédures aboutissant à une non-validation
- Placement du point « au jugé ».
- Repérages par rapport aux bords de la feuille.
- Repérage du point cherché par rapport à des points voisins, mesurage des distances et division par 2.
- Utilisation de deux droites faisant partie du réseau de parallèles mais qui n'ont pas pour intersection le point cherché.
- Report de quatre distances par rapport à des points du quadrillage sans conversion des longueurs.
- Réalisation d'un quadrilatère à partir de quatre points de la feuille A3 (le point à déterminer ne faisant pas partie de ces quatre points), reproduction du quadrilatère correspondant sur la feuille A4 puis arrêt.
- Utilisation de deux droites faisant partie du réseau de parallèles avec des erreurs de précision : les droites ne passent pas par le centre des « croix ».
- Utilisation de droites pour lesquelles un seul point est maintenu sur la feuille A4 : le tracé se fait alors au jugé en utilisant cet unique point.
- Repérage d'un seul alignement suivi du tracé de la droite correspondante sur la feuille A4, le point étant alors placé sur cette droite après mesurage sur la feuille A3 et division par 2.
- Utilisation d'une droite faisant partie du réseau et d'un repérage approximatif du point par rapport à des points proches.

Procédures aboutissant à une validation
- Repérage du point comme intersection de deux droites.
- Intersection de trois droites dont deux sur le réseau de parallèles.
- Intersection de plus de trois droites en dehors du réseau de parallèles.
- Intersection de droites appartenant au réseau et fabrication d'un quadrillage horizontal et vertical.
- Utilisation d'une droite du réseau et d'un report de longueur par proportionnalité.
- Utilisation de mesures et de l'intersection sur le réseau de parallèles.

☐ Étape 3 : mise en commun

L'enseignant organise une mise en commun où les élèves explicitent toutes leurs procédures. De façon à gagner du temps, seules les procédures différentes de celles déjà présentées sont exposées. On peut utiliser des fiches 2 au format A3 sur lesquelles les élèves schématisent leurs procédures.

Nous faisons le choix de travailler sur toutes les procédures car une procédure ayant échoué peut être pertinente mais avoir été conduite avec des imprécisions ; c'est le cas pour les élèves qui ne font pas passer les droites par le centre de la « croix », et réciproquement, une procédure peut avoir permis de placer le point par chance. Dans ce dernier cas, les élèves ont des difficultés à expliciter leur démarche et conviennent la plupart du temps qu'elle n'est pas généralisable.

Cette mise en commun peut aboutir à une trace écrite des différentes remarques que les élèves ont faites lors de la mise en commun :

– « Il faut bien passer par les croix quand on trace une droite » ;
– « Utiliser le bord de la feuille c'est trop compliqué et on ne se sert pas des menhirs qui restent » ;
– « Il faut trouver deux alignements » ;
– « Il faut tracer des lignes avec des menhirs qui sont suffisamment loin l'un de l'autre pour être précis ».

Cette trace peut être complétée par une schématisation des procédures sur une feuille constituée par la fiche 3 en taille réduite.

Si la recherche d'un double alignement n'apparaît pas lors de cette première phase, une reprise est souhaitable avec le même type de problème avant de passer à la deuxième phase.

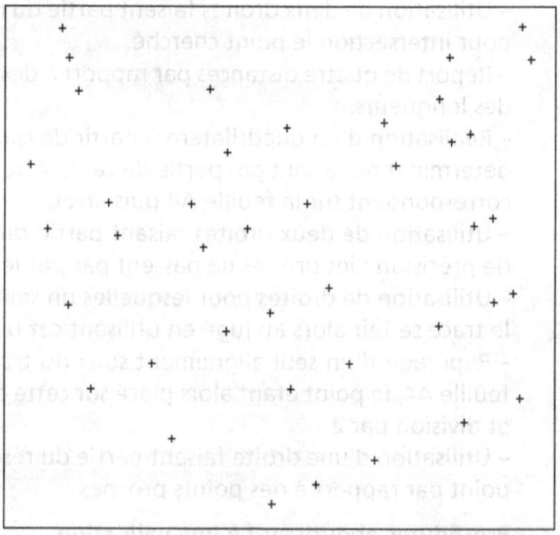

Fiche 3

■ Deuxième phase Utilisation du parallélisme

□ Étape 1 : consigne

On rappelle la situation et l'institutionnalisation précédente.

« Vous allez devoir résoudre un problème similaire à celui de la dernière fois. Vous avez des affiches sur les murs avec une représentation du champ de menhirs avant le vol et sur votre table une représentation après le vol. Il faut replacer le menhir sacré exactement à la place où il se trouvait avant. Rappelez-vous la mise en commun que nous avions faite, ainsi que ce qui avait fonctionné et ce qui n'avait pas fonctionné... »

☐ Étape 2 : recherche et validation

La recherche se déroule avec les fiches 4 et 5 comme précédemment.

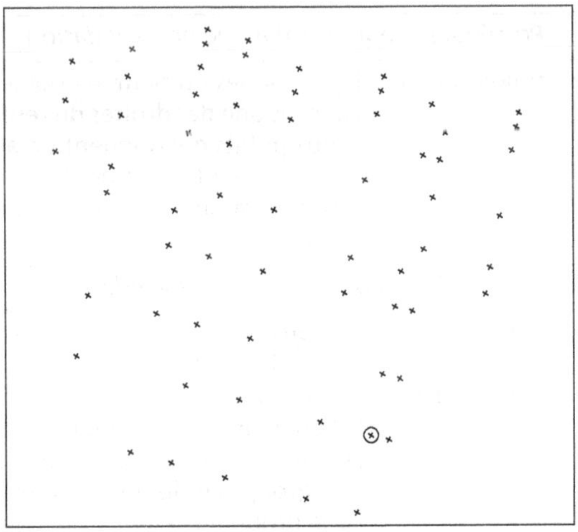

Fiche 4

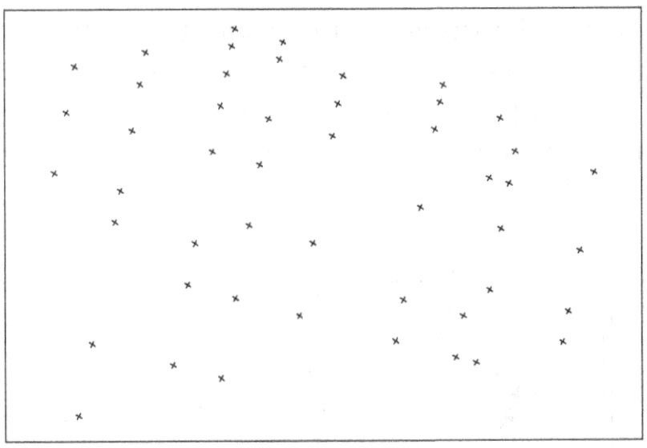

Fiche 5

Voici des exemples de procédures utilisées :

Classe 1 : 8 groupes (de 2 ou 3 élèves)	**Classe 2 : 13 binômes**
Procédures aboutissant à une non-validation	
– 3 groupes ne parviennent pas à placer le point.	– 3 groupes utilisent le double alignement avec parfois une des droites du réseau de parallèles et deux points qui donnent un alignement proche. – 1 groupe utilise le double alignement mais utilise une mesure pour positionner la deuxième droite.
Procédures aboutissant à une validation	
– 3 groupes utilisent le double alignement. – 2 groupes utilisent l'alignement et le parallélisme.	– 1 groupe fait un repérage au bord de la feuille en utilisant l'horizontalité et la verticalité. – 5 groupes réussissent en utilisant un double alignement avec un alignement dans le réseau et un alignement issu de deux points bien choisis. – 3 groupes utilisent le double alignement avec une droite du réseau et le parallélisme.

☐ Étape 3 : mise en commun et synthèse

Le déroulement est identique à celui proposé dans la première phase. Voici un exemple de trace écrite obtenue, les élèves indiquent par oui ou non si les procédures permettent d'obtenir une production validée. Seules quatre productions sont conservées. Le parallélisme est évoqué et symbolisé (première production).

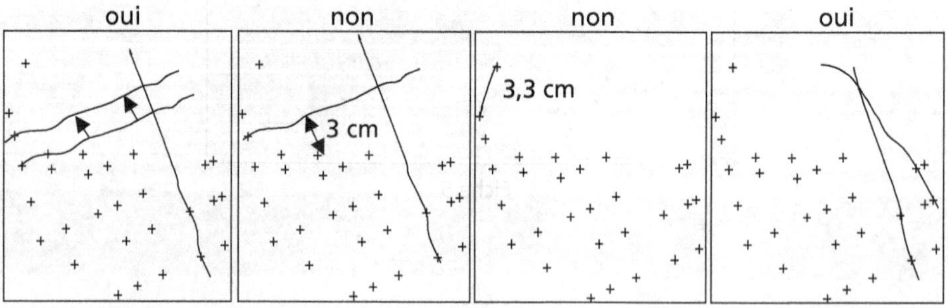

Thème 2

Angle, perpendicularité et parallélisme

■ Aspects théoriques

À l'école élémentaire, la perpendicularité et le parallélisme sont principalement des relations entre des objets du plan[1]. Ces objets sont, suivant les problèmes posés, soit des objets spatiaux – objets rectilignes de l'espace sensible ou objets graphiques (traits droits) de la feuille de papier –, soit des objets géométriques théoriques (droites, demi-droites ou segments). Nous n'envisageons pas le parallélisme ou la perpendicularité dans l'espace entre plans, entre plans et droites ou entre droites, même si ces relations peuvent être rencontrées ou évoquées à l'occasion de l'étude d'objets usuels de l'espace (bords du tableau, d'une fenêtre, d'un carreau du sol).

Perpendicularité

1. LE CONCEPT

Prenons deux exemples de l'approche de ce concept.

Le premier est extrait d'un manuel de Cours Moyen de la fin du XIXe siècle[2].

« Au point de vue de leurs positions relatives particulières, les lignes droites sont *perpendiculaires, obliques ou parallèles*.

On dit qu'une ligne droite est *perpendiculaire sur une autre* quand elle ne penche ni d'un côté, ni de l'autre. On dit qu'une droite est *oblique sur une autre* quand elle penche plus d'un côté que de l'autre. On dit que deux droites sont *parallèles* lorsque, placées dans la même direction, elles ne se rencontrent pas, si loin qu'on les prolonge.

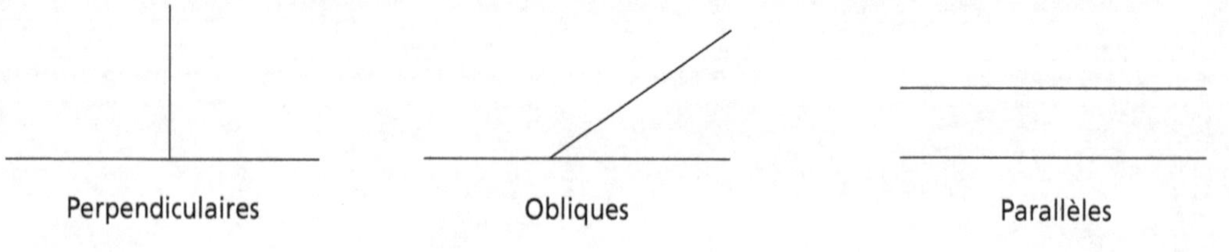

(...) On dit qu'une ligne est verticale quand elle est debout, comme un peuplier bien droit ; on dit qu'une ligne est horizontale, quand elle est couchée comme un bâton flottant.

1. Définir rigoureusement la perpendicularité ou le parallélisme nécessiterait des références aux propriétés des espaces affines euclidiens... ce qui ne nous semble pas indispensable dans le cadre de cette présentation.
2. LEYSSENNE PIERRE, « La première année d'arithmétique – Cours Moyen (9 à 11 ans) », Éditions Armand Colin & Cie, Paris, 1899.

(...) Deux lignes droites qui se rencontrent forment un angle... Un angle est droit, aigu ou obtus... Un angle droit est formé par deux lignes perpendiculaires. »

Le second est tiré du livre de Gilbert Arsac : « L'axiomatique de Hilbert et l'enseignement de la géométrie au collège et au lycée »[3].
« On appelle *angle* $\widehat{BAC}$ l'ensemble de deux demi-droites de même origine et qui ne sont ni opposées, ni confondues : [AB) et [AC)...
... On dit qu'un angle est *droit* s'il est congru à un de ses supplémentaires. »[4]

Ces deux séries de définitions, chacune dans un langage approprié aux publics auxquels elles étaient ou sont destinées, illustrent à première vue toute l'étendue des points de vue relatifs aux concepts d'angle, de perpendicularité, de parallélisme.

Les définitions du manuel de Cours Moyen de 1899 peuvent nous apparaître naïves avec leurs références à l'observation et au vécu. Pourtant, comme l'affirme Arsac, « pour Hilbert, l'énoncé des axiomes de la géométrie se fonde sur les propriétés intuitives des points, droites, etc. »[5]. Ainsi, ces définitions visent à donner à l'élève des situations de référence, graphiques ou issues de l'espace sensible ; elles fonderont, le cas échéant, une définition de l'angle droit.

2. Les connaissances initiales des élèves sur la perpendicularité

Le concept de perpendicularité s'enracine dans les expériences des enfants dans l'espace sensible et dans les connaissances spatiales qui en découlent. Certaines feront obstacle et d'autres seront des points d'appui fréquents, utiles dans la résolution de problèmes. Des situations de référence sont fondamentales pour identifier la perpendicularité ; elles sont issues, d'une part, de l'espace sensible (ligne horizontale/ligne verticale, côtés d'un carreau de fenêtre ou de tout autre rectangle identifié comme tel, mouvement de quart de tour...) et, d'autre part, de représentations graphiques ou de formes usuelles comme celles que nous avons représentées ci-dessous et ci-contre.

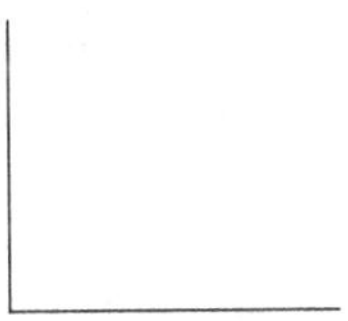

un angle droit

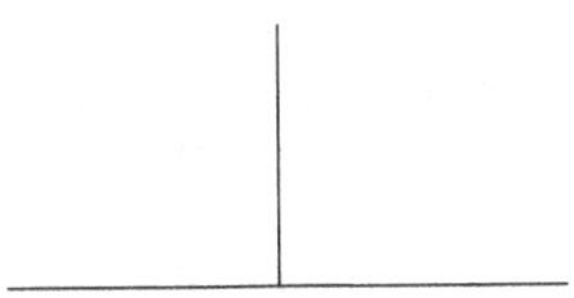

un angle plat et sa bissectrice

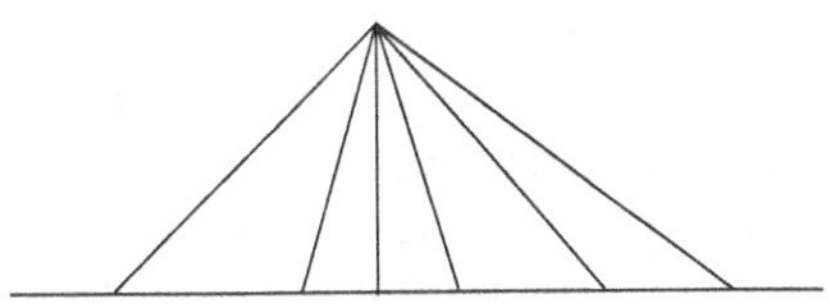

un « chemin » parmi d'autres entre un point et une droite

3. ARSAC Gilbert, « L'axiomatique de Hilbert et l'enseignement de la géométrie au collège et au lycée », Aléas, Lyon, 1998.
4. C'est-à-dire « égal à un de ses supplémentaires ».
5. *Ibid.*, page 22.

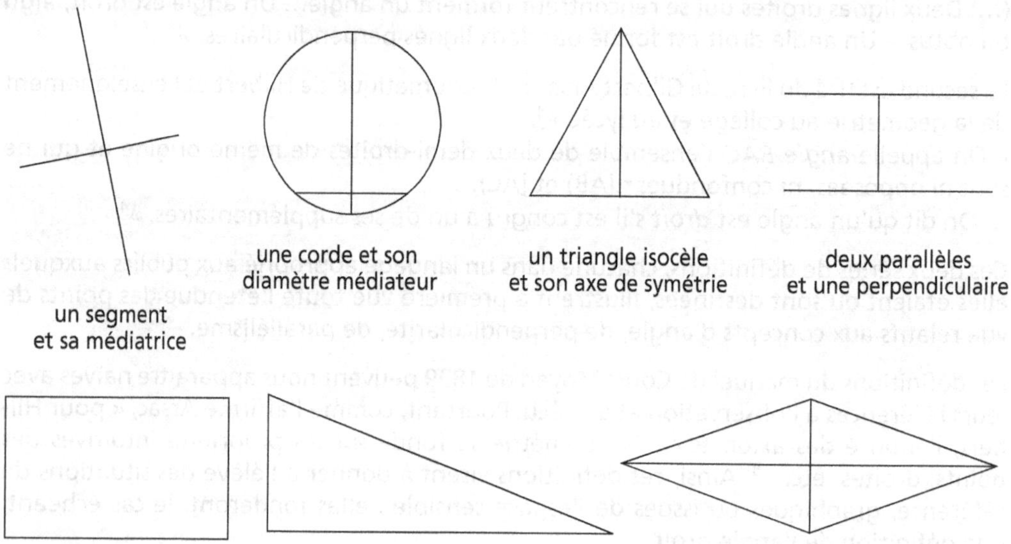

La construction d'un invariant perceptif de positions spatiales de deux traits, qui permettra à l'enfant de reconnaître l'angle droit ou la perpendicularité quelle que soit la direction de leurs constituants, est un objectif d'apprentissage fondamental au cycle 3. Cet invariant perceptif constitue un des socles sur lesquels vont pouvoir se construire les théorèmes en acte puis les axiomes et les théorèmes qui fondent la géométrie théorique comme : « Par un point donné, il passe une perpendiculaire et une seule à une droite donnée » ou « Si deux droites sont perpendiculaires à une même troisième, elles sont parallèles entre elles » ou encore « L'ensemble des points équidistants des extrémités d'un segment est une droite perpendiculaire à ce segment et passant par son milieu ».

En ce qui concerne la perpendicularité, toutes les expériences qui relèvent des **deux directions privilégiées** que sont **la verticale et l'horizontale** sont, bien entendu, essentielles. Liée à la position debout, la perception de la verticale par l'enfant correspond d'abord à celle d'un axe naturel de son corps qui en constituera une référence. Des gestes professionnels, comme ceux d'un maçon ou d'un charpentier, permettant de juger de « l'aplomb » d'une construction, renforcent cette hypothèse. Ces références, naturelles dans l'espace sensible ou dans un espace de représentations comme le tableau de la classe, peuvent apparaître plus artificielles dans l'espace traditionnel de travail de l'élève en géométrie qui est celui de la feuille de papier. Ces deux environnements de travail sont fréquemment utilisés successivement dans les situations de classe et nous avons constaté que la cohérence entre les deux entraîne souvent des difficultés.

Ainsi, nous avons observé que des élèves de CE2, en début d'apprentissage sur la perpendicularité, pour qui nous avions fixé la feuille de travail au bureau de façon à contrarier cette aptitude, tordent leur torse et leur cou, ou alors se lèvent ; ils se placent ainsi de façon à retrouver sur leur feuille cette position naturelle facilitante qui fait appel au couple « horizontale/verticale ». De plus, nous avons pu vérifier leur grande capacité à utiliser cette aptitude et à produire des tracés de grande qualité, au jugé, sans utilisation des instruments de référence comme l'équerre.

De même, nous avons observé que, dans une phase de jugement perceptif de productions d'angles droits affichées au tableau, les élèves placent spontanément la feuille de façon à avoir les côtés de l'angle en véritable position horizontale/verticale.

Comme nous l'avons déjà évoqué ci-dessus, la connaissance de formes présentant des angles droits, dans le micro-espace comme dans le méso-espace, va constituer un autre point d'appui pour les apprentissages concernant la perpendicularité. Ces formes (rectangle, carré, triangle rectangle, trapèze rectangle), et notamment certains de leurs « coins », vont constituer des références pour l'invariant perceptif de positions spatiales de traits que l'on cherche à construire. Ces connaissances vont cependant constituer un obstacle dans le passage de l'angle droit à la perpendicularité. Ainsi, si les traits de la figure 1 peuvent facilement être reconnus comme ceux d'un coin d'un rectangle et déclarés angle droit, il sera plus difficile de faire percevoir une situation analogue dans la figure 2 ou dans la figure 3 dans la mesure où la reconnaissance de l'angle droit demande de prolonger mentalement des traits ou de faire abstraction d'une partie de ceux-ci.

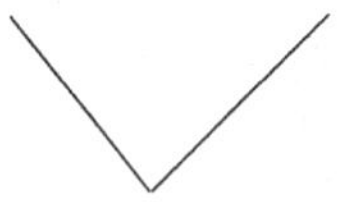

Figure 1

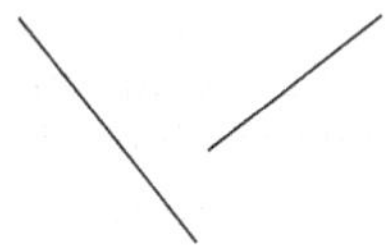

Figure 2

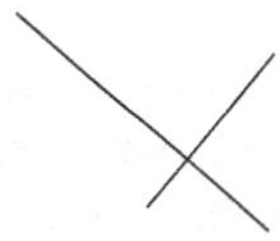

Figure 3

3. DIFFÉRENTES SIGNIFICATIONS DE LA PERPENDICULARITÉ ET LIENS AVEC D'AUTRES CONCEPTS DE GÉOMÉTRIE ÉLÉMENTAIRE

3.1 Perpendicularité et angle

L'angle est un objet de base dont l'identification s'appuie sur des expériences perceptives de l'espace sensible (le coin d'une table, les deux aiguilles d'une horloge, deux plis sécants sur une feuille de papier...) ou psychomotrices (un changement de direction sur un chemin, un signe effectué avec deux doigts, une articulation du bras et de l'avant-bras...). Il deviendra plus tard un objet géométrique épuré, l'angle de deux demi-droites de même origine.

L'entrée dans le concept de perpendicularité peut se faire par l'angle droit, forme simple à différents points de vue : perceptif (coins en angle droit présents dans un grand nombre d'objets de l'espace sensible), graphique (les deux traits sont de même origine), langagier (mot « droit », simple malgré sa polysémie ; formulations relatives à l'angle droit ne faisant intervenir qu'un seul objet contrairement à celles relatives à la perpendicularité). L'angle droit est donc un angle particulier et la distinction entre « angles pas droits », identifiables perceptivement, angles « presque droits » et angles droits discernables à l'aide d'outils, participe à la construction de l'invariant perceptif évoqué ci-dessus.

Nous avons en effet constaté qu'il est bien difficile pour un élève de huit ans d'admettre que deux angles dont les longueurs des côtés sont très différentes sont égaux, ou qu'un secteur angulaire de papier correspond à un angle plus petit que celui d'un autre qui utilise davantage de papier parce que ses côtés sont plus longs. Cela implique un travail préalable sur des comparaisons d'angles, permettant la mise en évidence de constats du type : « Pour comparer deux angles (ou deux coins…), ce qui compte ce n'est pas la longueur des côtés mais l'écartement des côtés ».

Par ailleurs, la perpendicularité est aussi liée à l'angle dans la distinction entre une perpendiculaire à une droite et une « oblique » à cette droite. En effet, un angle est droit s'il est égal à l'un de ses supplémentaires.

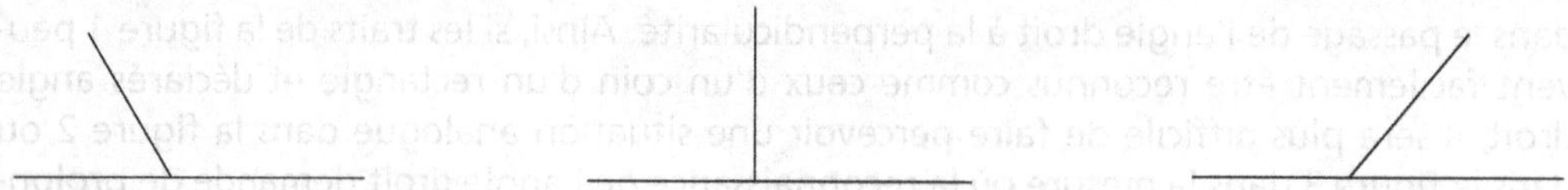

La perpendiculaire à une droite en un point correspond donc à une position bien particulière qui peut s'illustrer comme **une position d'équilibre** si l'on considère les dessins ci-dessus comme représentations d'un dispositif matériel articulé (par exemple, deux tiges fixées par un seul boulon). C'est cette définition de l'angle droit qui conduit directement au théorème : « Si deux droites sont sécantes, elles se coupent en formant soit quatre angles droits, soit aucun », et à une définition de la perpendicularité : « On dit que deux droites sont perpendiculaires si elles se coupent en formant quatre angles droits ».

Des élèves de CM1 à qui nous avons posé la question : « Avec deux traits, combien pouvez-vous tracer d'angles droits ? » ont rapidement produit des dessins avec 0, 1, 2, 4 angles droits et se sont vite mis d'accord sur le fait qu'ils ne pouvaient en tracer plus de quatre. La question d'une configuration à trois angles droits a provoqué des débats entre ceux qui s'appuyaient sur la perception et un tracé (on trace trois angles droits en reportant l'équerre autour d'un point et au vu des imprécisions de tracé, le quatrième ne peut pas être droit…) et ceux qui donnaient des arguments relevant d'une distinction entre perpendiculaire et oblique à une droite (« S'il y en a un qui est faux, il y en a deux qui sont faux parce que c'est la ligne qui est fausse »). La confrontation entre ces arguments permet d'envisager le passage à une géométrie plus théorique.

Dans le même ordre d'idées, nous pouvons aussi percevoir l'angle droit comme celui d'un secteur angulaire qui, reporté quatre fois autour d'un point, va permettre de paver intégralement une surface donnée. C'est **l'angle du quart de tour** ! De nombreux manuels s'appuient sur cette idée pour introduire les droites perpendiculaires.

3.2 Perpendicularité et symétrie axiale

À l'école, l'approche de la symétrie[6] s'effectue à partir d'expériences spatiales de comparaisons de formes. La nécessité de la perpendicularité entre l'axe et le segment qui joint un point et son symétrique ne va apparaître explicitement que progressivement au cours du cycle 3[7]. Pourtant, cinq des situations graphiques de référence que

6. Cf. le thème 4 : « Comparaison ».
7. Avec les programmes de 2002, la compétence « construire le symétrique d'un point avec règle et équerre » n'est plus au programme. Cependant, des problèmes pouvant être résolus avec cette compétence peuvent être proposés.

nous avons citées ci-dessus – l'angle plat et sa bissectrice, le segment et sa médiatrice, une corde d'un cercle et son diamètre médiateur, un triangle isocèle et son axe de symétrie, les diagonales d'un losange – s'appuient sur une symétrie. La bissectrice de l'angle plat est un axe qui permet un pliage « trait sur trait » ; elle constitue donc un axe de symétrie de la droite initiale. La médiatrice d'un segment, perpendiculaire au segment en son milieu ou ensemble des points équidistants des extrémités du segment, est l'axe de symétrie du segment. C'est d'ailleurs cette configuration qui servira au collège à définir l'image d'un point par une symétrie axiale : « On dit que M' est l'image de M par la symétrie d'axe Δ, si Δ est la médiatrice du segment [MM']. » Elle constitue aussi le fondement des configurations « diamètre médiateur d'une corde » et « triangle isocèle » et se retrouve deux fois dans la configuration « diagonales du losange ».

3.3 Perpendicularité et distance

Quand un charpentier veut placer deux pièces de bois de plusieurs mètres « d'équerre »[8], il trace un trait à 80 cm du point d'assemblage sur une pièce, un autre à 60 cm sur l'autre, puis ajuste l'ensemble de façon à ce que les extrémités de ces deux traits soient distants de 1 m. Comme $100^2 = 60^2 + 80^2$, la réciproque du théorème de Pythagore lui permet d'affirmer que ces deux pièces de bois sont bien perpendiculaires. Effectivement, ce théorème et sa réciproque donnent un moyen simple pour contrôler ou fabriquer de la perpendicularité dans le méso-espace. Bien entendu, ce savoir ne relève pas de l'école élémentaire mais il s'agit du lien le plus fort entre perpendicularité et distance.
En revanche, à l'école, il est possible d'approcher la distance d'un point à une droite même si, là encore, les connaissances correspondantes relèvent du collège. Cette grandeur est définie comme la plus petite des distances du point à un point de la droite. Il est possible d'effectuer des expériences qui mettent en évidence que, si A est un point fixe n'appartenant pas à la droite et M un point mobile qui parcourt la droite dans un sens constant, la distance AM décroît puis croît. On observe que le changement entre décroissance et croissance s'effectue quand M se situe dans une zone proche de la projection orthogonale de A sur la droite. Une représentation sur écran avec un logiciel de géométrie dynamique permet de bien illustrer cette expérience. Rien cependant ne permet à l'élève de cycle 3 d'affirmer que la plus courte distance est atteinte quand M est sur la perpendiculaire à la droite passant par A. Seul un changement de registre, du spatial au théorique, permet à l'expert de le dire.

3.4 Perpendicularité et rectangle

Le rectangle est sans doute la forme la plus commune dans l'espace sensible que constitue l'environnement de chacun. Il est présent dans toutes les positions même si la position horizontale/verticale est largement dominante. De plus, que ce soit dans des jeux ou des activités scolaires, l'enfant est très vite confronté à des expériences spatiales qui lui permettent de se construire de bonnes capacités pour identifier cette forme dans un plan horizontal, quelle que soit son orientation par rapport à l'axe du regard.

8. Formulation du domaine professionnel qui signifie « en angle droit » ou perpendiculaires.

Ces expériences pourront donc constituer une référence solide pour l'angle droit et la perpendicularité.
Cet objet « rectangle » est un objet spatial, une forme identifiable perceptivement. Au cycle 3 et au début du collège, cet objet devra devenir un objet géométrique, c'est-à-dire un objet muni de propriétés (« quadrilatère disposant de quatre angles droits, de côtés opposés parallèles, de côtés opposés de même longueur, de deux diagonales, d'un centre de symétrie, de deux axes de symétrie... »). L'observation de propriétés sur un quadrilatère identifié perceptivement par une personne ou un groupe comme un rectangle ne pose pas trop de difficultés dans la mesure où les redondances entre propriétés sont permises. Par conséquent, il sera vite aisé de justifier qu'un quadrilatère n'est pas un rectangle, avec un argument comme : « Ce quadrilatère a deux angles qui ne sont pas droits, ce n'est pas un rectangle ». En revanche, les tâches qui consistent à justifier qu'un quadrilatère est un rectangle ou bien à construire un rectangle vont se révéler plus délicates et supposent le recours à des raisonnements. Ainsi, l'expérience qui consiste à construire un quadrilatère qui a deux côtés de même longueur, perpendiculaires à un même troisième, va inévitablement produire un quadrilatère identifié perceptivement comme un rectangle et dont on peut vérifier à l'aide des instruments qu'il possède toutes les propriétés connues du rectangle. Répétée plusieurs fois, par différentes personnes d'un groupe ou bien dans l'environnement informatique d'un logiciel de géométrie dynamique, elle conduit à une proposition : « Un quadrilatère qui possède deux côtés de même longueur, perpendiculaires à un même troisième est un rectangle ». De même, le problème : « Peut-on construire un quadrilatère qui a exactement trois angles droits ? » va conduire à des propositions comme « Si un quadrilatère a au moins trois angles droits alors il en a quatre » ou bien « Un quadrilatère dont au moins trois angles sont droits est un rectangle ». Ces inférences inductives, partagées par une communauté, seront ultérieurement prouvées, c'est-à-dire déduites en s'appuyant sur des propriétés connues et des raisonnements simples. Elles contribuent ainsi à l'initiation au raisonnement déductif.

On perçoit là comment **le rectangle**, par la richesse de ses propriétés, est **un objet de base pour l'enseignement de la perpendicularité**.

Parallélisme

1. LE CONCEPT

Les différentes définitions des droites parallèles qui ont été données jusqu'au XIXe siècle[9] peuvent se classer en trois groupes.
Par « droites parallèles », on distingue alors :
– « ces droites qui n'ont pas de point en commun... » ;

9. BOI LUCIANO, « Le problème mathématique de l'espace. Une quête de l'intelligible », Springer Verlag, Heldelberg, 1995, p. 9.

– « ces lignes droites qui ont les mêmes directions » (cette définition implique celle qui dit que les parallèles font avec une transversale des angles égaux)… ;
– « ces lignes droites dont la distance mutuelle demeure toujours constante ».

Par ailleurs, l'étude de la propriété : « Par un point extérieur à une droite, on ne peut mener qu'une parallèle à cette droite », déjà énoncée dans les *Éléments* d'Euclide au IIIe siècle avant notre ère[10], a conduit à un développement extraordinaire de la géométrie. En effet, il s'agissait de déterminer si cette proposition devait être admise comme une évidence ou s'il était possible de la démontrer. Au XIXe siècle, des mathématiciens ont cherché à prouver que des propositions contraires (« Par un point extérieur à une droite, on ne peut mener de parallèle à cette droite » ou « Par un point extérieur à une droite on peut mener plusieurs parallèles à cette droite ») conduisent à des contradictions. Or, non seulement ces deux propositions n'ont pas été infirmées, mais elles ont abouti à la construction des géométries non euclidiennes, aussi cohérentes mathématiquement que la géométrie euclidienne. Il était donc possible de construire une géométrie indépendante de l'espace perçu ! Quelques décennies plus tard, celle-ci s'est avérée être un des composants du modèle mathématique de la théorie physique de la Relativité. La résolution de cette question a donc été à l'origine « d'un changement profond dans les mathématiques, la conception de la nature et l'idée même qu'on s'était faite de l'espace et du cosmos »[11].

2. LES CONNAISSANCES INITIALES DES ÉLÈVES SUR LE PARALLÉLISME

Le parallélisme de deux droites est appréhendé perceptivement au début du CE2, notamment dans certains contextes relevant de positions prototypiques présentes dans l'environnement familier : verticales de l'espace, « horizontales » et « verticales » de la feuille… Mais cette perception est difficile à expliciter dans la mesure où les élèves ne disposent pas encore de la terminologie adéquate pour nommer le parallélisme. Ces derniers peuvent aussi être conduits à produire ou reconnaître des traits « penchés pareil » ou obtenus par glissement de la règle, sans tourner. Dans des prises d'informations de tout début de cycle 3, où des élèves avaient à dire si des traits étaient parallèles ou non, nous avons constaté que la confusion « traits parallèles/traits de même longueur » est forte. Ceci est à rapprocher de toutes les situations de comparaison de traits au cycle 2 pour lesquelles la mesure des longueurs est l'outil de résolution.

Dans les pratiques actuelles, l'étude des droites parallèles est insuffisamment problématisée ; elle se limite souvent à l'énoncé de définitions, à l'observation de figures, et accompagne de façon trop peu différenciée celle des droites perpendiculaires. À l'école primaire, il est utile de distinguer l'identification ou la construction de droites parallèles de l'étude des propriétés que la relation « être parallèle à » instaure dans l'ensemble de

10. L'énoncé d'origine équivalent étant : « Si une droite rencontrant deux droites (situées dans un même plan) fait d'un même côté des angles intérieurs dont la somme soit moindre que deux angles droits, les deux droites prolongées indéfiniment se rencontrent du côté dont la somme est inférieure à deux droits. », BOI LUCIANO, *op. cit.*, p. 8. Voir aussi BKOUCHE RUDOLPHE et LEHMANN DANIEL, *Les problèmes des parallèles et les géométries non euclidiennes in* « Initiation à la géométrie », P.U.F, 1988.
11. BOI LUCIANO, *op. cit.*, p. XIII.

droites du plan. Les théorèmes : « Si deux droites sont parallèles à une même troisième alors elles sont parallèles entre elles », ou « Si deux droites sont parallèles, alors toute parallèle à l'une est parallèle à l'autre » ne sont pas réellement des objets d'étude au niveau de l'élémentaire et pourront simplement être approchés dans des problèmes.
Par ailleurs, la résolution de problèmes permettant la maîtrise des différentes significations du parallélisme ou la production de parallélisme, sollicite le recours à d'autres notions elles-mêmes en cours d'élaboration : l'alignement, la distance, la perpendicularité.

3. DIFFÉRENTES SIGNIFICATIONS DU PARALLÉLISME ET LIENS AVEC D'AUTRES RELATIONS

Plusieurs significations, proches des définitions citées précédemment, sont associées au parallélisme. Certaines sont déjà appréhendées par les élèves au cycle 2, d'autres vont progressivement être acquises. Elles sont en relation avec différentes propriétés du parallélisme[12].

3.1 Des droites de même direction

Les parallèles perçues par les élèves sont tout d'abord celles de leur environnement matériel : des horizontales et des verticales de l'espace, les lignes du cahier... Le recours privilégié à ces directions bien particulières constitue un obstacle à l'élaboration de procédures de construction ou de jugement dans les cas où les droites ne sont pas parallèles à un bord de feuille ou à un bord du bureau. Il est donc nécessaire de poser à l'élève des problèmes pour lesquels les supports n'offrent pas ces indicateurs pour le tracé ou le jugement, même si fréquemment, il repositionne de sa propre initiative sa feuille de façon à retrouver une de ces positions prototypiques.
Plus généralement, dans ces définitions du parallélisme à l'aide de directions[13], on caractérise deux droites parallèles comme inclinées de la même façon (« penchées pareil ») par rapport à une même direction qui est souvent « l'horizontale ». L'une est alors l'image de l'autre dans une translation (glissement sans tourner) et toutes ces droites déterminent avec une sécante commune des angles correspondants égaux.
Le glissement de l'équerre contre la règle bien positionnée reste un classique de construction de droites parallèles qui s'appuie sur cette signification du parallélisme. En effet, nous pouvons considérer qu'il s'agit là d'un cas particulier d'angles correspondants égaux entre une droite et des sécantes. Dans ce cas, les angles sont bien particuliers, facilement identifiables et accessibles par un outil familier puisque ce sont des angles droits.

---

12. En ce qui concerne le parallélisme, les propriétés essentielles rencontrées à l'école élémentaire sont : « Deux droites distinctes du plan sont soit sécantes (elles n'ont alors qu'un seul point commun), soit parallèles (elles n'ont alors aucun point commun) » ; elles le sont plutôt sous forme de théorèmes en acte comme : « Par un point donné, il passe – ou on peut tracer – une seule droite parallèle à une droite donnée ».
13. La caractérisation du parallélisme, d'abord sous cette forme, est un apport des premiers mathématiciens grecs de l'école ionienne au Ve siècle avant notre ère. La notion de parallèle était ignorée en Orient avant les débuts de la science grecque. La parallèle n'y était que « la perpendiculaire de la perpendiculaire ». Cf. CAVEING MAURICE, « La figure et le nombre : recherches sur les premières mathématiques des Grecs », Presses Universitaires du Septentrion, Villeneuve-d'Ascq, 1997, p. 147.

3.2 Des droites qui ne se coupent pas

La définition de droites parallèles comme droites qui ne se coupent pas n'est pas sans poser de difficultés à l'école. En effet, le concept de droite comme ensemble illimité et dense de points alignés est en cours de construction. Des confusions importantes entre la droite et le trait qui la représente dans la feuille de papier sont courantes. Que signifie alors « ne se coupent pas » pour l'élève ? Pour répondre, doit-il se restreindre à l'espace de la feuille de papier sur laquelle on pourra éventuellement prolonger les traits[14] ? Un prolongement virtuel des traits au-delà de la feuille lui est-il accessible et permet-il de conclure ? En fait, cette signification du parallélisme est surtout pertinente pour reconnaître des droites manifestement non parallèles.

3.3 Des droites d'écart constant

De façon opératoire, dans des problèmes de tracé ou de jugement, c'est bien souvent la perception d'un **écart constant** entre deux droites parallèles qui est mise en évidence par l'élève : « Ça peut pas être parallèle parce que c'est plus écarté en haut qu'en bas. » Une procédure usuelle de construction du parallélisme utilise cette caractérisation et relève du cycle 3. Il suffit de tracer une droite, de construire deux perpendiculaires à cette droite et de reporter une longueur donnée, à partir de la droite, sur ces deux perpendiculaires pour obtenir deux droites parallèles. Cependant, cette caractérisation par une distance constante mesurée le long d'une direction fixe reste longtemps intuitive au cycle 3 : l'élève mesure des écarts selon une direction perpendiculaire à l'une des droites, souvent déterminée au jugé, sans pouvoir verbaliser son action et préciser son intention de mesurer selon une direction déterminée. On retrouve cette signification du parallélisme, relative à l'écart constant, quand l'élève utilise les deux bords d'une règle plate usuelle pour produire du parallélisme ou dans la référence aux quadrilatères usuels (trapèze, rectangle, voire parallélogramme...) pour mettre en évidence deux droites parallèles. Le fait que la distance entre deux droites parallèles (ou la largeur d'une bande déterminée par deux droites parallèles) se mesure le long d'une perpendiculaire commune correspond à une propriété visée au cycle 3, souvent rencontrée lors de la résolution de problèmes.

Ces deux dernières significations du parallélisme (droites qui ne se coupent jamais et droites d'écart constant) illustrent le rapport dialectique qui existe entre alignement et parallélisme. D'une part, pour que des problèmes de parallélisme puissent être résolus en mobilisant le concept de droite, il faut que celui-ci soit accessible aux élèves. Cela suppose que la droite leur apparaisse non pas comme un simple trait graphique mais comme un objet élémentaire porteur de deux propriétés : sa représentation graphique est susceptible d'être prolongée (graphiquement ou mentalement) et il est toujours possible de déterminer un point aligné avec deux autres[15]. D'autre part, le tracé de droites parallèles peut amener les élèves à se poser des questions théoriques relativement à la droite (par exemple : « De combien de points ai-je besoin pour tracer une parallèle à une droite ? »[16]), et ainsi expliciter des propriétés.

---

14. Cf. programmes de 2002 : « Par ailleurs, les élèves sont confrontés à des cas où, pour décider, il est nécessaire de prolonger les traits qui représentent les droites. »
15. *Ibid.*
16. Cf. la situation « Parapuzzle » de ce thème et le chapitre 6 de la partie I : « La validation en géométrie » (p. 78).

Enfin, pour construire deux parallèles, on peut aussi reporter des distances au compas et construire un parallélogramme ; cette construction relève plutôt du collège et accompagne l'étude systématique des propriétés des quadrilatères.

3.4 Des droites perpendiculaires à une même troisième

Une autre caractérisation du parallélisme accessible à l'école correspond à la **double perpendicularité** : « la perpendiculaire de la perpendiculaire » pour le tracé, ou « droites ayant une perpendiculaire commune » pour le jugement. Une des propriétés de géométrie les mieux connues des adultes est probablement : « Si deux droites sont perpendiculaires à une même troisième alors elles sont parallèles entre elles. » Cette conception du parallélisme relève cependant d'une approche plus théorique de la géométrie et de connaissances solides sur la perpendicularité. Au cycle 3, les élèves vont l'approcher, notamment par des constats ; son institutionnalisation et son opérationnalisation relèvent davantage du début du collège.

3.5 Des côtés opposés de certains quadrilatères sont parallèles

Cette occurrence du parallélisme ne semble pas celle à laquelle se réfèrent en premier lieu les élèves dans les activités de classement de quadrilatères. Au niveau du CM2, par exemple, la comparaison des longueurs des côtés (deux côtés égaux, quatre côtés égaux) ou la présence d'angles droits, voire quelquefois la perception de la perpendicularité des diagonales, semblent plus souvent citées.

L'enseignement de la perpendicularité et du parallélisme à l'école primaire : quelques aspects de l'histoire récente

L'introduction nous a donné l'occasion d'envisager l'approche de la perpendicularité à l'école à la fin du XIXe siècle. Considérant que le modèle mis en place par la Troisième République pour l'enseignement des mathématiques à l'école élémentaire n'a pas connu de bouleversement fondamental avant la réforme des mathématiques modernes de 1970, nous ne remontons qu'à cette période dans cette partie.

Dans la partie « Exercices d'observation et travaux sur des objets géométriques », les programmes de 1970 pour le Cours Moyen insistent sur le rôle de l'observation et de l'activité manuelle en géométrie et précisent que « les démarches mathématiques portent, comme dans le domaine numérique, sur la découverte de propriétés, les classements selon telle propriété, l'étude des relations sur un objet et entre des objets ». Ils énoncent ainsi : « On reconnaît que deux lignes droites sont perpendiculaires ou forment un angle droit par un pliage convenable ou à l'aide de l'équerre » ou « On reconnaît que deux lignes droites sont parallèles à l'aide de la règle et de l'équerre », et proposent l'étude d'objets dont la bande, le parallélogramme ou le rectangle.

Dans les manuels, après une première présentation ostensive[17], tracés de base et vocabulaire sont réinvestis dans des activités de reconnaissance d'angles droits ou de droites parallèles, de construction selon des suites d'instructions directives. Ces activités peuvent déboucher sur des diagrammes cartésiens de relations dans un ensemble de droites ou des diagrammes de Venn pour classer les éléments d'un ensemble de polygones. Nous pouvons d'ailleurs ajouter que l'étude des propriétés du parallélisme comme relation d'équivalence a souvent été précocement privilégiée au détriment de la résolution de problèmes.

Les programmes de 1977-1980 sont formulés en termes d'objectifs. Sous la rubrique « Activités géométriques », ils ne fournissent pas une liste exhaustive d'objets à étudier, mais indiquent en revanche des types de compétences à faire acquérir par les élèves à savoir : **reproduire, décrire, représenter ou construire un objet géométrique**. Cependant, l'observation de manuels montre une évolution toute relative dans les activités concernant perpendicularité et parallélisme qui restent marquées par un enseignement par ostension.

Les programmes de 1985 et 1995 n'apportent pas de changements fondamentaux dans les connaissances à enseigner en géométrie, même si les derniers insistent fortement sur la nécessité de proposer à l'élève de véritables problèmes de recherche. Dans la liste des compétences relatives aux domaines de la perpendicularité et du parallélisme, on note une grande stabilité de 1980 à 1995 puisque celles-ci ne figurent qu'au travers de techniques de tracés dans la rubrique « Construire un objet géométrique ».

Les programmes de 2002

De manière générale, dans le domaine de la géométrie, ces programmes sont marqués par l'explicitation de connaissances. Ils précisent que les connaissances visées « ne sont pas formelles mais fonctionnelles, utiles pour résoudre des problèmes » ; ils insistent aussi sur le changement de statut des objets qui passent progressivement au cycle 3 d'un contrôle basé sur la perception à un contrôle par explicitation de propriétés et par le recours à des instruments.

La perpendicularité et le parallélisme sont cités parmi les relations donnant lieu à des connaissances à acquérir au cycle 3. Les angles, reportés au chapitre « Grandeurs et mesures », apparaissent à travers des activités de comparaison et de reproduction.

Les compétences devant être acquises en fin de cycle 3 font effectivement référence à la perpendicularité et au parallélisme, pour des activités de contrôle instrumenté, de tracés et pour le langage à maîtriser. Les documents d'accompagnement insistent sur la nécessaire mise en place « d'images mentales » relatives à ces concepts. De même, ils précisent que « les élèves doivent prendre conscience du fait que les longueurs des côtés n'ont aucune incidence sur le résultat de la comparaison des angles ».

Ces programmes se distinguent donc des précédents par une explicitation nette des connaissances et des compétences à faire acquérir aux élèves, ce qui permet de les préciser et de les limiter.

17. RATSIMBA-RAJOHN Harrisson la définit comme la donnée par l'enseignant « de tous les éléments et relations constitutifs de la notion visée » dans son mémoire de DEA : « Étude didactique de l'introduction ostensive des objets mathématiques », 1977.

Nos choix didactiques

Pour aborder la perpendicularité et le parallélisme, nous avons donc cherché à poser à l'élève de véritables problèmes spatiaux pour lesquels ils vont avoir recours à des objets spatiaux ou spatio-graphiques.

Nous utilisons ainsi successivement différents contextes de référence pour l'angle droit d'une part, pour le parallélisme d'autre part, de façon à construire les invariants de position spatiale de paires de traits déjà évoqués.

L'introduction du vocabulaire ou le recours standardisé à des techniques de tracés n'interviennent qu'après avoir abordé plusieurs problèmes. Le recours à des formulations transitoires, telles que « traits penchés pareil », nous paraît indispensable. Elles sont alors internes à la classe et s'appuient fortement sur les contextes. C'est à cette condition que les explicitations de procédures, les validations peuvent faire l'objet de débats en classe.

Traditionnellement, l'utilisation des outils occupe une grande place dans les apprentissages relatifs à la perpendicularité et au parallélisme. Comme cela a été écrit par ailleurs[18], nous avons choisi de ne pas commencer par montrer à l'élève comment les utiliser. En effet, si l'usage de l'instrument n'est pas appréhendé comme étant un moyen pour mieux résoudre des problèmes (identifier, tracer…), le recours aux instruments peut se restreindre à une simple technique, sans véritable lien avec les propriétés du concept en construction chez l'élève. La boîte à outils est donc toujours disponible et c'est à l'élève de choisir l'outil qui lui semble approprié pour résoudre le problème qui lui est posé. Dans le domaine de la perpendicularité, elle contient l'équerre, la réquerre et la téquerre, des gabarits de type coins droits ou rectangles qui seront utilisés pour produire et juger de la perpendicularité. Un triangle rectangle et un réseau de droites parallèles, imprimés sur transparents, constituent des outils simples mais très appréciés des élèves dans les phases de jugements ; leur réversibilité et le fait que les traits se superposent directement aux traits construits expliquent cette facilité d'utilisation.

■ Les progressions

Les situations présentées au CE2 et au CM1 visent la construction des significations de chacun des deux concepts.

■ Angle droit et perpendicularité

Au CE2, la perpendicularité est abordée à partir de l'angle droit du rectangle, puis comme « quart de l'angle plein » ou « angle du quart de tour », ce qui permet aussi de mettre en évidence que « la grandeur d'un angle ne dépend pas de la longueur de ses côtés », et enfin par la perpendiculaire à une droite comme un axe de symétrie de celle-ci. Une synthèse des différentes techniques utilisées pour produire un angle droit est proposée ensuite.

---

18. Voir le chapitre 5 de la partie I : « Les instruments de la géométrie » (p. 66).

Au CM1, certaines de ces significations sont approfondies et visent à dépasser des procédures perceptives au profit de procédures instrumentées.

■ Parallélisme

Au CE2, les deux premières significations du parallélisme « droites penchées pareil par rapport à une direction donnée » et « côtés opposés d'une forme familière » peuvent être abordées indépendamment de l'approche de la perpendicularité.
Au CM1, la signification du parallélisme « droites d'écart constant » est appréhendée par le recours à la construction de l'écart par la perpendiculaire, ce qui suppose un travail préalable sur l'angle droit et la perpendicularité.
Les procédures visées évoluent donc du tracé de parallèles par glissement de la règle ou report de traits intermédiaires vers la mesure d'un écart selon une direction perpendiculaire à une droite. Le recours à la double perpendicularité pourra être appréhendé avant d'être approfondi au CM2 notamment dans le module sur les situations de synthèse.

■ Des situations de synthèse pour le CM2

Elles permettent d'associer différentes significations propres à chacune des relations mais aussi de mobiliser des propriétés relevant de la perpendicularité ou du parallélisme et d'une ou plusieurs autres relations (égalité de distance, symétrie).
Elles posent aussi des problèmes qui peuvent être résolus par le recours à des raisonnements s'appuyant sur des propriétés, dans des productions individuelles ou lors des phases de débat.

Progression et objectifs des situations sur le concept d'angle et le concept de perpendicularité

	Situations	Description rapide	Objectifs	Objets et relations	Durée
CE2	1. Rectangle à terminer 1	On utilise, de façon implicite la connaissance que les élèves ont, par la perception, de la relation de perpendicularité de deux côtés consécutifs d'un rectangle. Une partie d'un côté étant fournie, il s'agit de tracer le trait qui permet de compléter le « coin » du rectangle. Le problème est spatial ; il est résolu par des procédures s'appuyant sur la perception.	– Utiliser la connaissance du rectangle en tant qu'objet global pour identifier l'angle droit en isolant un de ses sommets. – Introduire une terminologie adaptée : « angle droit » . – Faire percevoir (sans l'institutionnaliser) qu'à chaque sommet d'un rectangle se trouve un angle droit.	Angle droit Perpendicularité (sans la nommer) de deux côtés consécutifs d'un rectangle	2 séances
CE2	2. Quatre droits pour un tour	Une forme étant donnée, l'élève doit la recouvrir entièrement, sans superpositions, en juxtaposant des coins dont les sommets sont placés sur un point au centre de la forme. Le problème principal consiste à construire le coin qui, reporté 4 fois, permet de recouvrir la forme entièrement.	– Percevoir que dans différentes représentations d'un même angle, seule l'ouverture est invariante et non la longueur des traits ou la surface. – Envisager un angle droit comme angle du quart de tour (ou quart de l'angle plein). – Construire un angle droit. – Fixer des éléments de vocabulaire : angle, report, « tour ».	Angle Égalité d'angles, comparaison d'angles Angle droit	3 séances
CE2	3. Trait sur trait	L'élève doit anticiper la position du pli passant par un point et permettant d'amener un trait sur un trait. L'angle droit apparaît ici dans un contexte de perpendicularité de droites. Il ne s'agit pas d'introduire la terminologie correspondante et aucune institutionnalisation de la perpendicularité n'est prévue.	– Identifier la nécessité d'un angle droit entre le trait et les droites permettant un pliage trait sur trait. – Repérer les angles droits dans cette configuration et constater que chaque intersection de traits « fabrique » quatre angles droits.	Angle droit Perpendicularité (sans la nommer) de deux traits dans un pliage trait sur trait.	2 séances
CE2	4. Construire un angle droit	Cette situation permet d'institutionnaliser à la fois le langage et la manipulation des différents instruments associés au concept d'angle droit approchés au cours des situations précédentes.	– Établir le lien entre les différentes significations de l'angle droit par une situation de construction et identifier l'angle droit dans différentes configurations. – Savoir utiliser correctement chacun des instruments : équerre, réquerre, téquerre, double pliage pour construire un angle droit. – Utiliser à bon escient l'expression « angle droit ».	Angle droit	1 séance
CE2	5. C'est d'équerre	Trois problèmes de réinvestissement qui peuvent s'utiliser en CE2 après les quatre situations précédentes ou en CM1 pour entrer dans le thème « Perpendicularité ».	– Utiliser les instruments relatifs à l'angle droit à bon escient. – Se constituer un champ d'expériences graphiques résultant de l'emploi d'un des outils cités. – Percevoir l'insuffisance du contrôle perceptif pour identifier des relations de perpendicularité ou construire des droites perpendiculaires.	Angle droit Angle « presque droit »	Activité d'entraînement
CM1	6. Rectangle à terminer 2	Dans le même contexte que « Rectangle à terminer 1 », mais cette fois le côté de l'angle droit à construire n'a plus d'extrémité commune avec le côté fourni.	– Aborder la relation de perpendicularité entre droites (traits, segments) en construisant un angle droit à partir de segments (traits) n'ayant pas d'extrémité commune. – Renforcer la nécessité du recours à l'instrument pour construire deux segments perpendiculaires et vérifier s'ils le sont effectivement. – Introduire la terminologie « droites perpendiculaires ».	Angle droit Segments perpendiculaires	2 séances

Progression et objectifs des situations sur le concept de parallélisme

	Situations	Description rapide	Objectifs	Objets et relations	Durée
CE2	1. Les feuilles qui coulissent	Il s'agit d'une situation d'approche du concept de parallélisme. L'élève doit construire une droite parallèle à une droite donnée. Le problème posé est un problème spatial. L'élève va le résoudre de manière perceptive, en utilisant le dispositif matériel, pour anticiper le résultat d'un mouvement de translation. La connaissance du vocabulaire du registre géométrique (droites parallèles, angle…) n'est pas un pré-requis.	– Établir la relation entre une action – le glissement sans tourner d'un trait droit – et le tracé d'un trait parallèle au trait donné. – Fabriquer un réseau de droites parallèles (« penchées pareil » !).	Traits parallèles	2 séances
CE2	2. Trapèze à terminer	Cette situation s'appuie sur les connaissances implicites des élèves sur le parallélisme des côtés opposés d'un trapèze familier (isocèle). La connaissance du vocabulaire du registre géométrique (parallèle, trapèze, côté…) et celle des instruments de tracés (réseau de droites parallèles, équerre…) ne sont pas des pré-requis !	– Identifier le parallélisme de deux des côtés d'une forme familière. – Percevoir l'insuffisance des procédures au jugé ou utilisant un glissement. – Introduire le mot « parallèle ».	Segments parallèles Trapèze	1 séance
CM1	3. Sur la trace des roues	Cette situation mobilise une autre signification du parallélisme : « l'écart constant entre deux droites ». Le contexte (les traces des roues d'un camion) permet d'approcher une technique de tracé du parallélisme.	– Identifier perceptivement deux droites parallèles et associer cette relation de parallélisme à un écart constant. – Faire apparaître l'écart constant entre deux droites, associé à la perpendicularité, comme un outil pour reconnaître deux droites parallèles. – Faire apparaître l'écart constant entre deux droites, associé à la perpendicularité, comme un outil pour tracer une droite parallèle à une autre.		1 séance
CM1	4. Parapuzzle	Les élèves ont à reconstituer un réseau de droites parallèles à partir de l'une d'entre elles ; le réseau se répartit sur les deux ou trois pièces d'un puzzle. Les informations nécessaires sont disponibles sur une partie du réseau, située à proximité dans les premières phases puis mise à distance.	– Identifier perceptivement la relation de parallélisme comme caractéristique d'un réseau de droites. – Faire apparaître les limites d'un tracé de droites parallèles au jugé, selon une procédure relevant du glissement sans tourner ou une procédure relevant de l'écart constant entre deux droites. – Expliciter des procédés de tracé de droites parallèles. – Approcher la caractérisation « droites perpendiculaires à une même droite » d'une famille de droites parallèles.	Rectangle Perpendicularité Parallélisme Égalité de longueurs	1 séance

Progression et objectifs des situations de synthèse

	Situations	Description rapide	Objectifs	Objets et relations	Durée
CM1	**1. Construire un rectangle**	Les élèves doivent construire un rectangle à partir de certains de ses éléments. Aucune dimension n'est donnée de façon à centrer les élèves sur les propriétés géométriques, que ce soit pour le tracé ou dans les phases de validation.	– Expliciter des propriétés du rectangle. – Utiliser la technique du double pliage dans une tâche complexe. – Utiliser le compas comme instrument de report de longueur. – Mettre en œuvre différentes procédures de construction du rectangle.	Rectangle Perpendicularité Parallélisme Égalité de longueurs	2 séances
CM2	**2. En partant de la rotonde**	Dans une première phase, l'élève doit résoudre un problème « pratique » : placer les rails sur un disque représentant la plaque tournante des anciennes rotondes de gare. La modélisation est fournie par l'enseignant. Deux relations sont perceptivement explicites : le parallélisme et l'égalité de distance. Dans la seconde phase, il s'agit pour l'élève d'écrire des instructions de tracé correspondant à la tâche qui vient d'être réalisée et de les communiquer à un pair.	– Identifier perceptivement la relation de parallélisme comme « caractéristique » de paires de droites (traits). – Construire deux segments parallèles dont l'écart est déterminé par la distance de chacun à un point fixe. – Expliciter oralement des propriétés constatées, en termes géométriques conventionnels. – Écrire un « texte géométrique » correspondant à un protocole finalisé. – Exécuter un tracé donné par une suite d'instructions.	Cercle, corde, diamètre, rayon Parallélisme Distance d'un point à une droite	3 séances
	3. Un polygone et ses angles	Les élèves doivent reconnaître certaines figures (triangles et quadrilatères) par leur nature, les dimensions de leurs côtés et leurs angles. Cette situation suppose comme préalable que les élèves sachent reconnaître et décrire sans trop de difficultés les triangles et quadrilatères usuels.	– Savoir que la donnée des longueurs des côtés ne suffit pas toujours à déterminer un polygone. – Passer de la seule mesure des côtés à l'utilisation des angles pour reconnaître un polygone. – Utiliser un gabarit d'angle.	Angles Triangles, quadrilatères	3 séances
	4. Triangles, quadrilatères et angles droits	Cette situation est bâtie autour de deux problèmes simples dans leur énoncé : Est-il possible de construire un triangle à deux angles droits ? Est–il possible de construire un quadrilatère à trois angles droits ? Leur résolution nécessite une argumentation fondée soit sur des propriétés, soit sur des schémas.	– Résoudre un problème d'existence. – Faire produire des arguments sous forme de schémas pour justifier une non-existence. – Faire produire des arguments sous forme de théorèmes en acte se référant à des théorèmes (deux droites perpendiculaires à une même troisième sont parallèles) ou à des définitions (deux droites sont parallèles si elles ne se coupent pas).	Angle droit Parallélisme Triangles, quadrilatères	2 séances
	5. Bords de bandes	Il s'agit d'un ensemble de problèmes autour de la question de la distance d'un point à une droite. Il s'agit d'appréhender cette question au CM2 dans la perspective du collège, sans viser aucune véritable institutionnalisation.	– Percevoir que les points situés à une distance donnée d'une droite sont situés sur deux droites parallèles à la droite donnée, symétriques par rapport à celle-ci. – Approcher la distance d'un point à une droite. – Approcher la construction du parallélisme par double perpendicularité.	Distance d'un point à une droite Droites parallèles	2 séances

▪ Angle et perpendicularité

Au CE2, les premières situations sur la perpendicularité abordent l'angle droit comme « angle du coin d'un rectangle » (« Rectangle à terminer 1 »), puis comme « quart de l'angle plein » ou « angle du quart de tour » (« Quatre droits pour un plein »), ce qui permet aussi une approche du concept d'angle, en particulier de la propriété : « La grandeur d'un angle ne dépend pas de la longueur de ses côtés », et enfin par la perpendiculaire à une droite comme un axe de symétrie de celle-ci (« Trait sur trait »). Ces trois situations sont relativement indépendantes entre elles. Elles permettent d'approcher l'angle droit dans des contextes de référence variés, faisant appel à différentes significations de la perpendicularité. Elles précèdent la situation « Construire un angle droit » qui réalise une synthèse des différentes techniques utilisées pour produire un angle droit.
Au CM1, certaines de ces significations sont approfondies et visent à dépasser des procédures perceptives au profit de procédures instrumentées dans la situation « Rectangle à terminer 2 ».

1. Rectangle à terminer 1 (CE2)

> DESCRIPTION RAPIDE

Les rectangles sont des objets très familiers de l'espace environnant. Nous faisons l'hypothèse que les élèves ont, par la perception, une connaissance implicite des relations portant sur les côtés (parallélisme, perpendicularité, égalité de longueurs).
Notre objectif est de mobiliser certaines de ces connaissances pour résoudre des problèmes.
Dans cette situation, c'est la relation de perpendicularité de deux côtés consécutifs qui sera utilisée mais de **façon implicite**. Il s'agit d'un problème spatial, posé dans l'espace de la feuille de papier. L'élève va le résoudre de manière perceptive, en mobilisant des images mentales.
Il s'agit d'une situation d'approche du concept de perpendicularité. La connaissance du vocabulaire du registre géométrique (perpendiculaire, angle droit) et celle des instruments de tracés ne sont donc pas des pré-requis.

Cette situation peut être reprise l'année suivante comme situation d'entrée sur le thème de la perpendicularité. Un additif correspondant à cette utilisation est présenté à la fin de cette situation.

> DURÉE

Une séance de 1 h 30 ou deux séances de 45 minutes.

> PROBLÈME

Construire de manière perceptive le coin d'un rectangle, un des deux côtés de ce coin étant donné.

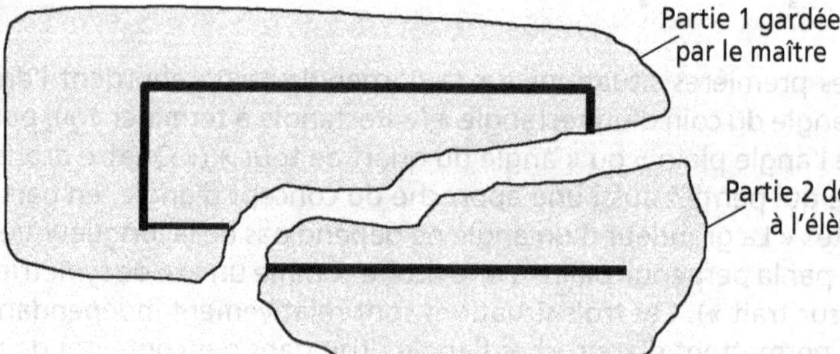

> OBJECTIFS

– Utiliser la connaissance du rectangle en tant qu'objet global pour identifier l'angle droit en isolant un de ses sommets.
– Introduire une terminologie adaptée : « angle droit ».
– Faire percevoir (sans l'institutionnaliser) qu'à chaque sommet d'un rectangle se trouve un angle droit.

> MATÉRIEL

– Un **rectangle référence** Rr (fiche 1) à reproduire sur une feuille de papier calque A3 découpée suivant des bords non rectilignes pour la classe ; il est le même pour les trois phases de la situation.
– La boîte à outils pour la géométrie pour chaque binôme.
– Un feutre assez épais de façon à atténuer les problèmes de précision lors de la validation.
– **Trois rectangles à terminer** de mêmes dimensions (fiches 2, 3 et 4) par équipe, à reproduire sur une feuille A3 dont les bords seront découpés suivant des lignes courbes (comme indiqué dans le dessin ci-dessus) : R1 pour la phase 1, R2 pour la phase 2, R3 pour la phase 3 comme décrits ensuite (sans les lettres !)… Bien s'assurer que, suite aux photocopies, le rectangle référence et le rectangle à terminer restent superposables.

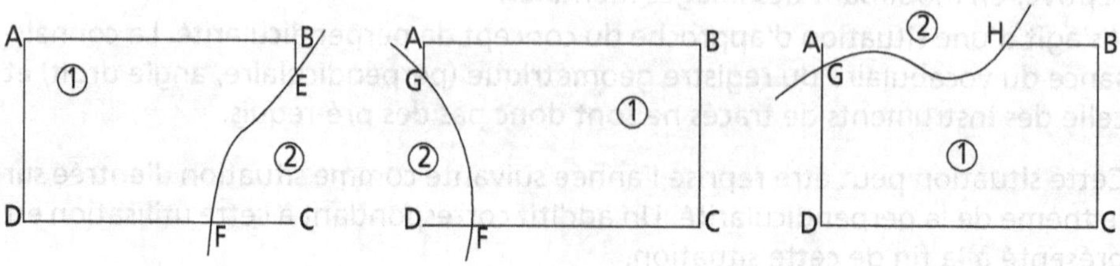

Rectangle R1 Rectangle R2 Rectangle R3

Sur les fiches, les lignes de découpage ne sont pas tracées pour éviter des contraintes lors de celui-ci ! Seuls un point du côté fourni et l'extrémité de la partie tracée du côté à terminer sont à respecter rigoureusement pour le découpage.
Les lettres ne sont données qu'à titre indicatif pour faciliter la compréhension. En aucun cas, l'élève ne doit avoir de lettres !
Les parties 1 sont conservées par le maître et les parties 2 sont les feuilles de travail des élèves.
Ne pas oublier de supprimer les titres des fiches avant de les reproduire pour éviter toute orientation induite de la feuille...

> PROCÉDURES OBSERVÉES

Procédure 1 : dessin du côté, en référence à la forme globale, **sans mettre en jeu la perpendicularité**.
Procédure 2 : dessin du côté à terminer **avec utilisation perceptive** de la perpendicularité.
Procédure 3 : dessin du côté à terminer **avec utilisation instrumentée** de la perpendicularité, par le moyen de la **règle transparente graduée**, positionnée de façon à ce qu'une graduation coïncide avec le côté donné.
Procédure 4 : dessin du côté à terminer **avec utilisation instrumentée** de la perpendicularité, par le moyen d'un **rectangle de référence** (celui de la boîte à outils ou un autre disponible dans la classe : affiche, boîte...).
Procédure 5 : dessin du côté à terminer **avec utilisation instrumentée** de la perpendicularité par le moyen de l'**équerre** ou d'un instrument faisant office de référence pour l'angle droit.

DÉROULEMENT

■ Première phase
Tracer le deuxième côté du coin découpé

Attention : aucune lettre ne figure sur les dessins fournis aux élèves ; elles ne sont utilisées que pour faciliter la présentation du matériel dans cette fiche de préparation !
L'élève ne dispose que de la partie 2 du rectangle R1 (fiche 2). Il ne connaît donc qu'un point du segment CE ; il est nécessaire de préciser que ce point C est bien l'extrémité du côté fourni.
La distance FC est grande pour fournir à l'élève un support visuel suffisant pour faciliter son tracé.
Les instruments de la boîte à outils sont tous disponibles.
Ce sont les procédures 2 et 3 qui sont visées dans cette phase même s'il est vraisemblable que, dans un premier temps, les élèves auront recours à la procédure 1.

☐ Étape 1 : mise en place et communication du problème

Les élèves travaillent par deux. Chaque équipe est désignée par une lettre A, B, C...
Sur les rectangles à terminer R1 est écrit le nom des équipes A, B, C... au recto sur le bord de la feuille sur chacune des deux parties mais ils ne sont pas distribués aux élèves.

« Voici le dessin d'un rectangle. » Le maître montre Rr. « Je le fixe ici, au tableau. »

Le maître le fixe au tableau dans une position quelconque, ses côtés ne sont pas parallèles au bord du tableau.

« Est-ce que vous voyez d'autres rectangles dans la classe ? »

Il s'agit là de faire identifier rapidement quelques rectangles dans l'environnement immédiat de façon à solliciter les images mentales correspondant à cette forme. On veillera à avoir des exemples dans le méso-espace (tableau, fenêtre…) et dans le micro-espace (livre, feuille de papier, rectangle de la boîte à outils…). Les validations seront basées sur la perception. On recherchera l'accord général des élèves. On n'hésitera pas à dire que l'on ne peut pas encore répondre dans certains cas comme « le dessus de la brosse du tableau » (dont les coins sont arrondis), ou les dalles carrées du sol…

Puis le maître montre R1 en disant : « On a commencé à reproduire le rectangle affiché sur cette feuille. Ce côté *(il suit CD du doigt sur le rectangle référence puis sur le rectangle à terminer)* est déjà dessiné. Il reste ce côté à terminer *(il montre CE).* »

Le maître découpe au vu de tous ce rectangle suivant la ligne FE. « Je découpe comme ceci. Voici la partie 1 *(elle est numérotée alors 1 au dos)* ; voici la partie 2 *(elle est numérotée 2 au dos).* »

Le maître fixe au tableau les deux parties avec des aimants, en faisant en sorte que les côtés ne soient pas en position horizontale ou verticale.

Les autres rectangles ayant été découpés auparavant par le maître pour gagner du temps, leurs parties 2 sont présentées aux élèves : « J'ai fait la même chose pour d'autres rectangles à terminer », puis elles sont distribuées : « Voici le dessin à terminer de l'équipe A, voici le dessin à terminer de l'équipe B… »

Le maître met de côté les parties 1 et pose ensuite la question : « Que faut-il faire ? »

Si la réponse attendue n'apparaît pas, il formule le problème : « Il faut terminer le dessin du dernier côté ! Attention, vous devez utiliser votre feutre ! »

☐ Étape 2 : recherche et tracé

Cette étape est très rapide en général. Il est important que chaque binôme ait cependant le temps d'effectuer son tracé.

☐ Étape 3 : bilan

Il est vraisemblable qu'il y aura des erreurs… notamment quand les tracés seront effectués uniquement au jugé. Elles peuvent aussi être dues à une utilisation spontanée et mal maîtrisée des instruments.

Le maître affiche les productions correspondant aux parties 2 en demandant aux élèves de repérer les productions qui conviennent. Puis il passe en revue l'ensemble de celles-ci en demandant à leurs auteurs de se prononcer sur la leur en reconstituant le puzzle sous le contrôle de la classe.

On ne vise là que des réponses établies perceptivement du type « c'est bon ! », « c'est pas bon ! », « on ne peut pas dire, c'est presque bon ! »...
Dans cette première phase, la mise en commun sera rapide et conduite en termes de réussite ou non-réussite sur les productions. L'explicitation des procédures n'est pas un objectif de cette phase, de façon à permettre un retour rapide au problème. Certains élèves, dont l'erreur provient d'une mauvaise compréhension du problème, peuvent alors la rectifier en deuxième phase sans être influencés par les procédures des autres.

Deuxième phase
Reprise de la tâche avec un autre coin du rectangle et d'autres dimensions

On choisit de donner un nouveau rectangle (le rectangle R2, cf. fiche 3) de façon à approcher d'autres coins droits du rectangle et l'invariant que constitue la perpendicularité de deux côtés consécutifs.
Le côté fourni à l'élève est plus petit de façon à perturber les procédures au jugé qui ont besoin d'un support visuel plus important.
Le côté à tracer reste long de façon à amplifier les erreurs dues à une absence de prise en compte de la relation de perpendicularité.
Les procédures 3, 4 et 5 sont les procédures visées ; on ne les obtiendra pas forcément !

Étapes 1 et 2 : communication du problème, recherche et tracé

Elles sont identiques aux étapes 1 et 2 de la première phase.

Le fait d'avoir constaté (éventuellement implicitement) lors de la première phase que la solution correspond à une direction particulière va accentuer le recours aux procédures basées sur la relation de perpendicularité. Des procédures instrumentées devraient apparaître.

Étape 3 : bilan

Les parties 1 sont affichées au tableau dans des positions aléatoires. Puis le maître affiche toutes les parties 2 dans une autre partie du tableau pour conduire une analyse anticipée. Il demande à différents élèves de venir mettre de côté toutes les productions qui ne conviennent pas.

La mise en commun reste centrée sur la détermination « réussi/non réussi ». Cependant comme il s'agit d'une reprise, le contrôle de la classe et les désaccords sur les productions litigieuses devraient amener un débat et une argumentation basée sur les procédures utilisées. L'explicitation de toutes les procédures et des réussites ou non-réussites associées n'est pas un objectif de cette phase.
Il est important de maintenir l'exigence de tri des productions avant validation avec la partie 1 pour faire émerger l'idée d'un outil auxiliaire, qui n'est explicitée que si des élèves le suggèrent.

Troisième phase
Reprise de la tâche avec un nouveau coin du rectangle

La conduite de la phase 3 est identique à celle de la phase 2. On utilise cette fois le rectangle R3 (fiche 4).

Comme précédemment, la mise en commun a simplement pour objectif de distinguer les productions qui correspondent à un tracé réussi et les autres. L'explicitation des procédures de construction n'est pas un objectif, mais elle peut apparaître dans le débat concernant la validation.

Ce débat devrait faire ressortir que :
– on ne peut placer le côté sans précaution : c'est une position particulière du côté (direction) que l'on cherche ; c'est celle qui est donnée par le coin d'une feuille « de forme rectangle »… ou bien par le « coin droit » d'une autre feuille (comme la forme « trapèze rectangle » de la boîte à outils par exemple)… ;
– la règle graduée bien positionnée (une graduation coïncidant avec le côté donné) aide au tracé du bon segment.

La validation effective permet de revenir sur le tri fait par anticipation et pourra éventuellement permettre de faire le lien entre procédures utilisées et validité de la production.

Il se peut que le maître soit confronté à des procédures instrumentées avec une utilisation non conventionnelle de l'instrument. Il doit alors laisser faire puisque l'utilisation adéquate des instruments n'est pas un objectif de la situation. Cependant, dans ce cas, il veillera à ce que les explicitations de procédures contiennent non seulement l'instrument mais la manière de l'utiliser, de le positionner en s'appuyant sur le geste sans valoriser les utilisations conventionnelles (« l'équerre placée ainsi ne permet pas de trouver la solution » est préférable à « l'équerre ne permet pas de trouver la solution » !!!).

Quelle institutionnalisation ?

À l'aide de productions valides et de productions invalides, le maître peut faire identifier l'angle droit ainsi construit, notamment en provoquant des superpositions du rectangle témoin Rr sur les différentes pièces obtenues, ou des superpositions, observées par transparence, de ces différentes pièces entre elles. Il pourra aussi faire découper « ces coins de rectangles » dans les parties 2 de R1, R2 ou R3 pour les productions valides. Ils constitueront un nouvel outil dans la boîte.

Il pourra alors préciser : **« Le "coin" de rectangle ainsi obtenu s'appelle un "angle droit". »**

Le fait d'introduire ou d'employer la terminologie conventionnelle ne correspond pas à une institutionnalisation du concept. C'est, pour le moment, uniquement une désignation d'un objet en cours d'apprentissage. Cette désignation facilite simplement la communication dans la classe.
Si, au cours de la situation, la classe s'est mise d'accord sur un langage partagé qui convient, comme « coin droit », l'introduction de l'expression « angle droit » peut très bien être reportée à une des situations suivantes. Le terme « perpendiculaire » est exclu pour le moment.

L'institutionnalisation du concept d'angle droit s'effectuera au cours de la situation « Construire un angle droit », après avoir abordé ce concept dans deux autres contextes.

À l'issue de cette mise en commun, il serait intéressant de produire une affiche qui évoque le contexte en mettant en évidence l'objet « angle droit » construit : un rectangle à terminer avec en dessous les deux pièces du puzzle (partie 1 et coin droit construit à cet effet par exemple).
Une réduction de cette affiche peut constituer la trace écrite du cahier.

Il se peut que le maître soit confronté à une remarque du type : « Dans un rectangle, il y a quatre angles droits. » Dans ce cas, il amènera les élèves à constater qu'on peut effectivement recouvrir exactement chaque coin d'un rectangle par un coin droit précédemment fabriqué. Cette propriété n'est pas un objectif de cette situation. Elle peut rester implicite et faire l'objet d'un théorème en acte : « Dès que j'ai identifié un rectangle, je peux me servir de n'importe lequel de ses coins pour construire un angle droit. »

Une « chasse aux angles droits » peut alors être organisée dans l'environnement immédiat avec réinvestissement d'un angle droit fabriqué pour la vérification.

Additif : reprise de cette situation pour revenir sur le thème de la perpendicularité en CM1

Il se peut que les élèves reconnaissent la situation travaillée en CE2 ; le maître leur expliquera alors que le contexte est effectivement le même mais qu'ils connaissent maintenant beaucoup plus de choses sur les rectangles et que le travail ne sera pas le même.

> Durée

Une séance d'une heure.

> Problème

Le problème est toujours le même : il s'agit de compléter un rectangle en reconstituant un de ses « coins ».
Il prépare ainsi la situation « Rectangle à terminer 2 » dans laquelle il s'agira encore de compléter un rectangle mais le trait fourni et le trait à tracer n'auront pas d'extrémité commune.

> Objectifs

- Retrouver la caractéristique « angle droit » d'un « coin » de rectangle.
- Utiliser la terminologie « angle droit ».
- Utiliser les instruments pour construire un angle droit ou pour vérifier qu'un angle est droit.
- Expliciter la propriété : « Un rectangle a quatre angles droits. »

> Matériel

Le même qu'en CE2.

DÉROULEMENT

■ Première phase
Appropriation du problème

Le maître présente le dispositif en interaction avec les élèves : le rectangle de référence, le rectangle à terminer, le découpage en deux parties, et explicite le problème posé.

Il distribue ensuite les parties 2, chacune étant marquée de la lettre correspondant à la désignation de l'équipe. Les élèves travaillent par deux avec un feutre épais.

La première réalisation, utilisant le rectangle R1 (fiche 2), ne doit pas poser de problème en termes de tracé.

Au cours de deux expérimentations avec des classes dans lesquelles la plupart des élèves avaient travaillé sur la situation en CE2, nous avons constaté une majorité de procédures 3 (dessin du côté à terminer avec utilisation instrumentée de la perpendicularité, par le moyen de la règle transparente graduée, positionnée de façon à ce qu'une graduation coïncide avec le côté donné).

Ce sont pourtant les procédures 4 (dessin du côté à terminer avec utilisation instrumentée de la perpendicularité, par le moyen d'un rectangle de référence ou d'un gabarit d'angle droit) ou les procédures 5 (dessin du côté à terminer avec utilisation instrumentée de la perpendicularité par le moyen de l'équerre, de la réquerre ou de la téquerre) qui sont visées dans cette situation.

Bilan

Contrairement à la version pour le CE2, il faut cette fois que la validation pratique soit retardée au maximum, voire rendue inutile par un débat autour de la nécessité de tracer un angle droit.

Le maître n'affiche donc pas les parties 1 mais uniquement les parties 2 dans une orientation aléatoire.

Il demande aux élèves de tracer trois colonnes sur leur cahier de brouillon avec les intitulés « bon – pas bon – je ne sais pas », et de répartir les productions dans chacune de ces colonnes (travail à deux).

Il organise ensuite un classement collectif analogue à partir de l'avis des élèves. On vise un premier tri rapide permettant une reconnaissance perceptive des productions nettement erronées.

Puis une discussion va s'engager sur certaines productions et on attend là une argumentation s'appuyant sur l'usage des instruments et des explications en terme d'angle droit. Un échange sur divers instruments possibles peut être organisé s'il n'apparaît pas spontanément.

La validation pratique n'est alors plus vraiment une nécessité. Si des élèves en ressentent effectivement le besoin, elle sera alors effectuée rapidement pour leur production.

Dans les classes observées, c'est à ce moment-là que les équerres sont effectivement sorties et ont été reconnues comme instrument pertinent par pratiquement tous les élèves. La terminologie « angle droit » a aussi été largement utilisée.

Lors d'une observation, la plupart des productions ont été classées à juste titre dans la colonne « je ne sais pas » et les élèves s'en contentaient. Pour orienter les échanges sur l'usage d'instruments, la maîtresse a reconnu la validité des réponses et a prolongé son problème en demandant de trancher pour toutes les productions de cette colonne et de choisir pour chacune entre « bon » et « pas bon ». Le recours aux instruments s'est imposé et largement diffusé.

Deuxième phase
Reprise du problème

Si le bilan de la première phase a montré que pour une majorité d'élèves, l'angle droit et les instruments ne sont pas vraiment disponibles, cette phase est conduite comme la précédente.

Sinon, le déroulement est le suivant.
Le maître propose à nouveau le problème en utilisant le rectangle R2 (fiche 3). Les élèves travaillent individuellement. Un rectangle R2 et une partie 1 de ce rectangle sont affichés au tableau, chaque élève reçoit une partie 2.
La mise en commun de la première phase ayant permis de mettre en évidence l'angle droit comme outil de résolution de ce problème, on devrait voir davantage de procédures instrumentées correctes (procédures 4 et 5).

Pour la validation, on demande aux élèves d'échanger leur production avec celle de leur voisin. Le correcteur note « bon », « pas bon » ou « je ne sais pas » sur la production.

Bilan
Les cas de désaccord sont repris collectivement et tranchés par la classe. C'est l'occasion de se mettre d'accord sur des critères en matière de précision. En général, les élèves sont très exigeants de ce point de vue. Le fait de faire travailler les élèves avec un feutre épais permet une certaine tolérance.

Troisième phase
Un rectangle a quatre angles droits

Le maître affiche au tableau :
- le rectangle de référence ;
- les rectangles R1 et R2 avec, au-dessous de chacun, le rectangle reconstitué avec une partie 1 et une production d'élèves ;
- le rectangle R3 (fiche 4), avec, au-dessous, sa partie 1 et la partie 2 non complétée.

Il fait observer cet affichage aux élèves, puis leur demande de noter sur leur cahier de brouillon une phrase décrivant ce qui leur paraît le plus remarquable. Le maître regarde rapidement ce qu'ils ont écrit puis sollicite quelques élèves pour lire leur phrase.

On prendra en compte les réponses de type descriptif mais ce sont les réponses autour de l'angle droit qui sont visées :
- « Pour terminer le coin d'un rectangle, il faut tracer un angle droit » ;

– « Pour tracer un angle droit, je peux utiliser l'équerre… » ;
– « Un rectangle a quatre angles droits ».

La trace écrite peut reprendre celle du CE2 et on peut y ajouter un rectangle sur lequel les élèves marqueront les quatre angles droits ; c'est l'occasion de revenir sur le codage ou de l'introduire.
On pourra aussi faire écrire la propriété : « Un rectangle a quatre angles droits. »

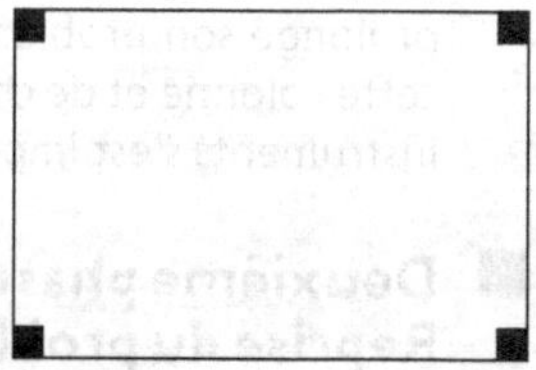

■ Quatrième phase
Accompagnement

Le maître peut proposer le même problème avec le rectangle R3 qui a été présenté en phase 3 en demandant cette fois un travail au crayon. La validation s'effectue comme dans la phase 2.
Il peut aussi utiliser en activités indépendantes les exercices présentés dans « C'est d'équerre ! ».

2. Quatre droits pour un tour (CE2)

> DESCRIPTION RAPIDE

Cette situation permet d'aborder une nouvelle signification de l'angle droit : le quart de l'angle plein ou l'angle du quart de tour. Elle se place en CE2, après la situation « Rectangle à terminer 1 ».

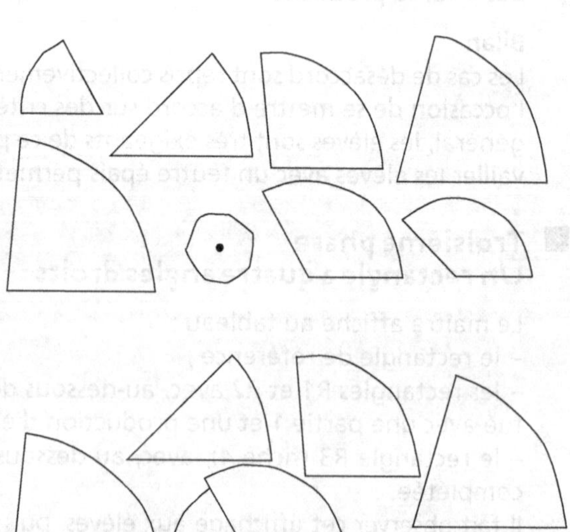

L'élève dispose d'une feuille, sur laquelle figure une tache avec un gros point au centre, et de coins correspondant à divers angles.

L'élève essaie de recouvrir complètement la tache en plaçant côte à côte des coins, leurs sommets se juxtaposant sur le point au centre de la tache.

> DURÉE

Trois séances de 45 minutes (première phase), 30 minutes (deuxième phase) et 45 minutes (troisième phase).

> PROBLÈME

Cette situation comporte trois phases :

– une phase d'appropriation collective où, pour essayer de recouvrir la tache, les élèves doivent d'abord proposer des coins différents, puis un seul coin à reporter plusieurs fois ; le problème mathématique sous-jacent est alors : « Déterminer une famille d'angles dont la somme est l'angle plein » puis : « Déterminer un angle avec lequel le tour complet peut être réalisé » ;

– une phase individuelle où chaque élève dispose d'un coin (un de 60°, puis un proche de l'angle droit) et doit essayer de recouvrir la tache en le reportant plusieurs fois ;

– une phase individuelle où l'élève doit construire un gabarit d'un coin pour qu'en le reportant quatre fois, il recouvre la tache. Il s'agit donc de : « Construire l'angle du quart de tour. »

> OBJECTIFS

– Envisager un angle droit comme angle du quart de tour (ou quart de l'angle plein).
– Reporter un angle.
– Construire un angle droit.
– Percevoir que dans différentes représentations d'un même angle, seule l'ouverture est invariante et non la longueur des traits ou la surface correspondante.
– Fixer des éléments de vocabulaire : angle, report, « tour » (ou « tour complet »).

> VARIABLES ET CHOIX

Longueurs des côtés et surface des coins

Pour travailler sur l'indépendance de l'angle par rapport à la longueur des côtés ou à la surface des coins, nous faisons varier les longueurs des côtés pour un même angle. De plus, pour éviter les confusions entre angle et triangle, le « troisième bord » de chaque coin est un bord « non droit ».

Angles des coins

Dans la première phase, ils doivent rendre possible plusieurs décompositions additives de 360°. Pour recouvrir la tache en plusieurs reports, un diviseur de 360° doit être présent. L'angle droit visé ne fait pas partie des coins donnés, mais pour approcher le quart de tour, des angles voisins de 90° figurent dans le lot.

Nombre de coins correspondant à un angle donné

Pour que l'élève place côte à côte les coins, il faut lui en fournir suffisamment. Pour qu'il utilise un coin comme un gabarit représentant un unique angle qu'il reporte en dessinant ses traces successives, il faut lui en fournir en nombre insuffisant, éventuellement un seul. Pour faire progresser l'élève dans ses apprentissages, nous proposons, dans un premier temps de manipulation, de lui permettre de juxtaposer les coins puis, dans un second temps de recherche, de l'obliger à utiliser le coin comme gabarit.

Ces différents choix conduisent au stock suivant pour la classe :

Angles	60°	75°	85°	95°	115°
Nombre de coins	6	5	5	4	3

Remarques

Cela permet de nombreuses façons de décomposer 360°, par exemple : 60 x 6 ; 115 + 75 x 2 + 95 ; 115 + 75 + 85 x 2 ; 75 x 4 + 60 ; 95 x 3 + 75 ; 60 x 3 + 85 + 95… On trouvera, dans la fiche 1, les coins à découper pour la première phase (à agrandir pour le matériel collectif) et, dans la fiche 2, ceux qui correspondent au matériel individuel pour la deuxième phase.

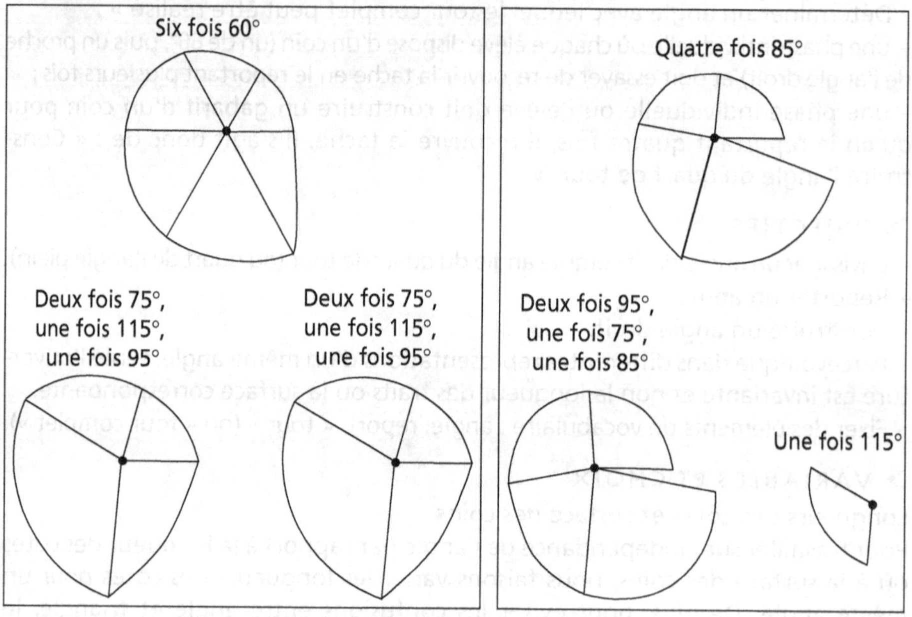

Fiche 1

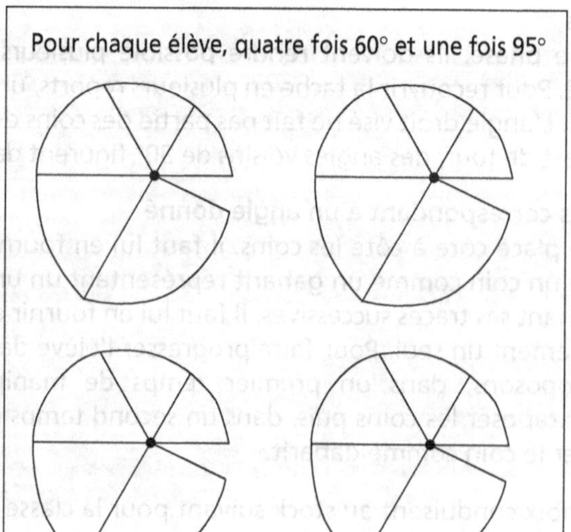

Fiche 2

DÉROULEMENT

Première phase
Placer des coins pour réaliser un tour complet

> MATÉRIEL

– Cinq enveloppes (nommées A, B, C, D et E) ; chacune correspond à un seul angle et contient plusieurs coins selon le nombre donné dans le tableau ci-dessus (pour les coins, voir la fiche 1 à agrandir trois fois de suite à 141 % et à découper ; l'enveloppe A contient les six coins de 60°, l'enveloppe B les cinq coins de 75°, etc.).
– Des aimants : deux par coin (dont un à placer près du sommet).

Ce matériel est commun à toute la classe. Le travail se fait collectivement et l'enseignant organise les échanges.

☐ Étape 1 : découvrir le matériel et l'activité

Les cinq enveloppes sont scotchées au tableau de façon à être visibles de tous les élèves.
L'enseignant sort de l'une tous les coins, les montre aux élèves. Il leur demande ce que c'est (réponses attendues : des coins, des angles), ce qu'ils remarquent (réponses attendues : les dimensions sont différentes mais ils ont la même ouverture ou le même angle). Il confirme cette remarque en superposant les coins par le sommet. Il remet les coins dans l'enveloppe sauf un coin qu'il aimante sur l'enveloppe.
Il sort un coin de chaque autre enveloppe et l'aimante de la même façon. On se met d'accord sur : « Dans chaque enveloppe, il y a des coins, avec le sommet marqué, tous de même ouverture, mais pas tous de mêmes dimensions. »
L'enseignant dessine au tableau, en commentant, une tache de couleur avec un gros point au centre.

☐ Étape 2 : cacher la tache avec n'importe quels coins

L'enseignant reformule d'abord le travail à effectuer : « Nous allons essayer de cacher la tache avec des coins. Mais lesquels ? Attention : ils ne doivent pas se superposer et il faut placer les sommets sur le point de la tache. »
Puis il précise l'organisation : « À tour de rôle, un élève va m'indiquer dans quelle enveloppe je vais prendre un coin. Je le placerai ensuite. »

L'enseignant fait intervenir les élèves et respecte leurs choix. Il se contente de choisir des coins de dimensions différentes dans les enveloppes désignées.
Il est probable que les choix des élèves seront aléatoires au début, puis plus réfléchis pour les deux derniers coins. Dans le but de faire anticiper les élèves et de créer un enjeu plus fort, l'enseignant, avant le choix des

deux derniers coins, demande à la classe de se prononcer : « Va-t-on réussir à cacher la tache ? »

Si le premier essai n'est pas réussi, l'enseignant provoque un échange sur les tactiques possibles (par exemple : un grand au début, puis plusieurs petits ; ou encore : on choisit le même et on ajuste le dernier). Il propose alors un second et dernier essai (en essayant d'appliquer une des tactiques).

☐ Étape 3 : faire le tour complet avec un même angle

L'enseignant indique : « Maintenant, nous allons essayer de prendre les coins d'une seule enveloppe. » L'enseignant montre celle qui contient les coins de 75 degrés et en sort un.

Deux élèves sont envoyés au tableau. L'un extrait les coins de l'enveloppe, le second place chaque coin correctement et met les aimants.

Après la pose du troisième coin, l'enseignant organise un vote.

« Avant de finir de placer les coins, je vous demande de prévoir si on va réussir. Quels sont ceux qui pensent que l'on va réussir ? Que l'on ne va pas réussir ? Qui ne savent pas ? ».

Il note les nombres correspondants. On termine la pose des coins.

Comme 75 x 4 = 300 et 75 x 5 = 375, l'écart est suffisamment important pour déclarer que l'on ne peut pas réussir avec ce coin.

Si cela n'est pas trop prématuré, on peut fixer progressivement le vocabulaire (les termes : angle, report et tour complet remplaçant respectivement coin, collage côte à côte et tache) en concluant par exemple : « En reportant plusieurs fois cet angle, on ne peut faire le tour complet. »

■ Deuxième phase
Reporter le même angle pour faire un tour

> MATÉRIEL

– Une feuille de format A5 par élève.

– Quatre coins de 60° et un coin de 95° par élève (fiche 2 pour les coins à découper ; une photocopie agrandie à 141 % permet de fournir le matériel pour quatre élèves).

– Une boîte à outils pour deux élèves : tous les outils habituels, sauf les gabarits d'angles.

Il s'agit d'un travail individuel, suivi d'une mise en commun.

☐ Étape 1 : essayer avec des coins de 60°

« Sur votre feuille, vous ferez une tache. Je vais vous distribuer quelques coins venant d'une même enveloppe. Je vous en donnerai quatre et vous ne devez travailler qu'avec ceux-là. Vous ne pouvez vous prêter des coins ! Comme auparavant, vous essaierez de dire si l'on peut cacher la tache avec les coins de l'enveloppe. Vous écrirez votre réponse sur la feuille. »

Après distribution des quatre coins à chaque élève, la recherche se déroule individuellement.

Mise en commun intermédiaire
Il est probable que des élèves n'utilisent que les quatre coins et s'arrêtent en déclarant que c'est impossible, sans avoir dessiné les coins manquants. L'enseignant provoque alors un échange : « Certains élèves ont-ils poursuivi ? Comment ? » Si aucun n'a dessiné des coins manquants, l'enseignant poursuit : « Essayez de trouver un moyen pour savoir si on pourrait recouvrir la tache avec d'autres coins de la même enveloppe. Attention, vous ne pouvez pas fabriquer d'autres coins ! »
La procédure visée consiste à utiliser l'un des coins fournis comme gabarit.

Mise en commun finale
Tous les élèves doivent constater très majoritairement que : « Avec six coins, on fait le tour. » L'enseignant écrit au tableau, en face de l'un des coins : « Avec six coins de ce type, on cache la tache », « En reportant six fois cet angle, on obtient le tour complet » ou « Le tour complet, c'est six fois cet angle ». On peut alors faire un dessin (voir plus loin la trace écrite).

Les échanges permettent d'aborder :
- la technique du report et la précision nécessaire ;
- le dessin de tout le gabarit ou seulement des deux côtés ;
- l'invariance de l'ouverture si l'on retourne le gabarit ou si l'on recoupe le bord arrondi.

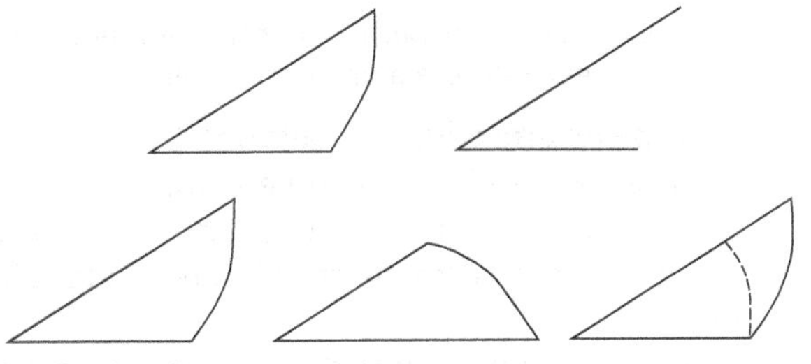

☐ Étape 2 : essayer avec un seul coin de 95°

« Comme précédemment, vous ferez une tache sur une feuille. Mais je vais vous distribuer un seul coin. Comme auparavant, vous essaierez de dire si l'on peut cacher la tache en reportant ce coin. »
Après distribution du coin à chaque élève, la recherche se déroule individuellement.

Mise en commun
Tous les élèves doivent constater que c'est impossible.
L'échange devrait aboutir à ce que l'enseignant écrive au tableau, en face de ce coin : « En reportant trois fois ce coin, c'est insuffisant ; avec quatre reports, c'est trop » ou « Un tour complet, ce n'est pas quatre fois cet angle ». On peut alors faire un dessin.

Troisième phase
Chercher l'angle qui, reporté quatre fois, permet de faire le tour

> MATÉRIEL

– Une feuille assez rigide et une feuille normale pour chaque élève.
– Une boîte à outils pour deux élèves : tous les outils habituels, sauf les gabarits d'angles.

Le travail est individuel, suivi d'une mise en commun, puis d'une institutionnalisation écrite.

☐ Étape 1 : rechercher l'angle

L'enseignant montre le coin de 95° : « Vous avez constaté qu'avec cet angle et trois reports, on ne pouvait faire un tour complet… Qu'allez-vous construire ? »
Après reformulation, on arrive à une consigne qui peut être rédigée sur une affiche : « Construisez et découpez sur la feuille rigide un angle qui, reporté quatre fois sur l'autre feuille, permettra de faire le tour complet. »

Le travail est individuel.

Les observations ont parfois montré peu de réussites (coins aigus en général). Un deuxième essai s'avère alors souhaitable.

Principales procédures observées
– Tracés perceptifs d'un angle aigu.
– Tracés perceptifs d'un angle droit (éventuellement en référence à un objet réel comme les quarts d'heures matérialisés par les aiguilles d'une horloge).
– Tracés instrumentés surtout avec l'équerre.

Mise en commun
L'enseignant fait d'abord s'exprimer les élèves n'ayant pas réussi : quels coins ont-ils construits ? trop grands ou trop petits ? comment les ont-ils construits ? Puis il passe aux élèves estimant avoir réussi.
On s'occupe d'abord de la forme des coins : on montre à la classe ou on affiche des exemplaires des coins construits. Il reprend des expressions comme coin droit ou angle droit introduites lors des situations précédentes.
On s'occupe ensuite des procédures de construction : comment les élèves ont-ils fait ? perceptivement ? avec une équerre ? avec une règle ?… L'enseignant fait souligner l'insuffisance du tâtonnement et l'efficacité de l'utilisation des instruments.

☐ Étape 2 : trace écrite

Une trace écrite peut conclure ces trois phases. Selon les progrès de la classe dans le vocabulaire, l'enseignant peut parler d'angles, de reports, de tour complet, d'angle droit. Il ne dessine donc plus les coins, mais des angles que les élèves peuvent colorier.

On peut par exemple aboutir à la synthèse suivante :

– On peut faire un tour complet en reportant plusieurs angles.

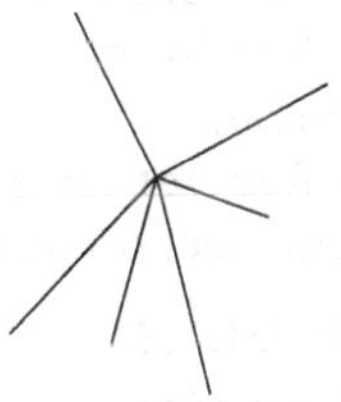

– On peut faire un tour complet en reportant quatre fois le même angle.

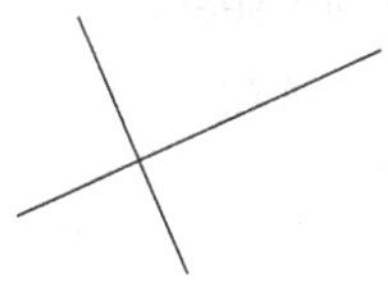

– Cet angle est un angle droit.
On peut le construire avec une équerre, une réquerre, une téquerre.

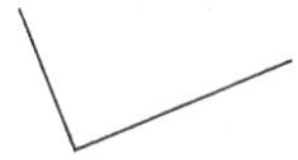

3. Trait sur trait (CE2)

> DESCRIPTION RAPIDE

Dans cette situation, le problème théorique posé est de **construire la perpendiculaire à une droite en un point de cette droite**. Pour l'élève, il s'agit de retrouver l'angle droit dans un troisième contexte après ceux des situations « Rectangle à terminer 1 » et « Quatre droits pour un tour ».

Il va devoir rechercher l'axe permettant d'anticiper le pliage d'une droite sur elle-même. C'est ce pliage que nous désignons par « pliage trait sur trait ». Il s'agit de plier la feuille de telle façon que les deux parties obtenues du trait en question se « superposent » comme dans les dessins ci-contre.

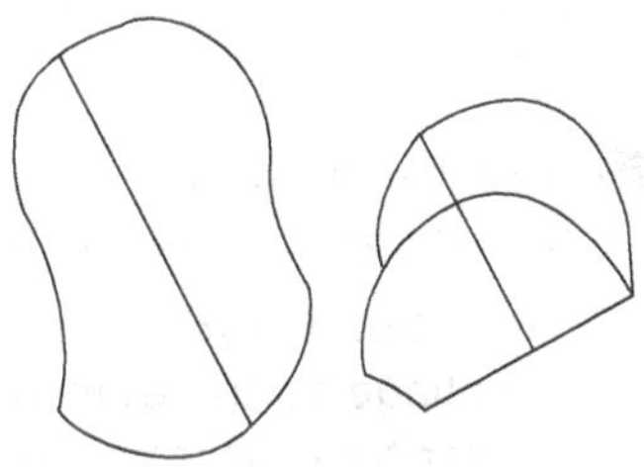

Après un temps de familiarisation avec ce pliage, les élèves doivent anticiper la position du pli passant par un point donné et permettant de réaliser un pliage trait sur trait.

Il s'agit donc de faire apparaître la perpendicularité comme outil de résolution de problème.
L'angle droit apparaît ici dans un contexte de perpendicularité de droites. Là encore, il ne s'agit pas d'introduire la terminologie correspondante et aucune institutionnalisation de la perpendicularité n'est prévue. Des connaissances relatives à l'angle droit (reconnaissance, tracé, instruments…) qui ont commencé à s'élaborer au cours des situations précédentes devraient réapparaître et permettre à l'élève de dépasser le cadre perceptif pour avancer vers la construction d'un invariant de position spatiale de deux traits.

> OBJECTIFS

– Renforcer l'équivalence entre plis et traits droits traversant la feuille.
– Identifier la nécessité d'un angle droit entre le trait et les droites permettant un pliage trait sur trait.
– Repérer les angles droits dans cette configuration et constater que chaque intersection de traits « fabrique » quatre angles droits.

> DURÉE

Deux séances d'une heure environ.

> MATÉRIEL

– La boîte à outils complète.
– Un gros feutre.
– Une feuille des plis : une feuille des plis est une feuille de format A4 découpée de manière irrégulière ; sur cette feuille, une droite est dessinée avec un gros feutre (figure 2).

Nous avons constaté que la position du trait initial de « travers » dans une feuille de type A4 (figure 1) entraîne de réelles difficultés pour l'anticipation du trait permettant le pliage trait sur trait chez la plupart des enfants. La perturbation créée par les directions des bords rectilignes et perpendiculaires de la feuille est alors très forte. C'est pourquoi le domaine proposé est quelconque, n'ayant pas de symétrie apparente (figure 2).

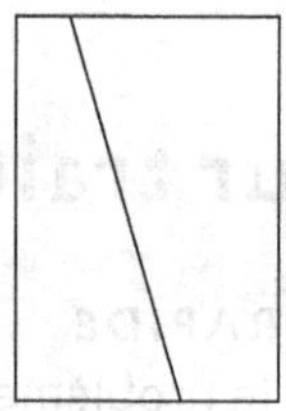

Figure 1

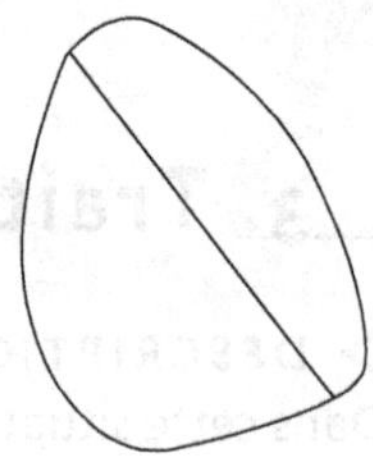

Figure 2

DÉROULEMENT

■ Première phase
Pour apprendre à plier (appropriation du problème)

Au début du cycle 3, les élèves ne sont pas encore très habiles pour réaliser un pliage selon des instructions. Dans cette phase, ils vont donc apprendre à plier trait sur trait puis à réaliser un tel pliage en un point donné du trait fourni.

> OBJECTIFS

– Familiariser l'élève avec les pliages trait sur trait, en un point quelconque ou en un point donné du trait.
– Donner du sens à l'expression « pliage trait sur trait ».

> MATÉRIEL

– La boîte à outils peut être retirée.
– Une feuille des plis par élève ; sur cette feuille, deux points désignés par les lettres A et B sont marqués sur le trait (fiche 1).

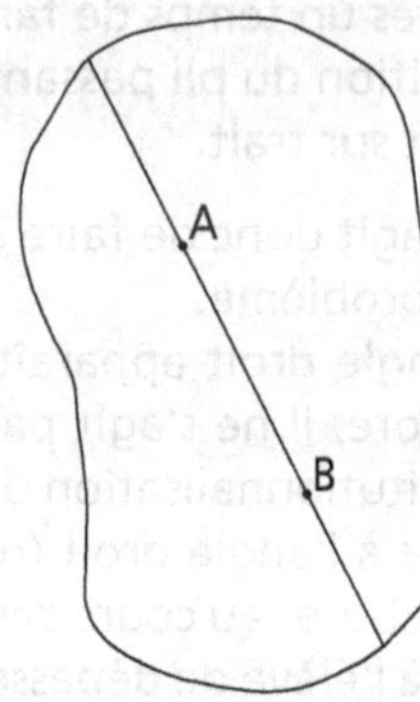

Fiche 1

La fiche 1 permet de donner une idée de la forme et des dimensions de la feuille des plis. Pour le maître, il peut être plus simple de tracer un trait en travers d'une feuille A4, marquer les deux points A et B, photocopier et découper ensuite sans respecter rigoureusement la forme de la fiche 1. Pour éviter les photocopies, le maître peut aussi tracer un trait et deux points A et B sur chaque feuille A4 (une par élève) et découper ensuite... ou bien donner des feuilles découpées aux élèves et leur demander de tracer trait et points... mais attention aux problèmes de tracés...

Les élèves sont rassemblés par groupes de quatre.

☐ Étape 1 : plier trait sur trait

L'enseignant donne à chaque élève sa feuille de plis et lui demande, en lui montrant comment procéder, de plier selon le trait : « Je plie la feuille de façon à amener le trait sur le trait ; faites deux plis de cette manière. »
Pour guider le pliage, on utilise le fait que le trait initial se devine à travers la feuille. On peut indifféremment plier de façon à ce que le trait soit à l'intérieur ou à l'extérieur.
Quand chaque élève a effectué ses deux plis, il peut échanger la feuille des plis avec son voisin qui vérifie si on obtient bien deux pliages trait sur trait. Si un pliage est jugé non conforme par les deux élèves, ils barrent le pli.

☐ Étape 2 : reprise

Le maître demande ensuite de faire le même type de pli que précédemment mais passant cette fois-ci par les points A et B puis de tracer l'intérieur des plis en couleur. Chaque élève échange ensuite sa production avec son voisin qui la valide. Cette fois, deux conditions sont à vérifier : il s'agit bien d'un pliage trait sur trait et le pli passe bien par le point marqué.
Les feuilles des plis validées sont du même type que celle représentée ci-contre.

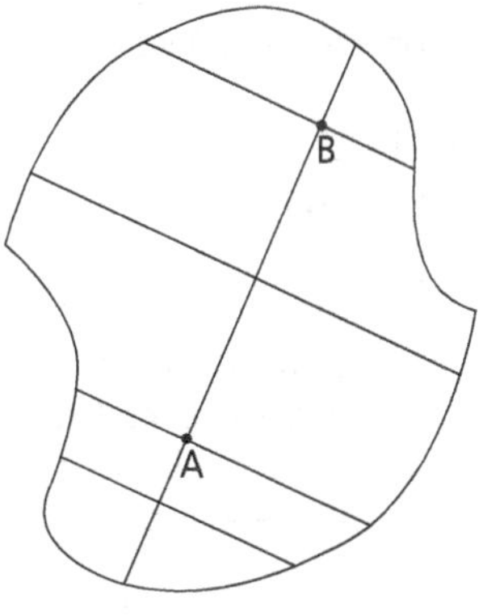

Deuxième phase
Anticipation du trait de pliage passant par un point

Dans cette phase, les élèves doivent anticiper la position du pli permettant un pliage trait sur trait et tracer le trait qui guidera le pliage avant de le réaliser effectivement le pliage.

> OBJECTIFS

– Percevoir que les droites permettant le pliage amenant trait sur trait ont une direction particulière, celle donnée par l'angle droit.
– Amener le tracé instrumenté : outils conventionnels ou fabriqués (rectangle/coin droit...) dans l'anticipation de cette direction.

> MATÉRIEL

– La boîte à outils complète.

– Un gros feutre.
– Une nouvelle feuille des plis avec un seul point marqué C (fiche 2).

> PROCÉDURES OBSERVÉES

Procédure 1 : trait tracé au jugé, très éloigné de la position perpendiculaire au trait initial.
Procédure 2 : trait « à peu près » perpendiculaire basé soit sur une perception de la perpendicularité issue des tracés antérieurs, soit sur une simulation du mouvement (avec la main ou la feuille non complètement pliée).
Procédure 3 : trait obtenu en utilisant un coin de feuille rectangulaire.
Procédure 4 : trait tracé à l'aide d'un instrument du type équerre, téquerre, réquerre, règle utilisée comme une réquerre…

☐ Étape 1 : recherche

Consigne

« Vous savez plier votre feuille trait sur trait en passant par le point C. Mais cette fois, avant de plier, vous devez prévoir par un trait au feutre l'emplacement du pli. Vous vérifierez ensuite si votre prévision est bonne en pliant la feuille. »
Le travail est individuel.
Toutes les procédures ci-dessus sont attendues ; les procédures 3 et 4 sont visées.

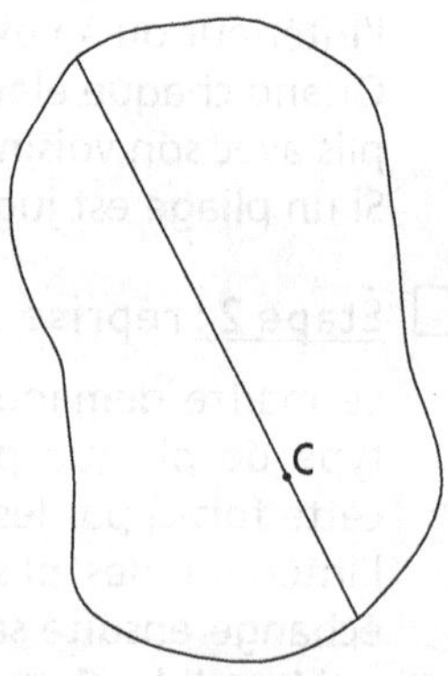

Fiche 2

☐ Étape 2 : vérification

Un premier temps de jugement est organisé par groupes de quatre. Les élèves examinent les quatre productions et doivent dire pour chacune si le pli du pliage trait sur trait va coïncider avec le trait qui vient d'être tracé au feutre.
Les élèves effectuent ensuite le pliage et déclarent leur production « réussie » si le trait au feutre est dans le pli, « pas réussie » sinon.
Le maître effectue un simple comptage des productions valides.

On s'attend à de nombreuses procédures au jugé. Aussi, vu la précision induite par le pliage trait sur trait, le nombre de réussites devrait être faible et légitimer la reprise de l'exercice.

■ Troisième phase
Nouveau pli

> OBJECTIFS

– Identifier qu'un trait coupant le trait donné à angle droit permet de réaliser un pliage trait sur trait.
– Abandonner le tracé au jugé pour un tracé instrumenté.
– Utiliser les instruments conventionnels.

> MATÉRIEL

– La boîte à outils complète.

– Un gros feutre.
– Une nouvelle feuille des plis sur laquelle figure un seul point noté D (fiche 2).
– Une fiche de jugement par élève (fiche 3). Pour limiter les photocopies, la fiche de jugement peut s'organiser sur une feuille vierge.

N° du dessin : Réussite : Pourquoi ?	N° du dessin : Réussite : Pourquoi ?
N° du dessin : Réussite : Pourquoi ?	N° du dessin : Réussite : Pourquoi ?

Fiche 3

☐ Étape 1 : recherche

Le maître numérote chaque feuille des plis puis en colle une sur chaque bureau de façon à éviter la position facilitante (le trait initial ne sera donc pas dans l'axe du champ de vision de l'élève assis). L'amorce du pliage ne peut alors être que mentale.
Dans un second temps, il peut laisser les élèves qui le souhaitent se déplacer de façon à favoriser l'identification de la direction cherchée. Il peut aussi empêcher ceux qui ont vu leur production validée dans la phase précédente de le faire de façon à favoriser le recours aux instruments.
Les consignes sont les mêmes que dans la deuxième phase.
La réalisation est individuelle. Chaque élève inscrit son nom sur sa feuille de pli de façon à permettre le repérage des différentes productions lors de la mise en commun.

☐ Étape 2 : validation

La validation se fait par groupes de quatre.
Chaque groupe va dire si le travail des quatre membres d'un autre groupe est réussi ou non. Pour cela, chaque groupe doit changer de place avec le groupe d'à côté.

Consigne
« Si vous jugez que le trait au feutre va se trouver dans le trait de pliage, vous écrivez le numéro du dessin et "Oui" au stylo sur la feuille de jugement. En revanche, si vous jugez que le trait au feutre va être à côté du trait de pliage, vous écrivez "Non". Si vous hésitez entre les deux réponses, vous pouvez écrire « Je ne sais pas ». Puis, dans chaque cas, vous écrivez ce qui vous a permis de dire "Oui", "Non" ou "Je ne sais pas". »

☐ Étape 3 : temps collectif d'argumentation

Quelques productions sont affichées au tableau.
Le maître choisit au moins :
– une production « correcte » ;
– une production non correcte que l'on peut invalider de manière perceptive ;
– une production non correcte pour laquelle il est difficile de se déterminer de manière perceptive.

Pour chacune des productions, chaque élève se prononce au jugé en disant « Oui », « Non » ou « Je ne sais pas », et écrit sa réponse au verso de sa feuille de jugement. On recense ensuite le nombre de réponses de chaque sorte. Puis un élève du groupe qui a jugé la production donne son avis et lit ce qu'il a écrit dans la rubrique « Pourquoi ? ». Les trois autres membres du groupe sont sollicités. Un débat s'installe pour que la classe se prononce.

Les arguments peuvent être basés :
- sur la perception (angles droits, « horizontale/verticale » par déplacement de la feuille) ;
- sur la simulation du mouvement réalisé lors du pliage (avec la main ou éventuellement avec un instrument comme la téquerre) ;
- sur l'utilisation d'instruments.

On peut alors passer à la validation effective par les auteurs pour les feuilles affichées puis pour toutes les feuilles.

Quatrième phase Juger sans plier

> OBJECTIFS

- Reconnaître des relations de perpendicularité.
- Réinvestir les moyens de validation explicités dans la troisième phase.

> MATÉRIEL

- La boîte à outils complète.
- Une fiche de productions par groupe de deux (fiche 4).
- Un agrandissement de la fiche 4 à afficher au tableau.
- Une fiche de jugement par groupe de deux (fiche 5).

Le travail s'organise par groupe de deux.

☐ Étape 1 : recherche

La fiche de productions (fiche 4) et la fiche de jugement (fiche 5) sont données à chaque groupe avec la consigne suivante :
« J'ai photocopié quatre feuilles de plis effectués dans une autre classe. Pour chaque trait fin, vous devez dire s'il coïncide avec le pli du pliage trait sur trait correspondant. Vous devez aussi écrire l'argument qui vous permet de décider. Les arguments et les jugements seront pris en compte pour déterminer les gagnants. »

☐ Étape 2 : discussion collective

Le maître affiche un agrandissement de chacun des quatre dessins au tableau.
Pour chaque dessin, un groupe vient au tableau, donne son jugement et ses arguments.

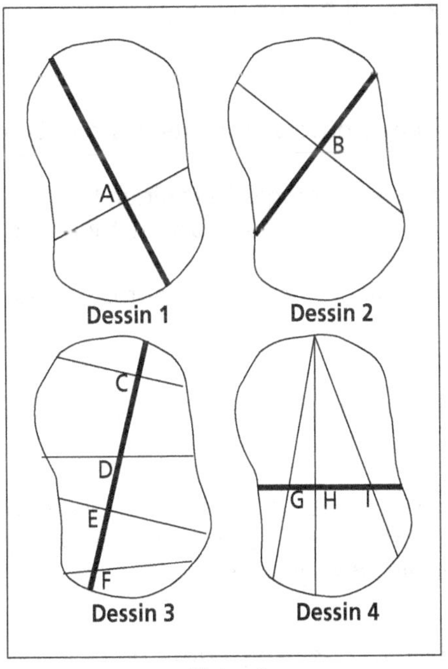

Fiche 4

Dessin 1
Le trait fin passant par A marque le pli du pliage « trait sur trait » passant par A : OUI NON
Pourquoi ?

Dessin 2
Le trait fin passant par B marque le pli du pliage « trait sur trait » passant par B : OUI NON
Pourquoi ?

Dessin 3
Le trait fin passant par C marque le pli du pliage « trait sur trait » passant par C : OUI NON
Pourquoi ?

Le trait fin passant par D marque le pli du pliage « trait sur trait » passant par D : OUI NON
Pourquoi ?

Le trait fin passant par E marque le pli du pliage « trait sur trait » passant par E : OUI NON
Pourquoi ?

Le trait fin passant par F marque le pli du pliage « trait sur trait » passant par F : OUI NON
Pourquoi ?

Dessin 4
Le trait fin passant par G marque le pli du pliage « trait sur trait » passant par G : OUI NON
Pourquoi ?

Le trait fin passant par H marque le pli du pliage « trait sur trait » passant par H : OUI NON
Pourquoi ?

Le trait fin passant par I marque le pli du pliage « trait sur trait » passant par I : OUI NON
Pourquoi ?

Fiche 5

La discussion s'engage sur les deux points. On peut recenser le nombre de jugements « Oui » et « Non ». On dressera une liste d'arguments jugés recevables. On veillera à ce que la classe accepte l'invalidation perceptive quand la décision est sans équivoque et rejette l'usage de la perception dans les cas « presque bons » ou bons...

Cette phase peut être l'occasion d'un premier point sur les instruments de reconnaissance mais elle n'a pas pour objectif d'en faire une liste exhaustive... et on s'en tiendra aux instruments cités par les enfants.

☐ Étape 3 : qui a gagné ?

On peut se mettre d'accord pour un point par jugement exact et deux ou trois points par argument reconnu comme valable... (ou tout autre décompte). C'est l'occasion d'insister sur l'importance des arguments utilisés dans la validation !

À l'issue de cette mise en commun, le maître propose à la classe de produire une affiche qui évoque le contexte en mettant en évidence l'objet « angle droit » construit ; ce peut être une feuille des plis avec indication des angles droits et éventuellement avec un dessin des instruments retenus dans les phases collectives ou une reproduction de certains cas de la fiche 4 assortie de commentaires sur la possibilité ou non de réaliser un pliage trait sur trait. Une réduction de cette affiche peut constituer la trace écrite du cahier.

4. Construire un angle droit (CE2)

> DESCRIPTION RAPIDE

Au cours des situations précédentes du thème, différents contextes de référence de l'angle droit ont été travaillés :
– angle droit comme coin d'un rectangle dans « Rectangle à terminer 1 » ;
– angle droit comme quart d'un angle plein ou angle du quart de tour dans « Quatre droits pour un tour » ;
– angle droit comme angle déterminé par deux droites permettant un pliage dans « Trait sur trait ».

L'expression « angle droit » a été utilisée par le maître et les élèves, mais le concept n'a pas encore fait l'objet d'une véritable institutionnalisation. De la même manière, les différents instruments de la boîte à outils ont été utilisés sans que leur usage n'ait fait l'objet d'une systématisation.
La situation « Construire un angle droit » va permettre d'institutionnaliser à la fois le langage et la manipulation des différents instruments – équerre, téquerre, réquerre, pliage – associés au concept d'angle droit.

> OBJECTIFS

– Établir le lien entre les différentes significations de l'angle droit grâce à une situation de construction et identifier l'angle droit quelle que soit l'orientation de ses côtés.
– Savoir utiliser correctement chacun des instruments : équerre, réquerre, téquerre, double pliage pour construire un angle droit.
– Utiliser à bon escient l'expression « angle droit ».

> DURÉE

Une séance d'une heure environ.

> PROBLÈME

Pour chacune des situations précédentes, la synthèse effectuée après la mise en commun a pu déboucher sur une affiche à usage collectif qui évoque le contexte en mettant en évidence l'objet « angle droit » construit ; sinon, le maître prépare trois affiches (une pour chaque situation) qui permettent de retrouver ces trois contextes (un rectangle à terminer et le coin droit construit à cet effet, un gabarit de quart de tour et la feuille de travail correspondante, une feuille des plis).
Les élèves vont devoir construire sur papier calque un « coin » qui pourrait se superposer avec n'importe quel coin représenté sur chacune de ces affiches.

> MATÉRIEL

– Les trois affiches évoquées ci-dessus à accrocher au tableau.
– Deux feuilles de papier calque de format A5 par élève, arrondies pour éviter l'utilisation des bords.
– Deux feuilles blanches à bords arrondis par élève, une de format A5 sur laquelle le maître a marqué un point et l'autre de format A4, vierge.
– Une feuille A4 de couleur par élève.
– La boîte à outils de géométrie.

Première phase
Avec un outil...

Le maître affiche au tableau les trois documents réalisés au cours des situations précédentes ; il veille à ce que les angles droits ne soient pas placés en position horizontale/verticale. Il suscite des commentaires sur ces trois affiches ; nous faisons l'hypothèse d'une rapide perception des angles droits, de leur comptage, éventuellement de leur marquage[19]... On ne devrait pas voir apparaître ici de débat avec besoin de vérification instrumentée. Il est d'ailleurs préférable de l'éviter de façon à ne pas empiéter sur la suite...

L'enseignant pose le problème suivant :
« Nous allons scotcher une feuille de calque comme celle-ci sur chaque bureau et vous allez construire un angle sur cette feuille. Cet angle devra pouvoir se superposer avec tous les angles droits que nous venons de repérer sur ces affiches. Vous écrirez au feutre un mot qui résume votre procédé de construction ; vous pourrez vous déplacer pour venir prendre des indices au tableau si vous en avez besoin. »

Certains élèves risquent d'être encore gênés par la question de la longueur des côtés des différents angles droits présents sur les affiches. La taille de la feuille de travail et les différences entre les trois affiches devraient leur permettre de franchir cet obstacle. La première mise en commun devra prendre en compte cette question.

Étape 1 : tracé individuel

Le maître repère les instruments utilisés en premier et les indices relevés par les élèves au cours de leurs déplacements éventuels. Il est intéressant d'observer si les élèves prennent appui sur les directions « horizontale/verticale » pour effectuer leur tracé ou s'ils donnent une confiance totale à l'instrument choisi.

Étape 2 : concertation par groupe

Avant validation effective, le maître constitue des petits groupes de quatre (indépendamment des instruments utilisés) et leur demande de donner leur avis sur leurs productions : sont-elles correctes ou non, et pourquoi ? Les échanges dans les groupes, les arguments donnés et les prévisions avant vérification favorisent l'utilisation d'un langage compris par tous et la concentration sur cet élément commun aux trois affiches. Par ailleurs, les élèves peuvent percevoir les différentes fonctions de l'instrument : instrument

19. Il n'est pas nécessaire d'introduire ici le codage conventionnel de l'angle droit ; une croix ou un numéro permettant d'identifier ceux qui sont comptés suffit.

pour tracer mais aussi instrument pour reconnaître ou argumenter. Les élèves notent en dessous du dessin « Oui » ou « Non » selon le cas.

On peut s'attendre à des formulations :

- liées à la **perception visuelle**

– « Ce n'est pas tout droit » ;
– « Là c'est penché trop en biais » ;
– « Ce n'est pas un angle droit » ;
– « Là, c'est pas penché, c'est bien droit ».

- liées au recours aux **instruments**

– « Quand je mets l'équerre sur un des côtés du dessin, l'autre côté est écarté » ;

– « Quand je mets le trait de la téquerre sur un des côtés, le bord de la téquerre ne touche pas l'autre côté du dessin » ;

– « Quand je mets le petit trait de la réquerrre sur un des côtés du dessin, l'autre côté dépasse du grand trait de la réquerre » ;

– « Quand je mets l'équerre sur un des côtés du dessin, l'autre côté du dessin est juste sous l'autre bord de l'équerre ».

- liées à une **manipulation du papier calque**

– « Quand on tourne le papier calque on voit bien si ça va faire droit comme le coin d'une feuille ou de la table » ;

– « Quand on place le papier devant nous ou sur la fenêtre, on voit si c'est bien droit en hauteur et bien droit à plat *(repère horizontal/vertical)* ».

☐ Étape 3 : validation effective

La validation effective sur les affiches vient remettre en cause ou non les arguments donnés.
Le maître note les points de divergence ; ceux-ci seront exploités plus tard lors de la mise en commun en fin de troisième phase.

■ Deuxième phase
Avec d'autres outils...

Le maître propose le même problème de construction, la contrainte étant de ne pas utiliser le même procédé. La seconde feuille de calque est à nouveau scotchée sur la table.
Le déroulement est composé des mêmes étapes mais cela devrait aller beaucoup plus vite ; la validation pratique ne devrait plus être nécessaire.
Une mise en commun permet :

– l'institutionnalisation du vocabulaire « angle droit » ;

– la présentation des différents procédés utilisés, leurs avantages, leurs inconvénients, notamment du point de vue de la manipulation ou de celui de la précision ;

– l'explicitation pour chaque outil des modalités d'utilisation pour construire ou reconnaître un angle droit ;

– la synthèse des points de divergence notés lors de l'étape 3 des première et deuxième phases et des arguments donnés pour reconnaître l'angle droit dans une position qui n'est pas forcément « horizontale/verticale ».

Troisième phase
Vers le double pliage

En raison de la progression choisie sur le thème, nous faisons l'hypothèse que le double pliage n'est pas apparu dans les deux premières phases. Dans le cas contraire, le maître devra le prendre en compte comme les autres procédés de construction et veiller à ce que les constructions avec instruments et les constructions par double pliage soient reconnues équivalentes (cf. étape 3 de cette phase).

Étape 1 : recherche individuelle

On ramasse les boîtes à outils ; on donne aux élèves deux feuilles blanches à bords arrondis (une au format A5 sur laquelle l'enseignant a marqué un point, et l'autre, vierge, au format A4) et un feutre. Il ne reste que cela sur les tables.

Consigne

« Nous venons de retrouver comment construire un angle droit en utilisant un des instruments : téquerre, équerre, réquerre, coin droit. Cette fois, vous allez en construire un sans utiliser votre boîte à outils.

Sur une des deux feuilles, j'ai marqué un point ; c'est le sommet de l'angle droit que vous allez construire. »

La recherche est individuelle.

Nous faisons l'hypothèse qu'après la première surprise due à l'impossibilité d'utiliser les instruments, les procédures utilisant le pliage vont apparaître.

Étape 2 : mise en commun

Le maître demande : « Que dire de ces productions ? Avez-vous tracé des angles droits ? »

Volontairement, il affiche comme productions des feuilles avec angle droit tracé, des feuilles « gabarit » encore pliées ou des feuilles « gabarit » dépliées de façon à favoriser le lien entre droites perpendiculaires : présence de quatre angles droits, double pliage, pliage « pli sur pli ». Avant de faire vérifier avec les instruments, le maître demande aux élèves d'expliciter leurs procédures. La technique du double pliage est alors montrée.

Étape 3 : vérification

On vérifie les productions avec les instruments usuels. On distribue ensuite une feuille A4 de couleur à chaque élève pour fabriquer un angle droit par double pliage ; il sera conservé dans la boîte à outils ou collé dans le cahier.

■ Quatrième phase
Entraînement, systématisation

Trace écrite

Les élèves peuvent noter sur leur cahier :

Pour construire un angle droit, on utilise au choix : une équerre, une téquerre, une réquerre, un coin droit d'une fiche bristol, un double pliage.

C'est l'occasion de faire des dessins ou des schémas représentant le mode d'utilisation des instruments. Ils peuvent être reproduits sur des affiches dont les réductions peuvent être collées dans le cahier.

On peut alors distribuer dans chaque boîte à outils un nouvel instrument très commode pour les élèves dans des situations de reconnaissance d'angles droits. Il s'agit tout simplement d'un triangle rectangle photocopié sur un transparent de format A5 ; les côtés de l'angle droit mesurent 15 cm et 10 cm environ.

Reconnaissance de l'angle droit

Exercice 1

Plusieurs angles sont dessinés sur une feuille (fiche 1) et numérotés de 1 à 10 ; l'élève doit relever les angles droits :

– d'abord au jugé (l'élève note les numéros des angles qu'il estime être droits) ;
– vérification en utilisant un instrument imposé par le maître ;
– éventuellement, apprentissage ou utilisation du codage.

Exercice 2

Cette fois, l'élève doit relever sur une autre planche (fiche 2) les angles qui ne sont pas droits (toujours deux étapes : au jugé puis vérification instrumentée).

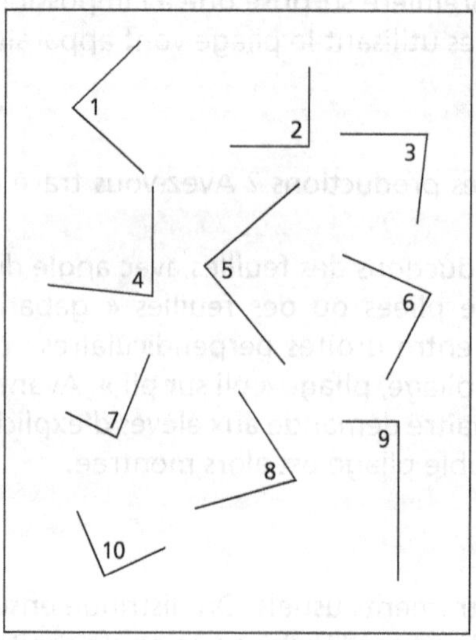

Fiche 1

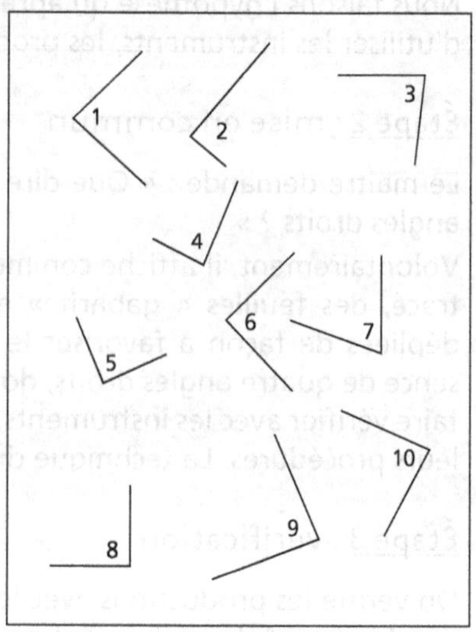

Fiche 2

Exercice 3
Identifier tous les angles droits d'une figure plane (fiches 3 et 4).

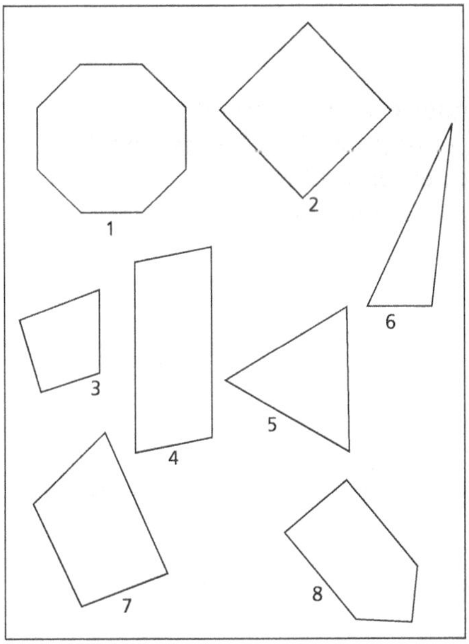

Fiche 3

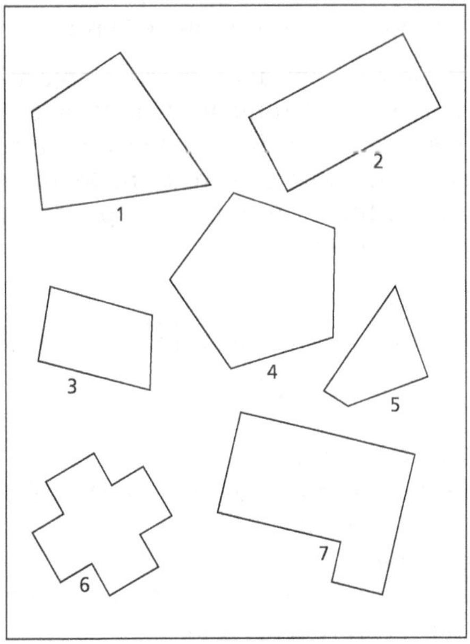

Fiche 4

■ Activités d'accompagnement

Voir la situation « C'est d'équerre ! ».

5. C'est d'équerre ! (CE2)

Ces activités viennent en renforcement des situations précédentes de ce module qui ont permis d'identifier et d'apprendre à utiliser les différents outils de la boîte (équerre, téquerre, réquerre, coins droits, rectangles de bristol, feuille de double pliage...). Dans la progression proposée, elles peuvent donc se situer en fin de CE2, en début de CM1 ou ultérieurement pour travailler sur l'utilisation des outils.

Deux fonctions sont essentiellement attribuées jusqu'à présent à ces outils : construire un angle droit ou deux droites perpendiculaires, et reconnaître un angle droit ou deux droites perpendiculaires.
Cependant, nous les concevons d'abord comme permettant de matérialiser une propriété géométrique, support d'une procédure de construction, plutôt que comme permettant de tracer la droite perpendiculaire à une droite donnée en un point donné, en toute rigueur, avec toute la précision qu'exigerait une validation par calque, par exemple.

Nous mettrons donc en évidence ici une autre fonction de ces outils : aider à l'explicitation d'une procédure de construction au cours d'une phase d'argumentation. Les validations porteront donc davantage sur les procédures utilisées que sur la précision de la production.

Ces exercices ont donc un triple objectif :
– utiliser les instruments de la famille « équerre » à bon escient ;
– percevoir l'insuffisance du contrôle perceptif pour identifier des relations de perpendicularité ou construire des droites perpendiculaires ;
– se constituer un champ d'expériences graphiques résultant de l'emploi d'un des outils cités.

Activité 1 : identifier des angles droits dans une figure complexe

> PROBLÈME

Une figure complexe est donnée ; il s'agit de repérer tous les angles droits qu'elle contient.

Consigne

Paul nous dit : « Sur ce dessin, je vois 12 angles droits ! » Es-tu d'accord avec lui ?

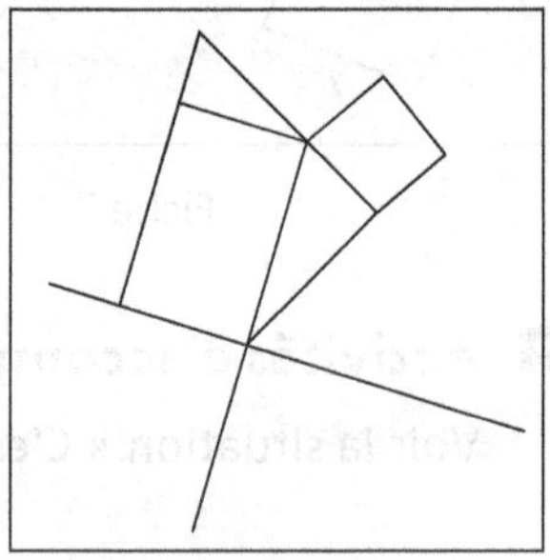

Fiche 1

Certains angles ont une mesure proche de 90°. Le seul constat perceptif va donc s'avérer insuffisant pour prendre une décision. Cependant, le recours aux instruments n'amènera une décision correcte que si ces derniers sont utilisés avec rigueur. La difficulté de définir une procédure de comptage des angles droits doit amener à les marquer avec le symbole habituel et éventuellement à les numéroter.

> PROCÉDURES OBSERVÉES

Procédure 1 : l'élève s'appuie sur le jugé pour repérer les angles droits, sans contrôle.
Procédure 2 : l'élève s'appuie sur le jugé, mais contrôle certains angles avec un instrument qu'il utilise approximativement.
Procédure 3 : l'élève contrôle systématiquement tous les angles avec un instrument qu'il utilise approximativement.
Procédure 4 : l'élève s'appuie sur le jugé, mais contrôle certains angles avec un instrument qu'il utilise rigoureusement.
Procédure 5 : l'élève contrôle systématiquement tous les angles avec un instrument qu'il utilise rigoureusement.

> MATÉRIEL

– Un exemplaire de la fiche 1 par élève.
– La fiche 1 agrandie au format A3 (au minimum) pour la classe.
– La boîte à outils de géométrie complète pour chacun.

Le maître distribue un exemplaire de la fiche 1 (cf. ci-dessus) à chaque élève. La consigne est simple et écrite : « Paul nous dit : "Sur ce dessin, je vois 12 angles droits !" Es-tu d'accord avec lui ? »
La recherche est individuelle.
Le maître demande ensuite aux élèves de se mettre d'accord, par deux, sur le nombre d'angles droits. On peut penser que le besoin de coder les angles droits arrivera dans l'échange, notamment en cas de désaccord.

Un temps de bilan au niveau de la classe est ensuite organisé. La discussion porte sur le nombre d'angles droits et amène un codage et une numérotation des angles droits.
Elle conduit à classer les angles en trois catégories :
– ceux qui, de toute évidence, ne sont pas des angles droits ;
– ceux pour lesquels le recours à l'outil s'avère nécessaire et permet d'identifier un angle droit ;
– ceux pour lesquels le recours à l'outil s'avère nécessaire et permet de déclarer qu'ils ne sont pas des angles droits.

La discussion permet aussi de rappeler les règles d'utilisation des différents outils de la famille « équerre ».

Activité 2 : distinguer angle droit et angle « presque droit »

> PROBLÈME

Une ligne brisée (le chemin de la tortue-géomètre) ne contient que des angles droits ou des angles voisins d'un angle droit. Dans un premier temps, il s'agit de déterminer parmi ceux-ci quels sont les angles droits. Puis l'élève devra produire une ligne brisée ne comportant que des angles droits.

Consigne
Pour cette épreuve, la tortue doit se rendre du départ à l'arrivée en passant par le point de contrôle... mais elle ne peut tourner qu'à angle droit. Elle choisit le trajet ci-contre et elle se trompe à six reprises. Peux-tu lui montrer dans quels virages ?

Tous les angles ont une mesure égale ou très proche de 90°. Comme dans la situation précédente, le seul constat perceptif va donc s'avérer insuffisant pour prendre une décision.

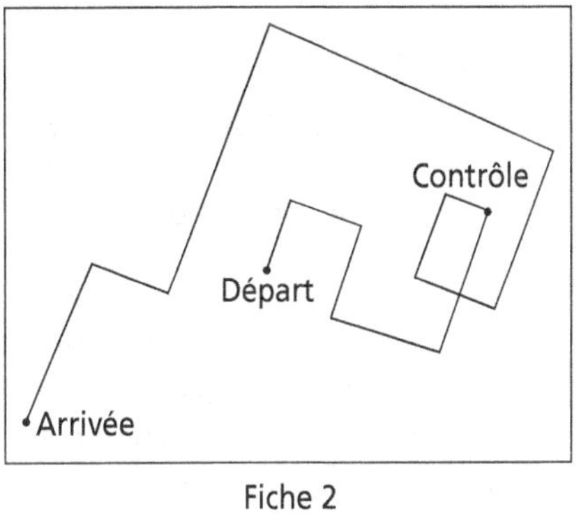

Fiche 2

> PROCÉDURES OBSERVÉES

Elles sont les mêmes que dans l'activité 1.
Les angles étant tous droits ou très proches de l'angle droit, ce sont les procédures 4 et 5 qui sont plutôt attendues ici.

> MATÉRIEL

- Un exemplaire de la fiche 2 et deux exemplaires de la fiche 3 par élève.
- Une feuille agrandie au format A3 (au minimum) de ces deux documents pour la classe.
- La boîte à outils de géométrie complète pour chacun.

DÉROULEMENT

☐ Étape 1

Le maître distribue un exemplaire de la fiche 2 (cf. ci-dessus) à chaque élève.
La consigne est simple et écrite : « Pour cette épreuve, la tortue doit se rendre du départ à l'arrivée en passant par le point de contrôle… mais elle ne peut tourner qu'à angle droit. Elle choisit le trajet ci-dessous mais se trompe à six reprises. Peux-tu lui montrer dans quels virages ? »
Le maître la relit ou la fait relire puis la commente sur l'exemplaire agrandi.
La recherche est individuelle.

Pour le bilan, le maître choisit ensuite trois ou quatre élèves pour exposer leurs points de vue au tableau. Il veille à ce que ces derniers soient suffisamment différents pour susciter ensuite la discussion. Le codage, rappelé dans l'activité précédente, ne devrait pas poser de problème. Le dessin proposé entraîne deux alternatives : soit l'élève répond grâce au jugé que tous les angles sont droits, soit le recours à l'instrument s'impose pour chacun. C'est donc plutôt sur la rigueur nécessaire pour l'usage des instruments que vont porter les discussions. En cas de désaccord persistant, le maître pourra amener les élèves à vérifier sur le document agrandi qui amplifie les écarts.

☐ Étape 2

Le maître distribue la fiche 3 et propose aux élèves de tracer un chemin possible pour la tortue. Le travail est individuel.
La validation s'effectue par l'énoncé du procédé : « Pour tracer un tel chemin, je construis des angles droits ; j'utilise pour cela mon équerre en veillant bien à ce que le premier bord se superpose avec le trait déjà tracé. »
La précision de la production n'est pas un critère à examiner dans cette étape (le maître pourra examiner les productions après la séance pour une « correction » rigoureuse).

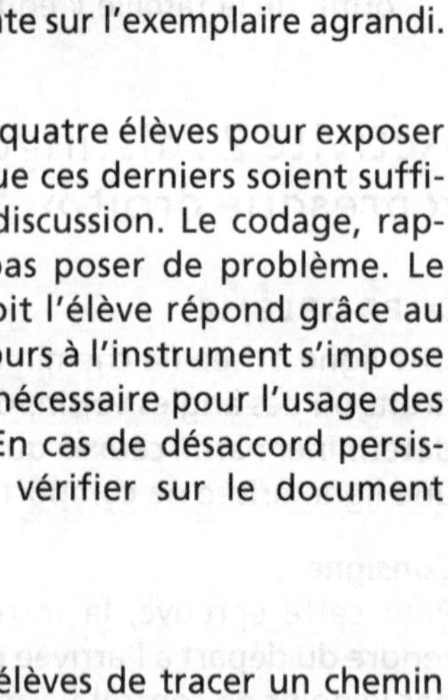

Fiche 3

☐ Étape 3

Le maître distribue le second exemplaire de la fiche 3 et précise que cette fois la ligne brisée doit comporter le moins de segments possibles.
Dans ce cas, la procédure experte consiste à :
- prolonger le segment tracé d'extrémité C ;
- abaisser la perpendiculaire de B sur ce segment.

Le travail est individuel.

Lors de la phase de bilan, le maître pourra mettre en évidence certaines productions pour montrer qu'elles respectent le critère « tourner à angles droits » mais pas celui du nombre minimum de virages.
Si des élèves ont trouvé la procédure attendue, l'un d'entre eux pourra venir l'expliciter au tableau. Ce n'est pas la production exacte qui est visée ici mais bien la formulation des différentes instructions de tracé en termes de droites (segments, demi-droites) et d'angles droits.

Activité 3 : reconnaître et construire des angles droits

> Problème

Un faisceau de droites (les rayons de la toile de l'araignée-géomètre) et trois segments joignant des demi-droites « consécutives » du faisceau sont donnés. Il s'agit d'identifier la propriété géométrique retenue pour la construction puis de continuer cette dernière.

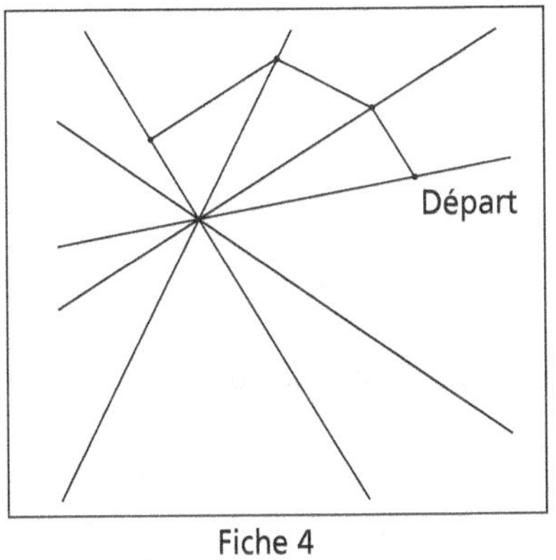

Fiche 4

Consigne 1
Après avoir tendu les rayons de sa toile, l'araignée-géomètre la tisse de façon très particulière. En observant le début de son travail, trouve son procédé et aide-la à continuer.

Consigne 2
Chacun va maintenant utiliser le procédé de l'araignée pour l'aider à continuer sa toile.

> Procédures observées

Procédure 1 : tracés des segments sans repérer la relation de perpendicularité.
Procédure 2 : identification perceptive de la relation de perpendicularité et construction au jugé de segments respectant cette relation.
Procédure 3 : identification perceptive de la relation de perpendicularité et construction instrumentée de segments respectant cette relation.
Procédure 4 : identification perceptive de la relation de perpendicularité, contrôle à l'aide d'un instrument et construction instrumentée de segments respectant cette relation.

> MATÉRIEL

– Un exemplaire des fiches 4 et 5 au format A4 par élève.
– Un exemplaire des fiches 4 et 5 agrandies ou bien photocopiées sur transparents (au format A3 au moins) pour la classe.
– La boîte à outils de géométrie complète pour chaque élève.

DÉROULEMENT

☐ Étape 1

Le maître donne un exemplaire de la fiche 4 (cf. ci-dessus) à chaque enfant.

Consigne

« Après avoir tendu les rayons de sa toile, l'araignée-géomètre la tisse de façon très particulière. En observant le début de son travail, vous devez trouver son procédé. »

Les élèves cherchent individuellement. La présence de triangles rectangles doit favoriser la reconnaissance perceptive de la relation de perpendicularité par analogie à l'équerre.

Le maître organise ensuite une confrontation par groupes de quatre. Dans chaque groupe, on se met d'accord sur le procédé de construction que l'on a reconnu.

Un premier temps de bilan est organisé. Un représentant de chaque groupe vient au tableau pour décrire sa version du procédé sur le document agrandi ou la reconnaître dans une de celle qui a déjà été explicitée.

☐ Étape 2

Le travail reprend individuellement.

Consigne

« Chacun va maintenant utiliser le procédé de l'araignée pour l'aider à continuer sa toile. »

Les dessins pourront être commentés, sans souci de validation.

☐ Étape 3

Le maître précise, en montrant la fiche 5 agrandie : « Pour attraper un insecte, notre araignée-géomètre a sauté un rayon. Comme vous pouvez l'observer, elle a continué sa toile depuis son point de chute. Pourra-t-elle la raccommoder en suivant le procédé habituel ? »

La recherche se fait à nouveau individuellement.

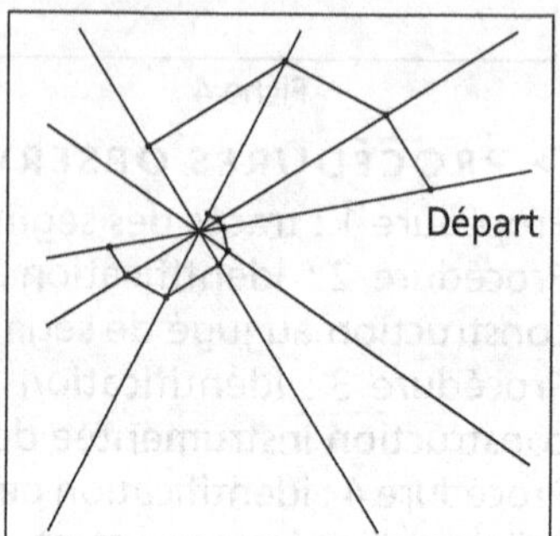

Fiche 5

Le maître commence la phase de bilan en dénombrant les réponses « Oui » et les réponses « Non ». Il conduit ensuite un temps d'argumentation pour chacune des éventualités. La classe peut rencontrer des difficultés pour déterminer la réponse exacte en raison de désaccords sur le procédé de construction, dus notamment aux implicites liés au contexte utilisé ! Que signifie « raccommoder la toile » ? A-t-elle le droit de sauter au point d'arrêt pour raccommoder ? Si elle part en sens inverse, suit-elle le même chemin ou reprend-elle le procédé qui lui permet de passer d'un rayon à l'autre ? Le maître amènera les élèves à percevoir l'origine de ces désaccords. La classe devra se positionner ensuite sur le bon procédé en comparant le résultat des différents procédés par tracés sur la fiche 4 agrandie (une copie de cette fiche agrandie pour chacun des procédés recensés).

Cette phase de bilan doit se conclure en marquant les angles droits sur la fiche 5 agrandie et en mettant en évidence le non-raccordement des segments.

☐ Étape 4

Le maître regroupe les élèves par paires. Il leur demande d'échanger leurs productions de l'étape 2 et de contrôler la production de leur camarade. Ils pourront marquer les angles droits quand ils existent ou tracer le bon chemin en cas d'erreurs.

6. Rectangle à terminer 2 (CM1)

> DESCRIPTION RAPIDE

Dans la progression sur le thème de la perpendicularité, la situation « Rectangle à terminer 2 » arrive après une série de situations qui ont permis à l'élève de rencontrer l'angle droit dans différents contextes, et après l'institutionnalisation du langage correspondant et celle des différentes procédures instrumentées caractéristiques de l'angle droit. Elle reprend le contexte de la situation « Rectangle à terminer 1 », mais le côté de l'angle droit à construire n'a plus d'extrémité commune avec le côté fourni.
La situation « Rectangle à terminer 1 » avait pour objectif la mobilisation de connaissances spatiales sur l'objet rectangle pour approcher l'angle droit alors que « Rectangle à terminer 2 » utilise les connaissances des élèves sur l'angle droit pour approcher la notion de droites perpendiculaires.

« Rectangle à terminer 2 » peut être utilisée en début de CM1 quand les situations précédentes ont été réalisées en CE2. Dans ce cas, pour une reprise de contact avec l'angle droit et le concept de perpendicularité, il est important de proposer auparavant la situation « Rectangle à terminer 1 » telle qu'elle est décrite dans l'additif[20].

20. Voir additif à la situation « Rectangle à terminer 1 », page 194 et suivantes.

La dernière phase de « Rectangle à terminer 2 » permet d'introduire le mot « perpendiculaire » et d'institutionnaliser la terminologie usuelle correspondante.

> OBJECTIFS

– Renforcer la perception de la relation de perpendicularité comme invariant de positions spatiales de segments.
– Aborder la relation de perpendicularité entre droites (traits, segments) en construisant un angle droit à partir de segments (traits) n'ayant pas d'extrémité commune.
– Renforcer la nécessité du recours à l'instrument pour construire deux segments perpendiculaires et vérifier s'ils le sont effectivement.
– Introduire la terminologie « droites perpendiculaires ».

> DURÉE

Une séance d'une heure environ (phases 1 et 2) et une séance de 45 minutes (phase 3).

> PROBLÈME

Le problème est analogue à celui de la situation « Rectangle à terminer 1 » ; il s'agit de terminer un rectangle, comme indiqué sur le dessin 1. Ce rectangle sera dessiné sur une feuille à bords arrondis.

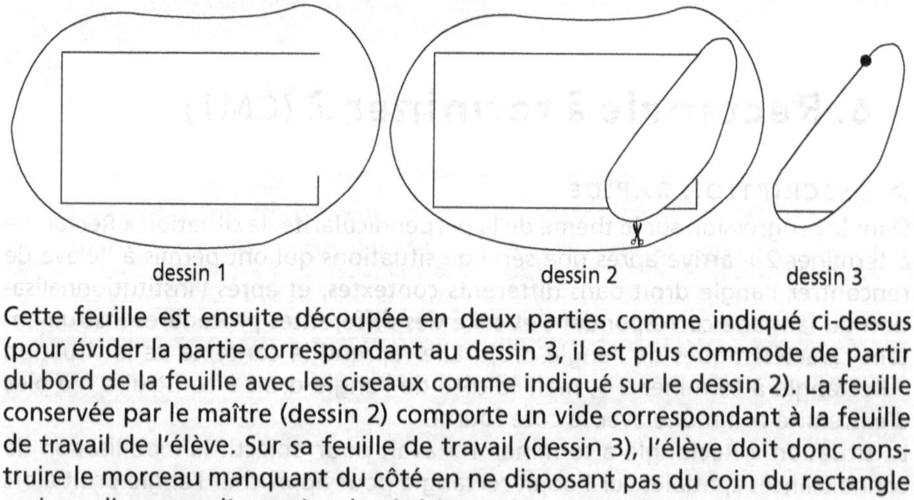

dessin 1 dessin 2 dessin 3

Cette feuille est ensuite découpée en deux parties comme indiqué ci-dessus (pour évider la partie correspondant au dessin 3, il est plus commode de partir du bord de la feuille avec les ciseaux comme indiqué sur le dessin 2). La feuille conservée par le maître (dessin 2) comporte un vide correspondant à la feuille de travail de l'élève. Sur sa feuille de travail (dessin 3), l'élève doit donc construire le morceau manquant du côté en ne disposant pas du coin du rectangle mais en disposant d'un point du côté à terminer.
Le problème posé consiste donc à construire un segment perpendiculaire à un segment donné sans extrémité commune avec ce dernier.

> PROCÉDURES OBSERVÉES

Procédure 1 : dessin du côté, en référence à la forme globale, sans mettre en jeu la perpendicularité.
Procédure 2 : dessin du côté **avec utilisation perceptive** de la perpendicularité.

Procédure 3 : dessin du côté **avec utilisation instrumentée** de la perpendicularité, par le moyen de **deux règles transparentes graduées**, positionnées de façon à reconstituer un coin de rectangle en dehors de la partie fournie.
Procédure 4 : dessin du côté **avec utilisation instrumentée** de la perpendicularité, par le moyen d'un **rectangle de référence** (celui de la boîte à outils ou un autre disponible dans la classe : affiche, boîte...).
Procédure 5 : dessin du côté **avec utilisation instrumentée** de la perpendicularité par le moyen de l'**équerre** (éventuellement prolongée par une règle si elle n'est pas assez grande).
Procédure 6 : dessin du côté **avec utilisation instrumentée** de la perpendicularité par le moyen d'une **feuille annexe glissée sous la feuille de travail** (de façon à prolonger le trait donné) et de l'**équerre**.

> MATÉRIEL

Pour la classe

– Un rectangle référence Rr (fiche 1) à reproduire sur une feuille de papier découpée dans une feuille A3 suivant des bords non rectilignes ; il est le même pour les trois phases de la situation. Les dimensions du rectangle de base doivent permettre l'utilisation de l'équerre.
– Une famille de paire de traits (fiche 4) agrandie pour obtenir une affiche de format A2.

Par équipe de deux

– La boîte à outils pour la géométrie.
– Un crayon à papier et un feutre assez épais de façon à atténuer les problèmes de précision lors de la validation.
– Deux rectangles à terminer de mêmes dimensions (fiches 2 et 3) à reproduire sur une feuille A3 dont les bords seront découpés suivant des lignes courbes comme décrit ensuite **(sans les lettres !)**...

Par élève

Une famille de paires de traits (fiche 4).

Bien s'assurer que, suite aux photocopies, le rectangle référence et le rectangle à terminer restent superposables.

Les maîtres qui le souhaitent peuvent agrandir les fiches pour travailler avec des formes de dimensions plus importantes et gêner davantage les procédures perceptives.
La situation est décrite avec un exemplaire de chacune des deux parties (cf. dessins 2 et 3) par équipe. Pour économiser les photocopies, il est possible de n'utiliser qu'une seule partie témoin gardée par le maître et de ne photocopier que les parties données aux élèves. Il faut alors faire très attention au découpage pour pouvoir reconstituer le puzzle au moment des validations.
Sur les fiches, les lignes de découpage ne sont pas tracées pour éviter des contraintes et faciliter celui-ci ! Seuls deux points du côté fourni et le sommet correspondant au côté à terminer sont à respecter rigoureusement pour le découpage. Il faut veiller à ce que ce dernier point soit bien évident sur la feuille de travail de l'élève. Si nécessaire, on l'agrandira au feutre.
Ne pas oublier de supprimer les titres des fiches avant de les reproduire pour éviter toute orientation induite de la feuille...

DÉROULEMENT

■ Première phase
Quand on est tout près du petit coin...

Problème

Construire la partie BP du côté BC, connaissant la partie MN du côté DC et le point B.

Rectangle R1 (fiche 2)

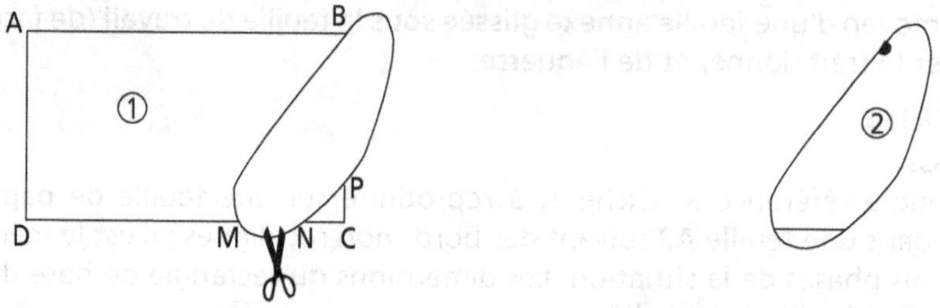

partie 1 : gardée par le maître

partie 2 : feuille de travail de l'élève

Les distances NC et PC sont petites de façon à faciliter la reconstitution mentale du coin du rectangle.

Le segment MN est dessiné sur la partie 2 donnée à l'élève. Le point correspondant à B doit être bien matérialisé et mis en évidence (couleur) pour la compréhension du problème. Les instruments de la boîte de géométrie sont tous disponibles.

Attention : aucune lettre ne figure sur les dessins fournis aux élèves ; elles ne sont utilisées que pour faciliter la présentation du matériel dans cette fiche de préparation ! Le découpage de la partie 2 est délicat ; il est nécessaire de partir du bord de la feuille arrondie pour rejoindre le morceau correspondant à la feuille de travail de l'élève. Il faut aussi veiller à ce que le découpage passe bien par les points M et N mais surtout qu'il passe par le point B avec une grande précision et qu'il évite le point P !

> PROCÉDURES ATTENDUES

Ce sont les procédures 4 et 5 qui sont visées dans cette phase. La difficulté de concevoir la perpendicularité pour deux segments sans extrémité commune va probablement entraîner un retour des procédures de type perceptif (procédures 1, 2 et 3). La procédure 3 peut être une procédure pertinente si les règles sont de « vrais » rectangles, à bords et coins non arrondis...

□ Étape 1 : mise en place et communication du problème

Les élèves travaillent par deux. Chaque équipe est désignée par une lettre : A, B, C... Les rectangles à terminer R1 sont désignés du nom des équipes A, B, C... écrit au recto sur le bord de la feuille de chacune des deux parties.

Le maître montre le rectangle référence Rr puis le fixe au tableau, dans une position quelconque, côtés non parallèles aux bords du tableau. Puis il montre le rectangle R1 en disant : « On a commencé à reproduire le rectangle affiché. Trois côtés sont déjà dessinés. Il reste ce côté à terminer *(il montre BC)*. »

Le maître découpe ensuite au vu de tous ce rectangle suivant un contour correspondant à la partie 2, il montre chacune des deux parties puis les fixe au tableau en position quelconque.
Les autres rectangles ayant été découpés auparavant par le maître pour gagner du temps, leurs parties 2 sont présentées aux élèves puis distribuées à chaque paire. Le maître fixe toutes les parties 1 au tableau en veillant à en installer peu en position horizontale/verticale.

Il amène ensuite les élèves à reformuler le problème en veillant à ce que chaque équipe perçoive le rôle du point figurant sur chacune des parties 2. Si besoin, il place à nouveau la partie 2 dans la partie 1 du rectangle affiché.

☐ Étape 2 : recherche

Pendant la phase de recherche, les élèves peuvent faire leurs essais au crayon mais ils devront faire leur production définitive au feutre.

☐ Étape 3 : bilan

Le maître affiche les productions correspondant aux parties 2 en demandant aux élèves de repérer les productions qui conviennent et de noter leurs lettres sur un brouillon. Puis il envoie deux élèves les classer (« bons » d'un côté, « pas bons » de l'autre, « on ne sait pas » au milieu). **On ne vise là que des réponses établies perceptivement du type « c'est bon ! », « c'est pas bon ! », « on ne peut pas dire », « c'est presque bon ! »...**
Dans cette première phase, la mise en commun sera rapide et conduite en termes de réussite ou non-réussite sur les productions. L'explicitation des procédures n'est pas un objectif de cette phase, mais elle peut surgir lors du classement des productions tout comme le besoin de valider ou d'invalider avec l'équerre.

Deuxième phase
On change de petit coin et on s'en éloigne...

> PROBLÈME

Le problème est le même que lors de la première phase mais en utilisant cette fois le rectangle R2.

Les dimensions choisies devraient rendre la procédure 5 inopérante ; cela dépend cependant de l'équerre dont on dispose... La procédure 6 est la procédure attendue. La procédure 4 avec pour outil un rectangle de type feuille A4 et la procédure 5 sont pertinentes. La disposition relative des traits, différente de celle de la première phase, peut entraîner le retour à une procédure de type spatial comme la procédure 3.

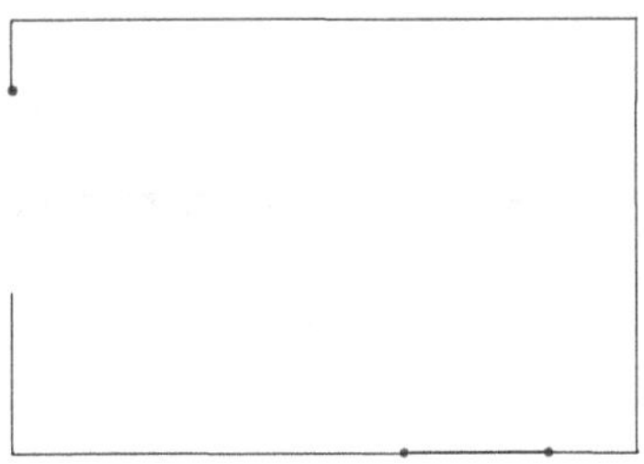

Fiche 3

☐ Étapes 1 et 2 : communication du problème, recherche

Les étapes 1 et 2 sont identiques à celles de la première phase.

☐ Étape 3 : bilan

La mise en commun a pour premier objectif de distinguer les productions qui correspondent à un tracé réussi des autres. Elle doit aussi permettre d'abandonner le terrain perceptif pour aller vers l'explicitation des procédures de tracé, leurs validations ou invalidations.

Le maître affiche toutes les parties 2 dans des positions aléatoires. Il demande à deux élèves de venir mettre de côté toutes les productions qui ne conviennent pas. Au cours d'un débat, des arguments sur la perpendicularité de deux côtés consécutifs du rectangle, exprimés en termes d'angles droits, devraient apparaître en même temps que le recours à un outil pour vérifier cette perpendicularité, notamment pour toutes les productions pour lesquelles on hésite entre « bon » et « pas bon ».

Il est essentiel que la mise en commun aboutisse à une conclusion du type : « Pour terminer le rectangle, il faut tracer les côtés d'un angle droit. »

La validation effective, en utilisant les parties 1, permet de revenir sur le tri fait par anticipation et les validations de type géométrique apparues lors de la mise en commun comme « J'ai tracé un angle droit avec le rectangle en bristol et la règle » ou « Pour terminer le rectangle, j'ai tracé un angle droit avec l'équerre ». Elle devra permettre d'expliciter différents cas : procédure valide et défaut de construction, procédure invalide et production conforme en raison de bonnes capacités perceptives, procédure et production invalides…

Trace écrite

La trace écrite peut prendre la forme d'un dessin-scénario d'un rectangle à terminer de la façon suivante :

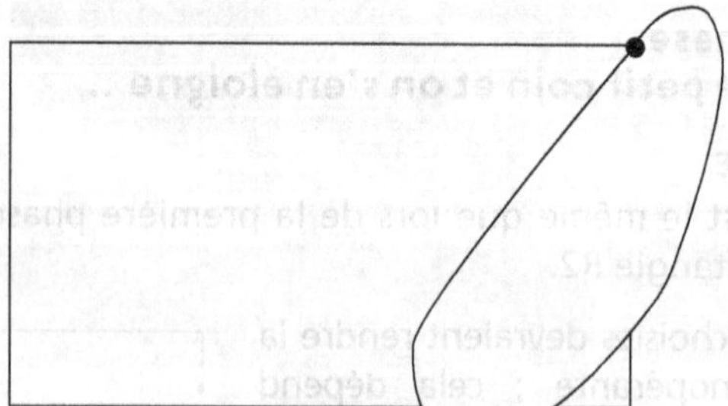

Pour terminer ce rectangle, il faut tracer les côtés d'un angle droit.

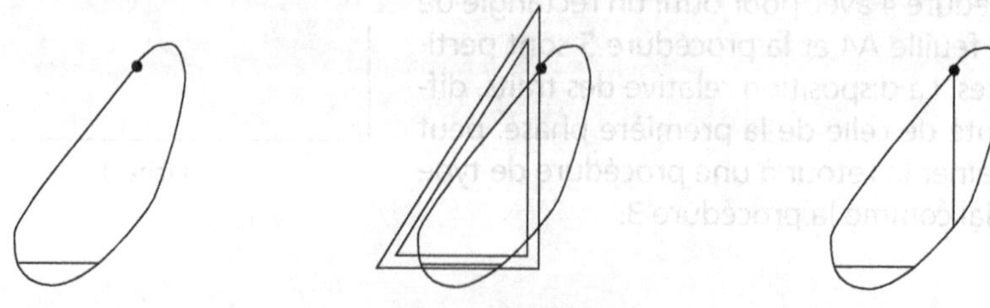

La boîte à outils

À l'issue de cette situation, la boîte à outils sera complétée par deux transparents A5 sur lesquels sont dessinés un triangle rectangle dont les côtés de l'angle droit mesurent 10 cm et 16 cm et un rectangle de longueur 16 cm et de largeur 10 cm.

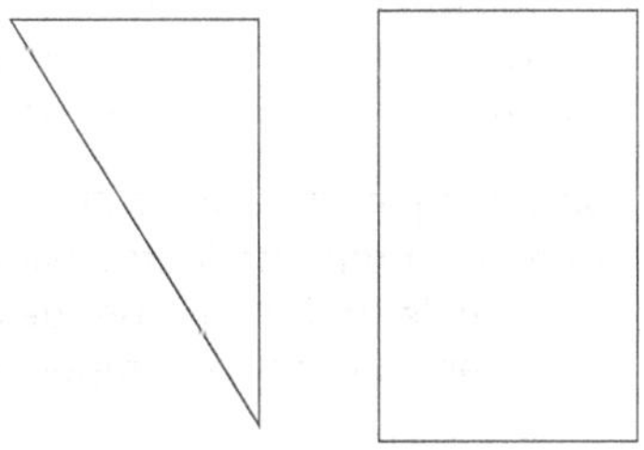

Dans les classes observées, quand nous les avons introduits, ces deux nouveaux outils se sont rapidement imposés comme outils de référence pour la perpendicularité. C'est surtout « l'équerre sur transparent » qui est utilisée dans des tâches de jugement sur la perpendicularité. Son placement facile, la précision du jugement qui en résulte (pas de différence recto/verso comme sur une équerre ordinaire, positionnement des traits du transparent sur les traits du dessin en question) et son caractère dépouillé expliquent sans doute cet engouement.

Troisième phase Des traits perpendiculaires

L'objectif de cette phase est de mettre en place des formulations institutionnelles relatives à la perpendicularité.

Étape 1 : d'un coin du rectangle à des traits perpendiculaires

Le maître a préparé au préalable une affiche présentant un exemplaire agrandi d'un coin de rectangle fabriqué dans la situation « Rectangle à terminer 1 » (voir l'additif de cette situation, p.194) et un exemplaire agrandi de la partie 2 produite dans la première phase de cette situation.
Il la présente en rappelant l'origine des productions. Il fait rappeler que dans les deux cas, il s'agissait de « terminer un rectangle » et que les traits tracés correspondent aux côtés d'un angle droit. On constate que dans un cas, on « voit » l'angle droit et dans l'autre, on doit « l'imaginer » mais que sur les deux dessins, l'équerre bien placée permet de montrer l'angle droit.

Il présente ensuite l'affiche réalisée avec la fiche 4 et introduit la terminologie « paires de traits ». Les paires de traits sont choisies de façon à regrouper différentes configurations possibles en référence à la perpendicularité. Il précise : « Chacun de vous aura une famille de paires de traits ; dans chaque paire, un trait est épais, l'autre est fin. Vous devrez noter sur votre brouillon le numéro des paires de traits qui peuvent recouvrir un coin de rectangle. ».

Le maître écrit au tableau la question : « Quelles paires de traits peuvent recouvrir le coin d'un rectangle ? »

Bilan

Le maître recense les propositions des élèves au tableau ; il note pour chaque paire de traits le nombre d'élèves qui la considèrent comme solution.

Il organise ensuite une confrontation des points de vue pour les paires qui n'ont pas fait l'unanimité. Les instruments, et notamment l'équerre, devraient ressortir comme support d'argumentation dans les débats. La classe se met alors d'accord sur les bonnes réponses.

Un score par élève peut être établi (chacun dispose d'un capital de 10 et enlève 1 point par réponse fausse par exemple). Cela permet au maître d'avoir une indication rapide sur les réponses de chacun. Il peut aussi préparer une fiche sur laquelle les enfants notent leur réponse au feutre avant la mise en commun, et ramasser cette feuille.

☐ Étape 2 : formulations

Le maître affiche au tableau un rectangle en bristol, la famille de paires de traits et entoure celles qui correspondent aux bonnes réponses. Il précise : « Qu'est-ce qu'on peut dire d'un coin de rectangle et des paires de traits que nous avons entourées ? »

Les réponses attendues sont du type : « Les paires de traits entourées vont juste sur le coin du rectangle » ou « Le rectangle peut se mettre juste dans les paires de traits entourées » ou « L'équerre cache pile les traits », « Entre l'équerre et les traits, il n'y a pas d'espace » ou « Les angles droits sont pareils ».
Le maître écrit ces formulations au fur et à mesure au tableau. Il les fait relire à haute voix puis précise : « Ce que j'ai écrit ici, ce sont les expressions de la classe. En mathématiques, il existe un autre langage, avec des mots plus savants, un langage géométrique. Il y a même plusieurs expressions pour dire cela ; nous allons en découvrir certaines. »
Au tableau, avant la séance, le maître a placé des bandes de papier sur lesquelles il avait écrit les quatre formulations suivantes :
Les deux traits forment un angle droit.
Les deux traits sont perpendiculaires.
Le trait épais est perpendiculaire au trait fin.
Le trait fin est perpendiculaire au trait épais.

Il les a cachées en les couvrant chacune d'une bande de papier de même taille. Il prend alors la bande de papier vierge qui recouvre la première formulation et la fait glisser lentement vers la droite pour laisser apparaître : « Les deux traits forment… » et faire deviner la suite aux élèves.

Il dévoile complètement la première formulation, la fait relire. Il procède ainsi pour les autres.

Ainsi, dans une classe de CM1, la première formulation a vite été devinée. Pour la deuxième, les élèves ont fait toutes les hypothèses possibles sans trouver… Certains ont proposé « parallèles » ! Pour la troisième formulation, les élèves ont repris le mot « perpendiculaire » mais ils se contentaient de : « le trait épais est perpendiculaire ». Cela a permis de faire la distinction entre les formulations 2 et 3 et de préciser qu'un trait ne peut être perpendiculaire « tout seul » ! La dernière formulation n'a ensuite posé aucun problème !

Le maître dessine ensuite quatre paires de traits perpendiculaires au tableau :

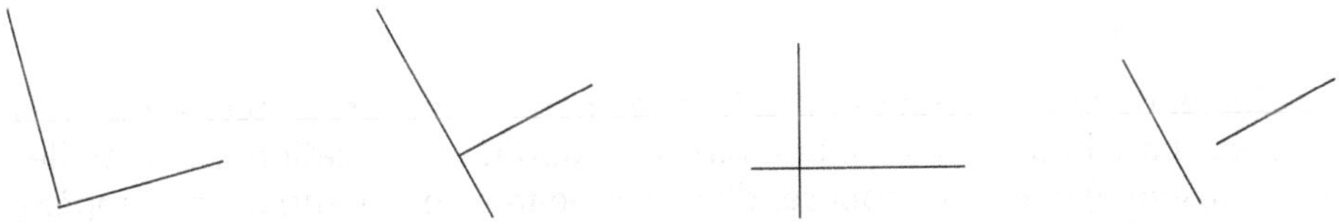

Il précise : « J'ai dessiné quatre paires de traits perpendiculaires, mais combien voyez-vous d'angles droits ? » Les élèves avancent des réponses et le maître marque les angles droits (il rappelle à cette occasion le signe usuel). Si aucune proposition de prolongements des traits n'apparaît, il peut le faire de façon à solliciter une formulation du type : « Quand deux traits sont perpendiculaires, si je les prolonge, je peux toujours marquer quatre angles droits. »

On peut alors introduire dans la boîte à outils un transparent de format A5 sur lequel on a reproduit une paire de traits perpendiculaires comme celle ci-contre.

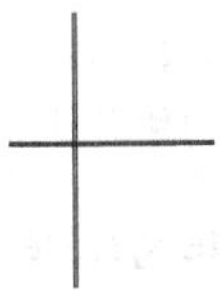

☐ Étape 3 : trace écrite

Proposition :

Quand deux traits sont perpendiculaires…

Je peux marquer un angle droit — *deux angles droits* — *quatre angles droits*

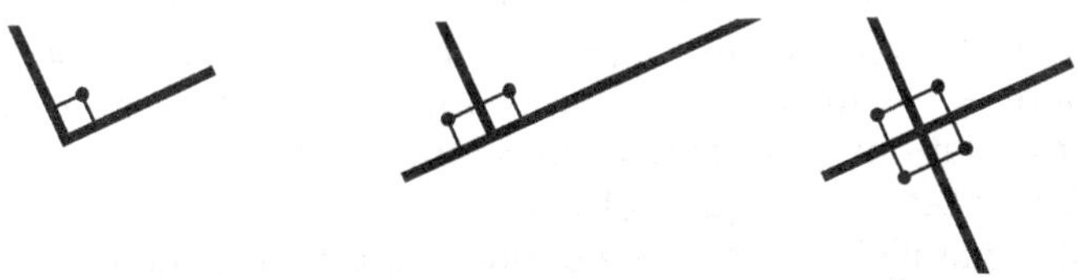

ou je ne peux pas marquer d'angle droit…

Mais, dans tous les cas, si je prolonge les traits, je peux marquer quatre angles droits.

▪ Parallélisme

Au CE2, les deux premières significations du parallélisme présentées – « droites penchées pareil par rapport à une direction donnée » (situation « Les feuilles qui coulissent ») et « côtés opposés d'une forme familière » (situation « Trapèze à terminer ») – peuvent être abordées indépendamment de l'approche de la perpendicularité.
La signification du parallélisme « droites d'écart constant » (situation « Sur la trace des roues ») abordée au CM1 suppose un travail préalable sur l'angle droit. La reconstitution d'un réseau de droites parallèles à une droite, traitée dans la situation « Parapuzzle », permet une synthèse sur les différentes significations du parallélisme et sur les techniques de tracés rencontrées.

Les procédures visées évoluent donc du tracé de parallèle par glissement de la règle ou report de traits intermédiaires vers la mesure d'un écart selon une direction perpendiculaire à une droite. Le recours à la double perpendicularité pourra être appréhendé au CM2 notamment dans le module sur les situations de synthèse.

1. Les feuilles qui coulissent (CE2)

> DESCRIPTION RAPIDE

La première conception du parallélisme que nous voulons développer est celle de **« droites penchées pareil par rapport à une direction donnée »**. Nous nous intéressons donc à des familles de droites obtenues à partir de l'une d'entre elles par des translations (« glissement sans tourner »).
Dans la situation « Les feuilles qui coulissent », nous proposons à l'élève de construire une droite parallèle à une droite donnée sans disposer du vocabulaire correspondant, la relation étant prise en charge par le contexte retenu. Le problème posé est un problème spatial. L'élève va le résoudre de manière perceptive, en mobilisant dans ce contexte ses connaissances en actes sur les droites parallèles pour anticiper le résultat d'un mouvement de translation.

Il s'agit d'une situation d'approche du concept de parallélisme. La connaissance du vocabulaire du registre géométrique (droites parallèles, angle…) n'est pas un pré-requis.

> OBJECTIFS

– Établir la relation entre une action (le glissement sans tourner d'un trait droit) et le tracé d'un trait parallèle au trait donné.
– Fabriquer un réseau de droites parallèles (« penchées pareil »).

> DURÉE

Deux séances d'environ 45 minutes.

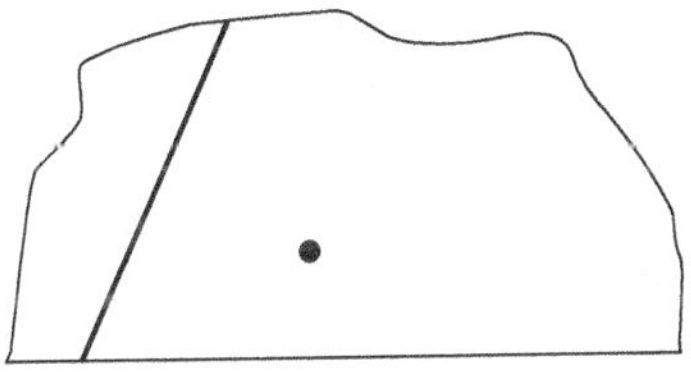

> PROBLÈME

Construire la parallèle à une droite donnée passant par un point donné situé « loin » de la droite.

> PROCÉDURES

Procédure 1 : tracé du trait **sans mettre en jeu le parallélisme**.
Procédure 2 : tracé de la parallèle au jugé, avec **utilisation perceptive** du parallélisme.
Procédure 3 : tracé de la parallèle par **glissement de la règle**.
Procédure 4 : tracé de la parallèle avec tracé d'une ou plusieurs **parallèles intermédiaires**.
Procédure 5 : tracé de la parallèle en cherchant à utiliser un **écart constant** entre les deux droites, cet écart pouvant être pris selon une direction quelconque, parallèle au bord inférieur droit ou perpendiculaire au trait initial.
Procédure 6 : construction d'un **gabarit** par pliage ou transparence pour reporter au niveau du point l'angle entre ce trait tracé sur la feuille et le bord inférieur droit.
Procédure 7 : **tracé instrumenté** d'une perpendiculaire à la droite initiale et de la perpendiculaire à celle-ci passant par le point donné.

> VARIABLES DIDACTIQUES

La distance du point donné à la droite donnée constitue la principale variable didactique de cette situation. Deux valeurs (2,5 cm et 12 cm) seront successivement données à cette distance. La seconde est choisie de manière à mettre en évidence les limites des procédures perceptives ou s'appuyant sur le glissement de la règle. Dans la deuxième phase, nous proposerons de tracer plusieurs parallèles à la droite donnée ; cela favorisera aussi les procédures 4 et 5.

> MATÉRIEL

– La boîte à outils complète.
– Des guides (environ un pour six élèves, voir dessins page suivante) constitués d'une feuille cartonnée à bords non réguliers (découpée dans un format A3) et d'un calque scotché à la feuille cartonnée, de forme voisine. Le calque se replie sur la feuille cartonnée pour constituer une sorte de « feuille double » dans laquelle vont coulisser les feuilles de travail. Sur le calque, on a tracé un trait penché assez épais ; il indique la direction du réseau de droites parallèles à construire. Il faut éviter les angles de 30°, 45° ou 60° car l'équerre pourrait alors fournir des gabarits, ce qui risquerait d'entraîner des confusions avec l'usage de l'équerre pour la perpendicularité ! Pour tracer le calque, on utilisera la fiche 1 de façon à ce que tous les traits en jeu soient bien « penchés pareil ».
– Trois feuilles de travail pour chaque élève comportant un bord droit, un trait de même direction que celui du calque par rapport au bord droit avec un point situé à environ 2,5 cm de la droite (fiche 1), avec un point plus loin à environ 12 cm de la droite (fiche 2) ou avec une dizaine de points non alignés et non équidistants (fiche 3). 

– Un quart de la feuille présentant un réseau de droites parallèles (fiche 4) à coller dans le cahier pour chaque élève et une moitié de cette fiche 4 sur un transparent pour chaque boîte à outils.
– Un guide et deux feuilles de travail de format plus important pour afficher au tableau au moment de la présentation de la situation.

Exemple de dispositif

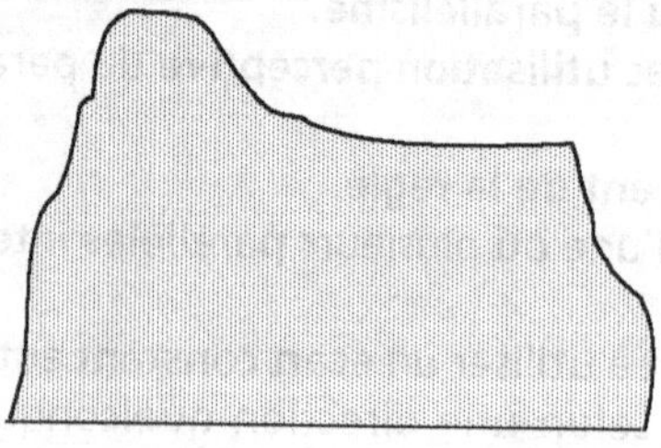
feuille cartonnée (dos du guide)

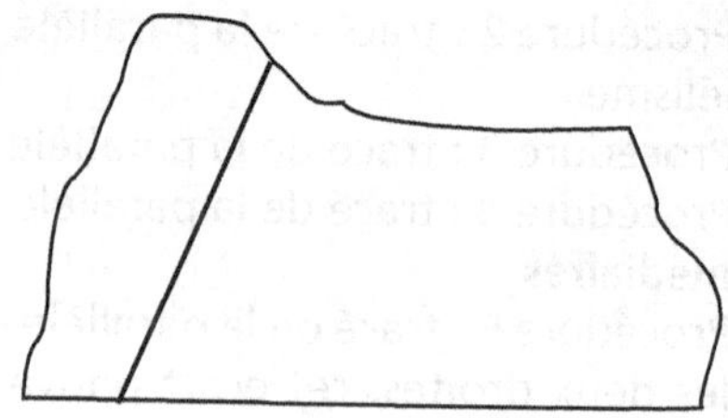
calque (face du guide)

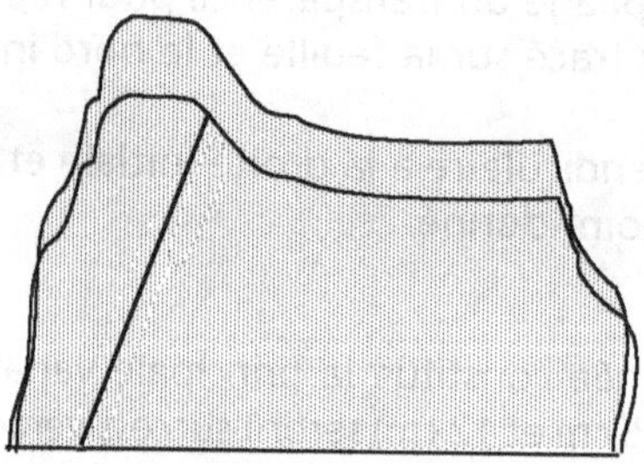
guide

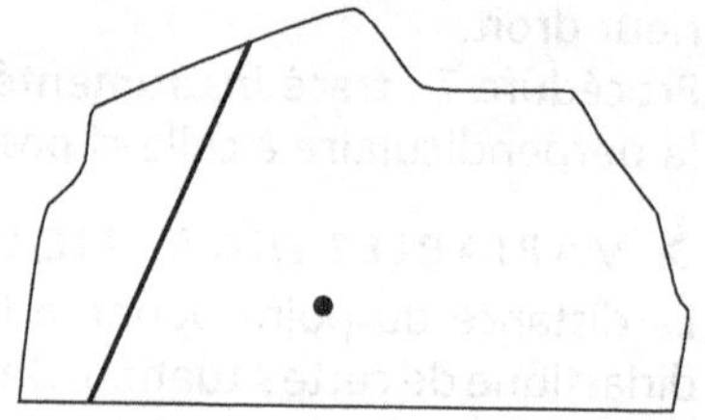
feuille de travail

DÉROULEMENT

■ Première phase
Tracer une droite parallèle à une droite donnée

☐ Étape 1 : le point est situé à environ 2,5 cm du trait

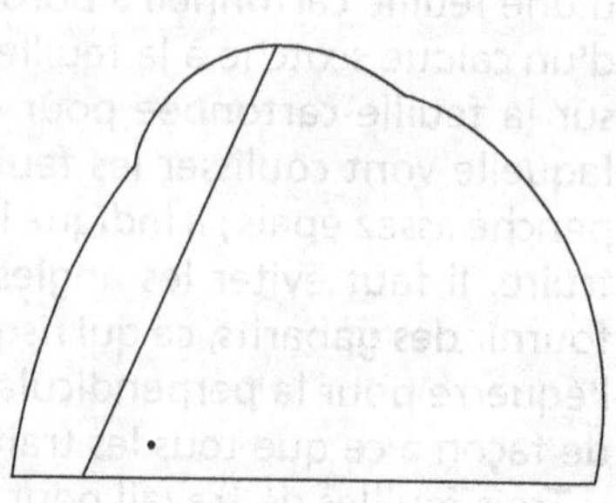
Fiche 1

Le maître montre un guide et une feuille de travail (fiche 1) agrandis qui sont décrits collectivement. Il explique ensuite le fonctionnement du dispositif : « Cette feuille coulisse dans ce guide, le bord droit de la feuille bien plaqué contre le bord droit du guide. » Il le fait fonctionner et on constate qu'à un moment donné, le trait de la feuille est exactement sous le trait du guide : « Quand ça coulisse, à un moment on ne voit plus qu'un trait ! » On continue le mouvement et on constate que c'est ensuite le point qui passe sous le trait du guide.

« Vous allez recevoir une feuille comme cette feuille de travail. Vous allez y tracer un trait qui passe par le point et qui sera caché par le trait du guide quand vous ferez coulisser la feuille dans le guide. Attention, vous n'aurez pas le guide pour tracer. »
Pour faciliter la compréhension de la consigne et notamment de l'expression « caché par », il est important que le guide soit plus grand que les feuilles de travail et que le trait du guide soit assez long.

Les enfants disposent d'une feuille chacun (fiche 1) et tracent individuellement. À cette étape, en début de cycle 3, il faut s'attendre à beaucoup de procédures sans recours au parallélisme et donc à beaucoup d'erreurs ; ce sont les procédures par glissement de la règle ou par tracé de traits parallèles intermédiaires qui sont visées ici.

☐ Étape 2 : mise en commun

Quatre ou cinq productions, correspondant à des réponses variées, sont choisies par le maître et affichées, le bord droit étant orienté de manière aléatoire par rapport aux bords du tableau ; on veillera cependant à en disposer une ou deux avec le bord droit de la feuille de travail à l'horizontale.

Exemples de premiers constats obtenus dans une classe de CE2 :
- « Sur le numéro 4, le trait n'est pas penché comme l'autre, il est plus droit » ;
- « Là, ça ne va pas car le trait est trop couché » ;
- « Sur le 2, c'est bon parce que les traits se touchent pas » ;
- « Là, on ne peut pas dire, il faut vérifier avec le guide » ;
- « Sur le 3, ça ne va pas, en bas l'écart, il est un peu plus grand qu'en haut » ;
- « Le premier, il est bien, les traits sont bien comme ça », l'élève joignant le geste à la parole…

Le maître intervient pour demander avant la vérification comment les élèves ont procédé. Les différents élèves présentent leur façon de faire :
- « J'ai pris la règle, je l'ai posée et j'ai tracé et après je me suis rendue compte que j'allais trop bas » ;
- « Si on met droit, ça va pas aller, il faut pencher mais pas trop énormément parce que sinon ça va toucher le rouge, il faut faire comme le rouge, penché », et il montre avec la main ;
- « J'ai mis la règle contre le trait et j'ai déplacé en coulissant, en glissant ».

☐ Étape 3 : vérification

On vérifie les productions avec le guide. La précision rigoureuse du tracé n'est pas un objectif. On peut se mettre d'accord sur une tolérance acceptable pour valider.

Le mouvement de la feuille visualisé à travers le guide et le rapprochement progressif du trait de la feuille vers le trait du guide doivent permettre d'invalider ou de pronostiquer une validation avant que le trait de la feuille n'atteigne celui du guide. Les échanges dans des groupes de quatre ou six autour d'un guide, les pronostics avant vérification complète devraient faciliter la perception de cette direction « penchée pareil » par rapport au bord droit du guide ou de la feuille.

Un temps de bilan permet de rapprocher réponses correctes et procédures pertinentes.

☐ Étape 4 : le point est situé à environ 12 cm du trait

On propose une fiche 2 à chacun.

On peut aussi choisir de proposer à nouveau une fiche 1 à certains de façon à permettre à ceux qui ont tracé leur premier trait sans aucune référence implicite au parallélisme de s'approprier une des méthodes exposées.

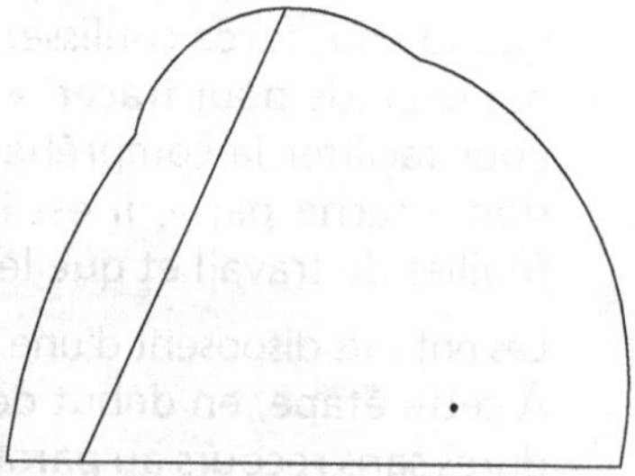
Fiche 2

Pour la fiche 2, la tâche est la même, mais l'éloignement du point va rendre plus délicat le tracé d'un trait acceptable et invalider les procédures basées sur un tracé s'appuyant seulement sur la perception. Pour la validation, on procède comme dans l'étape 3.

☐ Étape 5 : bilan

Le bilan vise à rejeter le simple jugé et à mettre en évidence le glissement de la règle sans tourner, même si cette procédure pertinente est difficile à contrôler. Le tracé de droites intermédiaires ou l'utilisation de gabarits (peu probable dans cette première situation...) peuvent la rendre plus fiable.

Le recours à l'écart constant peut apparaître soit pour tracer, soit pour juger dans l'étape 2, la règle (ou la ficelle) étant positionnée approximativement selon une direction fixe. La mesure de cet écart perpendiculairement au trait n'est pas un objectif de cette situation.

L'introduction du terme « parallèle » n'est pas un objectif ; « penchées pareil » permet souvent de verbaliser ce que l'on voit ou ce que l'on cherche. S'il est formulé par les élèves, on peut chercher des exemples de droites perçues comme parallèles dans l'environnement familier des enfants.

■ Deuxième phase
Fabriquer un réseau de droites « penchées pareil »

Le maître distribue une nouvelle feuille de travail à chaque élève sur laquelle il a tracé une droite et marqué une dizaine de points, non alignés et non équidistants (fiche 3).

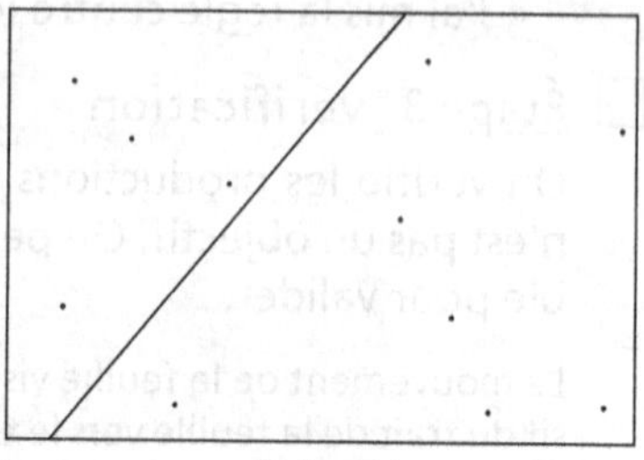
Fiche 3

Il précise la tâche avec les élèves : « Dans les exercices précédents, vous aviez un trait et un point sur votre feuille de travail. Cette fois, vous avez toujours un trait mais plusieurs points. Qui peut expliquer ce que vous allez devoir faire ? »

☐ Étape 1 : réalisation individuelle

On attend un réinvestissement des procédures explicitées dans la phase précédente.

☐ Étape 2 : premier tri, validation

Affichage des productions et premier tri basé sur la perception (la production ne convient pas/la production semble convenir mais il faut vérifier). Rapide échange d'arguments puis validation effective par le glissement dans le dispositif.

☐ Étape 3 : trace écrite

Le maître affiche les productions validées par le dispositif puis donne à chaque enfant une partie de l'exemplaire du réseau fourni en fiche 4 (un quart de feuille par élève). Il peut le présenter comme réalisé avec un dispositif analogue mais plus précis.
Ce document est collé dans le cahier et on note « feuille de traits penchés pareils » ou « feuilles de traits parallèles » selon ce qui a été dit dans la mise en commun.

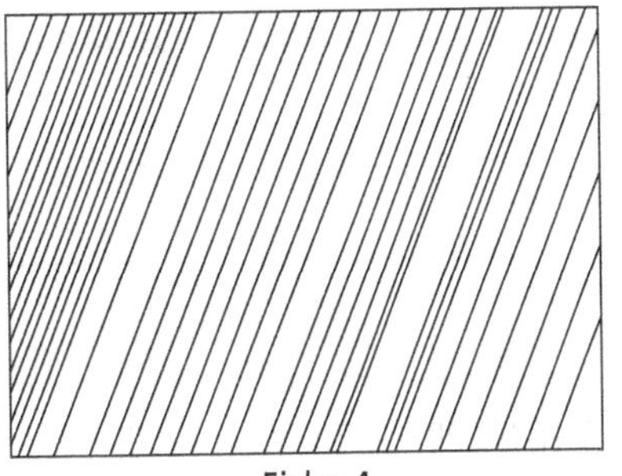

Fiche 4

Un exemplaire du même document mais photocopié sur transparent est placé dans chaque boîte à outils (la moitié du transparent A4 par boîte).

2. Trapèze à terminer (CE2)

> DESCRIPTION RAPIDE

Cette situation aborde une deuxième signification du parallélisme en mobilisant les connaissances implicites des élèves sur cette relation entre deux côtés opposés d'un trapèze.

Nous avons choisi d'utiliser un trapèze plutôt qu'un rectangle alors que ce dernier objet est plus familier pour les élèves. Nous pensons éviter ainsi des confusions entre les relations de perpendicularité et de parallélisme en ce début d'apprentissage et garder le rectangle comme référence de l'angle droit (cf. situations « Rectangle à terminer »).

Le trapèze proposé est isocèle (avec une nette différence de longueur entre les deux côtés parallèles). Nous faisons l'hypothèse que cet objet est suffisamment familier aux élèves pour leur permettre de résoudre le problème posé au moins de manière perceptive.

La connaissance du vocabulaire du registre géométrique (parallèle, trapèze, côté...) et celle des instruments de tracés (réseau de droites parallèles, équerre...) ne sont pas des pré-requis !

> OBJECTIFS

– Identifier le parallélisme de deux des côtés d'une forme familière.
– Percevoir l'insuffisance des procédures au jugé ou utilisant un glissement.
– Introduire le mot « parallèle ».

> DURÉE

Une séance d'une heure environ.

> PROBLÈME

Terminer un trapèze dessiné sur une feuille à bords arrondis comme indiqué ci-dessous.

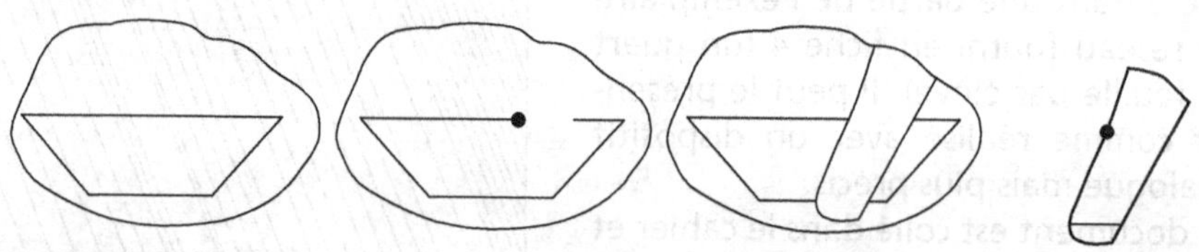

trapèze de référence | trapèze à terminer | partie 1, gardée par le maître | partie 2, feuille de travail de l'élève

La feuille sur laquelle est dessiné le trapèze à terminer est découpée en deux parties :
– la partie gardée par le maître comporte un vide correspondant à la feuille de travail de l'élève ;
– la feuille de travail de l'élève sur laquelle il doit construire le morceau manquant du côté à tracer en ne disposant que d'un point du côté à tracer et d'une partie du côté opposé.

> VARIABLES DIDACTIQUES

La principale variable didactique utilisée dans cette situation porte sur la position relative des deux traits (le trait fourni et le trait à tracer). Trois cas seront envisagés, comme indiqué ci-dessous : les deux traits sont « bien en face », les deux traits sont « légèrement décalés », les deux traits sont « complètement décalés ».

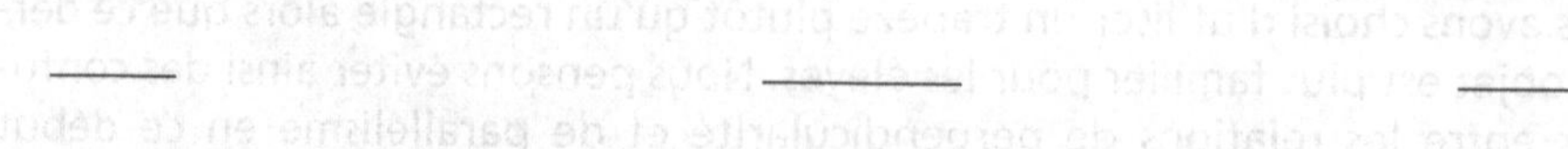

Nous utilisons aussi une seconde variable didactique : les longueurs du trait fourni et du trait à tracer. La longueur du trait fourni diminuera au fur et à mesure des étapes alors que celle du trait à tracer augmentera de façon à accentuer les erreurs dues aux tracés au jugé sans contrôle du parallélisme.

> PROCÉDURES

Pour le dessin du côté à terminer :
- en référence à la forme globale par le tracé d'un trait au jugé ;
- en référence au parallélisme par le tracé d'un trait par glissement contrôlé de la règle ou par le recours à des traits intermédiaires (en utilisant par exemple les deux bords parallèles d'une règle) ;
- en mesurant la distance point-trait (distance entre le point et le côté opposé du trapèze) et en la reportant pour obtenir un autre point, avec contrôle au jugé de la direction pour le report ou selon une perpendiculaire avec contrôle instrumenté de la direction pour le report ;
- par tracé instrumenté du parallélisme (avec le réseau de droites parallèles fourni après la situation « Les feuilles qui coulissent », des gabarits ou la règle et l'équerre).

> MATÉRIEL

- Un trapèze de référence (fiche 1) et un exemplaire des fiches 2, 3 et 4 à reproduire sur des feuilles A3 et à découper suivant des bords non rectilignes pour la classe.

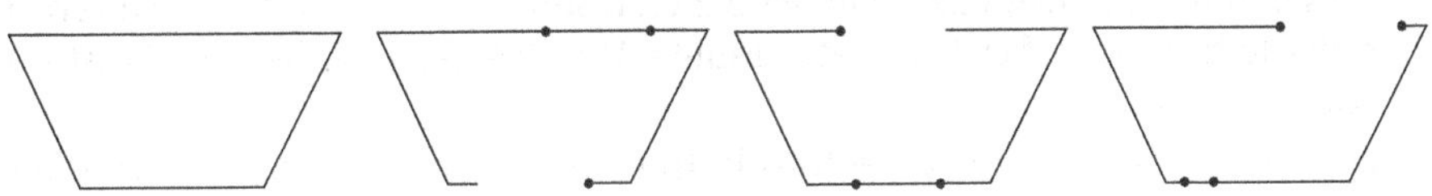

Fiche 1 Fiche 2 Fiche 3 Fiche 4

- La boîte à outils pour la géométrie.
- Un crayon à papier et un feutre de couleur assez épais de façon à atténuer les problèmes de précision lors de la validation.
- Trois trapèzes à terminer, pour chaque équipe de deux (fiches 2, 3 et 4), reproduits sans agrandissement sur une feuille A3 dont les bords seront découpés suivant des lignes courbes ; ces feuilles seront séparées en deux parties (une partie pour le maître et l'autre pour l'équipe d'élèves) comme indiqué précédemment.
- Deux exemplaires de la fiche 5 (un par élève).

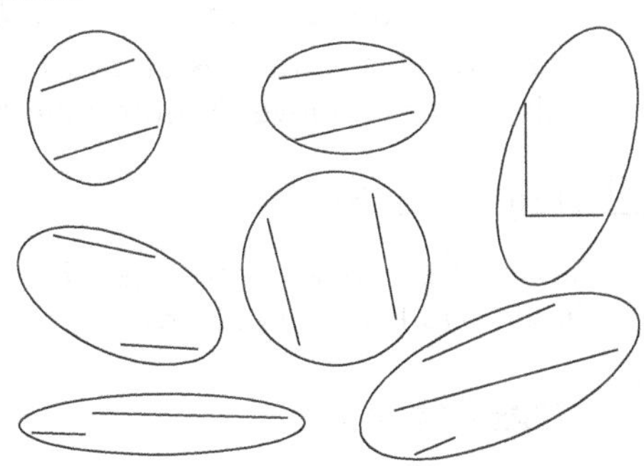

Fiche 5

Sur les fiches 2, 3 et 4, les traits de découpage n'ont pas été marqués car il est plus facile d'effectuer un découpage « flou » que de suivre une courbe ! Les points incontournables sont indiqués ; le maître devra vérifier que le point fourni est suffisamment visible.

DÉROULEMENT

■ Première phase
Les deux traits sont bien en face

La situation est décrite avec le mot « trapèze ». La connaissance du terme n'est pas un préalable à cette situation ; le maître peut aussi employer le mot « forme » par exemple.

☐ Étape 1 : mise en place et communication du problème

Les élèves travaillent par deux. Chaque équipe est désignée par une lettre : A, B, C… Les trapèzes à terminer (fiche 2), préparés au préalable, sont désignés du nom des équipes A, B, C… dans l'espace prévu à cet effet sur la fiche.

Le maître montre le trapèze de référence (fiche 1) puis le fixe au tableau dans une position quelconque, ses bases n'étant pas parallèles aux bords du tableau.

Puis il montre le trapèze de la fiche 2 en disant : « On a commencé à reproduire le trapèze affiché sur cette feuille. Un côté est déjà dessiné. Il reste ce côté à terminer. »

Le maître découpe au vu de tous le trapèze suivant une ligne courbe passant par les points indiqués puis fixe les deux parties au tableau, en faisant en sorte que les bases ne soient pas en position horizontale ou verticale. Les autres trapèzes ayant été découpés auparavant par le maître pour gagner du temps, leurs parties 2 sont présentées aux élèves puis distribuées : « J'ai fait la même chose pour d'autres trapèzes à terminer. Voici le dessin à terminer de l'équipe A, voici le dessin à terminer de l'équipe B… »
Le maître fixe toutes les parties 1 au tableau dans des positions aléatoires puis amène les élèves à reformuler le problème.

☐ Étape 2 : recherche

Les élèves peuvent effectuer des essais au crayon mais leur production finale sera tracée au feutre.

☐ Étape 3 : bilan

Des erreurs sont attendues… notamment quand les tracés sont effectués uniquement au jugé. Elles peuvent aussi être dues à une utilisation spontanée et mal maîtrisée du glissement de la règle.
Le maître affiche les productions correspondant aux parties 2 en demandant aux élèves de repérer les productions qui conviennent. Puis il les passe en revue en demandant à leurs auteurs de se prononcer sur leur production sous le contrôle de la classe. **On ne vise là que des réponses établies perceptivement du type « c'est bon ! », « c'est pas bon ! », « on ne peut pas dire », « c'est presque bon ! »…**

Dans cette première phase, la mise en commun sera rapide et conduite en termes de réussite ou de non-réussite sur les productions. L'explicitation des procédures n'est pas un objectif de cette phase ; elle le sera dans les phases ultérieures qui correspondent à une reprise du même problème avec d'autres tracés.
Une validation pratique par reconstitution du puzzle suivra ces jugements.

Deuxième phase
Les deux traits sont légèrement décalés

Il s'agit de faire en sorte que les élèves, et notamment ceux qui ont travaillé au jugé, mobilisent la relation de parallélisme. Le problème est le même que dans la première phase mais on change de trapèze et les traits sont légèrement décalés (fiche 3).
Le côté fourni à l'élève est plus petit de façon à rendre inefficaces les procédures au jugé qui nécessitent un support visuel plus important. Le côté à tracer reste long de façon à amplifier les erreurs dues à l'absence de prise en compte de la relation de parallélisme.

Étapes 1 et 2 : communication du problème, recherche

Les étapes 1 et 2 sont identiques à celles de la première phase.

Étape 3 : bilan

Le maître affiche les parties 2 avec le trait fourni en position horizontale. Il demande à différents élèves de venir mettre de côté toutes les productions qui ne conviennent pas en expliquant les raisons de leur choix.
La mise en commun reste centrée sur la détermination « réussi/non réussi ». Cependant, comme il s'agit d'une reprise, le contrôle de la classe et les désaccords sur les productions litigieuses devraient amener un débat sur les procédures utilisées. Des désignations de la relation par des gestes devraient apparaître au cours du débat.
Il est important de maintenir l'exigence de critique des productions avant la validation pratique avec la partie 1 pour amener l'idée d'un outil auxiliaire ou de tracés intermédiaires permettant le contrôle du glissement.

Troisième phase
Les deux traits ne sont plus du tout en face

La conduite de la troisième phase est identique à celle de la deuxième phase. On utilise cette fois le trapèze de la fiche 4. Le décalage des deux traits devrait permettre de dépasser la perception du parallélisme sous forme d'une figure prototypique – avec deux traits de longueurs voisines et disposés bien en face – pour l'approcher comme relation entre traits de « même direction ».
Comme précédemment, la mise en commun a pour objectif de déterminer les productions réussies et non réussies avant de passer à la validation pratique. L'explicitation de toutes les procédures de construction possibles n'est pas un objectif, mais l'explicitation de celles qui sont utilisées devrait

apparaître dans le débat concernant la validation. Ce débat doit faire ressortir que :

– le côté à tracer ne peut pas être placé au jugé ; c'est une position particulière du côté (direction) que l'on cherche ;

– la règle glissée avec une grande précaution pour garder la même direction (ou la garder « penchée pareil ») ou le tracé de traits intermédiaires en utilisant les deux bords de la règle aide au tracé du bon segment.

La validation effective permet de revenir sur le tri fait par anticipation et pourra éventuellement permettre de faire le lien entre procédures utilisées et validité de la production.

Il se peut que le maître soit confronté à une procédure utilisant le réseau de droites parallèles fourni dans la boîte à outils et à des difficultés pour le tracé. On pourra mettre en évidence le fait qu'avec le réseau sur transparent disposé au-dessus de la feuille de travail, on va savoir sous quel trait du réseau doit se situer la solution. Le tracé peut s'effectuer en prenant un point de repère avec le réseau sur l'autre bord de la feuille de travail et en joignant ce point au point fourni, ou éventuellement par transparence en glissant le réseau sous la feuille de travail, ou encore en faisant une marque sur la feuille à travers le réseau à l'aide d'une pointe de compas ! Cependant, il est préférable que les procédures erronées soient amplement critiquées avant que ce réseau n'apparaisse comme utile.

Quelle institutionnalisation ?

À l'aide de productions valides et de productions invalides, la classe peut identifier des paires de traits solutions.

Si le mot « parallèle » n'est pas encore apparu, il peut être donné à ce moment-là, avec référence à des réseaux connus de droites parallèles, à des gestes, à la situation « Les feuilles qui coulissent ». La trace écrite correspond alors à celle envisagée à la fin de cette dernière situation.

La planche de la fiche 5 est fournie à chaque élève avec pour consigne de colorier en rouge, sur chaque vignette, les traits parallèles. La mise en commun qui suit a pour objectif de dépasser les arguments reposant sur la seule perception pour installer une procédure de validation à l'aide du réseau de traits parallèles. On peut alors découper des paires de traits parallèles et des paires de traits non parallèles dans la planche de la fiche 5, les coller dans le cahier mémoire et écrire sous les vignettes : « ces deux traits sont parallèles » ou « ces deux traits ne sont pas parallèles ».

3. Sur la trace des roues (CM1)

> DESCRIPTION RAPIDE

Après avoir abordé le parallélisme par ses significations « droites penchées pareil par rapport à une droite donnée » dans « Les feuilles qui coulissent » et « côtés parallèles d'une forme familière » dans « Trapèze à terminer », cette situation mobilise une autre signification du parallélisme : « l'écart constant entre deux droites ». Celle-ci a pu être rencontrée dans les travaux de certains élèves lors des deux situations évoquées ci-dessus, mais elle devient ici un objet d'étude.

Nous nous imaginons sur le rallye Paris-Dakar, dans la steppe africaine... Un camion a roulé sur le sable, les traces de ses roues sont bien visibles ; il a traversé un marigot (mare, plan d'eau, étang...) mais le vent a effacé une partie des traces qu'il a laissées en sortant. Il s'agit de tracer leur emplacement...

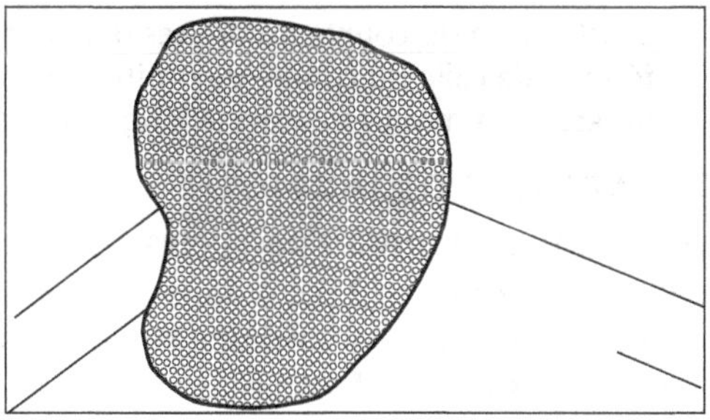

> OBJECTIFS

- Identifier perceptivement deux droites parallèles et associer cette relation de parallélisme à un écart constant.
- Faire apparaître l'écart constant entre deux droites, associé à la perpendicularité, comme un outil pour reconnaître deux droites parallèles.
- Faire apparaître l'écart constant entre deux droites, associé à la perpendicularité, comme un outil pour tracer une droite parallèle à une droite donnée.

> DURÉE

Une séance d'une heure.

> PROBLÈME

Un trait droit, représentant le bord d'une bande, est dessiné sur une feuille. L'élève doit tracer le deuxième bord de la bande en allant chercher des informations sur une bande témoin de même largeur. La mesure de cet écart selon une direction donnée est implicitement induite par le contexte de la situation !

Fiche 1 : feuille de présentation

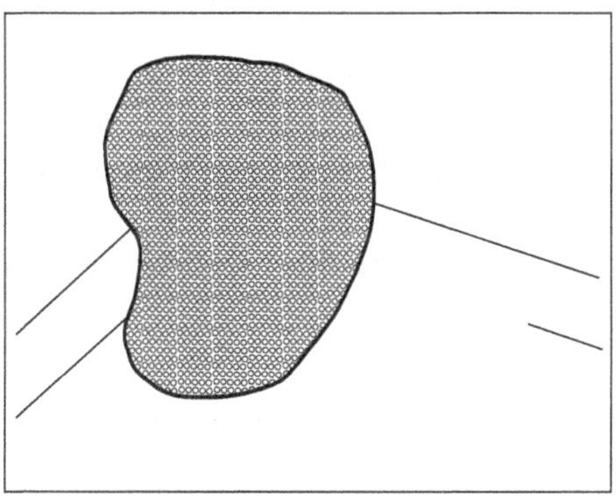

Fiche 2 : feuille de travail

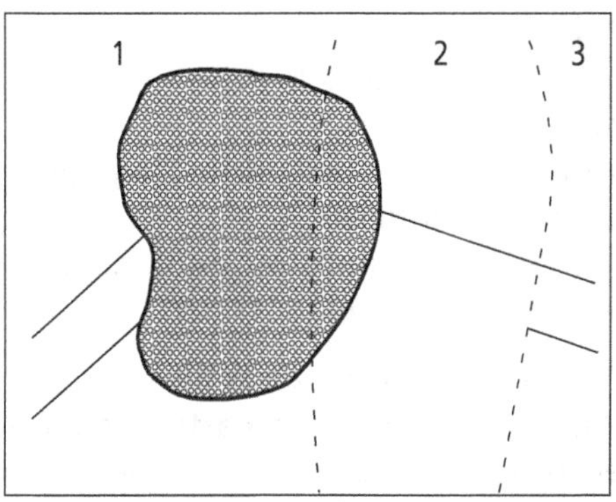

Partie 1 Partie 2 Partie 3

Pour obtenir les feuilles de travail, il suffit de découper des copies de la feuille de présentation. La partie 1, mise à distance, est la source d'informations, la partie 2 est la feuille de travail de l'élève et la partie 3 sert à la validation pratique.

Un changement de direction entre le couple de droites parallèles données et le couple de droites parallèles à construire est prévu pour limiter le recours aux procédures relevant du glissement ou même de l'alignement, et pour favoriser les procédures relevant de l'écart constant.

L'inclinaison du couple de droites données par rapport au bord du marigot est différente de celle du couple de droites à construire de façon à mettre en évidence la nécessité de mesurer l'écart le long d'une direction fixe.

> VARIABLE DIDACTIQUE

L'écart entre les droites parallèles

L'écart est d'environ 3,5 cm dans un premier temps (attention à ce qu'il ne corresponde pas à la largeur d'une règle de la boîte à outils !), et il devient d'environ 5 cm ensuite, de façon à rendre plus difficile l'utilisation des procédures au jugé ou utilisant le glissement.

> PROCÉDURES OBSERVÉES

Procédure 1 : au jugé.

Procédure 2 : par glissement, en conservant la direction, la largeur de la bande étant estimée au jugé.

Procédure 3 : par mesure de l'écart sur le bord du marigot et report sur l'autre bord selon une direction déterminée par glissement ou de façon perceptive.

Procédure 4 : par mesure de l'écart selon la direction perpendiculaire à celle d'un bord de chaque bande et report en deux points.

Procédure 5 : utilisation de la double perpendicularité pour le tracé avec mesure de l'écart et report de l'écart en un seul point, selon une perpendiculaire à l'un des bords (tracée sur chacune des deux bandes).

Les procédures se différencient aussi par le nombre de points que l'élève positionne avant de tracer. Certains élèves placent un point puis tracent au jugé, d'autres placent deux points, d'autres encore plusieurs points !

> MATÉRIEL

Pour la classe

– Un exemplaire de la fiche 1 agrandie au format A3 et éventuellement au format A2.

– Un exemplaire de la fiche 2 agrandie au format A3 et coupée en trois parties selon les pointillés.

– Quelques exemplaires de la fiche 2 agrandie à 141 % dont les trois parties sont découpées selon les tirets.

Pour une équipe de deux élèves

– Un exemplaire de la partie 2 de la fiche 2 (à découper selon les tirets pour enlever les parties hachurées) agrandie à 141 %.

– Un exemplaire de la partie 2 de la fiche 2, agrandie à 141 % et découpée selon les tirets.

– La boîte à outils de géométrie : on veillera à **enlever les règles graduées dont la largeur est inférieure à celle de la bande** de façon à ne pas faciliter les tracés au jugé ; **on enlèvera le réseau de droites parallèles** (donné à la fin de la situation

« Les feuilles qui coulissent ») de façon à éviter les procédures recherchant deux droites du réseau se superposant aux deux bords de la bande donnée.

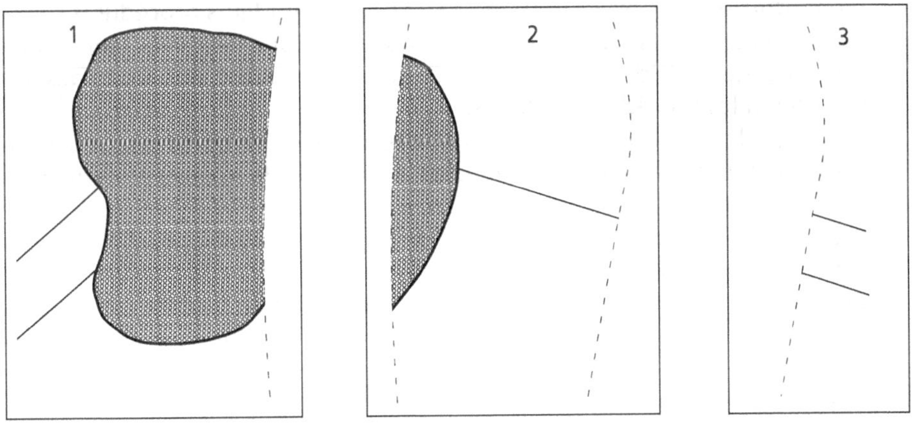

Les trois parties de la fiche 2 (à découper selon les tirets)

Pour chaque élève
Un exemplaire des fiches 3 et 4.

DÉROULEMENT

■ Première phase Résolution du problème

☐ Étape 1 : présentation

Les élèves sont répartis par groupes de deux.
Le maître montre la fiche 1 agrandie au format A3 (ou même au format A2) pendant qu'il présente le problème.
« Nous nous imaginons sur le rallye Paris-Dakar... La tache représente un marigot (mare, plan d'eau, étang...) et les deux bords de la bande correspondent aux traces laissées par les roues d'un camion dans le sable. Celui-ci a traversé le marigot, mais le vent a effacé une partie des traces qu'il a laissées en sortant. Vous devrez dessiner le trait représentant la trace effacée. »
Le maître affiche au tableau la fiche 2 agrandie au format A3 préalablement découpée selon les tirets.
« Attention, les plans dont nous disposons sont partagés en trois parties. Je vais distribuer un exemplaire de la partie 2 à chaque groupe ; c'est sur cette feuille que vous devrez dessiner le trait représentant la partie effacée. Si vous en avez besoin, vous pourrez consulter les exemplaires de la partie 1 que je vais répartir dans la classe, mais vous ne pouvez transporter ni ces feuilles ni les vôtres. Je garde les exemplaires de la partie 3 ; ils serviront plus tard. »

☐ Étape 2 : réalisation et mise en commun

Les élèves réalisent la tâche par binômes puis ceux-ci viennent successivement afficher leurs travaux au tableau en décrivant leurs procédures.

Ceux qui reconnaissent leur procédure dans celle que décrivent leurs camarades viennent afficher leur travail au dessous. On réalise ainsi un tri des travaux selon les procédures utilisées.

Un temps de débat doit permettre une première évaluation des productions affichées (ou de certaines d'entre elles choisies par le maître) en termes du type « c'est bon »/« c'est pas bon ».

L'idée de validation par recollement de la partie 3 ou éventuellement par superposition de la partie 1 devrait émerger…

Cette phase de validation doit permettre de mettre en évidence les erreurs ou imprécisions de tracés dans les procédures 1, 2, 3 et 4.

Deuxième phase
Reprise

Pour la reprise, on utilise un agrandissement du plan précédent (parties 1 et 2 agrandies à 141 %) avec les mêmes contraintes de mise en œuvre. En ce qui concerne la validation, la mise en commun doit porter essentiellement sur les procédures employées pour prendre en compte les contraintes du problème.

La validation pratique n'est plus nécessaire ; si elle se fait, il est préférable d'utiliser la superposition de la bande réponse sur la bande donnée de façon à éloigner le contexte. Si le maître choisit de conserver une validation par recollement avec la partie 3 ou si les élèves en ont besoin, il faut alors utiliser la partie 3 agrandie à 141 %.

L'agrandissement doit permettre d'accentuer les erreurs, de les mettre plus facilement en évidence et par conséquent de rejeter les procédures de tracé au jugé ou par report erroné de l'écart si cela n'a pas été fait à l'étape précédente.

Troisième phase
Institutionnalisation et exercices

☐ Étape 1 : institutionnalisation

Le terme « parallèle » a été introduit au cours des situations « Les feuilles qui coulissent » ou « Trapèze à terminer ». Il doit être repris ; on peut ainsi préciser : « Les traces de roues sont deux traits parallèles » ou « Nous avons tracé une droite parallèle à celle qui était dessinée », etc.

Concernant l'écart constant, on vise des formulations du type :

– « L'écart entre les deux droites est toujours le même » ;

– « Quand deux droites sont parallèles, l'écart qui les sépare est partout le même ».

La question de la direction fixe selon laquelle on doit mesurer cet écart est explicitée en s'appuyant sur des gestes, en montrant au tableau dans un premier temps et en indiquant comment placer perpendiculairement l'instrument de mesure utilisé dans un second temps.

Le maître peut ensuite tracer deux droites parallèles au tableau et demander ce qu'elles ont de particulier en visant des formulations comme « Elles ont toujours le même écart », « On peut tracer une perpendiculaire allant d'une droite à l'autre », « On peut tracer une perpendiculaire aux deux droites ».

☐ Étape 2 : accompagnement/prolongement

Reconnaître si deux droites sont ou ne sont pas parallèles
(fiche 3)
Lors de la mise en commun, on soumet à la discussion collective les cas de divergence des réponses, en particulier les « presque parallèles » (insuffisance du perceptif, nécessité de mesurer l'écart plusieurs fois, direction selon laquelle on mesure).

Tracer une droite parallèle à une droite donnée
(fiche 4)
La mise en commun sera l'occasion de formuler des procédures de construction :
– pour tracer une droite parallèle à une droite d, on peut tracer deux droites perpendiculaires à d puis mesurer le même écart le long de ces deux perpendiculaires ;
– pour tracer une droite parallèle à une droite d et passant par un point A, on peut tracer la droite perpendiculaire à d passant par A, mesurer l'écart entre A et la droite d le long de cette perpendiculaire et le reporter sur une autre perpendiculaire à d.

Cette dernière procédure ne correspond pas à la procédure de construction qui utilise simplement une perpendiculaire commune. La connaissance correspondante n'est pas un objectif de cette situation qui ne travaille que sur l'écart constant.

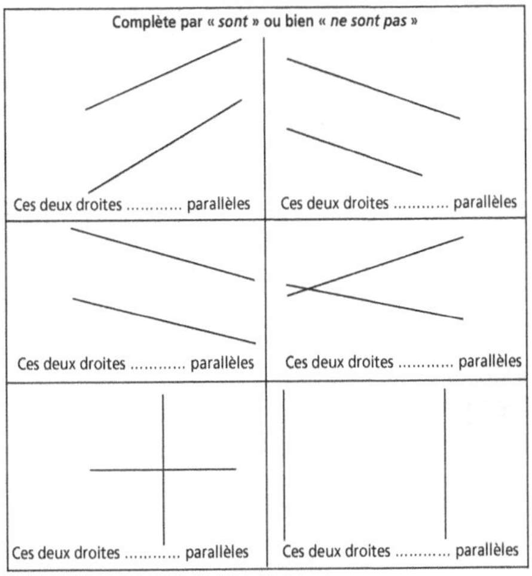

Fiche 3

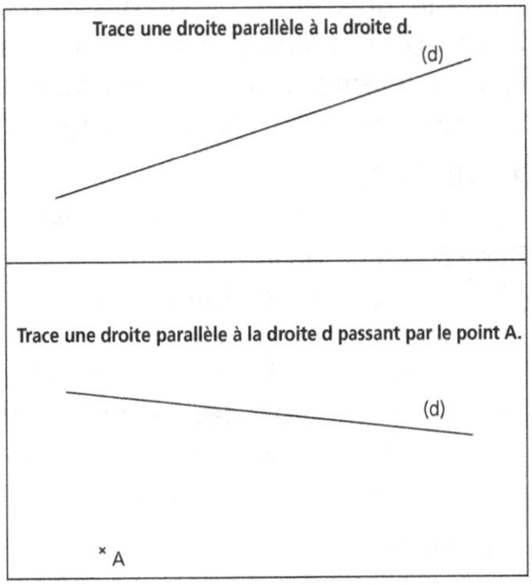

Fiche 4

☐ Étape 3 : trace écrite

On peut faire réaliser dans le cahier un dessin analogue à celui-ci. On pourra détailler en commun le processus de construction, amener les élèves à prolonger leurs traits jusqu'aux bords de la page et à imaginer que leurs traits se prolongent très loin sans se rencontrer !

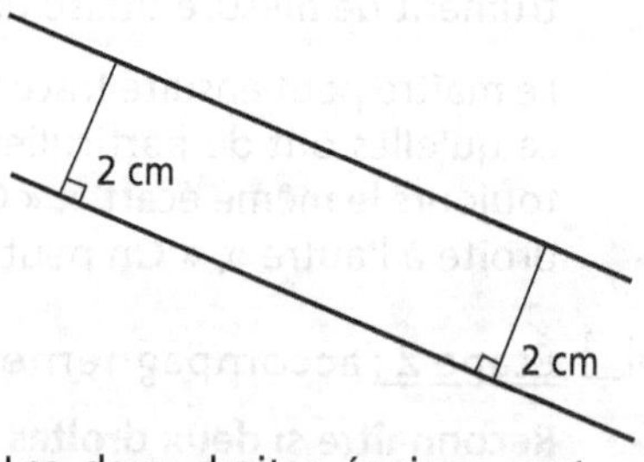

Les deux droites épaisses sont **parallèles** ; elles ne se rencontrent jamais.

Concernant les procédures de reconnaissance ou de tracé de droites parallèles, il est possible de coller dans les cahiers certains items des exercices d'accompagnement, avec éventuellement une formulation écrite des procédures de reconnaissance ou de tracé de droites parallèles qui ont été élaborées au cours de la mise en commun.

4. Parapuzzle (CM1)

> DESCRIPTION RAPIDE

Dans cette situation, les élèves ont à reconstituer un réseau de droites parallèles à partir de l'une d'entre elles ; le réseau se répartit sur deux ou trois pièces d'un puzzle. Les informations nécessaires sont disponibles sur une partie du réseau, située à proximité dans les premières phases puis mise à distance ensuite. C'est à nouveau la signification « droites d'écart constant » qui est travaillée. Le tracé d'un ensemble de droites parallèles entre elles rend indispensable un report précis des écarts. Cette situation peut ainsi permettre d'approcher la signification « droites perpendiculaires à une même droite » du parallélisme. D'autres situations utilisant le parallélisme sont présentées dans le module « Situations de synthèse » de ce thème.

> OBJECTIFS

– Identifier perceptivement la relation de parallélisme comme caractéristique d'un réseau de droites.
– Faire apparaître les limites d'un tracé de droites parallèles au jugé, que ce soit selon une procédure relevant du glissement sans tourner ou selon une procédure relevant de l'écart constant entre deux droites.
– Expliciter des procédés de tracé de droites parallèles.
– Approcher la caractérisation « droites perpendiculaires à une même droite » d'une famille de droites parallèles.

> DURÉE

Une séance d'une heure.

> PROBLÈME

Reproduire une famille de droites parallèles non équidistantes à partir de l'une d'entre elles, sur le principe suivant.

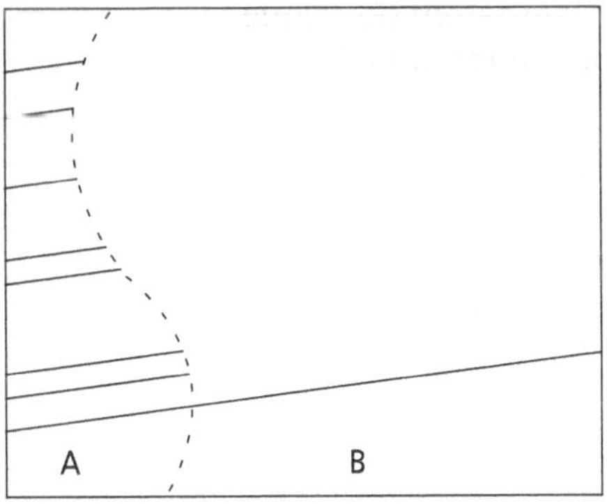

Fiche 2

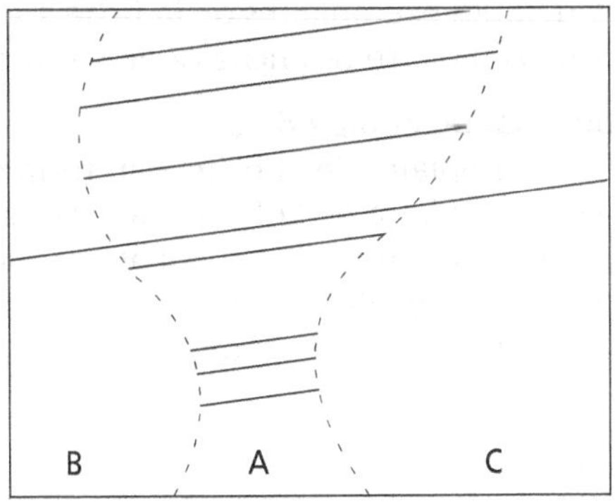

Fiche 3

Les lignes courbes indiquent les lignes de découpe de la feuille. La partie A permet de recueillir de l'information sur le réseau de droites parallèles. Les feuilles de travail des élèves sont constituées par la partie B dans la première phase et par les parties B et C dans la seconde.

> VARIABLES DIDACTIQUES

Nous utilisons essentiellement deux variables didactiques. La première est le nombre de pièces du puzzle. Le passage de deux à trois pièces permet à deux élèves d'une même équipe de travailler sur la même production, chacun reproduisant les droites parallèles sur une partie qui lui est propre. Ce dispositif renforce la nécessité du contrôle de la tâche par l'alignement.

La seconde variable didactique correspond à l'accession aux données avant le tracé. Dans les deux premières phases, l'élève peut réaliser autant d'allers et de retours qu'il souhaite entre feuille de données et feuille de travail, et traiter séparément chacun des segments. Dans la troisième phase, l'éloignement de la feuille des données et l'autorisation d'un seul aller-retour doivent favoriser le traitement simultané de la famille de droites et donc la mesure des écarts le long d'une perpendiculaire commune.

> PROCÉDURES ATTENDUES

- Au jugé.
- Par glissement, en conservant la direction, la largeur de chaque bande étant estimée au jugé ou mesurée.
- Par mesure de l'écart selon une direction fixe estimée au jugé, non perpendiculaire aux droites données.
- Par mesure de l'écart selon la direction perpendiculaire estimée au jugé ou bien tracée.

> MATÉRIEL

Pour la classe

– Un exemplaire de la fiche 1 au format A4 et un autre exemplaire agrandi au format A3.
– Quelques exemplaires de la fiche 1 sur transparent ou calque.
– Un exemplaire des fiches 2 et 3 agrandies au format A3.

Pour chaque équipe de deux

– Un exemplaire de la fiche 2 au format A4.
– Un exemplaire de la fiche 3 au format A4.
– Un exemplaire de la fiche 4 au format A4.
– Quelques feuilles blanches au format A5 ou A6.
– La boîte à outils de géométrie.

DÉROULEMENT

■ Première phase Appropriation du problème

☐ Étape 1 : présentation

Les élèves sont répartis par groupes de deux.

Le maître montre le réseau à reconstituer (fiche 1) au format de travail A4 sur papier et sur calque, puis l'affiche au tableau au format agrandi A3.

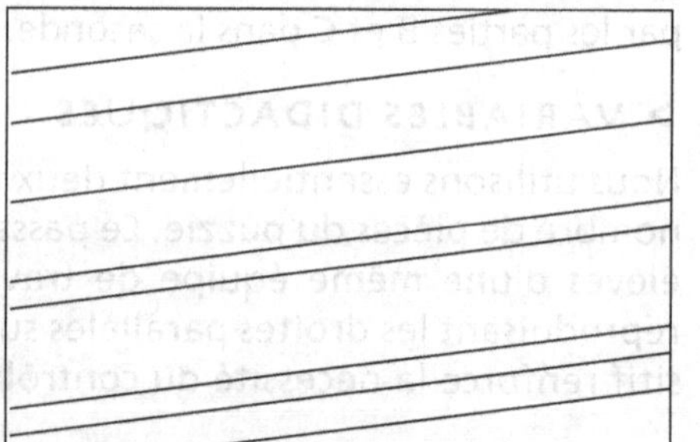

Fiche 1

« Vous allez reproduire ce dessin sous la forme d'un puzzle à deux pièces. Chaque groupe va disposer d'un exemplaire de ce document (il montre la fiche 2).

Vous allez couper cette feuille selon la ligne courbe ; vous obtiendrez les deux pièces de votre puzzle. Vous devrez reconstituer les tracés pour obtenir un dessin analogue à celui-ci (il montre la fiche 1) quand vous recomposerez le puzzle. »

Attention, il est important que le découpage soit précis : si les élèves laissent apparaître des extrémités des traits sur les feuilles B (ou C), la recherche de l'écart n'a plus de raison d'être et la situation perd son intérêt. En cas de doute sur la qualité du découpage par les élèves, le maître a donc intérêt à l'effectuer lui-même.

On distribue un exemplaire de la fiche 2 à chaque groupe et on fait découper la feuille.

« Attention, avant de commencer à tracer, vous scotchez la partie A devant l'un d'entre vous et vous scotchez la partie B devant l'autre élève. Vous devez décider ensemble comment procéder pour tracer les traits de la partie B. Chacun réalise la partie du travail qui lui revient sur la pièce scotchée devant lui. Quand vous aurez terminé, vous vous mettrez d'accord pour dire comment vous allez vérifier si votre puzzle correspond à celui qui est affiché. »

Les deux élèves n'ont pas la même tâche, l'un doit récupérer l'information sur le réseau de droites parallèles et l'autre s'en servir pour tracer. Ils doivent collaborer, décider de leur stratégie et exploiter l'information pour réaliser la production.

☐ <u>Étape 2 :</u> réalisation du tracé, recherche d'une procédure de vérification et mise en commun rapide

Les élèves réalisent un tracé et recherchent pour celui-ci une procédure de validation. Puis on vise simplement à se mettre d'accord sur le fait que les deux segments (traits) correspondant à une même ligne doivent avoir une même droite (trait droit/ligne droite) pour support quand on rassemble les deux pièces du puzzle.

On attend trois types de validation :
- juxtaposition des deux pièces et vérification de l'alignement au jugé ;
- juxtaposition des deux pièces et utilisation de la grande règle ;
- juxtaposition des deux pièces et utilisation du calque de la fiche 1.

☐ <u>Étape 3 :</u> validation pratique

Chaque groupe valide selon son propre procédé.

☐ <u>Étape 4 :</u> mise en commun rapide des procédures et des constats

Les différentes procédures sont exposées ; des critiques ou remises en cause peuvent être formulées par les élèves sans qu'une procédure de tracé soit plus particulièrement valorisée. Un accord peut se réaliser sur le mode de validation le plus approprié.

■ Deuxième phase
Reprise du problème pour un puzzle en trois parties

☐ <u>Étape 1 :</u> réalisation

Les élèves sont toujours répartis par groupes de deux. Chaque groupe dispose de la fiche 3. L'enseignant affiche la fiche 3 agrandie au tableau.

« Vous coupez à nouveau cette feuille selon les deux lignes courbes. Vous scotchez la partie A sur votre bureau entre vous deux et chacun prend une des deux autres pièces qu'il scotche devant lui. Vous devez reconstituer le dessin sur chaque pièce du puzzle pour que, comme tout à l'heure, l'assemblage des trois pièces redonne un dessin analogue à celui qui est affiché. Dans chaque groupe, avant de tracer, vous devez vous mettre d'accord sur la façon dont vous allez procéder. »

☐ Étape 2 : mise en commun rapide

Par rapport à la phase précédente, le fait de passer de deux à trois pièces va amplifier les erreurs et leur mise en évidence par le non-alignement. De plus, certains élèves devront changer de procédure et réinvestir ce qu'ils ont perçu dans l'échange de la première phase. Ici, on vise une explicitation des procédures mais pas leur hiérarchisation.

On peut ensuite recenser les pronostics de réussite puis faire effectuer la validation pratique et susciter de nouveaux commentaires, notamment dans le cas de différences entre pronostic de réussite et constat.

■ Troisième phase
Reprise du problème avec mise à distance de la partie A

☐ Étape 1 : réalisation

Les élèves sont toujours répartis par groupes de deux. Chaque groupe dispose de la fiche 4.

Le maître peut choisir de faire travailler ses élèves avec des feuilles plus grandes de façon à ce que les effets des erreurs de mesures soient amplifiés ; il suffit pour cela d'agrandir la fiche 4 au format A3.

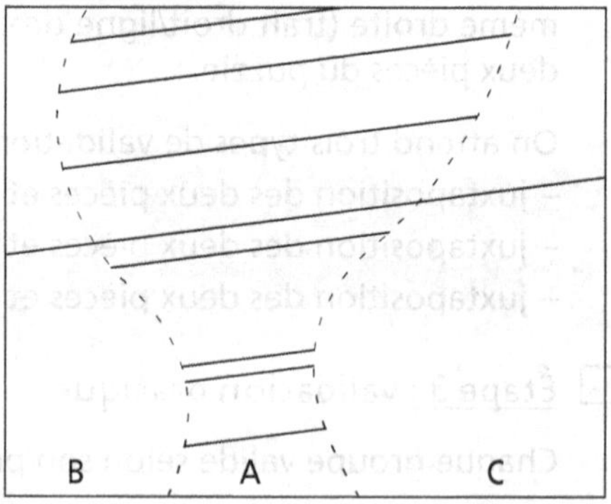

Fiche 4

Le maître distribue les feuilles qu'il a préalablement découpées.

« Vous notez votre nom en petit dans un coin de la pièce A et vous allez scotcher cette pièce sur les bureaux au fond de la classe (ou sur un mur, ou encore au tableau). L'un d'entre vous prend la pièce B et l'autre la pièce C. Vous avez le droit de vous déplacer une seule fois chacun mais pas ensemble vers votre pièce A sans emmener la pièce B ou la pièce C avec vous. Vous pouvez emmener un papier, un crayon et un outil quand vous vous déplacez. Vous devez reconstituer le dessin sur chaque pièce du puzzle pour que, comme tout à l'heure, l'assemblage des trois pièces donne un dessin analogue à celui qui est affiché. Dans chaque groupe, avant de tracer, vous devez vous mettre d'accord sur la façon dont vous allez procéder. Quand vous aurez terminé, vous écrirez sur une feuille blanche quel outil vous avez utilisé et comment vous avez procédé. »

La mise à distance de la pièce contenant les informations et la limitation du nombre de trajets devraient amener les élèves à construire une stratégie consistant à prendre des mesures le long d'une direction fixe (perpendiculaire commune, parallèle à un des bords de la feuille…).

☐ Étape 2 : mise en commun

Les productions des élèves sont présentées successivement ; les élèves explicitent leur procédure et critiquent celles des autres (les procédures présentant

des caractéristiques voisines à d'autres présentées antérieurement sont traitées plus succinctement). L'emploi des outils et leurs limites sont analysés.
Puis les élèves effectuent la validation pratique ; cette dernière est suivie d'une reprise de la mise en commun si certains élèves ont, par exemple, relevé des erreurs qui n'avaient pas été repérées auparavant, ou si certaines productions faisaient l'objet d'avis divergents.

☐ Étape 3 : institutionnalisation

Il est possible de lancer un débat, centré sur des questions relatives aux procédures, aux tracés et aux validations :
– « Combien faut-il de points pour tracer une parallèle ? » ;
– « Est-on obligé de mesurer l'écart sur une perpendiculaire ? » ;
– « Une droite perpendiculaire à une des parallèles est-elle forcément perpendiculaire à toutes les autres ? » ;
– « Une perpendiculaire à une perpendiculaire à une droite est-elle toujours parallèle à la première ? ».

L'institutionnalisation des procédures valides dans ce contexte peut alors se faire en articulation avec ce débat.
Si le débat le permet, on peut alors formuler une nouvelle procédure de tracé d'une parallèle à une droite donnée utilisant une perpendiculaire commune, et la comparer à celles écrites à la fin de la situation « Sur la trace des roues ».

On peut alors obtenir la trace écrite suivante :
Pour tracer une droite parallèle à une droite d et passant par un point A, on peut tracer une perpendiculaire à d passant par A, puis tracer une perpendiculaire à celle-ci passant par A.

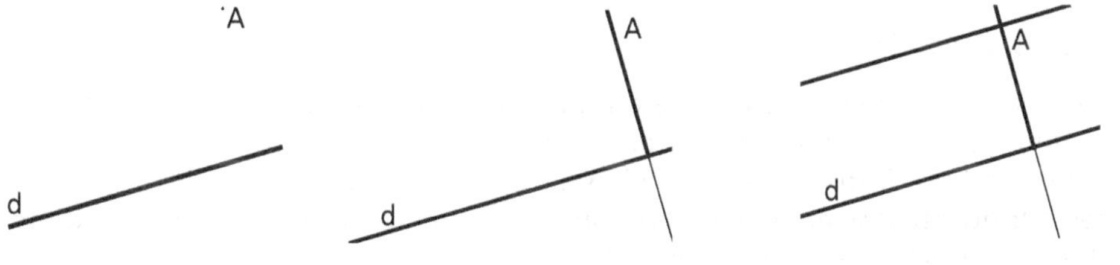

Cette dernière procédure de tracé est simplement explicitée ici, à l'issue d'une situation qui permet de la rencontrer. Il ne s'agit cependant pas d'une compétence exigible des élèves.

THÈME 2

▪ Situations de synthèse

Elles permettent de mobiliser des propriétés relevant de la perpendicularité et de l'égalité de distance (situation « Construire un rectangle »), de la symétrie et du parallélisme (situation « En partant de la rotonde »). La situation « Bords de bandes » permet d'approcher la distance d'un point à une droite et la double perpendicularité, sans institutionnalisation des connaissances correspondantes. « Reconnaître un polygone à l'aide de ses angles » met en évidence l'insuffisance de la donnée des longueurs des côtés pour sélectionner un polygone et la nécessité d'informations sur les angles. La situation « Triangles, quadrilatères et angles droits » permet de solliciter des propriétés étudiées dans une situation de preuve.

1. Construire un rectangle (CM1)

> DESCRIPTION RAPIDE

Le rectangle est à la fois une forme simple, très familière des jeunes enfants et un objet géométrique complexe muni de nombreuses propriétés relevant de plusieurs concepts : perpendicularité, parallélisme, distance, symétries. Dans cette situation, les élèves sont conduits à expliciter des propriétés de cet objet géométrique à travers des tâches de construction. Le problème posé est simple : ils doivent construire un rectangle à partir de certains de ses éléments (un sommet, un côté, deux côtés consécutifs, un point de chacun des côtés...). Aucune dimension n'est donnée de façon à centrer les élèves sur les propriétés géométriques, que ce soit pour le tracé ou dans les phases de validation.

Cette situation peut-être utilisée en fin de CM1, en synthèse, quand toutes les notions sous-jacentes ont été abordées ou bien comme situation de reprise en début de CM2. Dans la première phase, c'est la perpendicularité des côtés consécutifs qui est mise en œuvre. Dans un premier temps, tous les outils de la boîte disposant d'une graduation sont enlevés. Dans un second temps, l'élève ne dispose d'aucun outil et c'est le pliage qui est visé.
La seconde phase propose de mettre en œuvre l'égalité de longueur des côtés opposés dans un rectangle en visant le compas comme outil de report de mesures. Les procédures correspondantes étant difficiles à construire, cette deuxième partie peut être réalisée plus tard séparément de la première.

> OBJECTIFS

- Expliciter des propriétés du rectangle.
- Utiliser la technique du double pliage dans une tâche complexe.
- Utiliser le compas comme instrument de report de longueur.
- Mettre en œuvre différentes procédures de construction du rectangle.

> DURÉE

Une séance d'une heure pour la première phase et une séance de 45 minutes pour la deuxième phase. Les exercices d'entraînement qui suivent peuvent être proposés séparément (soit entre les deux séances, soit ensuite).

DÉROULEMENT

Première phase
Utiliser la perpendicularité des côtés consécutifs

Problème 1

Construire un rectangle dont on connaît un des sommets en utilisant une équerre non graduée, un gabarit d'angle droit ou bien une téquerre.

> MATÉRIEL

– Seulement quatre des instruments usuels sont fournis à chaque élève : l'équerre non graduée (éventuellement fabriquée dans un carton), le trapèze rectangle en bristol, la téquerre et le triangle rectangle sur transparent. Il est essentiel que les outils fournis n'aient pas de graduations pour centrer la tâche sur l'utilisation de l'angle droit.
– Une feuille de papier de format A4, à bords arrondis, avec un point marqué (pour simplifier la rédaction, il est désigné par A par la suite).

> PROCÉDURES OBSERVÉES

Procédure 1 : construction d'un côté du rectangle à l'aide d'un bord droit d'un des instruments. Construction au jugé ou instrumentée d'angles droits en ces deux points. Tracé au jugé du dernier côté.
Procédure 2 : construction d'un côté du rectangle à l'aide d'un bord droit d'un des instruments. Construction instrumentée d'angles droits en ces deux points. Choix d'un point sur un des deux côtés obtenus et construction instrumentée d'un angle droit en ce point. (Pour certains élèves, il n'est pas sûr que le quatrième angle obtenu soit droit ; ils ressentent alors le besoin de vérifier.)
Procédure 3 : construction d'un angle droit en A. Choix d'un point sur un des deux côtés de l'angle droit et construction instrumentée d'un angle droit en ce point. Construction du dernier côté au jugé.
Procédure 4 : construction d'un angle droit en A. Choix d'un point sur chacun des deux côtés de cet angle droit et construction instrumentée d'angles droits aux points correspondants. Prolongement éventuel des côtés pour obtenir le quatrième sommet.

☐ Étape 1 : recherche individuelle

Consigne
« Vous allez construire un rectangle sur cette feuille. Le point A qui est déjà marqué doit être un des sommets de ce rectangle. »

Le maître peut éventuellement préciser que les rectangles seront ensuite affichés et qu'ils doivent être assez grands. Les élèves peuvent être assez démunis dans un premier temps car ils ne disposent pas des graduations pour mesurer ou reporter des longueurs.

☐ Étape 2 : validation

Le maître demande à chaque élève de repasser son rectangle au feutre de façon à ce qu'il soit bien visible quand il sera affiché.
Il regroupe les élèves par deux et leur demande d'échanger leurs productions.

Consigne

« Vous devez donner votre avis sur la production que vous avez sous les yeux. S'agit-il ou non d'un rectangle ? et pourquoi ? »

Il n'est pas souhaitable que les élèves en binômes soient côte à côte ; en effet, ils pourraient être influencés par le choix de certains instruments lors de la production et donner des avis du type : « Il s'agit bien d'un rectangle car il a utilisé l'équerre. »

On s'attend à ce que les élèves utilisent majoritairement l'équerre sur transparent pour vérifier (cela a été confirmé par les observations réalisées).

☐ Étape 3 : mise en commun

Le maître affiche quelques productions (dont certaines sont inexactes) correspondant à des procédures différentes repérées lors du travail individuel.
Il demande : « Les quadrilatères dessinés sur ces affiches sont-ils ou non des rectangles ? »
L'étape 2 a déjà préparé ce travail collectif. Pour chacune des productions, on pourra demander à l'élève qui a vérifié cette production de s'exprimer, puis à l'auteur de préciser sa procédure.

Quelques réponses entendues au cours d'observations en CM1 :
– « C'est faux parce qu'il y a un côté qui n'est pas en angle droit » ;
– « C'est pas un rectangle ; il n'y a qu'un angle droit » ;
– « À l'œil nu, on voit que la largeur du bas est plus grande que la largeur du haut ; c'est pas un rectangle » ;
– « J'ai vu qu'il y a quatre angles droits et j'ai mesuré si il y a même longueur et même largeur avec des petits repères et c'est bon... » ;
– « C'est un rectangle parce que j'ai vu avec ça (*il montre la téquerre*) qu'il y a quatre angles droits ».

☐ Étape 4 : synthèse

À l'issue de la mise en commun, le maître sollicite des constats sur la construction et la vérification.

Exemples de constats entendus en CM1 :
– « Pour vérifier si c'est un rectangle avec les instruments, on doit vérifier si les quatre angles sont droits » ;

– « Quand je trace, si je fais trois angles droits et que je vérifie le quatrième, c'est bien un angle droit » ;
– « Si il y a quatre angles droits, ça suffit, les côtés sont égaux deux à deux » ;
– « Si on raccourcit un trait, on voit bien qu'on n'aura plus un angle droit » ;
– « Pour dire que ce n'est pas un rectangle, on peut le dire dès qu'on a trouvé un angle pas droit ».

Il est aussi important de constater qu'il est possible de construire un rectangle sans utiliser la mesure.

À partir de ces constats, le maître élabore avec les élèves une trace écrite.

Exemple de trace écrite retenue
Pour faire un rectangle, on a besoin de tracer trois angles droits (le quatrième est forcément droit). Si on a quatre angles droits, les côtés sont égaux deux à deux.

Problème 2

Construire un rectangle sans aucun instrument. C'est une technique relevant du pliage qui est alors visée.

> MATÉRIEL

– Aucun instrument pour les étapes 1 et 2, les quatre instruments décrits dans le matériel du problème 1 pour l'étape 3.
– Une feuille de format A4, à bords arrondis.

> PROCÉDURES OBSERVÉES

Procédure 5 : pliage au jugé, par un traitement successif des côtés, de façon à retrouver une forme globale de rectangle, sans véritable contrôle des angles droits.
Procédure 6 : premier pli quelconque, on ouvre la feuille et on effectue un premier pliage pli sur pli ; même chose pour les autres sommets.
Procédure 7 : un premier double pliage (deux pliages successifs sans ouvrir la feuille entre les deux) pour obtenir un premier angle droit ; même chose pour les autres sommets.

☐ Étape 1 : communication du problème et recherche individuelle

Le maître demande de ranger tous les outils puis précise : « Nous allons encore construire un rectangle. Mais, cette fois, vous n'aurez aucun instrument… et pourtant, il faudra que la figure obtenue soit bien un rectangle avec toutes ses propriétés… À vous de trouver comment faire ! »
Dans les classes observées, on a pu constater qu'après la première surprise des élèves se lancent dans le pliage et que l'idée se diffuse rapidement.

☐ Étape 2 : mise en commun

Avant de débuter l'étape de mise en commun, le maître demande à tous de sortir une règle et un feutre et de tracer des traits dans les plis obtenus.

Quatre ou cinq productions correspondant aux diverses procédures évoquées plus haut sont affichées au tableau.

« Que dire de ces constructions ? Les quadrilatères représentés sont-ils bien des rectangles ? »

Avant de faire vérifier avec les instruments, le maître demande aux élèves d'expliciter leurs procédures. Les techniques pli sur pli et double pliage sont alors présentées. On s'attend à ce que les procédures où le jugé intervient soient fortement contestées voire invalidées.

☐ Étape 3 : validation

Le maître demande de ressortir les instruments (équerre, téquerre, triangle rectangle sur transparent, trapèze et rectangle sur bristol), puis de vérifier les productions.

La technique pli sur pli donne en général de bons résultats.

La technique du double pliage conduit à trois angles droits corrects, le dernier étant approximativement droit en raison de l'épaisseur de la feuille, ce qui peut être source de discussion.

Un rapide bilan doit amener les élèves à prendre conscience qu'il fallait d'abord se préoccuper de la construction d'un angle droit.

En général, les élèves ne tracent que les côtés du rectangle au feutre. On peut alors leur demander de passer en couleur les quatre plis, sur toute leur longueur. L'observation permet de revenir sur la terminologie « droites perpendiculaires », sur le fait que deux droites perpendiculaires déterminent quatre angles droits...

☐ Étape 4 : trace écrite

Le maître propose aux élèves de construire un nouveau rectangle, avec les mêmes contraintes, pour le garder dans le cahier. Ceux qui ont réussi au premier essai changent de méthode de pliage, les autres choisissent celle qui leur convient le mieux.

Au cours de la réalisation, les élèves constateront à nouveau qu'il suffit de construire trois angles droits et que le quatrième est forcément droit.

Dans le cahier mémoire avec pour titre « Pliages pour construire un rectangle », les élèves collent leur dernière réalisation ou les deux dernières.

■ Deuxième phase
Mettre en œuvre l'égalité de longueur des côtés opposés

> PROBLÈME

Construire le quatrième sommet d'un rectangle dont on connaît deux côtés consécutifs (ou trois sommets que l'on désigne par la suite par A, B et C) en utilisant une règle non graduée et un compas.

> MATÉRIEL

– Deux outils sont fournis à chaque élève : une règle bristol non graduée, non rectangulaire et d'une vingtaine de centimètres, et un compas.
– L'équerre sur transparent, qui ne sera distribuée qu'à l'étape 2 de vérification.
– Une feuille de format A4 par élève, avec un angle droit tracé : un côté de 8 cm environ et un autre de 12 cm environ non parallèles aux bords de la feuille (fiche 1).
– Une feuille blanche A5 par élève.

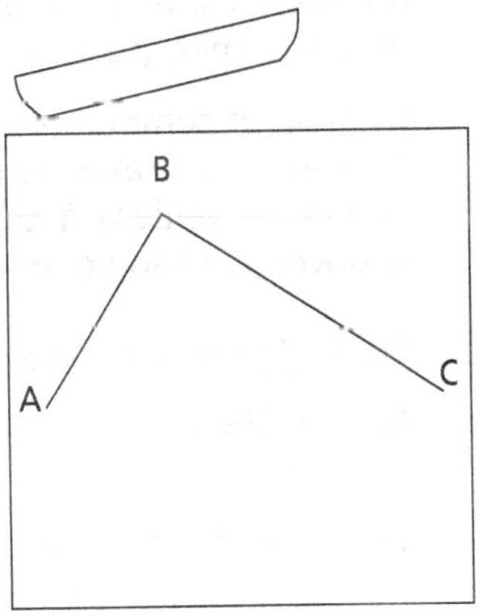

Fiche 1

> PROCÉDURES OBSERVÉES

Procédure 1 : détermination du quatrième sommet par tâtonnements à l'aide de repères marqués sur la règle.
Procédure 2 : report au compas de la longueur BA à partir de C (ou de la longueur BC à partir de A) et positionnement du sommet D au jugé sur l'arc obtenu.
Procédure 3 : report au compas de la longueur BA à partir de C ; report au compas de la longueur BA à partir de C ; marquage du point D à l'intersection des arcs de cercles.

☐ Étape 1 : recherche individuelle

Consigne

« Sur cette feuille, j'ai commencé le dessin d'un rectangle. J'ai dessiné un angle droit ; les trois points A, B et C sont trois sommets du rectangle. Vous devez placer le quatrième sommet D. Mais attention, vous ne devez pas tracer les deux autres côtés. »

Les élèves peuvent être dans un premier temps assez démunis car le compas n'est pas encore installé comme outil de report de mesures. Cette technique est aussi un des objectifs de ce problème. C'est pour favoriser la procédure correspondante que nous demandons de placer le quatrième sommet sans tracer les deux côtés manquants. Dans les classes observées en fin de CM1, nous avons ainsi constaté une forte proportion d'élèves utilisant la procédure 1 mais aussi une très bonne diffusion de la procédure 3 après la mise en commun.

☐ Étape 2 : vérification

Le maître regroupe les élèves par deux et leur demande d'échanger leurs productions. Puis chaque élève termine le rectangle, c'est-à-dire joint au feutre le point A et le point D, le point C et le point D.
Le maître distribue ensuite l'équerre sur transparent et demande à chacun de vérifier si le quadrilatère qu'il a sous les yeux est ou non un rectangle.

☐ Étape 3 : mise en commun

Le maître affiche quelques productions au tableau qu'il a choisies en fonction des procédures de tracé repérées dans l'étape 1. Pour chacune des productions, on pourra demander à l'élève qui a vérifié cette production de s'exprimer, puis à l'auteur de préciser sa procédure.

La mise en commun a pour objectif de mettre en évidence la seule procédure exacte, à savoir la procédure 3.
Le maître veillera à ce que personne n'oublie que la construction s'est appuyée sur l'angle droit fourni !

☐ Étape 4 : trace écrite

Après cette mise en commun, il est nécessaire que chacun réalise cette construction.

Le maître distribue une feuille blanche A5 à chacun et conduit la classe à lister les tâches successives, tout en les réalisant sur la feuille. Il note les instructions successives au tableau puis quand les élèves ont terminé leur réalisation, il leur demande de les recopier sur le cahier. Le rectangle est ensuite collé dans le cahier.

Exemple de trace écrite retenue en fin de CM1 :

1. Je trace un angle droit et je marque les points A, B et C.
2. Je mets la pointe du compas en B et je prends la mesure de BC.
3. Je mets la pointe sur A et je reporte la longueur en faisant un petit arc.
4. Je mets la pointe sur B et je prends la mesure de BA.
5. Je mets la pointe sur C et je reporte la largeur en faisant un petit arc.
6. Le point D est là où les arcs se croisent.

■ Exercices d'entraînement

Dans ces exercices, les élèves vont à nouveau mettre en œuvre la perpendicularité des côtés consécutifs du rectangle. Ils disposent des quatre outils utilisés dans la phase précédente (équerre non graduée, téquerre, trapèze rectangle sur bristol et équerre sur transparent).
La tâche est toujours la même : « Compléter le dessin d'un rectangle. » Ce sont les éléments fournis qui diffèrent.
Pour chaque exercice, la consigne est : « ABCD est un rectangle. J'ai commencé à le tracer. Vous devez le terminer. » À chaque fois, le maître montre un agrandissement de la feuille de travail (ou sa reproduction à la craie au tableau) en donnant la consigne puis distribue les feuilles aux élèves.
Les feuilles de travail sont rectangulaires, au format A4. Les éléments donnés sont tels que le rectangle obtenu n'aura aucun côté parallèle aux bords de la feuille (voir fiches 1 à 3).

Exercice 1 : Le côté AD du rectangle est donné (ou bien les deux sommets A et D).
Exercice 2 : Trois sommets A, B et C sont donnés.
Exercice 3 : Le côté AB et un point M du côté CD (différent de C et de D) sont donnés (fiche 2).
Exercice 4 : Un point de chacun des côtés, différent des sommets, est donné (fiche 3).

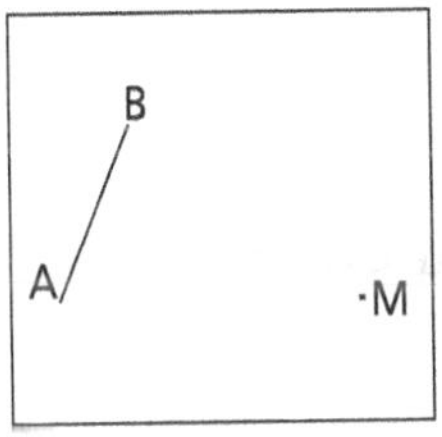

Fiche 2

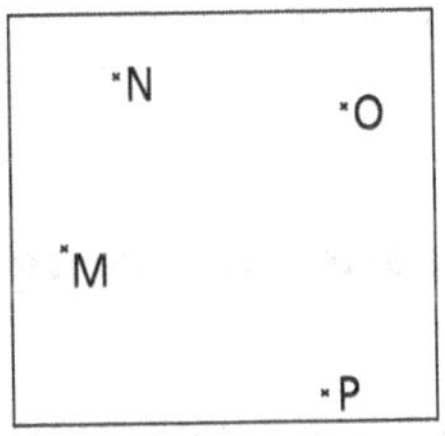

Fiche 3

Dans chaque cas, une rapide synthèse permet de décrire les procédures employées, de dire s'il y a plusieurs solutions ou s'il n'y en a qu'une, etc.

Pour les exercices 2 et 3, on veillera à expliciter pourquoi il n'y a qu'une seule solution ; ce sera l'occasion d'énoncer des constats comme : « Par le point A, je ne peux tracer qu'une seule droite perpendiculaire au côté AB », etc.

Pour l'exercice 1, la mise en commun doit permettre de préciser qu'on a plusieurs solutions (une infinité…) et que tous les côtés BC sont parallèles entre eux. En revanche, l'exercice 4 peut poser davantage de questions dans la mesure où il faut choisir arbitrairement le support d'un des côtés. On explicitera que ce support étant choisi, il n'y a alors plus qu'un seul rectangle possible.

2. En partant de la rotonde (CM2)

> DESCRIPTION RAPIDE

Autrefois, les locomotives à vapeur devaient faire demi-tour dans certaines gares. Pour cela, un bâtiment, la rotonde, abritait alors une plate-forme circulaire tournante. C'est ce contexte qu'utilise cette situation.

Dans la première phase, les élèves vont devoir réinvestir leurs connaissances pour résoudre un problème « pratique » : placer les rails sur un disque représentant la plaque tournante. La modélisation est fournie par l'enseignant. Deux relations sont perceptivement explicites : le parallélisme et l'égalité de distance. Il s'agit de produire deux droites parallèles dont l'écart est fixé par des données graphiques du problème.

Dans la deuxième phase, il s'agit pour l'élève d'écrire des instructions de tracé correspondant à la tâche qui vient d'être réalisée et de les communiquer à un autre élève qui les exécutera.

> DURÉE

Trois séances d'environ 45 minutes.

Première phase
Construire la plaque tournante d'une rotonde

> CONTEXTE

Aujourd'hui, sur les locomotives électriques ou diesel, on ne peut pas distinguer l'avant de l'arrière et ces machines fonctionnent dans les deux sens. Mais les premières locomotives, qui étaient des machines à vapeur, avaient un sens de marche imposé. Il fallait donc un dispositif leur permettant de faire demi-tour dans les terminus des gares. Il s'agissait de très grandes plaques tournantes souvent situées à l'intérieur de bâtiments appelés « rotondes ». À proximité de certaines gares, on peut encore apercevoir ces grands bâtiments circulaires qui servent surtout aujourd'hui pour garer des locomotives.

Plusieurs photos sont nécessaires pour expliquer le contexte : une locomotive actuelle, une locomotive à vapeur, une vue extérieure de rotonde, une vue intérieure de rotonde… De la même façon, une maquette de plaque tournante (en carton) est aussi indispensable.

On pourra consulter le site ci-dessous qui relate le travail d'une classe de l'école primaire Caffe de Chambéry sur le patrimoine de cette ville et notamment sur la rotonde classée monument historique.

www.ac-grenoble.fr/patrimoine73/0730065Z/media/reportages/rotonde.html

> PROBLÈME

Les élèves doivent installer les rails, sur la plaque tournante de la rotonde, connaissant les voies fixes et le centre de la plaque.

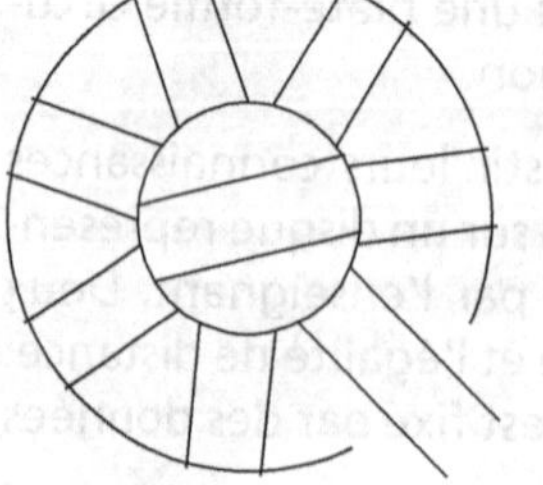

Fiche 1 : Dispositif

Fiche 3 : Feuille de travail de l'élève

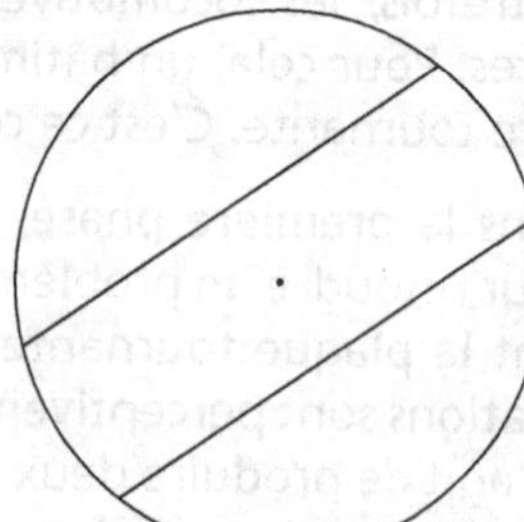

Fiche 4 : Production attendue

Il s'agit donc de tracer deux cordes d'un cercle, symétriques par rapport au centre, dont l'écartement est déterminé.

> OBJECTIFS

– Identifier perceptivement la relation de parallélisme comme « caractéristique » de paires de droites (traits).

– Construire deux segments parallèles dont l'écart est déterminé par la distance de chacun à un point fixe.
– Expliciter oralement les propriétés constatées en termes géométriques conventionnels.

> PROCÉDURES OBSERVÉES

Procédure 1 : la première droite est placée au jugé, la seconde est placée perceptivement parallèle, en déterminant l'écart au jugé.
Procédure 2 : la première droite est placée au jugé, la seconde est placée en reportant l'écart mesuré sur le dispositif en un seul point et en ajustant perceptivement le parallélisme.
Procédure 3 : la première droite est placée au jugé, la seconde est placée en reportant l'écart mesuré sur le dispositif en deux points (ou en plus de deux points), selon une direction perpendiculaire contrôlée perceptivement.
Procédure 4 : l'élève trace une corde de longueur égale à l'écart puis fait glisser la règle, en essayant de conserver une direction fixe, jusqu'à obtenir une nouvelle corde de même longueur ; il joint ensuite les extrémités correspondantes de ces cordes.
Procédure 5 : l'élève trace une corde de longueur égale à l'écart puis construit une perpendiculaire à cette corde en chacune de ses extrémités (tracé au jugé ou instrumenté).
Procédure 6 : l'élève trace un diamètre puis reporte un demi-écart de chaque côté du centre sur ce diamètre ; il construit ensuite une perpendiculaire en ces deux points (tracé au jugé ou instrumenté).

> MATÉRIEL

Pour la classe
– Une maquette du dispositif (fiche 1) pour la classe. Les dimensions de la maquette n'ont pas d'importance (largeur totale : environ 40 cm) ; elle ne sert que pour présenter le contexte et situer le problème.
– Un rectangle de largeur égale à l'écartement des rails pour symboliser la locomotive (ou si possible une locomotive de train électrique !).
– Quatre exemplaires de la fiche 2 agrandie au format A2 répartis dans la classe.

Le disque central doit être évidé. Ces documents servant à recueillir de l'information, deux dimensions doivent être précises : le diamètre du trou (disque central évidé) est de 15 cm et l'écartement des rails de 5 cm.
Pour les réaliser, on pourra agrandir deux fois de suite la fiche 2 à 141 % (ce qui nécessite un collage)... ou bien ce qui est plus simple le tracer à la main en respectant les deux dimensions indiquées.

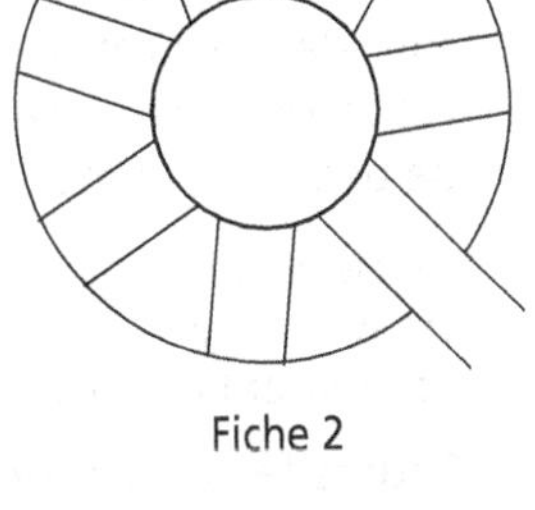
Fiche 2

– Quatre exemplaires sur transparent de la fiche 4.
Diamètre du disque : 15 cm
Distance entre les deux cordes : 5 cm

Pour les élèves

– Des feuilles rondes (diamètre 15 cm) en nombre suffisant pour de nombreux essais ; le centre du cercle est marqué (fiche 3).
– La boîte à outils de géométrie ; un gros feutre.

Fiche 3

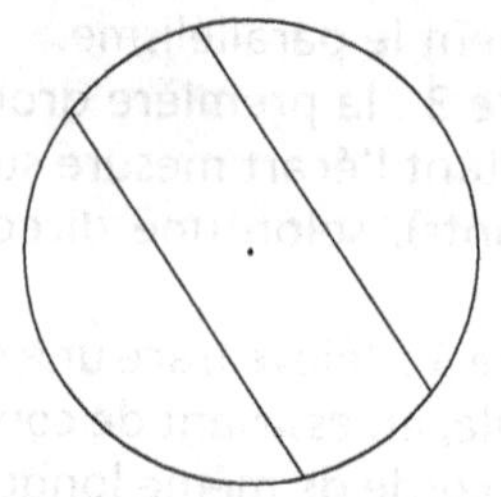

Fiche 4

Étape 1 : présentation du problème

Le maître présente le contexte puis le dispositif – carton de format A2 posé sur un bureau (fiche 1) ; il explique le fonctionnement de la plaque tournante. Il insiste sur le fait que la locomotive ne peut tourner sur une aussi petite distance et donc que les rails de la plaque doivent toujours pouvoir se positionner dans le prolongement des rails fixes.

Le maître indique ensuite le problème aux élèves : « Vous disposez d'une feuille correspondant à la plaque tournante de la rotonde par groupe de deux *(fiche 3)* ; vous devez tracer les deux rails permettant à la locomotive de s'avancer sur la plaque. Vous avez le droit de vous déplacer vers un des documents répartis dans la salle *(fiche 2 agrandie)*, mais votre disque doit rester sur votre bureau et vous ne devez pas emmener de crayon avec vous. »

Étape 2 : travail par deux

Les élèves peuvent se déplacer autant de fois qu'ils le souhaitent pour chercher de l'information ; ils ne peuvent emmener ni papier ni crayon. Les élèves se déplacent par groupes de deux ; il ne peut y avoir plusieurs groupes de deux en même temps devant un dispositif.

Les élèves peuvent utiliser leur crayon pour construire, mais les rails doivent être tracés avec un gros feutre afin de limiter les discussions sur les questions de précision et de faciliter la visibilité des productions lors de la mise en commun.

Toutes les procédures citées peuvent apparaître ; les procédures 4, 5 et 6 sont visées ici.

☐ Étape 3 : mise en commun

Le maître affiche les productions au tableau. Les productions sont numérotées. Chaque groupe de deux note sur un cahier de brouillon le numéro des productions qu'il estime non conformes. Cela conduit les élèves à juger perceptivement du parallélisme de deux cordes et de l'équidistance de chacune des deux droites au centre du cercle.
Un premier tri est effectué de façon à écarter les productions manifestement invalides.
Pour chacune des productions invalidées, un groupe donne un argument et les auteurs de la production donnent leur accord ou demandent une validation pratique ultérieure.
Le maître organise ensuite une liste des contraintes du problème. Il pose la question : « Quelles sont les conditions qui doivent être respectées pour tracer les rails ? » Les groupes s'expriment à tour de rôle ; on note les caractéristiques qui font l'objet d'un consensus.
On passe ensuite à la validation pratique par les auteurs.

On pourra émettre des doutes sur la validation pratique en raison des contraintes matérielles ; si besoin, on pourra fournir aux élèves « le plan de l'ingénieur » sur transparent (fiche 4 sur transparent).

Deuxième phase
Un programme pour cette construction

> PROBLÈME

Les élèves ont produit une construction (deux cordes parallèles, symétriques par rapport au centre d'un disque) en fonction d'un contexte modélisé et de contraintes graphiques. Il s'agit maintenant de s'appuyer sur cette action pour produire un texte sous forme d'instructions de tracé pour cette construction.

La construction a été réalisée lors de la séance précédente ; elle correspond à un dessin simple, que les élèves se sont tous approprié.
La parfaite connaissance du produit fini va faciliter la « mise en mots » lors du passage à l'écrit ; elle va aussi entraîner de nombreux implicites chez l'émetteur (segments à tracer à une même distance du centre, segments parallèles, mesure des écarts le long d'une perpendiculaire aux segments à tracer, etc.), implicites que le récepteur va prendre en charge puisqu'il connaît le produit fini. Le rôle de la mise en commun pour faire prendre conscience de ces différents implicites et les expliciter est fondamental.
Aucune valeur des variables n'a été changée pour cette deuxième phase, le travail portant prioritairement sur l'écrit.

> OBJECTIFS

– Expliciter oralement, en termes géométriques conventionnels, des propriétés constatées sur un dessin.
– Écrire un « texte géométrique » correspondant à un protocole finalisé.
– Exécuter un tracé donné par une suite d'instructions.

☐ Étape 1 : écriture d'un programme de construction

Le maître indique qu'il s'agit maintenant d'écrire une suite d'instructions indiquant à d'autres élèves comment construire cette plaque. Il distribue une feuille circulaire (fiche 3) et une feuille de cahier par binôme ; il précise que l'un devra effectuer le tracé et que l'autre écrira le programme mais que pour cela, ils devront se mettre d'accord à chaque étape sur ce qu'il faut tracer et ce qu'il faut écrire. Ils peuvent à nouveau se déplacer vers le dispositif dans les mêmes conditions que lors de la première phase. Les contraintes explicitées en première phase sont toujours au tableau.

Exemples de textes obtenus en CM2 :

– 1. Le centre de la plaque tournante est le milieu du segment qui indique l'écart entre les deux droites parallèles. 2. Tracer ce segment (5 cm). 3. Tracer une droite perpendiculaire aux deux extrémités du segment. 4. Tu obtiendras les rails.

– Tracer le diamètre du cercle. L'écart entre le diamètre et le rail est de 2,5 cm. Tracer deux segments perpendiculaires au diamètre qui représentent l'écart entre le rail et le diamètre. Tracer un rail qui passe par l'extrémité des deux segments. Faire pareil de l'autre côté.

– L'écart des rails est de 5 cm. À chaque bout du cercle, il faut mesurer 5 cm de façon à ce que ça rentre dans le cercle et le tracer, de même pour l'autre côté. Puis relier chaque bout de façon à ce que les rails soient parallèles. Les droites que vous avez tracées au début sont perpendiculaires au rail.

– Tracer le diamètre de la plaque tournante. Tracer un cercle de 2,5 cm de rayon à partir du centre de la plaque tournante. Puis tracer son diamètre perpendiculaire au grand diamètre. Faire deux cercles qui touchent ou chevauchent un peu le premier et qui ont leur centre sur le grand diamètre ; leur rayon est 2,5 cm puis tracer leurs diamètres perpendiculaires au grand diamètre. Ensuite, tracer deux rails qui doivent toucher mais ne pas croiser les bords des cercles et être perpendiculaires aux diamètres des cercles. Les rails doivent être parallèles entre eux.

☐ Étape 2 : lecture et exécution d'un programme de construction

Le maître procède à un échange des programmes ; il distribue une nouvelle feuille circulaire par groupe. L'un des élèves va lire le programme et l'autre va tracer (celui qui traçait dans l'étape 1 devient lecteur…).
Le maître précise aux élèves qu'ils doivent suivre scrupuleusement le programme sans rien ajouter. S'ils sont bloqués, ils doivent arrêter le tracé et éventuellement proposer une modification du programme ! De même, s'ils aboutissent à un tracé qu'ils jugent faux, ils doivent essayer de trouver l'instruction du programme qui est à l'origine de l'erreur.

☐ Étape 3 : mise en commun

Le maître arrête la séance après le tracé par les récepteurs en précisant que, pour la suite du travail, il doit recopier l'ensemble des programmes sur une feuille qu'il distribuera lors de la prochaine séance.
Pour les recopier, il les regroupe par procédures. Il choisit ensuite ceux qui seront travaillés (six environ pour éviter la lassitude…) lors de la mise en

commun en fonction de critères comme la nature des implicites, la qualité de l'expression, la richesse ou la précision du vocabulaire géométrique, les corrections possibles...

Lors de la seconde séance, il distribue une feuille à chaque binôme ; puis pour chacun des messages choisis, il demande à un élève du binôme, récepteur de ce message lors de la séance précédente, de lire la suite d'instructions et à l'autre de la réaliser en même temps au tableau.

Les autres élèves ont pour tâche de contrôler si ce qui est fait au tableau correspond exactement à ce qui est lu. Pour chacun des six programmes, la classe se prononce ainsi sur sa validité et propose éventuellement des modifications.

L'objectif n'est pas d'écrire convenablement tous les programmes possibles mais d'effectuer ce travail uniquement sur certains choisis par le maître.

☐ Étape 4 : trace écrite

La classe (ou le maître) retient un ou deux textes valides parmi ceux qui ont été travaillés. Ils sont recopiés dans le cahier mémoire, accompagnés de la construction correspondante.

Dans cette étape, le but n'est pas d'institutionnaliser les caractéristiques d'un « bon » texte d'instructions pour un tracé géométrique, avec les conventions de syntaxe et de vocabulaire usuelles (cela relève plutôt du collège...). En revanche, c'est l'occasion pour les élèves de prendre conscience de certaines des caractéristiques qui sont indispensables pour que le texte puisse être utilisé par d'autres personnes que leur auteur.

3. Un polygone et ses angles (CM2)

> DESCRIPTION RAPIDE

Il s'agit d'une situation de synthèse où les élèves doivent reconnaître certaines figures (triangles et quadrilatères) par leur nature, les dimensions de leurs côtés et leurs angles.

Cette situation comporte trois phases :

– une phase de communication « émetteur-récepteur »

Pour trois figures d'un référentiel, un élève doit rédiger un message pour un autre élève qui, disposant du même référentiel, devra reconnaître cette figure. La mise en commun fait apparaître que pour certaines figures (triangle et rectangle), indiquer sa nature et ses dimensions suffit à la déterminer, alors que pour d'autres (quadrilatère non particulier), des informations complémentaires sont nécessaires (longueurs de diagonales ; angles).

– une phase de construction et d'institutionnalisation

Chaque élève doit construire un quadrilatère dont les mesures des côtés sont données. La mise en commun fait apparaître que les multiples quadrilatères obtenus diffèrent notamment par leurs angles, remarque que l'on va privilégier puis institutionnaliser.

– une phase d'entraînement
À l'aide des gabarits d'angle, les élèves doivent retrouver l'une des figures d'un référentiel de quadrilatères ayant tous les mêmes dimensions.

> OBJECTIFS

– Savoir que la donnée des longueurs des côtés ne suffit pas toujours à déterminer un polygone.
– Passer de la seule mesure des côtés à l'utilisation des angles pour reconnaître un polygone.
– Utiliser un gabarit d'angle.

La construction instrumentée des triangles et polygones n'est pas un objectif de cette situation mais les constructions demandées à la deuxième phase visent à persuader tous les élèves de la nécessité de préciser les angles d'un polygone.

> DURÉE

Trois séances successives d'une heure, 45 minutes et 45 minutes.

> PROBLÈME

Pour déterminer un triangle, il faut en général trois informations (mesures des trois côtés, de deux côtés et d'un angle, ou d'un côté et de deux angles). Des informations supplémentaires sur la nature du triangle (par exemple : il est isocèle, rectangle ou équilatéral) diminuent le nombre d'informations nécessaires pour le déterminer (par exemple, pour déterminer un triangle rectangle, il suffit de connaître la mesure de deux côtés).
Pour déterminer un quadrilatère, il faut en général cinq informations (par exemple : les mesures de quatre côtés et d'un angle, de trois côtés et de deux angles, ou des quatre côtés et d'une diagonale). Des informations supplémentaires sur la nature du quadrilatère diminuent le nombre d'informations nécessaires pour le déterminer (par exemple, si l'on sait qu'un quadrilatère est un parallélogramme, donner les mesures de deux côtés consécutifs et d'un angle suffit à le déterminer).
On joue donc sur trois types de données pour déterminer un triangle ou un quadrilatère :
– sa nature (par exemple : triangle isocèle ; losange) ;
– les longueurs des côtés ou des diagonales ;
– les mesures des angles.

> VARIABLES ET CHOIX

Outils disponibles dans la boîte à outils
La présence d'instruments de mesure accentue la forte tendance des élèves à mesurer côtés ou diagonales. Un objectif étant de les amener progressivement à prendre en compte les angles d'un polygone, on propose dans la troisième

phase d'enlever les instruments gradués et de ne laisser que les gabarits d'angle (l'usage du rapporteur ne relève pas du cycle 3).

Type de communication entre élèves

La communication orale véhicule beaucoup d'implicites. En effet, elle est souvent accompagnée en géométrie d'éléments non verbaux (gestes indiquant des actions ou suppléant aux imprécisions du vocabulaire...). La communication par schémas conduit à une reconnaissance perceptive des figures. En demandant une communication par écrit dans la première phase, on amène l'élève, d'une part à expliciter davantage toutes ses informations, d'autre part à envisager des critères de reconnaissance moins perceptifs.

Nature, longueurs des côtés, angles des figures

Certaines figures peuvent être déterminées par leur nature et la donnée des longueurs de leurs côtés (triangle avec les trois côtés, rectangle avec longueur et largeur). En général, les élèves réussissent à rédiger un message permettant de les reconnaître. Pour d'autres figures, des informations supplémentaires s'avèrent nécessaires (angles, diagonales). Beaucoup d'élèves ne les donnent pas. Dans la première phase, on propose à l'élève les deux types de figure.
Pour ne pas détourner les échanges vers des considérations sur les imprécisions de mesure, les longueurs des côtés sont entières ou semi-entières.

Pour que les élèves puissent utiliser les gabarits disponibles (sept gabarits de 45, 60, 80, 90, 100, 120, 135 degrés), certaines des figures doivent comporter l'un de ces angles, les autres étant assez différents.

DÉROULEMENT

Première phase
La mesure des côtés ne suffit pas toujours à déterminer un polygone

> MATÉRIEL

– Trois figures à reconnaître par élève (fiche 1 à photocopier puis à découper en deux : une demi-page avec les figures 1, 2 et 3 pour le groupe 1 ; une demi-page avec les figures 4, 5 et 6 pour le groupe 2).
– Le référentiel de figures n° 1 (fiche 2) pour chaque élève.
– Des feuilles A5 avec tableau pour écrire ses messages pour chaque élève, qu'on appellera « fiches-messages ». On trouvera dans la fiche 3 deux tableaux à reproduire (un modèle pour chaque groupe).
– Une boîte à outils pour deux élèves : tous les instruments habituels plus une enveloppe contenant sept gabarits d'angles de 45, 60, 80, 90, 100, 120 et 135 degrés.

Il s'agit d'un travail par deux sous la forme émetteur-récepteur, suivi d'une mise en commun. L'enseignant sépare donc la classe en deux groupes (désignés par groupe 1 et groupe 2 dans la suite) dès le début de la séance, de manière à éviter la proximité des émetteurs et récepteurs.

☐ Étape 1 : communication du problème, émission et réception des messages

L'enseignant distribue à chaque élève la feuille A5 pour écrire ses messages (fiche 3).
Il donne les consignes suivantes.
– « Vous allez travailler seul. Sur votre table, vous n'avez que la boîte à outils et des petites feuilles. Écrivez votre nom dans "Émetteur" en haut de votre petite feuille. »
– « Je vais distribuer à chacun de vous trois figures. Elles sont numérotées 1, 2 et 3 pour ce groupe et 4, 5 et 6 pour l'autre.
Ces figures sont mélangées à d'autres sur cette grande feuille. Toutes sont désignées par des lettres. »
Il montre la fiche 2 (suffisamment pour que les élèves aperçoivent la variété des figures ; rapidement pour qu'ils ne puissent pas mémoriser) et il ne fait ni n'autorise aucun commentaire.
– « Pour l'instant, sur votre petite feuille, pour chaque figure, vous allez écrire un message sans faire de dessin. Ce message sera donné à un autre élève et devra lui permettre de retrouver les trois figures dans la grande feuille que je lui donnerai. »
Il distribue à chaque élève de chaque groupe la fiche 1 avec les trois figures : 1, 2 et 3 pour le premier groupe ; 4, 5 et 6 pour le second.

Groupe 1

Numéros de figure	Émetteur : Messages	Récepteur : Figure trouvée
1		
2		
3		

Fiche 3 (extrait)

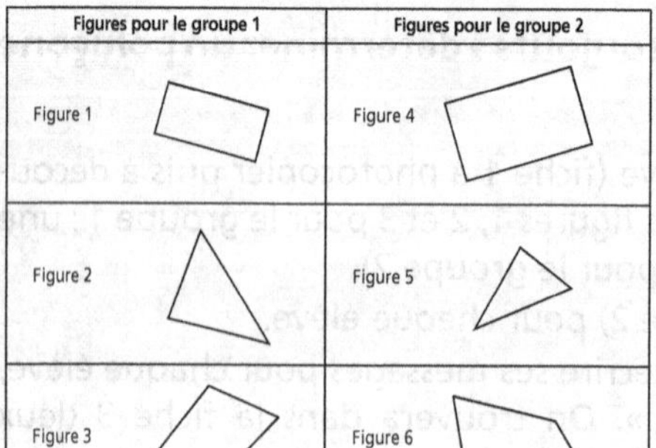

Fiche 1

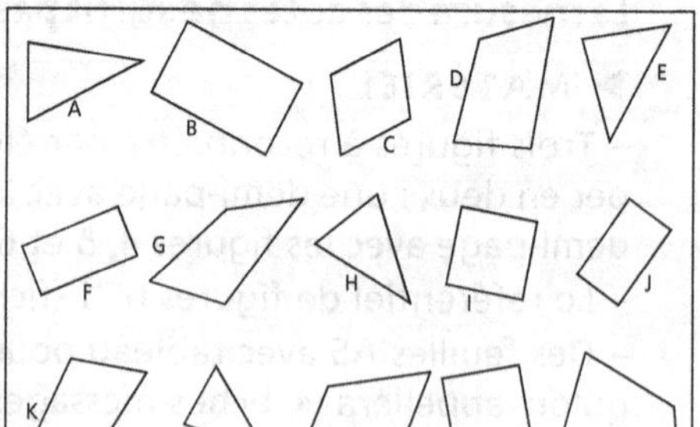

Fiche 2

Le travail est individuel.
Quand tous ont terminé, le maître organise les échanges de messages entre les deux groupes. Il ramasse les figures, redistribue les fiches-messages puis précise : « Écrivez votre nom dans "Récepteur" en haut de la petite feuille que vous venez de recevoir.

Je vais vous distribuer la grande feuille. Pour chaque message, vous allez indiquer les lettres de toutes les figures qui lui correspondent. »

☐ Étape 2 : mise en commun

L'enseignant organise un bilan. Il peut aimanter les six figures au tableau et noter les réponses des récepteurs à côté. Les figures à trouver sont respectivement : 1 → F ; 2 → E ; 3 → K ; 4 → B ; 5 → L ; 6 → K.
L'échange qui suit devrait faire apparaître que :
– certaines figures (figures 1, 2, 4, 5 : triangle et rectangle) sont en général retrouvées ; indiquer leur nature et leurs dimensions suffit à les déterminer ;
– pour d'autres figures (figures 3 et 6 ; en fait le même quadrilatère K de dimensions 3, 4, 3 et 5 cm), les indications des messages correspondent à plusieurs figures ; des informations complémentaires sont donc nécessaires (longueurs de diagonales ; angles).

Voici quelques messages relevés pour la figure 1 (rectangle F) :
– « C'est un rectangle de longueur 4 cm et de largeur 2 cm » ;
– « C'est un rectangle, il a quatre côtés et quatre angles droits, ses côtés mesurent 4 cm et 2 cm » ;
– « Elle fait 4 cm de longueur et 2 cm de largeur, elle a quatre angles droits » ;
– « La longueur est perpendiculaire à la largeur, longueur = 4 cm, largeur = 2 cm » ;
– « Il y a quatre angles droits, les deux côtés verticaux mesurent 2 cm et les horizontaux 4 cm » ;
– « C'est un rectangle qui a un périmètre de 12 cm et une aire de 8 cm » ;
– « Elle a quatre angles droits ».
Et pour les figures 3 et 6 (quadrilatère K) :
– « Les côtés mesurent : 4 cm, 3 cm, 3 cm et 5 cm » ;
– « On dirait un rectangle déformé, il n'a pas d'angle droit : ses côtés mesurent 4 cm, 3 cm, 3 cm et 5 cm » ;
– « Il n'a pas de côtés parallèles : ses côtés mesurent 4 cm, 3 cm, 3 cm et 5 cm » ;
– « Côtés horizontaux haut 4 cm, bas 5 cm ; côtés verticaux : gauche 3 cm, droite 3 cm » ;
– « Avec on peut faire 3 triangles ; ses côtés mesurent : 4 cm, 3 cm, 3 cm et 5 cm » ;
– « Les côtés mesurent : 4 cm, 3 cm, 3 cm et 5 cm ; un angle droit, un angle aigu, un angle obtus » ;
– « Les côtés mesurent : 4 cm, 3 cm, 3 cm et 5 cm ; deux angles aigus et deux angles obtus ».

■ Deuxième phase
Des quadrilatères de mêmes dimensions peuvent différer par leurs angles

> MATÉRIEL

Pour la classe
– Une figure (fiche 4) pour la classe (figure K de dimensions 3 cm – 4 cm – 3 cm – 5 cm à découper sous forme de vignette arrondie).
– Un lot de gabarits d'angles pour la classe (45, 60, 80, 90, 100, 120 et 135 degrés).

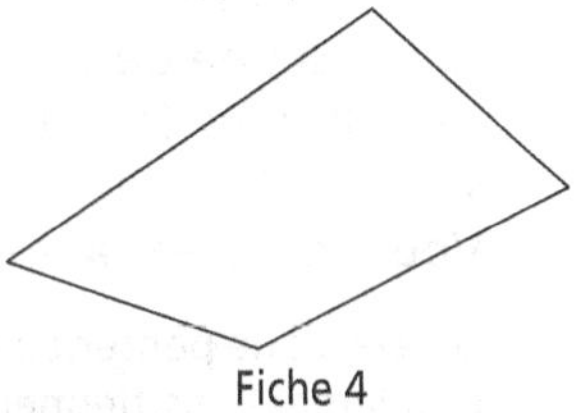
Fiche 4

THÈME 2

– Une feuille A4 blanche non quadrillée ou une feuille de papier calque par élève.
– Une boîte à outils complète pour deux élèves.

☐ Étape 1 : travail individuel

« Sur chaque bureau, il n'y a qu'une feuille blanche et la boîte à outils. Vous allez faire un quadrilatère qui ressemble à celui de la première phase. Sur la feuille, chacun va construire un quadrilatère dont les côtés mesurent 3, 4, 3 et 5 cm dans cet ordre. »

L'enseignant fait un dessin de ligne brisée non fermée à main levée pour expliquer : « 3, 4, 3 et 5 cm dans cet ordre. »

« Tous les instruments sont autorisés. Vous tracerez les côtés de façon bien visible. Puis vous découperez votre feuille avec des bords non droits et vous inscrirez votre nom. »

☐ Étape 2 : mise en commun en deux temps

Mise en commun par deux

L'enseignant demande : « Chacun a-t-il réussi à faire un quadrilatère ? A-t-il respecté les longueurs indiquées (à 2 mm près) ? A-t-il respecté l'ordre 3 – 4 – 3 – 5 ?

Si oui, votre figure est-elle la même que celle de votre voisin ? »

Puis après quelques instants, il fait un rapide bilan :

« Vos figures sont-elles identiques ? » Réponses attendues : non ; quelques hésitations...

« Comment avez-vous comparé ? » Réponses attendues : à vue d'œil, superposition, longueur des diagonales, angles.

Mise en commun collective

On affiche quelques productions (assez différentes les unes des autres). La discussion qui suit permet de réaffirmer que les mesures ne suffisent pas pour construire le même quadrilatère.

Si besoin, l'enseignant peut proposer à deux élèves de passer simultanément au tableau pour construire avec les instruments un quadrilatère de côtés 30, 40, 30 et 50 cm de façon à faire percevoir, puis à expliciter que les écartements entre les côtés ne sont pas fixés. Dès le deuxième côté tracé, la classe peut constater que l'angle entre les côtés n'est pas le même.

L'enseignant montre ensuite sa feuille (fiche 4), indique que la figure est celle du quadrilatère K à trouver dans la première phase. Il cache les productions affichées pour la mise en commun et précise : « Je voudrais savoir si une de ces figures est la même que la mienne. Je vous lance un défi. Il vous faut trouver une méthode qui n'utilise ni la mesure ni la superposition des figures et qui vous permettrait de conclure à coup sûr. Vous cherchez la méthode et ensuite on l'expérimentera. »

Les élèves ne pensent pas spontanément aux gabarits comme outils de résolution du problème, mais tiennent un discours centré sur les inclinaisons relatives des côtés comme : « On met le côté de longueur 5 cm par exemple tout droit et on regarde comment est penché le côté de longueur 4 cm. »

Si la discussion n'oriente pas les élèves vers l'utilisation des gabarits, l'enseignant le suggère. Puis il affiche sa figure et demande à un élève de vérifier si un ou plusieurs angles correspondent à l'un des gabarits. Seul le plus ouvert (135 degrés) correspond à un angle de la figure. On précise : « Dans le quadrilatère K, deux côtés mesurant 3 et 4 cm forment un angle qui correspond au gabarit le plus ouvert. »
L'enseignant rend alors les figures du paquet aux élèves, leur demande de prendre le gabarit « le plus ouvert » de leur boîte à outils, puis de vérifier s'il correspond à l'un des angles de leur quadrilatère. Si l'un des élèves affirme que oui, on vérifie collectivement au tableau.

Si besoin, l'enseignant peut demander de construire un quadrilatère de côtés 3 – 4 – 3 – 5 en utilisant le gabarit « le plus ouvert » pour l'angle entre les côtés de longueurs 3 cm et 4 cm, une règle graduée et un compas. On pourra alors comparer la figure obtenue et le quadrilatère K.

☐ Étape 3 : trace écrite

Une trace écrite sur le cahier mémoire peut être constituée par les trois figures de la première phase que l'élève découpe, colle et assortit de commentaires.

Par exemple :
Pour déterminer un polygone, on peut indiquer sa nature et ses dimensions.

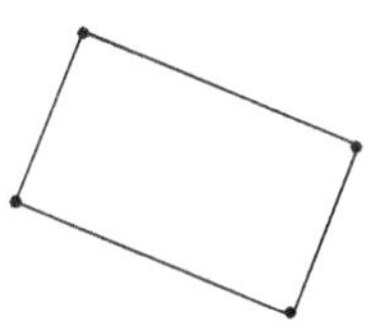

Rectangle de côtés mesurant ....

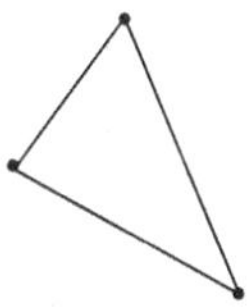

Triangle de côtés mesurant ....

Si cela est insuffisant, on indique un ou plusieurs angles. On utilise alors les gabarits.
Quadrilatère de côtés mesurant 3, 4, 3 et 5 cm et dont un angle a même ouverture que le gabarit ....

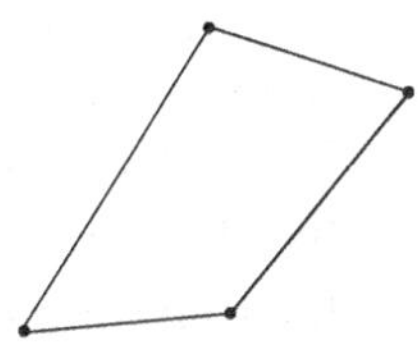

Troisième phase
Des gabarits d'angles pour reconnaître des quadrilatères

Les élèves travaillent en binômes.

> **MATÉRIEL**

– Une figure 1 et une figure 2 pour deux élèves (fiche 5) : figures à découper sous forme de vignettes arrondies.
– Un référentiel 2 (fiche 6) pour chaque binôme.
– Une boîte à outils pour chaque binôme : pas d'instruments gradués (règles, équerres) mais les sept gabarits d'angles (qu'il serait utile d'identifier auparavant en les numérotant de 1 à 7 du plus petit au plus grand ou en collant des gommettes de couleur).

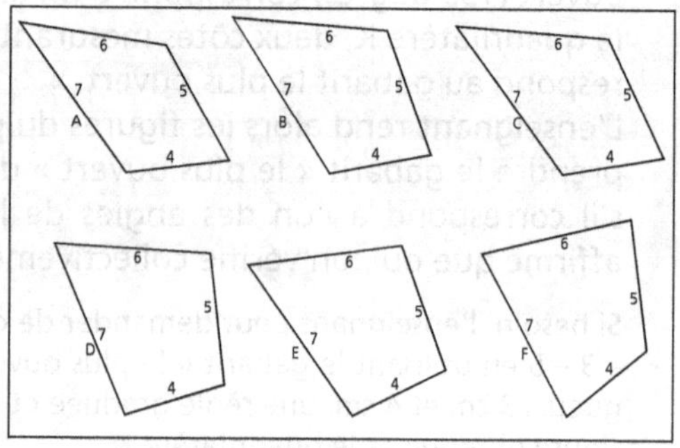

Fiche 6

Étape 1 : premier essai

« En travaillant en binômes, vous devez trouver parmi toutes les figures de cette feuille *(on leur montre de loin le référentiel : fiche 6)* laquelle est la même que la figure que je vais vous distribuer. Attention ! Toutes ces figures ont les mêmes dimensions : 4 cm, 5 cm, 6 cm et 7 cm.
Dans votre cahier, vous reproduisez le tableau suivant. »

Numéro de figure	Gabarits utilisés entre les côtés mesurant...	Figure trouvée
1		
2		

L'enseignant distribue la figure 1 à chaque binôme (fiche 5).
Quand chaque binôme a rempli la deuxième colonne, l'enseignant ramasse les figures.
Puis il distribue le référentiel à chaque binôme qui remplit la dernière colonne de son tableau.

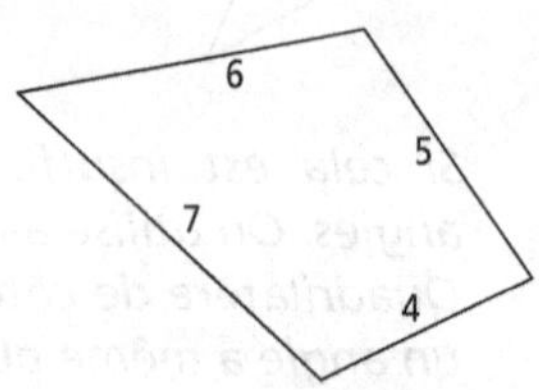

Figure 1 (fiche 5)

Mise en commun
On relève les résultats ; on invalide les réponses erronées (mauvaise manipulation des gabarits : confusion entre l'ouverture et les dimensions du gabarit ; imprécision lors de l'utilisation...). Une seule figure est à trouver : la figure B (avec le gabarit de 80°).

☐ Étape 2 : deuxième essai

Même déroulement avec la figure 2 (pour une utilisation plus précise des gabarits).
Figure à trouver : E (avec le gabarit de 100°).

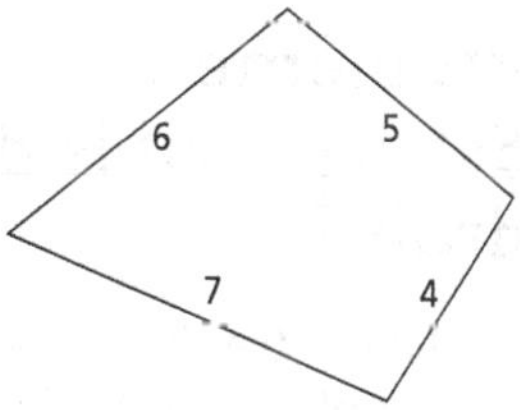

Figure 2 (fiche 5)

☐ Étape 3 : accompagnement

1. « Choisissez l'un de vos gabarits. Construisez un quadrilatère de côtés mesurant 4 cm, 5 cm, 6 cm et 7 cm et dont un angle correspond au gabarit choisi. » *(plusieurs solutions a priori)*
2. « Choisissez deux de vos gabarits. Construisez un quadrilatère de côtés mesurant 4 cm, 5 cm, 6 cm et 7 cm et dont deux angles correspondent aux gabarits choisis. » *(pas de solution a priori)*

4. Triangles, quadrilatères et angles droits (CM2)

> DESCRIPTION RAPIDE

Cette situation est bâtie autour de deux problèmes simples dans leur énoncé :
- Est-il possible de construire un triangle à deux angles droits ?
- Est-il possible de construire un quadrilatère à trois angles droits ?

Il s'agit de problèmes théoriques (posés sans référence à un contexte particulier) dont la résolution peut se faire par le recours à des propriétés (« Si deux droites sont perpendiculaires à une même troisième alors elles sont parallèles et ne peuvent se rencontrer pour donner le troisième sommet du triangle »), ou en s'appuyant sur la production d'un schéma commenté.

> DURÉE

Deux séances.

> OBJECTIFS

- Résoudre un problème d'existence.
- Faire produire des arguments sous forme de schémas pour justifier une non-existence.
- Faire produire des arguments se référant à des théorèmes (« Deux droites perpendiculaires à une même troisième sont parallèles ») ou à des définitions (« Deux droites sont parallèles si elles ne se coupent pas »).

> MATÉRIEL

- La boîte à outils complète.
- Des feuilles A4 vierges à bords arrondis.

DÉROULEMENT

Problème 1
Est-il possible de construire un triangle à un angle droit ?

Le maître distribue une feuille vierge à chaque élève puis écrit l'énoncé du problème au tableau.
Ce problème ne doit pas poser de difficultés.
On s'attend à ce que les élèves construisent un tel triangle avec leurs instruments, ce qui suffit pour justifier son existence. On peut aussi se contenter de réponses déclaratives comme « il suffit de tracer un triangle rectangle ».
Une rapide mise en commun orale permet de conclure à l'existence de tels triangles et de rappeler la terminologie « triangle rectangle ».

Problème 2
Est-il possible de construire un triangle à deux angles droits ?

Les élèves résolvent le problème par deux de façon à privilégier un premier échange d'arguments entre les deux élèves du binôme.

Le maître distribue une feuille à chaque binôme puis écrit l'énoncé du problème au tableau. On s'attend à des réponses négatives s'appuyant sur des schémas commentés.

Pour la mise en commun, le maître fait un premier bilan des réponses (oui ; non ; je ne sais pas) ; il invite ensuite un binôme à venir afficher sa production et la présenter à la classe. Le débat doit se centrer sur les arguments retenus et les déclarer valides ou invalides. Les élèves qui pensent avoir utilisé les mêmes arguments viennent afficher leur production. On procède ainsi jusqu'à ce que toutes les productions aient été affichées.

On termine par une conclusion collective qui peut être notée dans le cahier : « Il n'est pas possible de construire un triangle à deux angles droits », assortie d'un des arguments reconnus valides au choix de l'élève.

Exemples de productions obtenues

Dans toutes les observations, nous avons pu classer les productions en trois familles :
– celles qui font allusion au troisième sommet et à une impossibilité de « fermer » la forme triangle (voir dessin 1 page suivante) ;
– celles qui font allusion aux nombres de côtés qui seraient supérieurs à 3 (voir dessin 2 page suivante) ;
– celles qui font allusion au parallélisme de deux côtés (voir dessin 3 page suivante).

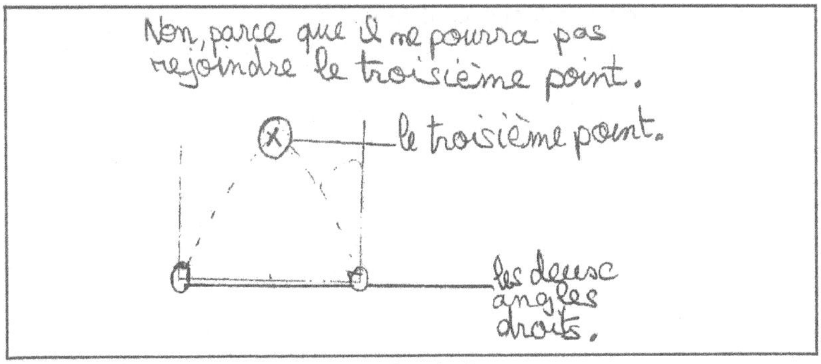

Dessin 1

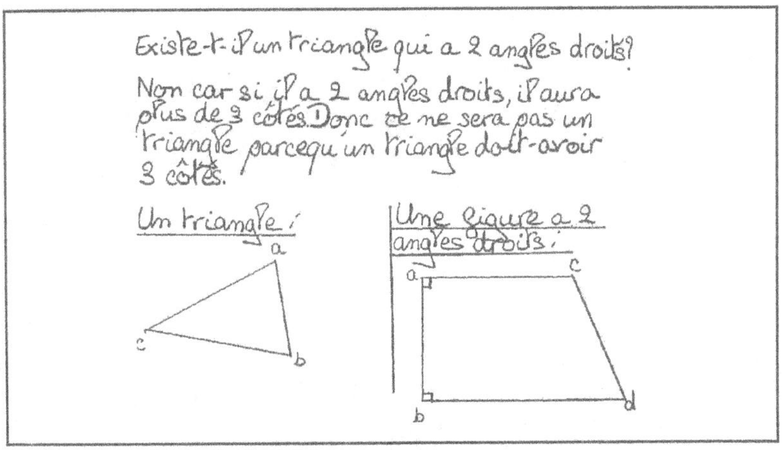

Dessin 2

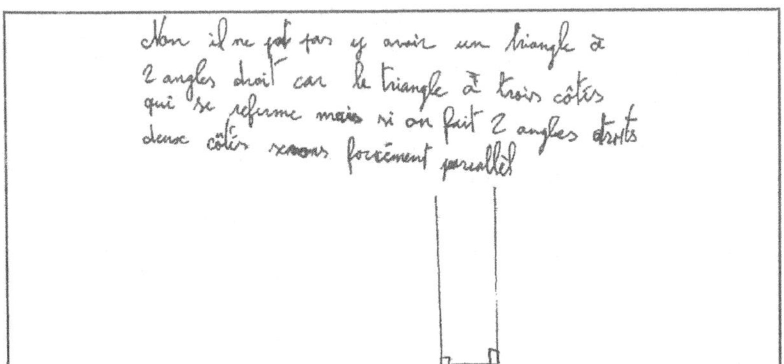

Dessin 3

Problème 3
Est-il possible de construire un quadrilatère à deux angles droits ?

Le déroulement est analogue à celui du problème 1.

Exemples de productions obtenues

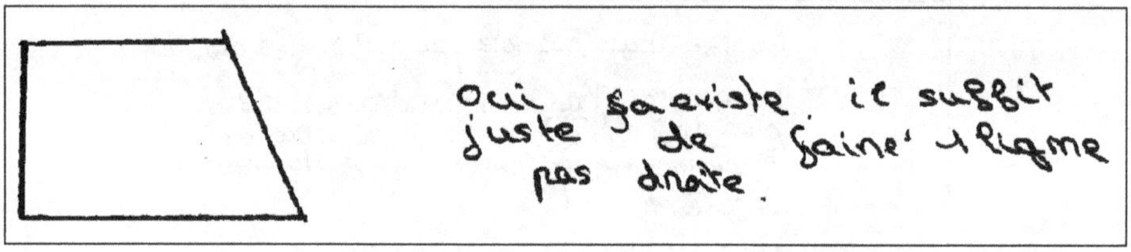

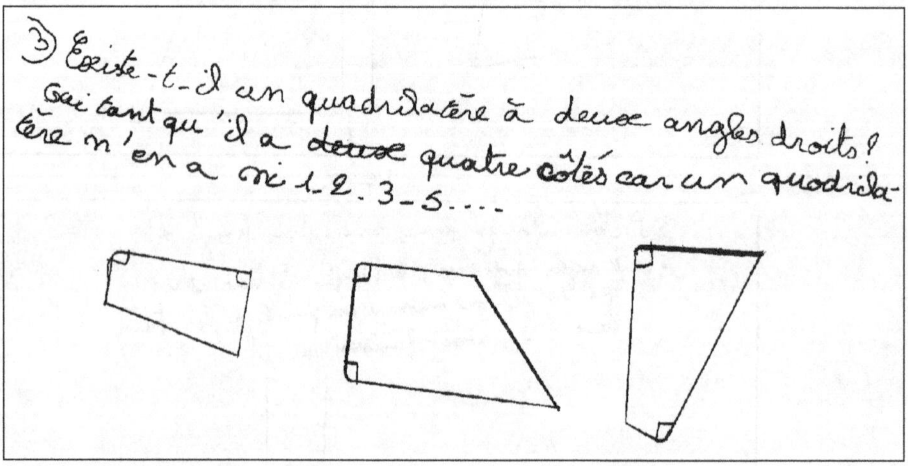

Problème 4
Est-il possible de construire un quadrilatère à trois angles droits ?

Le déroulement est analogue à celui du problème 2.

Exemples de productions obtenues

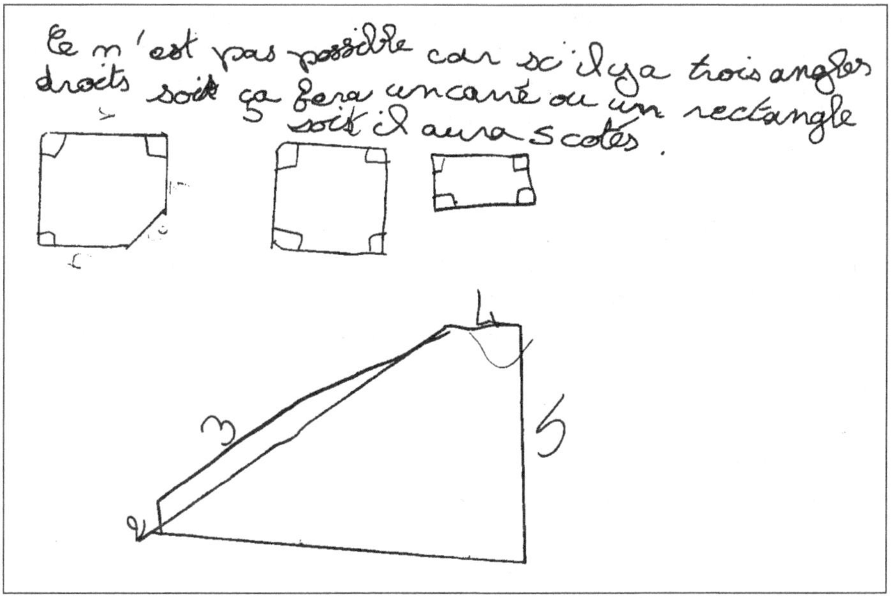

Non, impossible
Parce que il y aura 2 droites parallèles, une autre perpendiculaire aux deux droites alors on va rejoindre par un autre segment et ça fera 4 angles droits et non 3

Non
Il y aurait 5 côtés
Il y aurait 4 angles droits
Il faudrait qu'il y ait 2 droites parallèles et aussi deux droites parallèles

Non
Car si il y a 3 angles droits 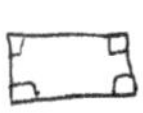 *et si je continue le trait il y aura 4 angles droits.*

5. Bords de bandes (CM2)

> DESCRIPTION RAPIDE

« Où sont tous les points situés à une distance donnée d'une droite donnée ? » Cette question renvoie à la distance d'un point à une droite. Nos expérimentations nous conduisent à considérer que la définition de la distance d'un point à une droite (longueur du segment perpendiculaire à la droite, d'extrémités ce point et un point de la droite) relève de la théorie. Nous proposons donc de poser aux élèves des questions permettant aux élèves d'appréhender cette question au CM2, dans la perspective du collège. Cette situation ne vise aucune institutionnalisation.
Elle se présente comme un ensemble de problèmes autour de cette question.

> OBJECTIFS

- Percevoir que les points situés à une distance donnée d'une droite sont situés sur deux droites parallèles à la droite donnée, symétriques par rapport à celle-ci.
- Approcher la distance d'un point à une droite.
- Approcher la construction du parallélisme par double perpendicularité.

> DURÉE

Deux séances de 45 minutes.

> MATÉRIEL

- Un exemplaire de la fiche 1 par élève.
- Un exemplaire de la fiche 1 agrandie pour la classe (ou sur transparent si la classe dispose d'un rétroprojecteur).
- Des feuilles A4 ordinaires pour chaque élève.
- La boîte à outils complète.

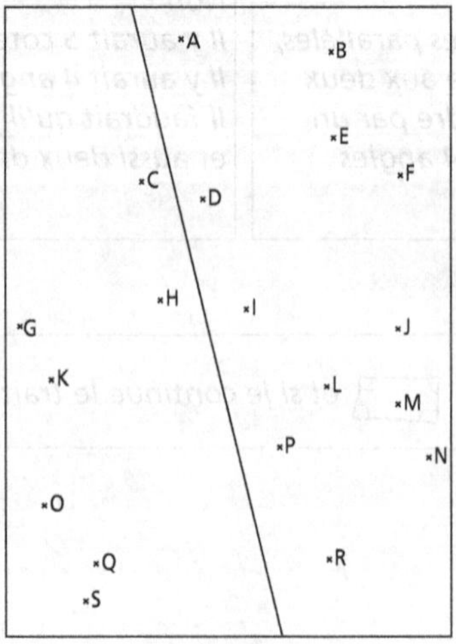

Fiche 1

Première phase
Identifier des points à une distance donnée d'une droite

☐ Étape 1 : présentation et réalisation

Le maître distribue un exemplaire de la fiche à chaque élève.
Il donne la consigne en montrant un agrandissement : « Sur votre feuille, vous avez une droite et des points ; sur votre cahier de brouillon, vous allez écrire la liste de tous les points qui sont à 7 cm de la droite. »

> PROCÉDURES ATTENDUES

Procédure 1 : mesures sans direction fixe entre le point testé et un point quelconque de la droite (tous les points, sauf F et O, correspondant en fait à une distance inférieure ou égale à 7 cm sont alors cités).
Procédure 2 : mesures suivant une direction parallèle à un des bords de la feuille (réponses A, H, I, P, C ou E, K, M, Q).
Procédure 3 : mesures suivant la direction perpendiculaire à celle de la droite (réponses B, G, J, N, S).

☐ Étape 2 : mise en commun

Le maître recense pour chacun des points le nombre d'élèves qui le déclare à 7 cm de la droite et demande d'expliciter les différentes procédures. Des contradictions devraient apparaître en ce qui concerne la procédure 1 puisque plusieurs distances sont alors possibles pour un même point.

Le maître précise qu'en mathématiques, on appelle la distance d'un point à une droite celle produite selon la procédure 3, et qu'ainsi une seule réponse est possible.

☐ Étape 3 : trace écrite

On colorie en rouge les points à 7 cm de la droite et on trace pour chacun de ces points le segment qui le « relie perpendiculairement » à la droite.
On colle la feuille dans le cahier en précisant que : « Les points rouges sont à 7 cm de la droite. »

Deuxième phase
Placer des points à une distance donnée d'une droite

Sur une feuille A4 vierge, les élèves tracent une droite non parallèle aux bords. Le maître leur demande ensuite de placer 20 points à 5 cm de la droite.

Pour la mise en commun, les différentes productions sont affichées. Leur critique s'appuie sur :
– la comparaison des mesures effectuées suivant les différentes procédures décrites pour la phase précédente ;

– la perception de l'ensemble des points tracés sous forme de deux droites parallèles à la première.

Ce problème permet d'avancer sur la perception de la droite comme ensemble de points vérifiant une propriété donnée.

■ Troisième phase
Placer des points à 8 cm d'une droite avec utilisation limitée de la mesure

Le maître demande à chaque élève de tracer une droite sur une nouvelle feuille A4 vierge, comme lors du problème précédent. Il leur demande ensuite de marquer un point à 8 cm de cette droite en veillant à ce que tous utilisent la procédure « perpendicularité-mesure ». Puis il leur précise : « Vous allez à nouveau marquer 20 points à 8 cm de cette droite, mais attention, cette fois, vous n'avez plus le droit de mesurer ou de reporter l'écart avec un papier ou un compas. »

> PROCÉDURES ATTENDUES

– Tracé d'une droite parallèle à la précédente passant par le point, au jugé ou par glissement de la règle.
– Tracé du segment d'extrémités le point et sa projection orthogonale sur la droite ; puis appui sur ce segment pour tracer une parallèle au jugé (utilisation perceptive implicite d'une double perpendicularité).
– Tracé du segment d'extrémités le point et sa projection orthogonale sur la droite ; puis tracé instrumenté d'une perpendiculaire à ce segment passant par le point initial.

Le maître sollicite quelques élèves pour exposer leur procédure. Dans le cas des deux dernières procédures décrites ci-dessus, des constats pourront permettre d'expliciter la double perpendicularité et la technique de tracé de parallèles qu'elle permet mais aucune institutionnalisation de ces propriétés n'est prévue.

Thème 3

Distance

Aspects théoriques

La notion de distance est une notion très importante à l'école dans la mesure où elle est étroitement liée à de nombreux objets et relations : segment, milieu, cercle, droites parallèles, droites perpendiculaires. C'est pour cette raison que nous avons décidé d'en faire un thème bien que la notion de distance entre deux points n'apparaisse pas explicitement dans les programmes.

Aspects historiques et mathématiques

1. LA NOTION DE DISTANCE ET LES PROGRAMMES

L'expression « distance entre deux points » n'apparaît dans aucun programme de l'école primaire aussi loin que nous ayons pu remonter dans le temps. En revanche, le mot « distance » apparaît dans les programmes de 1980 et de 1985 dans l'expression « report de distance » pour parler d'une technique de reproduction. Ce mot disparaît des programmes de 1995 et de 2002.

À noter que le mot « distance » n'apparaît pas non plus dans les programmes du collège. L'inégalité triangulaire est abordée en 5e avec son extension à l'égalité. La distance d'un point à une droite est abordée en 4e sans pour autant que le mot distance soit cité : « Savoir que le point d'une droite le plus proche d'un point donné est le pied de la perpendiculaire menée du point à la droite. »

La quasi-absence du mot « distance » est, semble-t-il, due au fait qu'il est « remplacé » par le mot « longueur » qui, lui, a toujours été présent dans les programmes de l'école élémentaire (cf. « Apprentissages numériques au CM1 », ERMEL, Hatier).

Qu'en est-il des objets mathématiques associés à la distance ?
Le mot « segment » est cité dans les programmes de 1945 uniquement pour les cours de fin d'étude. Il disparaît des programmes à partir de 1958 pour réapparaître en 1995. Dans les programmes actuels, ce mot est associé à « milieu » : on parle de « milieu d'un segment ». Au collège, on demande de faire la distinction entre « segment », « droite » et « demi-droite ». Aucune information n'est donnée quant à la conception du segment qu'il faut mettre en avant.
Le mot « cercle », en revanche, est présent dans tous les programmes de l'école primaire. Il est associé au compas, il est donc perçu comme un objet spatial.

2. ÉLÉMENTS MATHÉMATIQUES

La notion de distance a des liens étroits avec de nombreux concepts mathématiques ; nous allons maintenant préciser ces liens.

2.1 Distance entre deux points

Le mot « distance » est un mot du langage courant qui a plusieurs sens :
– par exemple, la distance entre deux points de la cour de récréation (ou de la feuille de papier) est la longueur du segment qui joint ces deux points ;
– en revanche, la distance entre deux points d'un quartier est la longueur du plus court chemin qui lie ces deux points. Si ces deux points ne sont pas sur le bord d'une route rectiligne, la distance entre ces deux points n'est pas la longueur du segment joignant ces deux points, sauf si on parle de distance à vol d'oiseau ;
– la distance entre deux points du globe terrestre est la longueur de l'arc du grand cercle[1] de cette sphère qui joint ces deux points. Ici encore, ce n'est pas la longueur du segment joignant ces deux points à moins de creuser un tunnel !

Ainsi on peut définir plusieurs distances sur un ensemble de points donné.

Si on prend **le sens usuel** de la distance de deux points d'une feuille de papier ou de la cour de récréation, trois propriétés peuvent être mises en évidence.

Quels que soient les points M, N et P, on a :

1. d(M, N) = 0 équivaut à M et N sont confondus[2] ;

2. d(M, N) = d(N, M) qui se traduit par : « la distance de M à N est égale à la distance de N à M » ;

3. d(M, N) ≤ d(M, P) + d(P, N) qui se traduit par le fait que, dans un triangle[3], la longueur d'un côté est toujours inférieure ou égale à la somme des deux autres longueurs (inégalité triangulaire).

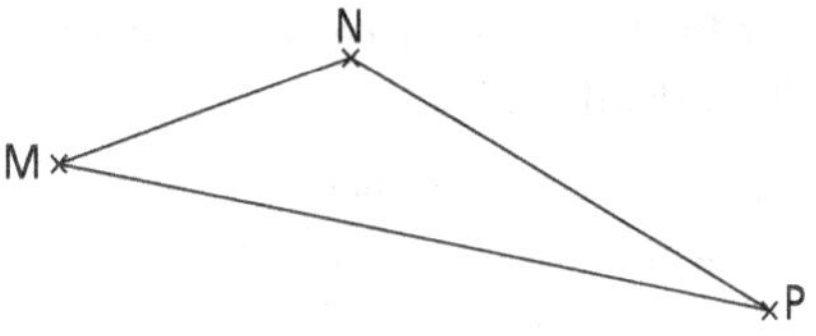

2.2 Segment et milieu

À l'aide des propriétés ci-dessus, on peut démontrer qu'étant donné trois points A, B et M, M appartient au segment AB est équivalent à : d(AB) = d(A, M) + d (M, B).

Cette propriété associée à l'inégalité triangulaire peut se traduire par la phrase souvent entendue : « Le plus court chemin pour aller d'un point à un autre est la ligne droite. »

Cette propriété permet de donner une définition du segment : étant donné deux points A et B, le segment AB est l'ensemble des points M tel que d(A,M) + d(M,B) soit la plus petite possible, c'est-à-dire égale à d(A,B).

Dans la suite, d(A,B) sera souvent noté AB.

On peut également définir le milieu d'un segment de la façon suivante : quels que soient les points A, B et I, I est le milieu du segment [AB] équivaut à A, B et I alignés et AI = IB.

---

1. Rappelons qu'un grand cercle est un cercle dont le centre est le centre de la sphère et dont les points sont sur la sphère.
2. d(M, N) signifie distance de M à N. Il s'agit de la distance usuelle (celle que les mathématiciens nomment : « distance euclidienne »).
3. Éventuellement aplati.

2.3 Cercle

Donnons une première définition du cercle : étant donné un point O et un réel positif r, le cercle est l'ensemble des points M tels que OM = r.

Cette définition est une définition ponctuelle (qui renvoie aux points), d'autres définitions sont possibles, en particulier des définitions non ponctuelles. C'est, par exemple, le cas avec les définitions ci-dessous :
– le cercle est une courbe fermée de courbure constante ;
– le cercle est une courbe fermée admettant une infinité d'axes de symétrie.

On peut démontrer que ces définitions sont équivalentes même si elles renvoient à des conceptions différentes du cercle[4].

2.4 Distance entre un point et une droite

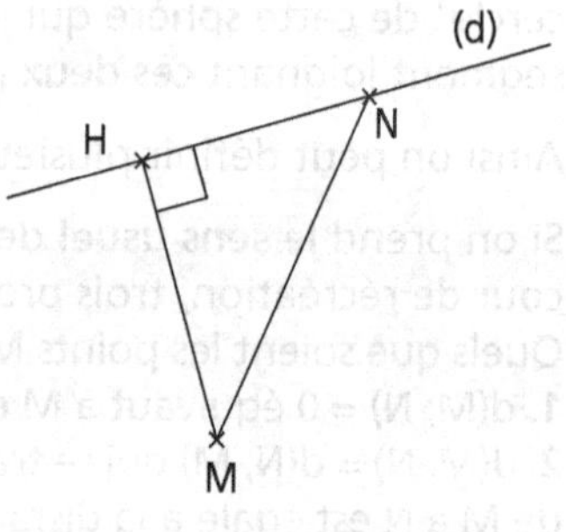

La distance du point à une droite permet, comme nous allons le voir, d'aborder un aspect des droites perpendiculaires et des droites parallèles. Les situations faisant le lien entre ces notions sont présentées dans le thème 2 : « Angle, perpendicularité et parallélisme ».

La distance entre un point M et une droite (d) est la plus petite distance entre ce point M et un point quelconque de la droite (d).

Conséquence : la distance d'un point M à une droite (d) est la distance du point M au point H, projeté orthogonal de M sur (d), c'est-à-dire le point d'intersection de la perpendiculaire à (d) qui passe par M et de la droite (d).

Cela signifie que quel que soit le point N sur (d), $d(M, H) \leq d(M,N)$.
On démontre cette conséquence sans difficulté en utilisant le théorème de Pythagore dans le triangle rectangle HMN : $MN^2 = MH^2 + NH^2$ or $NH^2 \geq 0$ donc $MN^2 \geq MH^2$. Donc $MN \geq MH$ (car MN et MH sont positives).

Ainsi, si M est un point situé sur une droite (d) et A un point non situé sur cette droite alors AM sera minimum quand M est tel que $(AM) \perp (d)$. Cela permet de faire le lien entre droites perpendiculaires et distances (cf. partie théorique du thème 2 : « Angle, perpendicularité et parallélisme »).

Enfin, une propriété importante permet de lier distance et droites parallèles : étant donné une droite (d) et un réel m ($m > 0$), l'ensemble des points placés à une distance m de (d) est composé de deux droites parallèles à (d), chacune contenue dans un des deux demi-espaces définis par la droite (d) (cf. partie théorique du thème 2 : « Angle, perpendicularité et parallélisme »).

4. Pour aller plus loin concernant les différentes conceptions du cercle, se référer à : ARTIGUE MICHÈLE, « À propos des conceptions du cercle. Présentation de situations de classes privilégiant certaines de ces conceptions (CE2 et CM) », *in Grand N*, n° 27, p. 45 à 72, Irem de Grenoble, Grenoble, 1982.

Nos choix didactiques

Nous présentons ci-dessous nos choix didactiques concernant les notions de segment et de cercle.

1. SEGMENT OU LA LIGNE LA PLUS COURTE QUI JOINT DEUX POINTS

Pour cette notion, nous travaillons sur le « problème élémentaire » suivant : étant donné deux points A et B, quel est l'ensemble des points M tels que :
d(A,M) + d(M, B) = d(A, B), c'est-à-dire quel est l'ensemble des points M tels que :
d(A,M) + d(M, B) soit minimum ?
Cela amène les élèves à des comparaisons de longueurs de lignes joignant deux points.

1.1 Les conceptions des élèves

Dans les activités relatives à ce problème élémentaire, nous abandonnons toute expression faisant allusion à la notion de « chemin », par exemple : « plus court chemin », « on va de A à B, quel est le chemin le plus court ? »... Nous avons en effet constaté que la référence à un chemin induisait chez certains élèves des procédures liées à la durée du trajet : « Ce chemin est plus court car il y a moins de virages donc on va plus vite », ou « Ce chemin est plus court car on monte au début et après ça descend beaucoup ». Nous utilisons le terme « ligne » et nous posons le problème en ces termes : « Tracer la ligne la plus courte pour aller d'un point à un autre. »

Nous avons confronté les élèves à ce problème à partir du CE2 et nous avons constaté que :
– dans le méso-espace, ils tracent ou suivent tous une ligne droite ;
– dans le micro-espace, ils tracent pratiquement tous un segment.

En revanche, si on leur demande de désigner parmi plusieurs lignes celle qui correspond à la ligne la plus courte, les élèves ne désignent pas tous la ligne droite : environ 30 % d'entre eux indiquent une ligne courbe (voir la situation « Courte ligne »).

1.2 Les procédures des élèves

On peut distinguer trois catégories de procédures de comparaison de lignes joignant deux points.

• **Les procédures perceptives** : « Ça se voit. »

• **Les procédures en référence à des justifications** :

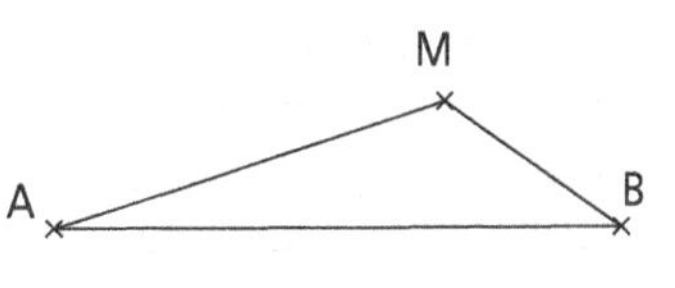

– justification qui fait appel à une **procédure mentale :** « Si on déplie ce sera plus grand ». Les élèves imaginent mentalement que la ligne AMB est un fil qu'ils peuvent déplier, par exemple en le tenant en A et en le tirant en B. Mentalement, ils constatent qu'une fois « déplié » le fil « dépassera » le point B donc qu'il est plus long que le segment [AB] ;

– justification qui fait appel à **une évidence** (conviction) : « C'est plus grand car on fait un détour » ;

– justification qui fait appel à **une connaissance** (connaissances institutionnalisées, arguments théoriques) : « Je sais que c'est plus court car le plus petit chemin pour aller d'un point à un autre, c'est le segment. »

• **Les procédures instrumentées** : mesure ou comparaison des longueurs à l'aide d'un objet intermédiaire (règle graduée, fil par exemple).

1.3 Les variables didactiques

On peut distinguer trois types de variables didactiques.

• **L'espace dans lequel on se place**

Dans le méso-espace, la procédure perceptive peut être difficile à mettre en place si l'élève n'arrive pas à visualiser la ligne d'un seul coup d'œil.

• **L'écart entre les longueurs des lignes à comparer**

Si cet écart est faible, le recours à la mesure peut ne pas permettre de conclure.

• **Le matériel dont dispose l'élève**

Si l'élève dispose d'instruments de mesure ou de ficelle, il peut facilement utiliser la procédure instrumentée.

1.4 Nos choix

Pour le travail sur la notion de distance, nous sommes partis des pré-requis suivants : les élèves savent comparer des longueurs de baguettes, de fils… en faisant coïncider une des extrémités de ces objets et en regardant la position de l'autre, et ils savent mesurer des longueurs.

Le travail sur « segment » comporte trois temps.

Premier temps

Il a pour objectif d'institutionnaliser la propriété : « Parmi toutes les lignes qui ont pour extrémités deux points A et B, la plus courte est la ligne droite » ; ce qui permet ainsi de définir la notion de « segment ».

Les élèves doivent trouver la ligne la plus courte parmi celles qui joignent deux points, puis ils doivent tracer la ligne la plus courte qui joint deux points donnés. C'est la situation « Courte ligne ».

Deuxième temps

Les élèves sont invités à réinvestir la propriété ci-dessus dans le problème suivant : deux points A et B sont placés sur une feuille blanche, un obstacle est placé entre ces deux points ; il s'agit de tracer la ligne la plus courte qui relie un point à un autre en contournant l'obstacle. C'est la situation « Longueur minimum ».

Dans cette situation, nous bloquons les procédures de comparaison instrumentées. Cela amène les élèves à utiliser la propriété mise en évidence dans le premier temps au cours de la phase de validation et donc à passer dans la géométrie théorique.

Troisième temps

Nous aidons ensuite les élèves à faire le lien entre les concepts d'alignement et de segment à travers la situation « Conjonction de relations ». Elle consiste à amener les élèves à placer des points à la fois alignés avec certains points donnés et situés sur la ligne la plus courte joignant deux autres points.

2. LE CERCLE

Pour cette notion, nous travaillons sur le problème élémentaire suivant : « Étant donné un point O et un réel positif r, déterminer l'ensemble des points M tels que OM = r. »

2.1 Les conceptions des élèves

D'une part, par rapport aux conceptions présentées page 284, nous constatons que, **pour les élèves, le cercle est avant tout un objet spatial** au même titre que le rectangle ou le carré. Son aspect ponctuel (un cercle est considéré comme un ensemble de points) n'est pas du tout naturel pour eux. Ce qui est tout à fait normal compte tenu des activités proposées avant le CE2 : reconnaissance de carré, de cercle, de rectangle, de triangle.

En lien avec cette conception privilégiée, les élèves perçoivent **le compas** uniquement comme **un outil pour tracer des cercles**. L'aspect outil pour reporter des longueurs ne leur est pas familier.

D'autre part, le lien entre le tracé laissé par le compas et le cercle comme ensemble de points équidistants du centre se heurte à deux obstacles supplémentaires :
- la difficulté naturelle à voir un ensemble de points derrière un trait. Cet obstacle a déjà été rencontré lorsqu'on aborde la notion de segment ;
- le fait qu'avec le compas le rayon ne soit pas matérialisé.

Nous avons également pu constater que les élèves ne transféraient pas naturellement les procédures du micro-espace au méso-espace (cf. la situation « Le trésor est dans la cour »).

2.2 Nos choix

Nous cherchons à développer très progressivement chez les élèves une conception du cercle comme ensemble de points à une distance donnée du centre. C'est cette conception qui sera indispensable pour résoudre des problèmes de construction de points à partir de contraintes de distances à des points donnés (cf. situation « Conjonction de relations ») et de nombreux autres problèmes de géométrie par la suite.

Pour travailler sur cette conception, nous enchaînons plusieurs situations en CM1. Les deux premières situations permettent de travailler sur le problème élémentaire : « Un point M étant donné, quel est l'ensemble des points X à une distance donnée m de M ? » dans le micro-espace et dans le méso-espace. Les deux situations suivantes permettent de travailler sur le problème élémentaire suivant : « Deux réels positifs m et n étant donnés, produire des points à une distance m de M et à une distance n de N », et de travailler sur la conjonction de relations. Ici encore nous articulerons un travail dans le micro-espace et dans le méso-espace. Enfin, nous terminons par un problème de modélisation dans le méso-espace.

« Même distance à coup sûr »

Cette première situation pour le CM1 a pour objectif de faire apparaître le cercle comme ensemble de points à une distance donnée d'un point fixe. L'élève dispose d'un papier calque sur lequel figure un point C. Ce papier et le point coïncident avec une feuille A4 sur laquelle sont placés le point C et de nombreux autres points. Il s'agit pour l'élève de faire tout ce qu'il veut sur le papier calque (alors qu'il ne dispose pas de la feuille A4 mais qu'il dispose de tous les instruments de la boîte à outils) pour qu'ensuite, ne disposant plus que du calque, il puisse identifier tous les points de la feuille A4 situés à une distance donnée du point C. La seule façon de résoudre convenablement ce problème est de tracer sur le calque le cercle de centre C dont le rayon correspond à la distance donnée.

« Même distance à coup sûr dans le méso-espace »

On invite les élèves à trouver une méthode pour placer tous les points situés à 5 m d'un piquet placé dans la cour.

Ces situations permettent également d'institutionnaliser le vocabulaire « cercle », « centre » et « rayon ».

« Le trésor » et « Le trésor est dans la cour »

Ces deux situations permettent tout à la fois de continuer de travailler sur la conception du cercle comme ensemble de points équidistants d'un point donné et de travailler sur des conjonctions de relations dans le micro et dans le méso-espace.

Dans ces deux situations, les élèves doivent trouver un point (matérialisé par un trésor) situé à une distance donnée de deux points donnés. Une des difficultés à laquelle on se heurte, lorsqu'on demande aux élèves de trouver un point à *x* cm d'un point donné et à *y* cm d'un autre point, est qu'ils ne sentent pas la nécessité d'utiliser le compas pour effectuer ce travail. En effet, dans le micro-espace par exemple, ils arrivent assez vite à un résultat très satisfaisant en tâtonnant avec leur règle. Nous avons donc dû imaginer des contraintes pour bloquer cette procédure.

Dans la situation « Le trésor », les élèves doivent trouver un trésor caché à partir de deux informations mais chaque élève ne dispose que d'une des deux informations. Chacun doit sur un papier calque (qui correspond au plan sur lequel figure le trésor) réaliser tout ce qui lui semble utile pour qu'ensuite, avec un camarade qui a la seconde information et uniquement avec leur papier calque, ils puissent trouver la position du trésor.

Nous faisons ensuite travailler les élèves sur d'autres conjonctions de relation : relation d'alignement et de points à une distance donnée d'un point.

Une situation analogue est menée dans le méso-espace avec « Le trésor est dans la cour ».

Longueurs inaccessibles

Un problème de modélisation permet de clore le travail sur la distance entre deux points. Cette situation consiste, comme son nom l'indique, à demander aux élèves de déterminer la longueur d'un segment entre deux points inaccessibles, donc sans possibilité de mesurer. Dans une première phase, il s'agit d'un segment dont les extrémités sont deux points de la cour de récréation[5] et, dans une deuxième phase, les deux sommets d'une boîte que l'on a fermée.

3. DISTANCE D'UN POINT À UNE DROITE

Nos expérimentations nous ont permis de constater que lorsqu'on demande à des élèves de trouver dans le méso-espace le plus court chemin pour rejoindre un point à une droite, matérialisée par exemple par la ligne d'un terrain de sport, les élèves choisissent très souvent la direction de la droite perpendiculaire à la droite matérialisée. En revanche, dans le micro-espace, ils estiment que les segments AB et AH ont la même longueur.

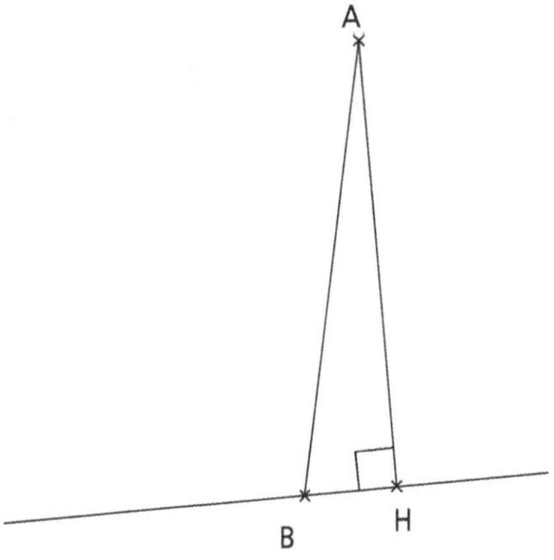

Seul un passage dans le cadre théorique permet aux élèves de prendre conscience de leur erreur. Nous ne proposons donc pas de situation directement sur le thème de la distance d'un point à une droite.

Mais cette notion est utilisée en acte par des élèves dans les situations sur le parallélisme. Par exemple, lorsqu'ils sont confrontés au problème élémentaire suivant : « Une droite (d) et un nombre positif *a* étant donnés, tracer l'ensemble des points X tels que la distance de X à (d) soit égale à *a* », ou lorsqu'ils tracent une parallèle à une droite donnée passant par un point dans les situations « Les feuilles qui coulissent » et « Sur la trace des roues » (cf. Thème 2 : « Angle, perpendicularité et parallélisme »).

En fin de cycle 3, nous proposons aux élèves la situation « Bords de bandes » (thème 2) qui consiste à faire prendre conscience aux élèves que l'ensemble des points situés à une distance donnée est sur deux droites parallèles à cette droite et symétrique par rapport à elle.

Aucune connaissance n'est évidemment institutionnalisée concernant cette notion.

5. On précise aux élèves que ces deux points sont dans une zone marécageuse impénétrable.

Progression et objectifs des situations

	Situations	Description rapide	Objectifs	Objets	Durée
CE2	**1. Courte ligne**	Dans un premier temps, les élèves doivent trouver parmi des lignes qui joignent deux points la plus courte. Puis, ils doivent tracer la ligne la plus courte qui joint deux points.	– Institutionnaliser la propriété : Parmi toutes les lignes qui ont pour extrémités deux points A et B la plus courte est la ligne droite. – Définir la notion de segment.	Segment	1 séance
CE2	**2. Longueur minimum**	Deux points A et B sont placés sur une feuille blanche, un obstacle est entre ces deux points, il s'agit de tracer la ligne la plus courte qui relie A à B en contournant l'obstacle.	– Réinvestir le résultat institutionnalisé au cours de la situation « Courte ligne » : Parmi toutes les lignes qui ont pour extrémités deux points A et B la plus courte est la ligne droite. – Engager les élèves dans un débat de validation.	Segment	1 séance
CE2	**3. Conjonction de relations**	Les élèves ont à placer un point grâce à deux informations concernant sa localisation. Le problème est posé dans le micro-espace de la feuille de papier.	– Prendre en compte deux contraintes. – Réinvestir les notions d'alignement et de distance la plus courte, distinguer ligne droite et segment. – Dans la résolution du problème, effectuer des tracés supplémentaires non explicitement demandés.	Alignement	2 séances
CM1	**4. Même distance à coup sûr**	– Dans le micro-espace, déterminer une méthode (tracé de cercle) qui permette à coup sûr et directement de nommer les points qui sont à une distance donnée d'un point C donné. Pour cela, les élèves seront confrontés à un problème d'anticipation. – Dans le méso-espace, trouver une méthode pour placer le plus de points possibles à 5 m d'un poteau dans le méso-espace.	– Faire découvrir le cercle comme ensemble des points à une distance donnée d'un point donné, en réponse à un problème. – Institutionnaliser le vocabulaire : « cercle de centre … et de rayon … », « le cercle de centre … passant par … ». – Faire découvrir le cercle comme ensemble de points à une distance donnée d'un point donné dans le méso-espace.	Cercle	2 séances
CM1	**5. Le trésor**	Découvrir l'emplacement d'un trésor défini comme l'intersection d'une droite et d'un cercle, ou de deux cercles, ou encore de deux droites.	– Faire apparaître le point comme intersection de lignes (droites, cercles). – Appréhender les lignes (droite, cercle) comme ensembles de points.	Cercle Droite	2 séances
CM1	**6. Le trésor est dans la cour**	Les élèves doivent découvrir un trésor dans le méso-espace à partir d'informations concernant sa position par rapport à deux points fixes.	Permettre aux élèves de résoudre un problème de modélisation dans le méso-espace en réinvestissant leurs connaissances sur l'intersection de deux cercles du micro-espace.	Cercle	1 séance
CM2	**7. Longueurs inaccessibles**	Les élèves doivent trouver une méthode pour connaître la longueur d'une baguette (ou d'un fil) sans pouvoir la (le) mesurer directement.	Amener les élèves à s'engager dans une démarche de modélisation en investissant, dans le méso-espace, les connaissances acquises dans l'espace graphique.	Segment	2 séances

Situations

1. Courte ligne (CE2)

> DESCRIPTION RAPIDE

Dans un premier temps, les élèves doivent trouver la ligne la plus courte parmi des lignes qui joignent deux points. Ce travail se fait à vue d'œil, la mesure des lignes permet ensuite de valider ou d'invalider les réponses. Dans un second temps, ils doivent tracer la ligne la plus courte qui joint deux points.

> OBJECTIFS

– Institutionnaliser la propriété : « Parmi toutes les lignes qui ont pour extrémités deux points A et B, la ligne la plus courte est la ligne droite. »
– Définir la notion de segment.

> DURÉE

Une séance d'environ une heure.

> VARIABLES DIDACTIQUES

Nous supposons que les élèves savent comparer des longueurs de baguette, de fil... en faisant coïncider une des extrémités de ces objets et en regardant la position de l'autre extrémité.

• L'écart de longueur entre les différentes lignes
Si celui-ci est trop faible, les élèves ne peuvent pas conclure en mesurant ou en comparant les longueurs de fils qu'ils peuvent superposer sur les lignes. Nous faisons le choix de garder des écarts qui permettent une comparaison à l'aide d'une mesure ou d'un fil.

• L'espace dans lequel est proposée cette activité
Nous la proposons dans le micro-espace par commodité de réalisation. On pourrait imaginer sa réalisation dans le méso-espace ou le grand micro-espace (par exemple sur une feuille de 1 m sur 0,50 m).

• Le matériel dont dispose l'élève
S'il dispose d'une règle ou d'un fil, il pourra les utiliser pour conclure. Nous faisons le choix suivant : les élèves ne peuvent pas utiliser d'instrument sauf en fin de situation pour valider.

> PROCÉDURES DE COMPARAISON

• **Au jugé :** « Ça se voit. »

• **En référence à un argument :**
– argument qui fait appel à une procédure mentale : « Si on déplie, ce sera plus grand » ;

– argument qui fait appel à une évidence (conviction) : « C'est plus grand car on fait un détour » ;
– argument qui fait appel à une connaissance (connaissances institutionnalisées, arguments théoriques) : « Je sais que c'est plus court car le plus petit chemin pour aller d'un point à un autre c'est le segment. »

• **En utilisant des instruments :** règle graduée, fil… Comme nous l'avons précisé ci-dessus, nous bloquons cette procédure sauf au cours de la phase de validation. Mais certains cherchent à reporter les doigts, le crayon, etc.

> MATÉRIEL

– La fiche 1 pour l'enseignant et les fiches 2 et 3 au format A4 pour chaque élève.
– Pas de boîte à outils sauf pour les étapes de validation.

DÉROULEMENT

■ Première phase
Comparaison de longueurs de ligne

☐ Étape 1 : consignes et travail individuel

Le maître distribue la fiche 2 (voir page suivante) et explique : « On a donné à quatre enfants (Alain, Bernard, Carole et Déborah) la feuille suivante *(il montre la fiche 1)*. On leur a demandé de tracer la ligne la plus courte qui a pour extrémités les points A et B. Vous avez la réponse de chacun d'eux. Il s'agit de dire quel(s) enfant(s) a (ont) répondu correctement à la question. Il peut n'y en avoir aucun, en avoir un seul, plusieurs, tous. Attention, vous ne pouvez utiliser aucun matériel. »

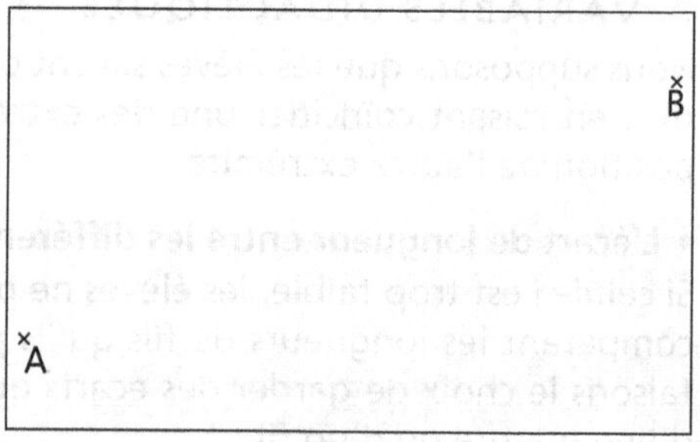

Fiche 1

Le travail se déroule individuellement.

☐ Étape 2 : travail collectif

L'enseignant constitue des groupes de trois ou quatre élèves n'ayant pas tous trouvé le même résultat. Au sein de chaque groupe, les élèves doivent se mettre d'accord sur une réponse et une explication qu'ils rédigent sur une feuille A3.

☐ Étape 3 : mise en commun

Les productions sont affichées, éventuellement lues puis regroupées, et enfin débattues.

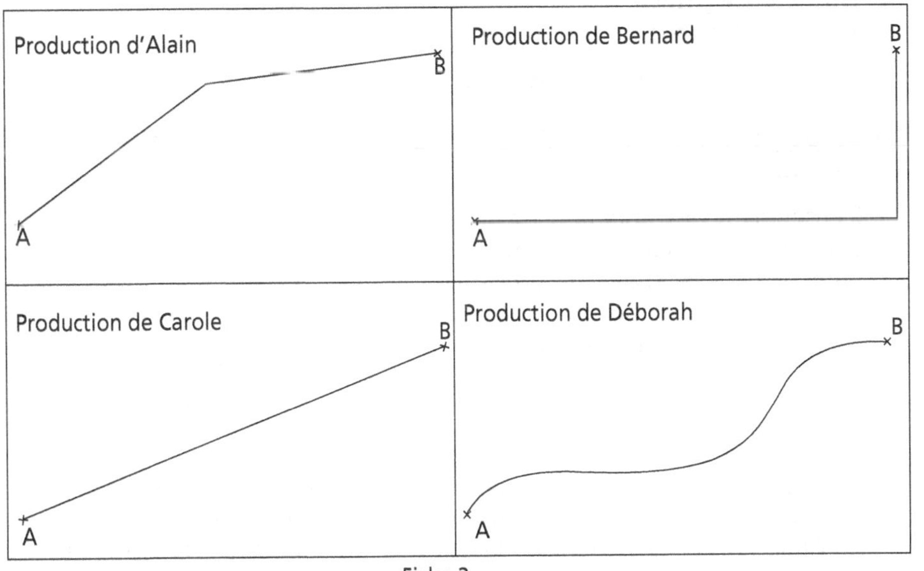

Fiche 2

☐ Étape 4 : validation pratique

Le maître demande aux élèves de sortir leur boîte à outils pour la validation pratique. Les élèves, en mesurant ou en reportant un fil sur certains chemins, n'auront pas de peine à constater que la production de Carole donne la ligne la plus courte.

Dans une classe de 22 élèves, à la fin de l'étape 1 (travail individuel) :

- quatorze élèves pensent que Carole a la réponse juste. Les arguments avancés sont :
  - « Avec les yeux, je le vois »,
  - « Ça ne peut pas être les autres parce que si on les étire ils dépasseraient »,
  - « C'est parce que dans les consignes on dit la ligne et seule Carole a tracé une seule partie ». Suite à cet argument, il est nécessaire de clarifier le langage en se mettant d'accord sur « ligne », « trait », « trait tracé à la règle » ;
- sept élèves proposent Déborah. Les arguments avancés sont les suivants :
  - « J'ai mesuré avec mes doigts »,
  - « J'ai suivi le chemin et j'ai compté » ;
- un élève propose la production d'Alain.

À la fin du travail collectif (étape 2), deux groupes pensent encore que c'est Déborah qui a dessiné le chemin le plus court, les autres pensent que c'est Carole.

La validation pratique permet à chacun d'être, semble-t-il, convaincu que Carole a bien dessiné le chemin le plus court.

■ Deuxième phase
Tracer la ligne la plus courte

On donne aux élèves la boîte à outils.

☐ Étape 1 : consigne et travail individuel

L'enseignant distribue la fiche 3. Sur cette fiche sont représentés deux points C et D avec la consigne : « Trace la ligne la plus courte qui a pour extrémités les points C et D. » Il fait lire la consigne. Le travail se fait individuellement.

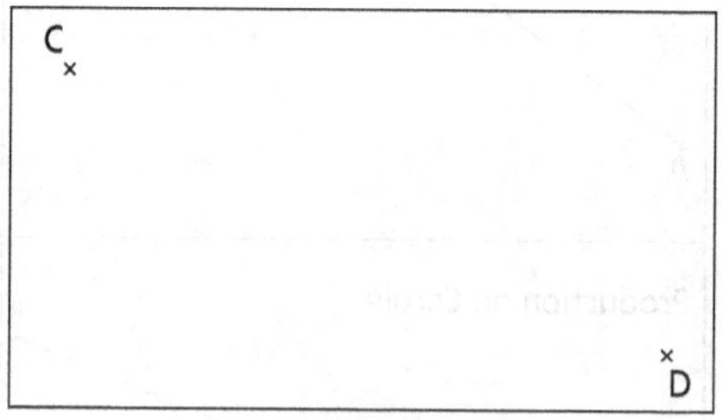

Fiche 3

Dans la classe précédente, trois élèves ont tracé un chemin analogue à celui de Déborah. Parmi eux, deux élèves avaient déjà pronostiqué Déborah : pour eux, la validation pratique n'a pas été suffisante. Le dernier élève avait pronostiqué Carole. On voit ici la différence entre reconnaître et réaliser.

☐ Étape 2 : débat

L'enseignant présente quelques réponses caractéristiques (une réponse fausse et une réponse juste par exemple) et engage un débat.
S'il y a un doute, il est possible de mesurer.

Dans la classe précédente, la comparaison des mesures des chemins produits par les trois élèves avec le segment AB permet de les convaincre qu'ils font une erreur.

☐ Étape 3 : institutionnalisation

L'enseignant fait noter dans le cahier mémoire la trace écrite suivante.

Parmi toutes les lignes qui ont pour extrémités deux points A et B, la ligne plus courte est la ligne droite. Cette ligne est appelée le segment d'extrémités A et B, on dit aussi le segment AB.

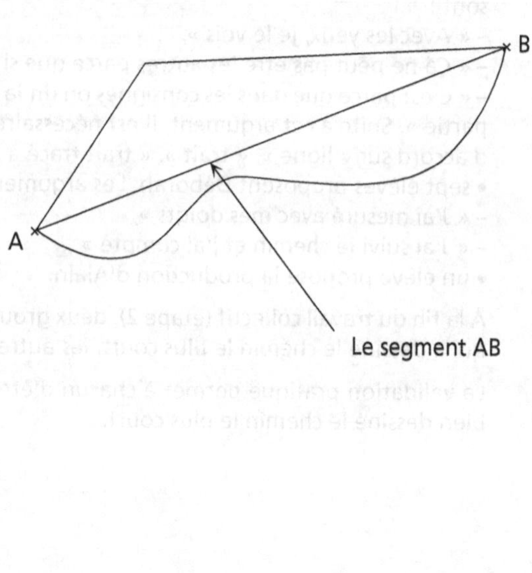

2. Longueur minimum (CE2)

> DESCRIPTION RAPIDE

Deux points A et B sont placés sur une feuille blanche, un obstacle est entre ces deux points. Il s'agit de tracer la ligne la plus courte qui relie A à B en contournant l'obstacle.

> OBJECTIFS

– Réinvestir le résultat institutionnalisé au cours de la situation « Courte ligne » : « Parmi toutes les lignes qui ont pour extrémités deux points A et B, la plus courte est la ligne droite. »
– Engager les élèves dans un débat de validation.

Cette situation est donc à mener après « Courte ligne ».

> DURÉE

Une séance de 45 minutes.

> VARIABLES DIDACTIQUES

Les variables didactiques de cette situation sont la forme de la figure « obstacle » et la position du segment AB par rapport à cet obstacle.

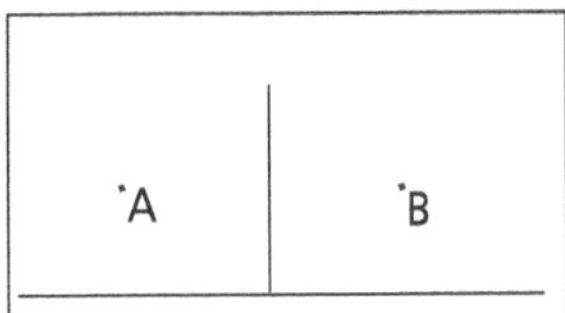

Figure 1

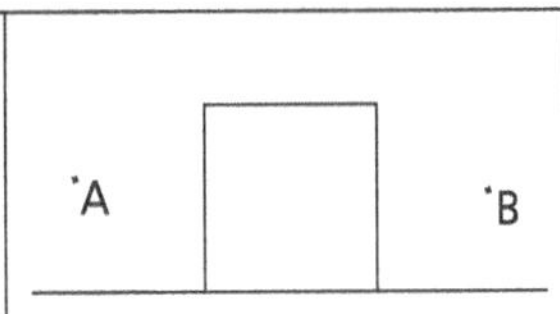

Figure 2

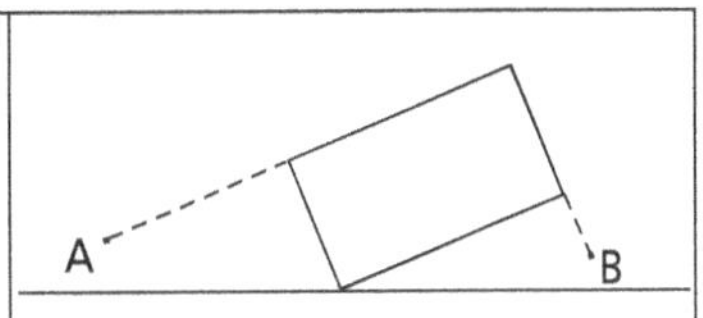

Figure 3

Si l'obstacle n'a pas d'épaisseur (figure 1), on peut penser que l'élève réussira plus facilement la tâche que dans le cas contraire (figure 2)… sauf si les côtés de l'obstacle indiquent la direction du chemin le plus court (figure 3). Si l'obstacle est concave, on peut penser que l'élève aura tendance à suivre une partie des côtés de cet obstacle.

> PROCÉDURES ATTENDUES

• **Procédures pour tracer la ligne**

– Tracer une ligne droite qui joint le point A au point B (consigne non prise en compte).
– Tracer une ligne de A à B qui suit le contour de l'obstacle ; suivant la nature de l'obstacle cela peut permettre de trouver le bon résultat (voir figure 3). Nous avons construit des obstacles de telle sorte que cette procédure ne donne pas le résultat correct.
– Tracer une ligne de A à B à partir de laquelle on essaie de trouver une ligne plus courte.

• **Procédures pour déterminer la ligne la plus courte**

– Mesurage de chacune des lignes et comparaison.

– Utilisation de la propriété précédente : « Parmi toutes les lignes qui ont pour extrémités deux points, la plus courte est la ligne droite », et de la propriété de la compatibilité de l'addition (des longueurs) avec la relation d'ordre[6].
– Expérience mentale de dépliement des lignes.

> MATÉRIEL

– Une feuille (fiche 1, 2 ou 3) par élève (ces feuilles sont des fiches au format A5, on a intérêt à les agrandir au format A4).
– Les instruments de la boîte à outils.
– Plusieurs transparents ou grandes feuilles de format A3 comportant les différentes fiches.

DÉROULEMENT

Première phase
L'obstacle est un carré

Étape 1 : réalisation de lignes

Ce premier travail est réalisé individuellement à partir de la fiche 1 qui peut être agrandie au format A4 pour faciliter une éventuelle validation pratique à la fin de cette phase.

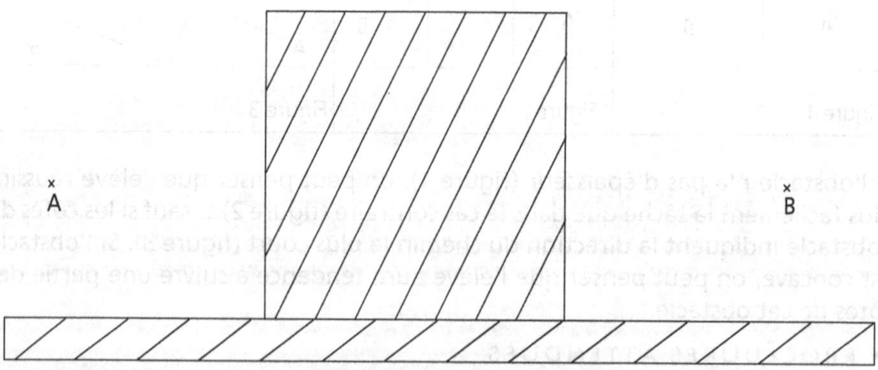

Fiche 1

Consigne

« Il faut tracer une ligne qui a pour extrémités les points A et B. Cette ligne ne doit pas traverser la partie hachurée, c'est l'obstacle. Attention, cette ligne doit être la plus courte possible. »

Le maître observe les tracés les plus souvent produits et les reproduit sur un **même** transparent ou sur une feuille agrandie en utilisant des couleurs différentes. Il choisit au maximum quatre tracés.

6. Si $a < b$ et $d < c$ alors $a + d < b + c$.

Voici les principales lignes habituellement tracées par les élèves sur les fiches 1.

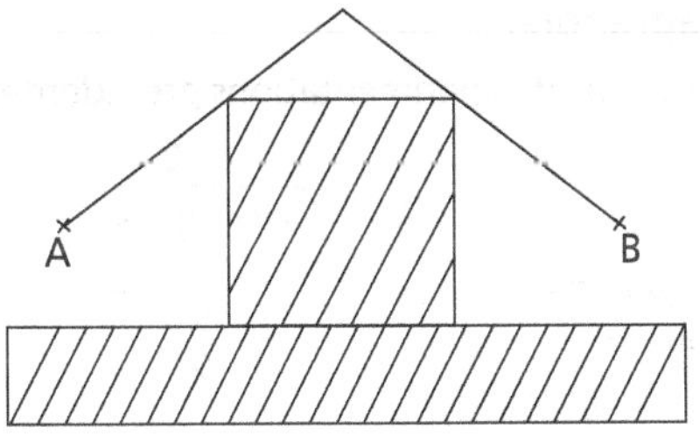

Ligne 1

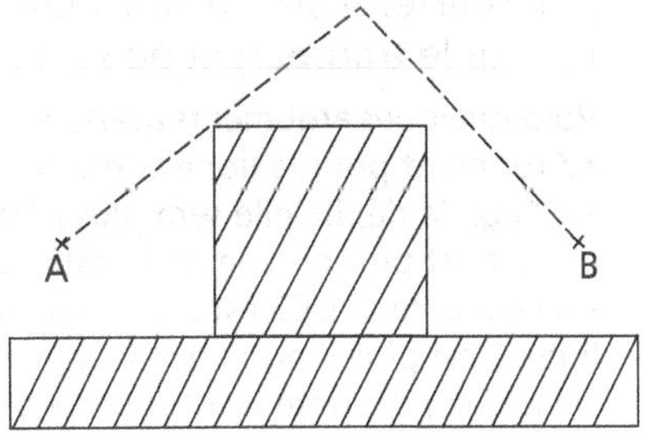

Ligne 2

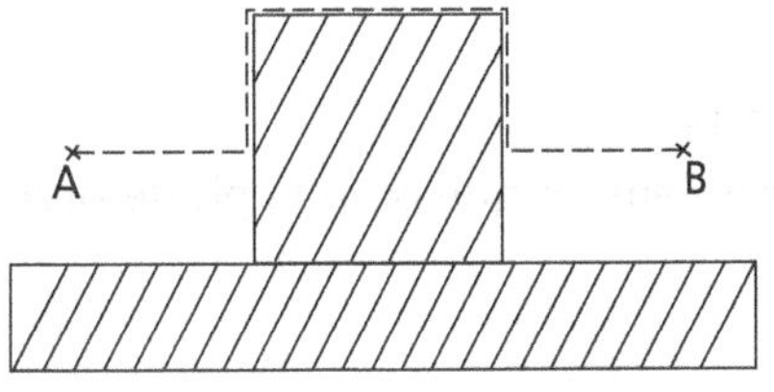

Ligne 3

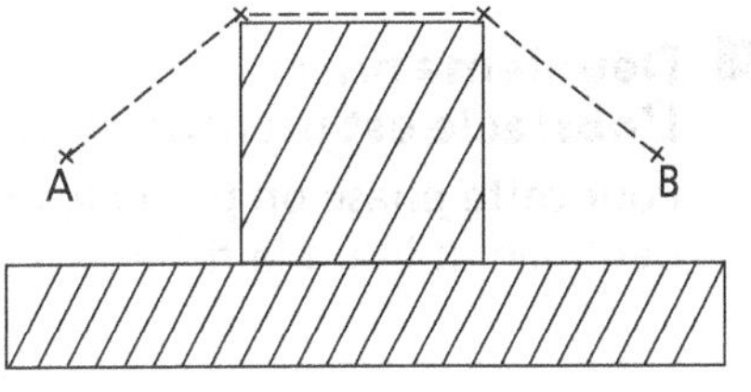

Ligne 4

Les expérimentations menées montrent que :
– c'est la ligne 2 qui est la plus souvent trouvée (50 % des élèves en moyenne). Très peu d'élèves (à peine 10 %) font une ligne en « V » qui passe par les deux sommets supérieurs du carré (ligne 1). Il semble que ce soit dû à la méthode de tracé utilisée par les élèves : ils commencent par tracer un segment partant de A ou B qui passe par le sommet du carré le plus proche du point ; puis, ils partent de l'extrémité du trait qu'ils viennent de tracer et rejoignent le point B ;
– les élèves qui trouvent la ligne correcte ne font généralement pas tout à fait coïncider la ligne avec le côté du carré. On peut penser que c'est parce qu'ils ne veulent pas toucher l'obstacle.

☐ Étape 2 : recherche de la ligne la plus courte

Le transparent (ou la grande feuille) comportant les différentes propositions de lignes est projeté (ou affichée au tableau). Les élèves sont regroupés par deux. Chaque équipe dispose d'une feuille blanche de format A5.

Consigne
« Parmi les différentes lignes n° 1, 2… vous allez dire s'il y en a une qui est plus courte que les autres et, si c'est le cas, dire laquelle. Vous réfléchirez à deux et vous noterez vos explications sur la feuille que je viens de vous donner. »

Lors de la **mise en commun**, les différents avis sont d'abord recensés. Puis, pour chaque avis (la ligne n° 1 est la plus courte, etc.), les arguments sont discutés. La discussion doit permettre de se mettre d'accord sur la ligne la plus courte. Si besoin, des mesures sont réalisées sur les productions des élèves, sur le transparent ou sur la feuille agrandie.

Voici quelques arguments avancés par les élèves lors d'expérimentations précédentes.

• Argument pour la ligne correcte
– « Si on la déplie elle sera plus petite » ;
– « Elle est plus proche de l'obstacle » ;
– « Le morceau DCB est plus long que le morceau DB donc la ligne 3 est plus longue que la ligne 4. » Les élèves réinvestissent ici la propriété institutionnalisée dans « Courte ligne ».

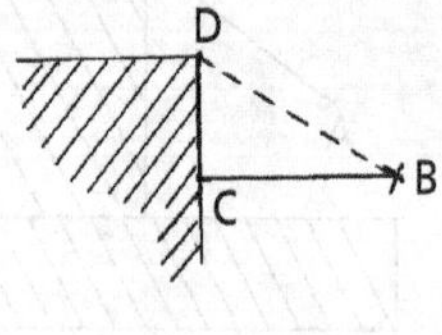

• Argument pour les lignes incorrectes
– Argument pour les lignes 1 ou 2 : « La ligne n'a que deux morceaux donc elle est plus courte » ;
– Argument pour la ligne 4 : « Elle est la plus proche du carré. »

Deuxième phase
L'obstacle est un mur dissymétrique

Pour cette phase on prend le même déroulement que pour la phase précédente en utilisant la fiche 2.

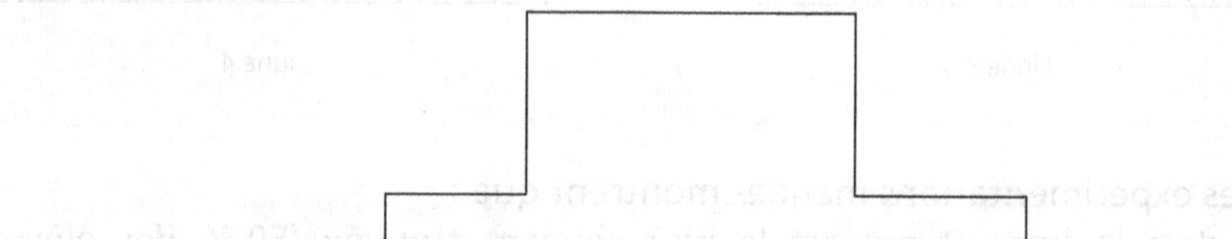

Fiche 2

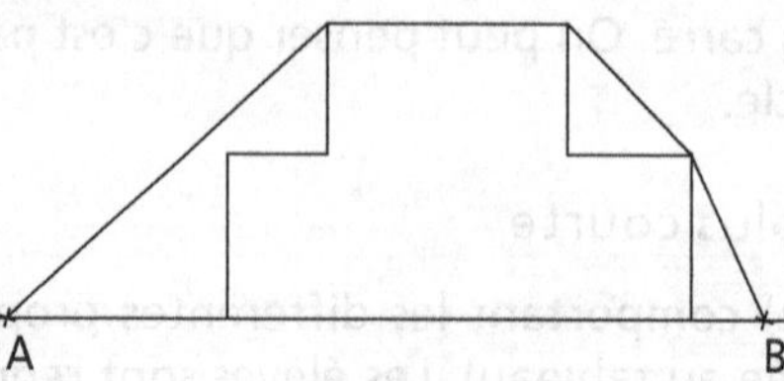

Solution correcte

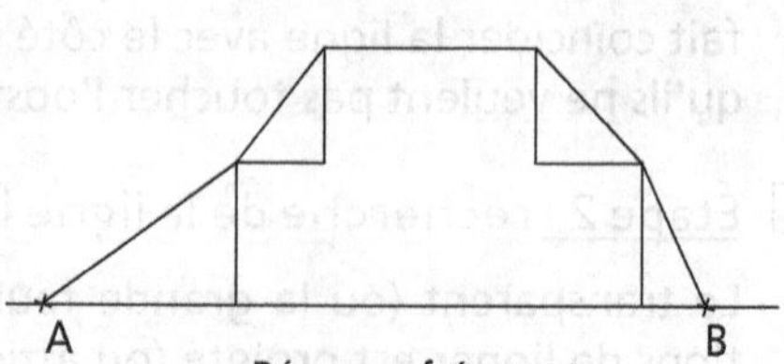

Réponse fréquente

La solution qui consiste à tracer une droite perpendiculaire au côté le plus proche de l'obstacle puis à suivre l'obstacle (cf. ligne 3, page 297) n'apparaît plus. En revanche, on voit fréquemment apparaître la solution erronée (cf. page précédente). Une fois encore, c'est l'application de la propriété de la ligne la plus courte qui permet aux élèves de trancher.

Troisième phase
Conclusion

La mise en commun finale permet de mettre en évidence la propriété utilisée pour déterminer la plus courte ligne. Localement, après la détermination des points qui sont « des passages obligés », la plus courte ligne entre deux points est le segment qui les joint.

Quatrième phase
Problème ouvert

Cette phase est à proposer quinze jours ou un mois plus tard. Dans certaines classes de CE2, elle a été jugée trop difficile.

On distribue aux élèves la fiche 3 et on leur donne la consigne suivante : « Vous devez réaliser un obstacle de telle sorte que la ligne la plus courte d'extrémités A et B soit formée de quatre segments. » On précise ce qu'on entend par ligne formée de quatre segments en donnant des exemples de ligne (pas de mur qui donnerait la réponse au problème !).

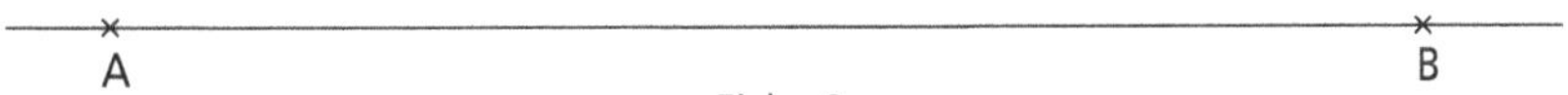

Fiche 3

Voici un exemple de ligne montré aux élèves mais qui ne leur est pas donné.

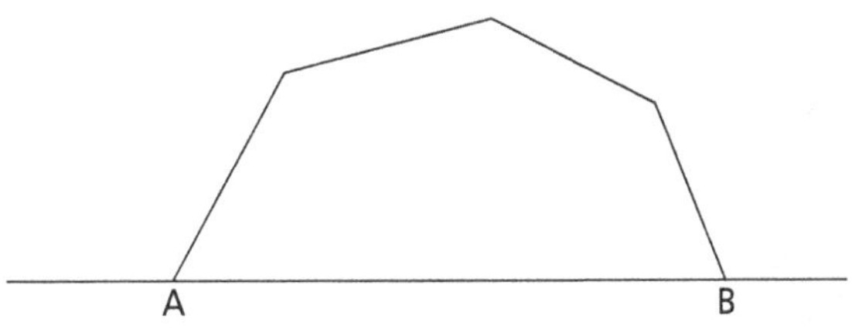

Deux procédures sont possibles :
– construire d'abord une ligne formée de quatre segments puis construire l'obstacle ;
– ou bien construire l'obstacle et, si la ligne la plus courte qui permet de le contourner ne contient pas quatre segments, le rectifier.

Le travail se fait dans un premier temps individuellement puis par groupes de deux. Ensuite, les productions des groupes sont échangées de façon à être validées par un autre binôme. Les couples de binômes se mettent ensuite ensemble pour échanger leurs résultats et se mettre d'accord.

En cas de désaccord, la production est soumise à une discussion collective à la fin de la séance.

3. Conjonction de relations (CE2)

Il s'agit d'une situation à proposer après les situations « Courte ligne » et « Longueur minimum ».

> DESCRIPTION RAPIDE

Les élèves ont à placer un point en connaissant deux informations sur sa localisation. Le problème est posé dans le micro-espace de la feuille de papier.

> OBJECTIFS

– Prendre en compte deux contraintes.
– Réinvestir les notions d'alignement et de distance la plus courte, distinguer « ligne droite » et « segment ».
– Dans la résolution du problème, effectuer des tracés supplémentaires non explicitement demandés.

> DURÉE

Une séance de 30 minutes qui peut être reproduite.

> MATÉRIEL

– Les fiches 1 et 2 (une pour chaque élève).
– La boîte à outils complète.

DÉROULEMENT

■ Première phase
Placer le point D

☐ Étape 1 : travail individuel

Les élèves disposent de la fiche 1 au format A5.
La consigne est donnée en deux temps.

Consigne

« Sur le dessin, le point D a été effacé. Il faut tracer ce point D. Il doit vérifier deux informations que je vais vous donner l'une à la suite de l'autre. »

L'enseignant donne successivement les deux informations en les écrivant au tableau. Il laisse un temps de résolution après avoir donné la première information.

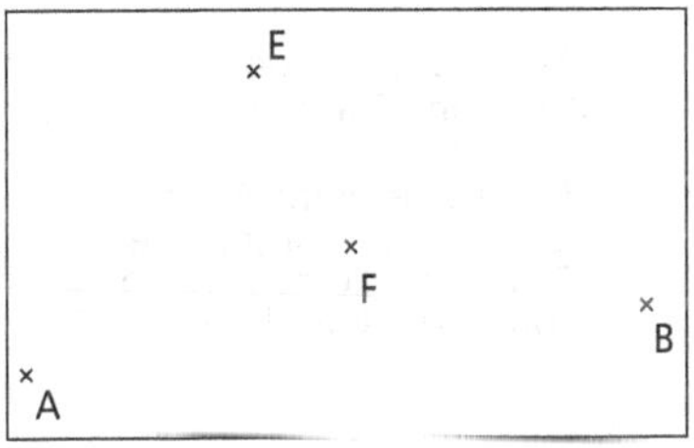

Fiche 1

1. La ligne qui joint les points A, D et B est la ligne la plus courte qui a pour extrémités les points A et B.

2. Le point D est aligné avec les points E et F.

☐ Étape 2 : mise en commun

Une mise en commun intermédiaire peut avoir lieu à l'issue du traitement de la première information.

La mise en commun finale peut s'appuyer sur l'étude de quelques productions agrandies à la photocopieuse ou rétroprojetées.

Lors de la donnée de la première information, certains élèves pensent qu'il est possible de localiser le point D « exactement », d'autres disent : « on peut le placer n'importe où ». Certains pensent que « aligné avec E et F » signifie « appartient au segment EF ». D'autres ne prennent en compte qu'une contrainte. La plupart des élèves s'interdisent de tracer les droites AB et EF et travaillent uniquement avec les règles. À la fin de la mise en commun, les élèves qui n'ont pas effectué de tracés intermédiaires n'ont pas réussi à positionner correctement le point : cela leur permet de prendre conscience de l'importance de ces tracés.

Deuxième phase
Exercices d'accompagnement

Les exercices sont semblables au précédent et sont présentés dans la fiche 2.

La variable didactique est la position du point à trouver par rapport aux points donnés : à l'intersection des segments ou alignés avec deux points mais extérieur au segment qui les joint.

Le travail est individuel. Chaque élève dispose de la fiche 2.

La mise en commun finale peut s'appuyer sur l'étude de quelques productions agrandies à la photocopieuse ou rétroprojetées. Elle porte sur :

– le fait que l'on peut faire des tracés même s'ils ne sont pas demandés ;
– la signification du terme « aligné avec » et la notion de ligne la plus courte ;
– la distinction entre ligne droite et segment ;
– la prise en compte des deux contraintes.

Il faut trouver le point A qui a été effacé.
Attention ! Dans un cas, ce n'est pas possible. Écrire alors : « Impossible. »

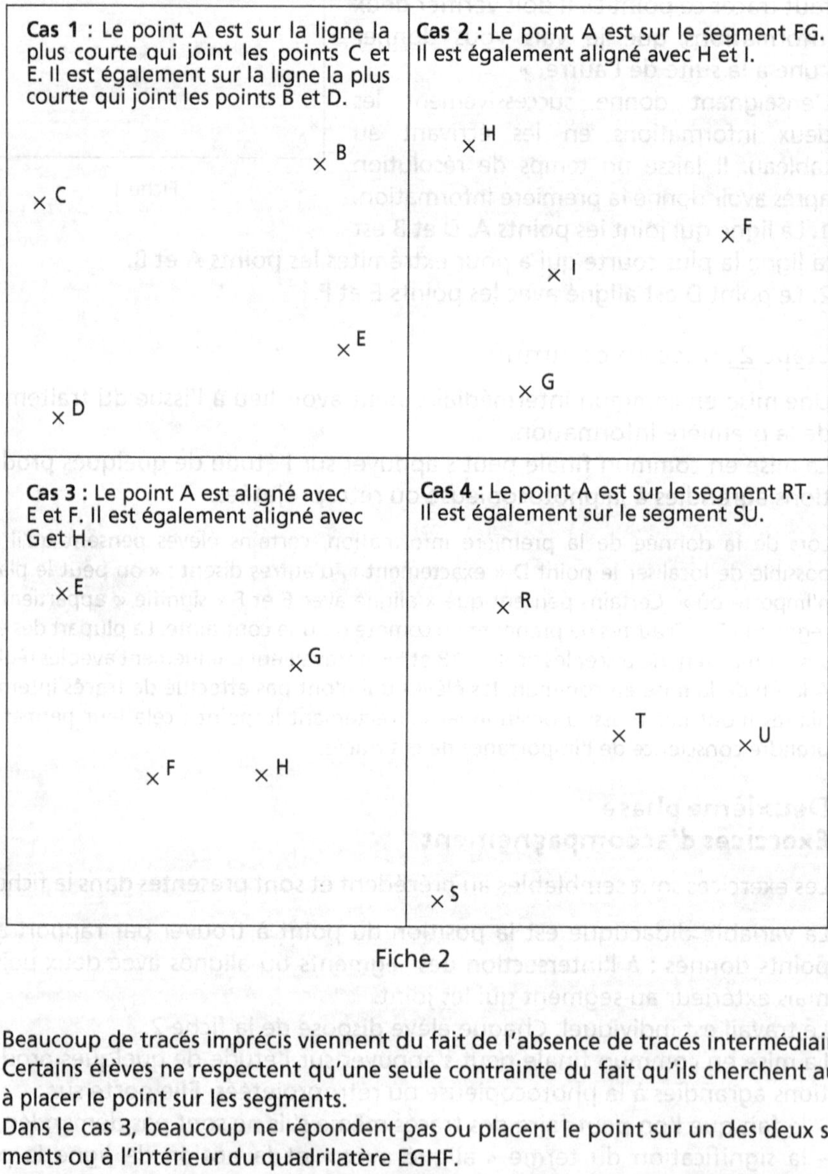

Fiche 2

Beaucoup de tracés imprécis viennent du fait de l'absence de tracés intermédiaires. Certains élèves ne respectent qu'une seule contrainte du fait qu'ils cherchent aussi à placer le point sur les segments.
Dans le cas 3, beaucoup ne répondent pas ou placent le point sur un des deux segments ou à l'intérieur du quadrilatère EGHF.
Dans le cas 4, beaucoup placent le point à l'intersection des droites RT et SU.
Ces difficultés sont « normales », elles sont constitutives de la connaissance. La validation par retour à l'énoncé : « Est-ce que le point placé par votre camarade est correct ? Est-ce que le point est bien aligné avec … ? Est-ce que la ligne … est bien la plus courte ? » permet aux élèves de prendre conscience que les tracés imprécis, les positionnements au hasard ne permettent pas de répondre à la question.

4. Même distance à coup sûr (CM1)

> DESCRIPTION RAPIDE

Déterminer une méthode (tracé de cercle) qui permet de sélectionner à coup sûr les points qui sont à une distance donnée (dans un premier temps 9 cm) d'un point C donné. Pour cela, les élèves seront confrontés à un problème d'anticipation.

> OBJECTIF

Faire découvrir, en réponse à un problème, le « cercle » comme ensemble des points à égale distance d'un point donné.

> DURÉE

Une séance de 45 minutes et une séance de réinvestissement.

> VARIABLES DIDACTIQUES

- **Le nombre de points**

S'il y a peu de points, les élèves peuvent arriver à les trouver sans passer par le tracé du cercle. Nous avons choisi de mettre plus de points pour éviter cette possibilité.

- **Les distances des points au point C**

Si ces distances sont très différentes, une fois encore les élèves peuvent réussir la tâche sans passer par le tracé du cercle. Nous avons donc choisi des points dont la distance à C est entre 8 cm et 10 cm.

- **La disposition des points**

Si les points situés à 9 cm de C sont proches les uns des autres, les élèves peuvent avec un peu de chance (et donc de malchance pour nous !) les trouver en plaçant des points dans cette zone.

> MATÉRIEL

– Une feuille A4 (fiche 1) par élève sur laquelle figure un nuage de vingt-trois points dont sept sont situés à 7 cm d'un point C : D, G, I, K, V, W, Y.

– Une feuille A4 (fiche 2) par groupe de quatre (ou de deux) sur laquelle figure un nuage de vingt-quatre points dont neuf sont à 9 cm du point C : A, J, K, L, M, O, R, U et Z.

– Une feuille A4 de papier calque par groupe de quatre (ou de deux) sur laquelle figure uniquement un point C qui coïncide avec le point C de la feuille de la fiche 2 lorsqu'on superpose les deux feuilles.

– La boîte à outils pour la première phase et pour le début de la deuxième phase (étapes 1 et 2).

Nous vous conseillons de vérifier les distances entre les points après l'agrandissement et la duplication car les photocopieurs peuvent déformer les copies.

DÉROULEMENT

■ Première phase
Phase de familiarisation

Chaque élève dispose de la feuille A4 de la fiche 1 et doit trouver le nom des points qui sont situés à 7 cm du point C.

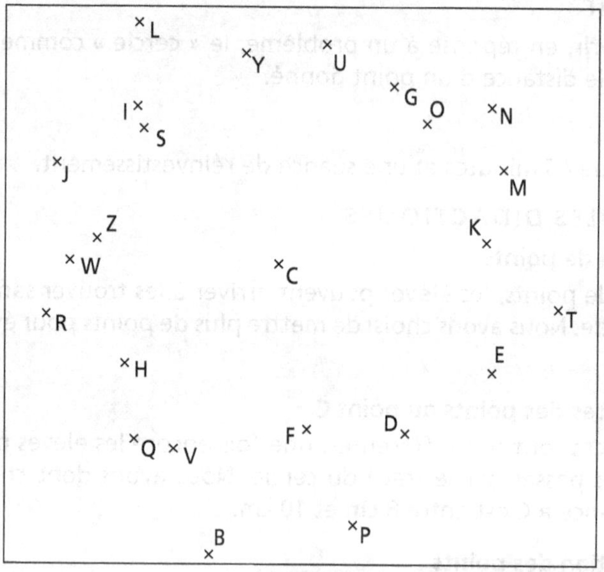

Fiche 1

Cette activité ne devrait pas poser de problème. La donnée « 7 cm » induit l'utilisation du double décimètre ; il est fort peu probable que les élèves se servent d'un autre instrument à leur disposition dans la boîte à outils.

Une rapide mise en commun permet de nommer les points qui satisfont à la consigne.

■ Deuxième phase
Trouver les points à une distance donnée d'un point

☐ Étape 1 : communication des consignes

L'enseignant présente le matériel, la finalité de la tâche et l'organisation entre élèves. Par exemple : « Vous allez travailler par groupes de quatre *(ou de deux)*. Le but de l'activité est de trouver les points de cette feuille *(il montre la feuille de la fiche 2 sans la distribuer)* qui sont situés à 9 cm du point C, le point C est ici. Vous allez me dire que c'est facile puisque c'est ce que vous venez de faire ! Attention ! Il y a une différence très importante avec l'exercice précédent parce que je ne vais pas vous donner cette feuille tout de suite.

Dans un premier temps je vais d'abord distribuer à chaque groupe cette feuille de papier calque sur laquelle, comme vous pouvez le voir, ne figure que le point C. Vous constatez également que si je fais coïncider la feuille de papier calque et la feuille blanche les points C coïncident. »

L'enseignant affiche au tableau la fiche 2 et la feuille de papier calque en faisant coïncider les deux points C et les bords des feuilles (pour que le support reste fixe il faut utiliser un trombone ou un aimant). Les élèves constatent que les deux points C se superposent.

« Sur cette feuille de papier calque vous ferez ce que vous voudrez pendant cinq minutes. Pendant ces cinq minutes, vous aurez à disposition toute la boîte à outils mais vous n'aurez pas cette feuille sur laquelle figurent les points. » Il montre la fiche 2.

« Dans un second temps vous rangerez tout ce qu'il y a sur votre table (boîte à outils, trousse, papier…) sauf la feuille de papier calque. Je vous donnerai alors la feuille blanche sur laquelle figurent tous les points *(il montre la fiche 2)*. Vous poserez le calque sur la feuille blanche en faisant se superposer les deux points C et les bords des feuilles. Je vous donnerai des trombones pour que les feuilles ne bougent pas[7]. Vous devrez alors très rapidement nommer les points de la feuille blanche qui sont à 9 cm de C. Mais attention, vous n'aurez plus rien sur la table, à part le calque et la feuille blanche ; il faudra donc répondre à la question sans aucun instrument. Pour le moment, vous disposez de vos boîtes à outils et votre tâche consiste à trouver une méthode qui vous permettra à coup sûr de nommer tous les points de la feuille blanche qui sont à 9 cm du point C. »

Attention ! Certains élèves se servent de bandes de papier pour pouvoir reporter 9 cm. Il est essentiel de bien leur préciser que dans la suite ils n'auront plus sur la table que la feuille blanche, le calque et les trombones qui fixeront le calque sur la feuille.

La consigne est complexe et nécessitera des reformulations et réajustements au sein des différents groupes. La présence constante, tout au long de la recherche, du support affiché au tableau devrait aider les élèves à comprendre, d'une part, la finalité de la tâche et, d'autre part, le rôle de la recherche par groupe.

☐ Étape 2 : recherche

Les expérimentations mettent en évidence que les élèves trouvent trois types de procédures.

7. Le fait de demander de fixer les deux feuilles avec des trombones empêche les élèves d'utiliser la procédure qui consiste à placer sur le papier calque un point à 9 cm de C pendant le premier temps, puis à faire tourner la feuille autour de C pour trouver les points sur la feuille blanche pendant le second temps, procédure à éviter puisqu'elle empêche d'utiliser le compas. Certains pensent que cette procédure peut être quand même intéressante ; dans ce cas, on peut seulement donner la feuille blanche sans imposer que les feuilles restent fixes au cours du second temps. Il faudra tout de même donner cette contrainte par la suite pour rendre nécessaire le tracé avec le compas.

– Certains élèves placent des points situés à 9 cm de C sur le papier calque en utilisant la règle graduée (l'activité préparatoire ayant mis en évidence que plusieurs points du plan répondaient à un problème identique), éventuellement en utilisant le compas mais sans tracer le cercle. Certains parmi eux tracent les segments. Cette procédure peut fonctionner pour trouver certains points du calque mais reste tout à fait aléatoire.
– Les élèves cherchent à reporter sur leur doigt une distance de 9 cm. Cette méthode va s'avérer imprécise !
– D'autres élèves construisent le cercle de centre C et de rayon 9 cm en utilisant soit le compas, soit de la ficelle et la règle graduée.

Notons qu'il est important de limiter le temps de recherche de façon à ce que la première procédure citée ne soit pas considérée par les élèves comme une procédure experte de résolution. En effet, si les élèves disposent de beaucoup de temps, ils peuvent placer suffisamment de points pour réussir la tâche !

☐ Étape 3 : travail avec le nuage de points et le papier calque

L'enseignant distribue la feuille blanche (fiche 2) et il récupère les boîtes à outils. Il fait ranger tout le matériel qui est sur la table. Après superposition et fixation des deux feuilles à l'aide de trombone ou de ruban adhésif, les élèves par groupes de quatre (ou de deux) notent les points qui satisfont à la consigne.

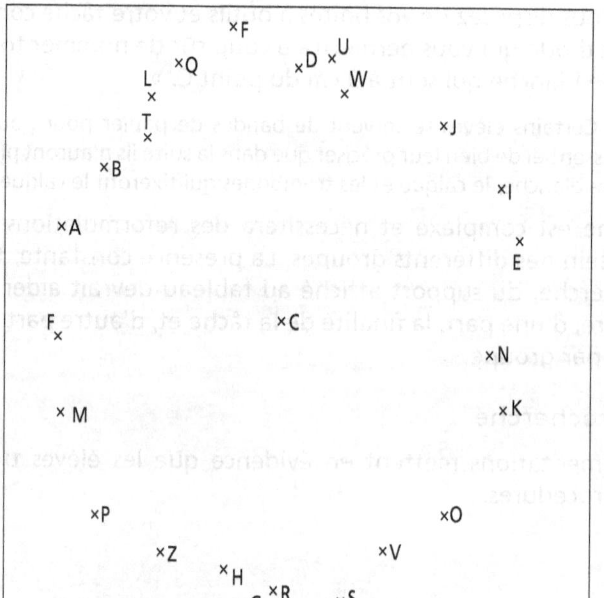

Fiche 2

Les expérimentations montrent que les élèves qui ont placé uniquement quelques points essaient soit à vue d'œil, soit en reportant la distance avec leurs doigts, de savoir si les points de la feuille qui ne correspondent pas à des points qu'ils ont placés sont à 9 cm de C. Mais cette procédure ne permet pas de trouver tous les points à 9 cm.

Suit une mise en commun des résultats et des procédures qui permet de mettre en évidence le cercle de centre le point C et de rayon 9 cm comme outil expert de résolution.

Il est important de noter que, lorsqu'un groupe présente la procédure qui consiste à tracer un cercle, cette procédure emporte immédiatement l'adhésion de l'ensemble des élèves.

☐ Étape 4 : application directe individuelle

> MATÉRIEL

Ce matériel est à construire par l'enseignant, il ne figure pas dans les fiches photocopiables.

– Une feuille A4 par élève sur laquelle figurent une quinzaine de points dont sept ou huit sont à 6 cm d'un point A. Les distances des autres points à A varient entre 5 cm et 7 cm.

– Une feuille de papier calque, par élève, sur laquelle figure uniquement un point A de telle sorte que lorsqu'on superpose les deux feuilles les points A coïncident.

Consigne

« Comme tout à l'heure, voici une feuille sur laquelle figurent des points : on l'appellera la feuille des points. Certains de ces points sont à 6 cm du point A qui est ici. Je ne vous donne pas cette feuille pour l'instant. En revanche, je vous donne cette feuille de papier calque sur laquelle figure également le point A. Comme tout à l'heure, le point A de cette feuille de papier calque coïncide avec le point A de la feuille des points (*l'enseignant montre la superposition des deux feuilles et du point*). Vous pouvez sur cette feuille faire ce que vous voulez de façon à ce qu'ensuite vous puissiez uniquement avec cette feuille de papier calque (donc sans autre matériel) trouver tous les points à 6 cm de A. Avant que je ne vous donne la feuille des points, vous rédigerez ce que vous avez fait sur le papier calque. »

Généralement, les élèves construisent le cercle de centre A et de rayon 6 cm. La mise en commun des rédactions permet d'institutionnaliser le vocabulaire.

■ Troisième phase
Institutionnalisation

L'enjeu est de mettre en place le vocabulaire correspondant. On peut tracer un cercle en utilisant le compas et définir le centre du cercle comme étant le point où l'on place la pointe du compas et le rayon comme étant l'écartement du compas (ici 9 cm). L'expression « le cercle de centre C et de rayon 9 cm » ainsi que la formulation « le cercle passe par les points A ; J ; L ; M ; R ; T » sont institutionnalisées.

■ Quatrième phase Réinvestissement

☐ Étape 1 : application

Voir activités d'accompagnement (fiche 3).

Exercice 1 : Trace le cercle de centre B qui passe par C.

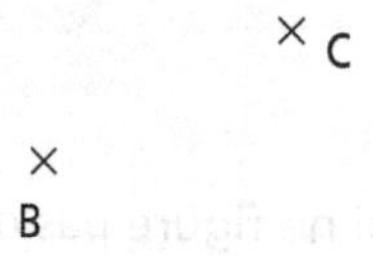

Exercice 2 : a. Trace le cercle qui passe par le point J et qui a pour centre le point K.
b. Trace le cercle qui a pour centre J et qui passe par K.

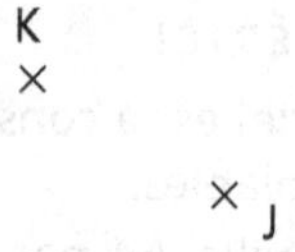

Exercice 3 : Trace le cercle de centre A et de rayon 2 cm.

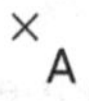

Exercice 4 : Complète l'énoncé qui correspond au tracé ci-dessous.
« Placer deux points C et D et tracer .... »

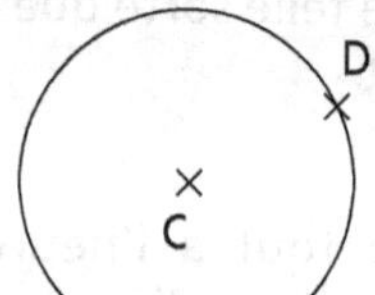

Exercice 5 : Dans une classe, le maître a demandé aux élèves de tracer le cercle de centre A passant par le point B. Voici les productions de quatre d'entre eux. Quels sont les élèves qui n'ont pas respecté la consigne ? Explique pourquoi cette consigne n'est pas respectée.

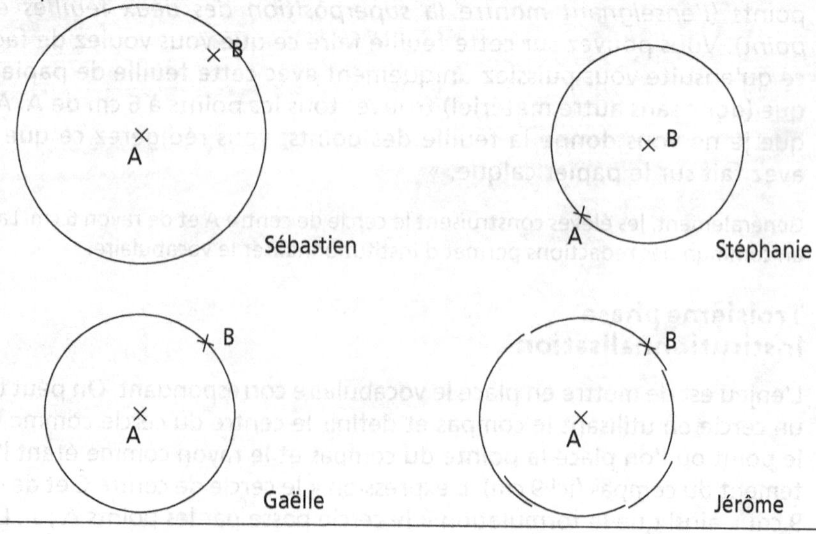

Fiche 3

☐ Étape 2 : défi

Quinze jours ou trois semaines plus tard l'enseignant lance le défi suivant à la classe : « Il reste cinq minutes avant la récréation ; je vous propose le défi suivant : placer un point sur votre feuille. »
Il attend que tous aient placé ce point puis il continue : « Placer le plus rapidement possible vingt-cinq points situés à 5 cm de ce point. » Il laisse une minute puis il demande aux élèves de s'arrêter. Il fait ensuite un sondage pour savoir combien de points chacun a placés. Il demande enfin les méthodes utilisées.

Dans ce type d'activités, encore beaucoup d'élèves ne pensent pas au cercle (malgré le travail déjà accompli précédemment) mais lorsque certains présentent la méthode du cercle les autres élèves sont étonnés de ne pas y avoir pensé !

☐ Étape 3 : passage au méso-espace

L'objectif de cette activité est de favoriser un passage au méso-espace dans le cadre d'une situation uniquement évoquée.

Consigne
« Imaginez que nous sommes dans la cour et que nous souhaitions placer le plus de points possibles à 5 m du poteau (*l'enseignant parle d'un poteau que tous sont capables de reconnaître*), comment pourrait-on procéder ? »

L'enseignant peut éventuellement avoir montré au préalable le poteau en question. Il peut également faire établir un pronostic sur des points situés à 5 m l'un de l'autre dans le méso-espace.

Il laisse à chacun un temps de réflexion individuelle puis il propose aux élèves de se mettre d'accord sur une stratégie par groupes de deux ou quatre. Suit une mise en commun des méthodes qui peuvent ensuite être expérimentées.

Deux méthodes émergent :
– mesurer mais cette méthode apparaît vite lourde ;
– utiliser une corde (ou une ficelle) de 5 m. Cette méthode n'est pas naturelle pour les élèves.

5. Le trésor (CM1)

> DESCRIPTION RAPIDE

Découvrir l'emplacement d'un trésor, cet emplacement étant défini comme l'intersection d'une droite et d'un cercle, l'intersection de deux cercles ou l'intersection de deux droites.

> OBJECTIFS

– Faire apparaître le point comme intersection de lignes (droites, cercles).
– Réinvestir les lignes (droite, cercle) comme ensembles de points.

> DURÉE

Deux séances d'une heure.

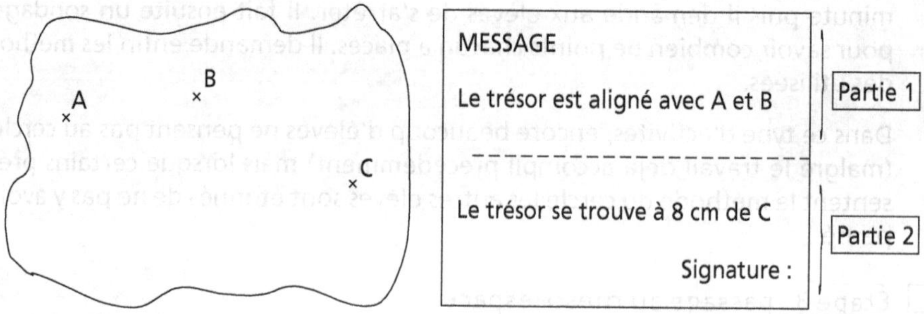

Fiche 1

Lors de la première phase, chaque élève dispose de la fiche 1 sur papier. Dans la première étape, la moitié des élèves reçoit la première partie du message, l'autre moitié reçoit la seconde partie. Les élèves d'un binôme ne doivent pas être à côté l'un de l'autre.
Les élèves disposent alors de la boîte à outils complète et d'un papier calque représentant l'île sur laquelle ils doivent trouver le trésor.

Dans la deuxième étape, les élèves sont associés deux par deux (un élève ayant reçu la première partie du message étant associé avec un élève ayant reçu la seconde partie du message). Ils ne disposent alors d'aucun outil, seuls leurs deux papiers calques sont disponibles et ils doivent indiquer l'emplacement du trésor.
Le déroulement est identique pour la deuxième phase.

> VARIABLES DIDACTIQUES

- **Tout ou partie du message**

Si les élèves ont directement la totalité du message, ils peuvent réussir la tâche par tâtonnements : ils commencent par placer un point à 8 cm de C par exemple et regardent s'il est aligné avec A et B ; si ce n'est pas le cas, ils rectifient. Cette procédure permet de réussir la tâche sans passer par les objectifs que nous visons ; c'est pour cela que nous avons choisi de donner seulement une moitié de message à chaque élève du binôme.

- **Le nombre de « points solutions »**

Nous avons choisi uniquement un point d'intersection situé sur l'île. Le cas de plusieurs points d'intersection sera envisagé dans la troisième phase (exercices 3 et 4).

- **Le nombre de points d'intersection du segment et du cercle**

Pour beaucoup d'élèves, un point est aligné avec deux points A et B s'il appartient au segment AB. Pour aborder cette erreur, nous avons choisi de faire en sorte que l'intersection du segment [AB] et du cercle soit vide.

> PROCÉDURES

Pour les élèves ayant reçu la première partie du message *(Le trésor est aligné avec A et B)* :
- tracé du segment AB ;
- tracé d'un point ou de quelques points alignés avec A et B ;
- tracé de la droite AB (c'est la procédure visée).

Pour les élèves ayant reçu la deuxième partie du message *(Le trésor se trouve à 8 cm de C)* :
- tracé d'un point ou de quelques points à 8 cm de C ;
- tracé d'un arc de cercle de centre C ;
- tracé du cercle de centre C et de rayon 8 cm (c'est la procédure visée).

> MATÉRIEL

Pour le maître

- Une feuille de bristol A4 (fiche 1) punaisée sur du carton d'emballage (afin de ne pas endommager le tableau). Le maître placera le trésor (une croix) au verso de cette feuille en prenant soin qu'elle ne soit pas visible par transparence.
- Des trombones.
- Une épingle à tête.

Pour les élèves

Pour la première phase
- Une feuille de papier calque A4 par élève correspondant à la fiche 1.
- La photocopie de la moitié du message (à préparer : il ne fait pas partie des fiches).
- La boîte à outils seulement pour la première étape.

Pour la deuxième phase
- Les photocopies de la fiche 2 et la photocopie des moitiés de message (à préparer).

Pour la troisième phase (exercices de réinvestissement)
- Les photocopies des fiches 3, 4, 5 et 6.

DÉROULEMENT

■ Première phase
Recherche d'un point d'intersection entre un cercle et une droite

Les élèves sont répartis par groupes de deux. Chaque binôme est séparé et chaque élève travaille individuellement avec une partie du message[8]. La liste des binômes ne sera donnée aux élèves qu'à l'étape 2.

8. On peut aussi envisager de faire un travail en binôme puis dans la deuxième étape de regrouper les binômes par deux.

☐ Étape 1 : recherche individuelle

Consigne[9]

« Un pirate a caché un trésor dans une île dont voici le plan. *(Le maître montre la feuille de bristol qu'il a fixée au tableau.)* Une croix au dos de ce plan marque l'endroit précis où est caché le trésor. Le pirate nous a laissé un message pour nous aider à découvrir le trésor. *(Le maître montre les photocopies du message.)* Tout à l'heure je donnerai à chacun de vous une partie du message. *(Le maître coupe alors les messages en deux. Pour plus de commodité, il peut les avoir coupés avant. Mais il est impératif qu'il montre le message entier pour que les élèves comprennent bien qu'il s'agit d'un seul message.)* Je donnerai aussi à chacun une feuille de papier calque sur laquelle sont placés les points A, B, C comme ici. *(Il montre la feuille fixée au tableau.)* Dans un premier temps, vous pourrez faire ce que vous voulez, en utilisant les instruments que vous voulez, pour chercher tous les emplacements possibles du trésor en fonction du message que vous aurez. Dans un second temps, vous travaillerez avec quelqu'un qui a l'autre partie du message (ce ne sera pas votre voisin). Vous n'aurez alors aucun outil, seulement vos deux papiers calques et vous devrez pouvoir dire : "le trésor est là". »

Le maître distribue alors respectivement la première partie du message à deux élèves voisins qui ne travailleront pas en binôme dans la deuxième étape. (En effet, si des élèves ayant la même partie du message sont côte à côte, il peut y avoir diffusion des « bonnes » procédures : tracé de la droite ou du cercle.) Il distribue la seconde partie du message aux autres élèves.

Au début de la recherche, des élèves s'inquiètent : « C'est mal expliqué, le point peut être là ou là… » Ils montrent avec leur règle différentes positions correctes du trésor en fonction de leur message. L'enseignant ne dit rien.

Majoritairement les élèves ayant reçu la première partie du message *(Le trésor est aligné avec A et B)* tracent le segment [AB] ; pas mal d'élèves placent un ou quelques points alignés avec A et B ; enfin, certains élèves tracent la droite (AB). À noter certaines productions plus éloignées de nos attentes : tracé d'une droite parallèle à (AB) passant par C ou tracé d'un cercle de centre A passant par B induits par des activités précédentes.

Les élèves qui ont reçu la seconde partie du message placent des points (souvent en traçant le segment joignant ce point avec C) ou le cercle de centre C et de rayon 8 cm.

☐ Étape 2 : regroupement des élèves en binômes

Les élèves sont mis en binômes.

Consigne

« Vous allez maintenant vous mettre par deux. Vous devez vous mettre d'accord sur l'emplacement du trésor. »

Le maître enlève tous les outils, y compris les crayons et les feuilles de papier (qui pourraient être utilisés comme règles pour prolonger une droite ou

9. On peut aussi donner une consigne sans passer par l'anecdote des pirates.

pour reporter une longueur). Les élèves ont sur leur table uniquement leurs deux feuilles de papier calque.

Lorsque les deux parties du message ont été convenablement traitées, l'emplacement du trésor est trouvé sans difficulté.
Parmi ceux qui avaient tracé le segment AB et/ou un arc de cercle de centre C et de rayon 8 cm, deux cas sont observés. Pour certains, c'est l'illumination au moment de la confrontation par deux : « aligné avec A et B ça ne veut pas dire entre A et B, il fallait prolonger ». D'autres ne savent pas conclure.
Pour ceux dont un seul membre du binôme a fait un tracé attendu, ils essaient de placer approximativement le trésor sur ce tracé.

☐ Étape 3 : mise en commun et validation

Le maître demande : « Quels sont les groupes qui n'ont pas trouvé le trésor, quels sont ceux qui pensent pouvoir dire exactement où est le trésor ? »

On organise un échange sur les procédures en commençant par les groupes qui n'ont pas trouvé le trésor. Les feuilles de papier calque étant peu visibles au tableau, on peut faire réaliser par les élèves les tracés au tableau ou au rétroprojecteur.
Le maître questionne alors les élèves afin de faire émerger les raisons de l'échec des procédures mises en œuvre.
La discussion portera sur le respect ou non des consignes.
Le maître propose alors à chaque binôme (ou à chaque groupe de quatre si on a opté pour des regroupements de deux binômes) un court moment de réflexion : « Qu'est-ce qu'il aurait fallu que chacun fasse tout à l'heure pour réussir, sachant que chacun de vous n'avait que la moitié du message ? »
La plupart du temps, ce moment d'échange et de discussion sur les procédures fait apparaître qu'il aurait fallu tracer la droite AB et le cercle de centre C et de rayon 8 cm ; les élèves sont alors convaincus que le trésor se trouve à l'intersection de la droite et du cercle. Cependant, si tous ne sont pas convaincus on peut procéder à la validation comme suit.

Validation pratique
Chaque groupe de deux, à tour de rôle, vient au tableau indiquer l'emplacement du trésor. On place les deux calques de chaque binôme superposés sur le bristol à l'aide des trombones et on pique à l'aide d'une épingle le point trouvé. Les élèves expliquent leur procédure. Le maître enlève l'épingle, fait une croix sur le point trouvé et indique le nom du groupe. Lorsque tous les groupes sont passés, on valide en retournant la feuille de bristol pour voir si tous les trous correspondent au trésor ou non.

☐ Étape 4 : institutionnalisation

Après échange, on se met d'accord sur la trace écrite. Elle peut être du type :
– *les points alignés avec A et B sont tous les points de la droite AB ;*
– *les points situés à 8 cm de C sont tous les points du cercle de centre C et de rayon 8 cm ;*

– le point à trouver est à l'intersection de la droite AB et du cercle de centre C et de rayon 8 cm.

Deuxième phase
Recherche d'un point d'intersection entre deux cercles

L'organisation de la classe est identique à celle de la première phase. Cette fois-ci, la fiche 2 est utilisée.

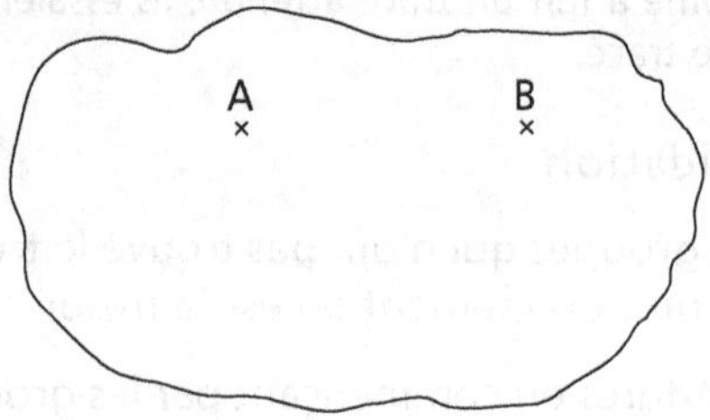

MESSAGE

Le trésor est à 8 cm de A

Le trésor est à 7 cm de B

Fiche 2

Troisième phase
Exercices de réinvestissement

Le travail se fait individuellement sur feuille.

Exercice 1 (fiche 3)
Intersection d'une droite et d'un cercle, le point d'intersection est sur la feuille.
« Le trésor est à 4 cm de A et il est aligné avec B et C. »

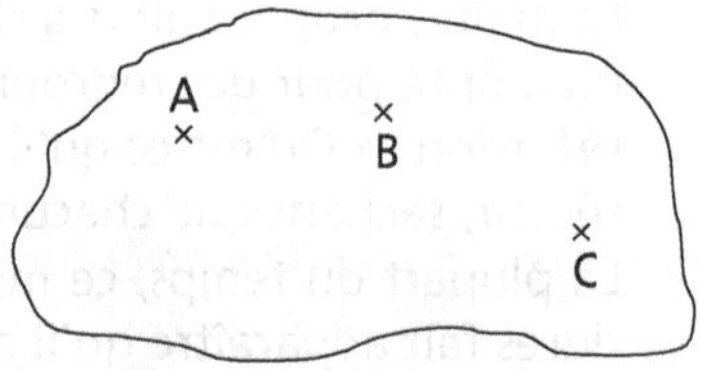

Exercice 2 (fiche 4)
Intersection de deux droites.
« Le trésor est aligné avec A et B et il est aligné avec C et D. »

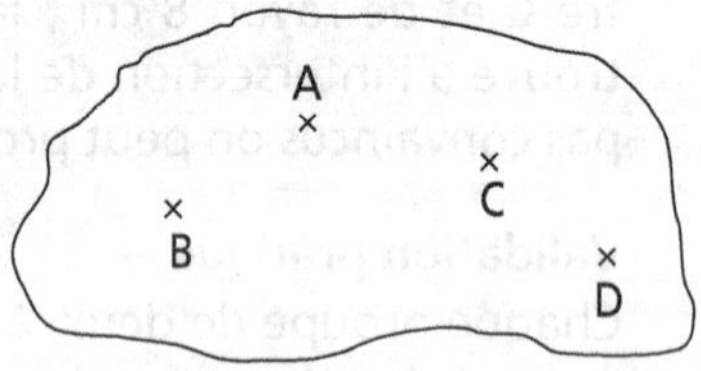

Exercice 3 (fiche 5)
Intersections de deux cercles, les deux points d'intersection sont sur la feuille.
« Le trésor est à 6 cm de A et il est à 9 cm de B. »

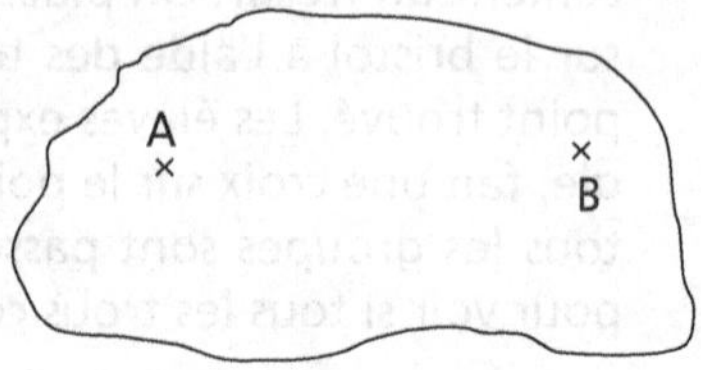

Exercice 4 (fiche 6)
Intersections d'une droite et d'un cercle, les deux points sont sur la feuille.
« Le trésor est aligné avec A et B et il est à 5 cm de C.
Jean dit qu'il y a deux trésors. Est-ce exact ? »

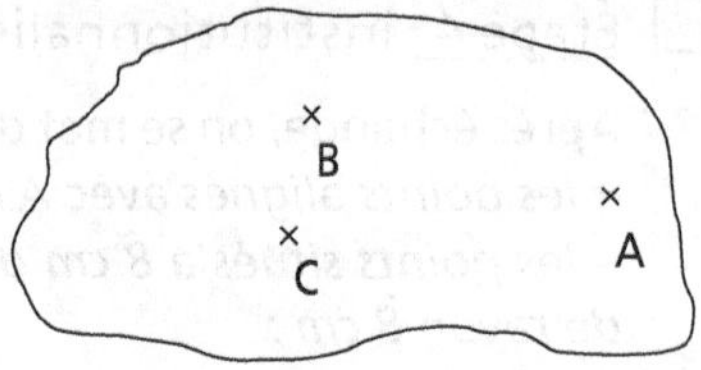

6. Le trésor est dans la cour (CM1)

> DESCRIPTION RAPIDE

Les élèves doivent découvrir un trésor dans le méso-espace à partir d'informations concernant sa position par rapport à deux points fixes.

Cette situation est à expérimenter trois ou quatre semaines après la situation « Le trésor ».

> OBJECTIF

Permettre aux élèves de résoudre un problème de modélisation dans le méso-espace en réinvestissant leurs connaissances sur l'intersection de deux cercles dans le micro-espace.

> DURÉE

Une séance d'une heure.

> VARIABLES DIDACTIQUES

• Le méso-espace

Le fait de poser ce problème dans le méso-espace est évidemment un choix de variable didactique. En effet, le problème est mathématiquement le même que dans la situation « Le trésor » mais, du point de vue des procédures, il est différent dans la mesure où il n'existe pas de compas permettant de faire de cercles de 5 m de rayon !

• Le rapport entre les distances du trésor aux points fixes, d'une part, et la taille du trésor, d'autre part

Si ce rapport est petit (par exemple, le trésor et les points fixes sont de l'ordre du mètre et le trésor un carré de 20 cm), les élèves peuvent parvenir à trouver le trésor par simples tâtonnements. Inversement, si ce rapport est très important la méthode correcte et attendue (tracé de cercle avec des cordes) risque de ne pas permettre d'arriver au bon résultat. Nous avons choisi pour représenter le trésor un carré de 4 cm de côté pour des distances aux points fixes de 2 à 3 m.

> PROCÉDURES OBSERVÉES

– Procédure par tâtonnements : l'élève place un point à la distance donnée d'un des points fixes puis vérifie s'il est à la bonne distance de l'autre point fixe. Si ce n'est pas le cas, il fait un autre essai… Compte tenu du choix du rapport entre les distances du trésor aux points fixes et les dimensions du trésor, cette méthode ne peut permettre aux élèves de réussir.
– Procédure en traçant des cercles à l'aide d'une ficelle.

> MATÉRIEL

– Un carton carré de 1 m sur 1 m environ.
– De la gomme adhésive repositionnable.

Le maître tient à la disposition des élèves du matériel : ficelle, une grande règle de 1 m, un grand compas de tableau… Mais ce matériel n'est pas dévoilé aux élèves.

Une partie de cette situation se déroule dans un espace relativement dépouillé (préau ou salle de gymnastique) contenant deux piquets fixés et séparés d'environ 3 m (l'un des piquets peut être un poteau de cage de handball).

Le trésor peut être placé à 2,50 m d'un plot et à 3,50 m de l'autre.

Pour positionner le trésor, on peut dans un premier temps placer le carton sur le sol en s'assurant qu'il y a un point du carton situé à la distance recherchée des deux piquets ! Puis, à la craie, on marque le tour du carton. Ensuite, on l'enlève et on place sur le sol le point à la distance convenable avec la ficelle et la craie. On place ensuite sur ce point de la gomme repositionnable sans appuyer puis on replace le carton en appuyant dessus ce qui permet à la gomme repositionnable de coller sur le carton. Ensuite on colle sur le carton, à la place de la gomme repositionnable, un dessin de trésor qui occupe un carré d'environ 4 cm de côté.

On indique aux élèves que le trésor est une image collée sous le carton et qui est donc sans épaisseur[10] !

DÉROULEMENT

☐ Étape 1 : présentation de l'activité

Les enfants sont regroupés autour du carton. L'enseignant donne les consignes suivantes : « Un trésor est caché sous le carton. Vous devez trouver son emplacement exact à l'aide de l'indication suivante : le trésor est à X mètres de ce poteau et à Y mètres de celui-là[11]. Ce trésor est une image collée sous le carton. Si vous avez besoin de matériel, vous pouvez me le demander. » L'enseignant précise également : « Vous vous regrouperez par quatre et discutez ensemble de ce qu'il faut faire mais vous ne le ferez pas tout de suite. Une fois que vous aurez réfléchi, nous retournerons en classe et vous noterez sur une feuille la méthode à suivre pour trouver le trésor. Une fois ce message terminé, nous redescendrons dans la cour pour expérimenter les méthodes de chaque groupe. Pour cela, chaque groupe à tour de rôle lira son message et un élève mettra en pratique la méthode proposée. Si vous pensez avoir besoin d'un outil, venez me le demander et je vous dirai si je l'ai. »

☐ Étape 2 : en classe (travail par groupes pour élaborer le message)

Les élèves sont de retour dans la classe et disposent de leur boîte à outils complète.

L'enseignant rappelle le travail à faire en insistant sur le message à produire qui doit permettre à un élève qui n'est pas dans le groupe de trouver le trésor.

10. Au cours de nos premières expérimentations, n'ayant pas précisé ce détail, beaucoup d'élèves cherchaient à repérer le trésor en pensant qu'il avait une épaisseur !
11. X et Y sont fixées en fonction des contraintes matérielles. Dans la mesure du possible, elles doivent être comprises entre 2 m et 5 m.

On trouve souvent deux types de messages :

– des élèves qui expliquent comment mesurer 2,50 m avec une règle d'un mètre. Voici un exemple de ce type de message ;

On par du pouteau bleu, on fait 2,50 m avec la régle et à chaque fois qu'on fait un métre on mait un petit trait, pareil pour le pouteau rose mais sauf qu'on fait trois métre il faudrait qu'il se touche

– des élèves qui utilisent de la ficelle. Voici un exemple de ce type de message.

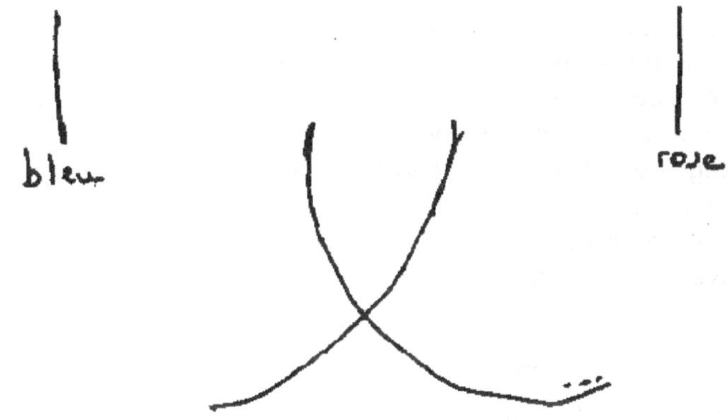

prendre un bout de fisselet de l'attacher au ~~[illegible]~~ potto bleu, mesuré de 2 mètres/50 Puis au poteau rose et mesuré 3 mètres en traçant un cercle tout autour à l'intersection des deux cercles puis vous trouverez le carré.

Au cours de leur recherche, les élèves demandent souvent s'ils peuvent avoir une grande règle ; on leur montre la règle de 1 m en leur disant que c'est la plus grande règle que l'on a. Certains élèves réclament un grand compas, ici encore on leur montre le plus grand compas que l'on a : celui du tableau.

Beaucoup d'élèves ont des difficultés à remplacer le compas par une corde : « Il faudrait un grand compas », disent-ils. Cela semble normal : un des objectifs de la situation est justement de les aider à passer du compas dans le micro-espace à la ficelle dans le méso-espace. À noter : les élèves qui ont fait l'étape 3 de la quatrième phase de l'activité « Même distance à coup sûr » rencontrent évidemment moins de difficultés.
Finalement, la procédure peut être correcte mais la description peut être imprécise : par exemple, les élèves n'indiquent pas le centre des cercles.

☐ Étape 3 : retour dans le préau pour expérimenter et valider les méthodes

Les messages sont ramassés par l'enseignant. Il les classe du moins performant au plus performant.

Pour chaque message (en commençant par le moins performant), l'enseignant choisit un élève (qui ne fait pas partie du groupe auteur) qui doit exécuter la procédure que lit l'enseignant. Les autres élèves s'assurent que l'élève applique bien le message. Deux cas peuvent se présenter :
– le message ne permet pas de construire le point par manque de précision : cela doit être reconnu par les auteurs ;
– le message permet de placer un point sur une feuille, ce point est placé à la craie avec à côté le nom d'un membre du groupe (qui peut être noté sur un post-it).

Dans les deux cas, on passe au message suivant.

À la fin, les élèves donnent leur point de vue sur les différentes méthodes puis l'enseignant valide en perçant à l'aide d'une pointe les emplacements trouvés par les élèves et en retournant la feuille contenant le trésor.
Un bilan est alors fait pour que chacun puisse dire ce qu'il faut faire pour réussir cette tâche.
Pour trouver le trésor, il faut faire deux arcs de cercle avec de la ficelle : un premier arc ayant pour centre le premier piquet et pour rayon 2,50 m et l'autre ayant pour centre le deuxième piquet et pour rayon 3,50 m. Le trésor est à l'intersection des deux arcs.

☐ Étape 4 : reprise

On peut envisager de refaire une activité analogue avec d'autres données.

☐ Étape 5 : institutionnalisation

Le maître demande aux élèves d'écrire dans leur cahier la trace écrite suivante.
Pour tracer un cercle sur la feuille de papier, on utilise un compas.
Pour tracer un cercle dans la cour ou dans la salle de classe, on utilise une ficelle.

Les élèves ont des difficultés à communiquer leur message par écrit et ce semble-t-il pour deux raisons :
– par manque d'habitude. Dans un premier temps, afin de les aider, on pourrait leur demander d'expliquer seulement oralement comment ils feraient ;
– les élèves ont à imaginer puis à décrire une procédure qu'ils ne réalisent pas. En somme, on leur demande de s'engager dans une phase de formulation sans passer par une phase d'action. On pourrait dans un premier temps leur demander de réaliser leur procédure puis sans qu'il y ait de validation passer à une phase de formulation. Mais, dans ce cas, on se heurte à un problème pratique dans la mesure où il y a un seul dispositif matériel et qu'on ne peut pas demander à tous les groupes d'essayer leur procédure en même temps.

7. Longueurs inaccessibles (CM2)

> DESCRIPTION RAPIDE

Trouver une méthode pour connaître la longueur d'une baguette (ou d'un fil) sans pouvoir la (le) mesurer directement.

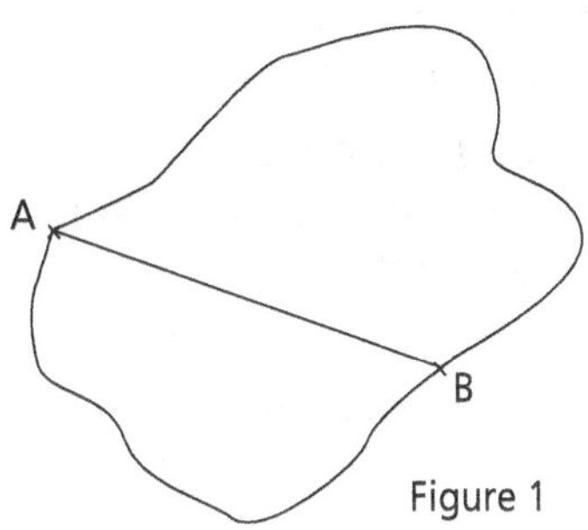

Figure 1

Dans un premier problème, une baguette[12] de 2 ou 3 m est posée dans la cour ; autour de cette baguette est délimité un terrain considéré comme inaccessible, c'est-à-dire dans lequel l'élève ne peut pas marcher (figure 1).

Dans un second problème, un fil est tendu entre deux sommets opposés d'une boîte parallélépipédique (figure 2).

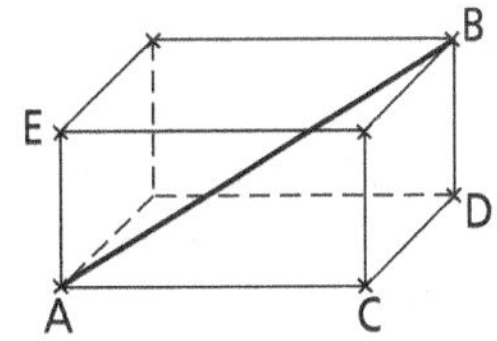

Figure 2

> OBJECTIF

Amener les élèves à s'engager dans une démarche de modélisation en investissant dans le méso-espace les connaissances acquises dans l'espace graphique (rectangle, parallèles, parallélogramme, perpendiculaires, symétrie...) et en investissant la proportionnalité dans une tâche de réduction du méso-espace vers l'espace graphique (feuille de papier).

> DURÉE

Deux séances d'une heure.

> VARIABLES DIDACTIQUES

Une variable déterminante, commune aux deux problèmes, est que les élèves ne peuvent pas mesurer directement la baguette ou le fil. Nous avons fait ce choix pour rendre nécessaire le passage à la modélisation.

12. Ce peut être aussi une bande rectiligne de ruban adhésif.

Premier problème

– La forme du terrain inaccessible tracé autour de la baguette

Si le terrain est quelconque (cf. figure 1), l'élève a beaucoup moins de procédures possibles que si c'est un rectangle dont la diagonale est la baguette. Nous avons fait le choix d'un terrain rectangulaire.

– La place dont dispose l'élève autour du terrain inaccessible

Si l'élève a de la place, il peut reproduire le rectangle à côté du rectangle inaccessible et mesurer sa diagonale. S'il n'a pas cette place, il est obligé de passer par une construction à l'échelle. Nous avons laissé la place nécessaire pour une éventuelle construction à l'échelle 1.

– Dans le cas d'un terrain rectangulaire, les dimensions de ce terrain

Si ces dimensions sont entières, cela peut faciliter le passage à des procédures arithmétiques erronées (du type : « on ajoute longueur et largeur et on divise par deux »). Les dimensions entières peuvent aussi faciliter le passage à l'échelle 1/100. Nous avons finalement fait le choix de mesures non entières (3,50 m sur 4,50 m) puisque nous voulons encourager le travail dans le méso-espace.

Second problème

La principale variable est la dimension de la boîte (cf. figure 2). On choisit des boîtes dont les dimensions sont approximativement 50 cm par 30 cm par 40 cm.

> PROCÉDURES ATTENDUES

Premier problème

– Reconstruire à côté du terrain inaccessible le rectangle (ou le triangle rectangle) puis mesurer la diagonale de ce rectangle (ou l'hypoténuse du triangle rectangle associé à ce rectangle). Cette construction (cf. figure 3) peut se faire en utilisant la symétrie axiale ou les propriétés caractéristiques du rectangle (ou du triangle rectangle).

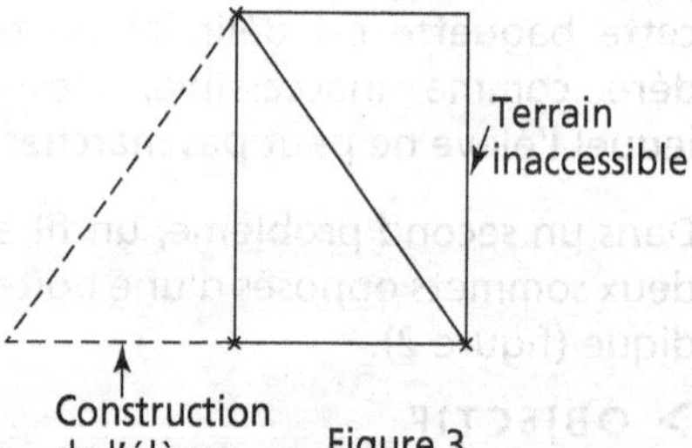

Figure 3

– Construire le terrain inaccessible à une échelle réduite, mesurer la distance cherchée sur ce dessin puis, par le calcul, trouver la distance réelle.

Second problème

Construire, par exemple, le triangle ACD (cf. figure 2) à l'échelle (éventuellement à l'échelle 1) ; mesurer AD puis tracer à l'échelle (éventuellement 1) le triangle ADB et mesurer AB.

À noter : pour ces deux problèmes l'élève peut mobiliser une procédure erronée qui consiste à effectuer avec les dimensions du rectangle (ou de la boîte) des combinaisons d'opérations pour trouver une longueur qui leur semble réaliste, par exemple ajouter la longueur et la largeur du rectangle ou ajouter ces deux dimensions et diviser le résultat par 2.

> MATÉRIEL

L'enseignant a tracé des triangles rectangles dont l'hypoténuse est constituée de deux baguettes mises bout à bout ou d'un ruban adhésif collé sur le sol comme sur la figure 4. Il est possible d'utiliser pour cela les angles droits d'un terrain de handball, par exemple, ou du préau sur lequel on aura tracé une zone « interdite » de forme rectangulaire. Il est également possible de travailler avec un seul dispositif, mais il est plus pratique d'en réaliser quatre, par exemple aux quatre angles d'un terrain de handball.

Sont également nécessaires des feuilles vierges, des affiches (A3 au minimum) à raison d'une par groupe de quatre, et un support pour écrire par groupe.
Les élèves vont également commander du matériel. Il faut tenter d'anticiper leurs demandes, par exemple de la ficelle, un mètre ruban ou le mètre du tableau, de la craie...

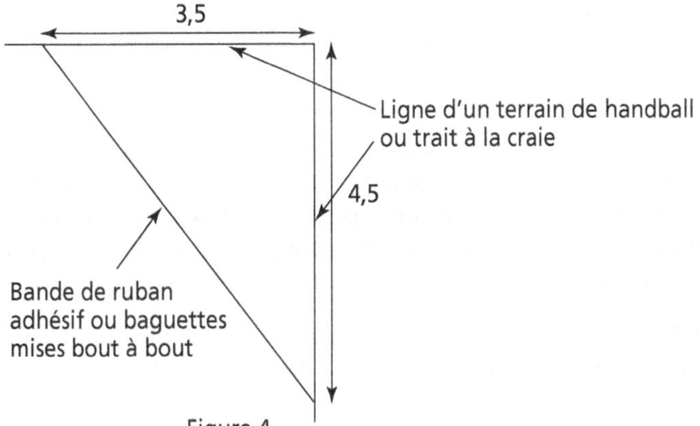

Figure 4

DÉROULEMENT

Première phase Dans le méso-espace

☐ Étape 1 : observation du dispositif et consignes

Les élèves sont répartis par groupes de quatre puis l'enseignant les emmène vers un des dispositifs et donne les consignes.

Consigne
« Vous devez trouver une méthode pour déterminer la longueur exacte de la baguette de bois ou de la bande de plastique qui est disposée devant vous. Mais attention : vous voyez les traits à la craie sur le sol (ou le bord du terrain de handball)... c'est un terrain qui est grillagé, vous n'avez absolument pas la possibilité de pénétrer à l'intérieur de ce terrain, ni d'y faire pénétrer quoi que ce soit. Vous pouvez faire ce que vous désirez, mais à l'extérieur du terrain délimité par ces traits (par exemple : vous n'avez pas la possibilité de lancer une ficelle dans le terrain...).

Après avoir bien observé le dispositif, nous allons revenir en classe et, par groupes de quatre, vous allez réfléchir à une méthode pour trouver. Il faut trouver une méthode, pas un résultat pour le moment. Vous devez établir la liste du matériel qui vous sera nécessaire pour trouver. Je passerai dans chaque groupe pour recenser le matériel dont vous avez besoin, ensuite chaque groupe descendra avec son matériel pour appliquer sa méthode... Nous ferons ensuite une mise en commun. »

Les élèves observent pendant cinq minutes le terrain et la bande (ils peuvent se répartir par groupes autour des différents dispositifs s'il y en a plusieurs), et ils discutent entre eux.

Les élèves risquent de rester « agglutinés » contre les traits ; aucun ne pensera certainement à prendre du recul pour avoir un point de vue global du dispositif. Cette attitude est typique, entre autres, d'un comportement micro-spatial... L'enseignant se doit d'intervenir pour les inviter à regarder le dispositif d'un peu loin.

☐ Étape 2 : recherche en classe

Les élèves reviennent en classe, ils travaillent d'abord par sous-groupes de deux puis ils doivent ensuite trouver un accord pour le groupe entier. Le travail en groupe est nécessaire pour éviter les découragements, favoriser l'échange d'idées ; si on constitue tout de suite des groupes de quatre, les élèves ont plus de difficultés pour s'organiser.

L'enseignant distribue à chaque groupe une feuille vierge sur un support (le support servira à soutenir la feuille pour écrire quand le groupe redescendra sous le préau).

Consigne
« Réfléchissez à ce que vous devez faire, dressez la liste du matériel dont vous aurez besoin pour résoudre le problème ainsi que les informations que vous devrez recueillir et qui vous seront utiles quand vous retournerez vers le dispositif... Attention : seulement deux élèves seront autorisés à se déplacer pour aller chercher les informations... »
Dans chaque groupe, les élèves débattent. L'enseignant passe pour recentrer les discussions sur les contraintes.
Les élèves écrivent sur la feuille le matériel qu'ils désirent.

☐ Étape 3 : demande de matériel

L'enseignant passe auprès de chaque groupe pour recenser le matériel puis il donne la consigne.

Consigne
« Deux membres de chaque équipe vont avoir la possibilité d'aller, avec le matériel, chercher les informations que vous jugez nécessaires. Vous ne pouvez rester que cinq minutes autour du dispositif. »

☐ Étape 4 : retour autour du dispositif puis nouvelle phase de recherche

Par sous-groupes de deux, les élèves se rendent sur le dispositif avec le matériel demandé que l'enseignant leur a remis, du papier, le support et un crayon ; ils prennent les informations nécessaires. Il faut un seul sous-groupe par dispositif pour éviter les diffusions de procédures ! Cela suppose qu'on peut augmenter le nombre de dispositifs ou bien qu'on occupe les élèves pendant que les groupes vont travailler autour du dispositif.

Chaque sous-groupe revient en classe et reprend le travail de recherche en groupes de quatre.

Consigne
« Vous devez maintenant vous mettre d'accord. Sur une affiche (format A3) vous allez indiquer la méthode que vous avez utilisée et le résultat que vous obtenez. »

☐ <u>Étape 5 :</u> présentation des affiches et mise en commun

Les feuilles des différents groupes sont affichées et un membre de l'équipe vient commenter la production.
L'enjeu du débat est d'anticiper sur la réussite de la méthode proposée.

☐ <u>Étape 6 :</u> validation des résultats

Toute la classe descend sous le préau pour expérimenter et valider ou invalider les procédures devant toute la classe.

On peut distinguer quatre types de procédures :
– des élèves estiment que la longueur de la diagonale du rectangle est égale à la longueur du plus grand côté de ce rectangle ;
– des élèves font une estimation de la différence entre la longueur de la baguette et la longueur du rectangle ;

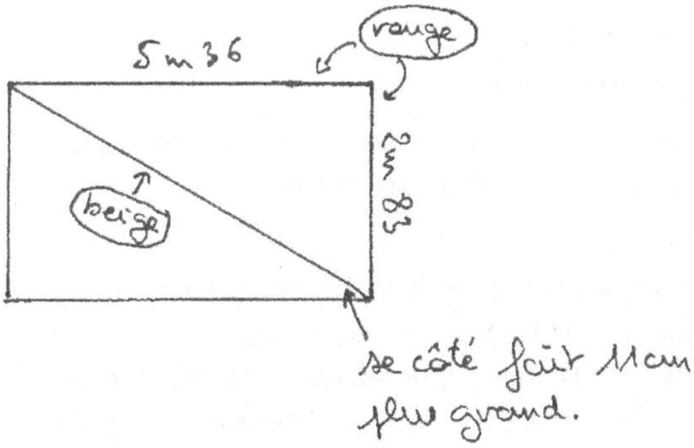

On a mesuré la partie rouge. On a trouvé 536.
On a imaginé que la barre beige monte sur la barre de 5 m 35 et on a calculé on a trouvé 11 cm de différence[13].

Au cours du débat les élèves contestent les 11 cm : « Mais pourquoi 11 cm, moi je dis que c'est 5 cm ! », réponse des auteurs : « On a vu que c'est "11cm" », les autres : « Vous avez déplacé la baguette ? » les auteurs : « Non on a fait dans notre tête ».

---

13. On a respecté l'orthographe des messages. De plus, ici les dimensions du rectangle étaient de 5,40 m sur 2,80 m.

– des méthodes de construction de la baguette à côté du terrain inaccessible : différentes méthodes de construction peuvent être utilisées. Par exemple, symétrie par rapport à un des côtés du terrain, reconstruction du triangle rectangle ;

On a mesuré la parallèle de la baguette qui mesure 7 m 30 cm.

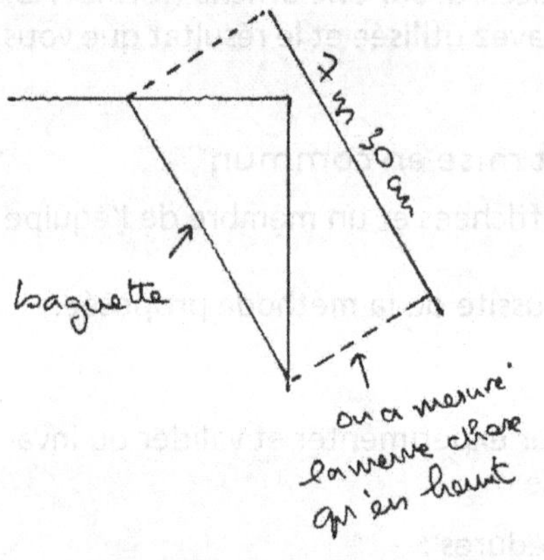

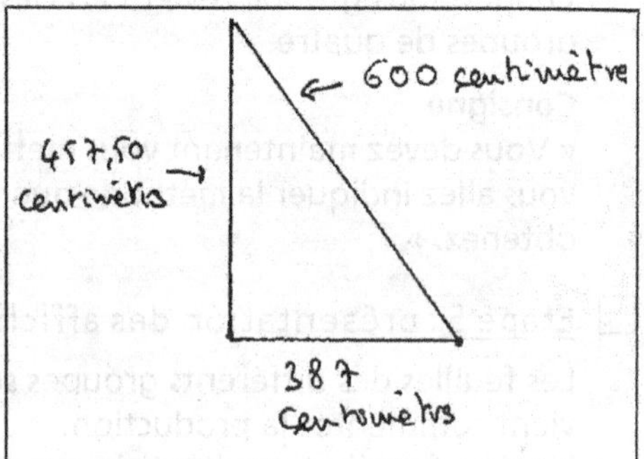

On a mesuré le plus grand côté qui faisait 457,50 cm.
Ensuite le plus petit côté qui faisait 387 cm. Nous avons ensuite mesuré ça sur un autre carré. Grâce au deux mesures nous avons pu trouver la longueur du bâton en mesurant les centimètres près.

– des élèves construisent le rectangle à l'échelle : essentiellement à l'échelle 1/100e.

Deuxième phase Problème en 3D

La deuxième phase peut être proposée deux à trois semaines plus tard en utilisant la même gestion de classe.

> MATÉRIEL

L'enseignant fabrique le dispositif constitué d'une grosse boîte parallélépipédique opaque et d'un fil tendu entre deux sommets opposés. Pour travailler avec toute la classe en même temps, plusieurs dispositifs identiques sont souhaitables ; dans le cas contraire, l'enseignant peut faire travailler cette phase en atelier. On peut par exemple utiliser des boîtes à ramettes de papier A3.

Le déroulement est similaire à celui de la première phase.

Au cours de l'étape 1, l'enseignant ouvre la boîte, montre le fil dont il faut trouver la longueur puis ensuite il ferme la boîte et donne les consignes (cf. étape 1 du premier problème).

À noter qu'il est peut-être plus difficile d'utiliser plusieurs dispositifs (il faut en effet trouver des boîtes de mêmes dimensions). Dans le cas où il n'y a qu'un dispositif, au cours de l'étape 4, il faut donner du travail aux autres groupes en attendant qu'ils puissent, par sous-groupes de deux, se rendre auprès du dispositif pour prendre les informations qu'ils jugent nécessaires.

Ce problème est difficile pour les élèves, en particulier parce que le triangle rectangle à reproduire n'est pas tracé complètement : le segment EB (ou AD) n'est pas tracé (cf. figure 2, page 319) et il ne se situe pas dans le plan de la table.

Des élèves utilisent très souvent des procédures qui consistent à combiner les dimensions de la boîte. À noter que beaucoup réalisent des dessins de la boîte pour décrire leur procédure (voir ci-dessous).

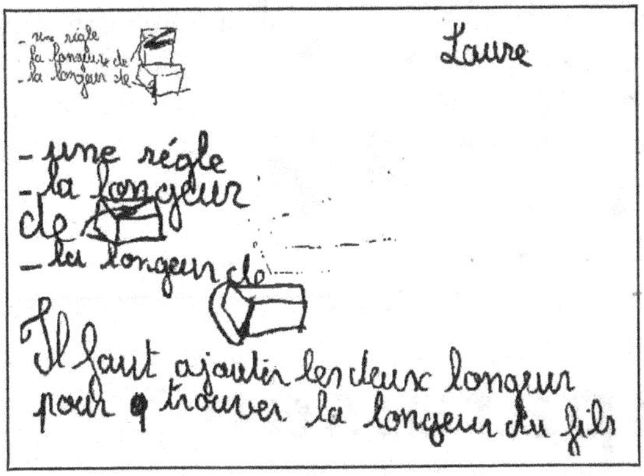

Si, après une première mise en commun, les élèves constatent qu'aucun groupe n'est arrivé à une solution alors l'enseignant peut tracer le segment EB au feutre pour relancer la recherche.

Thème 4

Comparaison

Aspects théoriques

Dans ce thème, nous nous intéressons aux problèmes conduisant à la comparaison d'objets géométriques, graphiques ou matériels. Nous précisons l'idée de ressemblance entre objets, ce qui nous conduit à déclarer qu'ils sont « pareils » ou différents.

Comparer des objets recouvre deux grands types de problèmes : **des problèmes de localisation** et de forme, et des **problèmes de catégorisation**.

Dans le premier type de problèmes, des objets sont regardés comme étant les « mêmes » bien qu'ils diffèrent par leur localisation, leur orientation dans l'espace ou leur taille ; ceci met en jeu les concepts d'isométrie et de similitude. Les activités classiques de reproduction, d'agrandissement ou de réduction, plus généralement de transformation de figures, posent ce genre de problèmes.

Dans le second type de problèmes, on doit considérer globalement des familles d'objets possédant des propriétés communes, donc des ressemblances, par exemple : « les quadrilatères ayant un angle droit », en faisant abstraction de certaines différences, et opposer ces objets à d'autres ne possédant pas les propriétés requises. Le classique jeu du portrait ou la définition d'un trapèze, par exemple, conduisent à regarder des objets comme des représentants d'une même classe en dépit de leurs différences perceptives.

Dans les deux types de problèmes, nous rencontrons la même question de comparaison : d'un objet à l'autre quelles sont les propriétés géométriques communes, quelles sont celles qui diffèrent, quelles propriétés doivent être conservées pour que, dans une tâche donnée, des objets puissent être regardés comme « pareils » ?

Aspects mathématiques et historiques

Les problèmes dont nous traitons ici sont des **problèmes de comparaison d'objets géométriques par l'intermédiaire de réalisations concrètes :** dessins ou productions matérielles (papier découpé, objets en trois dimensions...). Comparer ces objets, c'est dire dans quelle mesure ils sont différents, pareils ou se ressemblent en précisant les critères utilisés. Voici deux exemples de problèmes mettant en jeu l'idée de ressemblance entre dessins ou objets matériels :

– lorsqu'on recherche des patrons du cube, on doit donc considérer les patrons suivants, indépendamment de leurs tailles, comme étant les mêmes (ils sont semblables) ;

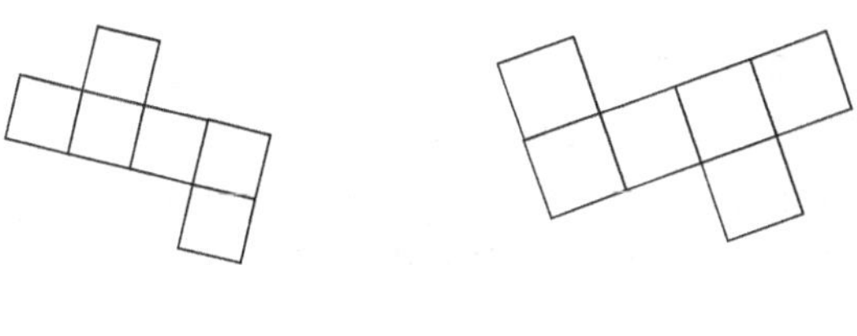

– lorsqu'on recherche tous les « tétracubes » (assemblages de quatre cubes isométriques en les collant selon des faces), on obtient, entre autres, les tétracubes isométriques a, b, c et d. En les tournant, on peut réaliser une partition entre {a, b} et {c, d}. Dans une même classe, les tétracubes peuvent être placés en position translatée ; d'une classe à l'autre, c'est impossible (en revanche, ils peuvent être placés en miroir). On doit donc considérer que parmi ces quatre objets nous n'avons trouvé que deux tétracubes différents.

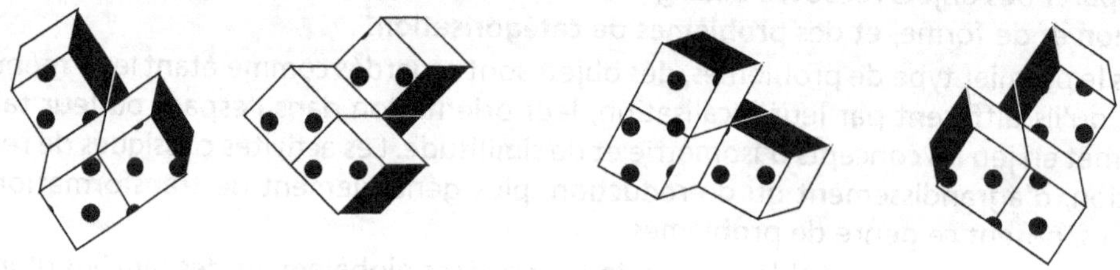

a b c d

Les critères d'isométrie et de similitude permettent fréquemment d'assimiler des objets, de les considérer comme « pareils ». Lorsque les objets sont isométriques, ils ont même forme et même taille, leur position dans le plan ou dans l'espace n'étant pas la même. Lorsque les objets sont semblables, ils ont même forme, mais en plus grand ou en plus petit, leur position n'étant pas la même.
Toutefois, ces deux critères d'isométrie et de similitude ne sont pas suffisants. Si l'on dit, par exemple, que deux figures sont des trapèzes ou des quadrilatères, on les déclare « pareilles » d'un certain point de vue, on signale leur ressemblance par des propriétés communes (avoir deux côtés parallèles, être un polygone à quatre côtés) mais sans que les figures soient isométriques ou semblables. D'où un troisième critère : les objets sont « pareils » car ils partagent des propriétés géométriques jugées cruciales, ils présentent des différences non pertinentes du point de vue de la tâche, ce qui permet de les assimiler, de les traiter « en bloc ».

Nous allons développer successivement notre approche de ces trois aspects : isométrie, similitude puis **utilisation des propriétés géométriques pour comparer des figures**. Nous commencerons par quelques généralités sur l'approche mathématique de ces notions puis nous continuerons avec leur traitement habituel à l'école élémentaire.

1. ISOMÉTRIE ET SIMILITUDE, ASPECTS MATHÉMATIQUES

Les notions d'isométrie et de similitude permettent de mettre en relation des figures de deux manières : « par les transformations » ou « par les propriétés ».

1.1 Mise en relation de deux figures par une transformation explicite

On dira, par exemple, qu'une figure est la symétrique d'une autre par rapport à un axe ou déduite d'une autre par translation, rotation, homothétie…

Parmi ces transformations du plan ou de l'espace, on distingue les isométries, qui conservent les longueurs, et les similitudes, qui multiplient les longueurs par un même nombre ($k > 0$)[1]. Parmi les isométries planes, on trouve les rotations (dont les symétries centrales), les translations, les symétries axiales[2]. Comme similitudes particulières, lorsque $k = 1$, on retrouve les isométries ; il s'ensuit que les isométries possèdent les propriétés des similitudes. Par exemple : « les mesures des angles sont conservées » ou « un segment est transformé en un segment », propriétés vraies pour les similitudes le sont également pour les isométries.

Dans le plan ou dans l'espace, on dit que deux figures sont isométriques (ou semblables) s'il existe une isométrie (ou une similitude) transformant l'une en l'autre.

Les quadrilatères ABCD, A'B'C'D' et A''B''C''D'' sont isométriques. On a utilisé une symétrie axiale et une translation. EFGH, E'F'G'H' et E''F''G''H'' sont semblables. On a effectué une homothétie de centre O et de rapport 1,8 et une rotation de centre O et d'angle 60°.

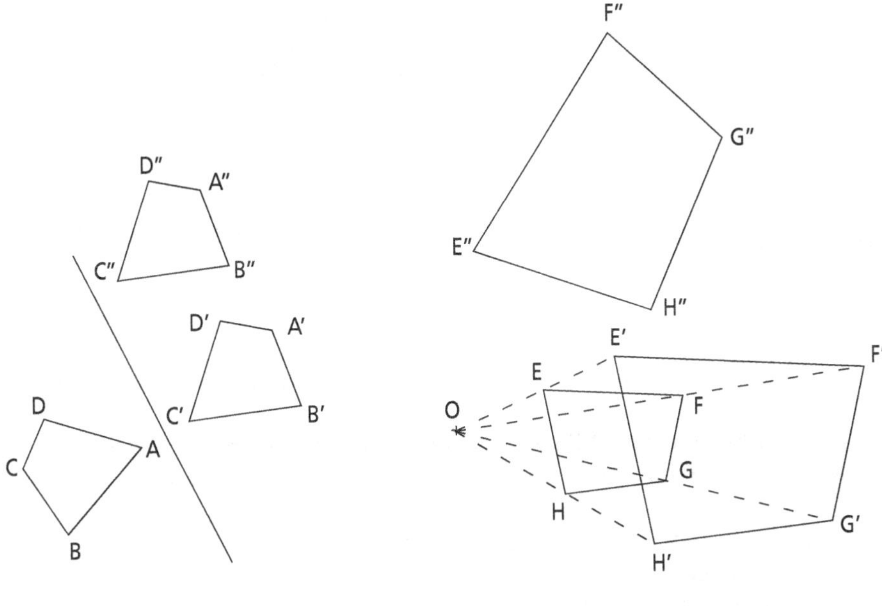

1. Une isométrie du plan ou de l'espace est une correspondance entre points qui respecte les distances, autrement dit quels que soient M et P, en appelant leurs correspondants M' et P', la distance de M' à P' est la même que celle de M à P.
Une similitude est une correspondance qui multiplie les distances par un même coefficient $k > 0$, autrement dit quels que soient M et P, en appelant leurs correspondants M' et P', la distance de M' à P' vaut k fois celle de M à P ; c'est donc le rapport M'P'/MP (= k) qui est conservé. Ceci explique le lien, établi dans les Instructions Officielles, entre situations d'agrandissement ou de réduction et proportionnalité.
2. Plus précisément, on montre que les isométries planes se composent des translations, rotations, symétries axiales et leurs composées. Comme isométrie dans l'espace, on trouve les symétries par rapport à un plan, les rotations par rapport à un axe (dont le demi-tour par rapport à un axe), les translations et leurs composées.

1.2 Mise en relation de deux figures par des propriétés

Dans cette approche, deux figures sont isométriques ou semblables lorsqu'elles vérifient conjointement certaines propriétés, sans faire référence à une transformation passant de l'une à l'autre. Par exemple, en utilisant les cas d'égalité ou de similitude des triangles, on peut affirmer que « deux triangles ayant un angle égal compris entre deux côtés égaux sont égaux » ou que « deux triangles ayant leurs angles respectivement égaux sont semblables ».

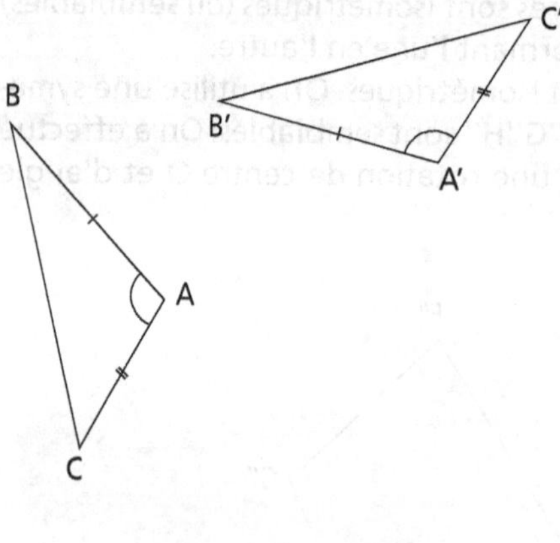

Les deux triangles ABC et A'B'C' ont un angle égal compris entre deux côtés égaux, ils sont isométriques.

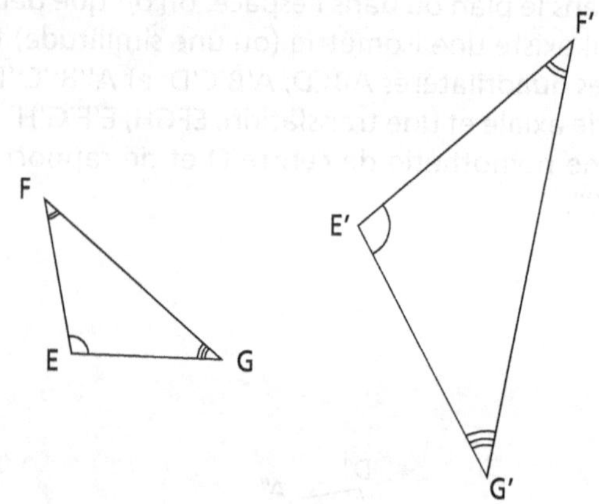

Les deux triangles EFG et E'F'G' ont leurs angles égaux, ils sont semblables.

2. ISOMÉTRIE ET SIMILITUDE À L'ÉCOLE ÉLÉMENTAIRE

Dans les problèmes concernant l'isométrie de figures, nous retrouvons les deux approches indiquées précédemment : conservation de propriétés ou mise en œuvre d'une transformation explicite.

La conservation de propriétés se retrouve dans des exercices de reproduction en vraie grandeur, la figure reproduite devant coïncider avec le modèle en le déplaçant, mais sans que ce déplacement ne soit précisé. Ces exercices sont proposés dès le CE1 mais on se contente souvent de reproduire une figure sur quadrillage, en position translatée par rapport à l'original.

Depuis les instructions officielles de 1995, l'étude des transformations est limitée à la symétrie axiale dans le plan[3]. On trouve une approche de cette notion à tous les niveaux, y compris parfois à l'école maternelle. En début de scolarité, on s'appuie sur le pliage et le découpage (construction de ribambelles, reproduction d'une tache par

3. Les instructions de 1985 prévoyaient, au cycle 3, l'« application à des objets géométriques des transformations ponctuelles (translation, rotation, symétrie) » donc une étude plus large des transformations. Pour l'approche la plus complète, dans l'optique des instructions de 1980, on consultera l'ancienne édition ERMEL Cycle Moyen, tome 3, chapitre 2 (SERMAP-HATIER, 1982).

pliage...). Au cycle 3, on recherche des axes de symétrie (sans mettre en jeu l'idée de transformation) et l'on construit, sur quadrillage, le symétrique d'une figure par rapport à un axe « vertical », « horizontal » ou orienté selon une diagonale. Le même type d'activités se retrouve d'un niveau à l'autre, sans véritable progression ; toutefois, on complexifie les figures et les axes « penchés » sont réservés pour le Cours Moyen. Sur quadrillage, les constructions sont souvent faites de proche en proche, ce qui ne met pas en jeu l'idée de correspondance ponctuelle[4] et laisse implicite la conservation des angles droits. Les Instructions de 2002 complètent cette approche un peu restrictive et précisent que les élèves pourront rencontrer d'autres transformations que la symétrie axiale (plane) : « Ces activités (réalisation d'assemblages, de frises, de pavages de puzzle, etc.) peuvent être l'occasion de mettre en évidence des phénomènes de déplacement, avec ou sans retournement, et ainsi de rencontrer d'autres transformations. »

Les problèmes de similitude, c'est-à-dire d'agrandissement ou de réduction, évoqués dans les programmes depuis 1980, relèvent davantage du domaine numérique et de la proportionnalité que des activités géométriques. La conservation de la forme, de l'alignement, des angles, n'est que rarement évoquée et semble aller de soi sur les figures proposées. En revanche, on insiste sur la transformation des longueurs qui restent proportionnelles. Dans les instructions de 2002, le paragraphe « Agrandissement, réduction » renforce le lien avec l'étude de la proportionnalité. Pour notre part, **nous pensons que la mise en évidence de l'invariance des propriétés géométriques devrait être davantage développée** (voir nos propositions dans la suite du texte).

3. Les propriétés géométriques, des outils pour comparer

À l'école primaire, la production ou l'analyse d'objets matériels ou graphiques constitue souvent le but même d'un exercice de géométrie[5].
L'objet graphique ou matériel est complètement spécifié[6]. Ainsi, pour dessiner un polygone, il faut fixer le nombre de côtés, leurs longueurs, les angles, décider si les côtés se croisent ou non.
L'objet géométrique n'est pas défini par un dessin, mais caractérisé par un ensemble de propriétés dont certaines sont déclarées (par exemple, ABCD est un quadrilatère convexe) et d'autres inférées, de manière déductive ou par évocation de propriétés (par exemple, la somme des angles d'un quadrilatère convexe vaut 360 degrés). Ces propriétés sont régies par des relations de dépendance hiérarchique (par exemple, si ABCD est un rectangle, il possède les propriétés des parallélogrammes...).

4. Ce qui serait le cas si, pour construire le symétrique d'un polygone par rapport à un axe, on commençait par construire les symétriques des sommets pour ensuite les joindre dans l'ordre.
5. Alors que dans la géométrie de fin de collège ou de lycée, un dessin est une aide à l'élaboration d'un raisonnement.
6. Ce qui peut ne pas être le cas pour une figure réalisée avec un logiciel de géométrie dynamique comme Cabri.

L'objet graphique possède des propriétés contrôlables à l'aide d'outils spécifiques (règle graduée, compas, équerre, rapporteur) et souvent visibles à l'œil (aux imprécisions près) ; pour l'objet graphique, c'est l'aspect perceptif qui domine. **À l'école primaire, l'enseignant attend que ces propriétés soient formulées dans le langage de la géométrie, qu'elles s'appuient sur l'instrumentation (outil ou technique) et que la question de leur validité soit posée.** Ces propriétés sont soit vérifiables directement (exemple : l'angle droit), soit justifiables par référence à des propriétés vérifiables (exemple : le parallélisme) ; elles peuvent être constatées mais aussi anticipées : par exemple un élève qui a construit un quadrilatère avec quatre angles droits peut penser que les côtés opposés doivent avoir même mesure.

Mais il ne faudrait pas penser que faire de la géométrie, même à forte dominante perceptive, consiste à prendre en compte le maximum de propriétés d'une figure ou d'un dessin. En fait, il faut aussi omettre des propriétés, s'affranchir de certaines particularités des objets dessinés (« ce qui ne compte pas »), valoriser les propriétés pertinentes dans le problème et dépasser les aspects globaux (allure générale, ressemblance). Ce travail de sélection est en jeu dans les problèmes de comparaison : quelles sont les propriétés permettant de distinguer des figures (en ceci elles diffèrent), quelles sont celles qui conduisent à les rapprocher (en cela elles se ressemblent) ? en quoi est-il pertinent de les distinguer ou de les rapprocher ?

Nos choix didactiques

1. NOTRE APPROCHE DE L'ISOMÉTRIE

1.1 Sens de l'isométrie de deux objets

À l'école primaire, on peut poser des problèmes relatifs à l'isométrie sans se référer à l'idée de transformation géométrique. Bien avant le cycle 3, les élèves réalisent par empreinte la copie d'une face d'un solide et reproduisent une forme à l'aide d'un gabarit ou d'un calque. En référence à ces expériences, la question : « Ces deux objets sont-ils pareils ou pas pareils ? » signifie « L'un est-il une copie de l'autre ? », ou « L'un pourrait-il, par déplacement, être amené en coïncidence avec l'autre ? » Dans ces formulations, on se réfère au mouvement, en général de faible amplitude, de l'objet lui-même, du calque ou du gabarit. L'utilisation du mouvement se retrouve dans la procédure de comparaison par déplacement mental des objets[7].

1.2 Isométrie et superposabilité

La notion de superposabilité ne recouvre pas exactement celle d'isométrie.

Dans le plan, deux formes isométriques A et B découpées dans du papier sont superposables directement ou après retournement, ce que les enfants découvrent assez

7. On pourra consulter sur ce point : DENIS MICHEL, « Image et cognition », PUF, 1989, en particulier le chapitre III.

facilement. Ils les placent spontanément dans des positions mettant bien en évidence les deux cas : la position translatée (« à côté ») et la position en miroir (« en face »).

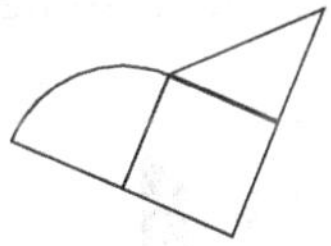
On prend A

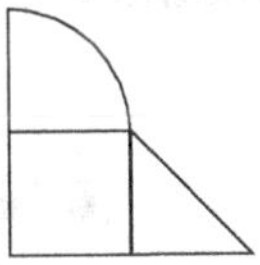
on place A

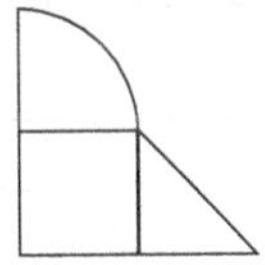
« à côté » de B

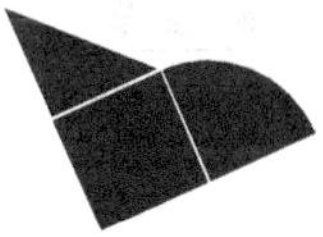
On retourne A

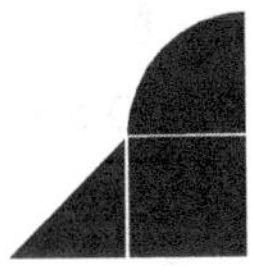
on place A retourné

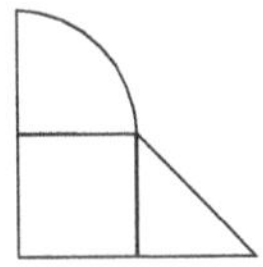
« en face » de B

Mais superposition sans et après retournement ne s'excluent pas toujours.
Dans le plan, un objet possédant un axe de symétrie peut être superposé directement avec son image en miroir. Nous utilisons cette propriété dans notre progression : nous étudions d'abord les objets « réversibles » (c'est-à-dire retournables sur eux-mêmes), puis nous cherchons à découper des objets réversibles et à expliciter leur propriété de symétrie.

Exemples : C possède un axe de symétrie, cette forme découpée peut se superposer directement avec son image en miroir. C est réversible : elle peut être placée indifféremment recto ou verso dans son empreinte.

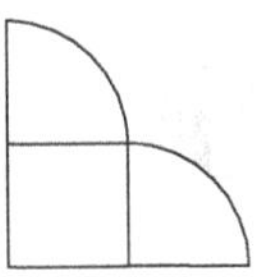
C

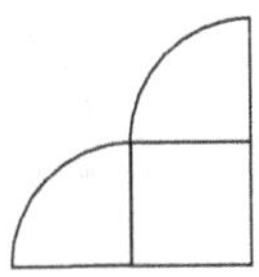
C

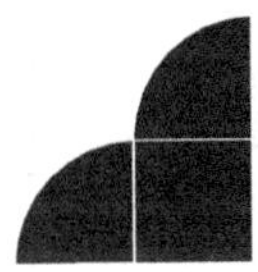
C retournée

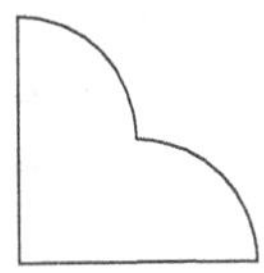
Empreinte de C

A n'admet pas d'axe de symétrie, si on la retourne on ne peut plus la placer dans son empreinte.

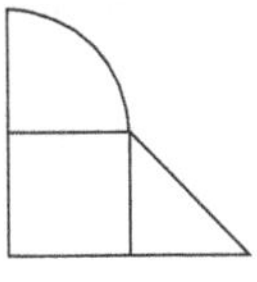
A

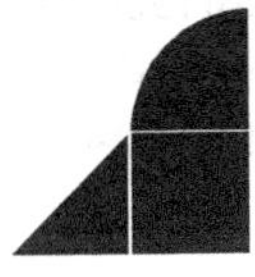
A retournée

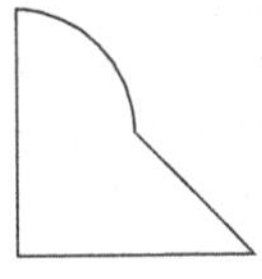
Empreinte de A

Dans l'espace, des objets peuvent être isométriques directement ou non. La superposabilité ne peut être effectivement réalisée, mais ils peuvent être rapprochés et mis dans une position qui facilite la comparaison. Nous rencontrerons ce problème au CM1 dans la situation « Polycubes pareils » dans laquelle nous demandons de trouver tous les assemblages différents de quatre cubes isométriques collés selon des faces.

Exemple : D et E sont directement isométriques, F et E sont inversement isométriques.

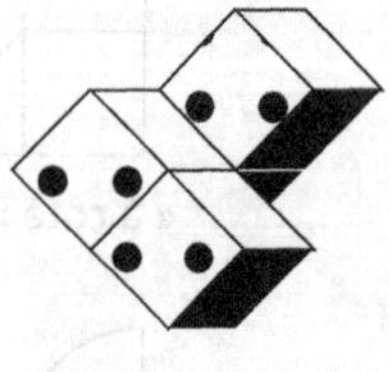
D

D déplacé

E

F

F déplacé

E

Dans l'espace, un objet possédant un plan de symétrie peut être placé indifféremment « en miroir » ou « en translaté » avec un objet isométrique.

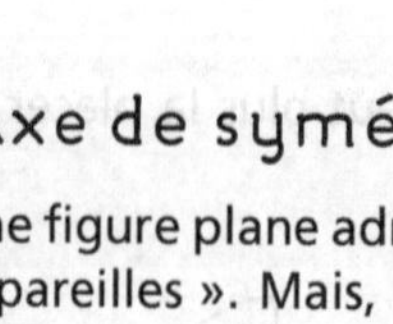
J

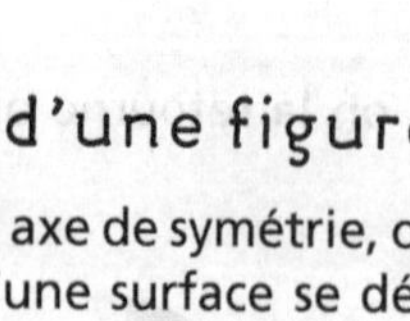
J

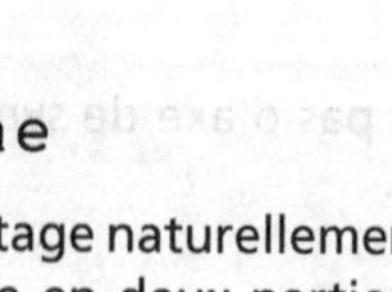
J

1.3 Axe de symétrie d'une figure plane

Lorsqu'une figure plane admet un axe de symétrie, on la partage naturellement en deux parties « pareilles ». Mais, lorsqu'une surface se décompose en deux parties isométriques, elles ne sont pas nécessairement symétriques, il en résulte néanmoins une impression de régularité. Voici quelques exemples qui diffèrent selon l'isométrie qui fait passer d'une partie à l'autre.

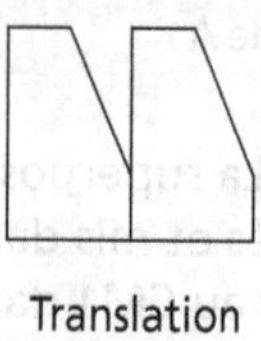
Translation

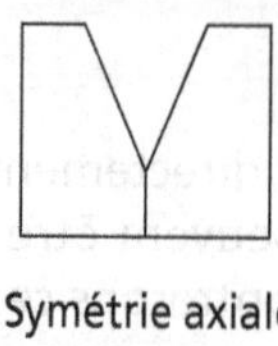
Symétrie axiale

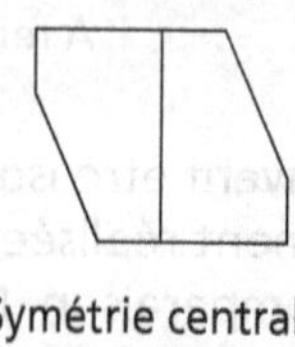
Symétrie centrale

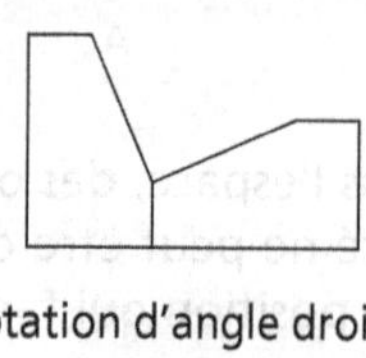
Rotation d'angle droit

En début d'apprentissage, rechercher des axes de symétrie présente un caractère intuitif et visuel et ne suppose pas l'étude de la symétrie axiale. Les élèves définissent spontanément l'axe comme étant « un trait qui coupe la figure en deux moitiés » sans expliciter que les deux moitiés sont en miroir. La recherche d'axes de symétrie amène à mobiliser en acte le théorème : « Un axe de symétrie d'un polygone passe par des sommets et/ou des milieux de côtés »[8]. Nous avons développé trois approches de la symétrie d'une figure en visant leur intégration. Une figure admettant un axe de symétrie est « pliable » (selon un pli permettant de faire coïncider deux parties, situation « Empreintes » au CM1), réversible (retournable dans sa propre empreinte ou pouvant coïncider avec son retourné, situation « Puzzle 1 » au CE2) et invariante dans une symétrie axiale (en fait sa propre image dans un miroir semi-réfléchissant, situations « Attrape 1 et 2 », voir paragraphe suivant).

1.4 La symétrie axiale comme transformation ponctuelle : dépasser l'approche globale et se dégager de l'action réelle ou mentale

Pour rechercher un axe de symétrie ou le symétrique d'une figure, on peut plier sa feuille, rabattre une partie sur l'autre et prendre des repères par transparence ou piquage. Si l'action est impossible, on peut l'imaginer et chercher à voir ce que cela donnerait. Pour l'enseignant, il est indispensable de donner l'occasion d'utiliser ces procédures mais, en fin de compte, on doit développer des stratégies qui mobilisent les concepts géométriques et qui s'affranchissent des modèles pratiques (en particulier pour surmonter la difficulté concernant les figures coupant l'axe). On ne saurait donc se contenter de trouver un axe de symétrie par pliage ou en imaginant que l'on plie, de déclarer sans autre précision que l'axe est « un trait qui passe par le milieu du dessin », ou de décider, par retournement, si une pièce est réversible ou non. **L'enseignant doit à la fois s'appuyer sur la perception, les représentations et les actions mentales et en même temps les dépasser, montrer leur insuffisance en mettant en évidence les concepts géométriques qui permettent de rationaliser les réponses au problème posé.** À cette fin, **nous avons introduit le modèle du miroir dans l'approche de la symétrie axiale**. Nous utilisons un miroir semi-transparent, ce qui permet de voir à la fois ce qui est derrière le miroir (par transparence) et l'image d'un objet placé devant lui (par réflexion)[9]. Nous demandons de « placer un objet (assimilable à un point, ensuite à une "allumette") de manière à mettre son image dans une boîte située de l'autre côté du miroir » sur un support de papier blanc.

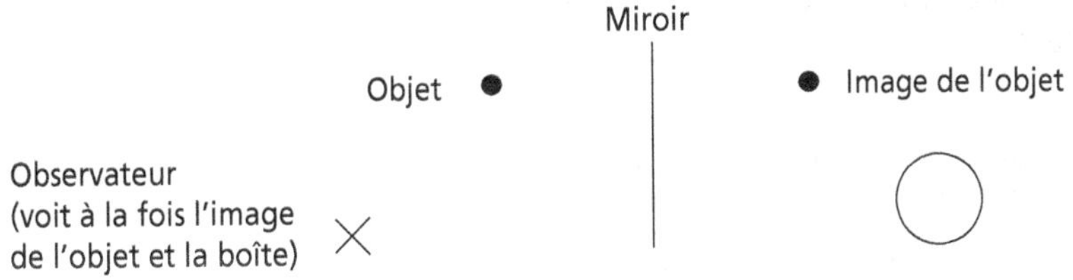

8. Ce qui fait trois cas : l'axe passe par deux sommets, deux milieux de côtés ou un sommet et un milieu de côté.
9. Nous utilisons des « géomiroirs » (marque CELDA).

Le modèle du miroir est statique car aucun mouvement n'amène un point sur son image. Ceci favorise la mise en relation d'un point et de son image : ils sont à égale distance de l'axe, le trait qui les joint est perpendiculaire à l'axe. Cependant, nous avons remarqué que certains élèves se ramènent spontanément à l'image dynamique du pliage. Dépasser l'approche globale, c'est être capable de mettre en correspondance des points (équidistance et direction perpendiculaire à l'axe) donc des sommets de la figure, des segments (qui doivent avoir même longueur), des côtés, des angles (qui doivent être égaux) ; c'est aussi trouver des propriétés de l'axe de symétrie : dans un polygone, un axe passe par des sommets ou des milieux de côtés ; dans un cercle, il passe par le centre…

Dans le plan, construire sur papier blanc le symétrique d'un point par rapport à une droite, exige de prendre en compte une direction et une égalité de distance[10]. Nous avons remarqué que les élèves rencontrent des difficultés à prendre en compte ces deux aspects lorsqu'on ne travaille pas sur quadrillage. Ils mobilisent facilement l'équidistance à l'axe. Mais les mesures sont souvent prises sur une sécante quelconque, sensiblement parallèle à un bord de la feuille ou grossièrement perpendiculaire à l'axe. Même lorsque les productions sont acceptables, les formulations sont fréquemment imprécises : « il faut mettre le point en face »[11], « il faut aller tout droit »[12]. Il est donc difficile de conceptualiser la direction de l'image. Cette difficulté nous paraît assez générale : les élèves ont tendance à centrer leur démarche sur le respect des dimensions, en se fiant à la perception pour ce qui concerne les invariants de forme et la définition des directions.

1.5 Un obstacle à la prise en compte des propriétés géométriques : la prégnance de la mesure des longueurs

Dans un problème de géométrie, **la prégnance des mesures consiste à privilégier la mesure des longueurs aux dépens d'autres propriétés géométriques de la figure**. Cette centration sur l'aspect métrique est liée à l'importance des invariants métriques dans l'environnement, mais aussi au contrat de travail scolaire : « En géométrie, il faut être précis, il faut que ça tombe juste. » Il en résulte que l'élève privilégie l'usage de la règle graduée et pense souvent qu'« on va s'en sortir en mesurant ».

Par exemple, lorsqu'on utilise l'équerre usuelle, il y a conflit entre la production d'un angle droit et la mesure des longueurs (le zéro n'étant pas au sommet). Dans le dessin d'un carré de côté imposé, l'enfant privilégie souvent la mesure, l'angle au sommet étant dessiné à peu près droit. Il est vrai que s'il paraît possible de tracer un angle à peu près droit à vue, il est difficile de tracer un segment de 10 cm de long sans règle graduée…

En résumé, l'enfant a tendance à traiter perceptivement les invariants de forme, sans expliciter les propriétés géométriques correspondantes, et à prendre en charge ostensiblement les aspects métriques. La règle graduée est perçue comme l'outil par excellence de la géométrie[13].

---

10. Remarquons que cette question ne figure pas au programme de 2002 pour le cycle 3, mais il nous a paru utile de la traiter dans la perspective développée ici.

11. Comme on dit « X est assis en face de moi ».

12. Par opposition à « aller en biais ou à gauche ou à droite ».

13. Notons que le double décimètre ne sert pas qu'à mesurer des longueurs, il a de multiples usages qui détournent l'élève des instruments plus spécialisés ou des procédures techniques. Il permet de tracer des parallèles, en utilisant ses deux côtés les plus longs, en le faisant éventuellement glisser sans tourner. Le double décimètre sert également à tracer des perpendiculaires en plaçant deux graduations situées face à face sur le segment de référence.

Pour pallier cette difficulté, il nous a semblé pertinent de proposer dès le CE2 des activités mettant en jeu un agrandissement ou une réduction en cherchant à laisser de côté les aspects métriques.

2. NOTRE APPROCHE DES SIMILITUDES

2.1 Deux modèles pour l'agrandissement et la réduction : modèle fonctionnel et modèle géométrique

■ Modèle fonctionnel de l'agrandissement-réduction

Le modèle fonctionnel consiste à chercher une relation entre les mesures des segments de l'original et les mesures de leurs correspondants sur le transformé. Ce point de vue semble prépondérant chez les élèves de cycle 3 qui, lorsqu'on leur demande d'agrandir une figure sans contrainte supplémentaire, proposent fréquemment de multiplier les dimensions de l'original par 2 ou 3. La donnée d'un couple de valeurs sans rapport simple, par exemple « le segment qui mesure 4 cm sur le modèle devra mesurer 7 cm sur votre reproduction »[14], favorise le modèle additif erroné par ajout d'un même nombre, ici 3, à toutes les dimensions. Dans cet exemple, une autre erreur fréquente, « multiplier par 2 et enlever 1 », relève également du modèle fonctionnel.

■ Modèle géométrique de l'agrandissement-réduction

Il consiste à mettre à profit de manière intensive la conservation de propriétés géométriques entre l'original et le transformé, le recours à l'invariance du rapport des dimensions étant strictement limité.

Nous travaillons sur les invariants suivants :
- pour trois points, être alignés ; pour deux segments, être dans le prolongement l'un de l'autre ;
- pour un point, être le (au) milieu d'un segment ;
- pour un angle, être droit ;
- pour deux segments, avoir même longueur ; pour deux couples de points, être à égale distance ;
- pour deux droites, être parallèles ;
- conservation du type de figure lorsque celle-ci peut être catégorisée (exemple : être un trapèze).

Nous avons observé que le modèle fonctionnel est un obstacle à l'utilisation d'un modèle géométrique car beaucoup d'enfants sont décontenancés de ne pas trouver de procédé de calcul permettant de passer des longueurs mesurées sur l'original à celles sur le transformé[15].

14. Voir la célèbre situation « Agrandissement du puzzle » dans BROUSSEAU N. et G., « Rationnels et décimaux dans la scolarité obligatoire », IREM de Bordeaux, 1987, page 138.
15. Rappelons qu'à l'école élémentaire, les décimaux et les rationnels ne sont pas disponibles comme coefficients de proportionnalité puisque « multiplier par un décimal » ou « prendre la fraction d'un nombre » ne sont plus au programme.

2.2 Problèmes de validation dans l'approche de l'agrandissement-réduction

Il est fréquent de ne pouvoir déceler visuellement une erreur dans un agrandissement de figure. Contrairement au cas de l'isométrie, dans lequel on peut dans une large mesure se référer au déplacement et au mouvement, l'agrandissement ou la réduction, au sens mathématique, avec conservation des rapports, ne se ramène pas à une action concrète sur les objets. Néanmoins, on conçoit que la forme ne doit pas changer, ce qui n'est pas toujours suffisant pour garantir un résultat correct. Par exemple, il est clair qu'un carré ne devient pas un rectangle (longueur ≠ largeur). En revanche, il n'est pas évident de voir si un rectangle est un agrandissement d'un autre, sauf si l'un d'entre eux est beaucoup plus allongé que l'autre[16].

2.3 La conservation de propriétés au cycle 3 dans l'agrandissement-réduction

Pour proposer de travailler sur l'agrandissement et la réduction dans une perspective géométrique, **il nous faut trouver un moyen de communiquer la tâche** : « faire le même dessin en plus grand ou en plus petit », **de donner une représentation du but visé** conférant un sens aux premières tentatives et **de fournir un moyen de valider pratiquement les réalisations correctes.**

Un moyen de validation repose sur l'idée de décomposition et recomposition d'une figure. Par exemple, un ensemble de pièces permet de constituer deux puzzles F1 et F2. F1 doit être agrandi dans un cadre donné[17] comme un dessin, sans découper les pièces[18]. Pour valider, on découpe le tangram agrandi F1' et on agence les pièces en respectant le modèle (réduit) F2 (voir page suivante). Ceci constitue un moyen d'invalider les productions erronées : si l'on n'arrive pas à reconstituer le puzzle agrandi conformément à F2, il y a quelque chose qui ne va pas, ce qu'il faut traduire par une prise en compte incorrecte ou insuffisante des propriétés de la figure.
Agrandir le tangram F1 dans le cadre donné ne fait pas intervenir la proportionnalité, il suffit de conserver les alignements et la propriété, pour un point, d'être au milieu d'un segment.
Mais ce moyen de validation est inadapté quand il s'agit, par exemple, de reproduire en plus grand une figure permettant de réaliser, par découpage, une boîte à fond carré (situation « Agrandir la drôle de boîte »). On peut espérer que si l'agrandissement est incorrect, la figure découpée ne permettra pas de réaliser une boîte conforme au modèle (qui est plus petit), mais c'est sans compter avec la tolérance aux imprécisions dans le produit fini et aux « coups de ciseaux qui permettent de se tirer d'affaire ». Il est donc nécessaire que l'enseignant fasse émerger, à partir des

16. Le rectangle 3 x 4 est « plus petit » que le rectangle 4 x 5 (on peut l'inclure dans l'autre), mais n'est pas une réduction de celui-ci, car 3/4 ≠ 4/5.

17. La donnée du cadre agrandi permet de neutraliser l'aspect proportionnalité, que ce soit sous la forme de la donnée d'un coefficient d'agrandissement, d'une longueur et de son correspondant, ou de la conservation du rapport « interne » longueur/largeur des cadres rectangulaires.

18. Le mode de validation par recomposition du puzzle, proposé dans la situation « Agrandissement de puzzle » par Brousseau (*op. cité*), est adapté au cas où les pièces du puzzle sont agrandies séparément et où l'on vise l'utilisation du modèle de proportionnalité pour traiter les dimensions de chacune des figures.

premières tentatives plus ou moins réussies, un cahier des charges concernant les propriétés de la figure agrandie (autres que les dimensions précises !), par exemple : il faut que le rectangle ait une longueur double de la largeur, que les triangles aient des côtés égaux, etc.

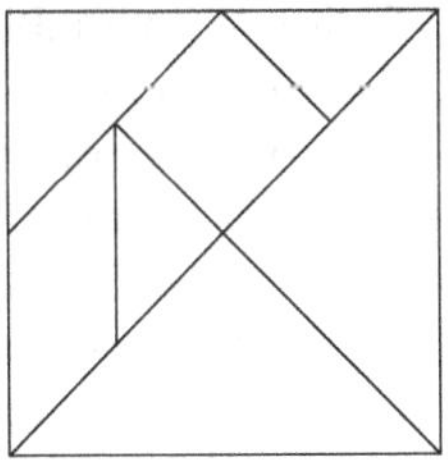

F1

F1'

F2

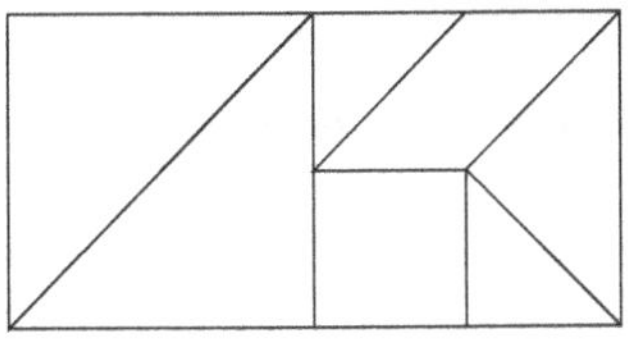

3. LES PROPRIÉTÉS GÉOMÉTRIQUES, DES OUTILS POUR COMPARER

Notre question concernant le travail sur les objets géométriques rejoint une autre question : à l'école primaire, l'activité géométrique est-elle toujours une activité ou une analyse de dessin soigné ? Les activités de dessin soigné ont certainement leur place à l'école, mais leur articulation avec les apprentissages géométriques reste largement à préciser. **Le travail géométrique suppose de s'affranchir de certaines spécifications arbitraires des objets dessinés** (voir « ce qui ne compte pas »), d'évoquer les propriétés pertinentes par rapport au problème et de dépasser les aspects globaux (allure générale, ressemblance) **pour considérer les propriétés intéressantes en rapport avec la tâche proposée**. Dans un problème de comparaison, l'élève doit rechercher les propriétés permettant de distinguer des figures (en ceci elles diffèrent) ou au contraire de marquer des similitudes (en cela elles se ressemblent).

3.1 Propriétés pour décrire

Décrire une figure conduit à préciser certaines de ses propriétés[19]. Notre expérience montre qu'**il est difficile de rédiger une description à l'école primaire.** Les sources d'erreurs sont nombreuses : il faut négliger la position du dessin sur la feuille, éviter le vocabulaire spatial (le haut, le bas de la figure, par exemple), prendre en compte plusieurs propriétés, utiliser d'autres propriétés que les dimensions, définir convenablement les objets. Par exemple, une droite peut être définie par deux points, un point et une direction (via le parallélisme), ces points pouvant être eux-mêmes définis comme des sommets de polygones, des milieux de segments, etc. Comprendre l'expression particulière de ces relations (en particulier « passer par »), et à plus forte raison les utiliser, nécessite un apprentissage particulier. **Lorsqu'on demande à l'élève de « décrire afin de pouvoir reproduire sans avoir vu », il faut donc se limiter à des cas simples**. Faire une figure correspondant à une description proposée par l'enseignant nous paraît intéressant, surtout lorsque la description ne spécifie pas complètement le dessin et n'introduit pas d'information métrique. Par exemple, on propose : « Il y a un cercle et deux droites parallèles, une des droites coupe le cercle mais pas l'autre » ; les élèves doivent faire un dessin à main levée suivi éventuellement d'un dessin soigné. En prolongement, ils doivent prendre conscience que différents dessins sont possibles et recevables pour une même description ; ils doivent être capables de comparer et de critiquer les réalisations en se centrant sur le respect des propriétés indiquées. Il est possible que des propriétés non explicites soient également réalisées comme conséquences de celles qui sont données, comme on pourrait le démontrer dans le cadre de la géométrie déductive.

Plutôt que de « décrire pour faire construire », **il peut être plus facile de « décrire afin de reconnaître dans un référentiel de figures »**, ce qui suppose de prendre en compte des propriétés qui distinguent certaines figures ou groupes de figures parmi d'autres (par exemple : « Il y a un cercle et un carré qui se coupent »). Pour celui qui reçoit une description, il faut rechercher dans le référentiel une ou plusieurs figures compatibles avec les propriétés données. Cela nous rapproche du traitement de l'information nécessaire dans le jeu du portrait évoqué dans le point suivant.

3.2 Propriétés pour reconnaître

Dans le jeu du portrait, on pose des questions (auxquelles il sera répondu par oui ou par non) pour reconnaître une figure, un solide… choisi(e) parmi plusieurs. Une propriété géométrique permet, dans le référentiel, de créer deux classes : celle des objets qui possèdent la propriété et celle des objets qui ne la possèdent pas. Pour le critère retenu, à l'intérieur d'une même classe, les objets se ressemblent (sont « pareils » mais sans être identiques), d'une classe à l'autre ils sont différents (« pas pareils »). Par exemple, dans un lot de polygones, la propriété « posséder deux angles droits exactement » ou « posséder un axe de symétrie » peut permettre de distinguer les figures d'une manière intéressante.

19. Nous parlons ici de description et non de plan de construction. Le plan de construction est procédural, indique « comment on fait », alors que la description est déclarative et dit « ce qui est ». À l'école primaire, on demande le plus souvent de rédiger des plans de construction et non des descriptions. Voir le jeu du télégramme (ancienne édition ERMEL, Cycle Moyen, SERMAP-HATIER, 1982, tome 3, page 180) et le jeu du téléphone (« Le Nouvel Objectif Calcul », CM2, Hatier, 1996, page 68).

3.3 Propriétés pour se conformer à une figure modèle

Il s'agit de **comparer des figures possédant des traits de ressemblance sans que la conservation des proportions soit nécessairement respectée**. Par exemple, dans la situation « Puzzle 2 », on demande de réaliser des figures conformes à des modèles donnés en taille réduite (par exemple un trapèze rectangle) en assemblant des figures (un carré imposé et un triangle à choisir parmi plusieurs). Le modèle ne peut être reproduit en taille réelle, la tâche exige de réaliser un trapèze rectangle (qui ne sera pas nécessairement un agrandissement respectant les proportions).
Pour réussir, il faut choisir un triangle rectangle dont un côté de l'angle droit a même longueur que le côté du carré. Un mauvais choix ne permettra pas de produire un trapèze. La propriété mise en jeu ici est la décomposition d'un angle plat en deux angles droits adjacents (de manière à réaliser la grande base rectiligne du trapèze en « complétant » l'angle droit d'un sommet du carré).

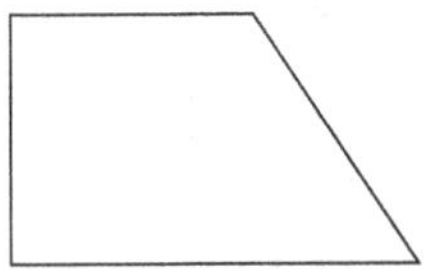

Modèle

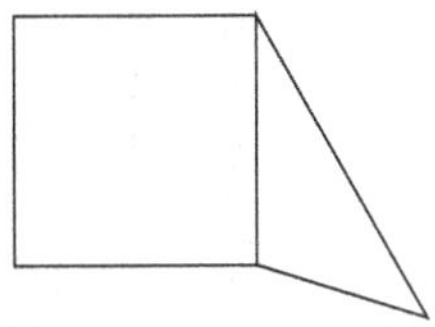

Le triangle ne convient pas

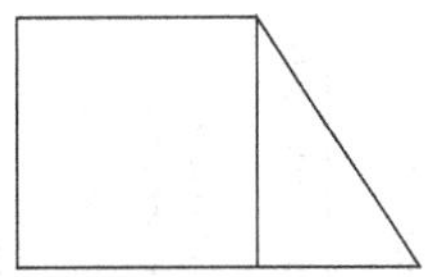

Le triangle convient

Progression et objectifs des situations

	Situations	Description rapide	Objectifs	Objets	Durée
CE2	1. Pareil, pas pareil 1 ?	Construction et comparaison d'objets plans mobiles (assemblages d'un quart-de-rond, d'un carré et demi-carré).	– Reconnaître si deux formes sont superposables ou non. – Distinguer entre superposition directe ou après retournement.	Quart-de-rond Carré Demi-carré	2 séances
CE2	2. Puzzle 1	Réalisation de puzzles avec des pièces réversibles ou non (pouvant être ou ne pas être indifféremment placées recto ou verso).	– Distinguer entre superposabilité directe ou après retournement lorsque c'est pertinent. – Distinguer les formes réversibles de celles qui ne le sont pas. – Expliciter les conditions métriques de la superposabilité.	Polygones	2 séances
CE2	3. Agrandir le puzzle	Positionner des pièces dans un puzzle agrandi à partir d'un modèle en taille réduite. Agrandir un dessin dans un cadre.	– Analyser une figure, repérer des alignements, des milieux, des angles droits. – Utiliser ces propriétés pour compléter une figure semblable.	Polygones	2 séances
CM1	4. Tracer pareil	Reproduction de figures planes sur papier blanc dans une position différente de celle du modèle.	– Reproduire en taille réelle des figures simples. – Analyser les propriétés de ces figures. – Approfondir la notion de superposabilité.	Carré, rectangle, triangle rectangle, trapèze rectangle, demi-rond, quart-de-rond, cercle, demi-cercle (propriétés)	3 séances
CM1	5. Polycubes pareils	Construction et comparaison de tétracubes (assemblages de quatre cubes isométriques). Représentation plane de ces solides.	– Comparer des objets 3D, reconnaître si ce sont les « mêmes » ou pas. – Représenter des objets 3D et les reconnaître à partir de leur représentation.	Cube	2 séances
CM1	6. Empreintes	Production par découpage de formes planes réversibles. Recherche d'axes de symétrie.	Lier la réversibilité d'une forme plane avec l'existence d'un axe de symétrie.	Polygones et non-polygones (propriétés)	2 séances
CM1	7. Puzzle 2	Plusieurs formes géométriques étant dessinées séparément, pourra-t-on les assembler pour réaliser une figure conforme à un modèle donné en taille réduite ?	– Analyser une figure. – Chercher à conserver des propriétés : alignement, angle droit, égalités de longueurs. – Argumenter.	Trapèze rectangle, triangle, cercle	1 séance
CM1	8. Attrape 1	Jeu avec un miroir semi-réfléchissant puis activités papier-crayon conduisant à travailler la symétrie axiale sur papier blanc (image d'un point).	– Trouver les axes de symétrie d'une figure plane. – Construire le symétrique d'un point par rapport à un axe sur papier blanc.	Polygones et non-polygones	3 séances

	Situations	Description rapide	Objectifs	Objets	Durée
CM2	**9. Pareil, pas pareil 2 ?**	Construire des figures ayant des propriétés données. Décrire des figures et sélectionner des figures à partir de descriptions.	– Analyser et décrire une figure à l'aide de propriétés géométriques. – Utiliser des propriétés géométriques pour identifier des figures ou des ensembles de figures.	Carré, cercle et paires de droites (propriétés)	3 séances
CM2	**10. Agrandir la drôle de boîte**	Construction d'une boîte par pliage. Après observation d'une petite boîte « dépliée », on demande de faire la même en plus grand. Agrandir un dessin dans un cadre.	Analyser une figure (segments isométriques, alignements, sous-figures remarquables…) afin de construire une figure semblable. Expliciter les propriétés conservées.	Carré, rectangle, triangle, en particulier équilatéral	2 séances
CM2	**11. Attrape 2**	À l'aide d'un gabarit de pentagone, construction d'assemblages ayant ou n'ayant pas d'axe de symétrie. Construire les symétriques d'assemblages sur papier blanc et de diverses figures sur quadrillage. Jeu avec un miroir semi-réfléchissant puis activités papier-crayon conduisant à travailler la symétrie axiale sur papier blanc (image d'un segment).	– Trouver les axes de symétrie d'une figure. – Construire le symétrique par rapport à un axe d'une figure sur quadrillage. – Construire, sur papier blanc, le symétrique d'un segment par rapport à un axe.	Cercle, rectangle, polygone	3 séances

▪ Situations

1. Pareil, pas pareil 1 ? (CE2)

> DESCRIPTION RAPIDE

Les élèves disposent de trois pièces de base : un carré, un quart-de-rond et un triangle rectangle (de même côté ou rayon). Il s'agit de produire des assemblages de ces trois pièces et de les classer selon le critère de superposabilité.
Un premier problème consiste à produire le plus de formes possible puis à les dessiner sur un support quadrillé. Ceci conduit à se poser la question de ce qu'on entend par formes différentes et formes pareilles ; le critère de superposabilité est explicité.
Un second problème consiste à reconnaître parmi un lot de formes dessinées sur une feuille celles qui sont superposables directement ou par retournement.

> OBJECTIFS

- Reconnaître si deux formes planes sont superposables ou non.
- Distinguer entre superposition directe et superposition après retournement.

> DURÉE

- Une phase préliminaire de quelques minutes, dix à quinze jours avant l'activité.
- Deux séances de 50 minutes.

> PROCÉDURES ATTENDUES

- Déplacement mental.
- Comparaison de propriétés entre les deux formes : positions relatives des pièces de base, alignement ou non des pièces de base, différence entre les « angles » des formes, comparaison de longueurs de côtés.

> MATÉRIEL

Matériel collectif

- Deux agrandissements de format A3 de la fiche 1.
- Un agrandissement de format A3 de la fiche 3.
- Un jeu de trois pièces de 10 cm de côté.
- Une trentaine de pièces de chaque espèce (fiche 7 agrandie) et des fiches carrées (14,8 cm x 14,8 cm coupées dans un A5) de couleurs contrastées pour que les pièces collées dessus soient bien visibles pour la classe.
- « Patafix ».
- Scotch.
- Un exemplaire de la fiche 2 contenant quatre grilles : prévoir sur l'ensemble de l'activité deux feuilles pour trois élèves.

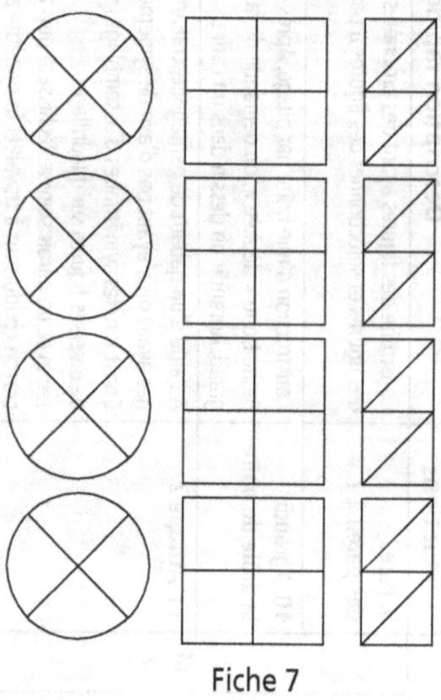

Fiche 7

Matériel individuel
- Deux grilles de la fiche 2.
- Un jeu de trois pièces (fiche 7) par élève (côté 3 cm), découpé dans un matériau un peu rigide.
- Un exemplaire de la fiche 5 tirée sur carton léger en plusieurs couleurs (au minimum deux).

Matériel par groupe
- Un feutre, des trombones, une paire de ciseaux par groupe de quatre.
- Un géomiroir pour deux joueurs (étapes 2 et 3 de la deuxième phase).
- Huit grilles de la fiche 2 par groupe de quatre.
- Deux exemplaires de la fiche 6 en carton léger de couleurs différentes pour chaque groupe de quatre joueurs.

DÉROULEMENT

Phase préliminaire Présentation des pièces

Quelques minutes, dix à quinze jours avant l'activité, le maître présente le premier exemplaire de la fiche 1 agrandie et demande : « Combien de formes différentes sont dessinées ? »

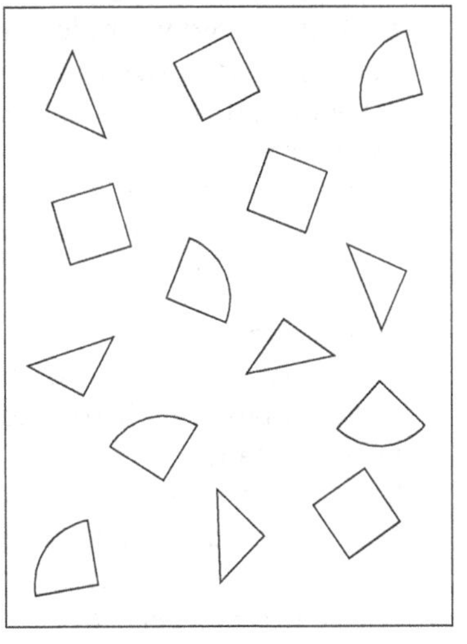

Fiche 1

Une brève mise en commun permet d'insister sur le fait qu'une forme ne change pas si on la place dans une autre position, qu'un carré reste un carré même quand il est sur la pointe. Pour emporter la conviction de tous, on fait découper toutes les pièces du second exemplaire de la fiche 1 et regrouper celles qui sont superposables. Il y a le tas des quarts-de-rond, le tas des carrés, le tas des triangles ; on constate qu'il n'y a bien que trois formes.

Première phase Production de formes

Cette phase sera courte : elle ne dépassera pas une séance de 50 minutes. Il ne s'agit pas de mener une recherche exhaustive mais uniquement de dire ce qu'on entend par formes différentes et formes pareilles (grâce à un critère de superposabilité ou à une reconnaissance de positions translatées).

☐ Étape 1 : dessin des formes

Au tableau, avec les pièces 10 x 10, sur le quadrillage 10 x 10 du tableau s'il en a un ou sur un quadrillage dessiné, le maître réalise des assemblages pour expliciter les règles d'assemblage.

« Je dessine une forme avec ces trois pièces. »
Il les montre, les nomme et réalise l'assemblage correct (voir fiche 3).
« Vous dessinerez d'autres formes en suivant les mêmes règles que moi :
– il faut utiliser les trois pièces chacune une fois ;
– deux pièces se touchent par deux côtés sur toute leur longueur.
Voici de nouvelles formes, est-ce que les règles ont été respectées ? »
Le maître produit successivement les trois assemblages incorrects de la fiche 3 et fait expliciter rapidement les raisons pour lesquelles ils ne conviennent pas. La fiche 3 est alors affichée au tableau, on pourra s'y référer.

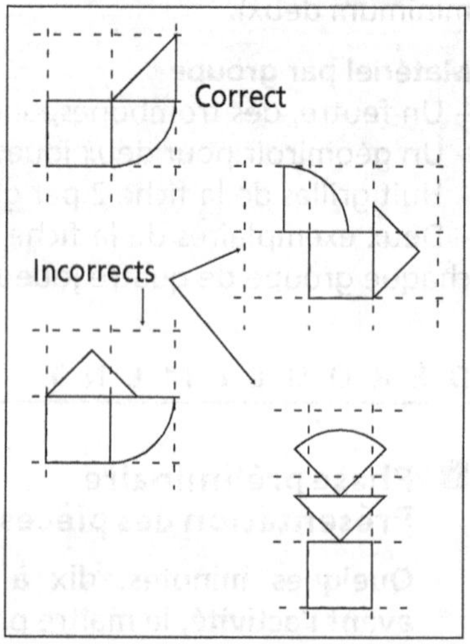

Fiche 3

« Le quadrillage aide à positionner les pièces. On trace le contour, vous le ferez avec un feutre. Pour commencer, vous allez dessiner deux formes chacun. »

Travail individuel

Les élèves sont disposés en groupes de quatre mais travaillent individuellement pour l'instant.
Le maître distribue un lot de trois pièces fabriquées dans un matériau un peu rigide et deux fiches quadrillées (9 carreaux, fiche 2) par élève.
Chaque élève doit dessiner deux formes différentes en se servant des pièces comme gabarits. L'enseignant n'intervient que pour faire respecter les règles d'assemblage énoncées précédemment.

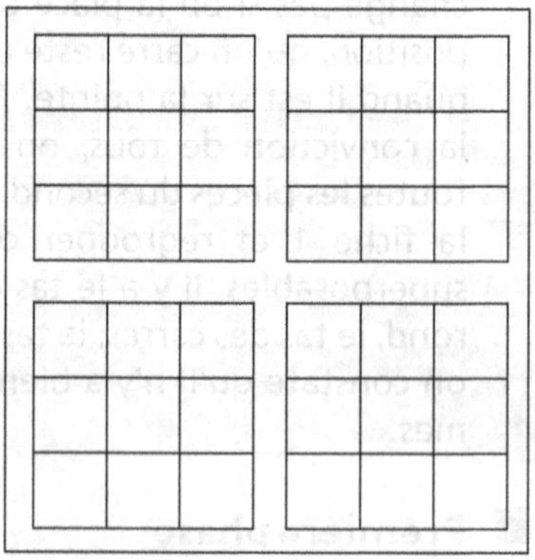
Fiche 2

☐ Étape 2 : classement des formes

Travail par groupes de quatre

« Vous allez chercher combien de formes différentes vous avez trouvées dans votre équipe. Celles qui sont pareilles ne comptent que pour un et vous les attacherez ensemble avec un trombone. »

Mise en commun intermédiaire

On fait le point sur ce que sont des formes « pareilles ». Des formes sont pareilles si elles sont superposables. La position dans le carré quadrillé ne compte pas, il n'est là que pour aider à respecter les règles d'assemblage.

Rapidement, s'il y a litige, le maître fait découper des formes (faire attention à ce que les élèves découpent bien le contour de l'assemblage et ne désolidarisent pas les trois pièces) et vérifier que les formes attachées ensemble sont effectivement superposables.

Un autre moyen de vérifier sera privilégié dans la deuxième phase mais apparaîtra sans doute dès maintenant : disposer les formes à côté l'une de l'autre en position translatée.

Production de nouvelles formes par groupes de quatre

Chaque élève reprend son jeu de pièces et on redistribue des grilles vierges. À tour de rôle, chaque élève propose un nouvel assemblage (avec un jeu de pièces) et le dessine (un autre jeu servant de gabarit), sauf si, après discussion, ils sont tous convaincus que l'assemblage n'est pas nouveau.

☐ Étape 3 : mise en place d'un affichage collectif

Chaque groupe, à son tour, choisit de présenter une de ses formes, dont il pense qu'elle n'est pas encore affichée. Il en fait un agrandissement en collant, au « patafix », des pièces agrandies sur une fiche 14,8 cm x 14,8 cm.

Les autres élèves contrôlent. Pour cela, ils peuvent rapprocher la nouvelle forme des formes déjà affichées.

La question des formes superposables directement ou après retournement doit apparaître. On distinguera alors ces deux types de superposabilité. On présente dans le premier cas les formes en position translatée (on n'en garde qu'une). Dans le second cas, on présente les formes en vis-à-vis et on conserve les deux. Quand une nouvelle forme est acceptée, on colle les pièces avec du scotch.

On s'arrête quand plus personne n'a de nouvelle proposition, ou quand il est l'heure de terminer la séance.

☐ Étape 4 : hors séance, défi collectif

Peut-on trouver d'autres formes ?

Cherche qui veut, à ses moments perdus.

Deux fois par semaine, on prend dix minutes pour que les élèves qui pensent avoir trouvé de nouvelles formes les présentent à la classe. L'affichage évolue selon les propositions.

Le défi continue tant que les élèves sont intéressés.

On n'attend pas que les élèves sachent dire ou prouver qu'ils ont trouvé tous les assemblages possibles car ils n'en ont pas les moyens. En revanche, ils produisent assez naturellement « le copain » (nous dirions le symétrique) des formes qui n'ont pas encore de vis-à-vis. Remarquons que les formes produites dans cette première phase n'ont pas d'axe de symétrie, chacune a donc son « copain » (son symétrique), qui lui est superposable après retournement, mais pas sans retournement.

L'enseignant trouvera un catalogue complet des formes obtenues dans la fiche 4.

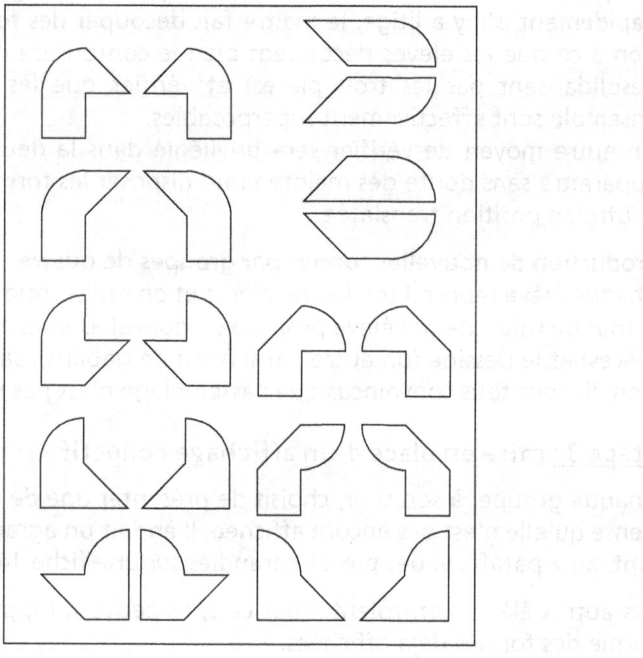

Fiche 4

Deuxième phase
Reconnaissance de formes superposables

Dans la première phase, aucun assemblage ne possédait d'axe de symétrie. Maintenant nous introduisons d'autres assemblages, si bien que certains ont un axe de symétrie, d'autres non.

> OBJECTIFS

– Reconnaître des formes superposables directement ou après retournement.

– Les disposer de manière favorable pour rendre évidents les deux cas de superposabilité ainsi que la non-superposabilité.

– Construire des formes qui sont superposables à une forme donnée, directement ou après retournement.

> MATÉRIEL

Chaque élève reçoit un exemplaire de la fiche 5, tirée sur carton léger en plusieurs couleurs.

Deux élèves voisins ont des feuilles de couleurs différentes pour pouvoir rapidement reconstituer les jeux sans se livrer à des tris fastidieux. Ils découpent les contours circulaires et ont donc chacun douze disques.

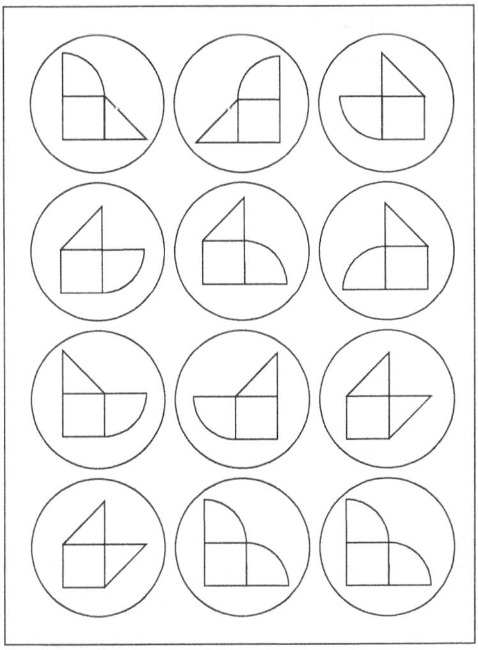

Fiche 5

Le jeu est constitué de :
- quatre paires de formes issues de la première phase, sans axe de symétrie, superposables deux à deux après retournement ;
- deux formes en double, ayant un axe de symétrie, chacune étant superposable à son double avec et sans retournement.

Retourner ou superposer les disques n'apporte pas d'information (ils sont opaques) et ne constitue pas un moyen de validation.

☐ Étape 1 : apparier les pièces

Le jeu se joue à deux, chacun a un jeu de couleur différente.

> RÈGLE DU JEU

Un joueur pose une forme au milieu de la table et demande « la même exactement » ou « la même après retournement ».

L'autre joueur recherche dans son jeu une pièce qui convient à la demande.

Les deux joueurs confrontent les deux formes et décident si c'est gagné ou perdu.

Il y a une seule solution pour les pièces asymétriques, deux pour les pièces symétriques, qui sont en double. On incitera les élèves à demander « la même après retournement », ce qu'ils ne font pas toujours spontanément.

Compte tenu de l'opacité des disques, la validation ne peut avoir lieu par superposition effective, ce qui amène les enfants à placer les pièces dans une position qui facilite la comparaison. Les placer ou échouer à les placer dans une de ces positions canoniques devrait suffire à mettre les joueurs d'accord.
Exemples de positions canoniques :

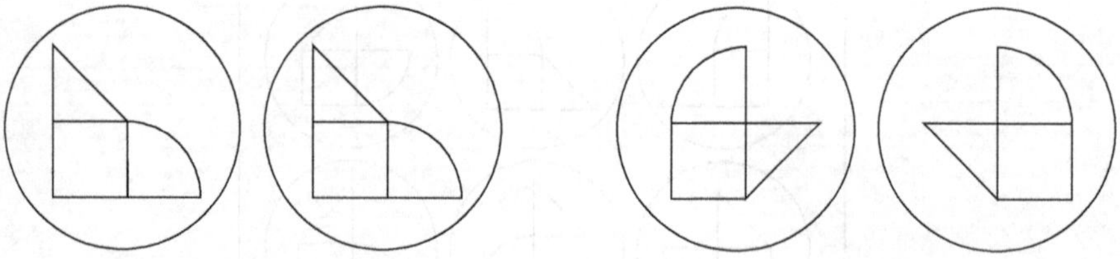

« la même exactement » « la même après retournement »

☐ Étape 2 : jeu du miroir

> MATÉRIEL

– Un jeu de disques par élève (jeu précédent).
– Un géomiroir pour deux.

> RÈGLE DU JEU

Un joueur pose une forme près du miroir, l'autre cherche dans son jeu la forme que l'on voit dans le miroir. Validation : les joueurs placent les deux disques de part et d'autre du miroir et regardent alternativement dans et par-dessus le miroir.
Si elles sont acceptées, les deux formes sont posées de côté, en vis-à-vis, et on inverse les rôles.

☐ Étape 3 : memory amnésique (jeu libre)

Pour corser la difficulté, les disques de la fiche 6 peuvent être introduits.
Les élèves sont regroupés en équipes de quatre joueurs. Chaque équipe dispose de deux jeux de disques identiques (de même couleur ou de couleurs différentes, correspondant aux macarons de la fiche 5 ou de la fiche 6 ou à la réunion des deux).
Les disques sont étalés et tournés dessin contre la table (ils ne sont donc pas visibles).

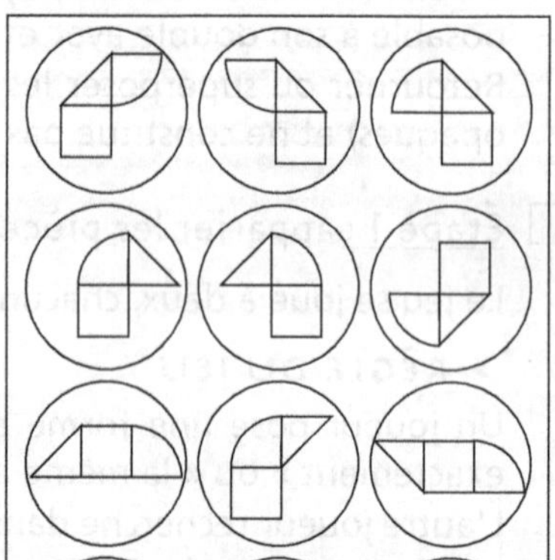

Fiche 6

Le premier joueur retourne deux disques. Si, selon lui, les formes sont pareilles (avec ou sans retournement, il devra le préciser), il les prend et prouve qu'il a raison en les disposant en position canonique.

S'il s'est trompé, ou si les formes ne sont pas jugées pareilles, il les repose parmi les autres sur la table, le dessin étant visible.
Le joueur suivant retourne un autre disque (ou deux s'il n'y en a plus de retourné). S'il voit deux formes pareilles (avec ou sans retournement, il devra le préciser), il les prend et prouve qu'il a raison en les plaçant de manière canonique. Sinon, ou s'il s'est trompé, il repose les cartes sur la table, avec le dessin visible. On continue ainsi jusqu'à épuisement des cartes ou du temps de jeu.
Le gagnant est celui qui a trouvé le plus de paires de cartes pareilles.

2. Puzzle 1 (CE2)

> DESCRIPTION RAPIDE

Les élèves doivent réaliser un puzzle dont les pièces ne sont pas de la même couleur au recto et au verso. Certaines pièces sont réversibles, d'autres non. Pour réaliser un puzzle, une pièce réversible peut être placée indifféremment d'un côté ou de l'autre. Est-il possible de réaliser le puzzle avec toutes les pièces de la même couleur ?

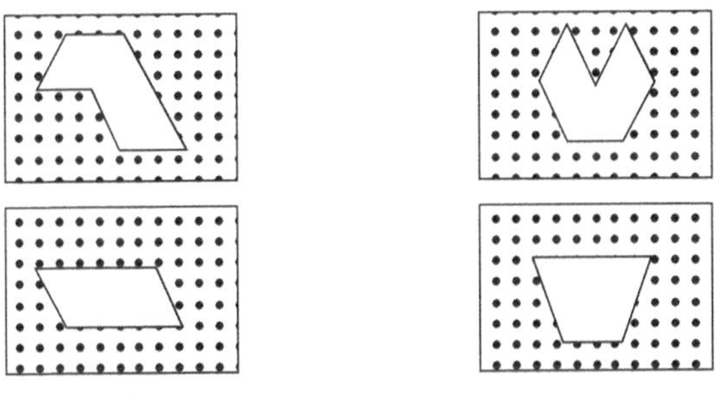

Pièces non réversibles — Pièces réversibles

> OBJECTIFS

– Approfondir la notion de superposabilité pour des formes planes et la distinction entre superposabilité sans ou après retournement.
– Prendre conscience que, parmi les formes planes, pour certaines « l'envers vaut l'endroit » (réversibles) et que, pour d'autres, ce n'est pas le cas (non réversibles).
– Savoir anticiper si une forme plane est réversible ou non (l'existence d'un axe de symétrie comme caractéristique des pièces réversibles n'est pas un objectif du CE2 mais du CM1).
– Expliciter les conditions métriques relatives à la superposabilité.

> DURÉE

Deux séances de 55 minutes.

DÉROULEMENT

Première phase
Familiarisation avec le puzzle

> MATÉRIEL

– Les sept pièces découpées en carton léger et un hexagone à reconstituer (fiche 1) par élève.

– Une feuille à réseau pointé triangulaire pour relever la solution obtenue (fiche 4) par élève.

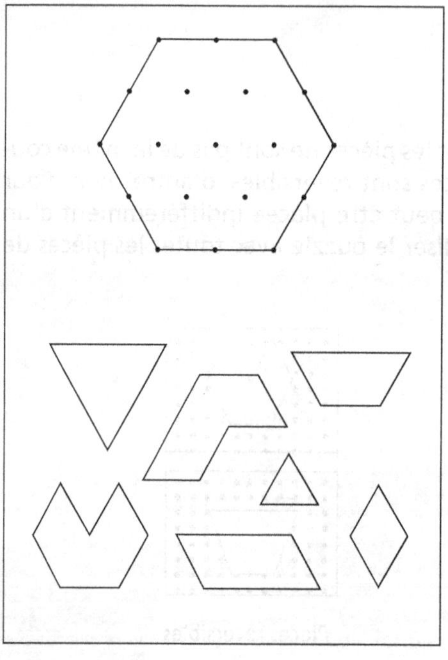

Fiche 1

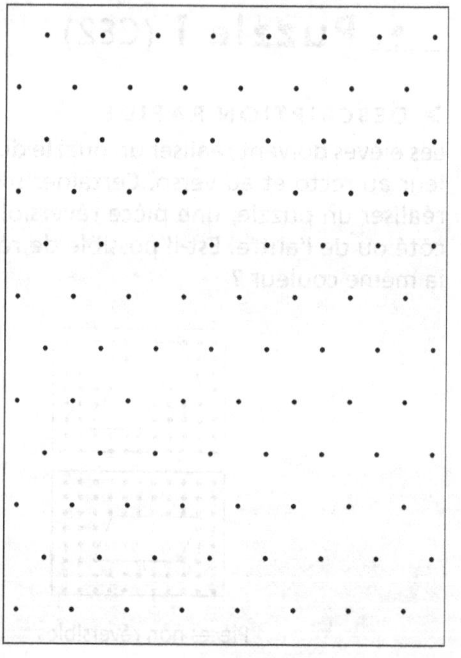

Fiche 4

Consigne

« Réalisez l'hexagone avec les sept pièces. Quand vous aurez trouvé une solution, notez-la pour vous en souvenir sur la feuille avec des points. Vous pouvez chercher une autre solution s'il vous reste du temps. »

L'enseignant distribue les fiches 1 et 4 à chaque élève et laisse un temps de recherche assez court, de l'ordre de dix minutes.

Mise en commun rapide

On procède à un rapide bilan. Quelques reproductions sont contrôlées collectivement (y a-t-il toutes les pièces ? la forme globale est-elle respectée ?). À l'issue de la mise en commun, l'enseignant fait remarquer qu'il y a de nombreuses solutions.

Deuxième phase
Puzzle unicolore ou non ?

> MATÉRIEL

– Une série de sept pièces (noires au recto, blanches au verso) à découper par élève (fiche 2 : une feuille convient pour quatre élèves).

– Une feuille avec les quatre configurations à étudier (fiche 3 : puzzles 1, 2, 3 et 4) pour quatre élèves.

Quelques feuilles supplémentaires pour pouvoir donner un autre puzzle aux enfants les plus rapides.

Fiche 2

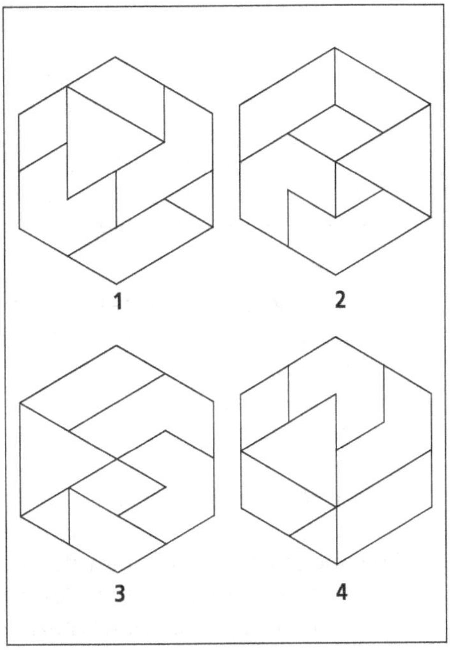

Fiche 3

Consigne

Le travail est individuel, chaque enfant reçoit un puzzle, les différents puzzles (1, 2, 3, 4) sont répartis dans la classe.

« Découper la série de pièces. Pour un puzzle, il faut disposer les pièces comme sur le modèle et répondre vrai ou faux à chacune des affirmations suivantes :

– on peut faire le puzzle tout en noir (vrai ou faux),

– on peut faire le puzzle tout en blanc (vrai ou faux),

et justifier rapidement vos réponses. »

Pour les plus rapides, le même travail peut être effectué avec un nouveau puzzle.

Dans la fiche 2, la couleur recto est noire et la couleur verso est blanche. À l'exception du « pistolet » et du parallélogramme, toutes les formes possèdent un axe de symétrie et peuvent être placées indifféremment recto ou verso, donc à volonté en noir ou en blanc (elles seront dites réversibles). Les contraintes de couleur portent donc sur le « pistolet » et le parallélogramme.

Puzzle	Entièrement en noir	Entièrement en blanc
1	Faux (parallélogramme nécessairement blanc)	Faux (pistolet nécessairement noir)
2	Faux (pistolet nécessairement blanc)	Faux (parallélogramme nécessairement noir)
3	Faux (parallélogramme et pistolet nécessairement blancs)	Vrai
4	Vrai	Faux (parallélogramme et pistolet nécessairement noirs)

Voici quelques exemples de réponses quand le maître demande des explications :
– « Il y a deux formes qu'il n'est pas possible de poser des deux côtés » ;
– « Il y a deux formes que l'on ne peut pas retourner comme les autres » ;
– « Ce n'est pas possible parce que deux pièces ne peuvent pas se mettre de deux côtés, elles ne peuvent se mettre que d'un côté ».

Mise en commun

On procède à un inventaire rapide des réponses et des justifications pour chacun des puzzles. Il devrait ressortir par exemple que :
– dans le puzzle 1, seul le parallélogramme pose problème pour réaliser le puzzle en noir ;
– dans le puzzle 2, seul le « pistolet » pose problème pour réaliser le puzzle en noir ;
– dans les puzzles 3 et 4, les deux pièces (parallélogramme et « pistolet ») peuvent poser problème ensemble.

En conclusion, l'enseignant demande aux élèves quelles sont les pièces qui posent problème pour faire les puzzles de la même couleur (le « pistolet » et le parallélogramme), et d'expliquer pourquoi elles posent problème et les autres non.

Exemples de réponses attendues : « Quand on les retourne, elles n'ont pas le même sens, les autres c'est pareil quand on les retourne », « Quand on retourne cette pièce, la forme ne prend pas la même place ».

En conclusion, parmi les sept pièces, il y en a cinq dont « l'envers vaut l'endroit » et deux pour lesquelles « l'envers ne vaut pas l'endroit ».

Troisième phase
Pièce réversible ou non ?

> MATÉRIEL

– Un exemplaire de la fiche 5 et un exemplaire de la fiche 6 pour deux (ne pas découper les éléments).
– Agrandir le matériel individuel pour affichage au tableau.

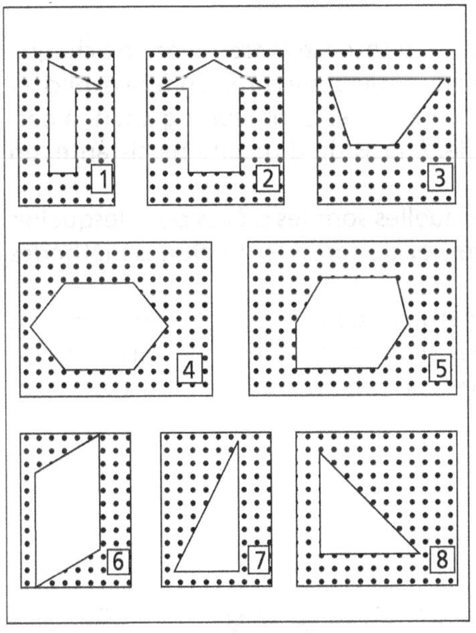

Fiche 5

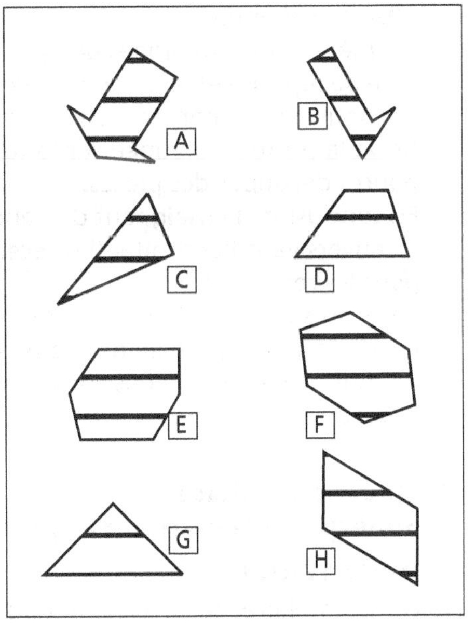

Fiche 6

Consigne

Les élèves travaillent par deux.

« Sur une des feuilles, il y a les pièces d'un puzzle, elles sont rayées du côté que vous voyez et blanches de l'autre (de l'autre côté de la feuille, elles seraient blanches si on les découpait). Sur l'autre feuille, vous avez les "trous" dans lesquels il faut mettre les pièces. Il faut chercher à mettre les pièces dans les trous en précisant si on la verra en blanc ou en rayé quand elle sera dans le trou. Chaque pièce rentre dans un trou. »

Pour chaque pièce, il faut choisir une des trois réponses possibles (à écrire au tableau).

La pièce … va dans le trou numéro …

On la verra :

- forcément en rayé ;
- forcément en blanc ;
- comme on veut, en rayé ou en blanc.

Réponses

A 2 Rayé ou blanc (possède un axe de symétrie)
B 1 Blanc
C 7 Blanc (les deux côtés de l'angle droit ne sont pas isométriques)
D 3 Rayé (demi-tour)
E 5 Rayé (demi-tour)
F 4 Blanc ou rayé (figure ayant un axe de symétrie)
G 8 Blanc ou rayé (triangle rectangle isocèle, noter la différence avec C)
H 6 Blanc (on retrouve le parallélogramme rencontré dans la deuxième phase)

Mise en commun

Les pièces sont examinées une par une. On recense la fréquence de chaque type de réponse et le débat s'engage en cas de désaccord. On fera expliciter les mouvements par lesquels on amène les pièces dans leur logement à partir de la position occupée sur la feuille. En cas de difficulté persistante, on pourra découper des pièces.

En conclusion, l'enseignant demande quelles sont les pièces pour lesquelles « l'envers vaut l'endroit » (les recenser) et de formuler quelques méthodes pour les reconnaître.

Il est possible que l'idée suivante émerge : une pièce dont « l'envers vaut l'endroit » est « pareille des deux côtés si on la partage en deux parties par un trait », mais il n'y a pas lieu d'insister sur ce point, encore moins de parler d'axe de symétrie.

Quatrième phase
Superposable ou non ? Aspects métriques

> MATÉRIEL

Un exemplaire de la fiche 7 pour deux élèves.

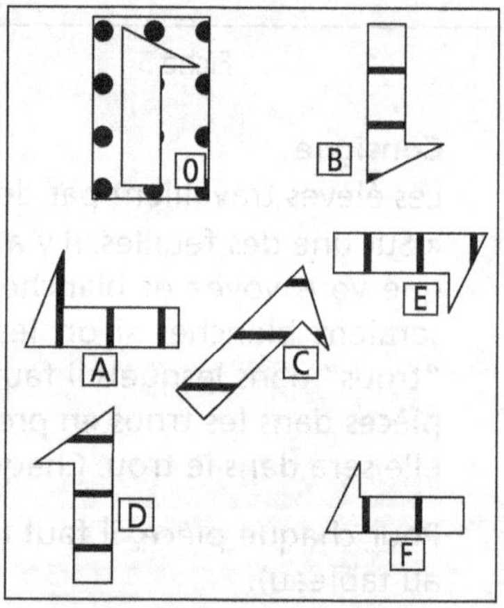

Fiche 7

Consigne

Les élèves travaillent par deux.

La consigne est la suivante : « Trouve les pièces qui vont se placer exactement dans le trou. »

Le dessin original est inclus dans un rectangle 6 cm x 3 cm.

A a un « nez » plus long, B est le même (retournement), C a le « corps » plus long, D a la « tête » plus haute (retournement), E est le même (directement) et F est une réduction (95 %). Seules les pièces B et E répondent à la consigne. Attention, F « rentre » dans l'original O, mais pas exactement comme doit le faire une pièce de puzzle ; pour les autres pièces incorrectes, les dimensions ont été augmentées pour ne pas multiplier les difficultés de ce type.

Mise en commun

On demande d'abord à l'ensemble de la classe quelles sont les pièces qui rentrent exactement dans l'original, on en dresse la liste (qui ne se réduira peut-être pas à B et E, et comportera sans doute des erreurs). Pour chacune des propositions, le maître demande de justifier l'affirmation de la superposabilité avec O (on attend des arguments concernant uniquement les longueurs des côtés). Les autres pièces sont ensuite passées en revue pour s'assurer qu'il n'y a pas d'oubli ; il s'agit de prouver que la superposabilité n'est pas possible. Noter qu'il suffit de montrer qu'une des mesures ne correspond pas à celle du modèle.

En conclusion, on soulignera que parfois des formes se ressemblent mais ne sont pas exactement superposables, attention au simple coup d'œil !

On se gardera de conclure que pour que deux polygones soient superposables il suffit que leurs côtés respectifs soient égaux (ceci est manifestement faux, penser à un carré et à un losange de même longueur de côtés). Il se trouve qu'ici cette condition est suffisante car il y a de plus conservation des angles droits de la figure.

3. Agrandir le puzzle (CE2)

> DESCRIPTION RAPIDE

Le puzzle de la situation « Puzzle 1 » et les pièces qui le composent servent de modèle aux élèves pour cette situation. Les élèves doivent placer et coller dans le contour hexagonal, agrandi cette fois-ci, un petit triangle agrandi à la même échelle. Le placement des autres pièces agrandies permettra la validation.

> OBJECTIFS

– Analyser les propriétés d'une figure par repérage des alignements, des milieux de segments.
– Utiliser ces propriétés pour compléter une figure semblable (c'est-à-dire « pareille mais en plus grand »).

> DURÉE

Une séance de 55 minutes et une séance de 20 minutes.

> MATÉRIEL

– La boîte à outils complète : les instruments de tracé sont disponibles et la règle ou la réquerre sont tout particulièrement utiles.
– Colle repositionnable ou « patafix ».
– Un exemplaire de la fiche 1 par élève.
– Deux exemplaires de la fiche 2 sur carton léger de couleur (qui tranche bien sur le blanc de la fiche 1) pour la classe. Le maître découpera les pièces d'un exemplaire.
– Deux exemplaires de la fiche 3 sur le même carton. Le maître découpera un triangle et un losange pour chaque élève (le découpage doit être précis).
– Un exemplaire de la fiche 4 par élève.

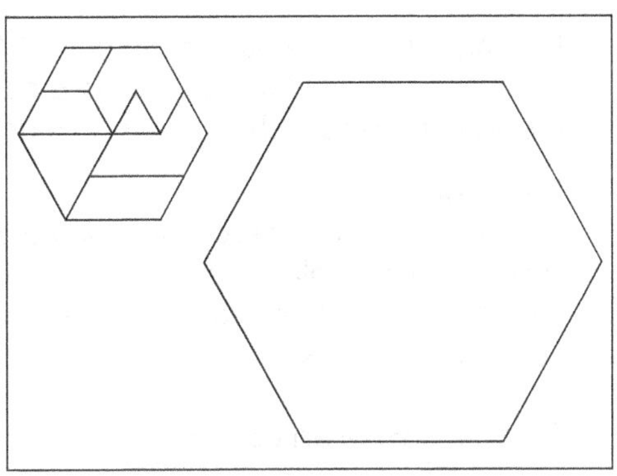

Fiche 1 (partie haute)

THÈME 4

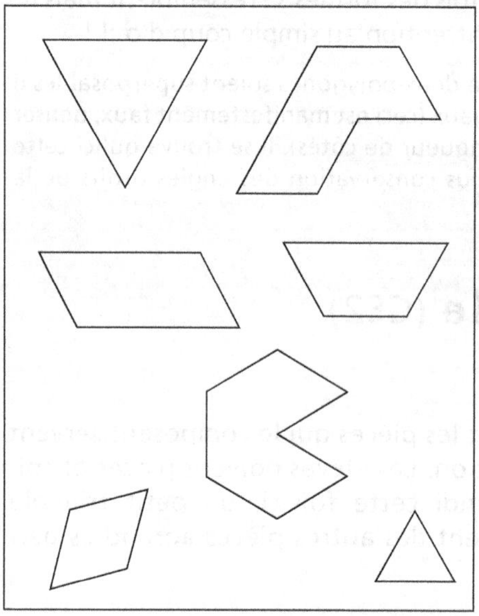

Fiche 2

Fiche 3

DÉROULEMENT

■ Première phase
Placer une pièce

> PROCÉDURES POSSIBLES

– Placement de la pièce au jugé à l'intérieur de l'hexagone.

– Repérage de la position de la pièce grâce à des propriétés géométriques (alignement de côtés, position de sommets...).

☐ Étape 1 : poser le problème

Le maître donne le haut de la fiche 1 (le modèle à agrandir et l'hexagone) et un triangle qu'il a découpé (issu de la fiche 3). Il présente aux élèves les pièces agrandies (fiche 2) mais ne leur donne pas.

Consigne

« Il faut déterminer exactement la place du petit triangle dans le cadre. On le colle à la bonne place, comme sur le modèle. Il faudra bien sûr que les autres pièces aient leur place, comme sur le modèle. On le vérifiera à la fin du travail. »
Le travail est individuel.

☐ Étape 2 : mise en commun intermédiaire

L'objet de cette étape est de préciser en quoi consistera la validation.

Très rapidement, dès que des élèves ont placé leur triangle, on examine quelques productions typiques. Il ne s'agit pas de débattre sur les procédures, mais uniquement de faire parler les élèves sur ce qui leur permet de voir que ça ne va pas, et ce qui ne va pas.

Pour valider, ou plutôt pour invalider, on propose de placer les autres pièces au tableau : il est assez naturel de commencer par le « camembert ». On devrait arriver à un consensus sur le fait que le « camembert » suffit à invalider ou à valider. Les triangles mal placés sont décollés.

☐ Étape 3 : retour au travail individuel

Les élèves ont à placer correctement le triangle. Quand ils penseront qu'il est correctement placé et collé, ils appelleront le maître qui vérifiera avec le « camembert ». Auront gagné ceux qui auront réussi en trois essais au plus. On espère que le débat précédent et les essais successifs feront évoluer les procédures.

☐ Étape 4 : mise en commun

Le maître met en évidence les procédures efficaces (tracé des diagonales, repérage des milieux). Elles consistent à tracer deux diagonales et à « caler » le triangle en plaçant un sommet à leur intersection ou à tracer une diagonale et son milieu et à placer le sommet du triangle à leur intersection et un de ses côtés sur la diagonale.

Deuxième phase Réinvestissement

Le déroulement est le même avec le bas de la fiche 1 et un losange.

Les élèves ont ainsi l'occasion de mettre en pratique les procédures utilisant les alignements, ce qui s'avère extrêmement efficace. Comme précédemment, on peut soit « caler » le losange sur deux diagonales de l'hexagone, soit sur une seule mais en déterminant son milieu pour placer un des sommets.

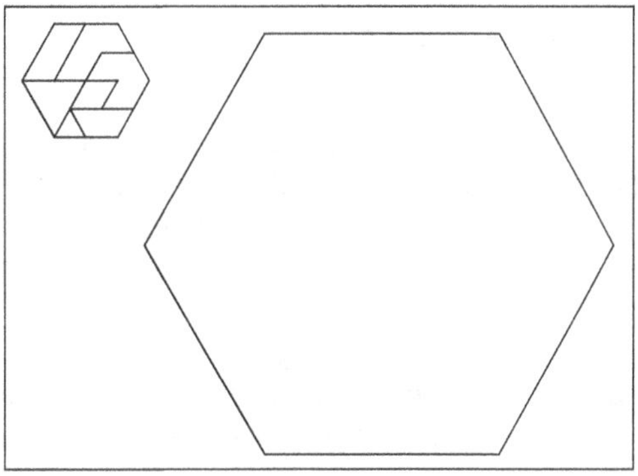

Fiche 1 (partie basse)

Activité d'accompagnement

Les élèves doivent agrandir le puzzle situé en haut de la fiche 4 dans le contour carré donné.
Un examen préalable collectif du puzzle permettra de repérer que les pièces sont en fait quatre petits triangles identiques et deux grands triangles identiques.

L'alignement de certains côtés des triangles avec les diagonales du carré a peu de chances d'être perçu. L'utilisation des milieux est efficace.

On dispose de plusieurs moyens pour valider ou invalider les productions, ils reposent tous sur la conservation de propriétés. Un premier moyen est de découper, sur le puzzle agrandi, les six triangles : on doit en trouver quatre « petits » et deux « grands » superposables, comme sur le modèle. Un autre moyen consiste à découper le carré selon une médiane « horizontale » obtenue par pliage et de constater par transparence la superposition des deux parties obtenues : cette propriété vérifiée sur le modèle doit l'être également sur le dessin agrandi.

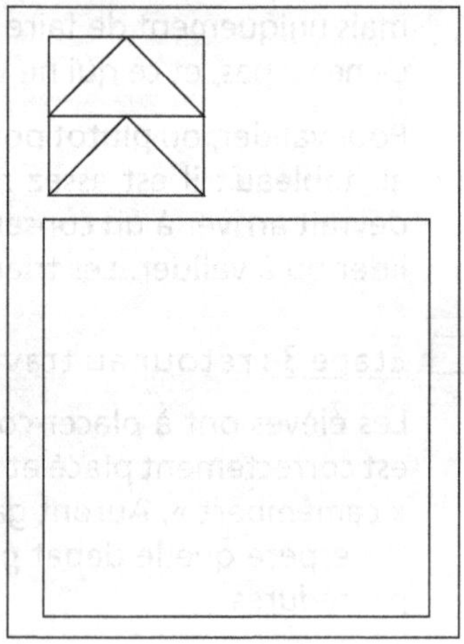

Fiche 4

4. Tracer pareil (CM1)

> DESCRIPTION RAPIDE

Dans la première phase, les élèves tracent une figure simple superposable à une figure donnée. La reproduction d'une figure a toujours lieu sur papier blanc dans une position différente de l'original (non simplement translatée).
Dans la deuxième phase, les élèves déterminent les figures superposables à une figure donnée en relevant des indices (longueurs de côtés, angles droits, dispositions relatives d'éléments).

> OBJECTIFS

– Savoir construire les figures simples (carré, rectangle, triangles « demi-carré » et rectangle, demi-rond, quart-de-rond, trapèze rectangle) avec des instruments (en particulier la réquerre et le compas).
– Connaître certaines propriétés de ces figures indépendamment de leur position dans le plan.
– Reconnaître si deux figures planes sont superposables ou non (directement ou après retournement) en prenant en compte des propriétés géométriques de ces figures sans se limiter à des égalités de longueurs.

> DURÉE

Trois séances de 55 minutes.

> MATÉRIEL

– Réquerre et compas (les autres instruments – règle graduée, équerre, téquerre – sont également disponibles).
– Un exemplaire des fiches 1 à 4 par élève et quatre exemplaires de chaque figure sur transparent ou calque pour la classe.
– Un exemplaire des fiches 5 à 7 pour deux élèves.
– Un exemplaire des fiches 8 et 9 par élève.

– Un agrandissement de la carte 1 (haut de la fiche 1) et un calque du carré agrandi pour la classe.
– Un agrandissement des fiches 5 à 7 et un calque de la figure à reproduire pour la classe.

DÉROULEMENT

Première phase
Tracer pareil

Cette première phase peut être découpée en une petite séance collective, portant sur les trois ou quatre premières cartes, pour que les élèves comprennent le sens de l'activité. Elle peut ensuite être organisée autour des cartes suivantes comme activités d'entraînement.

> MATÉRIEL

– Un exemplaire des sept cartes (fiches 1 à 4) comportant une figure à compléter ou à reproduire.
– Quatre calques ou transparents de chaque figure pour la classe.
– Un agrandissement de la carte 1 et un calque correspondant pour la classe.

Les contraintes concernant la tâche de reproduction en taille réelle vont être précisées à l'étape 1 lorsqu'on indiquera les modalités de validation (superposition de la figure reproduite avec un calque de l'original). Durant cette première phase, on dispose toujours de quatre transparents qui, mis à la disposition des élèves, leur permettent de valider eux-mêmes leur travail. Il n'est pas prévu de matériel collectif pour la mise en commun. À chaque étape, le maître aura intérêt à dessiner au tableau la figure correspondante (le modèle) sans nécessairement respecter strictement les proportions mais en respectant la présence d'angles droits. Cela fournira un support pour expliciter les propriétés cruciales de la figure de référence lors de la mise en commun.

Étape 1

Les élèves ont la carte 1 (un carré « de guingois » avec un côté donné), le maître a l'agrandissement.

Consigne
Reproduire la figure dessinée, un côté est déjà tracé. Les deux figures devront être superposables avec précision.

L'enseignant précise la procédure de validation (qui donne du sens à « reproduire ») : « Sur le transparent (ou calque), la figure est reproduite ; elle s'applique exactement sur le modèle, elle devra s'appliquer exactement sur votre dessin. » On ne précise pas pour le moment si c'est avec ou sans retournement.

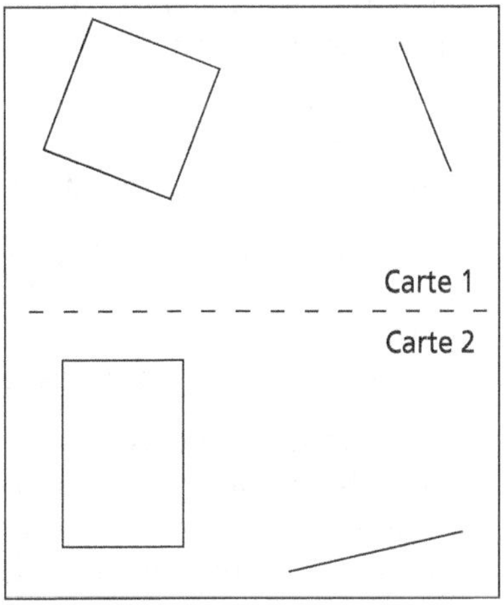

Fiche 1

THÈME 4

Sur son agrandissement, l'enseignant complète rapidement, à la règle, un quadrilatère « grossièrement carré » et fait constater que le calque s'applique bien sur le carré de départ, mais pas sur sa production. Sa réponse ne convient donc pas.

Les élèves font leur tracé et valident avec un des calques mis à leur disposition.

Mise en commun

Les sources d'erreurs sont analysées, elles sont liées à des tracés approximatifs des angles droits ou à des imprécisions de mesures.
Les différentes procédures possibles sont comparées. Par exemple pour le carré, une procédure économique consiste à tracer deux traits perpendiculaires au segment de référence en ses extrémités et de même longueur que lui. En joignant deux extrémités de ces segments, on complète le carré. On vérifie alors que les deux autres angles sont droits et que le quatrième côté est bien égal aux trois autres (qui le sont par construction).
On aura intérêt à bien distinguer les propriétés qui servent à construire, et qui sont une partie seulement des propriétés connues du carré, de celles que l'on peut vérifier « de surcroît » et que l'on s'attend à voir réalisées. Par exemple dans la construction précédente :
– les propriétés servant à construire sont : « Un carré a deux angles droits et trois côtés de même longueur » ;
– les propriétés vérifiées sont : « Le carré a également deux autres angles droits, et un quatrième côté égal aux trois autres, et donc en définitive quatre côtés égaux ».

Pour cette carte, il convient de mesurer, de tracer des angles droits. Le maître en profite pour faire une mise au point sur l'utilisation de la réquerre ou d'autres instruments pour tracer des angles droits. La difficulté de mesurer et de construire simultanément un angle droit avec l'équerre usuelle (le zéro n'étant pas au sommet de l'angle droit) est signalée. On doit donc procéder en deux temps : repérer l'angle droit, tracer un trait puis repositionner l'équerre pour tracer un segment de la longueur voulue. La réquerre se trouve donc plus pratique que l'équerre.

☐ Étape 2

Les élèves ont la carte 2 de la fiche 1 (un rectangle avec un côté donné).

La consigne est la même qu'à l'étape précédente.
Quand les élèves ont fait et validé leur tracé, une brève mise en commun peut rappeler les conditions de la réussite : il faut respecter les mesures et les angles droits, il faut être précis avec la réquerre.

Les procédures de construction sont explicitées ainsi que les propriétés complémentaires. Par exemple, en notant [AB] le segment de référence :
– tracer deux segments perpendiculaires à [AB] en A et B et ayant même mesure que leurs correspondants sur l'original. Joindre les deux extrémités de ces segments autres que A et B. Propriétés complémentaires : « deux autres angles droits et deux autres côtés égaux » ;

– tracer un segment [AD] perpendiculaire à [AB] en A et ayant même mesure que son correspondant sur l'original. Tracer un second segment [DC] perpendiculaire à [AD] en D et ayant même longueur que [AB]. (C est du même côté que B par rapport à la droite (AD).) Propriétés complémentaires : « deux autres angles droits, deux autres côtés égaux ».

☐ Étape 3

Lors des tracés précédents (étapes 1 et 2), les élèves doivent reproduire des figures connues, carré ou rectangle, dont ils connaissent a priori des propriétés (présence d'angles droits, de côtés égaux). Ce n'est plus le cas pour les figures proposées maintenant. Il y a donc lieu de mettre l'accent sur la conservation de propriétés, c'est-à-dire sur le va-et-vient entre l'original et la reproduction : telle propriété vraie sur l'original doit l'être également sur la copie. On tentera sur chaque exemple de lister les propriétés qui doivent être conservées sans se limiter bien sûr à la conservation des longueurs.

Les élèves ont la carte 3 de la fiche 2 (quart-de-rond[20]).

Consigne
Reproduire la figure dessinée, un côté étant déjà tracé.
La disposition de la feuille autorise quatre positions du quart-de-rond.
La mise en commun sera l'occasion de faire le point sur l'utilisation du compas : où le piquer, comment l'écarter, comment le tenir pour tracer.

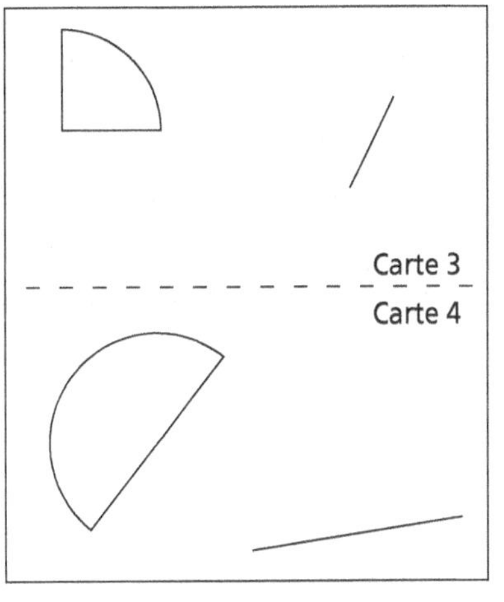

Fiche 2

☐ Étape 4

Les élèves ont la carte 4 de la fiche 2 (demi-rond[21]).

Consigne
Reproduire la figure dessinée dans une autre position.
La mise en commun est brève et permet de rappeler le bon usage du compas. Ici, pour le demi-cercle, on ne pique pas à une extrémité mais au milieu du segment.

☐ Étape 5

Les élèves ont la carte 5 de la fiche 3 (triangle rectangle avec un côté donné). Cette fois, il y a deux possibilités de tracé (avec ou sans retournement) compte tenu de la disposition du segment dans la feuille.

---

20. Nous employons ici familièrement « quart-de-rond » plutôt que les expressions plus correctes « quart-de-disque » ou « quart-de-cercle complété par deux rayons ».
21. Remarque analogue à « quart-de-rond »...

THÈME 4

Consigne

« Reproduis la figure dessinée, un côté est déjà tracé. »

Il est possible de construire aussi bien une figure superposable sans ou après retournement avec l'original (selon que le grand côté de l'angle droit est placé à l'extrémité « haute » ou « basse » du petit côté de l'angle droit déjà reproduit). Les élèves sont confrontés pour la première fois à la reproduction d'une figure sans axe de symétrie.

La mise en commun sera l'occasion de distinguer superposabilité avec ou sans retournement. À la question : « A-t-on le droit de retourner le calque ? », on répondra oui, mais on distinguera superposabilité avec ou sans retournement.

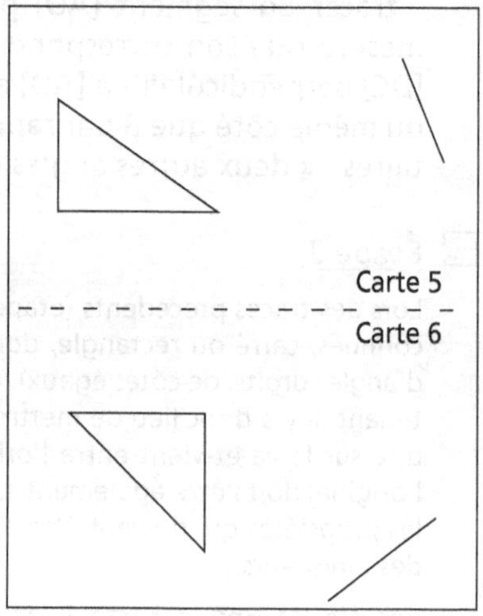

Fiche 3

☐ Étape 6

Les élèves ont la carte 6 de la fiche 3 (triangle « demi-carré »).

Consigne

Reproduire la figure dessinée dans une autre position.

La figure, un triangle rectangle et isocèle, possède un axe de symétrie. La superposition peut se faire indifféremment sans ou après retournement.

☐ Étape 7

Les élèves ont la carte 7 de la fiche 4 (trapèze rectangle).

Consigne

Reproduire la figure dessinée, un côté étant déjà tracé.

Mise en commun

Les productions des élèves devraient être diverses ; compte tenu de la position du trait sur la feuille trois trapèzes isométriques peuvent être dessinés (sans cette contrainte, huit solutions seraient possibles).

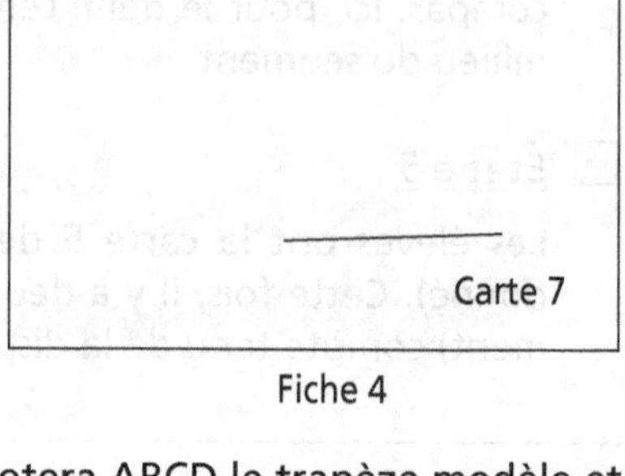

Fiche 4

Les élèves ont pu considérer que le côté tracé était la petite base ou la hauteur du trapèze (le maître se contentera de dire « ce côté-ci » ou « ce côté-là » ou il notera ABCD le trapèze modèle et par les mêmes lettres les sommets correspondant sur la reproduction).

Deuxième phase
Chercher l'erreur

Cette deuxième phase peut aussi être découpée en une petite séance collective portant sur la première fiche pour que les élèves comprennent le sens de l'activité. Elle peut ensuite être organisée autour des fiches suivantes comme activités d'entraînement.

> MATÉRIEL

– Un exemplaire des trois fiches pour deux élèves (fiches 5, 6,7) comportant chacune une figure à reproduire, et quatre « productions d'élèves ».
– Un agrandissement de chaque fiche, et un calque de la figure à reproduire pour la mise en commun.
– Équerre, compas.
– Un exemplaire de la fiche 8 par élève. En découper les deux parties.
– Un exemplaire de la fiche 9 par élève.

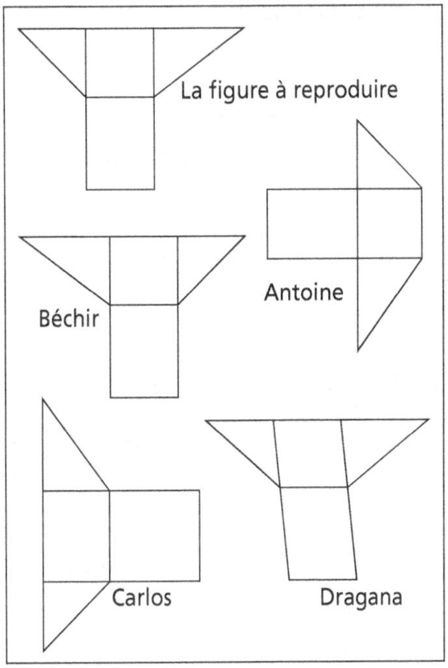

Fiche 5

☐ Étape 1

Les élèves sont répartis par groupes de deux et disposent de la fiche 5 et de leurs instruments.

Consigne
« Des élèves ont eu à reproduire une figure. Vous devez, sans utiliser de calque, trouver s'ils ont réussi à tracer une figure superposable au modèle. Pour chacun, vous écrirez s'il a réussi ou non, et vous montrerez sur le dessin, au crayon et à main levée, où sont les erreurs. »

Par deux, les élèves discutent et justifient éventuellement leurs impressions par des mesures. Ils notent, directement sur la fiche, leur conclusion avec les justifications.

On attend des corrections sur les côtés perpendiculaires, sur les dimensions des rectangles et triangles qui composent la figure, sur leurs positions relatives, sur les dimensions de la figure complexe, sur l'orientation de la figure.

Mise en commun
Pour chaque production d'élèves, le maître fait le tour de ce qui a été repéré, et on valide leur conclusion au tableau avec le calque (seul Béchir a un tracé superposable avec le modèle, avec retournement). La conclusion sera que, pour réussir un tracé, il faut respecter les angles droits, les mesures des côtés, et la disposition (Antoine a mis les triangles « à l'envers »).

Prolongement
Distribution de la partie haute de la fiche 8.
Le travail est individuel. Chaque élève doit, à partir du rectangle du haut de la fiche 8, reproduire la figure de référence de la fiche 5.

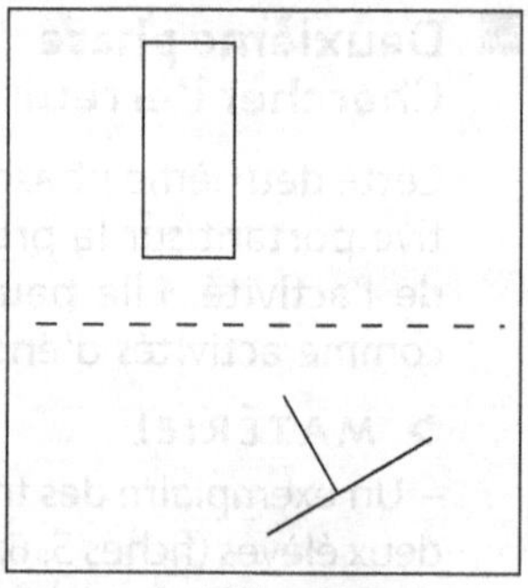

Fiche 8

☐ Étapes 2 et 3

Le déroulement est le même avec la fiche 6, puis avec la fiche 7 (demi-rond et quart-de-rond).

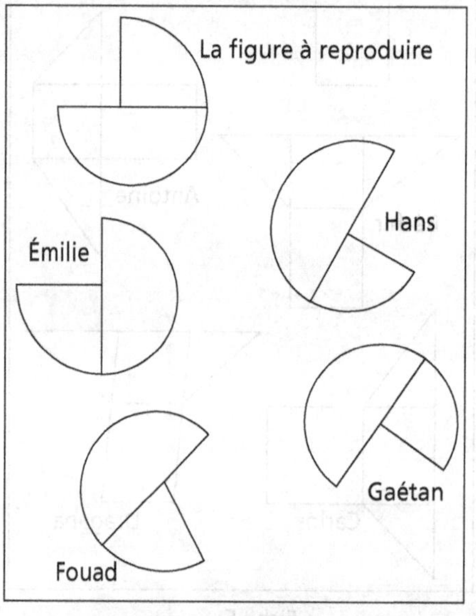

Fiche 6

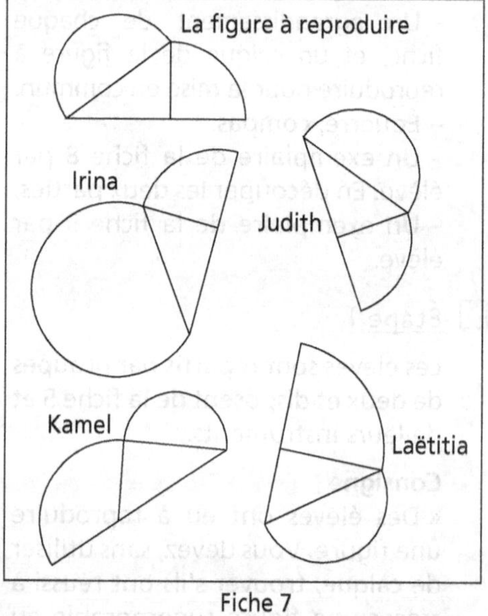

Fiche 7

Prolongement
Distribuer la partie basse de la fiche 8.
Reproduire la figure de la fiche 6 en complétant les deux segments donnés en bas de la fiche 8 (voir plus haut).
La mise en commun permettra de revenir sur l'usage du compas, en particulier sur le positionnement de la pointe pour tracer demi-cercle et quart-de-cercle.

Évaluation
Le maître remet un exemplaire de la fiche 9 à chaque élève.

Consigne
Reproduire cette figure, un côté étant donné.

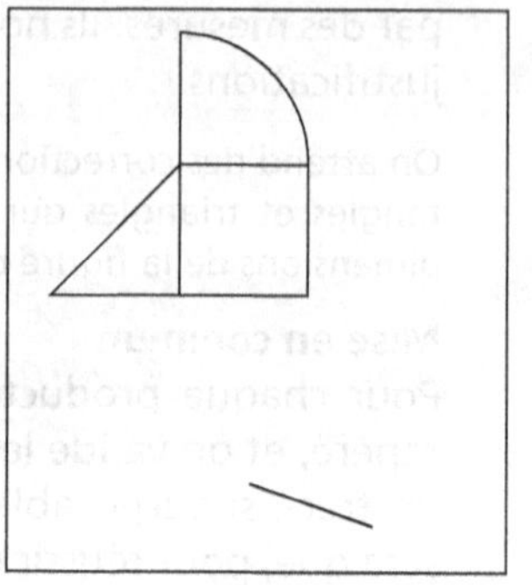

Fiche 9

5. Polycubes pareils (CM1)

> DESCRIPTION RAPIDE

Dans cette situation, il s'agit de produire, de reconnaître et de représenter des tétracubes (assemblages de quatre cubes selon des faces).

> OBJECTIFS

- Reconnaître si deux assemblages de cubes (polycubes) sont identiques ou non.
- Orienter un polycube pour l'amener dans une position donnée.
- Représenter des polycubes et les identifier au vu de leurs représentations planes.

> DURÉE

Deux séances de 55 minutes pour la première phase. La seconde phase est optionnelle.

> PROCÉDURES ATTENDUES

Pour reconnaître si deux polycubes sont identiques ou non :
- déplacement effectif ou mental d'un polycube pour l'amener en « bonne position » à côté d'un autre ou d'une représentation ;
- appui sur la structure du polycube (« C'est une barre de trois et un cube dessus, au milieu »).

> MATÉRIEL

- 350 à 400 petits cubes en bois de 2 cm d'arête[22] et de la « patafix ». S'il y a dans l'école des cubes emboîtables par toutes les faces (ASCO par exemple), ils peuvent être utilisés.
- 32 gros cubes en bois de 3 à 4 cm d'arête, collés pour faire les huit tétracubes, pour le maître.
- Au moins deux exemplaires de la fiche 2 par élève.

- Pour l'aide aux élèves en difficulté : quatre cubes de couleurs différentes, et quatre dessins de cube (analogues à ceux de la fiche 2) coloriés avec ces mêmes couleurs.
- Quatre gros cubes et quatre agrandissements de dessins de cube (fiche 2) pour le maître.

DÉROULEMENT

Première phase
Produire et reconnaître des tétracubes

Les tétracubes sont des assemblages de quatre cubes (assemblés par une face entière). Ils sont au nombre de huit, classiquement numérotés ainsi dans la littérature[23] sur ce sujet (le numéro 1 est porté par un tricube, cf. deuxième phase).

22. Les petits cubes en bois peuvent être achetés chez OGEO, 59bis rue Rochechouart, 75009 Paris.
23. *Polycubes*, J. Meeus-P.J. Torbijn, CEDIC, 1977 (épuisé). *Jeux 5*, APMEP, 1998. *Jeux de formes, formes de jeux*, B. Bettinelli, IREM de Besançon, 1984.

Six tétracubes sont symétriques (possèdent un plan de symétrie), deux (le 5 et le 6) sont asymétriques, mais symétriques l'un de l'autre (on trouve une représentation des huit tétracubes dans la fiche 1).

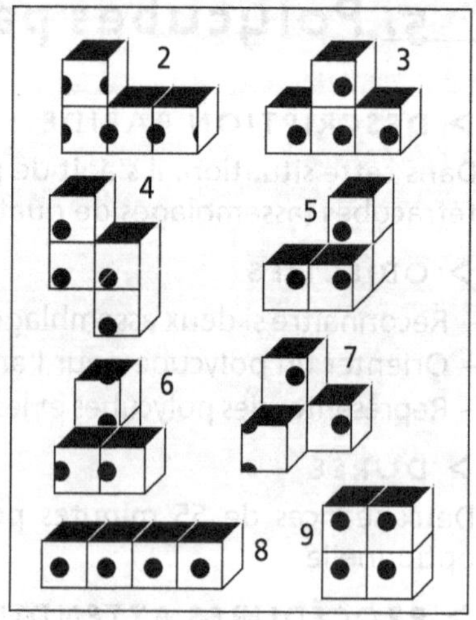

Fiche 1

Étape 1 : production de tétracubes

> MATÉRIEL

– Un jeu de huit tétracubes assez gros (cubes collés) pour le maître.
– Une cinquantaine de cubes emboîtables (ou de petits cubes en bois et de la « patafix ») par équipe de quatre élèves.

Les élèves sont par quatre, chacun a une douzaine de cubes (cinquante pour les quatre).

Consigne

Le maître présente un tétracube, le « L » (n° 2), en le faisant tourner sous tous les angles : « C'est un assemblage de quatre cubes, un tétracube. Dans un premier temps, vous allez fabriquer des tétracubes, celui-ci et d'autres différents. »
Dans un premier temps, chacun fait deux tétracubes.
Puis les équipes sont invitées à détruire les doubles et à ne garder qu'un exemplaire de chaque tétracube trouvé.

Un point collectif explicite ce que sont deux tétracubes « pareils », ainsi que le moyen d'en avoir le cœur net : une équipe qui a trouvé des tétracubes « pareils » explique qu'on pourrait croire qu'ils sont différents quand ils sont posés différemment, mais qu'ils sont pareils et que ça se voit bien si on les pose côte à côte dans la même position.

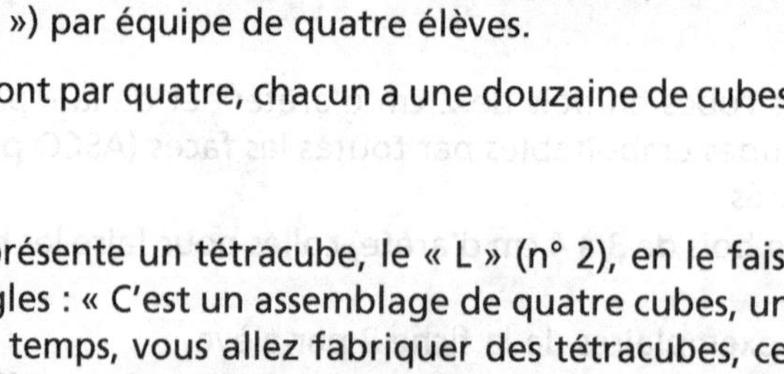

Les élèves exposent les tétracubes dans la rainure du tableau en position différente, puis en position translatée.

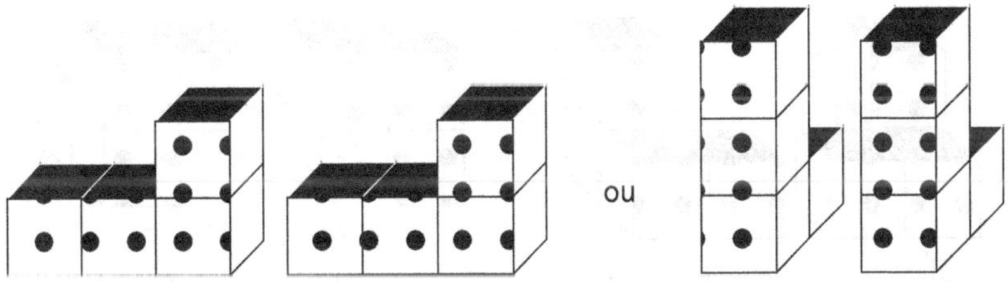

On reprend le travail en équipe.

Nouvelle consigne
Trouver le plus possible de tétracubes différents, sachant que deux tétracubes sont pareils si on peut les poser côte à côte dans la même position. Dans ce cas, il ne faut en garder qu'un. Ils sont différents si c'est impossible, même en les tournant dans tous les sens. Pour cadrer la recherche, le maître annonce qu'il y en a huit différents.

Les groupes se constituent une collection de tétracubes, sans doute incomplète ou avec des doubles.
Dès que tous les groupes ont au moins six tétracubes, l'enseignant peut passer à l'étape suivante. (On peut retirer les cubes restants si l'on craint que les élèves soient distraits.)

☐ Étape 2 : constitution collective de la collection complète

Le maître annonce qu'il a une collection complète dans son carton. Le « L » est déjà sorti, il l'expose au bord du tableau. Les élèves mettent de côté le « L » de leur collection et vérifient qu'ils n'en ont qu'un ; s'il y en a d'autres, ils les détruisent.
Une équipe choisit un autre tétracube de sa collection, le présente, et cherche l'équivalent dans le carton du maître. Elle l'expose. Les autres équipes cherchent si elles l'ont trouvé. Si oui, elles le mettent de côté, sinon elles le fabriquent (et le mettent ensuite de côté).
Une nouvelle équipe présente un tétracube qui n'est pas encore exposé et cherche l'équivalent dans le carton du maître. Les autres cherchent si elles ont ce tétracube et le fabriquent si elles ne l'ont pas.
On continue tant qu'une équipe pense avoir un nouveau tétracube. Si ce tétracube n'est pas dans le carton du maître, c'est qu'il est déjà sorti et exposé, et n'est donc pas nouveau. Il faut l'identifier parmi les tétracubes exposés.
S'il reste un ou deux tétracubes dans le carton, c'est que personne ne les a trouvés. On les sort, on les expose, et chaque équipe en fabrique un exemplaire.

Les tétracubes 5 et 6 vont certainement poser problème : ils se ressemblent, sont-ils différents ?

Ils sont différents puisqu'on ne peut pas les placer dans la même position, mais ils se ressemblent puisqu'on peut les placer « comme dans un miroir ».

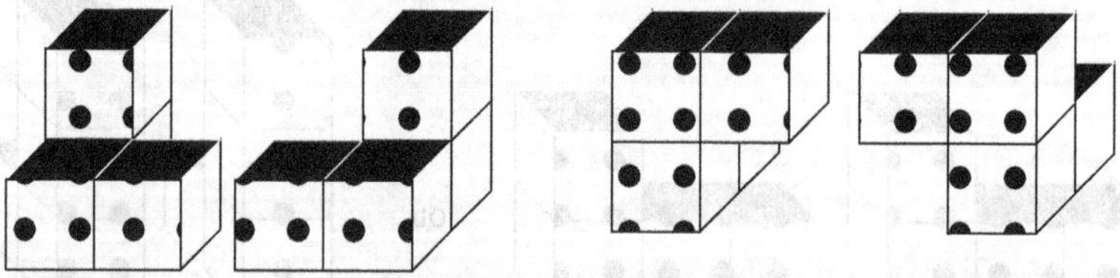

À l'usage, en situation de puzzle par exemple, les élèves se rendront bien compte qu'ils sont différents quand il s'agira de boucher un trou (cf. deuxième phase).

☐ Étape 3 : représentation des tétracubes

> MATÉRIEL

– La collection complète des huit tétracubes obtenus dans l'étape 2 pour chaque équipe.

– Huit dessins de cube à découper (issus de la fiche 2) pour chaque élève.

– De la colle ou du scotch pour chaque élève.

– Une feuille A3 vierge par équipe (ou un grand papier allant servir d'affiche).

– Quatre dessins de cube bien agrandis (au moins 200 %) et quatre gros cubes pour le maître.

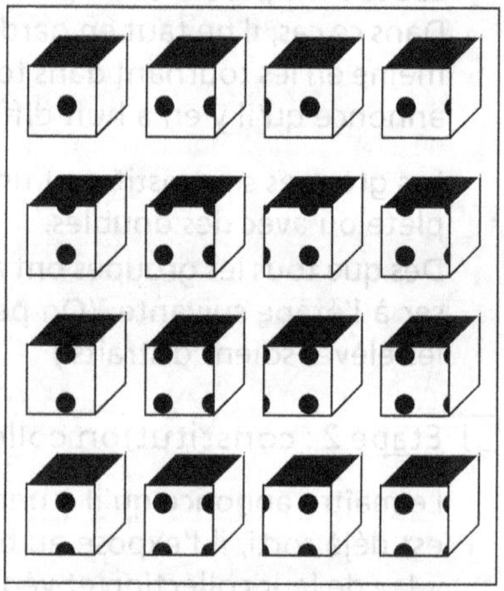

Fiche 2

Le maître présente le dessin, la face carrée est la face avant, et on convient que la face noire est le dessus.

Il montre comment on peut coller deux dessins pour représenter une barre. Les cubes assemblés doivent l'être face contre face.

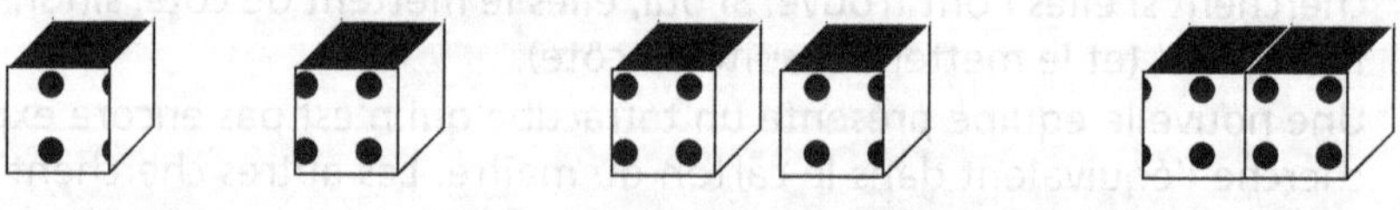

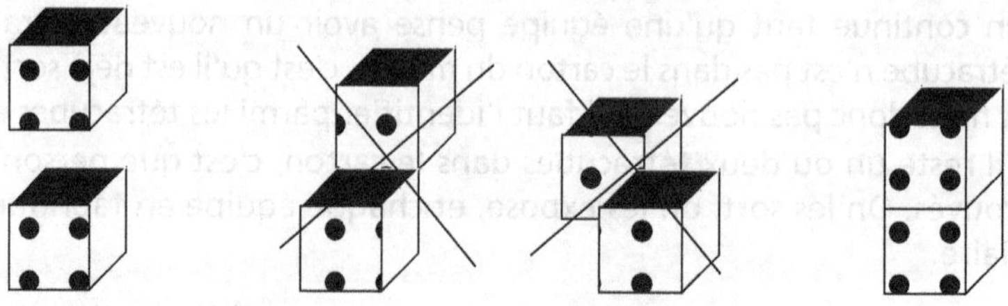

Les élèves s'exercent individuellement à représenter la barre de deux, verticalement puis horizontalement.

Une mise en commun rapide peut aider : on précise par quelles faces les dessins de cubes se touchent.

Parallèlement, on fait se rapprocher et se toucher deux cubes réels, dans un mouvement analogue : deux faces se touchent, une qu'on voit sur le cube de gauche et une qu'on ne voit pas sur le cube de droite. On doit coller les faces, celle qu'on voit et celle qu'on ne voit pas, donc, sur les représentations, le cube de gauche vient sous le cube de droite.

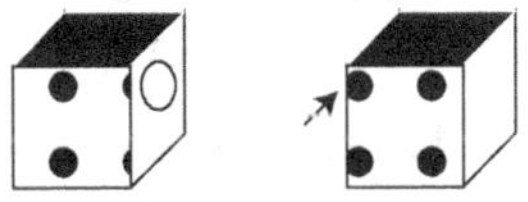

Les élèves sont à nouveau répartis en équipes de quatre. Chaque équipe est en possession d'une collection complète de tétracubes.
Les élèves se répartissent la tâche : représenter tous les tétracubes (deux chacun) en collant quatre dessins de cube.

Attention à la répartition des tâches : les élèves les plus performants sont aussi ceux qui évaluent le mieux les difficultés, ils peuvent se réserver sciemment les tétracubes les plus faciles à représenter (les tétracubes 8 et 9).

L'équipe prépare une affiche avec les représentations des huit tétracubes.

Aide individuelle aux élèves en difficulté
Se munir de quatre cubes de couleur différente, et de quatre dessins de cube de même couleur que les différents cubes choisis.
Chaque élève reconstruit simultanément le tétracube, étape par étape, avec les cubes et les représentations :
– le maître pose le cube vert sur la table, et le dessin vert simultanément ;
– le maître met le cube jaune sur le cube vert, et il explique : « Il faut mettre le dessin jaune sur le dessin vert, c'est cette face qui se colle avec celle-ci sur le cube. sur les dessins, c'est cette face qu'on voit qu'on colle avec celle qui est là derrière et qu'on ne voit pas » ;
– puis on met le cube rouge devant le cube vert, etc.
Quand ils ont intégré la construction, ils font un collage en noir et blanc du même tétracube pour mettre sur l'affiche collective du groupe.

En suivant cette démarche, on comprend que, sous certains angles, le tétracube 7 n'a que trois cubes visibles : quatre dessins de cubes sont utilisés, mais l'un d'eux est complètement caché. On peut le montrer aux élèves qui sont intrigués par ce phénomène.

☐ Étape 4 : examen des représentations

Les affiches de chaque équipe sont au tableau.
Le maître dispose de ses tétracubes.
Le maître laisse aux élèves un temps d'observation. Des incohérences et des erreurs de collage peuvent être relevées.

Puis le maître choisit un de ses tétracubes. Chaque équipe à son tour envoie un délégué montrer sa représentation de ce tétracube, puis prouver que c'est bien celle-là en plaçant le solide en regard de sa représentation, en bonne position. Et on recommence avec un autre tétracube…

☐ Étape 5 : représentation sous différents angles

Chacun est muni d'un tétracube à représenter, de quatre cubes, de représentations de cube découpées, de colle et d'une feuille A3.

Les élèves qui en éprouvent le besoin prendront aussi quatre cubes de couleurs différentes et quatre représentations de cube de couleur correspondante.

Les tétracubes ne sont pas d'égale difficulté à représenter : les tétracubes 8 et 9 sont faciles, les tétracubes 2, 3 et 4 sont moyens, et les tétracubes 5, 6 et 7 difficiles. Les élèves peuvent choisir le tétracube qu'ils vont représenter, mais le maître veillera à ce que la difficulté soit adaptée.

Consigne

« Représentez votre tétracube dans différentes positions. Vous le collerez sur une affiche. »

☐ Étape 6 : exposition des affiches

Présentation de quelques affiches et validation avec le gros tétracube en bois correspondant, qu'on oriente « comme sur le dessin ».

Deuxième phase
Le cube SOMA

Cette phase dépasse le cadre des heures de géométrie. Elle propose la réalisation effective d'un puzzle en bois et son utilisation ludique.
Coût : environ 2,50 € par élève.
Bénéfice : une bonne familiarisation des élèves avec les changements de position, les représentations de ces volumes…

> MATÉRIEL

- Un cube SOMA pour le maître (dimensions des cubes élémentaires : 3 cm d'arête au moins).
- 27 cubes en bois (arête 2 cm) et de la colle à bois pour chaque élève.
- Un exemplaire de la fiche 3 pour deux élèves.
- Un exemplaire de la fiche 4 par élève.
- Un exemplaire de la fiche 5 pour deux élèves.

On trouve dans la fiche 3 les sept pièces permettant de réaliser le cube SOMA et dans la fiche 5 une manière de le monter.

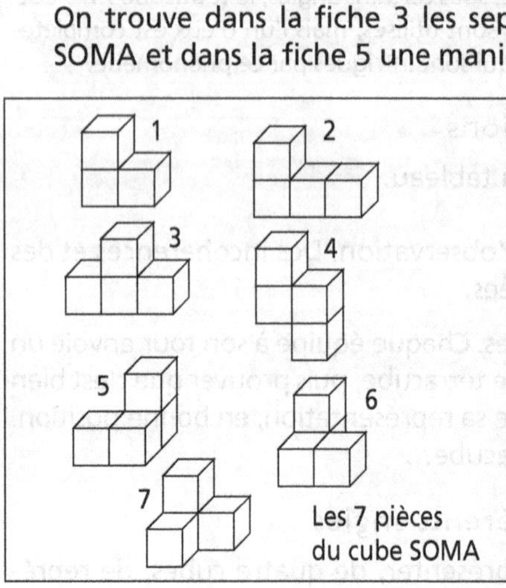

Fiche 3

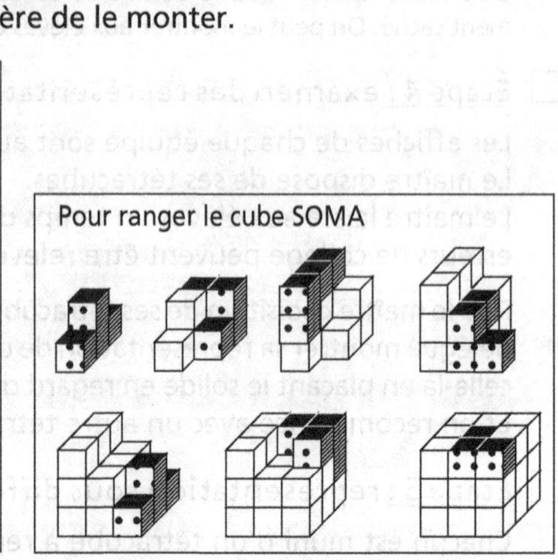

Fiche 5

Dans les étapes qui suivent sont présentées quelques idées de mise en œuvre[24].

☐ Étape 1 : présentation du cube SOMA

Le maître présente le cube, et le démonte devant les élèves : c'est un puzzle, il s'agit de reconstituer le cube.
Puis, collectivement, on examine les pièces : six sont des tétracubes, une n'a que trois petits cubes.
Il y a les six premiers tétracubes et un tricube (qui porte le numéro 1 dans la littérature spécialisée).

☐ Étape 2 : fabrication en atelier

Les élèves ont besoin de 27 cubes et de colle à bois pour fabriquer le cube en atelier. On leur fournit le dessin de toutes les pièces (fiche 3). Ils doivent se faire un jeu complet : une pièce et une seule de chaque espèce.
Ils peuvent également fabriquer une boîte de rangement pour leur cube (voir une proposition dans la fiche 6).

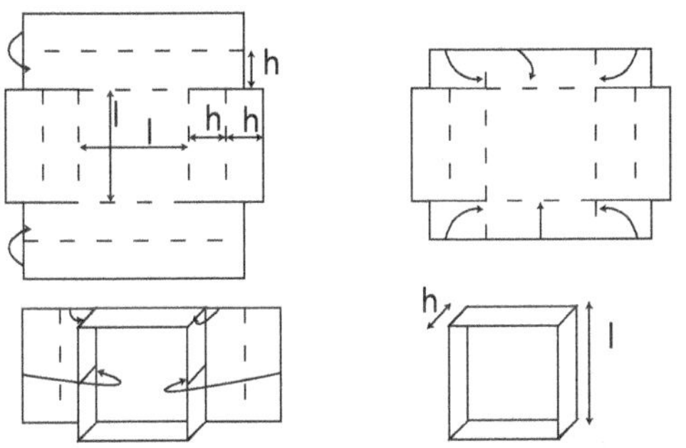

Voilà un modèle pour une boîte et son couvercle, nécessitant une feuille A3 pour la boîte, et une feuille A4 pour son couvercle.
La boîte doit être suffisamment large pour que le cube y entre à l'aise (mesurer le cube, ajouter 2 mm à l'arête, voilà !). Le couvercle, pour s'emboîter, doit faire 1 mm de plus.
Pour les hauteurs, faites des essais (hauteur de la boîte : 3/4 et 4/5 de la hauteur du cube, hauteur du couvercle à environ 1/3 de la hauteur du cube).

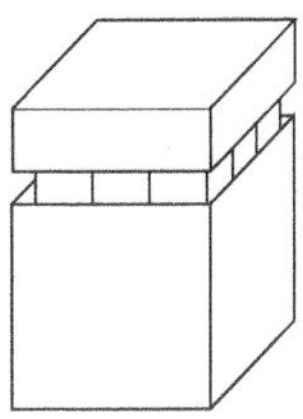

Fiche 6

24. Ces propositions doivent beaucoup à Bertrand et Aline Faure et à Michèle Pomme, enseignants à Clamart.

☐ Étape 3 : refaire le cube

C'est un puzzle, un vrai casse-tête d'assembler le cube à partir des sept pièces.

Deux types d'aide peuvent être donnés :
– aller prendre des renseignements sur le cube du maître, en bougeant à peine une pièce et en mémorisant sa position pour faire pareil (le maître s'entraînera à le remonter !) ;
– suivre les étapes données dans la fiche 5 pour ranger le cube SOMA.

On pourra réduire la feuille des étapes de rangement et la coller dans le couvercle de la boîte, ça aide au moment de ranger.

☐ Étape 4 : autres puzzles

D'autres modèles sont faisables avec les pièces SOMA. Les proposer aux enfants en activité libre (voir fiche 4).

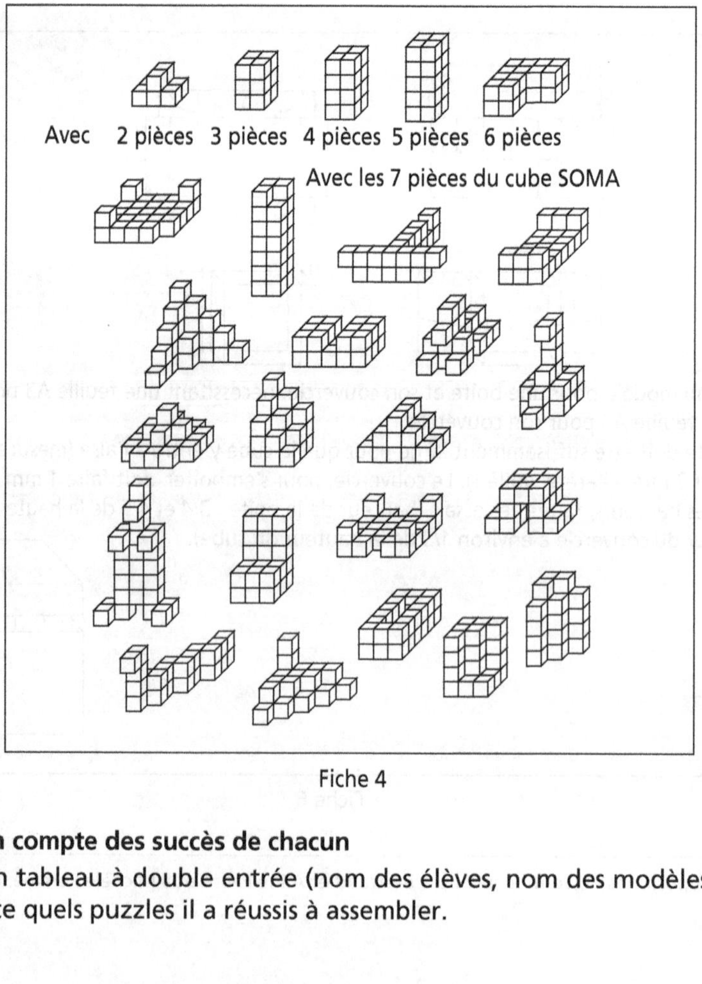

Fiche 4

Prise en compte des succès de chacun

Dans un tableau à double entrée (nom des élèves, nom des modèles), chacun note quels puzzles il a réussis à assembler.

Comment noter les solutions
Il faut, pour la classe, un cube SOMA dont chaque pièce est d'une couleur différente.
Les élèves (ou le maître) qui veulent noter une solution se munissent d'un dessin du modèle et de crayons de couleur. Ils empruntent le jeu en couleur et reconstituent le modèle avec ce jeu. Puis ils colorient le modèle avec les couleurs qu'ils voient en se plaçant sous le bon angle.

Comment lire une solution
Les faces colorées sur le modèle permettent de retrouver la place et l'orientation des pièces visibles.

■ Évaluation

Certains enfants sont des passionnés du cube SOMA, d'autres beaucoup moins...
On procède à une évaluation individuelle : on mélange quatre jeux et on demande de sortir les sept pièces (toutes différentes) d'un jeu. Au besoin, on fournit le dessin des pièces ; il s'agit alors de trouver une pièce correspondant à chaque dessin et de la mettre en regard.

6. Empreintes (CM1)

> DESCRIPTION RAPIDE

Dans un carton bicolore (coloré au resto, blanc au verso), le maître découpe des formes. Il les présente aux élèves et trace leur empreinte au tableau. Il fait constater que toutes les formes peuvent être replacées dans leur empreinte, mais que certaines peuvent aussi y être placées en les retournant et que d'autres non (nous dirons que certaines sont réversibles et d'autres non).
Les élèves sont invités à découper eux-mêmes des formes réversibles et à valider leur production en relevant leur empreinte et en les plaçant à l'envers. Puis ils devront prévoir avant découpage si des formes dessinées sont réversibles ou non. Le pliage apparaît comme un moyen sûr de fabriquer des formes réversibles, de rectifier des formes « presque réversibles », et de pronostiquer si une forme est réversible ou non.
Dans une dernière phase, la recherche de l'axe de pliage permet de lier la propriété de réversibilité à l'existence d'au moins un axe de symétrie.

> OBJECTIF

Au CE2, les élèves ont pris conscience que, pour certaines pièces d'un puzzle, « l'envers vaut l'endroit » (situation « Puzzle 1 »). Ici, l'objectif est de lier le problème de la réversibilité des pièces au concept de symétrie.

> DURÉE

Deux séances de 55 minutes.

> **MATÉRIEL**

– Les instruments de tracé sont disponibles.

– Ciseaux.

– Papier affiche dont le recto diffère du verso : deux ou trois morceaux de 10 à 15 cm de côté par élève.

– Un agrandissement des fiches 1 à 3 (de l'ordre de 200 %) : les découper dans du carton bicolore, tracer leur empreinte sur le même carton.

– Les formes de la fiche 4 découpées dans du papier affiche.

– Une photocopie des fiches 5 et 6 par élève.

– Deux agrandissements des fiches 5 et 6 en A3.

– Un agrandissement des fiches 5 et 6 sur calque.

DÉROULEMENT

■ Phase préliminaire Présentation du problème

> **MATÉRIEL**

Les formes dans les fiches 1,2 et 3, suffisamment agrandies et découpées dans du carton bicolore, et leur empreinte dessinée sur ce même carton pour le maître. Le recto sera la face colorée et le verso la face blanche.

Fiche 1 Fiche 2 Fiche 3

Le maître, ayant accroché les empreintes au tableau, présente les formes et montre que chacune provient bien d'une empreinte (recto coloré visible). Il montre ensuite que certaines peuvent aussi être positionnées à l'envers dans leur empreinte (côté blanc visible), alors que d'autres ne le peuvent pas. Il précise le vocabulaire : les premières sont réversibles (on peut les placer à l'envers ou à l'endroit), les autres ne le sont pas (on ne peut les placer qu'à l'endroit).

Le maître annonce que les élèves auront à découper des formes réversibles. Pour voir si leur forme est réversible, on trace son empreinte, puis on la retourne et on essaie à nouveau de la positionner. L'enseignant refait la manipulation avec une pièce réversible et une autre non réversible.

Première phase
Production individuelle de formes réversibles

> MATÉRIEL

– Deux ou trois morceaux de papier affiche par élève, de 12 cm sur 12 cm environ.
– Du papier blanc de format A4.

Consigne

« Chacun va essayer de découper une forme réversible, vous aurez droit à plusieurs essais.
Votre forme ne doit pas être trop petite pour qu'on puisse la voir en la présentant au tableau.
Vous vérifierez que votre forme est réversible en traçant son empreinte sur une feuille blanche, et en essayant de la reposer à l'envers dans son empreinte. »

Le travail de production est individuel.
Toutefois, le traçage de l'empreinte est plus facile à deux (un qui tient la forme, et l'autre qui trace) ; les élèves sont invités à s'entraider.

Procédures possibles :
– réaliser un dessin « simple » comme un carré, un rectangle... ;
– réaliser un dessin en tentant de le faire « bien pareil des deux côtés » (par exemple un bonhomme) ;
– plier la feuille, la découper selon une ligne joignant deux points du pli.

Certaines classes peuvent s'interdire le découpage. Il conviendra alors d'encourager le découpage d'une forme, le retournement « pour voir », les rectifications et d'inviter à faire plusieurs essais. D'autres classes peuvent se lancer majoritairement dans le découpage de la feuille pliée comme pour faire des ribambelles ou des napperons.

Deuxième phase
Examen collectif des productions

> MATÉRIEL

Le maître utilise dans cette phase le « papillon » et le « y » (fiche 4).

Il a sélectionné parmi les productions quelques formes réversibles et quelques formes non réversibles (cinq ou six). Il a choisi des formes non ambiguës (où la précision du découpage ou de l'empreinte ne joue pas de rôle décisif), et visibles de loin. Il peut prévoir d'introduire éventuellement le « papillon » ou le « y » de la fiche 4.

Fiche 4

Les unes après les autres, ces formes sont affichées et commentées par leur auteur et par la classe : pourquoi semblent-elles réversibles ou non ?

On peut s'attendre à trois types d'arguments :
– spéculations sur les échanges de position entre points ou éléments significatifs (« Si ça je le mets là, ça ça vient là, mais le trait est penché dans l'autre sens ») ;
– « Il y a deux moitiés pareilles » ;
– « On peut la plier en deux (*en montrant le pli*) et les deux parties se superposent ».

Les trois types d'arguments peuvent être validés par pliage, et le maître demandera aux élèves d'effectuer le pliage. Mais en dernier ressort, la validation du fait qu'une forme est réversible ou non se fait en la retournant sur son empreinte. On valide au tableau en retournant la forme sur son empreinte.

En conclusion, une forme est réversible si elle rentre dans son empreinte à l'envers comme à l'endroit. On peut fabriquer une forme réversible par pliage et découpage. On réalise ainsi une figure ayant deux parties qui se superposent par pliage.

Troisième phase
Tri de formes

> MATÉRIEL

– Un exemplaire de la fiche 5 par élève.
– Trois exemplaires de la fiche 5 agrandie pour le maître : deux sur papier opaque (sur l'un des deux on découpera les formes, l'autre servira pour les empreintes) et un sur papier calque.

Fiche 5

Consigne

« Cherchez les formes qui sont réversibles, et expliquez pourquoi vous pensez qu'elles le sont, ou ne le sont pas. »

Le travail est individuel dans un premier temps (l'élève écrit « réversible » ou « non réversible » en regard de chaque forme).

Puis, par deux, les élèves se mettent d'accord et peuvent pour cela superposer leurs feuilles et regarder par transparence, ou plier. Ils doivent trouver des arguments permettant de prouver sans découper que les formes sont réversibles.

Confrontation des réponses avec le matériel collectif

Suite à l'activité précédente, trouver un pli permettant de superposer deux parties permet d'affirmer que la forme est réversible[25]. Mais les formes dessinées sur la feuille ont une direction privilégiée, et il est possible que certains élèves n'envisagent que les pliages à axe vertical ou horizontal. Il est donc important que le critère décisif soit le retournement, qu'une forme soit classée « réversible » quand on peut la superposer à son empreinte après retournement, et « non réversible » quand c'est impossible. Cela permet de relancer le débat après des conclusions hâtives : « J'ai essayé ce pli et ça ne marche pas, donc cette forme n'est pas réversible », « Et pourtant, on arrive à la positionner à l'envers sur son empreinte », « Quelqu'un a-t-il trouvé un autre pli, qui convient ? ».

Mise en commun

En conclusion, quand on a trouvé une façon de plier une forme en deux parties superposables, on peut affirmer qu'elle est réversible. On appelle désormais ce pli « axe de symétrie ». Lorsque la forme n'est pas réversible, le maître confirme qu'il n'était pas possible de trouver un tel axe de symétrie.

Les élèves sont-ils prêts à admettre qu'inversement quand on a constaté qu'une forme est réversible, il y a certainement une façon de la plier en deux ? autrement dit que la réversibilité est liée à l'existence d'un axe de symétrie ? Il nous semble que oui.

Pour compléter le travail, le maître pourra, en cas de besoin, utiliser les fiches 7 et 8.

Fiche 7

Fiche 8

25. Argument possible : le pli étant placé verticalement en suivant la forme, en pliant la partie « de gauche » vient à droite (à l'envers) et inversement.

Évaluation : recherche des axes

> MATÉRIEL

– Un exemplaire de la fiche 6 pour chaque élève.
– Deux ou trois exemplaires de la fiche 6 pour le maître (deux sur papier opaque et une sur calque).

Consigne

« Cherchez les formes qui sont réversibles, et dessinez les axes de symétrie. »
Le déroulement est analogue à celui de la troisième phase.

Fiche 6

7. Puzzle 2 (CM1)

> DESCRIPTION RAPIDE

Plusieurs pièces de forme géométrique étant dessinées séparément ou assemblées, pourra-t-on, après découpage et déplacement, les placer de manière à se conformer à un modèle donné en taille réduite ?

> OBJECTIFS

– Analyser les propriétés d'une figure, en particulier reconnaître la présence d'angles droits, de côtés isométriques.
– Approfondir la connaissance de l'angle droit. Utiliser implicitement les propriétés : lorsque deux angles droits ont un côté commun, les deux autres côtés sont alignés ; un angle plat se décompose en deux angles droits.
– Résoudre des problèmes géométriques mettant en jeu plusieurs relations : perpendicularité (sous la forme « avoir un angle droit » pour une figure), alignement, égalités de longueurs.
– Apprendre à argumenter.

> DURÉE

Une séance de 55 minutes.

> MATÉRIEL

– Un exemplaire des fiches 1 et 2 par équipe de deux.
– Un exemplaire de la fiche 3 par élève.
– Les pièces des fiches agrandies (au moins deux fois) et découpées pour la mise en commun. Sur les figures découpées, le contour doit être apparent, le repasser éventuellement au feutre pour qu'il soit visible de loin.
– Des aimants pour fixer les pièces au tableau.

DÉROULEMENT

Pour chacune des fiches 1,2 et 3, on adoptera le même déroulement. Les fiches seront traitées dans l'ordre. On pourra réserver la fiche 3 pour une évaluation quelques jours après la séance.

☐ Étape 1 : un triangle et un demi-disque (fiche 1)

Le maître distribue un exemplaire de la fiche 1 à chaque équipe de deux élèves.

Il affiche au tableau les pièces découpées en respectant à peu près la disposition adoptée sur la feuille des élèves.

Il présente la fiche aux élèves.
En bas à droite se trouve le modèle (il est entouré).
Au-dessus, on trouve des « pièces ». Il est très important de bien faire identifier ces pièces car elles ne correspondent pas toujours aux plus petites figures géométriques reconnaissables. **Tout ce qui est de la même couleur et d'un seul tenant (« d'un seul morceau ») appartient à la même pièce.**

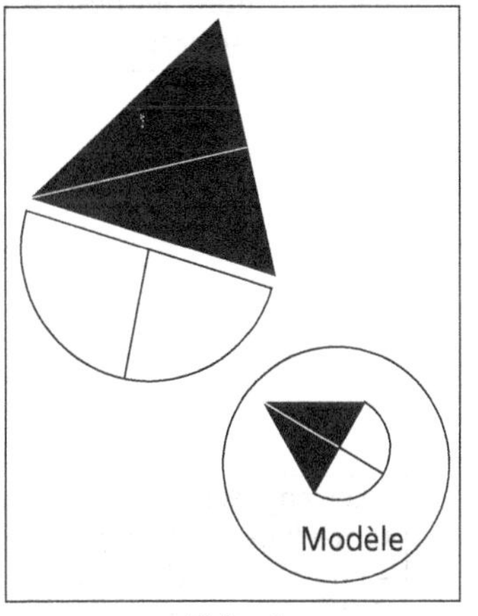

Fiche 1

Consigne
« En haut de la feuille, on a dessiné les deux pièces d'un puzzle. Si on découpait les deux pièces et si on les bougeait, pourrait-on réaliser, en plus grand, le même dessin que le modèle en bas et à droite ? Il faut justifier sa réponse. »
On précise bien que pour l'instant on ne découpe pas les pièces mais qu'on le fera plus tard pour vérifier la réponse.

Recherche par deux
Les élèves doivent écrire leurs justifications sur la feuille.

Mise en commun et validation
L'enseignant demande aux élèves de prendre position sur la réponse par un choix individuel (en levant la main). Puis un débat s'engage. La validation pratique peut s'effectuer collectivement, l'enseignant déplaçant les pièces fixées au tableau par des aimants. Elle peut aussi se faire individuellement en découpant certaines pièces du puzzle (parfois, il suffit d'en déplacer une seule). Attention à découper en respectant la définition des pièces.
Les élèves sont invités à commenter ce qu'ils constatent par découpage et assemblage.

La reconstitution conformément au modèle est impossible.
La hauteur et le rayon dessinés se « recollent » bien mais ils ne sont pas alignés (le demi-disque se décompose en deux secteurs angulaires non droits de 84° et 96°).

Voici quelques exemples d'arguments étayant les réponses oui ou non.

OUI	NON
J'ai rien mesuré, juste en regardant (référence au déplacement mental).	
– Vérification de l'égalité des côtés qui vont être en contact après déplacement. – Vérification : les deux traits vont se rejoindre, se recoller.	– Idem. – Idem.
	– Il y a un (des) angles droits sur le modèle qu'on ne retrouve pas dans l'autre demi-disque. – Après déplacement, les deux traits (hauteur et rayon) ne seront pas dans le prolongement l'un de l'autre. – Le modèle possède un axe de symétrie. Sur le modèle, c'est la même chose des 2 côtés, sur les deux figures, c'est pas la même chose des deux côtés.
– Les angles droits ça n'a pas d'importance (non explicite). – En bas, c'est de travers. – C'est lié à l'agrandissement, si on agrandit, on agrandit les angles.	– Il faut vérifier (équerre). – Non, au tableau c'est agrandi et l'angle droit aurait dû s'agrandir aussi.

En fait, le véritable enjeu du débat est de fixer le degré de conformité exigé avec le modèle et de préciser les critères utilisés pour affirmer que c'est pareil ou pas pareil, pour répondre oui ou non. Évidemment, le maître conclura que la conservation de l'alignement et des angles droits pour réaliser le « même dessin mais en plus grand » est importante. Si besoin est, on s'appuiera sur l'exemple de l'agrandissement du modèle au tableau ou sur l'observation de l'agrandissement obtenu par photocopie.

☐ Étape 2 : neuf pièces, un carré et huit triangles (fiche 2)

Le déroulement est identique à celui de l'étape 1. Les élèves travaillent avec la fiche 2.

Consigne

« Choisir un triangle qui, en le découpant et en le mettant avec le carré, permettra de réaliser un trapèze comme sur le modèle. Sur le modèle, on n'a dessiné que le contour. Il faut justifier sa réponse. »

On rappelle que pour l'instant on ne découpe pas les pièces.

Le modèle est un trapèze rectangle dont la grande base mesure le double de la petite base. Cette seconde condition sera omise, au moins dans un premier temps.

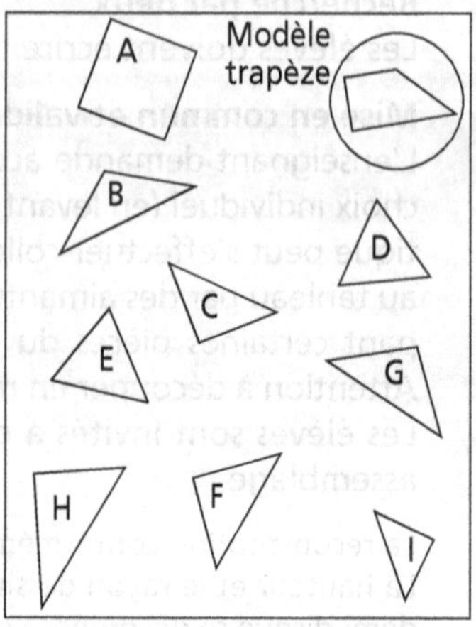

Fiche 2

> MATÉRIEL

- Un carré A (3,5 cm de côté).
- Quatre triangles rectangles : H rectangle non isocèle (un côté mesure 3,5 cm), C rectangle isocèle, F rectangle isocèle (deux côtés de longueur 3,5 cm), I rectangle isocèle (hypoténuse 3,5 cm).
- Quatre triangles isocèles non rectangles : B, E, G et D (équilatéral).

Pour construire un trapèze rectangle, il faut apparier le carré A avec un triangle rectangle (afin de réaliser un alignement qui constituera la grande base) dont un côté de l'angle droit mesure 3,5 cm. A priori, on peut accepter F et H. Avec H, on construit bien un trapèze rectangle mais dont les proportions ne sont pas les mêmes que celles de l'original (qui a une grande base double de la petite), il paraît « plus long » ou « plus pointu ». Si une discussion surgit sur ce point, on pourra l'approfondir : F est isocèle comme sur le modèle (en faisant apparaître le triangle adjacent au carré) ; de ce point de vue, l'assemblage de A et F est plus satisfaisant que l'autre.

☐ Étape 3 : puzzle à trois pièces (fiche 3)

Le déroulement est identique à celui des deux premières étapes. L'enseignant peut réserver cette étape pour une évaluation quelques jours après les deux autres. Les élèves travaillent sur la fiche 3.
Chaque puzzle (il y en a quatre au total) est constitué de trois pièces : un triangle gris et deux secteurs circulaires.

Consigne
« Voici quatre puzzles constitués de trois pièces. Tout à l'heure, nous découperons l'un des quatre puzzles. Il faut choisir parmi A, B, C ou D celui qui permettra de reconstituer, en bougeant les pièces, une figure conforme au modèle. Lequel choisissez-vous ? Sur le modèle, on n'a dessiné que le contour. Il faut justifier votre réponse. »

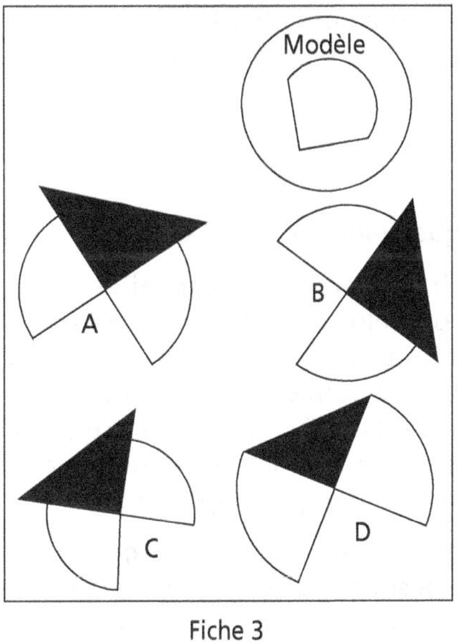

Fiche 3

Le puzzle A convient. Le rayon mesure la moitié de l'hypoténuse et les secteurs angulaires sont droits.

Le puzzle B ne convient pas : les secteurs angulaires sont droits, toutefois le double du rayon est supérieur à la longueur de l'hypoténuse (2 x 3,5 > 6,4).

Le puzzle C ne convient pas : un des secteurs angulaires a un angle au centre légèrement supérieur à 90° alors que l'autre est droit ; en revanche, le rayon vaut bien la moitié de l'hypoténuse.

Le puzzle D ne convient pas car les rayons des quarts-de-rond sont trop grands.

8. Attrape 1 (CM1)

> DESCRIPTION RAPIDE

Dans un premier temps, les élèves recherchent les axes de symétrie de diverses figures avec ou sans l'aide d'un géomiroir (miroir semi-réfléchissant). Un jeu à deux joueurs est ensuite proposé. Un point et une boîte sont placés de part et d'autre d'un géomiroir. Le premier joueur place la boîte, le second doit placer le point de manière à mettre son image dans la boîte. Un problème similaire est ensuite posé dans l'environnement papier-crayon ce qui conduit à expliciter la procédure de construction du symétrique d'un point par rapport à un axe sur papier blanc.

> OBJECTIFS

– Savoir trouver les axes de symétrie d'une figure plane (le terme a déjà été introduit dans la situation « Empreintes »).

– Connaître le terme de symétrie axiale. Savoir construire, sur papier blanc, le symétrique d'un point par rapport à un axe.

– Concevoir, pour une figure plane, l'équivalence des trois aspects : être réversible (retournable dans son empreinte), être « pliable » en deux parties superposables, coïncider avec sa propre image dans un miroir placé selon l'axe.

> DURÉE

Trois séances de 55 minutes.

> MATÉRIEL

Un géomiroir (de marque Celda) pour deux élèves.

Utilisation du géomiroir : remarques préliminaires

L'utilisation du géomiroir Celda pose des problèmes de précision.

Le géomiroir a une épaisseur de 3 mm et deux faces réfléchissantes distinctes ; les coïncidences observées ne sont donc pas réversibles : il y a une différence de 3 mm selon qu'on observe d'un côté ou d'un autre (sans bouger le géomiroir). Selon les tâches proposées, il en résulte des approximations pouvant mettre en défaut des propriétés mathématiques importantes.

Tâche : « Tracer un axe de symétrie à l'aide du géomiroir »

Après avoir trouvé une position du géomiroir laissant un polygone invariant, le tracé d'un trait sans précaution le long du géomiroir ne passe exactement ni par des sommets ni par des milieux de côtés ! Pour un tracé plus satisfaisant, il faut placer le côté biseauté du géomiroir sur la feuille, vers soi, et utiliser un crayon bien pointu. On peut alors arriver à un tracé correct compte tenu de l'épaisseur du trait. Nous tenons compte de ces difficultés et ne proposons pas le tracé d'un axe de symétrie avec le géomiroir (cf. première phase, étape 1).

Tâches : « Contrôler un axe de symétrie » ou « Contrôler une image, l'axe étant donné »
Utiliser plutôt le côté non biseauté, placer le géomiroir sur le trait de manière à le couvrir. On dispose ainsi d'une légère marge selon la manière dont on chevauche le trait. La coïncidence recherchée ayant lieu en regardant d'un côté n'a plus exactement lieu en regardant de l'autre.

DÉROULEMENT

■ Première phase
Recherche d'axes de symétrie

> MATÉRIEL

- Un géomiroir pour deux élèves.
- Un exemplaire des fiches 1 et 2 pour deux élèves.
- Un jeu de figures agrandies à au moins 200 % des fiches 1 et 2 de manière à être visibles de tous pour la mise en commun.

THÈME 4

☐ Étape 1 : recherche avec le géomiroir (sans tracé)

Le travail s'effectue par deux. Le maître remet un exemplaire de la fiche 1 à chaque binôme.

Consigne
« Sur les figures données, chercher à placer le géomiroir de manière à faire coïncider la figure et son image dans le géomiroir.
Attention, parfois ce n'est pas possible de trouver une position qui convient.
Pour une figure, chercher le maximum de positions possibles pour le géomiroir. »

La recherche s'effectue avec le géomiroir.

Le maître ne demande pas de tracer un trait indiquant la position trouvée à l'aide du géomiroir (cf. remarques précédentes).
Résultats : aucun axe de symétrie pour D, E, F ; un axe pour C ; cinq axes pour B ; six axes pour A.

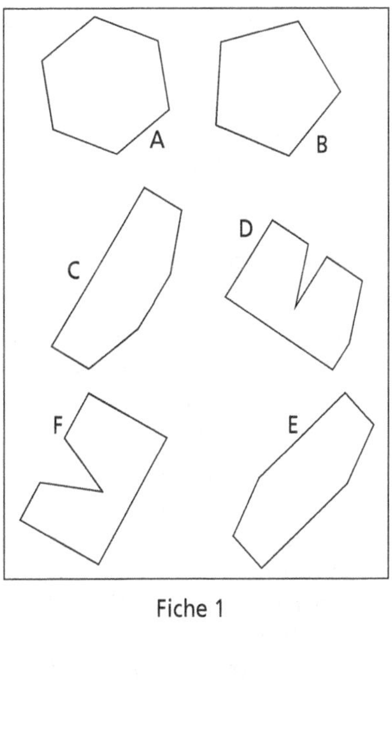

Fiche 1

Si le maître le juge utile, il pourra commencer par une recherche collective sur la forme A de manière à mieux faire comprendre la consigne qui n'est pas facile à formuler en termes simples.

Mise en commun très rapide

Les figures « grand format » sont affichées au tableau.

À partir des propositions des élèves, le maître liste les formes pour lesquelles on a trouvé aucune, une, deux, trois... positions satisfaisantes du géomiroir. Cette liste pourra comporter des erreurs.

Le maître reprend les formes dans l'ordre alphabétique, à partir du matériel collectif, en demandant aux élèves de venir montrer des positions convenables. Il trace lui-même les axes sur les figures affichées au tableau.

En conclusion, l'enseignant demande comment s'appelle(nt) en géométrie le(s) trait(s) tracé(s) sur certaines des figures. L'expression « axe de symétrie de la figure » est éventuellement rappelée si elle n'est pas proposée par les élèves (elle a déjà été rencontrée dans la situation « Empreintes »).

Certains enfants remarqueront peut-être que les formes ayant un axe de symétrie sont réversibles et qu'il suffit de les faire pivoter (dans l'espace) selon ces axes pour les faire se superposer avec elles-mêmes (lien avec la situation « Empreintes »). On peut également remarquer qu'en pliant la pièce selon le trait les deux parties obtenues sont superposables après retournement.

☐ Étape 2 : anticipation d'axes de symétrie (avec tracé)

Le maître distribue un exemplaire de la fiche 2 à chaque binôme. Les géomiroirs ne sont pas disponibles lors de la recherche.

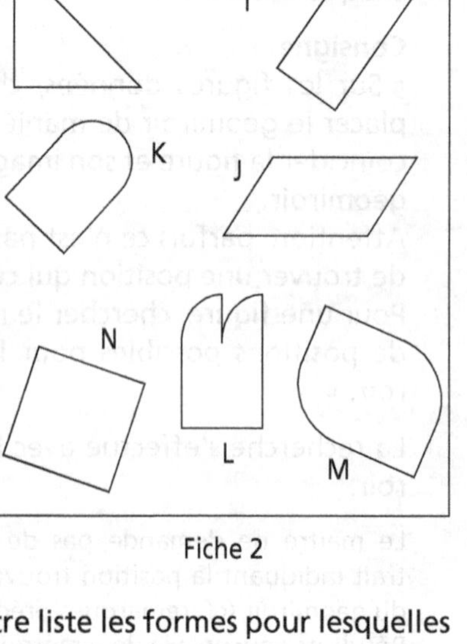

Fiche 2

Consigne

« Tracer avec précision le ou les axes de symétrie des figures G à N quand il(s) existe(nt). »

La recherche s'effectue sans le géomiroir.

Résultats : aucun axe de symétrie pour I, J, L, M ; un axe pour H, K ; deux axes pour G ; trois axes : aucune figure concernée ; quatre axes pour N.

Mise en commun

Les géomiroirs ne sont pas disponibles ; les figures grand format, découpées, sont affichées au tableau.

À partir des propositions des élèves, le maître liste les formes pour lesquelles on a trouvé aucun, un, deux... axes de symétrie. Cette liste pourra comporter des erreurs (elle sera rectifiée au fur et à mesure de l'examen des figures).

Le maître reprend les formes dans l'ordre alphabétique, à partir du matériel collectif, en demandant aux élèves de décrire les droites trouvées, de manière à ce que l'enseignant puisse les dessiner conformément à ces indications. Pour faciliter la communication, on aura intérêt à nommer les sommets ou des points remarquables par une lettre. L'enseignant sera amené à utiliser et à préciser le sens d'expressions comme « droite qui passe par le point ... et le point ..., par le sommet ... et le milieu du segment ... ».

Les élèves rencontrent des difficultés dans ces descriptions et sont souvent tentés de venir montrer la position trouvée.
Lors de la discussion, on s'attachera à faire expliciter les propriétés utilisées en acte pour essayer des axes plausibles. Par exemple, il faudrait partager par un trait la figure en deux parties pareilles de manière à :
- mettre en correspondance des segments de même longueur ;
- passer par des sommets (les deux côtés passant par ces sommets doivent alors se correspondre) ;
- passer par le milieu d'un côté.

Enfin, le maître procède à la validation des réponses à l'aide du matériel collectif.
Pour ce faire, il précise qu'on n'utilisera pas tout de suite le géomiroir mais qu'il y a un autre moyen de vérifier lorsque les figures sont découpées. On attend évidemment que les élèves proposent le pliage. En conclusion, le maître reviendra au géomiroir pour montrer que le pli (permettant la superposition de deux parties) correspond également à une position satisfaisante du géomiroir.

THÈME 4

Deuxième phase
Jeu de l'attrape avec le géomiroir

> MATÉRIEL

- Un géomiroir pour deux élèves.
- Une feuille A3 avec un trait oblique tracé fin (sur lequel on posera le géomiroir) pour deux élèves.
- Les macarons avec le dessin d'une boîte (à gauche) et d'un point (à droite) (fiche 3) pour deux élèves.

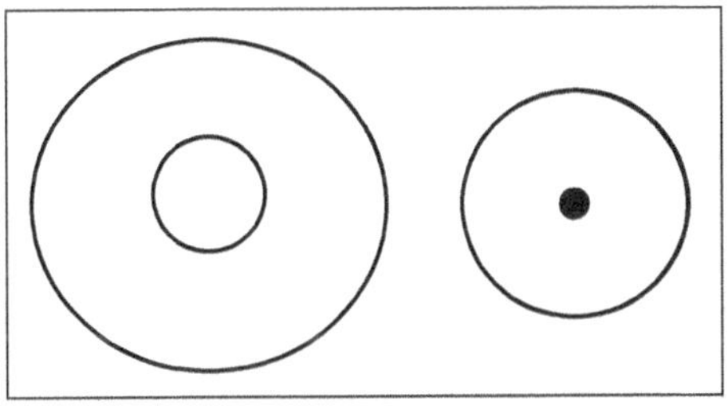

Fiche 3

Étape 1 : familiarisation avec le problème

La fiche 3 est découpée en deux parties : un élève prend la boîte et l'autre le point.
Le trait sur la feuille (voir illustration ci-dessous) délimite l'espace de jeu de chaque joueur, ce trait ne doit pas être franchi. Le géomiroir est placé sur le trait, et peut coulisser le long de ce trait (de manière à ne pas trop restreindre l'espace de jeu). Le premier joueur place la boîte dans sa zone, le second doit placer le point dans l'autre zone de manière à ce que l'image du point soit dans la boîte. On procède ainsi à plusieurs placements en les corrigeant sur le champ.

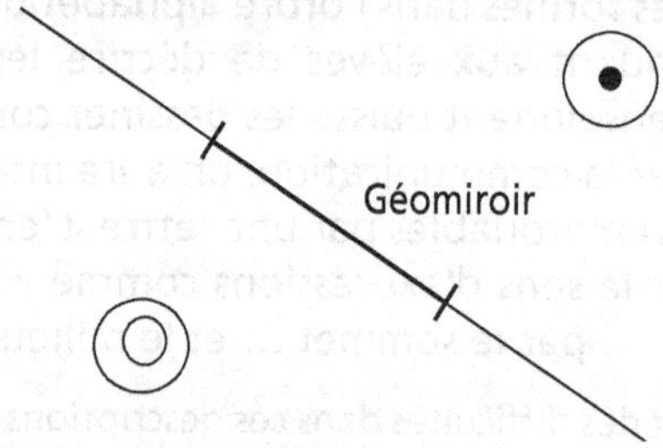

☐ Étape 2 : anticipation

Le problème posé est le même, mais maintenant il n'est plus possible de procéder par ajustement pour placer le point dans la boîte car le miroir n'est pas disponible lors de la recherche.
La boîte à outils est disponible (sans incitation à s'en servir).
Pour éviter les déplacements des macarons, on pourra les immobiliser avec de la gomme à fixer ou utiliser des « post-it ».
Le premier joueur place la boîte dans sa zone, puis le second place le point, on prend alors le géomiroir et on valide ou invalide la position du point en regardant dans le miroir. On déclare alors si le deuxième joueur a gagné ou perdu.
La partie est reprise en échangeant les rôles.

■ Troisième phase
Jeu de l'attrape dans l'environnement papier-crayon

> MATÉRIEL

- Un exemplaire des fiches 4, 5, 6 et 7 par élève.
- La boîte à outils est disponible.
- Des géomiroirs pour la validation, un pour deux élèves.

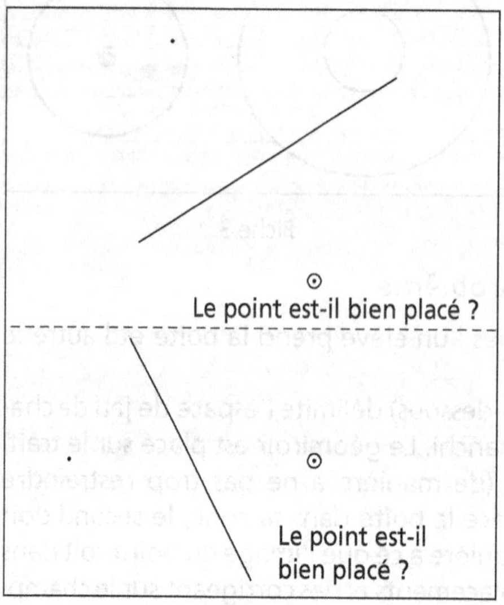

Fiche 4

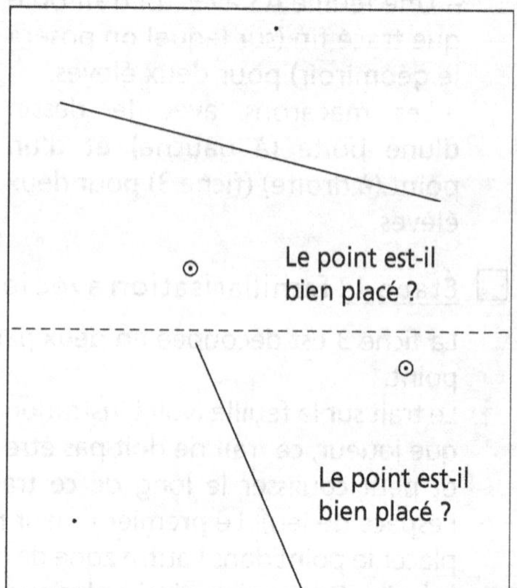

Fiche 5

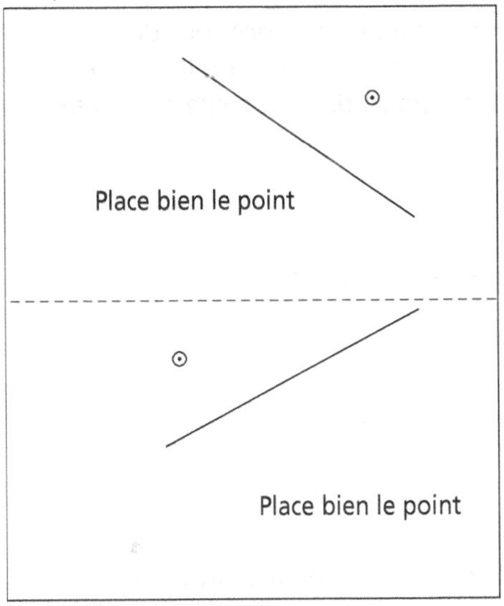

Fiche 6

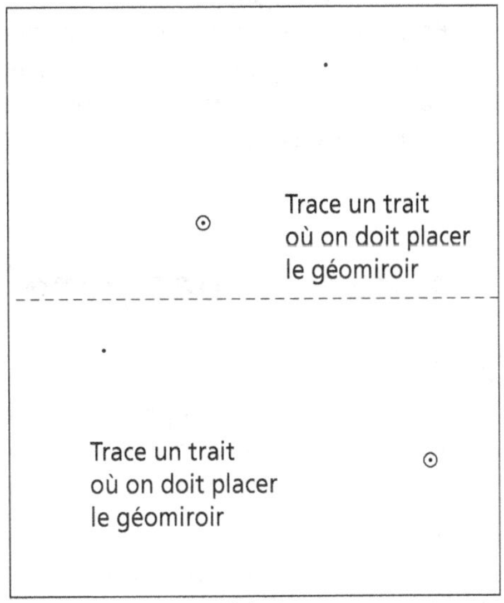

Fiche 7

Consignes

Trois types d'exercices sont proposés :

– « Selon toi, le point est-il bien placé ? Explique ta réponse » (fiches 4 et 5) ;

– « Dessine où tu placerais le point pour que son image soit dans la boîte » (fiche 6) ;

– « Marque par un trait la position du géomiroir pour que l'image du point soit dans la boîte » (fiche 7).

Mise en commun

Suite à chaque exercice, avant que les élèves ne vérifient leur proposition à l'aide des géomiroirs, on procède à un bilan. Quelques réponses significatives sont affichées au tableau et débattues. Puis les élèves retournent à leur place, corrigent éventuellement leur proposition et peuvent utiliser le géomiroir pour valider leur travail.

L'enseignant fait expliciter les méthodes qui ont permis de faire des propositions satisfaisantes ainsi que les manières de faire qui ne conviennent pas (analyse des erreurs).

Lorsqu'on propose cette situation au CE2, ce que nous avons renoncé à faire, les enfants remarquent assez facilement la propriété métrique : « un point et son image sont à égale distance de l'axe », mais ils repèrent difficilement la « direction » de l'image. Ils se contentent souvent de dire : « il faut aller tout droit » (en désignant une direction allant d'un point à l'axe), « il ne faut pas que ce soit "penché" », ou encore « l'image se trouve "en face" ». On attend au CM1, en fin de situation, l'utilisation et la formulation de la perpendicularité de l'axe (direction du géomiroir) avec la droite joignant un point et son image.

Institutionnalisation

En conclusion, le maître demandera de formuler la procédure de construction de l'image d'un point avec les outils de la géométrie. Il précise enfin qu'ainsi on a construit **le symétrique d'un point dans une symétrie d'axe** … (nommer l'axe).

9. Pareil, pas pareil 2 ? (CM2)

> DESCRIPTION RAPIDE

Plusieurs problèmes sont posés dans cette situation :

– construire des figures possédant des propriétés données ;

– décrire des figures et sélectionner des figures à partir de descriptions.

> OBJECTIFS

– Analyser et décrire une figure à l'aide de propriétés géométriques mettant en jeu la perpendicularité, le parallélisme, le positionnement de points sur des éléments remarquables de la figure.

– Comparer deux figures en formulant les ressemblances et dissemblances à l'aide de propriétés géométriques.

– Reconnaître une figure par ses propriétés.

– Prendre conscience que posséder certaines propriétés définit une classe d'objets qui peut comporter des exemplaires assez différents perceptivement malgré les propriétés partagées.

> DURÉE

Trois séances de 55 minutes.

DÉROULEMENT

■ Première phase
Construire une ou plusieurs figures correspondant à une description

> MATÉRIEL

– Un exemplaire de la fiche 1 agrandie au format A3, bien visible de loin, pour la classe.

– Une feuille blanche A4 par groupe de deux.

☐ Étape 1 : obtenir une solution

Le travail se fait par deux.

Consigne

« Faire une figure correspondant à la description suivante.

La figure se compose d'un carré et d'un cercle tels que :

– le centre du cercle est le milieu d'un côté du carré ;

– le cercle passe par deux sommets du carré. »

Cette description est écrite au tableau.

L'enseignant précise : « Sur votre feuille, faites une figure suffisamment grande : il faudra pouvoir la voir lors de la mise en commun. » Après la réalisation au crayon, il demande aux élèves de repasser la figure au feutre noir, à main levée, pour une meilleure visibilité.

Voici plusieurs solutions observées.

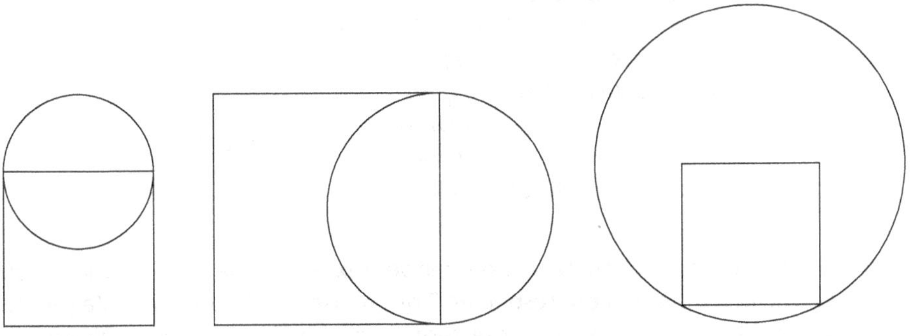

Figure 1 Figure 2 Figure 3

Les dimensions n'étant pas spécifiées, on obtient deux principales classes de figures similaires (par exemple, les figures 1 et 2 sont semblables).

La figure 3 est rarement proposée spontanément ; à ce stade, il n'y a pas lieu d'inciter les enfants à l'obtenir.

Quelques exemples d'erreurs :

– positionnement du centre : le centre du cercle est un des sommets du carré ou est au centre du carré ;

– imprécisions sur la position du milieu du côté du carré, le cercle passe par un sommet et pas par l'autre, deux arcs de cercle sont mal centrés mais passent par deux sommets du carré... ;

– confusion entre cercle et disque ou entre sommet et « zone correspondant à une partie de secteur angulaire au voisinage du sommet » (en ce sens, le cercle peut inclure deux sommets du carré).

De nombreuses erreurs sont corrigées au fil de l'activité, après discussion ou coup d'œil sur des productions voisines.

Mise en commun rapide

Il s'agit de confronter et de critiquer les productions des groupes de deux. Sont-elles conformes à la description donnée ? Sont-elles identiques, en quoi diffèrent-elles ?

Cette activité est l'occasion d'une première mise au point sur le vocabulaire relatif au carré et au cercle. Le maître sera parfois obligé de préciser la distinction entre sommet et côté, et le sens de l'expression « cercle qui passe par » (qui est parfois prise pour une information sur la position du centre).

☐ Étape 2 : analyse d'une solution originale

Une production correcte (de type 1 ou 2) obtenue dans l'étape 1 reste affichée au tableau.

La description de référence apparaît toujours au tableau.

L'enseignant affiche maintenant, à distance de la production précédente :

– soit la figure de type 3 lorsqu'elle a été proposée par des élèves de la classe ;

– soit la figure de la fiche 1 (correspondant à la figure 3 ci-dessus) et dit : « Dans une autre classe, un élève a fait la proposition que j'ai affichée. Qu'en pensez-vous ? »

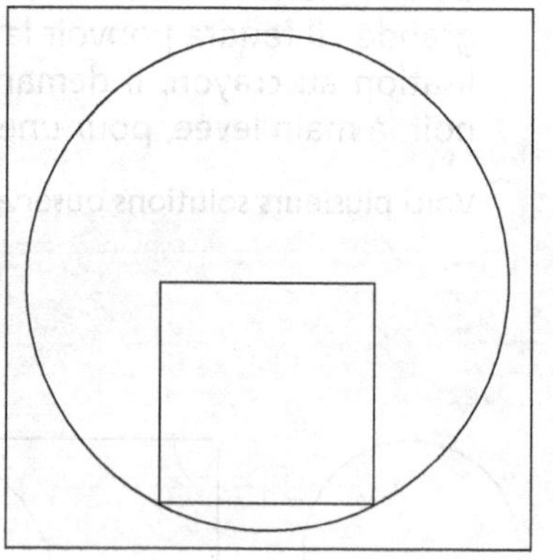

Fiche 1

Après une courte recherche, on demande aux élèves de se prononcer : qui pense que la consigne a été respectée ? qui pense que la consigne n'a pas été respectée ? Le débat s'engage pour tenter de convaincre d'autres élèves.

Les réponses « non » sont argumentées de deux manières :

– par comparaison avec le dessin obtenu dans l'étape 1 sans se référer à la description : « Non, parce qu'il faut que le cercle passe dans le carré », « Non, parce que le cercle ne passe pas au centre du carré ; c'est le carré qui est au centre » ;

– par référence à la description mais avec une confusion entre cercle et disque, ou suite à une conception erronée des sommets : « Elle n'est pas bonne parce qu'il y a les quatre sommets dans le cercle », « Non, parce que ça ne passe pas par deux sommets du carré ; il passe à côté ».

Les verbalisations sont marquées par de fréquentes confusions, par exemple « le cercle ne passe pas par le milieu du côté » pour « le centre n'est pas au milieu du côté », le « milieu du cercle », etc.

■ Deuxième phase
Sélection de figures à partir d'une description

> MATÉRIEL

Pour deux élèves

– Une feuille de format A3 réunissant les deux feuilles de format A4 des fiches 2 et 3 (support « un cercle et un carré ») pour deux élèves.

– Un exemplaire de la fiche 4 au format A4 (support « un carré et deux segments ») pour deux élèves.

– Un exemplaire des fiches 2, 3 et 4 suffisamment agrandies pour être visibles de toute la classe.

– Une feuille de brouillon pour rédiger les descriptions pour deux élèves.

Le double décimètre et les instruments de mesure en général ne sont pas disponibles afin d'éviter les mesures comme informations significatives. Par exemple, il faut éviter de spécifier un cercle par son rayon ou un carré par son côté.

□ Étape 1 : « un cercle et un carré »

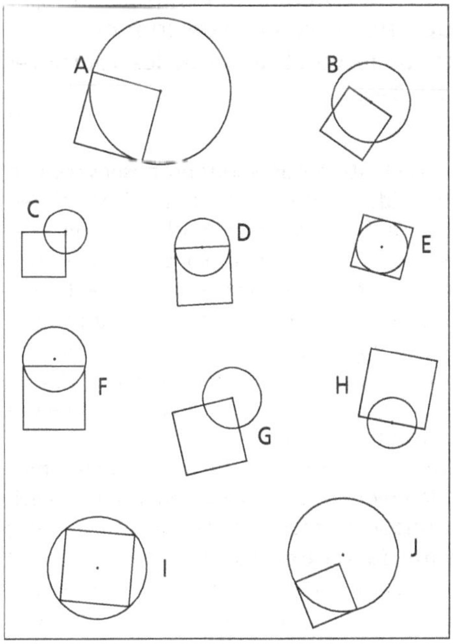

Fiche 2

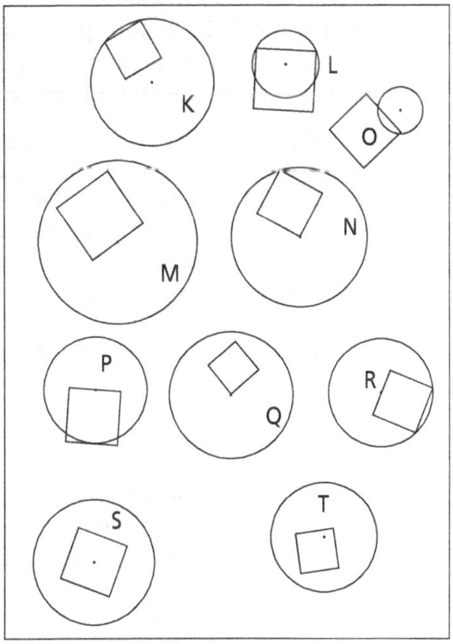

Fiche 3

Le maître demande aux élèves d'identifier les deux figures rencontrées dans l'activité précédente et fait rappeler la description donnée pour ces deux figures.

Remarque : il s'agit de D et R.

Le travail se déroule à deux. Le maître distribue à chaque équipe une feuille A3 sur laquelle figurent les deux fiches.

Consigne

« Choisissez une figure parmi celles proposées, et souvenez-vous de sa lettre repère. Rédigez une description qui permettra de retrouver exactement la figure choisie. Vous n'avez pas le droit d'utiliser votre double décimètre. »

Mise en commun

Un groupe lit sa description, elle est recopiée au tableau par l'enseignant, évidemment sans donner la lettre repère de la figure choisie.

L'enseignant demande de trouver la ou les figures correspondant à la description donnée. Il rappelle que, comme dans la phase précédente, il peut y avoir plusieurs figures qui correspondent à la description et qu'il ne faut donc pas s'arrêter lorsqu'on a trouvé une figure satisfaisante.

Il laisse un moment de recherche pour que les élèves, par deux, établissent la liste des figures répondant à la description ; cette liste peut être vide ou comporter un ou plusieurs éléments.

Ces listes sont ensuite discutées collectivement.

On conclut :
– en donnant la liste des propriétés permettant de caractériser l'unique figure choisie initialement par le groupe ayant rédigé la description ;
– en procédant à une mise au point sur le vocabulaire et les tournures employées (cf. plus loin l'analyse des figures).

Voici quelques exemples de propositions :
– « Le cercle passe par un sommet du carré ». Quatre figures sont proposées comme conformes à cette description : O et N sont validées par toute la classe, C est validée par une moitié de classe et invalidée par l'autre (finalement on conclura « non » car c'est le centre qui est sommet du carré) et enfin A (invalidée par toute la classe). L'enseignant doit intervenir pour préciser qu'il accepterait cette réponse, car le cercle, passant par deux sommets du carré, passe aussi par un sommet : cela soulève beaucoup de protestations… En conclusion, la question se pose de différencier N et O. Les élèves proposent : « Le cercle passe aussi par le côté du carré » (incorrect), « Le cercle est plus petit que le carré », « Le cercle coupe un côté du carré »… on reconnaît cette dernière expression comme la plus satisfaisante ;
– « Le cercle passe par deux sommets du carré et le centre du cercle touche un sommet du carré » (l'enseignant rectifie en « est un sommet »). Les élèves reconnaissent massivement A mais C et G sont aussi proposés et critiqués (confusion entre côté et sommet) ;
– « Le carré est au milieu du cercle et le centre du cercle est au milieu du carré ». Les élèves proposent I et S. La question se pose de différencier I et S. Les expressions « centre du carré », « être à l'intérieur de » sont proposées par l'enseignant pour remplacer les formulations spontanées des élèves.

Analyse du matériel de la fiche 2 : « un cercle et un carré »
Soit c le côté du carré et r le rayon du cercle.

Position du centre du cercle	Rayon	Cercle passe par	Autre propriété
Sommet du carré			
G	$< c/2$		Cercle coupe deux côtés du carré
C	$= c/2$	Milieu de deux côtés consécutifs	
A	$= c$	Deux sommets opposés du carré	Touche deux côtés du carré
N	$= \sqrt{2}\,c$	Un sommet	Carré dans le cercle
Q	$> \sqrt{2}\,c$		Carré dans le cercle
Milieu d'un côté			
D	$= c/2$	Deux sommets du carré	Touche deux côtés
H	$< c/2$		Cercle coupe deux côtés du carré
B	$c/2 < r < c$		Cercle coupe deux côtés du carré
P	$= c$		Touche un côté en son milieu
R	$= c\sqrt{5}\ /2 > c$	Deux sommets	Carré dans le cercle
M	$> c\sqrt{5}\ /2$		Carré dans le cercle

Position du centre du cercle	Rayon	Cercle passe par	Autre propriété
Centre du carré E I S	 = c / 2 $= c\sqrt{2}/2$ $> c\sqrt{2}/2$	 Quatre sommets du carré	 Touche les quatre côtés du carré Carré dans le cercle Carré dans le cercle
Extérieur au carré F J K O **Intérieur au carré** L T		 Deux sommets consécutifs Deux sommets opposés Deux sommets consécutifs Un sommet du carré Deux sommets consécutifs du carré	 Carré dans le cercle Carré dans le cercle

Terminologie

Recevable	Non recevable
Carré Sommets du carré Sommets opposés, consécutifs Côté du carré Côtés opposés, consécutifs Milieu d'un côté Diagonale du carré Centre du carré Intérieur ou extérieur au carré Carré dans le cercle	Vocabulaire spatial : le sommet en haut et à droite ; le côté en bas ; le centre du côté, du segment
Cercle Centre du cercle *Le centre est …* Vocabulaire de positionnement d'un point : sur un sommet, un sommet, au milieu d'un côté, au centre du carré, à l'intérieur du carré, à l'extérieur du carré… Rayon du cercle (en général on désigne par rayon une mesure ou un segment) *Le cercle passe par …* (référence à un ou plusieurs points remarquables de la figure) Le cercle contient le carré	Le rond Le milieu du cercle Confusion entre « identité » et « passer par » (exemple : « le centre du cercle passe par un sommet du carré » au lieu de « est un sommet du carré »)

☐ <u>Étape 2 :</u> « un carré et deux segments »

Le déroulement est le même avec la fiche 4. Rappelons que les règles graduées ne sont pas disponibles.

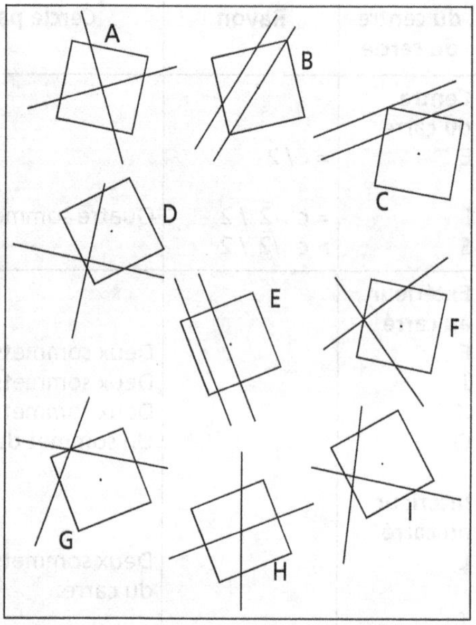

Fiche 4

Analyse du matériel de la fiche 4 : « un carré et deux segments »
Les neuf figures se composent d'un carré de côté 3 cm (dont le centre est marqué) et de deux segments de longueur 6 cm. Dans les descriptions, on parlera indifféremment de segments ou de droites. On préférera les descriptions en termes de droites ou segments perpendiculaires plutôt qu'en terme d'angles droits qu'il est toujours délicat de dénombrer.

Structure et propriétés
Segments parallèles
• Figure E : parallèles ou perpendiculaires à deux côtés du carré.
• Figure B : un des segments passe par deux sommets (opposés) du carré ou contient une diagonale du carré.
• Figure C : un des segments passe par un (seul) sommet du carré.
Segments sécants
• Non perpendiculaires
– Figure I : ils se coupent dans le carré, mais pas au centre.
– Figure G : ils se coupent sur le carré.
– Figure H : ils se coupent au centre du carré.
• Perpendiculaires
– Figure D : ils se coupent dans le carré, mais pas au centre.
– Figure F : ils se coupent sur le carré.
– Figure A : ils se coupent au centre du carré.

10. Agrandir la drôle de boîte (CM2)

> DESCRIPTION RAPIDE

Une boîte est construite par pliage. La découpe et les plis font apparaître des combinaisons de formes simples. Après observation et analyse du pliage plié et déplié, on demande de faire la même boîte en plus grand. La construction effective permet de tester la validité de l'agrandissement.

Des agrandissements de tangrams sont proposés comme activités d'accompagnement. La validation se fait en recomposant le puzzle autrement.

> OBJECTIFS

- Analyser une figure à l'aide de propriétés telles que côtés isométriques, alignements... et de l'identification de sous-figures.
- Utiliser ces propriétés et sous-figures pour construire une figure semblable.
- Expliciter les propriétés conservées.

> DURÉE

Deux séances de 55 minutes.

> MATÉRIEL

- Deux ou trois boîtes agrandies (en utilisant la fiche 1 agrandie en A3) en carton léger ou papier Canson pour le maître. Du bolduc pour tenir les boîtes fermées.
- Un exemplaire du contour à découper en taille réduite (six exemplaires par fiche 2) pour chaque élève.
- La boîte à outils.
- Du papier blanc de format A4.
- Une feuille de bristol ou d'autre carton maniable de format au moins égal à A4.

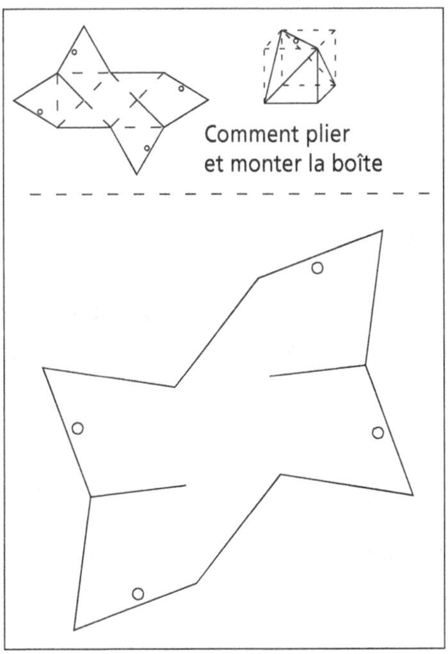

Fiche 1

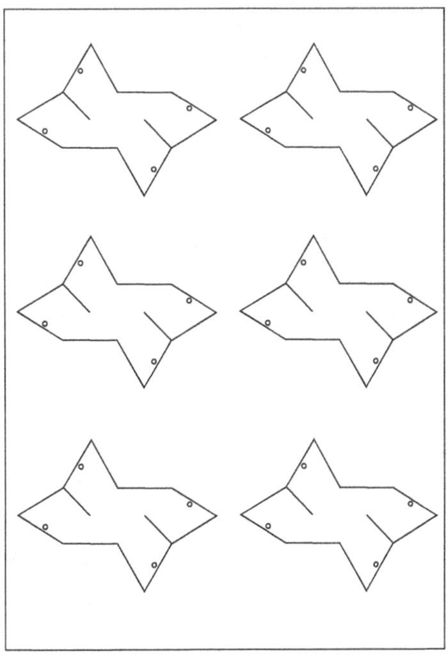

Fiche 2

DÉROULEMENT

■ Première phase
Premières observations

☐ Étape 1 : observations collectives

Le maître présente les boîtes montées et invite les élèves à faire des commentaires : « drôle de boîte », « il y a des triangles », « dessous c'est carré », « c'est symétrique », « il faudra qu'on fasse un patron ? »...
Le maître ouvre une des boîtes et la fixe à plat au tableau (avec des aimants), les autres restent montées.
Le maître puis des élèves montent et démontent les boîtes. Les élèves commentent : « c'est fendu », « il y a un bout qui vient par-dessous », « on voit les triangles du côté », « on voit le carré du dessous »...

☐ Étape 2 : retrouver les plis

Chaque élève a une réduction du contour de la boîte (fiche 2).

Consigne
Chacun trace sur sa photocopie l'endroit des plis et l'endroit de la coupure.
Pour valider, chacun découpe, plie et essaie de monter la boîte. Le format est petit mais suffisant pour s'approprier le pliage.

■ Deuxième phase
Construction d'une boîte en papier

☐ Étape 1 : premier essai

Une grande boîte, dépliée, reste fixée au tableau. Les petites boîtes individuelles sont fermées par du scotch.

Chaque élève dispose d'une feuille de format A4.

Consigne
Chacun va construire une boîte plus grande (qui remplit bien la feuille) pour s'exercer avant d'en faire une belle en carton. Il s'agit de bien comprendre comment elle est faite.

☐ Étape 2 : examen des productions

Par groupes de quatre, les élèves s'interrogent sur la validité de leurs productions. S'ils le souhaitent, ils peuvent corriger des erreurs qu'ils repèrent, puis finalement découper et plier pour valider.

Les productions sont de plusieurs types :
- correctes ;
- incorrectes au niveau des triangles équilatéraux (qui ne sont pas perçus comme tels, ou qu'ils ne savent pas tracer) ;
- incorrectes au niveau du rectangle et de son partage par les plis et découpes (la plupart des élèves indiquent spontanément les plis).

☐ Étape 3 : explicitation des conditions de la réussite

Le maître dessine grossièrement au tableau un contour de boîte très erroné, en s'inspirant des premières productions.

Le contour ainsi que les traces des plis corrects sont donnés dans la fiche 1. Collectivement, on essaie de dire ce qui ne va pas, et a contrario comment devrait être une boîte réussie.

Voici un exemple de ce qui peut être obtenu :
- « Au milieu, il n'y a pas de pli, c'est le carré du fond de la boîte » (le maître efface ce trait) ;
- « Le carré du milieu doit avoir quatre angles droits et ses côtés de même mesure » ;
- « Les triangles de l'intérieur doivent être tous pareils » ;
- « Les triangles autour doivent avoir des côtés de même mesure pour qu'on puisse les superposer ».

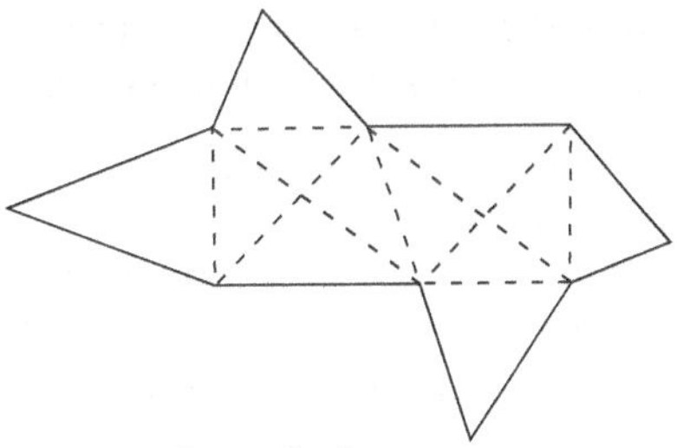

Exemple de contour de boîte erroné

On ne débat pas sur les procédures qui ont permis ces tracés, mais seulement sur les critères d'appréciation du tracé produit.

Troisième phase Construction de la boîte en carton

Chacun élève dispose d'une feuille de carton (bristol, Canson...) de format supérieur à A4 (et de format A3 maximum), de la boîte à outils et du bolduc pour les finitions.
Il trace le contour de sa boîte et les plis.

Pour bloquer les procédures qui recourent au calcul des dimensions, soit par multiplication par 3, 4 ou 5 des dimensions du petit modèle, soit par division par 2 des dimensions du grand modèle, on pourra être amené à interdire l'accès au tableau avec une règle, mais il est difficile d'interdire de mesurer sur la petite boîte...
Le maître circule, invite chacun à avoir un regard critique sur sa production, aide à localiser les erreurs.
Les élèves qui ont détecté une erreur la rectifient. Le travail est individuel mais une coopération entre voisins est la bienvenue (un regard étranger peut aider à voir les erreurs et comment les rectifier).
Le maître pourra profiter de l'occasion pour apprendre aux élèves à tracer un triangle équilatéral au compas.

Quand un élève est satisfait de sa production, il découpe, plie, perce et ferme avec un bolduc.

Petits problèmes techniques
Attention aux erreurs de découpage et à ne pas se tromper de demi-diagonale. Les trous doivent être bien centrés sur le milieu des côtés, l'aide du maître est ici souvent nécessaire (on peut aussi se passer de trous et fermer avec du scotch).

Activités d'accompagnement

Le tangram

Le tangram permet de reconstituer un carré ou un rectangle. Avant de réaliser l'agrandissement les élèves doivent prendre conscience qu'avec les mêmes pièces on peut réaliser le carré et le rectangle. Le carré (ou le rectangle) ne doit pas être agrandi pièce par pièce, mais globalement avec les tracés intérieurs. Si l'on agrandit le carré (ou le rectangle) la reconstitution du rectangle (ou du carré) après découpage permet la validation.

Le maître proposera d'abord le carré, puis en réinvestissement le rectangle selon les mêmes modalités.

Les fiches 3 et 4 présentent en haut la disposition des pièces pour reconstituer le carré et le rectangle et un cadre (carré pour la fiche 3, rectangulaire pour la fiche 4) pour l'agrandissement.

Avant de commencer l'agrandissement, pour se familiariser avec ce puzzle, on examine collectivement le carré et le rectangle, et on repère les pièces identiques. Pour ce faire, on peut numéroter chaque pièce au tableau, chacun reportant ces numéros sur sa feuille (fiche 3), dans le carré et le rectangle. C'est l'occasion de remarquer que dans les sept pièces du puzzle, il y a deux petits triangles identiques et deux grands triangles identiques.

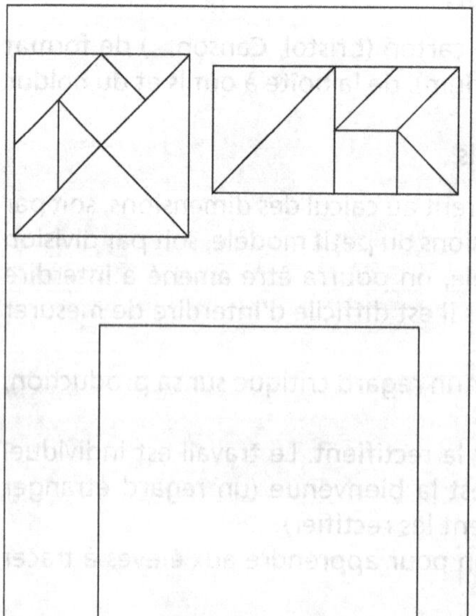

Fiche 3

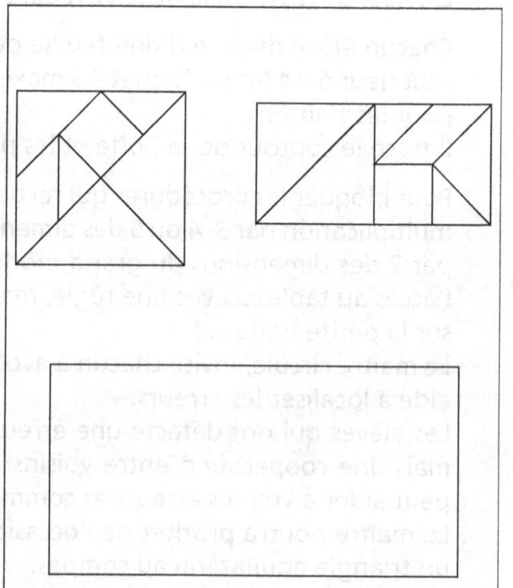

Fiche 4

Première phase
Agrandissement du tangram dans le carré

☐ Étape 1 : travail individuel

Les élèves ont à reproduire les pièces du puzzle à l'intérieur du carré. Le travail est individuel.

☐ Étape 2 : mise en commun

Dès que des élèves ont engagé un travail significatif, on organise une mise en commun sur les critères de réussite ou d'échec. On prendra comme support des travaux d'élèves (qui risquent d'être peu visibles de loin) ou un dessin caricatural du maître reprenant, en les accentuant, les principaux défauts des productions.
Il ressort de cet examen que, par exemple, tel triangle est trop petit, que ce qui devrait être carré ne l'est pas, ou que telle pièce n'arrive pas au milieu de tel côté, etc.

☐ Étape 3 : travail individuel et validation

On reprend le travail individuel.
Validation par reconstitution de l'autre configuration après découpage des pièces.

☐ Étape 4 : mise en commun

Mise en commun : mise en évidence des procédures efficaces (alignements, milieux).

Deuxième phase
Agrandissement du tangram dans le rectangle

Réinvestissement. Agrandissement selon les mêmes modalités (étapes 1 à 4) sur la fiche 4.

Le brise-croix

Le brise-croix permet de reconstituer une croix et un rectangle. De la même façon, on n'agrandit pas pièce par pièce, mais globalement la croix (ou le rectangle). La reconstitution du rectangle (ou de la croix) après découpage permet la validation.

On proposera d'abord la croix (fiche 5), puis le rectangle (fiche 6) selon les mêmes modalités (étapes 1 à 4).

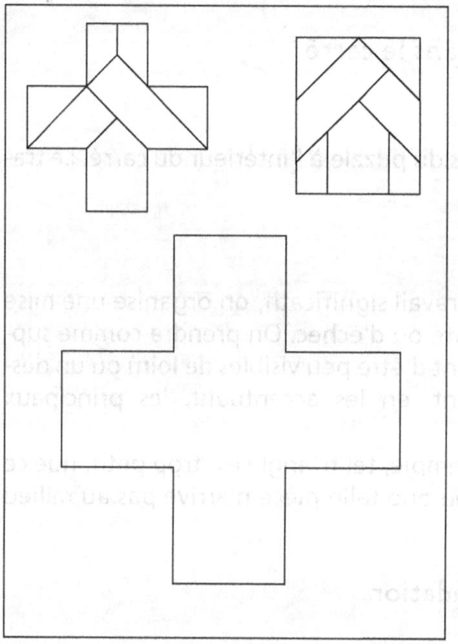

Fiche 5

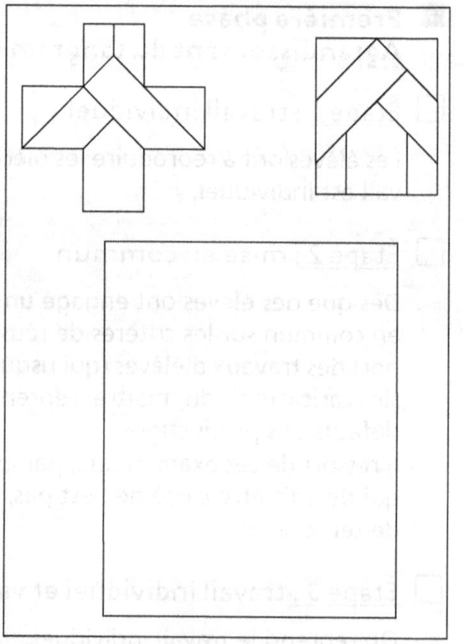

Fiche 6

11. Attrape 2 (CM2)

> DESCRIPTION RAPIDE

Cette situation débute par une activité d'assemblage de formes qui permet de repréciser le vocabulaire de la symétrie axiale. On recherche ensuite, sur papier blanc, l'image d'un assemblage de pentagones (en utilisant un gabarit) et, sur papier quadrillé, l'image d'une figure par symétrie axiale.

Un jeu à deux est ensuite proposé. Une allumette et une boîte doivent être placées de part et d'autre d'un géomiroir. Le premier joueur place la boîte, le second doit placer l'allumette de manière à mettre son image dans la boîte. Un problème similaire est ensuite posé dans l'environnement papier-crayon ce qui conduit à expliciter la procédure de construction du symétrique d'un point, et d'un segment, par rapport à un axe.

> OBJECTIFS

- Savoir trouver les axes de symétrie d'une figure plane.
- Connaître le terme de symétrie axiale.
- Savoir construire sur quadrillage le symétrique d'une figure par rapport à un axe orienté selon les directions du quadrillage ou selon une diagonale.
- Savoir construire, sur papier blanc, le symétrique d'un point et d'un segment par rapport à un axe.

> **DURÉE**

Trois séances de 55 minutes.

> **MATÉRIEL POUR TOUTES LES PHASES**

Un géomiroir (de marque Celda) pour deux élèves.

Se référer à la situation « Attrape 1 » pour les remarques préliminaires concernant les géomiroirs.

DÉROULEMENT

Première phase
Obtenir par assemblage des formes avec ou sans axe de symétrie

> **MATÉRIEL**

– Une forme découpée P (fiche 1) par élève.

– Une forme P (fiche 1) agrandie et découpée dans du carton de manière à servir de gabarit pour le dessin au tableau.

– Un géomiroir pour deux élèves lors de la phase de validation seulement.

La forme P est pentagonale avec deux côtés isométriques, elle n'admet pas d'axe de symétrie. La lettre P sert uniquement à distinguer le recto et le verso de la pièce de papier.

Chaque élève reçoit une forme P découpée. Les élèves travaillent par deux.

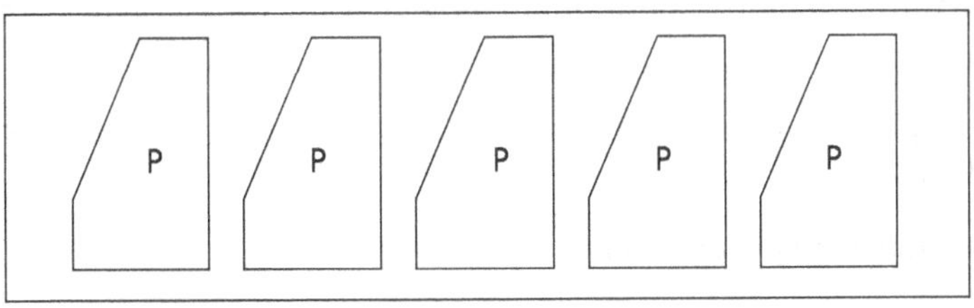

Fiche 1

Consigne

« Assembler **deux** pièces P l'une contre l'autre (elles doivent se toucher sans chevauchement) et en dessiner le contour. Au total, vous devez obtenir trois formes qui ont un axe de symétrie et trois qui n'en ont pas. Les deux côtés qui se touchent n'ont pas nécessairement la même longueur. Vous avez le droit de retourner la pièce P. »

En cas de besoin, on fera rappeler par les élèves la signification d'axe de symétrie. Les élèves proposent souvent : « C'est un trait qui partage la figure en deux » ; on pourra se contenter pour le moment d'une telle formulation...

Exemples

Les deux côtés qui se touchent ont ou n'ont pas même longueur.

On ne dessine que le pourtour de la surface.

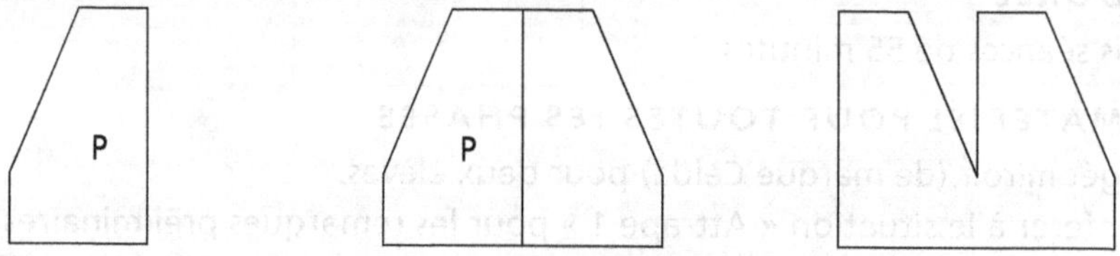

Mise en commun

Le tableau est partagé en deux colonnes : l'une pour les formes admettant un axe de symétrie, l'autre pour celles qui n'en admettent pas.

On ne peut avoir plus d'un axe de symétrie en assemblant deux pièces. Il ne doit pas y avoir dans une même colonne deux figures superposables directement (ce point apparaîtra lorsqu'on se demandera si on a déjà obtenu une forme proposée ou non).

Les élèves font des propositions qu'ils viennent reproduire au tableau dans la colonne de leur choix avec le matériel collectif (agrandi).

La proposition est soumise à l'approbation de la classe. Pour valider ou invalider une proposition, on demande aux élèves de rappeler comment on peut vérifier pratiquement qu'une figure admet un axe de symétrie : par pliage (ce que l'on peut simuler en retournant un gabarit en prenant un côté pour axe), à l'aide d'un géomiroir ou encore en retournant la forme dans son empreinte. Il est possible que seul le premier critère apparaisse ; de toute manière, l'enseignant va demander de valider les productions individuelles avec le géomiroir.

Les géomiroirs sont distribués et utilisés sur les figures construites par les élèves.

Exemples de productions

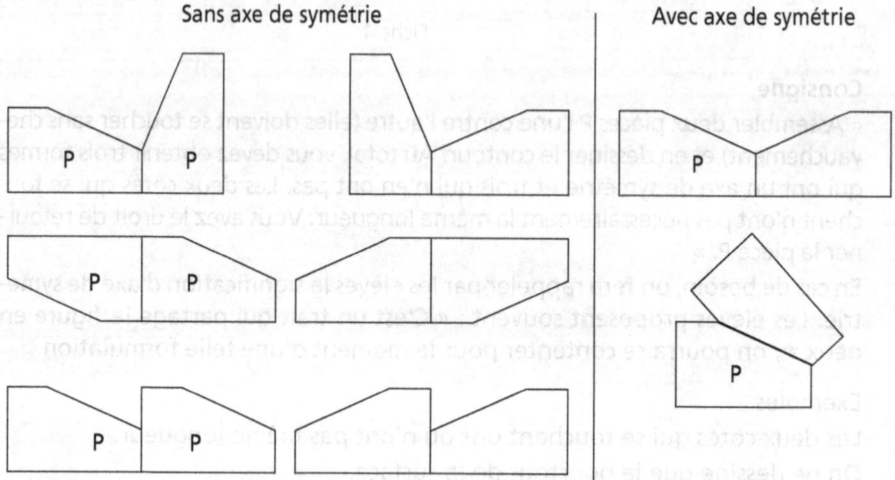

En conclusion, on précisera qu'un axe de symétrie d'une figure est une droite qui partage la figure en deux parties superposables après retournement autour de cette droite, ce que l'on peut vérifier pratiquement par pliage ou grâce à un géomiroir.

Deuxième phase
Compléter une figure par symétrie

> MATÉRIEL

– Un exemplaire de la fiche 2 pour deux élèves.
– Un géomiroir pour deux élèves lors de la validation.
– Le matériel individuel utilisé dans la première phase : un gabarit du pentagone P par élève et un gabarit en carton pour la mise en commun.

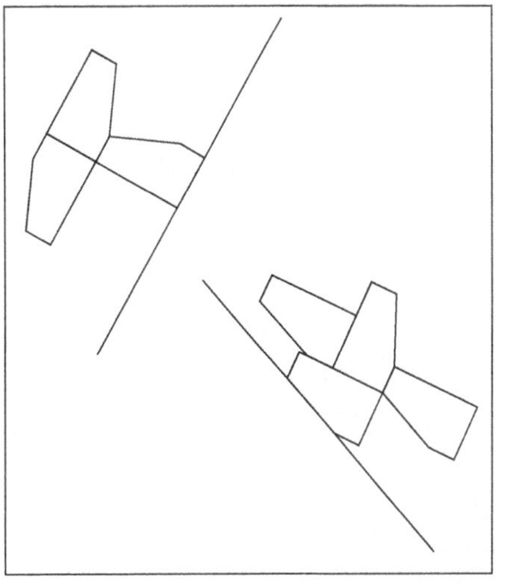

Fiche 2

L'enseignant distribue un exemplaire de la fiche 2 pour deux élèves. Il reproduit son contenu au tableau à l'aide du gabarit en carton.

Consigne

« En se servant de la forme P comme gabarit, dessiner la figure symétrique de la figure dessinée par rapport à la droite. »

L'enseignant montre la droite et rappelle que cette consigne revient à dessiner ce que l'on verra quand on regardera l'image de la figure en plaçant le géomiroir sur le trait, ou à dessiner la figure obtenue par pliage le long de ce trait. Il précise que les géomiroirs ne sont pas disponibles durant la recherche mais qu'ils serviront ultérieurement pour vérifier.

Mise en commun

Un groupe d'élèves vient au tableau et reproduit sa configuration à l'aide du gabarit en carton. La validité de cette proposition est soumise à discussion.

En cas de désaccord, on peut recourir au pliage ou au géomiroir à partir de la production des élèves sur papier.

En conclusion, on demandera ce que l'on peut dire de la figure formée par l'original et son image : elle possède un axe de symétrie. L'enseignant précise alors que ce que les élèves viennent de faire s'appelle « compléter le dessin par symétrie » (l'axe de la symétrie étant le trait).

Troisième phase
Construire le symétrique d'une figure sur quadrillage

> MATÉRIEL

– Un exemplaire des fiches 3 et 4 par élève.
– Un géomiroir pour deux élèves lors de la validation.
– La boîte à outils est disponible.

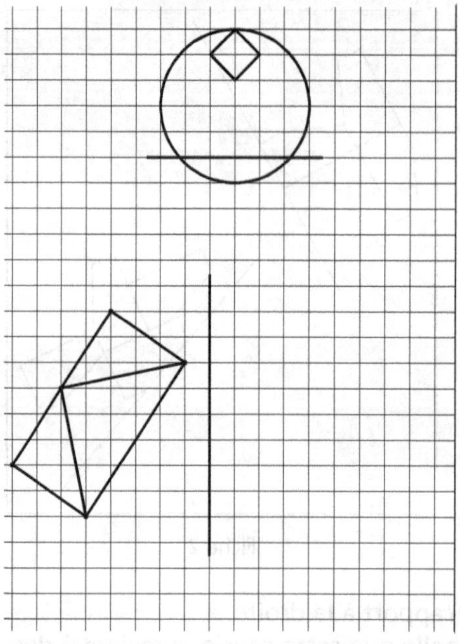

Fiche 3

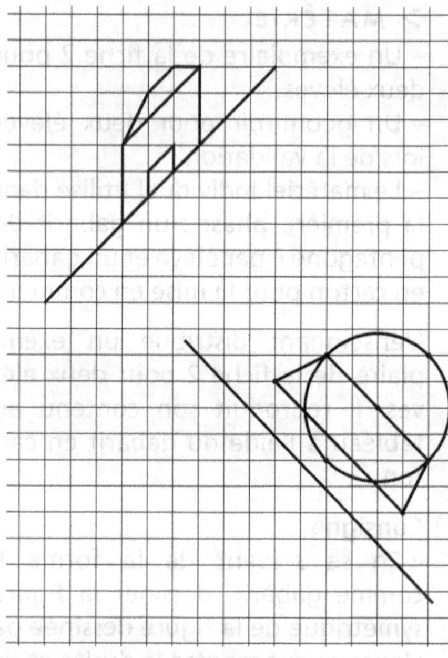

Fiche 4

Les élèves vont résoudre les quatre exercices proposés. Il s'agit de construire le symétrique de la figure donnée par rapport à l'axe indiqué. Le géomiroir n'est utilisé que pour la validation qui a lieu suite à chaque exercice. Le cas échéant, l'élève corrige sa proposition à l'aide d'un crayon de couleur différente.

L'enseignant agrandit ou reproduit au tableau, sur fond de quadrillage, un des dessins (par exemple la « maison penchée »). Pour conclure l'activité, l'enseignant fait expliciter les procédures qui ont permis de construire une image correcte tout en la faisant réaliser au tableau.

Les figures comportent des points remarquables sur le quadrillage ; en revanche, les segments ne sont que rarement « portés » par le quadrillage ; ceci favorise des procédures reposant sur la recherche des images de points particuliers. On attend des procédures consistant à repérer un point, éventuellement un segment, par rapport :
– à l'axe (par exemple si l'axe est « vertical », on reporte une même distance, comptée en carreaux, selon une « horizontale ») ;
– à des points ou à des segments dont on a déjà tracé les images ; on peut alors utiliser la conservation des longueurs ou des angles droits.

Quatrième phase
Jeu de l'attrape avec le géomiroir

> MATÉRIEL

– Un géomiroir pour deux élèves.
– Une feuille de format A3 avec un trait fin oblique (sur lequel on posera le géomiroir) pour deux élèves.
– Un exemplaire de la fiche 5 pour deux joueurs : les macarons (à découper) avec le dessin d'une allumette et d'une boîte. 

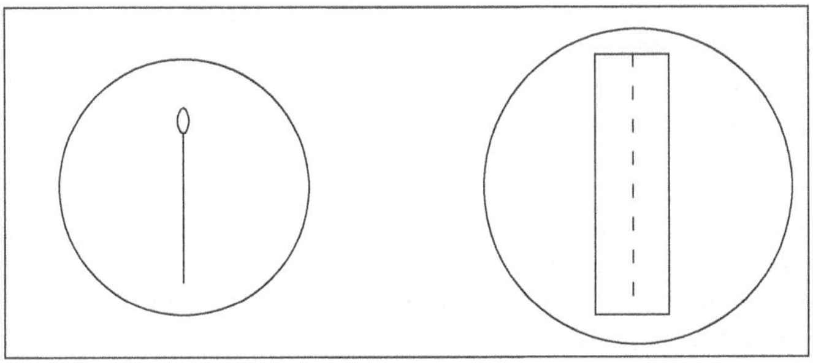

Fiche 5

☐ Étape 1 : familiarisation avec le problème

Le trait sur la feuille délimite l'espace de jeu de chaque joueur, ce trait ne doit pas être franchi (voir illustration ci-après).
Le géomiroir est placé sur le trait et peut coulisser le long du trait (de manière à ne pas trop restreindre l'espace de jeu). Le premier joueur place la boîte dans sa zone, le second doit placer l'allumette dans l'autre zone de manière à ce que l'image de l'allumette soit dans la boîte. On procède ainsi à plusieurs placements en les corrigeant sur le champ.

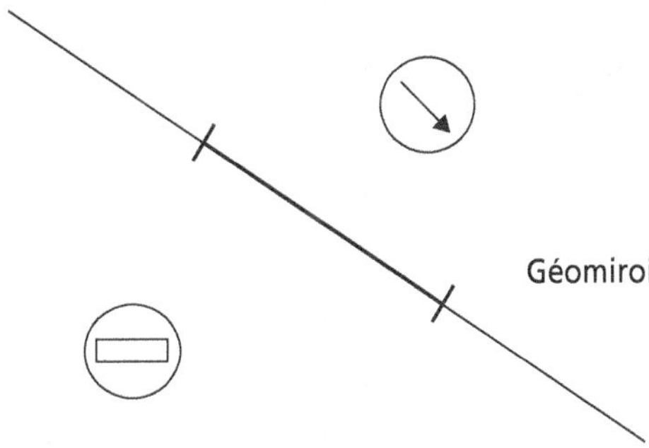

☐ Étape 2 : anticipation

Le problème posé est le même, mais lors du choix de la position de l'allumette le miroir est enlevé afin d'encourager l'anticipation. La boîte à outils est disponible (sans incitation à s'en servir). Pour éviter les déplacements intempestifs, on pourra immobiliser les macarons avec de la gomme à fixer ou utiliser des « post-it ».

Lorsque le second joueur a placé l'allumette, on valide ou invalide la position en regardant dans le miroir, ce qui peut être fait conjointement par les deux joueurs, chacun regardant de son côté. On déclare alors si le deuxième joueur a gagné ou perdu.

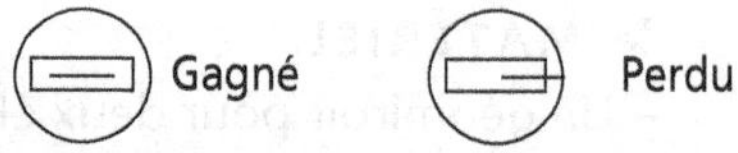

La partie est reprise en échangeant les rôles.

Il est intéressant d'observer, qu'au fil du jeu, des élèves utilisent de plus en plus les outils de la géométrie pour placer l'allumette. Dans cette perspective, le pointillé marquant un axe de la boîte permet une plus grande précision dans le positionnement des instruments. L'utilisation de l'équerre (en plaçant un des côtés le long de l'axe) ou de la réquerre est tout indiquée mais on observe aussi le repérage de la distance à l'axe par l'écartement de deux doigts ou par la règle graduée en prenant en compte grossièrement la perpendicularité avec l'axe. Les problèmes de précision vont se poser avec davantage d'acuité dans l'activité suivante. La mise au point de la procédure de construction ne se fera qu'en conclusion de la cinquième phase.

Cinquième phase
Jeu de l'attrape dans l'environnement papier-crayon

> MATÉRIEL

- Un exemplaire des fiches 6 et 7 par élève.
- Un géomiroir pour deux élèves lors de la validation.
- La boîte à outils est disponible.

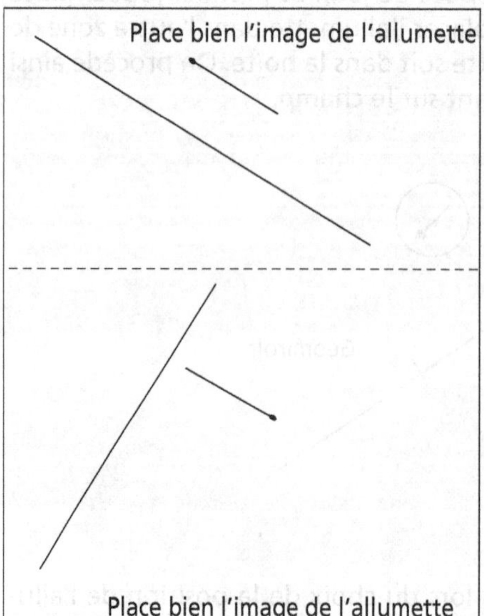

Fiche 6

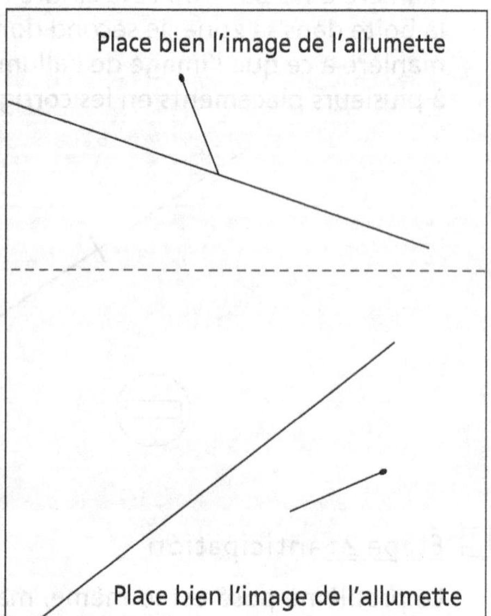

Fiche 7

Consigne
« Dessine où sera l'image de l'allumette quand on regardera dans le géomiroir. Quand tu as fait ton dessin, vérifie toi-même avec le géomiroir. Le géomiroir ne doit être utilisé que lors de la vérification. »

Mise en commun
Les exercices sont autocorrectifs et la validation pratique immédiate ; on procède à un bilan après résolution des quatre exercices.
L'enseignant fait expliciter les méthodes qui ont permis de faire des propositions satisfaisantes ainsi que les manières de faire qui ne conviennent pas.

Le maître mettra en évidence que pour tracer l'image de l'allumette, il suffit de tracer l'image de ses deux extrémités. Diverses remarques pourront être formulées : l'image de l'allumette parallèle (ou perpendiculaire) à l'axe est également parallèle (ou perpendiculaire) à l'axe ; un point de l'axe ne change pas.

En conclusion, l'enseignant fera formuler la construction classique de l'image d'un point et celle d'un segment par image des deux extrémités.

On arrivera, par exemple, à :

Pour tracer l'image d'un point dans une symétrie axiale, on trace une perpendiculaire à l'axe passant par ce point, on mesure la distance du point à l'axe sur cette perpendiculaire et on reporte cette distance de l'autre côté de l'axe, toujours sur la perpendiculaire.
Pour tracer l'image d'un segment, on peut tracer les images de ses deux extrémités.

On précisera que l'on a **construit l'image de** ... (un point, un segment) **dans la symétrie d'axe** ... (nommer la droite).

THÈME 5

Figures du plan (objets 2D)

Aspects théoriques

L'équipe de recherche a choisi d'aborder les notions de géométrie du cycle 3 par les relations (alignement, parallélisme, orthogonalité, égalité de longueurs, superposabilité...). Pour la plupart, chacun des thèmes proposés dans cet ouvrage concerne principalement l'une de ces relations et expose un certain nombre de situations faisant travailler les élèves sur cette relation. Cependant, ces relations s'appliquent à des objets (droite, segment, cercle, triangle par exemple) et tout enseignant propose à ses élèves des apprentissages concernant les objets. Nous proposons[1] que l'étude de ces objets géométriques s'effectue au CE2 et au CM1 dans le cadre du travail sur les relations et qu'ils deviennent au CM2 des objets d'étude à part entière. Ainsi nous pensons utile de développer dans cette partie théorique :
– une analyse de la notion d'objets 2D et une explicitation des choix que nous avons réalisés, en illustrant les propos par des renvois à des situations des différents thèmes (alignement, parallélisme...) et de différents niveaux (CE2, CM1 et CM2) ;
– la présentation de situations du niveau CM2 qui visent principalement l'étude de certains objets.

Le lecteur trouvera dans ce thème :
– des éléments de réflexion et des propositions pour l'enseignement des objets ;
– un tableau permettant de savoir dans quelles situations un objet est traité ;
– des situations de CM2 spécifiques aux objets.

Évolution des programmes

Dans les programmes de 1995[2], on envisage des objets simples (côté, segment, milieu, ligne droite, angle), et des objets usuels (rectangle, carré, losange, triangle, cercle, disque). L'élève agit sur ces objets (description, reproduction, construction, transformation) à l'aide de techniques (calque, pliage...) ou d'instruments. Il effectue des tracés (comme des parallèles ou des perpendiculaires). Il utilise le vocabulaire géométrique précis.

Dans les programmes de 2002[3], on distingue plus nettement :
– les relations et propriétés concernant des objets élémentaires (alignement de points, égalité de longueur de segments, perpendicularité ou parallélisme de droites, angle)

1. Voir Partie I, chapitre 2 : « Repères sur les savoirs en géométrie ».
2. MEN, « Programmes de l'école primaire », CNDP – Savoir Livre, 1995, pp. 64, 110 et 111.
3. MEN, « Qu'apprend-on à l'école élémentaire ? Les nouveaux programmes », CNDP, 2002, p. 239 ou MEN, « Documents d'application des programmes mathématiques », Cycle des approfondissements, CNDP, 2002, pp. 31 à 33.

que l'élève, après une approche perceptive, doit savoir vérifier puis utiliser pour des tracés directs ou des notions associées (milieu d'un segment, symétrie axiale) ;
– les figures planes (on retrouve : triangle, carré, rectangle, losange, cercle ; mais on fréquente aussi : trapèze, parallélogramme, cerf-volant) qu'il s'agit de reconnaître (perceptivement ou en ayant recours aux propriétés et aux instruments) puis d'utiliser dans des figures complexes (décomposer, décrire, tracer) ;
– les préconisations concernant le vocabulaire qui se montrent plus détaillées.

Cette évolution suggère à l'enseignant :
– de travailler plus spécifiquement sur les relations entre les objets, leurs propriétés et le vocabulaire ;
– d'introduire les figures planes en liant les objets élémentaires par des propriétés.

Aspects mathématiques

Dans ce paragraphe, nous apportons quelques éléments mathématiques de définition des objets géométriques. Cette approche est indépendante de nos choix didactiques qui seront développés plus loin (p. 419).
Dans les théories mathématiques, on part d'objets simples pour définir des objets composés. Nous présentons donc ici, dans l'ordre, objets simples puis objets composés alors que les élèves fréquentent d'abord des objets composés et passent d'une appréhension globale à un regard analytique. Cet ordre de présentation n'a donc rien à voir avec la chronologie des apprentissages.

Développer rigoureusement les notions mathématiques sous-jacentes aux objets géométriques serait assez fastidieux. On peut cependant en dégager l'essentiel.

Selon la nature de l'espace dans lequel on se place, le mot objet désigne :
– l'objet physique (dans l'espace sensible, réel) ;
– l'objet géométrique (dans l'espace théorique) ;
– l'objet graphique (représentant matériellement sur un support l'un des deux types d'objets ci-dessus).

On définit un objet 2D comme tout ensemble constitué de points du plan (au sens géométrique).
Pour un élève, un plan reste un concept trop théorique. Il peut seulement s'en donner des idées spatiales : le plan de sa feuille de papier (posée à plat) ; le plan du tableau ; une surface plane, sans limite et « sans trou ».

Dans le plan, on distingue des objets « simples » (droite, segment, milieu, cercle) définis à partir de points et de relations (alignement, distance)[4] et les objets composés (triangle, quadrilatère…) définis à partir des objets simples et d'autres relations (parallélisme, perpendicularité…)[5].

---

4. Voir les présentations des concepts d'alignement (thème 1) et de distance (thème 3).
5. Voir les présentations des concepts de parallélisme et de perpendicularité (thème 2).

Voici un tableau récapitulatif des objets simples.

Objet simple	**Représentation graphique**	**Relations**	
Droite	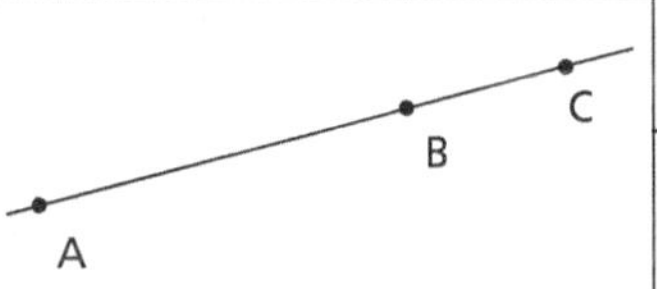	Alignement	Les points A, B et C sont alignés.
		Appartenance	C appartient à la droite (AB)[6].
Segment	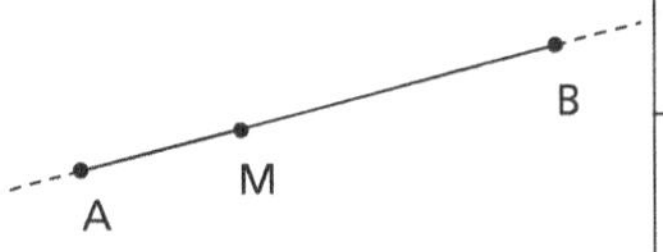	Inclusion	Le segment [AB] est une partie de la droite (AB).
		Distance	Le segment [AB] est la plus courte ligne entre A et B. Un point M du segment [AB] est tel que AM + MB = AB.
Milieu	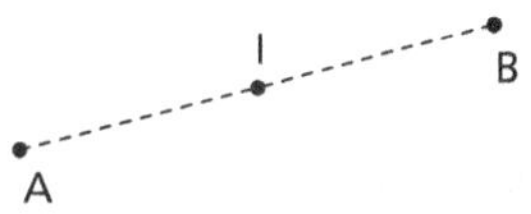	Appartenance et distance	I est milieu du segment [AB] quand I appartient au segment [AB] et IA = IB
Cercle	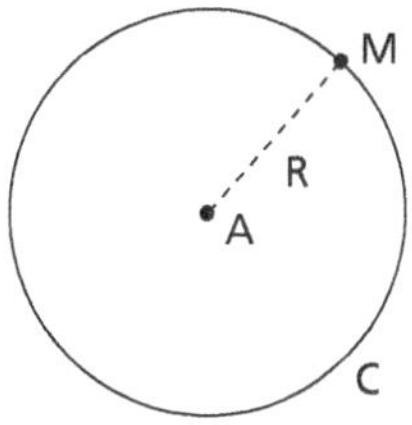	Distance	Un point M du cercle C de centre A, de rayon R est tel que AM soit égale à R.
		Appartenance	Si M est tel que AM = R, alors il se trouve sur le cercle.

En mettant en relation des objets simples, on définit des objets « composés », dont certains correspondent aux objets usuels cités dans le programme. Voici un tableau faisant apparaître ces objets composés comme des objets simples mis en relation.

Objets composés	**Objets simples**	**Relations**	**Représentation graphique**
Couple de droites (ou de segments) parallèles **Bande**	Deux droites ou segments	Parallélisme	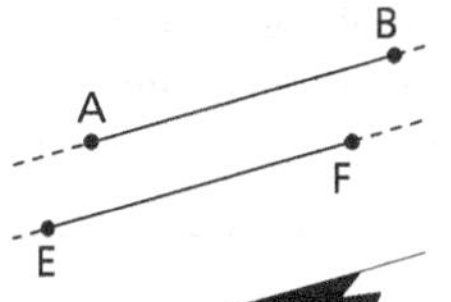 

6. Les notations distinguant la droite (AB), le segment [AB], la longueur AB ne sont pas au programme de l'école élémentaire. Les distinctions faites dans le cadre de cette introduction sont à l'usage du lecteur.

Angle droit formé par deux segments	Deux segments	Perpendicularité	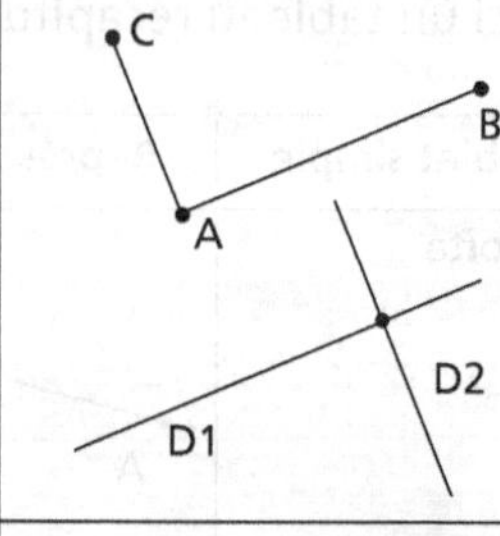
Couple de droites perpendiculaires	Deux droites		
Angle ou secteur angulaire	Deux demi-droites[7]	Intersection en un point (origine)	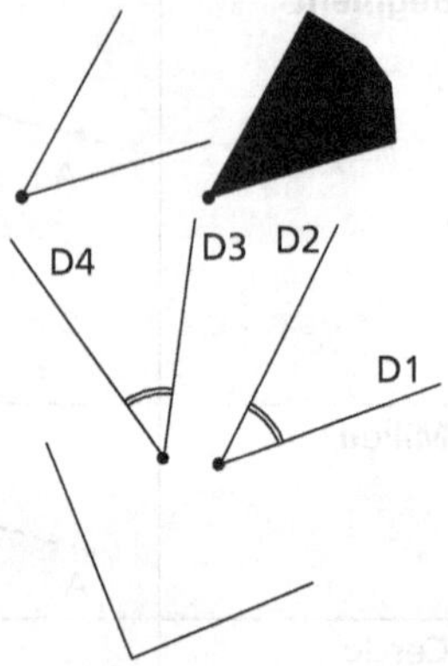
Angle géométrique (ouverture commune à un ensemble de secteurs angulaires)		Superposabilité	
Angle droit		Perpendicularité	
Autre segment	Segments	Extrémités communes[8]	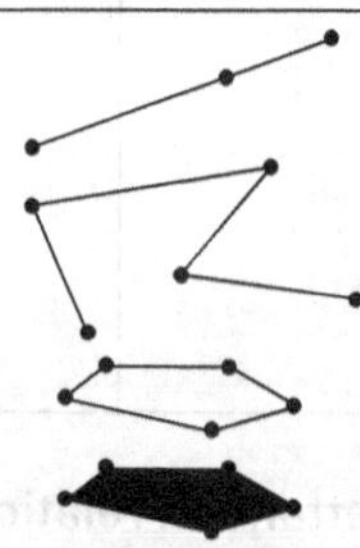
Ligne polygonale			
Polygone (ligne polygonale fermée)			
Intérieur du polygone			
Triangle ou intérieur du triangle	Trois segments	Extrémités communes	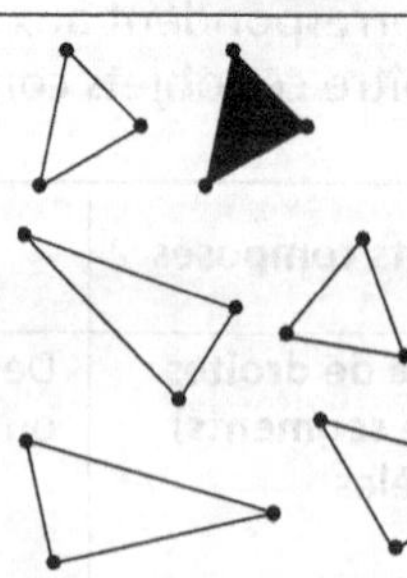
Triangle isocèle ou équilatéral		Égalité de longueurs	
Triangle rectangle ou isocèle rectangle		Perpendicularité	

7. La notion de demi-droite n'est pas au programme de l'école élémentaire.
8. Nous dirons, dans le cadre de cet ouvrage, que deux objets sont contigus quand ils possèdent un point commun. Nous les qualifierons d'adjacents quand ils possèdent un segment commun.

Quadrilatère ou intérieur du quadrilatère	Quatre segments	Extrémités communes	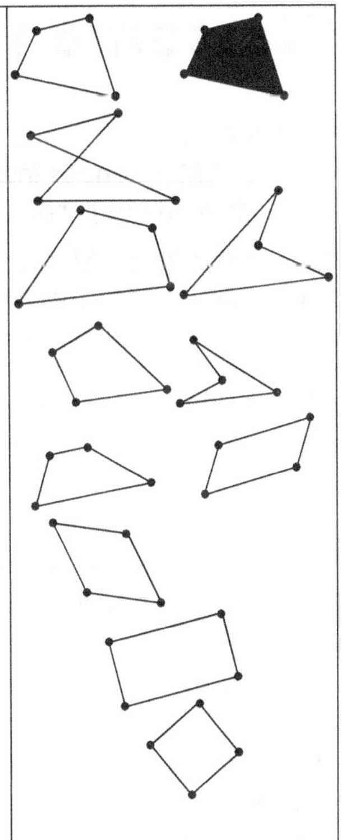
Quadrilatère croisé		Intersection	
Quadrilatère concave ou convexe		Convexité	
Cerf-volant		Égalité de longueurs (deux égalités entre segments consécutifs)	
Trapèze ou parallélogramme		Parallélisme (une ou deux paires de parallèles)	
Losange		Parallélisme et égalité de longueurs	
Rectangle		Parallélisme et perpendicularité	
Carré		Parallélisme, égalité de longueurs et perpendicularité	
Repère	Points	Alignement : un repère est un triplet de points (O, I, J) non alignés.	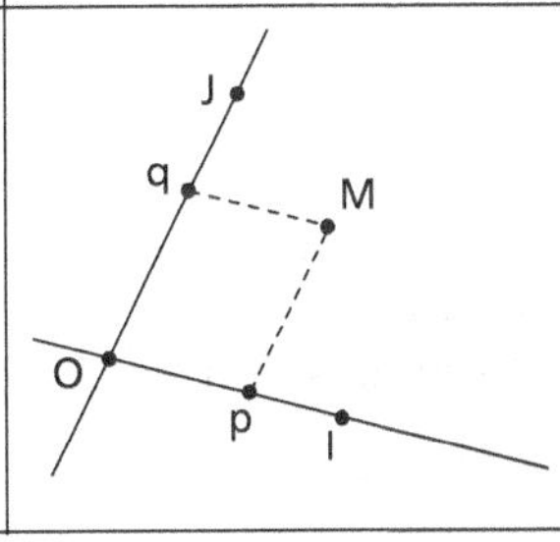
	Droites	Parallélisme : tout point M du plan peut être déterminé par la donnée des deux points p et q.	

Avec ces objets simples ou composés, on peut alors étudier des figures que l'on qualifie de complexes, par exemple :

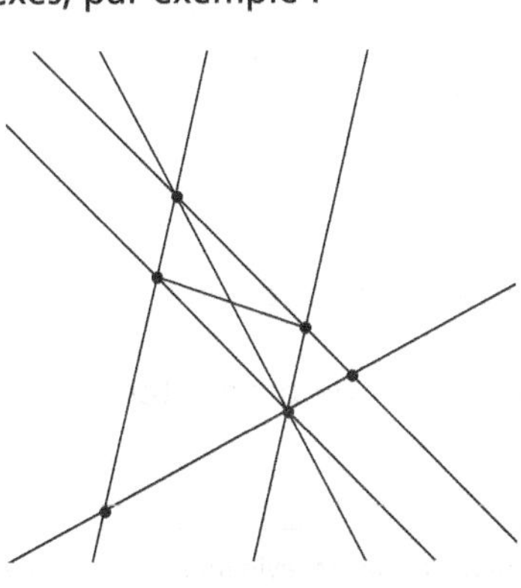

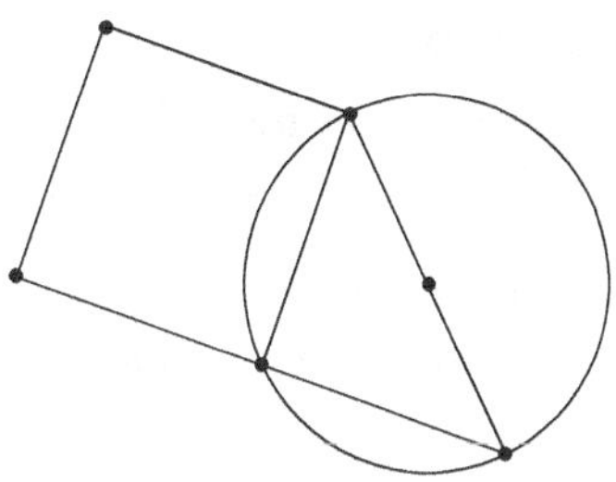

Classement de problèmes

Nous précisons ici les grandes familles de problèmes (surtout pour des activités de synthèse en CM2) et nous insistons sur les éléments qui peuvent guider le choix de l'enseignant de manière pertinente selon les problèmes.

Pour classer les problèmes « élémentaires » de géométrie, on peut prendre en compte :
– les trois compétences globales pour les élèves (reconnaître, construire, décrire) ;
– la nature des objets (spatiaux, géométriques, graphiques) ;
– la présentation des données et des productions (dessin, objet, texte) ;
– le type de connaissances sollicitées chez l'élève (plutôt spatiales, plutôt théoriques) ;
– les procédures induites par les choix que l'élève fait en fonction des conditions proposées par l'enseignant (notamment sur les variables classiques telles que : outil, support...).

Sans prétendre être exhaustif, ni présenter une chronologie à suivre, on peut proposer la liste suivante où les problèmes élémentaires sont classés par compétences, puis par types de données et de productions, et finalement par types de procédures dépendant de variables.

1. RECONNAÎTRE UNE FIGURE SIMPLE

TYPES DE DONNÉES

- **Figure seule**

– Présentée de façon prototypique sur un support rectangulaire, par exemple un rectangle dont les bords sont parallèles à ceux d'une feuille de papier, d'un tableau ou d'un écran.
– Présentée de façon non prototypique.

- **Figure dans un lot**
- **Figure dans une configuration plus complexe**

– Identification d'une figure simple dans une figure complexe.
– Décomposition d'une figure en d'autres figures simples.

Par exemple : « Dans cette figure 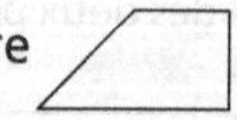, je vois un carré et un triangle 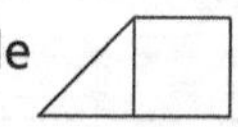.

Dans le triangle, deux angles sont les mêmes. 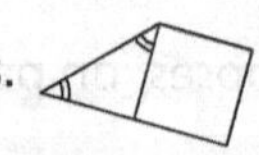

Dans ce carré 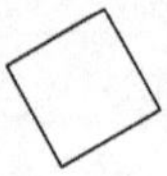, je vois deux triangles 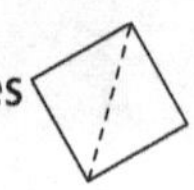. »

TYPES DE PROCÉDURES[9]

- **Reconnaissance perceptive**

– Plutôt globale. Par exemple : « C'est un rectangle car cela ressemble à une feuille de cahier. »
– Plutôt analytique. Par exemple, un repérage perceptif de propriétés : « Dans ce quadrilatère, les quatre angles semblent droits. »

9. La procédure de reconnaissance théorique à l'aide de la démonstration est évidemment du ressort du collège.

• **Reconnaissance instrumentée**
Par exemple : « Je vérifie avec l'équerre que les quatre angles de ce quadrilatère sont droits. »

Ou encore : « J'utilise ce gabarit  pour voir si ces deux angles sont les mêmes.

 »

• **Reconnaissance par superposition** (calque, superposition directe)
Par exemple : « J'utilise un calque pour voir si le rectangle qui m'est donné est le même qu'un autre. »

2. CONSTRUIRE UNE FIGURE

■ Types de données décrivant la figure

• **Un modèle**, par exemple : 

• **Une description**, par exemple : « Un triangle rectangle dont un côté de l'angle droit a une longueur double de l'autre. »
• **Un programme de construction**, par exemple : « Tracer un segment [AB]. Tracer la perpendiculaire en B à [AB]. Placer le point C sur cette perpendiculaire avec AC = 2 AB. Tracer le triangle ABC. »

• **Un dessin à main levée**, par exemple : 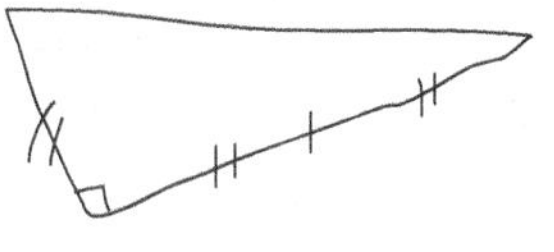

■ Types de productions

• **Tracé à main levée**
Par exemple : « Pour explorer rapidement les possibilités, construire à main levée un quadrilatère ayant ses côtés égaux deux à deux. »
• **Tracés instrumentés**
Par exemple : « Pour voir si cela est possible, construire un quadrilatère dont trois côtés mesurent 4 cm et un côté 14 cm. »

Ou encore : « En utilisant ce gabarit[10] , construis ce triangle[11] à partir de [AB]. »

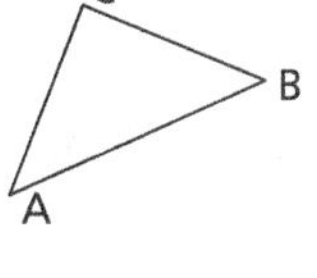

10. Il s'agit d'un angle de 45 degrés.
11. Triangle rectangle isocèle.

• **Réalisation spatiale**

Par exemple : « Par pliage de ce secteur droit , fais un gabarit de la moitié (ou du quart, ou du tiers) d'un angle droit. »

■ Types de variables

• **La conformité au modèle**

– Identique au modèle (reproduire le dessin).

Par exemple : « Refaire avec les mêmes dimensions ce dessin. »[12]

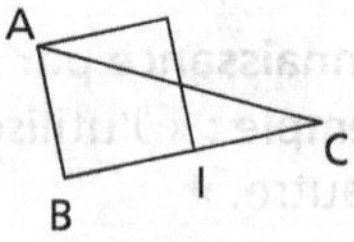

– Semblables au modèle (construire la figure).

Par exemple : « Construire la figure ci-dessus en partant du segment suivant[13] représentant [AB]. »

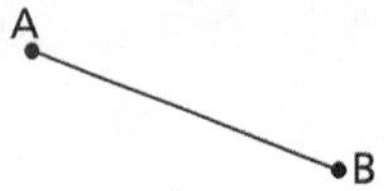

• **Le support**

– Papier uni rectangulaire.

Par exemple : « Je dois construire un rectangle. Je peux faire des parallèles aux bords. »

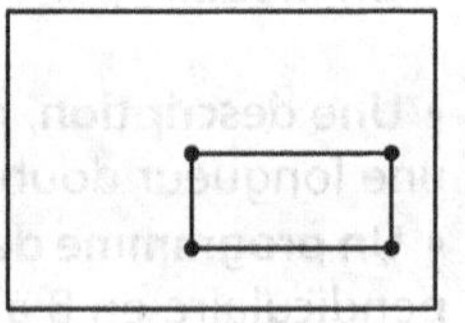

– Papier quadrillé ou pointé.

Par exemple : « Pour construire un rectangle, je peux utiliser des diagonales du quadrillage ou bien construire la figure point par point en identifiant les positions relatives des points. »

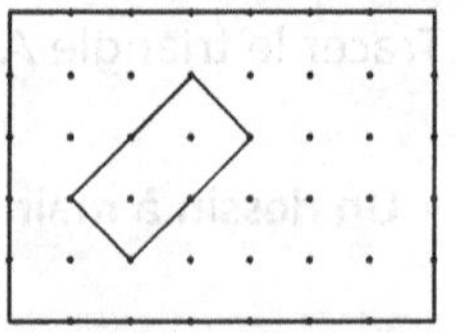

– Feuille arrondie en « patate ».

Par exemple : « Je n'ai plus de repères. »

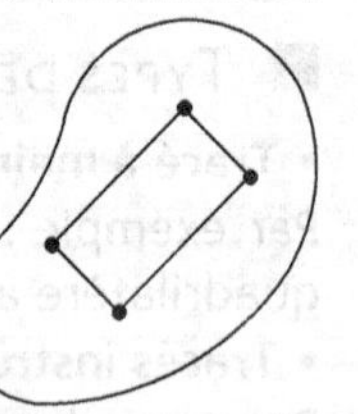

• **Les objets imposés pour débuter la construction**

– Aucun objet.

Par exemple : « Construire cette figure sur une feuille. »

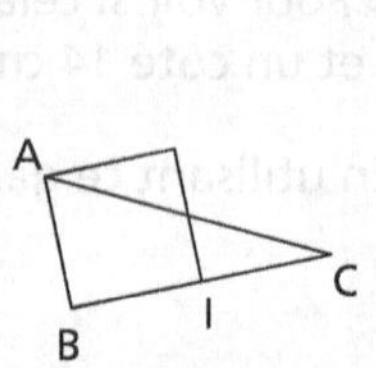

– Un objet simple.

Par exemple : « Construire la figure précédente en commençant par un segment donné représentant [IC]. »

---

12. Le dessin est constitué d'un carré et I est le milieu de [BC].
13. Ce segment a une longueur quelconque, différente de celle du dessin fourni.

3. DÉCRIRE UNE FIGURE

Objectifs visés dans la description

– Utiliser le vocabulaire (nommer les figures planes usuelles ; utiliser le vocabulaire géométrique).

Par exemple : « Décrire cette figure pour permettre à un camarade de construire une figure identique. »

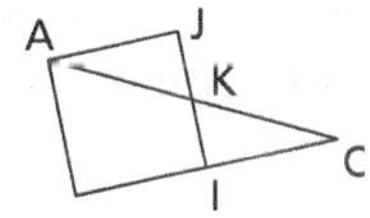

– Identifier les propriétés (décrire les propriétés d'une figure pour l'identifier parmi d'autres).
Par exemple : « Écrire un message permettant à un autre élève de reconnaître les deux figures en pointillés dans ce lot (qu'il aura dans le désordre). »

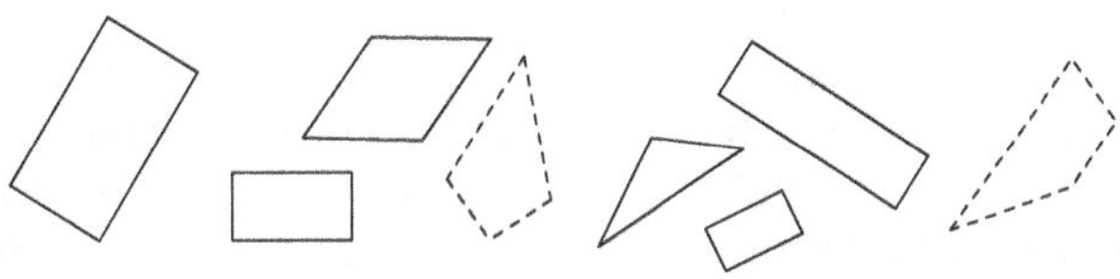

Mode de description attendu

– Énoncé de propriétés vérifiées par la figure à décrire et elle seule.
Par exemple : « Dans le lot ci-dessus, c'est un quadrilatère qui a deux côtés parallèles (et seulement deux). »
– Processus de construction.
Par exemple : « Tu dessines trois points A, B et C non alignés tels que les longueurs AB et BC soient différentes. Tu construis les symétriques des segments [AB] et [BC] par rapport à (AC). Tu obtiens un des quadrilatères cherchés. »

Types de description

– Verbale.
– Écrite.
– Schématique.

Nos choix didactiques

1. DIFFÉRENTS ASPECTS DU CONCEPT

Les situations proposées aux élèves portent essentiellement (sauf pour les manipulations d'objets réels) sur des objets graphiques. Ces derniers sont des représentations sur un support réel (papier, tableau, écran) d'objets qui relèvent, selon les cas, plutôt de l'espace sensible ou plutôt de l'espace théorique.

Du point de vue de la construction des connaissances de l'élève, nous considérons qu'un objet usuel peut être envisagé :
– comme un invariant perceptif apparaissant dans de multiples configurations spatiales (tel le rectangle que l'élève peut envisager comme ce qu'il y a de commun dans sa salle de classe entre une fenêtre, le tableau, le dessus de son bureau et une feuille de papier) : il s'agit alors plutôt d'une évocation, d'une image mentale ;
– comme une représentation respectant des invariants d'un objet physique (tel un trait-segment représentant par exemple une tige solide ou un rectangle représentant par exemple une fenêtre), ou les invariants d'une extension non réelle de cet objet physique (telle une droite qui ne correspond à rien de sensible pour les élèves) ;
– comme un objet théorique (tel le losange envisagé géométriquement comme quadrilatère ayant tous ses côtés de même longueur).

Du point de vue mathématique, un nouvel objet géométrique peut être défini de deux manières, en compréhension ou en extension :
– pour certains objets, comme un couple formé de sous-objets définis antérieurement et de relations entre ces sous-objets (par exemple, un triangle rectangle est un ensemble de trois segments vérifiant une relation de contiguïté[14] et de perpendicularité). On ne peut dissocier sous-objets et relations. Mais l'enseignant peut choisir de faire porter les apprentissages davantage sur l'un ou l'autre. De tels objets sont dits définis en compréhension ;
– pour d'autres objets, comme une classe d'objets vérifiant tous une même relation (par exemple, un angle géométrique peut être envisagé comme un ensemble de secteurs angulaires superposables entre eux, chaque secteur étant alors un représentant de l'angle). De tels objets sont dits définis en extension.
Certains objets, une fois définis, peuvent être considérés comme la ligne délimitant deux surfaces planes. Il en est ainsi pour une droite partageant le plan en deux demi-plans, ou encore du cercle dont l'intérieur est un disque (et l'extérieur envisagé comme ensemble des points situés à une distance au centre supérieure au rayon).

2. CONNAISSANCES DES ÉLÈVES

Passage du spatial au géométrique

Nous pensons que les élèves ont une représentation mentale assez forte de certains objets pour qu'elle soit un support de connaissances en acte[15]. Par exemple, l'image du rectangle semble assez forte chez une grande partie des élèves pour permettre d'envisager directement certaines relations (égalité de longueurs, perpendicularité de côtés, parallélisme d'autres).
Pour d'autres objets physiques, les élèves se construisent assez facilement une image mentale. Par exemple l'objet cerf-volant, fréquenté dans l'espace sensible, conduit rapidement l'élève à la

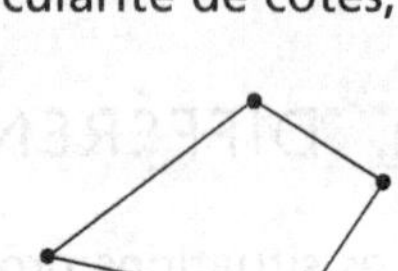

14. Au sens où leurs extrémités sont communes deux à deux.
15. Voir Partie I, chapitre 2 : « Repères sur les savoirs en géométrie ».

représentation graphique de l'objet géométrique. Mais il est loin d'envisager cet objet comme un quadrilatère ABCD avec AB = BC et CD = DA ou bien ayant (BD) comme axe de symétrie.

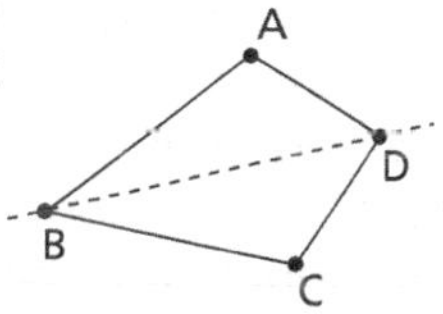

Mais les élèves rencontrent davantage de difficultés à appréhender d'autres objets dont les propriétés caractéristiques apparaissent comme des invariants dans de multiples configurations spatiales.

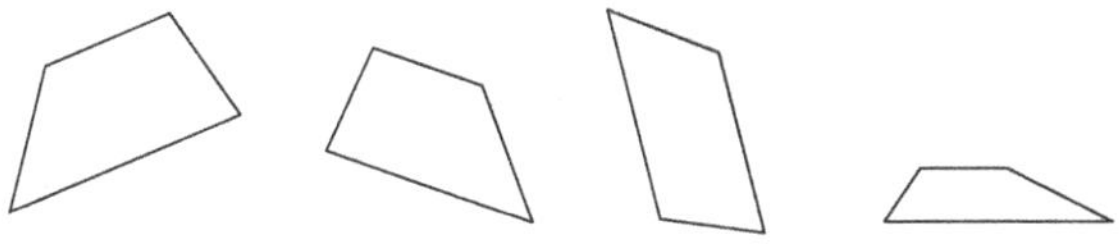

Par exemple, dans les figures ci-dessus, un élève voit facilement qu'elles ont quatre côtés, mais plus difficilement le parallélisme de deux côtés opposés et donc, après explicitation de cette propriété commune, que chacune représente un trapèze.

D'autres objets apparaissent encore plus théoriques, ceux qui sont presque impossibles à dessiner et qui demandent une explicitation progressive au travers de multiples situations. Par exemple, la notion d'angle (qui sera installée vraiment au collège) pour laquelle l'élève doit distinguer entre des coins (objets matériels, par exemple découpés dans une feuille de papier), des secteurs angulaires (parties du plan limitées par des demi-droites infinies), l'angle géométrique correspondant intuitivement à l'ouverture (notion que l'on ne peut dessiner). Par exemple encore, l'objet « axe de symétrie d'une figure » est une droite. Mais il ne se réduit pas à l'objet « droite ». Il correspond à un triplet indissociable : la figure, la droite passant par des points de la figure, et les relations liant la droite et les éléments de la figure. Parler d'axe suppose d'expliciter ce triplet.

■ Passage de l'appréhension globale à un regard analytique

Quand on propose un objet à l'élève, il l'appréhende d'abord globalement comme une entité. Cet objet étant composé d'autres objets en relation les uns avec les autres, distinguer ces sous-objets et leurs relations doit correspondre à un apprentissage portant à la fois sur la manipulation, la discrimination visuelle et le langage.
Par exemple, l'enseignant peut se demander ce que l'élève perçoit pour un triangle. Voit-il :

l'entité ?	les trois sommets ?	les trois côtés ?	l'intérieur ?	l'égalité des longueurs de deux côtés ?
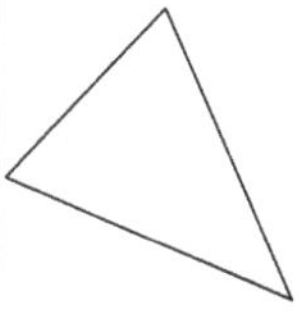				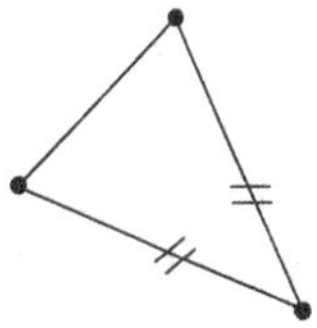

La difficulté est accentuée pour les figures dites complexes. Ainsi, dans la figure 1, l'élève perçoit-il des traits qui se coupent, quatre droites sécantes dont deux sont perpendiculaires ou plusieurs polygones dont certains avec un angle droit ?

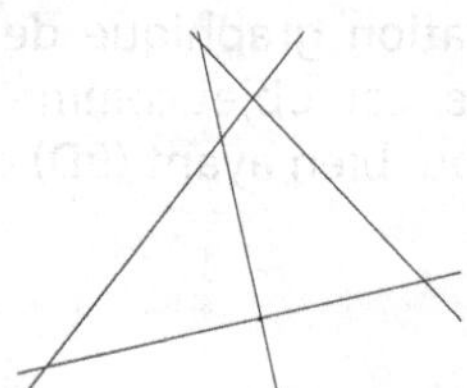

Figure 1

Dans cette autre figure (figure 2), l'élève peut ne percevoir que l'entité. Lui faire percevoir qu'elle est constituée par un carré, un triangle et un demi-cercle (figure 3) demande un apprentissage passant par une phase d'assemblage des sous-objets et une explicitation de leurs relations.

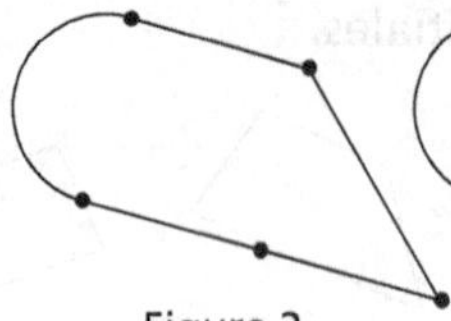

Figure 2

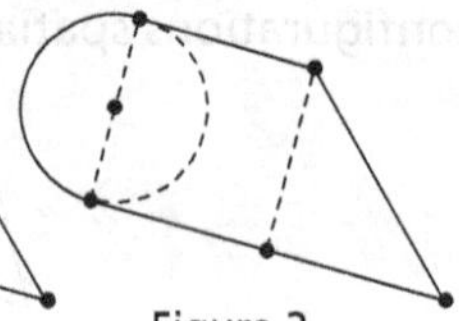

Figure 3

Par ailleurs, il apparaît difficile pour l'élève de percevoir qu'un même objet puisse appartenir à deux autres à la fois. C'est le cas dans les figures complexes telle la figure 4 où l'élève doit voir que le segment [BC] appartient à la fois au triangle et au carré.

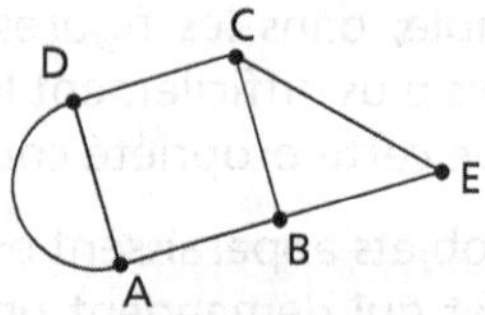

Figure 4

C'est aussi le cas dans des problèmes de recherche d'intersection où l'élève doit chercher des objets vérifiant deux relations simultanément. Par exemple (figure 5), les points E et F, alignés avec A et B et situés à une distance donnée de C, se trouvent à l'intersection de la droite (AB) et du cercle de centre C.

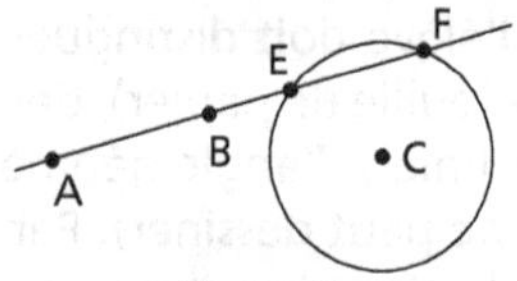

Figure 5

■ Le vocabulaire

Le vocabulaire apparaît nettement dans le besoin d'explicitation portant sur les actions (situation de communication, programme de construction) et sur les objets. Les élèves sont amenés à fréquenter souvent certains termes (point, droite, cercle…), d'autres moins souvent (diamètre, trapèze…). Ces derniers devront être introduits par l'enseignant lorsque cela devient nécessaire. Parmi les termes courants, beaucoup prêtent à confusion avec leur signification usuelle et l'enseignant doit y prendre garde[16].
Par ailleurs, la désignation des points par des lettres, très utile pour communiquer, doit correspondre à une nécessité des situations, notamment pour alléger et enlever des ambiguïtés dans la rédaction de messages descriptifs.

■ La caractérisation des figures par les propriétés

Un élève perçoit d'abord le dessin sur un support avant de l'envisager comme un représentant d'une figure, c'est-à-dire un objet géométrique défini par des sous-objets reliés par des relations caractéristiques.

16. Voir partie I, chapitre 3 pour les aspects langagiers.

Il doit reconnaître ces propriétés quelle que soit la représentation sur un support. Par exemple, un élève percevra-t-il la figure d'un carré dans les différents dessins de la figure 6 (différents par leurs orientations et leurs dimensions) ?

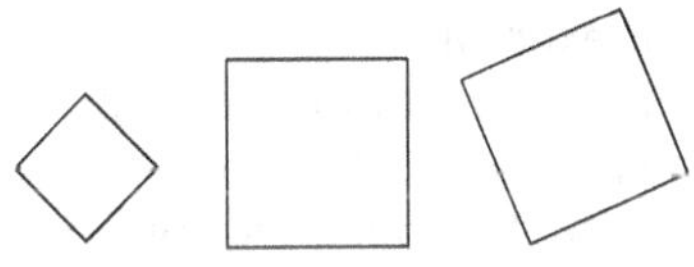

Figure 6

Cela suppose qu'il soit confronté dans diverses situations à :
– la notion de superposabilité : ces deux rectangles (figure 7) sont superposables (isométriques) ;
– la notion de similitude : elle se rattache aux agrandissements-réductions ; ces quatre rectangles (figure 8) sont semblables ;
– la notion de propriétés caractéristiques : ces dessins (figure 9) représentent tous la même figure car, indépendamment de leurs dimensions relatives et de leurs orientations, ils ont des côtés perpendiculaires deux à deux.

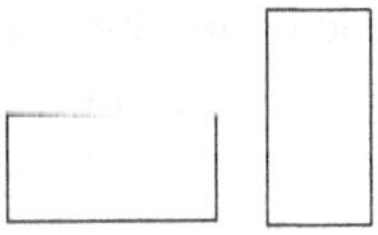

Figure 7

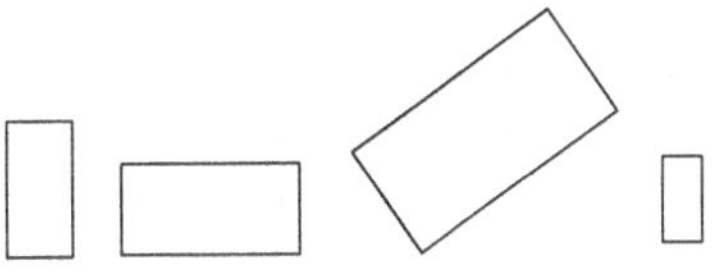

Figure 8

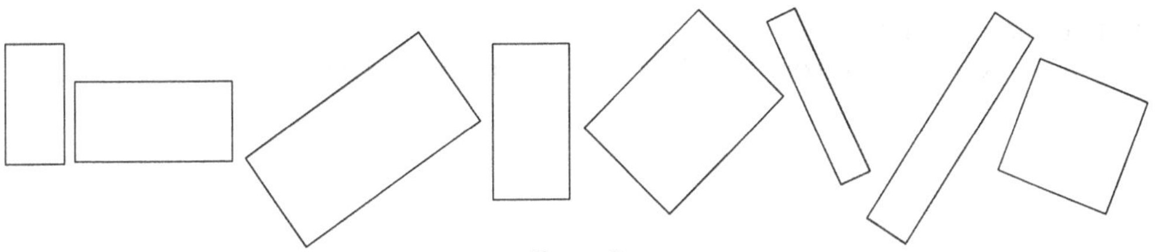

Figure 9

L'élève doit ensuite prendre conscience de ces propriétés. Par exemple, dans la figure 10, l'élève perçoit probablement le carré, le triangle et le cercle. Mais explicite-t-il que le cercle a pour diamètre un côté du triangle, que le triangle est rectangle en B (en liaison avec l'alignement de A, B et C), que B est milieu de [AC] ? Il ne le fait que dans la mesure où la situation l'exige.

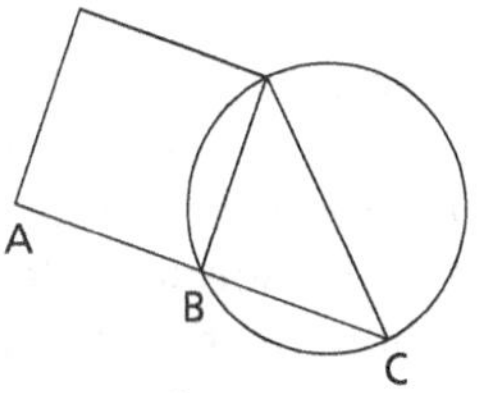

Figure 10

3. NOS IDÉES DIRECTRICES

Les idées directrices développées ici pour les objets du plan relèvent, bien entendu, de la conception, de l'apprentissage et de l'enseignement présentés dans la partie I.

Par ailleurs, nous avons décidé de constituer ce thème « Figures du plan » avec des situations de synthèse de CM2 qui ne se rattachent pas à un thème en particulier, mais aussi avec des renvois aux autres thèmes pour les situations qui y sont développées mais dont l'objectif principal n'est pas l'étude de l'objet support de la situation.

- **Introduire et approfondir les relations (alignement, égalité de longueurs, parallélisme, perpendicularité...) en utilisant des objets spatiaux.**

Par exemple :
– l'objet rectangle sera un support permettant d'introduire, d'approfondir la relation de perpendicularité (voir les situations « Rectangle à terminer » du thème 2) ;
– l'objet trapèze sera un support permettant d'approfondir la relation de parallélisme (voir la situation « Trapèze à terminer » du thème 2).

• Partir de l'appréhension globale et perceptive des objets usuels (abordés comme entités en cycle 1 et 2) pour mettre en œuvre une démarche plus analytique en étudiant :
– d'une part, les relations entre les sous-objets les constituant ;
– d'autre part, des objets complexes avec des relations à déterminer entre les sous-objets qui les composent.

Un premier exemple :
– sur une droite, on incitera l'élève à voir des points alignés ;
– sur un cercle, on conduira l'élève à voir des points situés à égale distance d'un point fixe (comme dans la situation « Même distance à coup sûr » du thème 3).
L'entité « rectangle » sera vue comme quatre segments liés par plusieurs relations (égalité de longueurs, perpendicularité, parallélisme) comme dans la situation « Construire un rectangle » du thème 2.

Un deuxième exemple :
– en cycle 2, un élève perçoit globalement un carré et un triangle rectangle isocèle ;

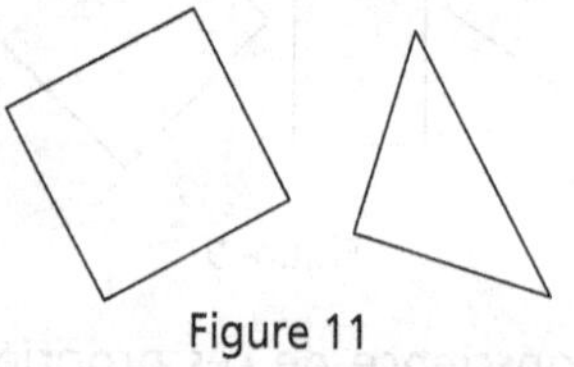

Figure 11

– en cycle 3, on étudie ou on explicite les propriétés de ces objets. Le carré est composé de quatre segments de même longueur et perpendiculaires deux à deux. Le triangle rectangle isocèle a deux côtés perpendiculaires et de même longueur (figure 12).

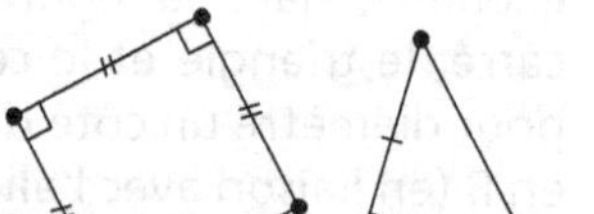

Figure 12

On étudie alors des figures composées (ou pouvant se décomposer) à l'aide d'un carré et d'un triangle rectangle isocèle. Par exemple en les juxtaposant, on obtient la figure 13 pour laquelle on peut se demander si A, B et E sont alignés, ou s'il s'agit d'un trapèze.
La situation « Tracer pareil » du thème 4 donne un exemple de ce type de travail.

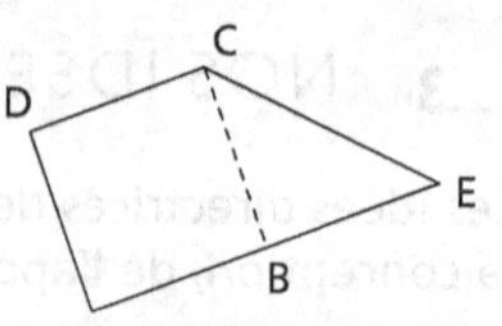

Figure 13

Un troisième exemple : dans la situation « Pareil, pas pareil 2 ? » du thème 4 en CM2, on analyse des figures assez différentes perceptivement, mais comportant les mêmes objets et partageant des propriétés (cf. figure 14, page suivante). L'élève doit expliciter les ressemblances et différences en terme de propriétés géométriques.

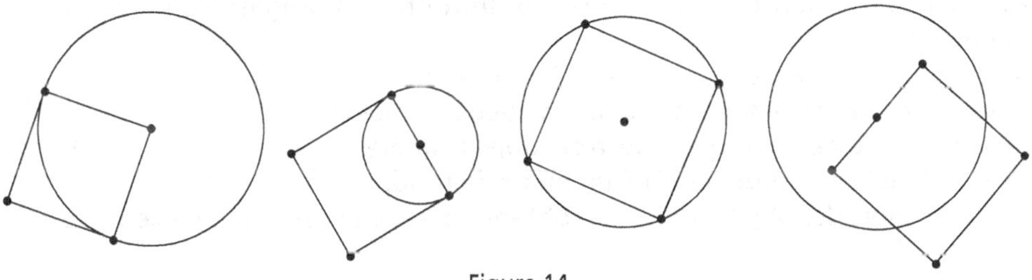

Figure 14

• Développer les propriétés géométriques en les faisant apparaître comme nécessaires à la résolution du problème donné, en liaison avec l'évolution du langage[17].

Au travers de multiples situations, on fait passer l'élève :
– de la notion de trait (trace matérielle, de type spatial) au concept de segment ou de droite (théorique). Par exemple :

d'un trait droit  au segment [AB] et à la droite (AB) ; 

– de la notion de rond (forme ronde, de type spatial) au concept de cercle (théorique). Par exemple :

d'un rond 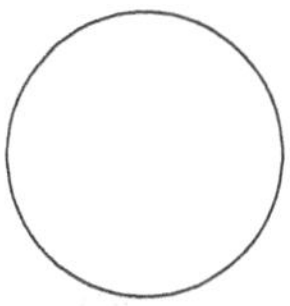 au cercle de centre A, de rayon R ; 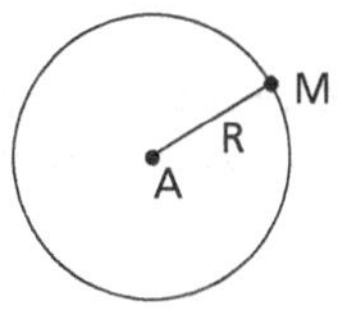

– de multiples représentations de formes rectangulaires (de type spatial) au concept de rectangle (invariant de configurations spatiales). Par exemple :

de formes se ressemblant 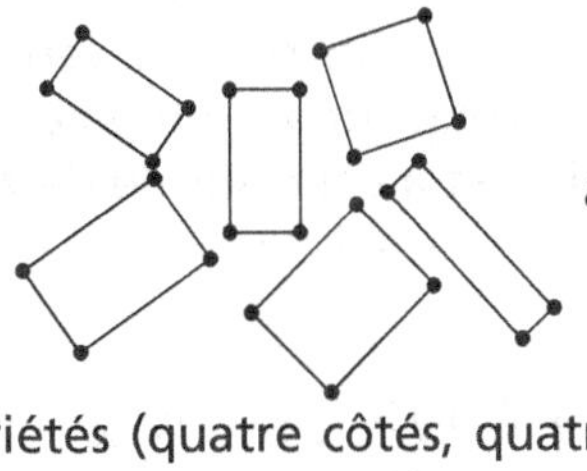 au rectangle ABCD 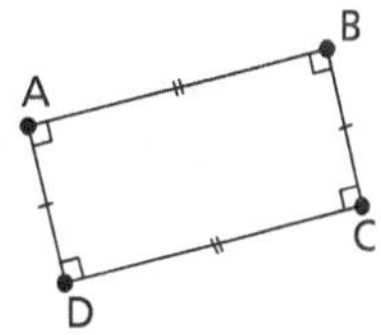

caractérisé par des propriétés (quatre côtés, quatre sommets, côtés parallèles deux à deux, côtés perpendiculaires deux à deux)[18].

• Préciser les connaissances en les reliant assez systématiquement, à l'occasion d'activités diverses permettant de fréquenter régulièrement des objets et d'éclairer d'une autre manière leurs propriétés.

Par exemple :
– dans la situation « Un polygone et ses angles » du thème 2, on revient sur la caractérisation d'un polygone par sa nature (rectangle, losange) et les longueurs des

17. Voir Partie I, chapitre 3 pour les aspects langagiers.
18. L'objectif de l'école élémentaire n'est pas d'aboutir à une classification systématique des quadrilatères, mais, au travers de diverses situations, d'envisager des critères permettant de trier ces quadrilatères.

côtés, mais on oriente l'élève vers l'utilisation des angles comme critère de reconnaissance ;

– dans la situation « Pareil, pas pareil 1 ? » du thème 4, dans le cadre de l'étude de la superposabilité de deux formes avec ou sans retournement, on part de trois objets simples : un carré, un triangle rectangle isocèle, un quart de rond.

On compare alors des objets complexes obtenus par juxtaposition (par exemple, les quatre objets ci-dessous) ;

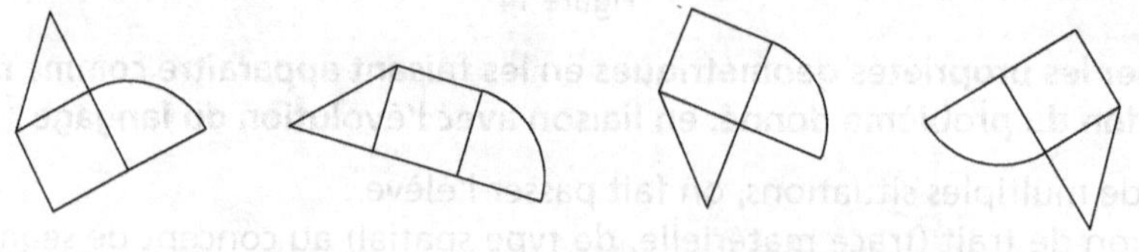

– dans la situation « Empreintes » du thème 4, on étudie la réversibilité de plusieurs figures (trapèze isocèle, parallélogramme, hexagone, triangle équilatéral, cercle) de manière à préciser l'éventuelle présence d'axe de symétrie ;

– dans la situation « Figures dans un cadre » du thème 7, pour repérer la position de figures complexes dans un cadre, les élèves doivent déterminer les éléments qui permettent de déterminer les sous-figures (trois sommets pour un triangle, centre et rayon pour un cercle).

• Selon les moments de l'apprentissage, envisager les objets soit comme outils de résolution d'un problème, soit comme sujets d'étude.

Par exemple :

– dans la situation « Construire un rectangle » du thème 2, l'élève doit construire un rectangle à partir de la seule donnée de l'un de ses sommets (soit avec des instruments, soit par pliage), la validation portant sur les propriétés vérifiées avec les instruments. Le rectangle est ici sujet d'étude (technique de construction, vérification de ses propriétés) ;

– dans la situation « Même distance à coup sûr » du thème 3, l'élève doit trouver une méthode qui permette par anticipation et à coup sûr de déterminer les points situés à une distance donnée d'un point donné. Le tracé d'un cercle est alors outil de résolution.

4. CINQ SITUATIONS POUR LE CM2

Les apprentissages déjà réalisés au CE2 et au CM1 constituent un socle pour des situations plus globales à proposer aux élèves. Il peut s'agir :

– de situations de synthèse, permettant de revoir les objets et d'approfondir leurs propriétés ;

– de situations de recherche où l'élève mobilise ses connaissances et les structure ;

– de situations de communication visant à travailler et préciser le vocabulaire géométrique ;

– de situations d'argumentation où l'élève appuie son avis sur ses connaissances.

Le lecteur trouvera dans la suite la description détaillée de cinq situations portant plus particulièrement sur les objets 2D. En voici un résumé synthétique.

Progression et objectifs des situations

	Situations	Description rapide	Objectifs	Objets	Durée
CM2	**1. Deviner la figure**	Déterminer l'un des polygones choisi dans un lot, à l'aide de questions ayant pour réponse oui ou non (par oral ou par écrit).	– Utiliser les propriétés des polygones. – Utiliser le vocabulaire correspondant.	Polygone Quadrilatère (carré, rectangle, losange, cerf-volant, trapèze, parallélogramme) Triangle	2 séances (et d'autres activités proposées pour l'entraînement)
	2. Tout un programme	Trois types d'activités : – l'algorithme étant donné, réaliser la figure ; – déterminer une figure correspondant à un programme ; – compléter un programme.	– Se familiariser avec les expressions langagières de la géométrie. – Savoir exécuter une suite de consignes de constructions. – Savoir formuler une suite de consignes.	Milieu, segment, droite Triangle Carré, rectangle Cercle	4 séances (et d'autres activités proposées pour l'entraînement)
	3. Recherche de tous les quadrilatères	Rechercher, à main levée, le plus de quadrilatères différents, indépendamment de leurs propriétés métriques ou de leur orientation.	– Envisager les propriétés géométriques comme permettant de caractériser les figures. – Coder les propriétés des figures.	Tous les quadrilatères, usuels ou non	1 séance
	4. Combien de polygones ?	Rechercher, à main levée, des quadrilatères ou des triangles vérifiant des contraintes métriques données.	– Réinvestir ou préciser les savoirs sur les figures et les relations. – Argumenter en utilisant des connaissances géométriques. – Utiliser un dessin à main levée.	Quadrilatère (carré, losange, rectangle, parallélogramme, cerf-volant) Triangle (équilatéral, isocèle, rectangle)	L'enseignant choisit de traiter tout ou partie des 6 questions possibles. 1 séance pour 2 ou 3 questions
	5. Le cercle et les cercles	Construire un cercle tangent à deux cercles concentriques.	– Utiliser des propriétés géométriques d'une figure pour la construire. – Argumenter la validité d'une procédure de construction.	Cercle. Points alignés. Milieu.	1 séance

■ Situations

1. Deviner la figure (CM2)

> DESCRIPTION RAPIDE

Deviner le polygone choisi par le meneur de jeu dans un ensemble de polygones (voir fiche 1) à l'aide d'une série de questions auxquelles il ne peut être répondu que par oui ou par non.

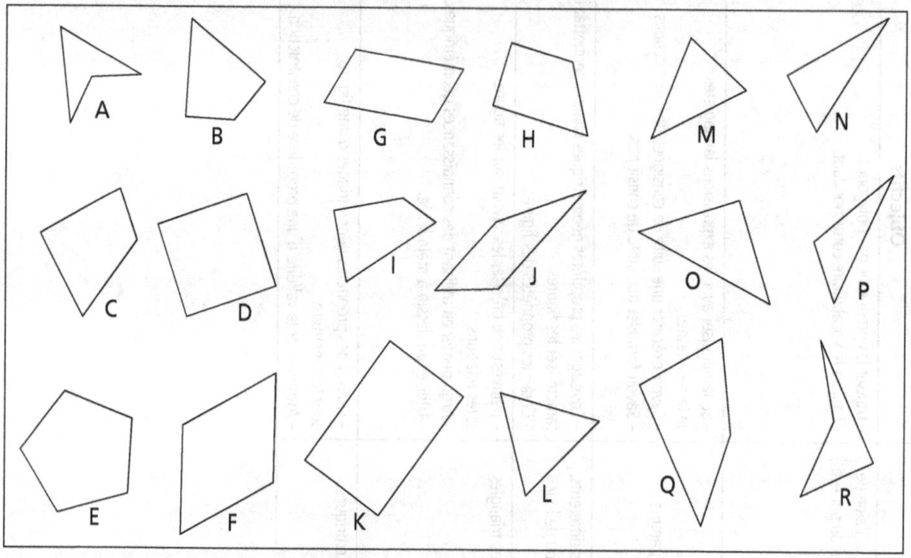

Fiche 1

Choix des figures et propriétés étudiées

Figures	Côtés de même longueur	Angle(s) droit(s)	Côtés parallèles	Nombre de côtés
A	2 couples	/	/	4
B	2 couples	2 opposés	/	4
C	3	1	/	4
D	4	4	2 couples	4
E	5	/	/	5
F	4	/	2 couples	4
G	2 couples	/	2 couples	4
H	2	2 consécutifs	2	4

I	2	1	/	4
J	/	/	2	4
K	2 couples	4	2 couples	4
L	3	/	/	3
M	2	/	/	3
N	/	1	/	3
O	2	1	/	3
P	/	/	/	3
Q	3	/	/	4
R	3	1	/	4

A et R sont non convexes.
Le choix de O ou N comme figure mystère amène à considérer les propriétés suivantes : nombre de côtés, angles droits, côtés de même longueur.
Le choix de J comme figure mystère amène à considérer les propriétés suivantes : côtés parallèles, côtés de même longueur.

> OBJECTIFS

- Utiliser, seules ou conjointement, les propriétés des polygones, en particulier celles des quadrilatères.
- Utiliser le vocabulaire correspondant : côté, sommet, côtés de même longueur, parallèles, perpendiculaires, angle droit, axe(s) de symétrie.

> DURÉE

Deux séances de trente minutes (et d'autres plus réduites pour l'entraînement).

> MATÉRIEL

- Une fiche A3 portant les dix-huit figures dessinées notées de A à R (cf. fiche 1) pour chaque groupe d'élèves.
- Une feuille de papier A4 et un crayon par groupe.
- Compas, équerre, téquerre, règle.

DÉROULEMENT

Les élèves sont par groupes de quatre (ou de deux), munis d'une feuille de papier et d'un crayon.
Une partie consiste à trouver un polygone choisi par le meneur de jeu. Elle se décompose en tours de questions. Lors de chaque tour de questions, chaque groupe pose une question. Autant de tours de questions que nécessaire sont organisés jusqu'à ce que la figure soit trouvée sans ambiguïté.

☐ Étape 1 : réalisation

1. Une première partie est jouée. L'enseignant est le meneur de jeu. Il note la lettre désignant la figure mystère sur un petit carton, caché aux élèves. Chaque groupe, après concertation, rédige une question visant à déterminer la figure mystère à laquelle il peut être répondu par oui ou par non (si ce n'est pas le cas, le groupe est éliminé pour les tours suivants). La question doit porter sur une seule propriété et ne pas comporter de noms de figures (ni, bien sûr, de lettre désignant des figures). Elle ne doit pas concerner la localisation de la figure dans la feuille. Elle ne doit pas porter sur la valeur d'une mesure.

Puis les questions de tous les groupes sont notées au tableau. Pour chaque question sa pertinence est discutée par la classe :

– peut-on y répondre par oui ou par non ?

– permet-elle d'obtenir des informations sur la figure cherchée ? ces informations sont-elles nouvelles (à partir du deuxième tour de questions) ?

La réponse à chaque question est donnée par l'enseignant et notée à côté de la question.

À l'issue de chaque tour de questions, lorsque toutes les réponses ont été notées, un temps de concertation est laissé aux groupes ; ceux qui pensent avoir trouvé, sans ambiguïté, la figure mystère notent son nom sur leur feuille. Les propositions sont recensées et validées par l'ensemble de la classe. Si une proposition n'est pas convenable, c'est-à-dire si la figure proposée ne possède pas les propriétés décrites par les questions et les réponses, le groupe ayant fait cette proposition est éliminé. Si une proposition est convenable, mais si un autre groupe trouve une contre-proposition, c'est-à-dire une autre figure qui possède toutes les propriétés correspondant aux réponses données, alors le groupe ayant fait cette proposition est éliminé.

2. Quand la partie est terminée, on reprend systématiquement dans l'ordre chaque question posée avec la réponse apportée, lors d'une mise en commun. Les équipes explicitent les figures sélectionnées et les figures rejetées par chaque couple question-réponse, ce qui permet de pointer d'éventuelles questions inutiles (qui n'éliminent et ne sélectionnent aucune figure nouvelle). À la fin, la proposition est vérifiée en dévoilant le nom de la figure mentionné sur le petit carton.

3. Après deux parties et avant les parties suivantes, les élèves sont invités par groupes à faire la liste des propriétés qui permettent de jouer. L'exploitation collective permet de préciser le vocabulaire qui devra être utilisé par la suite.

☐ Étape 2 : entraînement

L'enseignant peut mettre en place un entraînement. Le jeu est alors repris par chaque groupe, un meneur de jeu étant choisi. Ce dernier peut être un élève.

☐ Étape 3 : reprise écrite

Par groupes, les élèves choisissent une figure et énoncent, par écrit, une liste de propriétés qui permettra aux autres groupes de la trouver.

La validation s'effectue en écrivant au tableau, pour chaque groupe, la liste des propriétés et en demandant aux autres groupes de trouver la figure. La liste des propriétés doit être compréhensible et doit permettre de ne déterminer qu'une seule figure.

Un temps est laissé pour la recherche de la figure, chaque groupe note sa réponse ou la critique qu'il formule au groupe auteur de la liste. Les propositions de chacun et les remarques sont discutées.

Exploitation complémentaire : on note que certaines figures peuvent être caractérisées par plusieurs listes de propriétés.

2. Tout un programme (CM2)

> DESCRIPTION RAPIDE

Les activités proposées visent à faire maîtriser par l'élève les situations de communication de programmes de construction sur des figures simples. Afin de favoriser la familiarisation de l'élève avec un vocabulaire et une syntaxe conventionnels, nous avons choisi de proposer quatre types d'activités :

1. le programme est donné par le maître, l'élève doit réaliser le dessin ;
2. associer programmes de construction et dessins, les textes et les dessins étant fournis ;
3. un dessin est donné, l'élève doit rédiger ou compléter un programme ;
4. retour vers une situation de communication : un émetteur écrit un programme de construction pour un récepteur qui ne connaît pas le dessin à réaliser.

Rappel

Nous avons choisi de ne pas utiliser les notations conventionnelles (AB) ou [AB] mais de préciser systématiquement la droite AB ou le segment AB.

> OBJECTIFS

- Se familiariser avec les expressions langagières spécifiques et conventionnelles de la géométrie et les utiliser dans des situations de communication.
- Savoir exécuter une suite de consignes de construction en utilisant à bon escient les outils de géométrie.
- Savoir construire les objets géométriques usuels.
- Savoir formuler une suite de consignes correspondant aux différentes étapes de construction d'une figure simple.

> DURÉE

Quatre séances de 30 à 40 minutes (et d'autres plus réduites proposées pour l'entraînement).

Activités 1 : le programme est donné par le maître et l'élève doit réaliser le dessin

Nous proposons à l'enseignant deux énoncés de programmes sur lesquels une classe peut travailler.

■ Énoncé 1

1. Trace un segment AH de longueur 6 cm.
2. Trace le cercle de centre A et de rayon 6 cm.
3. Trace la droite d passant par H et perpendiculaire au segment AH.
4. Place un point B sur la droite d, à 4 cm de H.
5. Trace le cercle de centre H et de rayon le segment HB.
6. Marque les points I et J, intersections des deux cercles.
7. Marque le point L, intersection du cercle de centre H et du segment AH.
8. Place le point M tel que le segment LM soit un diamètre du cercle de centre H.

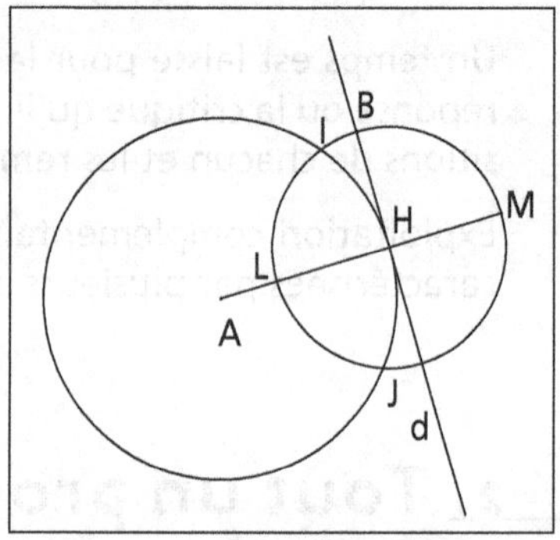

Fiche 1 : figure à obtenir

Observe bien le dessin obtenu et réponds aux questions suivantes : le quadrilatère AIMJ est-il un losange ? pourquoi ?

DÉROULEMENT

> MATÉRIEL

– Un énoncé (voir première partie de la fiche 1) et une feuille A4 vierge par élève.
– Quelques transparents, photocopies de la figure à trouver (voir deuxième partie de la fiche 1).

☐ Étape 1 : réalisation

Le travail est individuel ; chaque élève reçoit le premier énoncé (première partie de la fiche 1) et une feuille A4 vierge.
Les élèves peuvent rencontrer des difficultés pour l'instruction n° 6 dans la mesure où ils ont à placer deux points en même temps sans instruction particulière pour la position de l'un ou l'autre par rapport au reste du dessin. Le maître pourra alors donner une brève indication (par exemple : l'ordre des points I et J n'a pas d'importance).
Quand ils ont terminé, les élèves utilisent l'un des transparents préparés par le maître pour confronter leur production à celle qui était attendue.
Le maître rappelle qu'il faut aussi répondre sur le cahier de brouillon aux deux questions posées.

☐ Étape 2 : mise en commun

Le maître sollicite des commentaires rapides sur la construction (inversion possible de I et J, B peut se trouver d'un côté ou de l'autre du segment AH...) Il recense ensuite les réponses à la question « Est-ce un losange ? ». Les deux réponses « Oui » et « Non » sont attendues ! Un débat doit amener la classe à trancher.

Lors d'une observation dans une classe de CM2, la construction n'a posé aucun problème, si ce n'est quelques hésitations pour le placement de M. 23 élèves sur 26 ont effectué un tracé très « propre ». 80 % d'entre eux ont utilisé un instrument pertinent pour le tracé de la perpendiculaire, les autres effectuant un tracé au jugé avec une réelle maîtrise !
En ce qui concerne le losange, nous avons obtenu 15 réponses « Oui » et 11 réponses « Non ». Pour les premières, les arguments relevaient de la perception comme « Si on tourne la feuille (diagonales parallèles aux bords de la table), on voit bien qu'il y a un losange » ou « Dedans on peut mettre 4 triangles rectangles » ou bien de l'opposition au carré comme « Il n'y a pas d'angles droits aux sommets ». Les autres ont invalidé par la longueur des côtés avec notamment l'intervention de Rémi : « Quand on a un losange, on a quatre côtés égaux, mais là les longueurs de AI et IM ne sont pas pareilles alors ça peut pas être un losange. » Ester a même rajouté : « Les diagonales sont bien perpendiculaires mais elles ne sont pas des axes de symétrie. »
La maîtresse a alors proposé d'écrire tout cela dans le cahier. La trace écrite proposée par les élèves fut : « Un losange est un quadrilatère qui a quatre côtés égaux, pas d'angles droits aux sommets, ses diagonales perpendiculaires et qui sont des axes de symétrie. »

■ Énoncé 2

1. Trace un carré de 8 cm de côté.
2. Place les milieux de chacun des côtés.
3. Joins ces milieux pour obtenir un nouveau quadrilatère.
4. Continue la construction en suivant le procédé : « Place les milieux de chacun des côtés et joins-les pour obtenir un nouveau quadrilatère » jusqu'à ce que tu obtiennes un quadrilatère dont tous les côtés mesurent 1 cm.

Combien de quadrilatères as-tu tracés ?
Observe bien le dessin obtenu et écris toutes les propriétés que tu remarques sur ton cahier de brouillon.

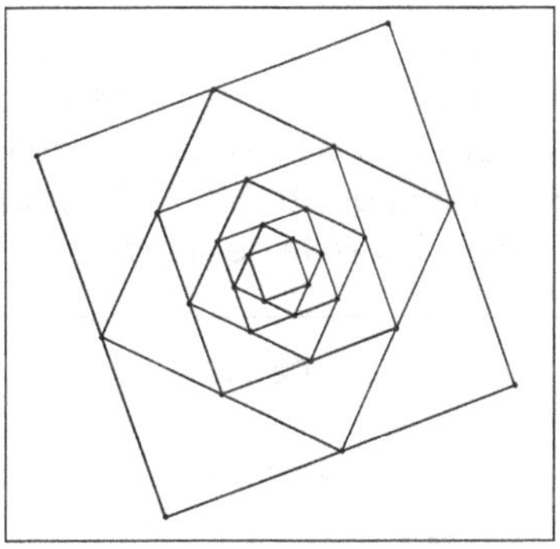

Fiche 2 : figure à obtenir

DÉROULEMENT

Le matériel et le déroulement des deux étapes (réalisation et mise en commun) sont identiques à ceux de l'énoncé 1. L'énoncé et la figure corrigée se trouvent sur la fiche 2.

Dans la classe observée, le carré initial a été tracé avec les instruments et correctement par tous les élèves. Mais 16 productions sur 26 ont été invalidées avec un transparent ; le soin apporté dans la construction des milieux et surtout dans celle des segments qui les joignent a souvent été insuffisant. Assez vite, des élèves ont remarqué des alignements et les ont utilisés. Ils ont pu dire que « tous les points sont sur les diagonales des deux premiers carrés » mais il a été très difficile d'obtenir « ces points sont alignés ».
Tous ont pu justifier que tous les quadrilatères tracés sont des carrés par : « Ils ont quatre côtés égaux et quatre angles droits. »

Ce programme de construction peut être repris en remplaçant « carré » par « rectangle ». Les quadrilatères obtenus sont alors alternativement des rectangles et des losanges (un rectangle de 12 cm par 10,6 cm permet d'obtenir un losange de 1 cm de côté – à 7 centièmes de millimètres près – en traçant 8 quadrilatères).

Activités 2 : associer programmes de constructions et dessins

Nous proposons deux énoncés (programmes et dessins) sur lesquels une classe peut travailler.

■ Énoncé 3

Voici un programme de construction et trois dessins. Tu dois retrouver celui (ceux) qui correspond(ent) au programme.

1. Place un point O sur ta feuille.
2. Trace un cercle de centre O.
3. Trace un diamètre de ce cercle et nomme ses extrémités A et B.
4. Place un point M sur ce cercle de centre O et trace le triangle AMB.
5. Trace la droite MO ; elle coupe le cercle de centre O en un point N.
6. Trace le cercle de centre A passant par N et le cercle de centre B passant par N.

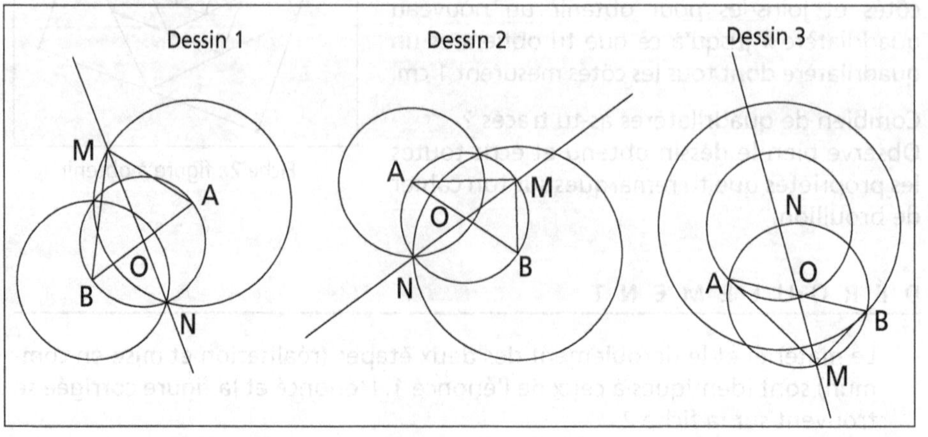

Fiche 3 : les trois dessins

DÉROULEMENT

☐ Étape 1 : réalisation

Chaque élève reçoit un exemplaire de cet énoncé (cf. fiche 3). Le maître précise que les raisons qui permettent de choisir ou d'éliminer un dessin doivent être écrites sur le cahier de brouillon. Cette contrainte conduit l'élève à formuler ces arguments à l'écrit dans un langage qui s'approche du langage conventionnel dans la mesure où il reprend vocabulaire et expressions du texte initial.

Dans la classe citée, la majorité des élèves a cherché à faire la construction en suivant le programme dans un premier temps. Mais, très vite, ils ont été déstabilisés par l'absence de mesures. Tous ont vérifié ensuite la prise en compte de chaque instruction pour chacun des dessins. Dans une autre classe, les élèves ont tous réalisé le dessin en suivant les instructions mais n'ont pu conclure ; une brève mise en commun a permis de faire émerger l'idée de la vérification de la prise en compte de chaque instruction.

☐ Étape 2 : mise en commun

On valide le rejet des dessins 1 et 3 ; on veille à la bonne formulation des arguments. On vérifie que toutes les instructions sont réalisées dans le dessin 2.

■ Énoncé 4

Voici six dessins et six messages qui permettraient à quelqu'un qui ne voit pas ces figures de les construire. Mais tout a été mélangé et, en plus, les lettres ont été effacées...
Tu dois associer à chacun des dessins le message correspondant et expliquer comment tu as choisi.

Message 1
1. Trace un segment AB de 2 cm de long.
2. Trace un segment AC de 2 cm de long, perpendiculaire au segment AB.
3. Trace un segment BD de 2 cm de long, perpendiculaire au segment AB, en plaçant D du même côté que C par rapport au segment AB.
4. Joins les points C et D.

Dessin a

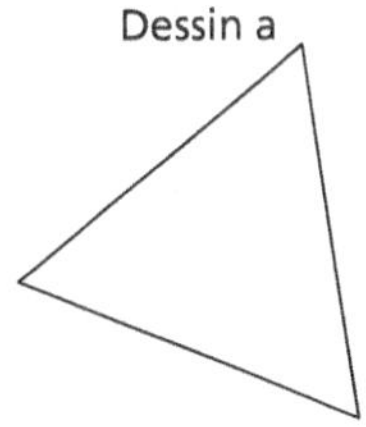

Message 2
1. Trace un carré dont les côtés ont pour longueur 1 cm.
2. Sur chacun des côtés, construis un autre carré.
3. Efface le premier carré.

Dessin b

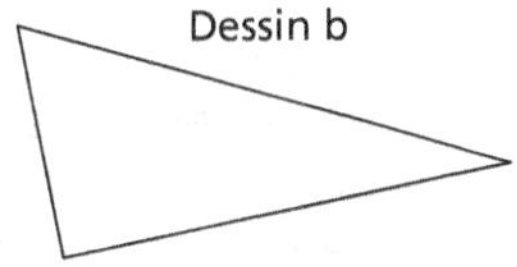

Message 3
1. Trace un segment AB de 3 cm de long.
2. Trace un segment AC de 1,5 cm de long, perpendiculaire au segment AB.
3. Trace un segment BD de 1,5 cm de long, perpendiculaire au segment AB, en plaçant D du même côté que C par rapport au segment AB.

Dessin c

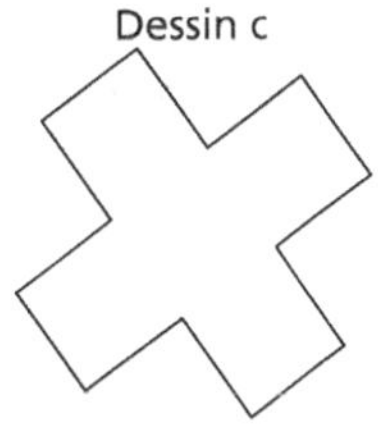

4. Joins les points C et D.

Message 4

Dessin d

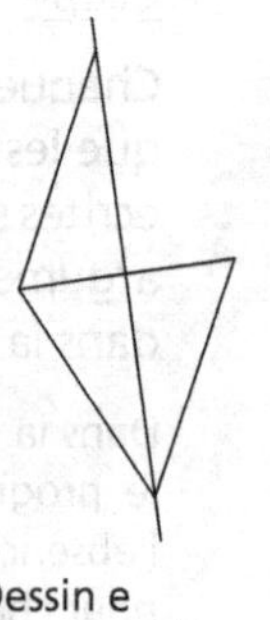

1. Trace un segment AB de 3 cm de long.
2. Trace un demi-cercle de centre A et de rayon 3 cm au-dessus de la droite AB.
3. Trace un demi-cercle de centre B et de rayon 3 cm au-dessus de la droite AB.

Ces deux cercles se coupent en un point que l'on appelle C.

4. Joins les points A et B au point C et efface les demi-cercles qui ont permis la construction du point C.

Message 5

Dessin e

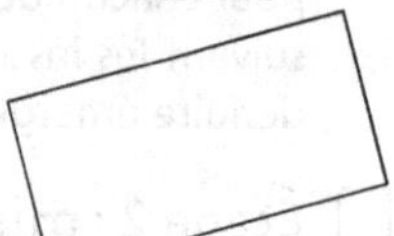

1. Trace un segment AB de 4 cm de long.
2. Trace un segment AC de 2 cm de long, perpendiculaire au segment AB.
3. Joins les points C et B.

Message 6

Dessin f

1. Trace un segment AB de 2 cm de long.
2. Nomme O le milieu du segment AB.
3. Trace la droite perpendiculaire en O au segment AB.
4. Place sur cette perpendiculaire les points C et D tels que O soit le milieu du segment CD et que ce segment ait pour longueur 4 cm.
5. Joins deux à deux les points A et C, B et D, D et A.

DÉROULEMENT

Le déroulement est analogue à celui décrit pour l'énoncé 3. L'enseignant remet à chaque élève une copie des messages et des dessins (cf. fiche 4). Nous avons choisi de donner des énoncés avec des mesures de longueurs pour faciliter l'entrée dans le problème des élèves. On peut s'attendre à une identification assez facile du dessin correspondant à un texte donné mais aussi à des difficultés à expliciter les raisons du choix.

Une première mise en commun peut permettre de préciser qu'il est possible :

– de remettre les lettres sur le dessin,
– de refaire les traits de construction effacés,
– de faire des dessins à main levée,
– de faire des dessins avec des instruments,

en s'appuyant sur les premières propositions des élèves.

Activités 3 : un dessin est donné et l'élève doit rédiger ou compléter le programme

Nous proposons deux énoncés sur lesquels une classe peut travailler.

■ Énoncé 5

Un dessin a été construit en trois phases. Rédige un programme de construction avec une instruction pour chaque phase.

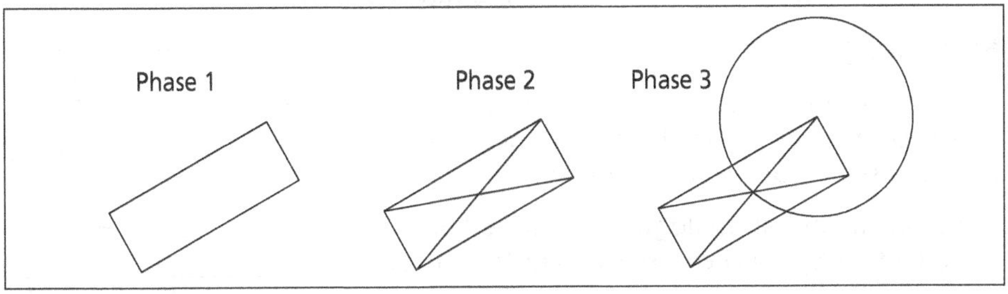

Fiche 5

DÉROULEMENT

☐ Étape 1 : réalisation

Les dessins (cf. fiche 5) sont soit agrandis sur papier au format A2 et placés au tableau, soit projetés à l'aide d'un transparent. Il est nécessaire que les élèves se centrent sur les propriétés géométriques et ne se précipitent pas sur les mesures ! Chaque élève travaille sur son cahier de brouillon (ou sur des feuilles à bords arrondis si on veut éviter les problèmes liés à l'orientation du dessin dans la page).
On peut s'attendre à des hésitations en raison de l'absence de mesures, de l'orientation non conventionnelle du rectangle dans la page mais aussi de la difficulté de certaines formulations dans ce cas (emploi du mot « diagonale », formulations liées au cercle...). Après un premier temps de recherche, le maître peut organiser une brève mise en commun sur les critères de réussite de la tâche. On peut ainsi préciser que l'on peut nommer des points, que la taille du dessin et son orientation n'ont pas d'importance. Pour l'illustrer, si l'enseignant projette un transparent, on peut jouer sur le déplacement du rétroprojecteur pour agrandir ou diminuer l'image au tableau, ou sur le déplacement du transparent pour changer l'orientation par rapport au repère du tableau...

☐ Étape 2 : mise en commun

Une première confrontation à deux permet de constater les points communs et les différences.

On recense ensuite les propositions des élèves pour chaque phase. C'est l'occasion de faire des constats et de fixer des règles :
– pas de redondances ou d'informations inutiles ;

– on s'adresse à un récepteur qui sait tracer un rectangle ou utiliser un compas ;
– il est possible et même très utile de nommer des points ;
– on peut utiliser un mot comme « diagonale » (que l'on peut introduire ici) ou une expression comme « le cercle de centre A passant par O » qui permettent d'alléger considérablement la formulation.

Pour chaque phase, on se met d'accord sur la formulation d'un élève ou sur une reformulation élaborée par la classe. On obtient alors un programme en trois instructions associées aux trois phases du dessin ; une reproduction de l'ensemble peut être collée dans le cahier comme trace écrite.

■ Énoncé 6

Voici un dessin. Tu dois écrire un programme de construction pour ce dessin dont la première instruction est : « Trace un rectangle ABCD. »

Le déroulement est analogue à celui de l'exercice précédent (la figure ci-contre est dans la fiche 6).

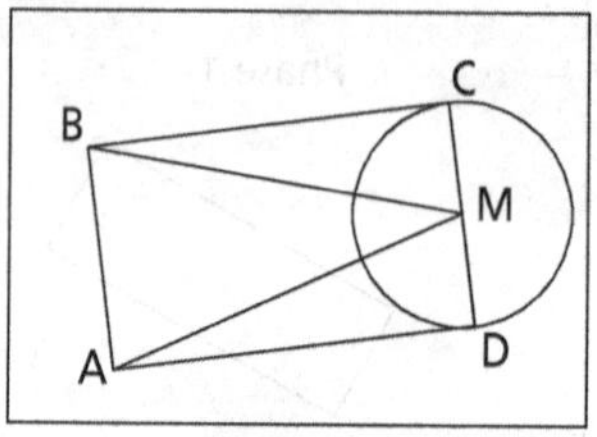

Fiche 6

Activités 4 : écrire un programme permettant au récepteur de construire une figure qu'il ne connaît pas

Pour l'émetteur, la tâche correspond à une « entrée dessin » et à une « sortie texte » tandis que c'est l'inverse pour le récepteur.
L'émetteur dispose du dessin sur une feuille A5 et d'une feuille A4 comme support de la communication. Cette dernière est partagée en deux : une partie sur laquelle l'émetteur rédige son programme de construction et une autre sur laquelle le récepteur effectuera la construction du dessin en suivant le programme. Certains éléments de la construction seront éventuellement fournis au récepteur, selon le choix du maître.
Tous les énoncés correspondant à cette tâche ont été choisis de façon à permettre un travail sans mesures.

Énoncés 7 et 8

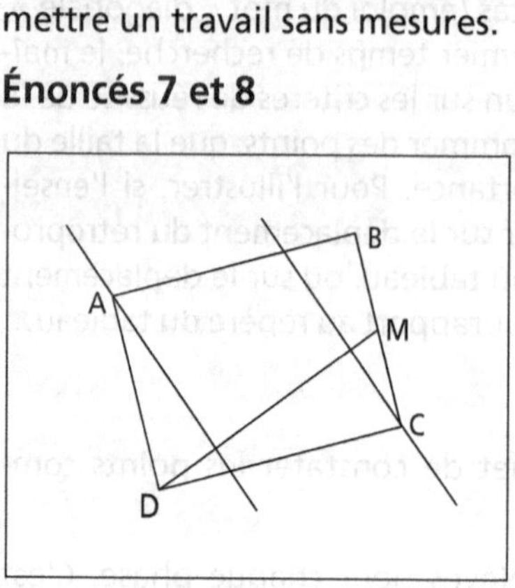

Fiche 7

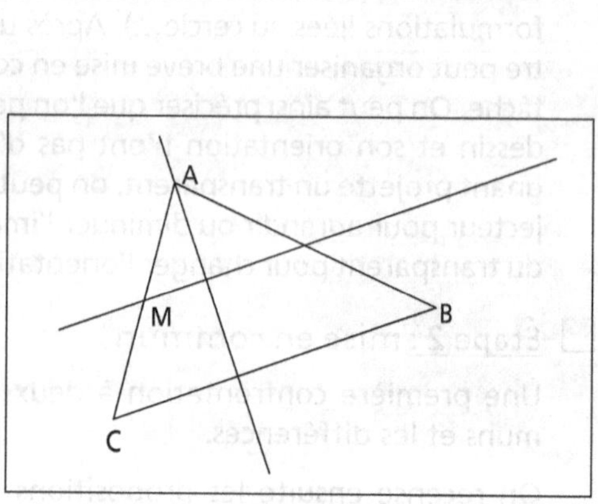

Fiche 8

DÉROULEMENT

Les élèves sont répartis par binômes ; chaque binôme comprend un élève A et un élève B.
Les élèves A sont ceux de la moitié avant de la salle et les élèves B ceux de l'autre moitié ; le maître assurera le rôle de facteur entre les deux groupes.
Les élèves A reçoivent une feuille A5 sur laquelle se trouve le dessin de l'énoncé 7 (cf. fiche 7) et une feuille A4 correspondant à la fiche 9. La partie supérieure de cette dernière est vide. Elle servira à écrire le programme de construction ; la partie inférieure contient le début du dessin à produire. Cette donnée impose une reproduction à l'identique. C'est cette dernière feuille qui sera communiquée à l'élève B.
Pour l'énoncé 7, on peut commencer la reproduction en donnant le rectangle ou bien le rectangle et le point M.
L'élève B reçoit un matériel analogue correspondant au dessin de l'énoncé 8 (cf. fiches 8 et 10).
Pour l'énoncé 8, on peut donner le triangle ou bien le triangle et le point M.
Dans un premier temps, tous les élèves sont émetteurs ; dans un second temps, ils sont tous récepteurs.

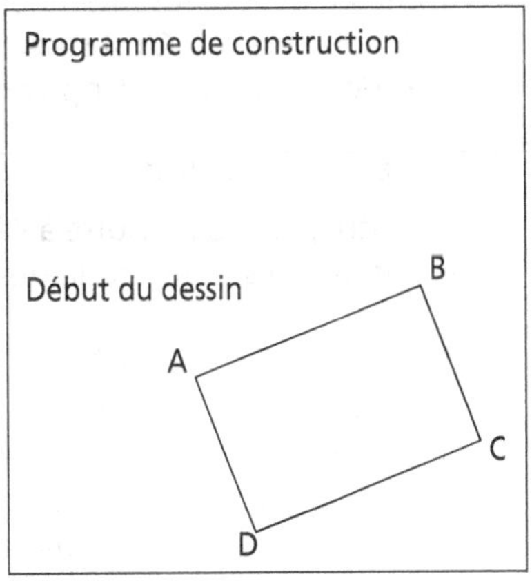

Fiche 9

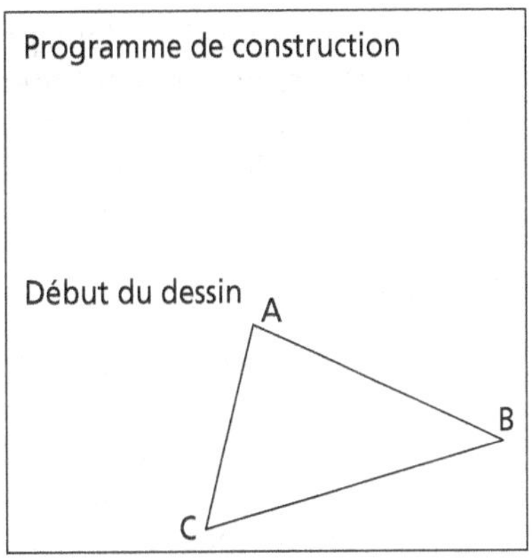

Fiche 10

☐ Étape 1 : émission

Le maître explique le fonctionnement à l'ensemble de la classe ; il est important qu'il ne montre pas les dessins aux élèves.
Il peut préciser que l'on peut mesurer pour repérer des propriétés géométriques mais que ces mesures ne doivent pas être indiquées dans le programme de construction. Cette restriction sur les mesures est nécessaire pour obliger l'élève à rechercher des propriétés géométriques. On peut difficilement les interdire complètement car elles permettent de s'assurer facilement qu'un point est le milieu d'un segment par exemple.
Chaque élève reçoit ses deux feuilles et effectue sa tâche.
On a choisi de ne pas coder les dessins ; ce sera donc à l'élève de repérer les propriétés de la figure, à l'aide de ses instruments.
Les élèves qui ont terminé rapidement la rédaction de leur programme peuvent essayer de le tester, en faisant un tracé sur leur cahier de brouillon.

Nous avons constaté que la plupart des élèves jouent le jeu et essaient de respecter scrupuleusement leurs instructions, sans faire trop appel au dessin qu'ils connaissent. C'est souvent l'occasion de repérer des erreurs, des implicites, des expressions trop compliquées…

☐ Étape 2 : réception

Le maître procède ensuite à l'échange des messages et les élèves deviennent récepteurs : ils réalisent le dessin correspondant au programme reçu.

☐ Étape 3 : confrontation

Les élèves se retrouvent par deux pour confronter leurs productions aux originaux. Le maître peut préciser que cette fois, dans la mesure où le début du dessin était fourni, ceux des récepteurs doivent être identiques au modèle dont disposait l'émetteur. Des transparents A5 sur lesquels sont tracés les dessins sont éventuellement disponibles pour permettre une validation par superposition (à l'original et à la production du récepteur).
Ils doivent juger si les deux productions sont satisfaisantes ou non. Si oui, ils peuvent essayer d'améliorer leur message (puis prendre leur livre de bibliothèque) ! Sinon, ils doivent proposer ensemble une modification des instructions du programme, au stylo vert, sans effacer l'instruction initiale et sans toucher aux dessins.

☐ Étape 4 : mise en commun

Les deux énoncés sont envisagés successivement. Le maître choisit quelques programmes (corrects et incorrects) pertinents pour la mise en commun. Pour chacun, un émetteur lit chaque instruction et un récepteur trace au tableau ou sur un transparent rétroprojeté, avec les instruments ou à main levée. On se met d'accord sur d'éventuelles modifications, sur la levée d'implicites…
Un programme type est ensuite élaboré collectivement à partir d'un de ceux qui ont été exposés ; le maître l'écrit au tableau et les élèves sur leur cahier.
Ils effectuent ensuite la construction sur leur cahier, avec les instruments ou à main levée, ou bien collent une reproduction du dessin que leur donne le maître.
On peut aussi choisir une mise en commun plus légère dans laquelle on veillera à noter les éléments essentiels pour chacun des programmes (Par exemple pour l'énoncé 7, M milieu du segment BC, perpendicularité des segments AI et CJ au segment DM, en définissant les points I et J).

☐ Étape 5 : reprise

Le même travail peut être repris avec les énoncés 9 et 10. L'étape 3 n'est plus nécessaire et l'étape 4 peut être allégée.

Énoncés 9 et 10

Pour ces énoncés, le dessin n'est pas commencé sur la feuille de communication (les figures sont fournies dans la fiche 11).

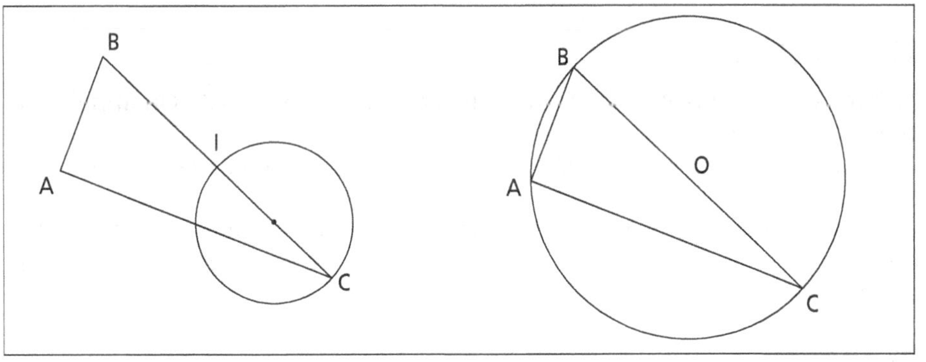

Fiche 11

Exercices d'accompagnement

Suivant le choix du maître, l'élève reçoit soit le programme de construction, soit le dessin correspondant et doit réaliser soit un dessin, soit un programme de construction.
On amène les élèves à observer les dessins, à relever des propriétés remarquables et à les justifier par un raisonnement ou bien avec les instruments.

Énoncé 11

1. Trace un cercle de centre O.
2. Place un point A sur ce cercle et trace le diamètre AB.
3. Place un point M sur le segment OA.
4. Trace la droite perpendiculaire au segment AB passant par M.
5. On appelle C et D les deux points d'intersections de cette droite avec le cercle.
6. Trace le quadrilatère ACBD.

Énoncé 12

ABC est un triangle.
1. Place le point I milieu du côté AB et le point J milieu du côté AC.
2. Trace le segment IJ.
3. Trace le cercle de centre I, passant par A.
4. Trace le cercle de diamètre AC.
5. Place le point F, second point d'intersection des deux cercles.

Énoncé 13

1. Place un point M et trace un cercle de centre M.
2. Place un point N à l'extérieur de ce cercle et trace un cercle de centre N qui coupe le cercle de centre M.

3. Place les points A et B, à l'intersection de ces deux cercles.
4. Trace la droite parallèle au segment MN passant par B. Elle coupe le cercle de centre M en D et le cercle de centre N en E.
5. Trace le triangle ADE.

■ Énoncé 14

1. Place deux points A et C et trace un cercle de diamètre AC. On appelle I le centre de ce cercle.
2. Place un point B sur le cercle, ni en A, ni en C. Trace le triangle ABC et le segment BI.
3. Trace le segment IE perpendiculaire au côté BC, le point E étant sur le segment BC, et le segment IF perpendiculaire au côté BA, le point F étant sur le segment AB.

■ Énoncé 15

ABCD est un carré.
1. Trace la diagonale AC de ce carré.
2. Trace le quart de cercle de centre A, d'extrémités B et D. Il coupe la diagonale AC en E.
3. Trace le quart de cercle de centre C, d'extrémités B et D. Il coupe la diagonale AC en F.
4. Trace le quadrilatère DEBF.

■ Énoncé 16

1. Trace un quadrilatère ABCD.
2. On appelle I le milieu du côté AB, J le milieu du côté BC, K le milieu du côté CD et L le milieu du côté DA.
3. Trace le quadrilatère IJKL.

3. Recherche de tous les quadrilatères (CM2)

Il s'agit d'une situation de synthèse autour des différentes propriétés des quadrilatères. Elle se place en fin de CM2.

> DESCRIPTION RAPIDE

Dans un premier temps de travail individuel, les élèves cherchent tous les quadrilatères différents qu'ils peuvent trouver, en faisant des schémas sur feuille ou sur cahier.
Ensuite, les élèves se regroupent par quatre, et, à partir de ces productions individuelles, doivent élaborer une affiche, toujours à main levée, présentant les quadrilatères différents trouvés par le groupe.
Une mise en commun de toutes les affiches permet d'éliminer les figures en double et de réaliser une synthèse pour la classe.

> OBJECTIFS

L'enjeu de cette situation est pour les élèves de trouver le maximum de quadrilatères différents. En cherchant une catégorisation exhaustive des quadrilatères, les élèves vont être amenés à se demander ce que sont deux quadrilatères identiques.

Un objectif est de faire évoluer l'élève du dessin spatial à la notion de figure mathématique. Par exemple, un élève va considérer dans un premier temps, d'un point de vue spatial, que deux dessins de carrés de tailles différentes ou orientés différemment sont différents. Le rôle de cette situation est de lui faire saisir que ces deux dessins représentent la même figure d'un point de vue mathématique.

Il s'agit pour les élèves de comprendre que ce sont les propriétés géométriques des figures qui permettent de caractériser les figures et non pas leurs propriétés métriques ou bien leur orientation dans l'espace (on pense en particulier au « carré sur la pointe » que les élèves désignent comme losange).

Le passage par un dessin à main levée oblige les élèves à trouver des moyens de coder les propriétés des figures. Ce codage permet aux élèves de communiquer plus efficacement lors de la mise en commun. Il constitue un autre objectif de cette situation.

> DURÉE

Une séance de 50 à 60 minutes.

> VARIABLES DIDACTIQUES

– Le type de dessin demandé pour communiquer : dessin à main levée, dessin instrumenté.

– La forme de travail : travail individuel, en groupes, en groupe-classe.

– Le type de groupe : homogène/hétérogène.

> PROCÉDURES RENCONTRÉES ET VISÉES

La consigne qui sera donnée aux élèves est la suivante : « Vous devez dessiner à main levée toutes les figures à quatre côtés différentes qui existent. »

Notre objectif est de faire émerger puis évoluer des représentations des élèves telles que « il n'est pas orienté pareil, donc il est différent ». La consigne « toutes les figures à quatre côtés » est volontairement ambiguë : c'est l'ampleur de la tâche si on considérait le mot « différent » d'un point de vue spatial qui doit amener les élèves à envisager plusieurs dessins comme représentant une même figure mathématique. Ce qu'on entend par « figure à quatre côtés » sera aussi à éclaircir : peuvent être soulevés les cas des figures non convexes (ce sont des quadrilatères particuliers) ou des figures non fermées (ce ne sont pas des quadrilatères).

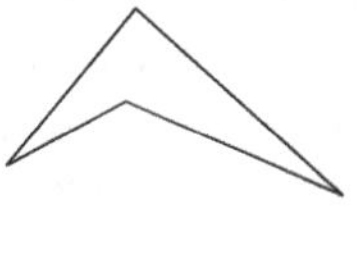

Forme non convexe

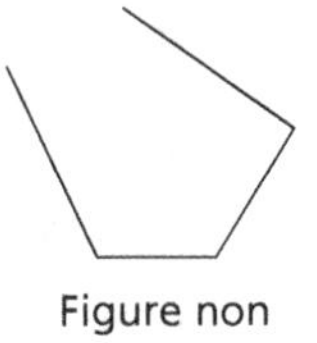

Figure non fermée

THÈME 5

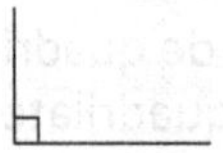

En ce qui concerne les moyens d'indiquer des propriétés sur les dessins à main levée, on attend que les élèves trouvent un codage personnel (comme l'utilisation de couleurs identiques pour les côtés de même longueur) ou utilisent des codages sociaux comme celui utilisé pour l'angle droit par exemple.

Nous avons fait le choix de faire dessiner les élèves « à main levée » et non pas « avec les instruments ». Il s'agit d'une part de ne pas consacrer trop de temps à la réalisation des dessins au détriment de la recherche des propriétés des quadrilatères. D'autre part, il s'agit d'obliger les élèves à communiquer les propriétés des figures alors qu'en travaillant avec les instruments ces propriétés resteraient implicites.

Le choix d'un premier travail individuel, suivi par un travail de groupe, permet de mettre en place une première phase d'argumentation où chaque élève a l'occasion de donner son avis. Sans nier les effets sociaux liés au travail en petits groupes, comme l'émergence d'un leader qui est souvent l'élève perçu par les autres comme « bon », nous pensons cette forme de discussion préférable à une mise en commun immédiate en grand groupe, fastidieuse et où la parole est souvent monopolisée par quelques-uns. Le premier travail individuel oblige chaque élève à réfléchir au problème et permet à l'enseignant de garder une trace des représentations des élèves.

Nous proposons de faire des groupes hétérogènes afin de favoriser une première confrontation.

> MATÉRIEL

– Quelques feuilles de brouillon sans quadrillage par élève.
– Deux affiches (par exemple des feuilles de papier A3) par groupe de quatre.

DÉROULEMENT

Les élèves travaillent individuellement, puis se regroupent par quatre. Il n'est pas obligatoire de bouger les tables pour ce moment de regroupement, les élèves peuvent juste déplacer leurs chaises ou se retourner.

☐ Étape 1 : consigne

« Le problème est le suivant : vous devez dessiner à main levée toutes les différentes figures à quatre côtés qui existent.
Nous allons travailler en trois temps :
– d'abord vous allez chercher individuellement ;
– ensuite, vous serez par groupes de quatre et vous devrez produire une affiche unique qui récapitule les résultats de votre groupe ;
– enfin, nous mettrons les affiches au tableau et vous ferez une synthèse de toutes les affiches que nous garderons dans la classe. »

On distribue ensuite des feuilles sans quadrillage aux élèves.

☐ Étape 2 : recherche individuelle

Les élèves produisent un catalogue de figures à quatre côtés sans communiquer avec les autres.

Si les élèves ont des difficultés à dépasser le stade des trois figures usuelles (carré, rectangle, losange), on peut leur indiquer qu'il y en a plus de cinq.
Nous avons observé que :
– la totalité des élèves trouvent les carrés, les rectangles, les losanges ;
– la moitié des élèves trouvent les trapèzes (isocèles ou rectangles) ;
– un tiers des élèves envisagent les chevrons[19] (quelconque ou isocèle, ou avec angle droit) ;
– peu mentionnent les parallélogrammes ou cerfs-volants ;
– peu envisagent des quadrilatères quelconques (avec éventuellement un ou deux angles droits) ;
– les figures non correctes ne sont pas rares !

☐ Étape 3 : regroupement par quatre et synthèse par groupe

Consigne
« Maintenant vous allez vous mettre par quatre. Je vais vous donner une affiche et vous allez devoir dessiner, toujours à main levée, toutes les figures à quatre côtés que le groupe a trouvées. Attention, vous devez éliminer les figures que vous avez en double sur les feuilles individuelles. Il faut vous mettre d'accord entre vous, avant de produire l'affiche. »

☐ Étape 4 : synthèse au tableau

Les affiches sont mises au tableau, une affiche vierge est prête pour constituer la trace écrite de la classe.

L'enseignant pose la question : « Comment appelle-t-on une figure à quatre côtés ? » Si les élèves ne savent pas, l'enseignant donne le vocabulaire « quadrilatère ».
L'affiche s'intitule donc « Tous les quadrilatères que nous avons trouvés ».

Synthèse des affiches
L'enseignant indique les différentes parties de la consigne au fur et à mesure du passage des groupes.

Consigne
« Un représentant par groupe va venir choisir une figure de son affiche qui n'est pas déjà sur l'affiche de la classe. Il va vous montrer la figure, dire pourquoi il pense qu'elle n'est pas déjà sur l'affiche. Il faut que la classe soit d'accord pour qu'il puisse dessiner sa figure sur l'affiche de la classe. Si tout le monde est d'accord, il la dessine. Ensuite, il entourera sur les affiches des autres groupes les figures identiques à celle qu'il vient de dessiner. Comme tout à l'heure, les groupes concernés doivent être d'accord. »

---

19. Nous appelons chevron un quadrilatère concave.

Il est préférable de commencer par des groupes qui n'ont pas beaucoup de figures différentes afin qu'ils puissent malgré tout participer à l'affiche collective.

Il n'est pas important que les élèves trouvent tous les quadrilatères. Cette affiche peut être laissée en suspens, le maître indique qu'elle est incomplète et propose aux élèves de continuer à chercher quand ils ont du temps. Les élèves qui trouvent de nouveaux quadrilatères les dessinent sur une feuille blanche qui sera affichée temporairement à côté de l'affiche collective. Quand l'enseignant juge qu'il y a assez d'éléments, il met en place un débat pour compléter l'affiche.

Le codage

Lors de la synthèse des affiches, les élèves vont ressentir le besoin d'exprimer que sur les figures des côtés sont parallèles, des côtés ont même mesure, un angle est droit, etc. Ils peuvent décider de mettre en place des codages pour rendre lisible sur le dessin ce qu'ils ont voulu représenter. Ils peuvent prendre l'initiative (c'est apparu lors des observations) :

– de mettre de la même couleur les côtés parallèles ;

– de mettre des mesures fictives pour coter la figure et montrer les côtés de même mesure ;

– de coder les angles droits par le codage usuel.

La caractérisation par les propriétés

Au début, le débat sur les différences entre figures s'énonce soit en terme de forme globale, soit en terme de propriétés (par exemple lorsque les élèves débattent sur le fait que les deux trapèzes suivants sont identiques ou non).

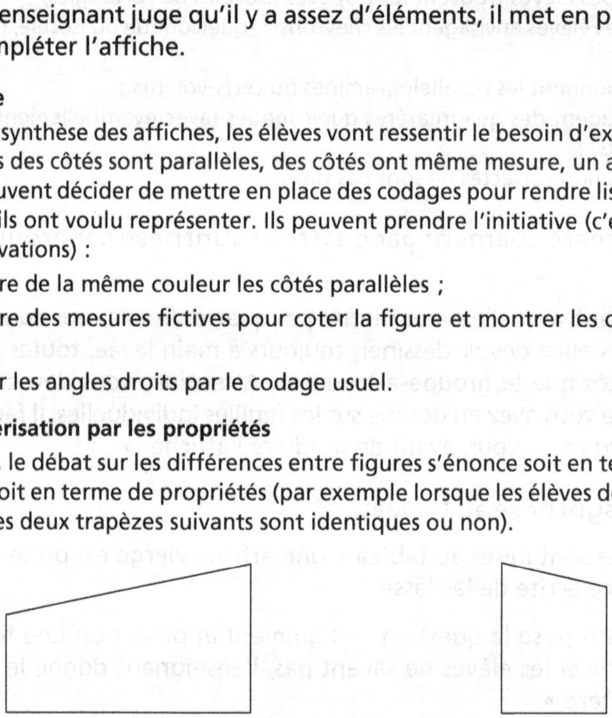

Les élèves finissent par conclure que « c'est plus simple de regarder les propriétés ». Lors du bilan, les élèves se basent sans exception sur les propriétés et non plus sur les aspects perceptifs ou liés à l'orientation.

4. Combien de polygones ? (CM2)

> DESCRIPTION RAPIDE

Cette situation suppose acquise la reconnaissance au moins perceptive des figures du programme, sinon la reconnaissance des propriétés de ces figures (égalité des longueurs de côtés, perpendicularité, parallélisme).

Les élèves ont à résoudre **un problème ouvert** avec énoncé bref. Ils utilisent leurs connaissances, trouvent certains résultats, les confrontent à ceux des autres élèves. Le but n'est pas d'arriver à une solution ou à déterminer tous les cas possibles, mais de chercher, d'échanger, d'argumenter avec ses connaissances.

On fait chercher les élèves sur des questions relatives au nombre de quadrilatères ou triangles dont des côtés ont des mesures imposées. On propose les questions suivantes :

Question 1 – Combien existe-t-il de quadrilatères dont tous les côtés mesurent 5 cm ?
Question 2 – Combien existe-t-il de quadrilatères dont deux côtés mesurent 6 cm et deux côtés 4 cm ?
Question 3 – Combien existe-t-il de quadrilatères dont trois côtés mesurent 3 cm et un côté 10 cm ?
Question 4 – Combien existe-t-il de triangles dont tous les côtés mesurent 5 cm ?
Question 5 – Combien existe-t-il de triangles avec deux côtés de même mesure, les côtés mesurant 6 cm ou 4 cm ?
Question 6 – Combien existe-t-il de triangles avec deux côtés de même mesure, les côtés mesurant 9 cm ou 4 cm ?

On attend des élèves non pas une réponse sous la forme d'un nombre (s'il existe), mais :
– la recherche et l'exposé aux autres de leurs résultats ;
– l'identification de certaines figures en renvoyant à des connaissances géométriques ;
– l'argumentation sur la possibilité ou l'impossibilité de construction ;
– la construction de certaines figures.

> OBJECTIFS PRINCIPAUX

• Réinvestir ou préciser les savoirs sur :
– les figures usuelles : triangle (rectangle, isocèle, équilatéral), quadrilatère (carré, rectangle, losange) ;
– les objets : point, sommet ; segment, côté, angle, angle droit ;
– les relations : égalité de longueurs, parallélisme, perpendicularité, égalité d'angles, symétrie.
• Argumenter en utilisant des connaissances géométriques (savoirs explicités précédemment ou connaissances/théorèmes en acte).
• Utiliser un dessin à main levée pour explorer rapidement les possibilités, puis ressentir la nécessité de confirmer le type ou l'existence d'une figure (par l'argumentation d'abord, par une construction éventuellement).

> OBJECTIFS ANNEXES

• Construire des figures avec les instruments (règles, compas, équerre).
• Compléter le vocabulaire (côtés ou sommets, consécutifs ou opposés).
• Fréquenter des objets qui ne sont pas au programme (parallélogramme, cerf-volant).

> DURÉE

Entre 20 minutes et une heure selon la question, le nombre de questions (réduction de la durée de mise en place) et la richesse des échanges. Les questions sur les quadrilatères demandent plus de temps que celles sur les triangles. Voici à titre indicatif des durées issues des observations.

Pour la question 1 : 25 minutes ; pour la question 2 : 45 minutes ; pour la question 3 : 35 minutes ; pour la question 4 : 20 minutes ; pour la question 5 : 35 minutes ; pour la question 6 : 30 minutes.

> ANALYSE MATHÉMATIQUE DU PROBLÈME

On pourra considérer que deux figures se correspondant par une isométrie (donc superposables avec ou sans retournement[20]) sont « pareilles » pour les élèves. Par ailleurs, on ne considère pas les figures comme ensemble ordonné de points-sommets, mais comme ensemble de segments consécutifs.

Pour déterminer un polygone, on peut donner :
– le nombre de ses côtés ;
– des relations liant éventuellement ses côtés (égalité de longueurs, parallélisme, perpendicularité) ;
– les dimensions de ses côtés (ou de ses diagonales) ;
– ses angles.

Une seule de ces données ne suffit en général pas à le déterminer mais aboutit à envisager une classe de polygones. On peut ainsi conduire l'élève à chercher, à partir d'une contrainte, tous les polygones la vérifiant. Il fait alors des passerelles entre des polygones qui lui semblent a priori différents.
Par exemple, les quadrilatères qui doivent avoir deux côtés parallèles (sans exclure des propriétés supplémentaires) sont les trapèzes et, parmi ces derniers, les parallélogrammes (dont les losanges, rectangles et carrés). Un autre exemple : les quadrilatères qui doivent avoir un axe de symétrie passant par deux sommets sont les cerfs-volants, parmi lesquels se placent les losanges (dont le carré).
La situation « Recherche de tous les quadrilatères » a pour objectif d'amener les élèves à caractériser les quadrilatères par leurs propriétés, indépendamment de leurs mesures. Dans la situation présente, le choix est d'imposer des égalités entre certaines longueurs et de fixer les mesures. Les égalités amènent l'élève à envisager une classe de polygones. Les mesures lui permettent dans certains cas de mieux appréhender telle particularité, de se confronter à telle impossibilité, et aussi de construire pour emporter la conviction.
Voici les possibilités pour chaque question posée précédemment.
Question 1 – Une infinité de losanges, dont un carré.

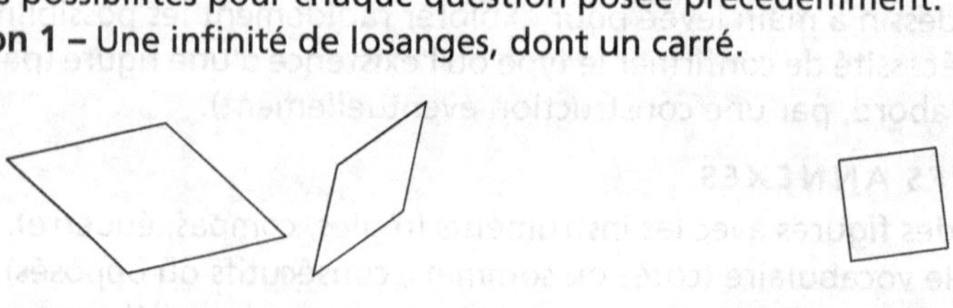

Question 2 – Trois types de solutions : une infinité de parallélogrammes (côtés consécutifs 6 – 4 – 6 – 4) dont un rectangle ; une infinité de cerfs-volants (côtés consécutifs 6 – 6 – 4 – 4 ; convexe ou concave) ; une infinité de quadrilatères croisés (du type 6 – 4 – 6 – 4).

---

20. Se référer au thème 4 de cet ouvrage : « Comparaison ».

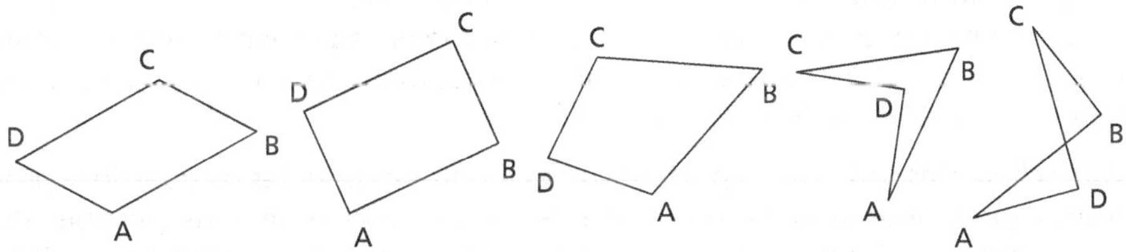

Question 3 – Pas de solution car 10 > 3 + 3 + 3.
Question 4 – Un triangle équilatéral.
Question 5 – Deux triangles isocèles (6 – 6 – 4 et 4 – 4 – 6).
Question 6 – Un seul triangle isocèle (9 – 9 – 4), l'autre cas (4 – 4 – 9) étant impossible.

> VARIABLES DIDACTIQUES

• Possibilité d'utiliser des instruments

On peut :
– fournir aux élèves (ou faire préparer chez eux) des bandes de longueurs données (3 cm, 4 cm, 5 cm...) ; l'élève peut alors procéder par manipulation, en positionnant ses bandes ;
– autoriser l'usage des instruments usuels (y compris une ficelle) ; l'élève peut alors construire tout en cherchant. Par essai/erreur/ajustement, il cherche et valide spatialement les figures ;
– n'autoriser que le crayon papier et une gomme ; l'élève est conduit à faire des tracés à main levée. Il passe davantage par une image mentale de la figure à obtenir.

Notre choix : la manipulation peut être un moyen de différenciation pour les élèves en difficulté, mais les élèves de CM2 doivent aller vers le théorique. La construction avec instruments est nécessaire mais restreint l'élève à des considérations spatiales. Les propositions suivantes visent à faire travailler l'élève sur des dessins à main levée, sur l'argumentation au niveau des connaissances géométriques. Nous proposons à l'enseignant que l'usage des instruments intervienne seulement lors de la mise en commun pour emporter la conviction, puis au niveau de la trace écrite (pour s'entraîner ou se convaincre individuellement). Pour certains élèves ou certaines classes, l'enseignant sera amené à faire réaliser des tracés instrumentés (règle, compas, ficelle, bandes cartonnées, pailles) pour tenir compte des écarts de connaissances ou d'implication.

• Nombre de côtés des figures cherchées

– Trois (on recherche des triangles).
– Quatre (on recherche des quadrilatères).
Pour une contrainte, on trouve a priori davantage de quadrilatères que de triangles.

Notre choix : proposer les deux types de figures en commençant par les quadrilatères.

• **Type de contraintes imposées aux figures cherchées**
Les contraintes peuvent porter sur le parallélisme ou la perpendicularité, sur les angles (peu utilisé à l'école élémentaire), sur les longueurs (voir le paragraphe « Problème mathématique » ci-dessus).

Notre choix : les contraintes portent sur les longueurs pour les six questions proposées (pour leur donner une unité et se rapprocher le plus possible du programme) ; mais un enseignant peut très bien inventer des questions voisines où le parallélisme intervient.

• **Nombre de figures possibles**
– Un seul (c'est en général une figure connue et cela sert d'entraînement).
– Un nombre fini (on cherche à être exhaustif).
– Une infinité (on définit une catégorie de figures).
– Aucun (on travaille l'argumentation sur l'impossibilité).

Notre choix : nos propositions visent à confronter l'élève à tous ces cas (en partant si possible d'une infinité).

Nombre de questions traitées
L'enseignant peut choisir de ne pas proposer toutes les questions (selon les connaissances des élèves, de la durée qu'il choisit d'y consacrer, etc.). Par exemple :
– il peut n'aborder que les questions 1, 2 et 3 (pour ne travailler que sur les quadrilatères) ;
– il peut alterner les questions 1 et 4, puis 2 et 5, puis 3 et 6 (pour voir la différence de réponses selon que l'on recherche un quadrilatère ou un triangle) ;
– il peut proposer les questions 1, 4 et 3 (pour voir les différents types de réponses : infinité, une, aucune).
Dans tous les cas, aborder deux questions dans une même séance paraît un maximum pour la concentration des élèves.

Type de « preuve »
Cette situation permet un travail de synthèse sur les figures, le vocabulaire, les propriétés. Elle constitue une situation d'argumentation sur certains points : les élèves, ne disposant pas d'outils de preuve pratique, cherchent à convaincre les autres (arguments verbaux de type spatial, constatations de construction, explications perceptives). Cependant, pour certains élèves, les arguments ne suffisent pas (qu'ils soient oraux, gestuels ou sur dessin à main levée). Par ailleurs, d'autres élèves ont besoin de construire ou de manipuler pour que la situation présente pour eux un enjeu ou prenne du sens. La construction effective de certaines figures (avec le matériel usuel de géométrie, avec des bandes cartonnées de longueurs différentes pouvant être attachées par des attaches parisiennes, avec des pailles ou de la ficelle) constitue alors, via la manipulation, une activité pouvant emporter la conviction ou une meilleure adhésion. L'enseignant pourra proposer, notamment pour les premières questions, de telles activités après une première approche sans outil. S'il fait ce choix, il devra modifier légèrement les consignes ci-dessous.

Le dessin à main levée
On va demander aux élèves de ne pas utiliser d'instruments. La première fois qu'on leur pose une telle question, les élèves sont très surpris de ne pas être autorisés à utiliser une règle graduée. Ils se demandent comment ils peuvent démarrer leur réflexion. Quelques-uns écrivent des textes affirmatifs assez pauvres. Mais assez

rapidement, souvent avec une légère suggestion de l'enseignant, ils se mettent très majoritairement à faire des dessins à main levée et se montrent alors très productifs, notamment lorsqu'ils se mettent en binômes.

> MATÉRIEL

– Une feuille A5 pour chaque élève, une feuille A4 pour chaque binôme.
– Instruments : à part un crayon et une gomme, aucun outil (et surtout pas de règle graduée). La boîte à outils sera autorisée dans un deuxième temps (en cours ou à la fin de la mise en commun).

DÉROULEMENT

Ce déroulement est valable pour chaque question proposée.

Consigne
« Sortez le matériel (feuilles, crayon, gomme) et rangez tout le reste. Vous allez travailler seul pendant deux minutes sur les petites feuilles, puis avec votre voisin(e) pendant cinq minutes sur la grande feuille. Quand je vous le dirai, vous mettrez au propre ce que vous avez trouvé pour l'afficher. »
L'enseignant écrit la question au tableau.

Première phase Recherche sans instruments

Recherche des élèves
Après un temps court de recherche individuelle (deux minutes pour que chacun s'approprie le problème), les élèves travaillent pendant cinq minutes par binômes.
L'enseignant propose à la classe une question à la fois.
L'enseignant peut susciter des réactions chez les élèves qui se contentent parfois d'une seule réponse.
Puis l'enseignant annonce : « Sur une feuille propre, relevez votre réponse avec tout ce qui vous servira à l'expliquer aux autres. Vous disposez de cinq minutes. »

Mise en commun
L'enseignant ne fait passer au tableau que quelques binômes. Il choisit l'ordre de passage de ces binômes.
• Par exemple pour **la question 1** :
– un binôme avec le carré seulement (cas particulier) ;
– puis un binôme avec une figure fausse (cas d'erreur) ;
– puis un binôme avec un losange (cas exact ou le plus général).
• Par exemple pour **la question 3** :
– un binôme avec une figure trouvée (cas d'erreur) ;
– puis un binôme annonçant que c'est impossible (cas exact).
À chaque fois, il demande aux autres binômes qui, parmi eux, a trouvé cette figure, puis qui en a trouvé d'autres.

Pour organiser les échanges et préparer une synthèse, l'enseignant peut constituer au fur et à mesure une sorte de tableau : dessiner chaque type de figure (éventuellement la nommer) ; indiquer le nombre possible de chaque type avec les explications éventuelles.

L'enseignant pourra selon les échanges et les questions insister sur certains aspects :
– les aspects langagiers : désignation des figures, des objets, des relations ;
– les aspects géométriques : les arguments échangés servent de justification et de validation des réponses, ce qui est un objectif majeur de cette activité (à quelles propriétés géométriques les élèves reconnaissent-ils telle figure ? et les autres figures ? s'agit-il de figures différentes ou identiques ? superposables ? ces figures sont-elles possibles ?) ;
– les aspects procéduraux : comment construire une telle figure ?

Des constats d'observations

Voici des réponses, des éléments de débat, des remarques.

Question 1 – Le carré (mais à quelle condition supplémentaire ?).
Des losanges (quadrilatère ayant ses côtés tous de même longueur ; mais sont-ils différents ? superposables ?).

Question 2 – Le rectangle (mais à quelle condition supplémentaire ? un seul rectangle ? à un déplacement près ?).
Les cerfs-volants (peu de binômes se prononcent pour un seul rectangle ; le mot apparaît ; les cerfs-volants concaves sont souvent envisagés, mais pas les quadrilatères croisés).
Les parallélogrammes (surtout dans des classes où les angles viennent d'être travaillés).
Coter ou coder les dessins apparaît souvent nécessaire pour cette question : certains comportent deux couleurs selon la longueur, ce qui rend assez visible les deux catégories de quadrilatères (4 – 6 – 4 – 6 ou 4 – 4 – 6 – 6).

Question 3 – On peut s'attendre à des dessins à main levée du type :

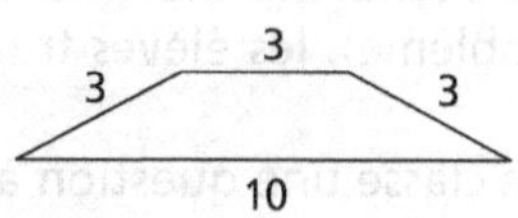

Les positions des élèves sont assez tranchées : environ un tiers des binômes pense que c'est impossible ; les autres se prononcent pour un seul ou plusieurs polygones. Quelques élèves, pressentant la difficulté de rejoindre les extrémités du segment de 10 cm avec trois de 3 cm mis bout à bout, cherchent une solution en les allongeant au maximum, certains arrivant à un quadrilatère croisé. Pour cette question, une manipulation se montre parfois nécessaire.

Question 4 – Le triangle équilatéral (la question de l'unicité se pose parfois). Certains élèves affirment la possibilité d'un triangle rectangle.

Question 5 – Les élèves trouvent les deux triangles isocèles solutions (l'unicité de celui de côtés 6 – 6 – 4 étant discutée), mais certains élèves affirment la possibilité de triangles rectangles.

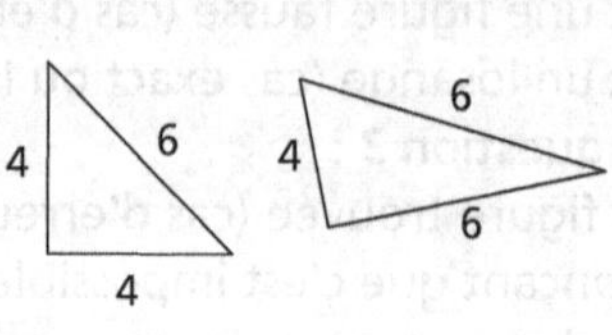

Question 6 – Environ la moitié des élèves trouve deux triangles isocèles (comme à la question précédente) et l'autre moitié indique que le cas 9 – 4 – 4 est impossible.

Deuxième phase
Construction avec instruments

> **OBJECTIFS**

– Entraînement : entraîner les élèves à construire les figures usuelles de façon instrumentée.
– Validation spatiale : emporter la conviction des élèves hésitant sur la possibilité d'obtenir telle figure ou sur l'impossibilité d'en construire.
– Complément d'une trace écrite de l'activité.

Construction
Par exemple pour la question 1, l'enseignant demande à chaque élève de dessiner sur du papier non quadrillé, un losange de côté 5 cm, puis un carré de côté 5 cm.
Cela est l'occasion d'échanges sur les instruments possibles (gabarits d'angle, compas, règle et équerre) et les procédures (tracés d'angles, de parallèles, de perpendiculaires ; reports de longueurs).

Trace écrite
Sur le cahier mémoire, l'enseignant peut par exemple faire écrire pour la question 1 :
Il existe une infinité de quadrilatères dont tous les côtés mesurent 5 cm. Ce sont des losanges car ils ont les quatre côtés de même longueur.
En voici un :
(L'élève colle le dessin qu'il a fait auparavant)

Un cas particulier est le carré de côté 5 cm. Le voici :
(L'élève colle le dessin qu'il a fait auparavant)

5. Le cercle et les cercles (CM2)

> **DESCRIPTION RAPIDE**

Problème de construction : construire un cercle tangent à deux cercles concentriques donnés (mais dont les rayons ne sont pas donnés).

> **OBJECTIFS**

– Faire émerger des propriétés géométriques d'une figure pour la construire.
– Argumenter la validité d'une procédure de construction.

> **DURÉE**

Une séance d'une heure.

> **PROCÉDURES POSSIBLES**

Pour décrire plus facilement au lecteur les procédures des élèves, étudions le problème mathématique. Notons C_1 le cercle de rayon r, C_2 le cercle de rayon R, avec $r < R$, O le centre commun de ces cercles, O' le centre du cercle C recherché. On s'autorisera à parler de l'écart entre C_1 et C_2, égal à $R - r$.

A priori, il y deux types de solutions. Le cercle C_1 est :

soit tangent extérieurement à C, | soit tangent intérieurement à C.

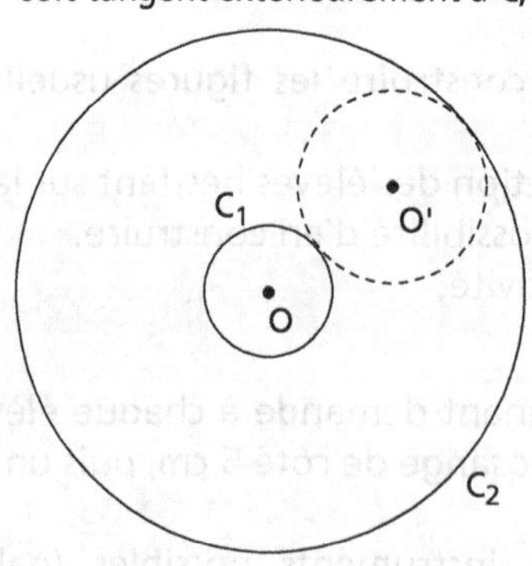

Configuration 1

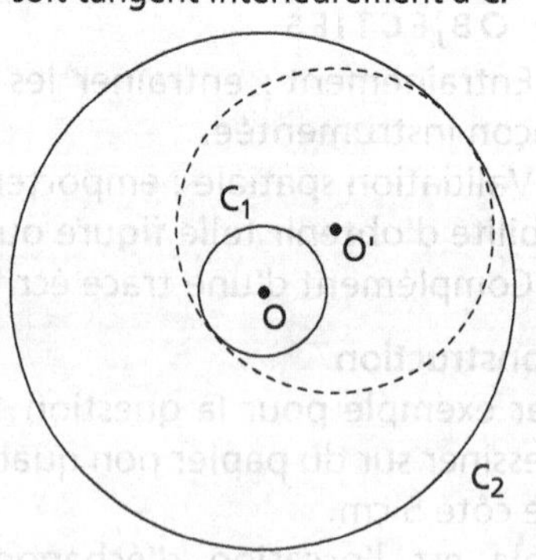

Configuration 2

Dans le descriptif des procédures, nous n'envisageons que la configuration 1, la seconde configuration ayant été rarement constatée dans les classes observées. Dans la configuration 1, le cercle C vérifie deux propriétés :
– le centre O' est le milieu d'un segment AB, avec A sur C_1, B sur C_2, A et B étant alignés avec O ;
– son rayon est la moitié de l'écart R – r.

Il existe quatre procédures possibles :
– procédure empirique consistant à procéder par ajustements successifs de la position du centre et de la valeur du rayon ;
– déterminer le centre O' au milieu entre C1 et C2 grâce à un rayon commun, puis tracer un cercle de centre O' qui touche les cercles, le rayon étant déterminé empiriquement ;
– prendre un rayon (ou écartement du compas) valant l'écart divisé par deux, puis tracer le cercle en déterminant empiriquement le centre de manière à ce que le cercle soit tangent ;
– prendre en compte les deux propriétés sous-jacentes aux procédures 2 et 3 pour déterminer la position du centre (nécessairement « au milieu entre les deux cercles ») et la valeur du rayon (nécessairement l'écart divisé par 2).

DÉROULEMENT

Première phase
Dessiner

> MATÉRIEL

– Une fiche 1 (voir ci-dessous) par élève.
– La boîte à outils **avec compas.**

La fiche 1 est composée de deux cercles concentriques de rayons r = 1 cm et R = 8 cm.

Les mesures des rayons ne sont pas données aux élèves.

Le travail est individuel.

Consigne
« Sur la feuille sont tracés deux cercles de même centre. Vous devez tracer un autre cercle qui touche les deux premiers. »

À titre indicatif, dans deux classes de CM2 (47 élèves), on n'a observé que trois solutions atypiques (configuration 2) obtenues par hasard. Dans la très grande majorité, on n'observe aucun tracé à la règle. On voit ainsi à quel point une solution graphique acceptable peut être obtenue par tâtonnement.

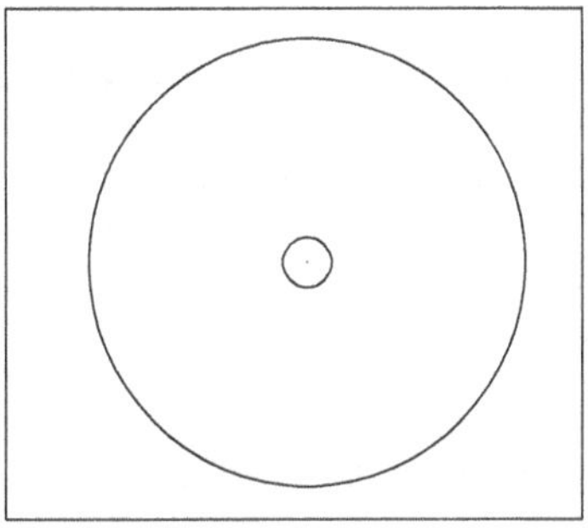

Fiche 1

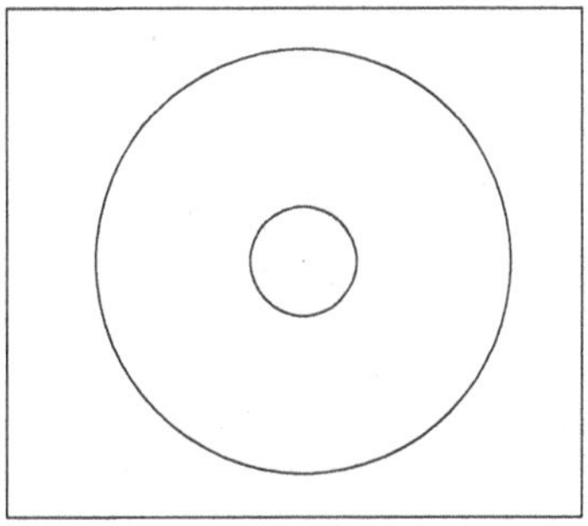

Fiche 2

Deuxième phase
Anticiper le centre et le rayon

> MATÉRIEL

- Une fiche 2 (voir ci-dessus) par élève.
- La boîte à outils **sans le compas**.

La fiche 2 se compose de deux cercles concentriques de rayons r = 2 cm et R = 8 cm, et d'un texte. Les mesures des rayons ne sont pas données aux élèves.

Le travail est individuel.

☐ Étape 1 : sans le compas

On demande aux élèves de ranger leur compas.

Consigne
« Sur la feuille sont tracés deux cercles de même centre. Plus tard, vous devrez tracer comme précédemment un cercle qui touche les deux cercles dessinés mais on ne le fait pas pour l'instant. C'est pour cela que je vous ai demandé de ranger votre compas. »
L'enseignant affiche un exemplaire de la fiche 2 au tableau.
« Vous allez réfléchir à la manière de faire le dessin correctement mais sans vous servir de votre compas.
Sur la feuille, il faut :
- écrire quel écartement vous choisirez pour votre compas, et expliquer votre choix ;

– placer sur le dessin le centre du cercle que vous tracerez en marquant un point, puis expliquer où vous avez placé le centre. »

□ Étape 2 : avec le compas

> MATÉRIEL

Le compas est disponible.

Consigne

« Avec votre compas, tracez le cercle exactement en utilisant la méthode que vous avez écrite. »

Il n'y a pas de mise en commun.

Dans les deux classes de CM2 observées, quasiment tous les élèves (44/47) proposent un rayon correct, la plupart d'entre eux placent correctement un centre (à 1 mm près). Toutefois, les justifications sont relativement imprécises. 42 % des élèves tracent un rayon ou y font référence dans leur justification, ou encore tracent un segment qui joint le « petit cercle » au « grand cercle » tel que, si on le prolonge, il passe par O. 57 % des élèves ne font aucun tracé ou ne précisent pas la position de la règle ou tracent un segment qui, prolongé, ne passe pas par O ; ils obtiennent toutefois une valeur exacte pour l'écart entre les cercles et proposent un rayon correct.
Voici des exemples de réponses concernant la position du centre :
• pas de précision : « Je prends la moitié » ;
• référence aux bords des cercles :
– « Je prends ma règle et je dessine une croix à 3 cm en partant du grand cercle. Ça sera la moitié des deux cercles »,
– « Je place une croix à 3 cm (rayon du cercle) de chaque bord des cercles » ;
• référence à l'espace, l'écart, la distance, la longueur, l'écartement entre les deux cercles, mais sans référence à une mesure radiale ou à l'idée de tracer un rayon :
– « Je prends ma règle, je regarde l'écartement entre les deux cercles qui est de 6 cm et je prends la moitié qui est 3 cm »,
– « On prend la moitié de la distance entre les deux cercles »,
– « J'ai mesuré avec une règle l'écartement entre le cercle n° 1 et le cercle n° 2 et j'ai pris la moitié parce qu'il faut placer la pointe du compas sur le centre de la croix »,
– « Je mesure l'écartement des deux cercles et je mets la croix au milieu »,
– « Je prends la règle, je pose la règle entre le tracé du petit cercle et celui du grand cercle, ça fait 6 cm et je mets un point à 3 cm » ;
• même chose, mais avec référence à une mesure radiale :
– « Je trace une droite du centre O au plus grand cercle et je prends la moitié de l'espace entre le grand cercle et le petit cercle »,
– « On mesure le rayon du petit cercle au grand cercle et on coupe la mesure en deux ».

■ Troisième phase
Discuter des propositions

Dans cette phase, le travail est organisé par deux.

☐ Étape 1 : discussion de la réponse de la fiche 3

> MATÉRIEL

– Une fiche 3 (voir ci-contre) pour deux élèves.
– Une feuille convenablement agrandie ou une reproduction à l'échelle au tableau de la fiche 3 pour la mise en commun.
– La boîte à outils, mais **pas de compas dans la phase d'argumentation**.

La fiche 3 se compose de deux cercles concentriques de rayons r = 5 cm et R = 9 cm, et d'un texte. Les mesures des rayons ne sont pas données aux élèves.

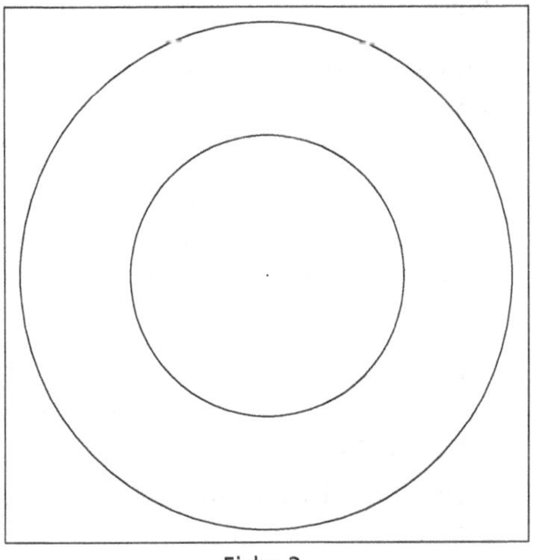

Fiche 3

Consigne

« Rangez vos compas, vous n'avez pas le droit d'utiliser votre compas pour le moment. Vous pouvez dessiner sur la feuille et utiliser vos autres instruments.
Sur la feuille est écrite une réponse concernant le tracé d'un cercle qui touche deux cercles de même centre. L'élève a écrit avec quel écartement il ouvre son compas et comment il trace le centre du cercle.
Si on fait comme il dit, est-on sûr de réussir ? Répondez par oui ou par non. Expliquez votre réponse. »
Il faut insister sur le fait qu'il est demandé si l'on est **sûr** de réussir.

La formulation de la règle n'est pas satisfaisante car l'élève obtient un point qui correspond au centre du cercle seulement si l'on choisit, sur les cercles, des points alignés avec le centre des cercles, ce qu'elle ne précise pas. Il suffit donc de donner un contre-exemple en prenant sur les cercles deux points non alignés avec O et de constater que leur milieu n'est pas équidistant des cercles. La réponse attendue est donc que le procédé de construction n'est pas valide car l'on pourrait ne pas obtenir un point satisfaisant en le respectant.

Mise en commun

Les élèves se prononcent individuellement en prenant position par un vote à main levée (bien que le travail soit fait par deux). L'enseignant note le résultat du « vote ». Le débat s'engage.

En fin de travail, on recourt à une validation pratique en faisant un dessin soigné à l'aide du compas.

On n'observe que très peu, voire jamais, la réponse attendue « Non ».
Les réponses se partagent entre les « Oui » et les « Oui, mais » (éventuellement « Oui et Non »).
Les réponses « Oui » s'appuient sur le dessin d'un segment joignant les deux cercles et qui, prolongé, passe au voisinage de O ; les justifications sont du type :
– « Oui, car l'écart entre les deux cercles est de 4 cm et il faut prendre la moitié du segment » ;
– « Oui, car si on fait ce qu'il a dit le centre est à deux centimètres du petit cercle ».
Autres exemples de réponses : « Oui mais… », « Oui mais il y a des cas où ça ne marche pas », « Oui mais c'est imprécis et ça ne réussit pas tout le temps », « Oui mais il faudrait qu'il précise plus », « Oui, il y a des cas où ça marche et des cas où ça ne marche pas », « Oui, mais ce n'est pas assez précis parce qu'il doit avoir sur le segment le centre des cercles et le centre du cercle non tracé alignés ».
Beaucoup d'élèves se rendent compte que la méthode indiquée ne marche pas systématiquement. Mais ils préfèrent rechercher les conditions pour que la procédure convienne en la précisant :
– « Il faut que le segment soit comme ça » (un élève indique un rayon) ;
– « Il faut que ça soit en ligne droite avec le centre ».
Manifestement, il est difficile de dire que l'on n'est pas sûr de réussir, car il y a des cas où ça marche.

L'enseignant ramasse les feuilles de l'étape, et fait ranger les compas qui viennent d'être utilisés.

☐ Étape 2 : discussion de la réponse de la fiche 4

> MATÉRIEL

Idem que dans l'étape 1, mais avec la fiche 4 (voir ci-contre).

La fiche 4 se compose de deux cercles concentriques de rayons r = 1 cm et R = 8 cm, et d'un texte. Les mesures des rayons ne sont pas données aux élèves.

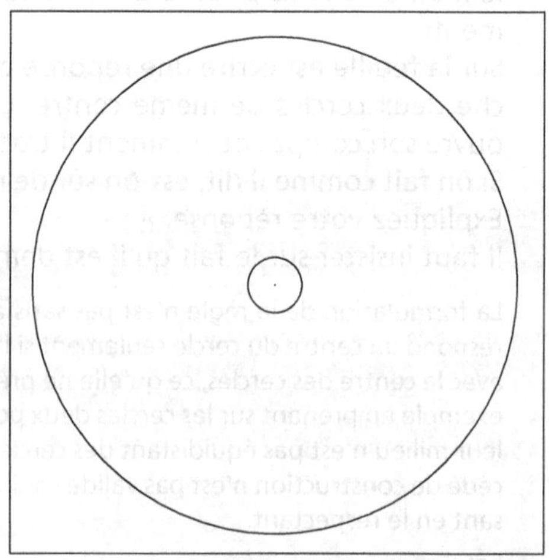

Fiche 4

La démarche est la même que dans l'étape 1.

Consigne

« Vous devez ranger votre compas, vous n'avez pas le droit d'utiliser votre compas pour le moment. Vous pouvez dessiner sur la feuille et utiliser vos autres instruments.
Sur la feuille, l'élève a écrit comment il trace le centre du cercle. Si on fait comme il dit, va-t-on bien placer le centre ? Répondez par "Oui" ou par "Non". Expliquez votre réponse. »

Le centre O' est défini par sa distance au centre O de C_1 et C_2, ce que les élèves ne font jamais spontanément.

Il y a débat dans les groupes et une certaine incertitude sur les réponses qui sont peu argumentées et mettent du temps à se stabiliser. Pourtant, la réponse « Oui » est majoritaire.

Exemples de réponses « Non » :

- « Car la moitié de 7, ce n'est pas 5 » ;
- « Si c'est vrai, c'est 5 cm en partant du centre des cercles » ;
- « La moitié de 8 c'est 4, j'aurais mis le centre à 4 à partir du centre » ;
- « Non ça va dépasser ».

Les réponses « Oui » vraiment argumentées sont assez rares :

- « Du centre des cercles au petit cercle il y a 1 cm, 4 + 1 = 5 cm » ;
- « Oui, car le rayon du petit cercle est de 1 cm ».

Thème 6

Objets de l'espace (objets 3D)

Aspects théoriques

Aspects historiques et mathématiques

1. ASPECTS HISTORIQUES

Nous débuterons ce chapitre par un bref récapitulatif des instructions officielles concernant les solides depuis 1970, suivi d'un état des lieux succinct des propositions existant à l'heure actuelle dans les différents ouvrages à destination du cycle 3.

1.1 De 1970 à 1995

On peut relever dans les Instructions Officielles depuis 1970 une certaine constance quant aux compétences attendues, aux objets étudiés, leurs propriétés ainsi que la place des objets physiques par rapport aux objets géométriques. Quelles que soient les instructions consultées (1970, 1980, 1985 et 1995), les objets à étudier sont essentiellement : le cube, le parallélépipède et les prismes sans pour autant exclure l'utilisation d'autres solides pour construire des compétences générales.
Les notions associées à ces solides sont principalement celles de face, sommet, arête et patrons.
Depuis les I.O. de 1980, les activités sur les solides sont caractérisées par quatre verbes : reproduire, décrire, représenter, construire.

Ces mêmes programmes insistent tous, en des termes différents liés à la période, sur la place de l'espace physique dans les apprentissages de l'école élémentaire. On insiste à l'école élémentaire sur la construction d'expériences qui vont progressivement permettre aux élèves de construire l'espace géométrique. « L'espace physique et les objets qui le peuplent fournissent une matière sur laquelle la pensée mathématique a bien des occasions de s'exercer. Ces exercices doivent, en même temps, aider l'enfant à s'adapter à ce milieu. Ils font appel non seulement à l'observation mais aussi à l'activité manuelle qui soutient, complète l'observation et l'étude des situations et des choses. »[1]

Les élèves accumulent donc tout au long de l'école primaire des connaissances sur l'espace physique et le cycle 3 est un moment charnière où les élèves commencent à construire l'espace géométrique. Ce travail se poursuivra et s'approfondira au collège.

1. MEN, « Programmes de mathématiques de l'enseignement élémentaire », 1970.

« Le passage du monde des objets physiques à celui des objets géométriques est important et difficile ; il nécessite un effort d'abstraction (au sens de "enlever de"). »[2]

Concernant la place du vocabulaire, les différents programmes insistent également sur la nécessité de ne pas faire apprendre le vocabulaire géométrique pour lui-même mais bien comme un outil dans la communication : « (...) le vocabulaire géométrique est ainsi acquis au terme d'un processus d'utilisation continue et, bien sûr, ne doit pas être appris en dehors de tout contexte [...]. Il s'agit avant tout d'acquérir un vocabulaire actif et utile. »[3]

Contrairement au domaine numérique on remarque donc une certaine stabilité quant aux compétences attendues pour les solides. Les variations observées sont mineures et liées au contexte de l'école : on note par exemple dans les instructions de 1970 des liens possibles avec le « travail manuel » et les activités « d'éveil ».

1.2 Les Instructions Officielles de 2002

Les Instructions Officielles de 2002 ainsi que le document d'accompagnement pour le cycle 3 gardent les mêmes orientations générales.

■ L'importance de l'espace sensible et du travail des compétences spatiales

On peut d'abord remarquer que le changement de dénomination du champ « géométrie » en « espace et géométrie » rend explicite la légitimité du travail sur l'espace sensible. De plus, les instructions précisent :

« L'objectif principal est de permettre aux élèves d'améliorer leur "vision de l'espace" (repérage, orientation), de se familiariser avec quelques figures planes et quelques solides et de passer progressivement d'une géométrie où les objets et leurs propriétés sont contrôlés par la perception à une géométrie où ils le sont par explicitation de propriétés et recours à des instruments. Les activités du domaine géométrique ne visent pas des connaissances formelles (définitions), mais des connaissances fonctionnelles, utiles pour résoudre des problèmes dans l'espace ordinaire, dans celui de la feuille de papier ou sur l'écran d'ordinateur, en particulier des problèmes de comparaison, de reproduction, de construction, de description, de représentation d'objets géométriques ou de configurations spatiales (notamment, représentations planes de solides). »

■ La place du vocabulaire

« Ils prennent conscience de certaines propriétés des objets et ils acquièrent des éléments de vocabulaire : face, arête, sommet ; côté, segment, milieu, droite (synonyme au cycle 3 de ligne droite), droites perpendiculaires, droites parallèles, angle ; ainsi que les noms de quelques solides et de quelques figures planes. »

« Les activités du domaine géométrique ne visent pas des connaissances formelles (définitions), mais des connaissances fonctionnelles. »

---

2. MEN, « Complément aux programmes et instructions du 13 mai 1985 », 1986.
3. MEN, « Complément aux programmes et instructions du 13 mai 1985 », 1986.

Les solides à étudier sont le cube et le parallélépipède rectangle mais les programmes précisent que les problèmes posés peuvent porter sur d'autres solides, même ceux qui ne sont pas des polyèdres comme le cône, le cylindre et la sphère.

Un ajout important, lié à l'importance du langage dans les orientations générales de ce programme, est le travail autour de l'argumentation :
« L'argumentation à propos des outils utilisés, des propriétés mobilisées et des résultats obtenus constitue une part importante du travail des élèves. Dans cette perspective, quelques raisonnements peuvent être conduits, en particulier sur des figures dessinées à main levée. »

Concernant la représentation plane des solides on remarque également une précision :
« Le travail sur la perspective cavalière relève du collège : seules des activités relatives à la lecture de telles représentations sont envisagées au cycle 3 (reconnaissance de certains solides ou mise en correspondance du solide réel avec une représentation en perspective). »

Les programmes préconisent également la nécessité d'utiliser des matériels aussi variés que possible :
« La construction est réalisée à partir d'éléments simples (faces rectangulaires ou triangulaires), en assemblant des solides simples ou en utilisant des patrons. Le recours à des matériels variés permet d'insister sur des aspects différents d'un solide (carton pour les faces, tiges pour les arêtes) et d'envisager, par exemple, la reproduction d'un solide construit à partir de ses arêtes (tiges) à l'aide de ses faces (carton). »

La stabilité remarquée lors de l'étude des programmes antérieurs se confirme donc dans ceux de 2002 tout en apportant des précisions et en affirmant l'importance du travail sur l'argumentation dans ce champ de la géométrie.
Le paragraphe qui suit propose un état des lieux, non exhaustif, des activités disponibles pour les enseignants.

1.3 Un panorama des activités disponibles pour les enseignants en 2002

Sans chercher à être exhaustifs, nous avons examiné les manuels scolaires pour en extraire les activités concernant les objets 3D. Nous avons regroupé ces activités en six catégories.

Les classifications de solides sociaux ou non

Les critères de ces classifications peuvent être imposés ou induits par le choix des solides présentés. Ils peuvent être physiques (« il roule, il tient debout sur toutes ses faces... ») ou par exemple liés aux « empreintes » que laisse le solide dans le sable ; ils peuvent aussi être mathématiques comme la nature des faces (planes ou non, polygonales...). Ces classifications mènent souvent à la définition des polyèdres (comme solides n'ayant que des faces polygonales).
Un des objectifs de ces activités est de nommer les solides (cube, pyramide tronquée, cylindre...) ainsi que les faces polygonales ou les empreintes (carré, rectangle, triangle...).

La caractérisation des polyèdres par leur nombre d'arêtes, de faces et de sommets, ainsi que par la nature de leurs faces

Il s'agit de retrouver un polyèdre parmi un lot en connaissant une fiche signalétique (nombre de faces, sommets et arêtes) ou d'en décrire un. La synthèse se fait sous forme d'un tableau où les fiches signalétiques des polyèdres courants sont récapitulées.

Le travail sur les patrons

- Construire un solide à partir d'un patron donné.
- Construire le patron d'un solide à partir de gabarits des faces.
- Reconnaître les patrons d'un solide donné parmi plusieurs agencements de figures.
- Compléter l'amorce de patron d'un solide donné.

Reproduction du dessin d'un solide

Le solide est dessiné en perspective cavalière sur quadrillage, il faut le reproduire sur un autre quadrillage, en plus grand ou plus petit. Ces exercices portent sur les représentations planes des objets 3D. En ce sens, ils appartiennent au thème de travail sur les solides.

Voici également ce que l'on propose ailleurs que dans les livres scolaires.

L'usage des matériels de construction

Il peut s'agir de tiges emboîtables ou aimantées qui permettent de construire des « squelettes » de solides, faces pleines en carton assemblées par des élastiques, faces pleines en plastique emboîtables les unes dans les autres, cubes ou autres polyèdres emboîtables…

On propose aux élèves de reproduire ou de construire des polyèdres, certains avec des fiches de construction. Chacun de ces matériels a ses contraintes propres : la nature des faces proposées, le nombre de liaisons possibles (ce qui restreint le nombre de polyèdres réalisables).

Des activités que l'on peut trouver dans les revues et publications à destination des enseignants

Nous trouvons des activités ludiques et esthétiques de construction comme les *Kaléidocycles* d'Escher[4].

Des jeux pédagogiques existent également comme *Architek*[5] qui propose des activités de construction d'assemblages de solides en utilisant des vues ou des « tangrams » en 3D.

En général, les activités proposées précédemment « fonctionnent » bien, c'est-à-dire qu'elles plaisent aux élèves, que l'activité aboutit pour chaque élève à une réalisation correcte. Elles semblent donc avoir un intérêt, au moins en termes de motivation, mais il reste à déterminer quels apprentissages construisent effectivement les élèves. En identifiant ces apprentissages, nous pourrons mettre en place des activités plus ciblées, plus problématisées, déterminer les compétences à acquérir, organiser une programmation… Ces activités laissent également assez peu de place au travail dans l'espace physique, à la résolution de problèmes spatiaux et à la manipulation.

---

4. ESCHER M. C., « Kaléidocycles », Doris Schattschneider, Wallace Walker, Taschen, 1977.
5. LYONS M. et R., « Architek », Mondia, 1991.

Dans la partie suivante, nous explicitons les aspects théoriques sur lesquels se basent nos choix didactiques, eux-mêmes exposés dans une dernière partie.

2. ASPECTS THÉORIQUES

2.1 Quelques définitions

Définissons d'abord quelques termes que nous utiliserons au cours de ce thème et qui permettent d'identifier les objets sur lesquels les élèves travaillent et les obstacles qui y sont associés.

• Nous parlerons de **solides**, en conservant le sens physique du terme, pour décrire tous les objets matériels en trois dimensions. On peut en donner la définition suivante : au cours de tous les déplacements, la distance entre deux points quelconques d'un solide est constante ; en fait, il s'agit d'objets matériels rigides. Parmi ces solides nous distinguerons les solides sociaux et les maquettes.

• Nous parlerons de **solides sociaux** pour les objets qui existent dans le monde physique environnant : les boîtes, les emballages, les meubles, les constructions, etc.

• Les **maquettes** peuvent être considérées comme des représentations d'objets mathématiques ou comme un solide social épuré de ses propriétés qualitatives. Pour élaborer ces objets, on a cherché à éliminer un certain nombre de propriétés, en particulier son usage, son contenu, etc. On demandera aux élèves de faire également abstraction de la matière et de la couleur.

• Les **objets mathématiques** sont des objets théoriques, ils sont définis comme une portion de l'espace géométrique ; parmi eux, nous trouverons les polyèdres, délimités par des faces polygonales tels le cube, les prismes, les parallélépipèdes, etc.

Le schéma ci-dessous récapitule les liens entre les différentes notions.

Relations entre les différents types de solides

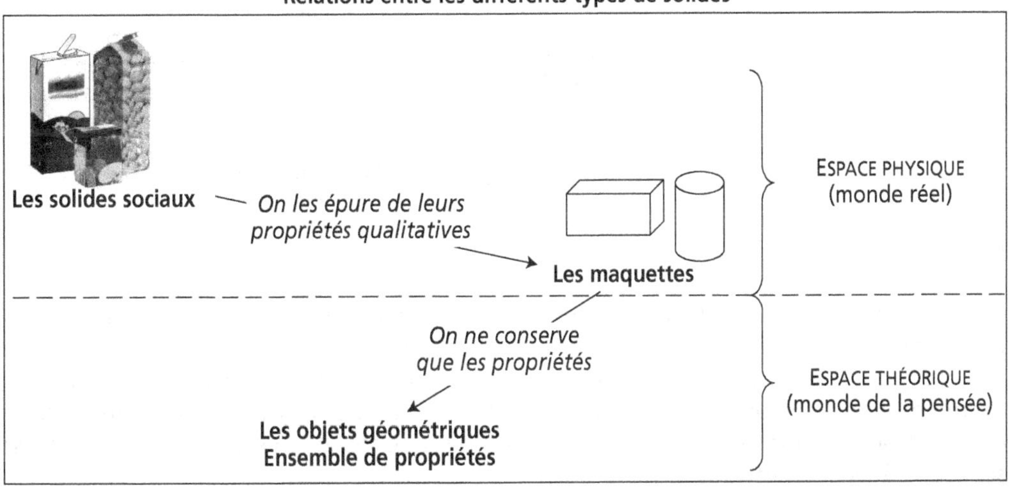

2.2 Les relations entre objets

Le schéma ci-dessous présente les relations entre les différents objets auxquels les élèves sont confrontés. Le commentaire qui suit permet de définir les apprentissages liés au travail sur les objets 3D.

Relations entre les différents objets rencontrés par les élèves

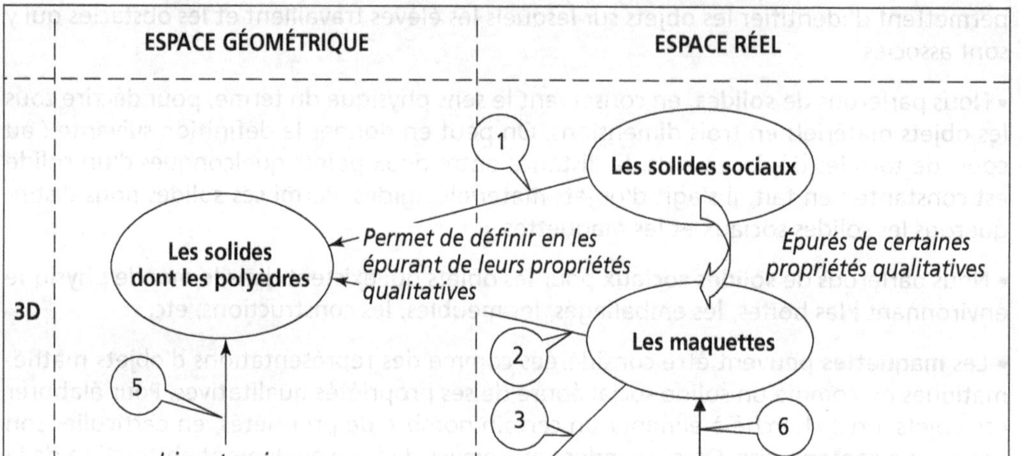

Grâce aux procédures employées par les élèves, nous allons déceler si les représentations qu'ils ont des objets sont de l'ordre du spatial (carré comme ensemble de « traits ») ou de l'ordre du géométrique (carré comme ensemble des propriétés qui le définissent). Par exemple, si un élève utilise les propriétés d'une figure pour résoudre un problème lorsque la situation n'incite pas à y faire appel, on peut penser que l'élève voit cet objet par ses propriétés géométriques.

Les relations 1 et 2

Les élèves doivent s'abstraire des propriétés qualitatives des solides sociaux et des maquettes pour considérer les objets géométriques comme un ensemble de propriétés. Par exemple, l'élève doit être capable de désigner par le terme « cube » tous les solides qui ont six faces carrées.

Ici interviennent des propriétés « numériques » telles que le nombre de faces, de sommets, d'arêtes (d'ailleurs régies par la relation d'Euler $s + f - a = 2$ avec s le nombre de sommets, f de faces et a le nombre d'arêtes).

L'élève doit être capable de caractériser les solides aux moyens de ces propriétés numériques et de la nature des faces.

Les relations 3 et 4

Il s'agit de définir les polygones comme faces des polyèdres.

Cette approche a plusieurs avantages :

– on diminue l'émergence des phénomènes liés à la présentation exclusive dans la feuille de papier, telle que la reconnaissance de figures par leur aspect dans une certaine position. Les élèves disent que la figure 1 ci-dessous est un carré et que la figure 2 ci-dessous est un losange (ce qui mathématiquement n'est pas faux). C'est l'aspect figuratif qui prime et non les propriétés qui caractérisent les figures. La figure 1 est dite prototypique[6] du carré et la figure 2 du losange ;

Figure 1

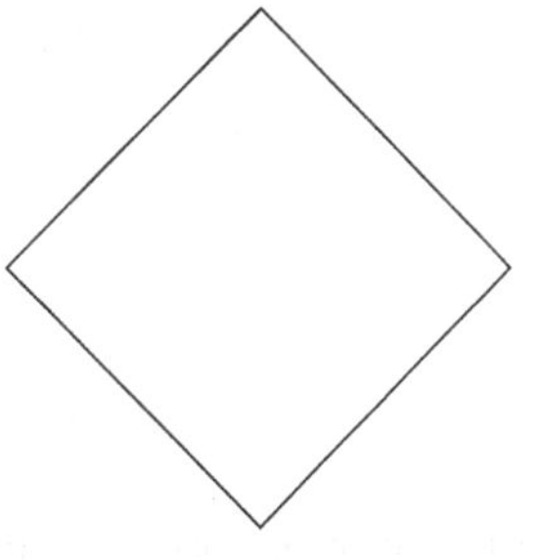

Figure 2

– dans cette approche, la figure plane n'est pas vue comme un ensemble de traits. En effet, la face du polyèdre a une frontière sans épaisseur, on se rapproche de la notion de ligne d'épaisseur nulle (une dimension). Il peut y avoir deux types d'empreintes, permettant de faire le lien avec les polygones : celle qui est obtenue en imprimant de la pâte ou du sable et celle obtenue par le tracé du contour.

Les relations 5 et 6

Les relations d'incidence sont, d'une part, les relations métriques entre les différentes faces du solide et, d'autre part, les degrés des sommets (nombre d'arêtes jointes par un sommet). Pour accoler deux faces, les côtés concernés doivent être de même longueur. L'élève doit être capable d'identifier les faces accolées dans un solide et de déterminer que pour cela les côtés concernés sont nécessairement de même longueur.

6. NOIRFALISE R., *Repère IREM* n° 2, 1991, page 51.

Pour réaliser un patron, l'élève peut plier et déplier mentalement le solide (effectuer des rotations axiales dans l'espace « en acte », c'est-à-dire sans l'interpréter comme tel mathématiquement) ou encore mettre en œuvre les relations d'incidence de façon théorique.

Le travail sur les solides s'appuie donc principalement sur le travail autour de l'approche des solides par leurs propriétés mathématiques et sur les relations d'incidence, donc autour de la notion de patron. L'approche des polyèdres par les polygones intervient dans le travail sur les patrons sans être un axe spécifique de notre travail.

Parallèlement à cette analyse sur les relations entre objets se pose également le problème de la représentation des objets

2.3 Les représentations planes des objets 3D

Contrairement au travail en deux dimensions, il y a une grande distance entre les objets 3D et leur représentation plane. La perspective utilisée est un codage conventionnel lié à notre culture. Elle entraîne d'abord une perte d'informations et amène encore une fois les élèves à se fier à des représentations types. Les dessins ci-dessous peuvent tous représenter un cube en perspective mais seule la figure 3 sera reconnue comme telle par les élèves.

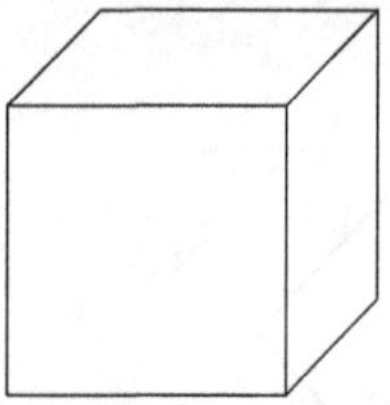
Figure 3

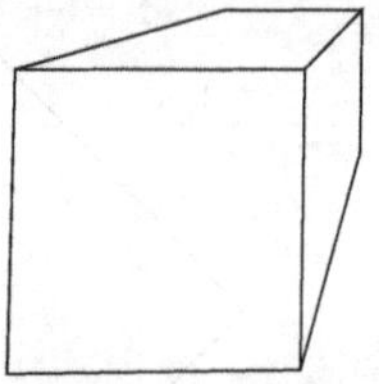
Figure 4

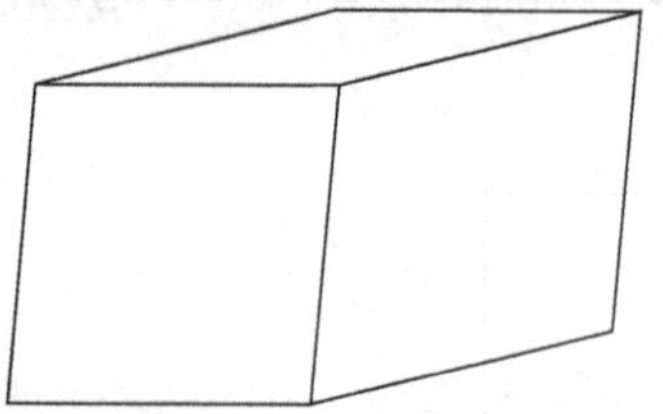
Figure 5

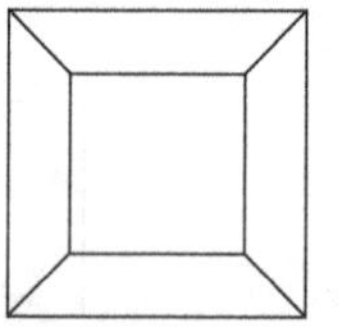
Figure 6

La représentation plane des solides est difficile en raison de la nécessaire perte d'informations entre le 3D et le tracé dans l'espace graphique (de la feuille de papier ou de l'écran d'ordinateur). Les élèves ont des difficultés à l'accepter, pour preuve les représentations que font les jeunes élèves[7] d'une mare entourée d'arbres ou encore d'un cube (voir dessin page suivante).

Nous nous appuyons sur les travaux de F. Colmez et B. Parzysz[8] qui proposent une analyse en fonction de deux pôles le « Vu » et le « Su ».

Le « Vu » consiste à représenter l'objet tel que le sujet imagine qu'il se présente à sa vue. Ce n'est pas exactement tel qu'il le voit puisque l'élève peut représenter sur le même dessin des faces qu'il a vu successivement en tournant l'objet.

7. Jusqu'au cycle 2 au moins, mais ces représentations peuvent perdurer jusqu'au collège quand les élèves ont à représenter des objets non usuels, c'est-à-dire pour lesquels ils ne se sont pas construit de représentation plane prototypique.

8. COLMEZ F. et PARZYSZ B., *Le VU et le SU dans l'évolution de dessins de pyramides du CE2 à la seconde,* in « Espaces graphiques et graphismes d'espace », *Recherche en Didactique des Mathématiques,* coordonné par BESSOT ANNIE et VERILLON PIERRE, La Pensée sauvage, Grenoble, 1993, pages 37 à 55.

Une représentation d'une mare entourée d'arbres

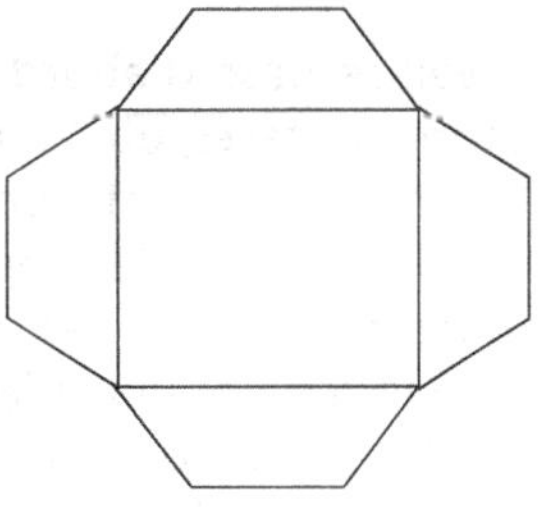

Une représentation d'un cube : l'élève voit des trapèzes sur le côté du cube et les représente tous tels qu'il les voit.

Le « Su » consiste à essayer de représenter l'objet en tenant compte de toutes les propriétés mathématiques de l'objet. C'est souvent au détriment de l'aspect de la représentation qui ne correspond pas aux caractéristiques de la vision humaine.
Comme il ne peut pas gérer simultanément les deux pôles, l'élève compose pour obtenir une représentation satisfaisante pour lui.
La gestion de plus en plus fine de ce conflit associée à une mise en place de règles de codage permet à l'élève de produire et de lire différentes représentations planes.

La schématisation est un aspect de la représentation qui permet d'ajouter des informations concernant des propriétés théoriques (cf. Partie I, chapitre 4 : Dessins, figures et représentations, p. 49).

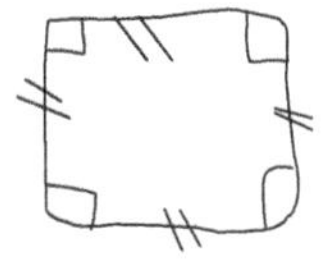

L'ensemble de ce codage désigne un carré.
Il montre l'objet par ses propriétés : le carré est un quadrilatère qui a quatre angles droits et quatre côtés consécutifs de même longueur.

Ce dessin géométrique est beaucoup plus « propre » et plus « précis » mais il est beaucoup moins porteur de sens.

Lors de la résolution de problème de construction de solides, les élèves peuvent obtenir un résultat correct en utilisant des procédures empiriques ou automatisées, donc sans utiliser les propriétés attendues. La construction finale ne permet pas de garder la trace des propriétés utilisées. En demandant un schéma portant les informations utilisées par l'élève, ces dernières peuvent ainsi être comparées avec celles des autres et être conservées par l'élève comme mémoire et par l'enseignant comme évaluation.
Les schémas sont aussi un moyen intéressant pour travailler sur la validité d'une production sans se lancer dans une production précise coûteuse en temps.

Nos choix didactiques sont guidés par ces différents éléments théoriques.

Nos choix didactiques

1. NOS IDÉES-FORCE AU SUJET DES CONTENUS

Notre travail se base d'abord sur le fait que les relations « numériques » (nombre de faces, nature des faces, etc.) servent de passage entre les objets réels et les objets idéaux. Elles permettent de caractériser les solides par des propriétés indépendantes des aspects matériels tels que la couleur ou l'apparence. En revanche, une trop grande insistance sur ces relations transforme les activités en problèmes de dénombrement puisqu'on en vient à demander aux élèves le nombre de faces carrées, triangulaires, etc. Pour prendre du sens, il faut donc que les activités concernant ces relations aient pour objectif la caractérisation des solides.
Il en est de même pour le vocabulaire géométrique comme le nom des solides. Nous tenons donc à ne pas faire du vocabulaire et des relations numériques une priorité, mais plutôt un outil pour accéder aux concepts géométriques comme le préconisent d'ailleurs les Instructions Officielles.

Par ailleurs, il ne nous semble pas opportun que l'école élémentaire prenne en charge les problèmes de représentation plane des solides, mais il est toutefois possible de trouver des moyens de communiquer des propriétés de solides par le dessin, sans utiliser un mode de représentation canonique. Cette restriction est d'ailleurs elle aussi conforme aux Instructions Officielles. On obtient, en demandant aux élèves (ici de CM2) de trouver des dessins permettant de communiquer un solide, des représentations (cf. figure 7) porteuses de sens, même si elles ne sont pas conventionnelles.

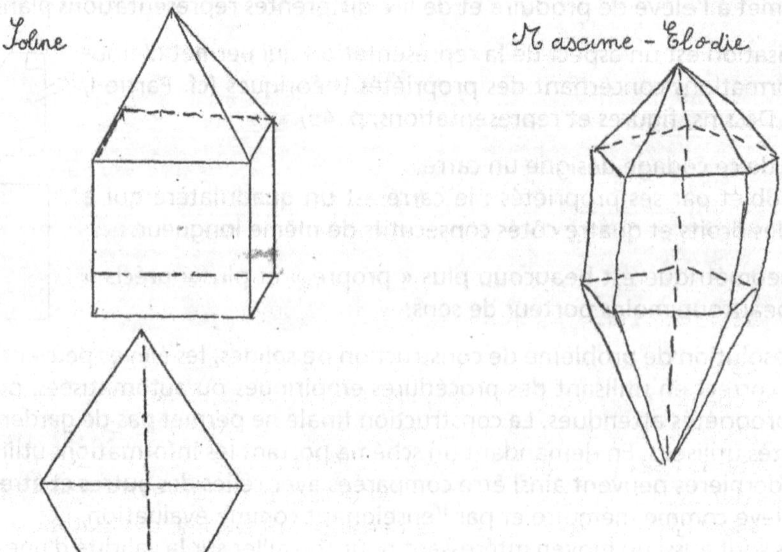

Figure 7

De plus, la manipulation de maquettes et leur construction par différents moyens, tels les patrons, rendent possible la construction d'images mentales et l'expérimentation réelle des relations d'incidence. En construisant un solide à partir d'un patron, on voit effectivement quelles faces s'accolent et on met en pratique les rotations spatiales citées plus haut. Ces activités ne doivent pas se limiter aux objectifs de construction afin de rendre explicites ces différentes relations.

En ce qui concerne la notion de patron, il est important de proposer une réflexion sur ce moyen particulier pour passer du plan à l'espace. Pourquoi utilise-t-on usuellement des patrons au lieu d'assembler des faces « éclatées » ?

• Le patron utilise le minimum de faces possible ce qui est économique en papier et satisfaisant en mathématiques puisque l'on y cherche toujours les conditions minimales. Le travail sur la notion de patron doit porter sur la définition de ce qu'est un patron. Pourquoi la figure 9 n'est-elle pas un patron alors qu'elle permet de construire un cube tout aussi bien que la figure 10 ? Il est dommageable que peu d'élèves soient capables de reconnaître la figure 11 comme un patron. En fait, lorsqu'ils ne sont confrontés qu'à des patrons représentés, les élèves se construisent les figures prototypiques des patrons du cube.

• Lors de la construction d'un patron, on doit mettre en relation des faces donc déjà mettre en pratique un certain nombre de relations d'incidence. Ainsi, les relations entre les faces sont déjà traitées partiellement avant même la réalisation du patron.

• Passer du patron au solide est beaucoup plus simple que de travailler avec des faces isolées puisque les rotations dans l'espace sont imposées. Il faut arriver à des patrons de solides complexes pour que la construction du solide ne soit pas évidente.

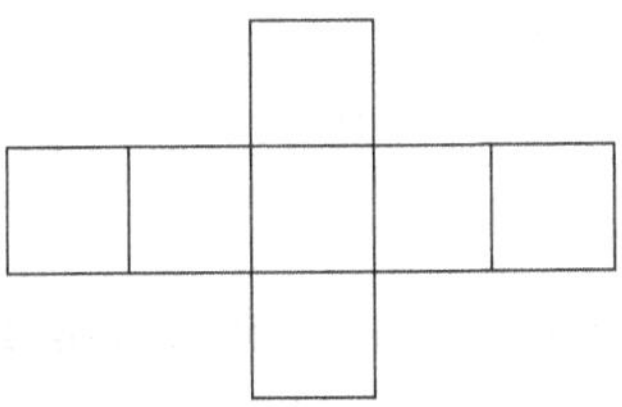

Figure 9

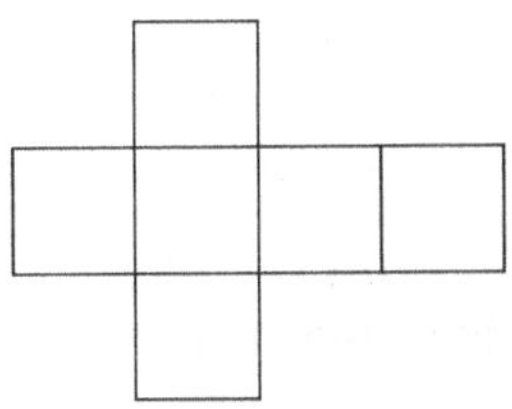

Figure 10

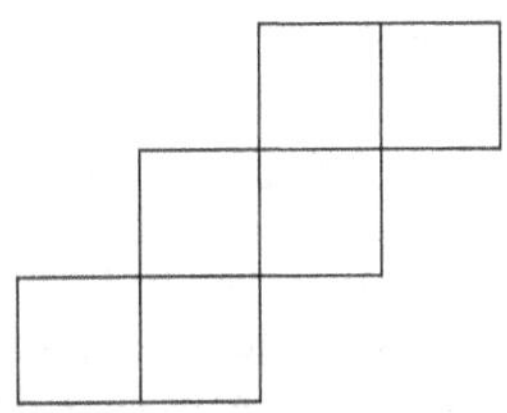

Figure 11

En ce qui concerne le choix des solides à utiliser, notre travail donne une part significative aux activités sur les polyèdres car les liens de ces derniers avec le 2D sont plus simples à expliciter que pour les solides de révolution (cylindre ou cône) où intervient la circonférence du cercle et où les relations d'incidence sont plus complexes (cf. figure 12). De surcroît, les faces de ces patrons ne sont pas visibles telles qu'elles le seront sur le solide construit : ainsi, dans le patron d'un cylindre, l'élève voit un rectangle alors qu'il n'y a pas de faces rectangulaires dans le solide. Enfin, les notions de faces, d'arêtes et de sommets ne peuvent pas être appliquées aux solides de révolution.

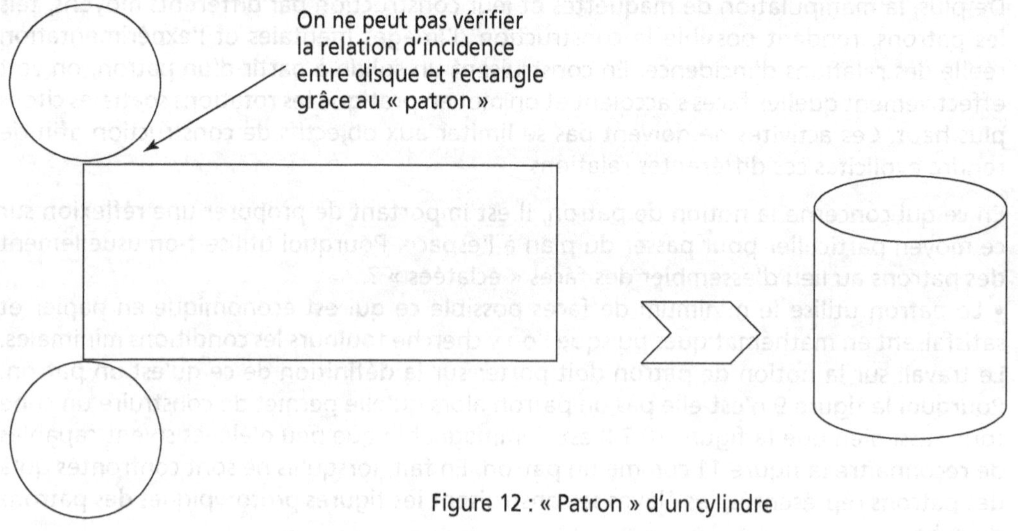

Figure 12 : « Patron » d'un cylindre

2. NOS IDÉES-FORCE AU SUJET DES SITUATIONS

Dans cette partie, nous présentons les enjeux généraux des situations puis les différents types de situations. Enfin, nous proposons un schéma général d'organisation et nous explicitons nos choix pour les phases qui nous semblent les plus complexes.

Nous avons choisi d'adapter certaines des activités listées plus haut (pages 463 et 464), de les problématiser et surtout de mettre en place des dispositifs permettant aux élèves d'expliciter leurs procédures, de débattre et ainsi de construire des connaissances, des compétences et des savoirs (connaissances reconnues, identifiées, nommées, décontextualisées…[9]).

Notre programmation a trois enjeux principaux :
- l'approche des concepts d'objets mathématiques en épurant les objets physiques de leurs propriétés qualitatives ;
- le travail sur les relations d'incidence et la notion de patron ;
- une approche de la représentation plane des objets 3D passant par la prise en charge du conflit entre le « Vu » et le « Su ».

Notre approche de l'apprentissage de la géométrie passe par la résolution de problèmes. Ce sont des problèmes spatiaux au travers desquels les élèves vont construire des compétences de plus en plus proches de compétences géométriques.
Nous utiliserons principalement trois types de situations :
– des situations d'action pour résoudre des problèmes spatiaux qui aboutiront à la reproduction ou à la construction de solides ou de patrons. Lors de ces activités, nous jouerons principalement sur les variables didactiques liées à la prise d'informations par l'élève et sur les variables liées au type de construction demandée à l'élève ;

9. Cf. les parties théoriques des ouvrages de la collection Ermel, « Apprentissages numériques et résolution de problèmes ».

– **les situations de communication ou de description.** Les variables didactiques qui ont le plus d'influence sur ces situations sont d'abord le vecteur de communication utilisé (communication orale, jeu de questions fermées, dessins) mais aussi la tâche à communiquer (l'élève récepteur doit construire le solide ou retrouver le solide parmi un lot...), et enfin la nature de l'objet à communiquer (l'élève émetteur voit une maquette, une représentation 2D d'un solide...) ;
– **les problèmes ouverts** qui obligent l'élève à mettre en œuvre une démarche scientifique par essais, conjecture, test, preuve... Aucune situation proposée dans ce thème n'est intégralement un problème ouvert. En revanche, les situations comportent des problèmes ouverts en accompagnement, souvent facultatifs dans la programmation. Par exemple, la recherche de tous les patrons du cube ou du pavé dans « Patron du pavé », ou encore les « patrons à colorier » dans la situation « Représenter un solide 2 » peuvent être menés comme tels.

Dans ces situations, les élèves ont à faire un travail d'analyse. Ils prennent des informations sur le solide ou le dessin. Cette activité est riche et leur permet de se constituer des images mentales des objets et des transformations qu'ils opèrent. L'analyse reste de l'ordre du privé, les compétences construites restent des compétences en acte, les connaissances ne sont pas décontextualisées, verbalisées, etc. Il nous faut donc mettre en place des dispositifs obligeant l'élève à formaliser et à analyser ses actions, en particulier en les communiquant aux autres. Les situations proposées sont donc le plus souvent décomposées de cette façon :
– une première phase durant laquelle les élèves s'approprient le problème, agissent, essaient, manipulent... ;
– une seconde phase de mise en commun durant laquelle les élèves sont amenés à exposer leurs démarches et leurs procédures, à écouter et comprendre celles des autres. L'enjeu de cette phase doit être clair pour les élèves : il peut s'agir de déterminer la validité des procédures, de trouver les procédures semblables, de déterminer celles qui sont spécifiques au problème et celles qui sont généralisables. Elle permet des échanges, des débats, et contribue ainsi au développement de l'argumentation en mathématiques. Le fait que les élèves aient à reprendre l'activité avec des objets (et des variables didactiques) différents apporte une motivation supplémentaire à cette phase, il nous semble donc que l'enseignant doit aider les élèves à se placer dans cette perspective. Des allers et retours avec la manipulation sont possibles durant cette phase d'argumentation et peuvent être un facteur de différenciation.

Un de nos objectifs est de passer d'une validation par la pratique à une validation par des arguments mathématiques. Les mises en commun sont placées à l'issue des phases de recherche afin de valider ou d'invalider les procédures par des arguments. Le recours à la validation pratique n'arrive qu'en dernier lieu. La difficulté pour l'enseignant à l'issue de telles situations réside dans la mise en évidence et l'explicitation du savoir en jeu. En particulier : quelles verbalisations attendre des élèves ? quel contenu pour la synthèse ? quelles traces écrites peut-on conserver ?

De façon générale, nous n'institutionnaliserons que ce que les élèves ont fait émerger ; le vocabulaire géométrique ne sera introduit par l'enseignant (si les élèves ne l'emploient pas) que lorsque le concept aura été abordé sous ses différents aspects. Le patron pourra être appelé « habit de solide » au début du cycle 3, désignation plus porteuse de sens, sans que cela ne fasse obstacle aux apprentissages ultérieurs sur cette notion.

En ce qui concerne les traces écrites, une des spécificités du travail sur les solides est l'impossibilité de conserver les productions quand elles sont sous forme de maquette. La trace écrite sera donc, dans la plupart des cas, constituée par les messages produits, s'il s'agit d'une situation de communication, par les commandes faites, par les traces des recherches et par des prises d'information accompagnées de la trace de l'institutionnalisation.

3. ARTICULATION ENTRE LES DIFFÉRENTES SITUATIONS

Le travail sur la connaissance des solides par leurs propriétés « numériques », c'est-à-dire la prise de distance par rapport aux propriétés qualitatives (couleur, matière...) et la taille du solide, est un préalable. La programmation débute donc par des situations qui insistent sur cet aspect. Même si la notion de patron commence à être abordée, il ne s'agit que d'une première approche assez générale servant à faire réfléchir sur le nombre de faces et leur nature. D'ailleurs, en raison des contraintes de temps liées au volume horaire réservé à la géométrie, nous proposons de choisir entre les situations « Habiller le solide » et « Deviner le solide » qui poursuivent des buts similaires par des moyens différents.

Ce travail peut également permettre aux élèves de construire des arguments lors des phases de débat et ce quelle que soit la situation. Par exemple, pour disqualifier un patron, on peut argumenter en soulignant que le nombre de faces du solide ou la nature de ses faces ne sont pas corrects.

Concernant les solides étudiés, dans un premier temps, les problèmes ne portent ni sur le cube ni sur le pavé mais sur des polyèdres plus complexes qui ne sont pas objets mais vecteurs des apprentissages. Ce choix est déterminé par plusieurs raisons :

– dans les situations de communication, les élèves ne peuvent pas désigner les solides par leur nom ;

– dans les situations de reproduction par les patrons, les faces sont plus variées et les relations d'incidence plus riches ;

– dans le cas de la construction de patrons, les élèves n'en connaissent pas de « prototypiques » (comme la croix pour ce qui concerne le cube). Ils sont donc amenés à réfléchir à des problèmes spécifiques liés à leur construction.

Une fois les compétences suffisamment construites sur les solides et les patrons en général, les élèves travaillent sur les solides particuliers sur lesquels ils doivent acquérir des savoirs.

Nous avons fait le choix, dans les situations où il y a construction, de décharger l'élève de l'utilisation des instruments de façon à ce qu'il se concentre sur les propriétés des solides et les relations d'incidence, et non sur une précision purement métrique. Ainsi les travaux concernant les patrons se font d'abord par commande de faces puis par utilisation de gabarits, puis par quadrillages et seulement dans la situation « Patron de pavé » avec instruments. Le schéma est utilisé à partir de « Cube tronqué » pour permettre une mise en commun préalable à la construction précise (coûteuse en temps) et surtout à la validation pratique. C'est un moyen de favoriser les arguments de type mathématique et ainsi de développer les phases de débat pour la seconde partie du cycle.

Le problème de la représentation plane des objets 3D est abordé une fois que les élèves sont capables de se détacher des propriétés qualitatives des objets. On peut considérer que ce travail, moyennant la remarque précédente, est indépendant du reste de la programmation. Il se déroule en deux temps : un premier où les récepteurs doivent choisir parmi un lot de solides et un second, bien plus tard, où les récepteurs doivent construire le solide avec du matériel permettant d'obtenir le « squelette » du solide . Dans le premier cas, les élèves n'ont à communiquer que les propriétés nécessaires pour distinguer leur solide dans le lot alors que dans le second il faut trouver un moyen non équivoque de construire le solide. Le matériel choisi donne une construction du « squelette » du polyèdre tandis que les émetteurs ont une maquette pleine, ce qui amène les élèves à s'interroger sur les moyens de communiquer ce qui est caché. Le matériel du type pailles ou tiges et sommets amène également l'élève émetteur à se centrer sur les arêtes et les sommets beaucoup plus que sur les faces. On évite ainsi en partie les représentations sous forme de patrons que les matériels demandant un assemblage de faces induiraient.

Le tableau de synthèse de la page suivante présente l'organisation générale des situations. Chacune d'entre elles est accompagnée d'une description succincte, des compétences générales travaillées ainsi que de la démarche employée.

Progression et objectifs des situations

	Situations	Description rapide	Objectifs	Objets	Durée
CE2	**1. Deviner le solide**	Il s'agit de retrouver, parmi un lot et grâce à des questions fermées, le solide caché par un groupe d'élèves ou par l'enseignant.	Construire un vocabulaire de description des propriétés spatiales et géométriques des polyèdres (face, arête, sommet…).	Pavé, prismes, pyramides sont rencontrés ainsi que leurs faces.	3 séances
CE2	**2. Habiller un solide**	Les élèves doivent décrire les faces qui constituent la frontière d'un solide pour que le récepteur puisse les choisir dans un lot.	Caractériser un polyèdre par sa frontière, celle-ci étant vue comme un ensemble de polygones liés par des relations d'incidence.	Objets étudiés : carré, rectangle, triangle rectangle, triangle, pentagone. Objets rencontrés : pyramides, solides complexes.	2 séances
CE2	**3. Construire un solide**	Les élèves doivent commander, à partir d'un catalogue, des faces pour construire un solide identique à un solide donné, caché dans un coin de la salle.	Prendre conscience que la nature d'un solide dépend du nombre et de la nature de ses faces et qu'il y a des relations d'incidence entre ces dernières.	Objets étudiés : carré, triangle, trapèze isocèle, trapèze rectangle. Objets rencontrés : prismes, solides complexes.	2 séances
CE2	**4. Représenter un solide 1**	Il s'agit de communiquer par un dessin un solide de façon à ce que le récepteur le fabrique avec un matériel donné (du type pailles).	Gestion du conflit VU/SU. Amener les élèves à réaliser une représentation plane d'un solide.	Objet rencontré : polyèdre complexe.	1 séance

	Situations	Description rapide	Objectifs	Objets	Durée
CM1	**5. Assemblons les faces**	À l'aide de gabarits, les élèves doivent faire un dessin permettant de reconstruire un solide donné.	– Prendre conscience que n'importe quel assemblage de faces ne permet pas de construire un solide. – Donner une définition du patron et se rendre compte qu'il n'y a pas unicité du patron pour un solide donné.	Objets rencontrés : pyramides, prismes, pavés, cubes. Figures planes rencontrées : pentagone, rectangle, triangles…	2 séances
	6. Patron de solide	Il s'agit dans un premier temps de trouver le nombre maximum de patrons du cube différents, puis d'associer assemblages de polygones et descriptions de polyèdres.	Identifier si un assemblage donné de figures planes est ou non un patron d'un polyèdre.	Objets étudiés : cube et patron du cube. Objets rencontrés : polyèdres complexes. Figure plane rencontrée : carré.	2 séances
	7. Cube tronqué	Il s'agit de construire un assemblage de faces pour faire un patron d'un cube tronqué.	Déterminer si un assemblage est un patron.	Objet étudié : cube par l'intermédiaire du cube tronqué. Figures planes rencontrées : carré, triangle.	1 séance
	8. Boucher le trou 1	Il s'agit de construire un patron en utilisant des gabarits de faces. Le solide est « absent ».	Réinvestissement de la notion de patron.	Objet rencontré : pyramide.	1 séance

	Situations	Description rapide	Objectifs	Objets	Durée
CM2	**9. Patron de pavé**	Il s'agit de construire avec des instruments des patrons de pavé de façon à reproduire à l'identique un pavé droit.	– Réinvestissement des compétences et des connaissances autour de la notion de patron. – Tracé avec des instruments.	Objet étudié : pavé droit. Figures planes étudiées : carré, rectangle.	1 séance
CM2	**10. Boucher le trou 2**	Même situation que « Boucher le trou 1 » mais avec un solide plus complexe.	Réinvestissement de la notion de patron.	Objet rencontré : octaèdre. Figures planes rencontrées : triangles.	1 séance
CM2	**11. Représenter un solide 2**	Il s'agit de communiquer par un dessin un solide de façon à ce que le récepteur le fabrique avec un matériel donné (du type pailles).	Gestion du conflit VU/SU : prendre conscience de la nécessité de compenser la perte d'informations liée au passage du 3D au 2D.	Objet rencontré : polyèdre complexe.	2 séances

Situations

Un tableau des vingt-trois solides utilisés dans cette première situation ainsi que les patrons de ces solides en version réduite sont présentés page 535.

1. Deviner le solide (CE2)

> DESCRIPTION RAPIDE

Il s'agit pour les élèves de retrouver, parmi un lot de solides, et grâce à des questions fermées (auxquelles on ne peut répondre que par « oui » ou par « non »), le solide caché par un groupe d'élèves ou par l'enseignant.

> OBJECTIFS

Amener les élèves à décrire les solides par leurs propriétés géométriques telles que nombre de faces, d'arêtes, de sommets, nature des faces, et non plus par leurs propriétés qualitatives telles que la couleur, la forme générale ou encore par comparaison avec des objets de la vie courante.

Cette situation permettra de préciser et de donner du sens au vocabulaire spécifique aux polyèdres (faces, arêtes, sommets, etc.), mais également à certaines figures planes.

> DURÉE

Deux séances de 55 minutes et une séance de 30 minutes pour les activités d'accompagnement.

> VARIABLES DIDACTIQUES

Le choix du solide à retrouver et des solides composant le lot

Ce sont des variables qui permettent de mettre en défaut les descriptions qualitatives des élèves. Nous proposons donc des solides qui se ressemblent perceptivement afin d'amener les élèves à utiliser des propriétés géométriques pour les caractériser.

Pour rendre indispensable la caractérisation des solides par leurs faces, arêtes et sommets, et ainsi donner du sens à ce vocabulaire, nous évitons de mettre dans le lot des solides que les élèves peuvent désigner facilement par leur nom (par exemple, le cube ou le pavé).

La nature de la communication

Elle est également importante. En effet, en restreignant la communication à des questions fermées, on influe sur la précision du vocabulaire et la communication est ainsi facilement exploitable ; on peut alors en garder une trace.

> PROCÉDURES RENCONTRÉES ET VISÉES

La première difficulté à laquelle vont se confronter les élèves est la formulation de questions fermées non ambiguës.
Exemples de questions auxquelles les élèves peuvent penser :
– des propriétés qualitatives définissant la forme comme dans : « Est-il en forme de pointe de crayon ? », ou bien : « Est-il de la forme d'une tente ? » ;
– des termes sociaux et non géométriques comme : « Y a-t-il six pointes ? », ou bien : « Les murs sont-ils des carrés ? » ;
– des ambiguïtés confondant le 2D et le 3D comme dans : « Est-il de la forme d'un losange ? » (alors qu'il s'agit d'un double-tétraèdre).

L'enjeu est que ce vocabulaire soit disqualifié au profit du vocabulaire géométrique : arêtes, sommets, faces et nature des faces. Les questions pertinentes sont alors : « A-t-il six faces ? », « A-t-il des faces en forme de triangles ? », « A-t-il six sommets ? ».

> MATÉRIEL

Chaque solide porte, au crayon de papier, une lettre (le code qui répertorie les solides dans les fiches photocopiables et la valisette de matériel) qui permet aux élèves de le désigner.

Un lot de huit solides (comme ceux qui sont représentés ci-dessous) et un lot supplémentaire pour extraire le solide à faire deviner par groupe de quatre. Suivant les différentes phases, les solides cachés sont respectivement : le solide complexe (première phase, code q), la pyramide à base rectangulaire (deuxième phase, code a), puis le prisme à base pentagonale (troisième phase, première reprise, code m) et le pavé droit (troisième phase, deuxième reprise, code h).

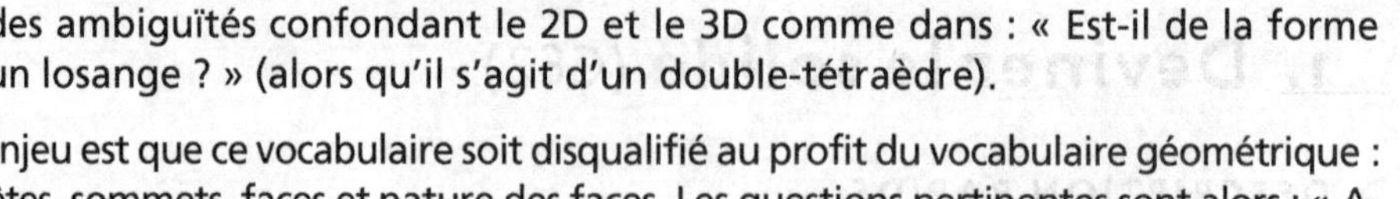

Pyramide à base rectangulaire et 4 triangles isocèles (**code a**).
Pyramide à base pentagonale non régulière (**code c**).
Pyramide à base triangle équilatéral et 3 triangles isocèles (**code d**).
Un solide complexe : base hexagonale régulière + 3 carrés + 4 triangles équilatéraux (**code q**).

Trois pyramides de même hauteur

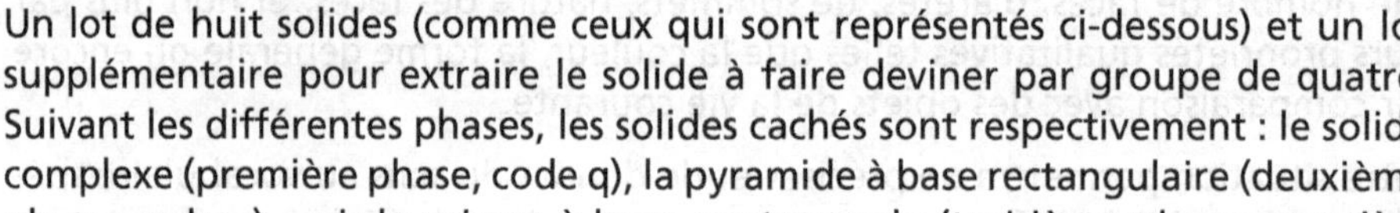

Pavé droit : prisme à base rectangle (code h).
Prisme droit à base triangle isocèle (**code j**).
Prisme droit à base pentagonale régulière (**code m**).
Tronc de pyramide : deux carrés et quatre trapèzes (**code f**).

Trois prismes

En gras, les solides présents dans la valisette.

Dans un grand tableau affiché seront récapitulées les questions posées et les réponses apportées, chaque groupe dispose d'une feuille similaire sur laquelle il peut préparer ses questions (il faut donc au moins une feuille par groupe et par phase).

	Questions	Réponses (« oui », « non », « pas de réponse »)
1		
2		
...		

DÉROULEMENT

Les élèves sont par groupes de quatre. Ils ont un lot de solides et posent les questions.

Deux élèves ou l'enseignant ont le solide à trouver, dans une boîte, à l'abri des regards des autres élèves. Ils sont devant le tableau, par exemple, et répondent aux questions.

Si c'est l'enseignant qui a le solide caché, la communication peut être plus rigoureuse et plus structurée, mais moins riche en débat possible entre les groupes qui posent les questions.

■ Première phase
Jeu de questions entre la classe et un groupe d'élèves

☐ Étape 1 : préparation des questions

L'enseignant désigne les deux élèves qui sont au tableau et les autres sont regroupés par quatre avec un lot de huit solides. L'enseignant peut commencer par leur faire observer le lot de solides à disposition. Dans cette première phase, le solide caché est le solide complexe (code « q »).

Consigne

« Vous devez poser des questions aux deux élèves qui sont au tableau pour deviner quel solide ils ont devant eux. Ce solide se trouve forcément parmi ceux que vous avez sur votre table. Le groupe qui a le solide caché ne peut répondre que par "oui" ou par "non". D'abord, vous devez vous mettre d'accord sur les questions que le groupe va poser et les écrire sur la fiche. Chaque groupe posera ensuite une question jusqu'à ce qu'un groupe ait trouvé, à coup sûr, de quel solide il s'agit. Bien évidemment, il est interdit de poser des questions sur la lettre notée sur le solide. »

Les élèves se mettent d'accord sur les questions. Ils doivent en écrire plusieurs car certaines questions vont être posées par d'autres groupes et ils risquent d'être à court de questions.

Voici un exemple de liste de questions préparées par écrit par une classe :

Groupe 1	Groupe 2	Groupe 3	Groupe 4
Est-il petit ?	Est-ce qu'il a 8 faces ?	Est-ce qu'il a 8 faces ?	Est-ce qu'il a 8 faces triangulaires ?
A-t-il une forme triangulaire ?	Est-ce qu'il a 6 faces ?	Est-ce qu'il a 10 sommets ?	Est-ce qu'il a une forme de maison ?
Est-ce qu'il a 8 faces triangulaires ?	Est-ce qu'il a 5 faces ? Est-ce qu'il a 9 faces ? Est-ce qu'il a 8 sommets ?	Est-ce qu'il a une base plate ? Est-ce qu'il a un sommet principal ? Est-ce qu'il a une forme de crayon ?	Est-ce que c'est un solide en forme de losange ?

On retrouve bien les trois principales catégories de questions le plus souvent posées : les questions sur l'aspect général : « est-ce qu'il ressemble à… ? », les questions sur les propriétés physiques : « est-il est grand, lourd, bleu, tient-il debout… ? » et les questions sur le nombre de faces, de sommets, d'arêtes et sur la nature des faces.

☐ <u>Étape 2 :</u> questions/réponses

Chaque groupe pose une question. Le groupe qui a le solide caché répond par « oui » ou par « non ». Les questions et réponses sont écrites au tableau. S'il ne peut pas répondre (dans le cas d'une question ambiguë ou d'une question qui n'est pas fermée), le groupe dit : « On ne peut pas répondre. »

À chaque tour de questions, l'enseignant pose la question : « Êtes-vous certains du solide à trouver ? »

Si la réponse est « non » pour un groupe, on refait un tour de questions. Si la réponse est « oui » pour tous les groupes, l'enseignant demande de lever à bout de bras le solide supposé dans chaque groupe. En montrant les solides, la validation est immédiate… La situation doit rester la plus ouverte possible.

Dans le cas de la classe précédente, le jeu de questions a permis de soulever deux problèmes intéressants comme l'attestent les transcriptions suivantes.

- **Pour les questions portant sur les propriétés physiques des objets**

Question d'un groupe : « Est-il petit ? »

Le groupe récepteur cherche.

Un élève : « Il y a un problème parce que nous, on a une forme petite et eux *(il montre le groupe voisin)* ils ont la même mais plus grand. »

Un autre élève : « C'est comme pour la couleur on n'a pas la même. »

Le premier élève : « Donc la taille ça ne veut rien dire. »

- **Pour la forme générale de l'objet**

Le groupe récepteur vient de répondre « oui » à la question : « A-t-il huit faces ? »

Question d'un groupe : « Est-ce que le solide a une forme de losange ? »
Le groupe récepteur ne sait pas répondre.
Une élève : « Un losange ça n'a pas huit faces. »
Un autre : « Ce serait comme un losange en solide. »
Le groupe récepteur : « Ce serait comme si ça montait et ça descendait, c'est comme si c'était un cône en haut et un cône en bas ? »
Un élève : « C'est comme si c'était deux pyramides avec 4 faces. »
Le groupe récepteur : « Donc non. »

☐ Étape 3 : mise en commun

Il s'agit de récapituler, grâce aux questions qui ont été écrites au tableau, celles qui sont restées sans réponse afin d'identifier ce qui est ambigu ou ce qui fait que la question n'est pas fermée.

On peut demander aux élèves de lister le vocabulaire qui a été utile dans les questions et qui a permis de faire avancer l'activité.

On établit la liste du vocabulaire mathématique utile en le substituant éventuellement au vocabulaire approximatif des élèves : faces, arêtes, sommets, triangles, carrés, rectangles, polygones à cinq côtés (nous pensons qu'il n'est ni nécessaire, ni judicieux, d'introduire les termes de « pentagones », « hexagones », etc.). Le vocabulaire introduit peut être gardé comme trace écrite.

Deuxième phase
Jeu de questions entre les élèves et l'enseignant

☐ Étape 1 : préparation des questions et aide au choix

Cette fois c'est l'enseignant qui a le solide à deviner ce qui accélère les échanges et évite les erreurs de dénombrement (l'enseignant peut plus facilement dire qu'il ne peut pas répondre à une question ambiguë). Il s'agit de la pyramide à base rectangulaire (code « a »). Tous les groupes posent une question et l'enseignant les note au tableau. Il donne et écrit les réponses à ces questions. Puis il engage les élèves à compléter la grille suivante.

Tour	On est sûr que c'est le solide désigné par …	On est sûr que ce n'est pas le solide désigné par…
1		
2		
etc.		

Puis d'autres tours de questions sont à nouveau réalisés. À la fin de chaque tour, les élèves d'un groupe doivent se mettre d'accord avant de remplir la grille. Tant que tous les groupes n'ont pas rempli la colonne : « on est sûr que c'est le solide désigné par … » et ne sont pas d'accord sur le solide qui est dans cette colonne, on refait des « tours » de questions.

☐ Étape 2 : mise en commun et institutionnalisation

Cette mise en commun se déroule comme celle de la première phase et doit permettre de définir les questions permettant de trouver le solide et celles qui ne sont pas pertinentes. Les grilles permettent de revenir sur le traitement des informations réalisé par chaque équipe.

À l'issue de cette phase, on institutionnalise définitivement le vocabulaire lié aux polyèdres.

On peut ainsi obtenir la trace écrite suivante.
Pour connaître un solide on peut poser des questions sur :
– son nombre de faces, d'arêtes, de sommets ;
– la forme de ses faces.

Un dessin illustrant les mots sommets, arêtes, faces peut illustrer le vocabulaire.

■ Troisième phase
Reprises

Deux reprises sont alors proposées. Dans les deux cas, c'est encore l'enseignant qui a le solide caché et il impose aux élèves d'utiliser le vocabulaire mis en place mais il interdit, momentanément, les questions portant sur la nature des faces.

Le fait d'éliminer les questions concernant la nature des faces oblige les élèves à se centrer sur les caractérisations numériques des solides choisis (c'est-à-dire sur le triplet (F, S, A)[10]).

Dans la première reprise, c'est le prisme à base pentagonale (code « m ») qui est choisi. Il est possible de le trouver (sans question sur la forme des faces) puisqu'aucun autre solide n'a le même nombre de faces, de sommets et d'arêtes (F = 7, S = 10, A = 15).

Dans la deuxième reprise, l'enseignant choisit le pavé droit (code « h »), ce qui doit amener les élèves à une impasse et ainsi montrer que deux solides différents (le « pavé droit » et le « tronc de pyramide ») peuvent avoir les mêmes nombres de faces, de sommets et d'arêtes (F = 6, S = 8, A = 12).

Quand les élèves se rendent compte que deux solides (le « h » et le « f ») ont des caractéristiques numériques identiques, ils sont obligés de poser des questions sur la nature des faces si ça n'a pas été le cas dans la phase précédente : est-ce qu'il a des faces en forme de trapèze ? ou bien est-ce qu'il n'a que des faces rectangles ?

---

10. F comme Face, S comme Sommet et A comme Arête. L'ensemble de ces trois indices est une caractérisation possible des polyèdres mais n'est pas institutionnalisé à l'école élémentaire.

Mais aussi sur les propriétés de géométrie dans l'espace du solide exprimé de façon mathématique ou empirique : est-ce que ses arêtes sont toutes parallèles ? Est-ce que ses arêtes sont toutes bien droites, bien debout... ?
Est-ce que les faces sont toutes parallèles entre elles ? Est-ce les faces sont bien toutes perpendiculaires aux autres ? Est-ce que ces coins sont tous bien droits ?

Le fait d'avoir interdit, au début de cette étape, de poser des questions sur la forme des faces, va certainement « bloquer » certains élèves. Le problème doit alors clairement être redéfini par l'enseignant : « J'ai deux solides, quelles questions pouvez-vous maintenant poser pour les départager ? »

Ce point peut être institutionnalisé à la fin de cette reprise : il se peut que deux solides différents aient les mêmes nombres de faces, d'arêtes et de sommets et seule la forme des faces est différente.

■ Quatrième phase Accompagnement

☐ Étape 1 : jeu du portrait

Il s'agit d'un jeu à partir de portraits écrits (voir fiche 1 ci-dessous). Les élèves disposent du lot de solides pour répondre.

Jeu du portrait

En te servant des questions et des réponses OUI ou NON, trouve de quel solide il s'agit.
Tu écris son nom à la ligne réponse.

1) A-t-il 12 arêtes ? .... OUI
A-t-il 8 sommets ? .... OUI
Toutes ses faces sont-elles des rectangles ? .... OUI
Réponse : c'est le solide n° ____________

2) Toutes ses faces ont-elles la même forme ? .... OUI
A-t-il 8 sommets ? .... NON
A-t-il 6 arêtes ? .... OUI
Réponse : c'est le solide n° ____________

1) A-t-il des faces triangulaires ? .... OUI
A-t-il 6 sommets ? .... NON
A-t-il 8 arêtes ? .... OUI
Réponse : c'est le solide n° ____________

1) A-t-il 6 faces ? .... OUI
A-t-il des faces rectangulaires ? .... NON
A-t-il des faces triangulaires ? .... OUI
Réponse : c'est le solide n° ____________

☐ Étape 2 : construction de portraits

Les élèves disposent des solides et doivent rédiger des portraits comme ceux qui figurent sur la feuille de l'étape 1.

Pour simplifier, on peut demander aux élèves de rédiger des affirmations du type : « il a ... » et « il n'a pas ... ».

Une fois le portrait rédigé, il est adressé à un autre élève qui essaie de retrouver le solide.

Des échanges se mettent en place en cas de litige.

2. Habiller le solide (CE2)

> DESCRIPTION RAPIDE

Il s'agit d'une situation de communication (orale et écrite) où l'élève doit décrire à un autre élève les faces qui constituent la frontière d'un solide[11] pour que l'autre élève puisse les choisir dans un lot. La validation est réalisée par collage sur les faces du solide d'origine.

> OBJECTIFS

Amener les élèves à caractériser un polyèdre (objet 3D) par sa frontière (ensemble d'objets 2D).

> DURÉE

Deux séances de 55 minutes.

> VARIABLES DIDACTIQUES

La nature du polyèdre à décrire influe sur le message. Il est nécessaire de choisir un polyèdre dont les élèves ne connaissent pas le nom puisque l'on souhaite qu'ils décrivent les propriétés de ses faces. La nature des faces est également importante, leur complexité et leurs propriétés rendent la description plus ou moins difficile.

La nature de la communication, orale ou écrite, et, dans le cas d'une communication écrite, la taille du support pour le message constituent également d'autres variables didactiques. Sur une grande feuille, la duplication des faces est possible alors que sur un quart de feuille l'élève doit utiliser des schémas (dessin à « main levée ») ou du texte.

> PROCÉDURES RENCONTRÉES ET VISÉES

Les procédures dépendent de la nature de la communication.

11. De façon naïve, à l'école élémentaire, on nommera « frontière d'un solide » l'ensemble composé de ses faces qui sont des polygones (« objets 2D ») et de leurs relations d'incidence (on peut également l'appeler « enveloppe »). C'est ce qui partage l'espace en deux parties : l'intérieur de ce solide et l'extérieur.

Lors d'une communication orale, les élèves peuvent désigner les faces par :
- leurs noms ;
- le nombre de leurs côtés ;
- un mime : un élève utilise ses doigts et des crayons pour représenter une forme ;
- une analogie : par exemple, le pentagone est désigné par « l'étoile » ou « la petite maison ».

Lors d'une communication écrite, les élèves peuvent faire :
- une copie des faces ou un schéma de chacune des faces ;
- une tentative de dessin en perspective ;
- des dessins de toutes les faces ou de certaines faces seulement, et indiquer leur nom ;
- un texte qui transcrit les types de descriptions orales mentionnées ci-dessus.

> MATÉRIEL

Dans toutes les phases, les solides sont cachés dans des boîtes. Pour l'observation, les boîtes sont ouvertes sans que les solides sortent (ils restent ainsi cachés à la vue des autres binômes).

Pour la première phase, tous les binômes disposent du même solide : c'est la pyramide à base rectangulaire (code a).Dans les phases suivantes, un couple de binômes qui communique dispose de deux solides différents. Les sept solides représentés ci-dessous sont donc nécessaires.

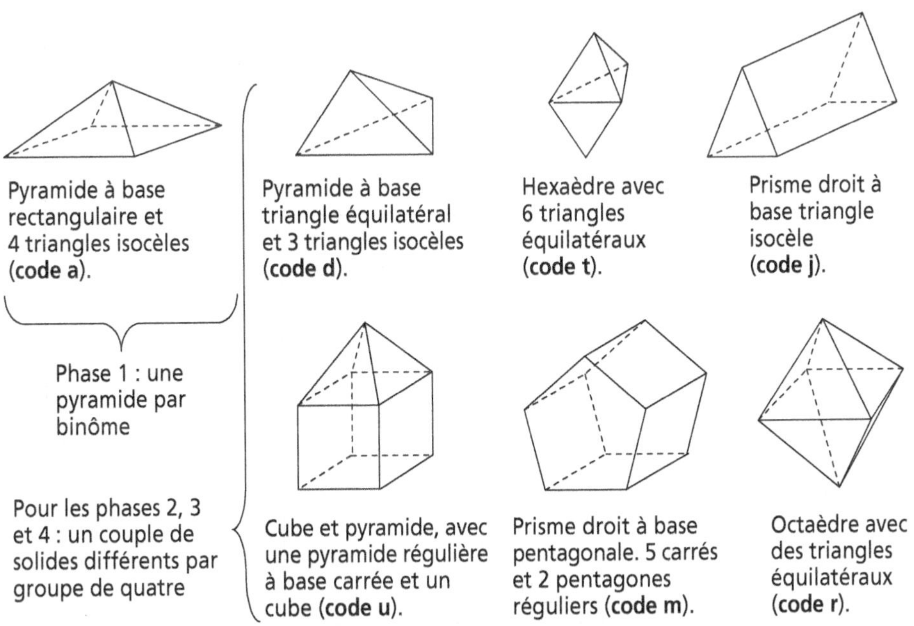

Tous les solides de cette situation sont présents dans la valisette.

Pour la deuxième phase, l'enseignant doit prévoir une enveloppe par élève pour ranger les faces qui sont choisies par les élèves. Pour la troisième phase, une feuille est remise à chaque binôme pour écrire le message et, pour la quatrième phase, un quart de feuille à chaque binôme pour un autre message.

La boîte à outils complète et de la colle repositionnable sont disponibles.

Les polygones ci-dessous (cf. fiche 1) sont proposés (l'enseignant peut en ajouter d'autres ayant des dimensions ou des formes différentes, mais proches de ceux-ci afin que la recherche des polygones adéquats soit plus problématique). Il faut pour chaque binôme un lot d'au moins sept polygones de chaque espèce. Ces polygones sont grossièrement découpés (les élèves les découperont plus précisément quand ils les utiliseront) et donnés triés dans des barquettes.

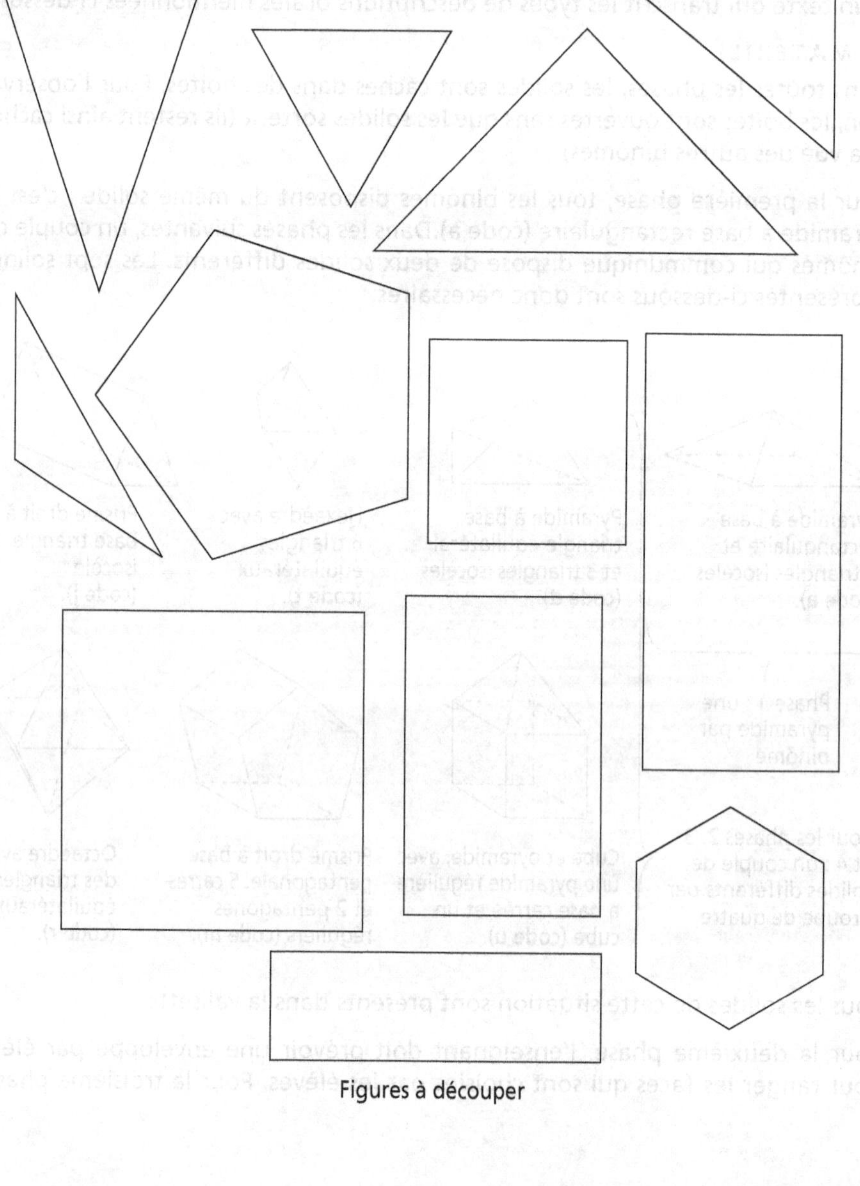

Figures à découper

DÉROULEMENT

Les élèves sont par binômes. Lors de l'observation, dans les phases 2, 3 et 4, les binômes qui devront échanger sont éloignés dans la salle les uns des autres. Lors de la communication, un seul élève par binôme se déplace et va retrouver l'autre.

■ Première phase Appropriation du matériel

☐ Étape 1 : habiller un solide

Chaque binôme dispose du même solide (la pyramide à base rectangulaire, code « a ») et du lot de polygones prédécoupés (sept exemplaires de chaque polygone – voir fiche 1 page précédente – triés dans des barquettes).

Consigne
« Dans les boîtes, vous avez à votre disposition un solide et des lots de formes géométriques. Pour observer, vous ouvrez les boîtes mais sans sortir le solide. Vous devez choisir les bonnes formes qui recouvriront exactement les faces du solide. »

Par comparaison directe, les élèves essaient de recouvrir le solide avec les polygones qui conviennent. Ils mettent ensemble les formes qu'ils jugent adéquates, mais ne les collent pas immédiatement.

☐ Étape 2 : mise en commun rapide

Il s'agit de faire émerger les premiers constats et d'invalider les productions qui ne respectent pas les contraintes. Ensuite les élèves collent les faces au moyen de la colle repositionnable.

Les élèves ne se rendent pas tout de suite compte qu'il faut faire attention à la taille des faces, à leur propriété, ils risquent donc de prendre n'importe quel triangle ou un triangle plus grand.
Il s'agit aussi de vérifier que le terme « recouvrir » est bien compris car certains élèves ne prennent que des triangles pour recouvrir la pyramide ce qui donne visuellement l'impression que la tâche est remplie puisque la face rectangulaire n'est pas visible en dessous.
Cette phase amène donc à bien préciser les contraintes : un recouvrement exact de toutes les faces.

■ Deuxième phase Communication orale

☐ Étape 1 : prise d'informations et échange

Chaque binôme reçoit un solide qu'il va devoir décrire à un autre groupe qui lui est associé et qui recevra en échange la description d'un autre solide. Les binômes sont organisés avec un émetteur qui se déplace pour communiquer les caractéristiques de leur solide et avec un récepteur qui reste à sa place pour recevoir une description mais l'ensemble des actions se fait en concertation dans le binôme. L'enjeu est de faire une commande de faces. La validation se fera en posant les faces sur le solide.

Consigne

« Vous allez avoir un solide caché dans une boîte. Il faut que vous expliquiez à un autre élève comment est votre solide pour qu'il choisisse les bonnes formes géométriques pour l'habiller. De même, l'autre élève va vous expliquer comment est son solide pour que vous choisissiez également les faces pour l'habiller. Dans chaque binôme, un élève seulement se déplace et est chargé de fournir les explications à l'élève resté à sa place. Après retour aux places respectives et discussion, vous allez mettre les bonnes formes dans une enveloppe pour habiller le solide de l'autre groupe. »

Les binômes sont appariés et les rôles sont attribués à chacun des élèves du binôme. On ne distribue pas les lots de polygones dans un premier temps.

Si on donnait les polygones aux élèves il serait tentant pour l'émetteur de montrer de quelle face il s'agit plutôt que de la décrire.

Les élèves examinent le solide, referment les boîtes puis un sur deux se déplace pour les explications, comme il est indiqué ci-dessus. Une fois que les messages ont été transmis et les élèves revenus à leur place respective, on distribue les lots de polygones. Les élèves remplissent leur enveloppe avec les polygones qu'ils jugent adéquats. Alors l'enseignant échange les boîtes contenant les solides entre les deux binômes qui ont communiqué.

☐ Étape 2 : habillage des solides et mise en commun

Les élèves, en ouvrant les boîtes qu'ils viennent de recevoir, essaient d'habiller le solide avec ce qu'ils ont dans leur enveloppe.

On regarde alors en commun les réalisations de chaque groupe. Quels sont ceux qui ont réussi à habiller le solide ? Reste-t-il des polygones dans l'enveloppe ?

Exemple de résultats dans une classe avec dix groupes :
- sept réussites ;
- un oubli d'un carré ;
- une confusion entre les mots « carré » et « côté », les élèves prennent donc des formes à cinq côtés au lieu de cinq carrés ;
- un groupe prend des rectangles de la mauvaise dimension.

La mise en commun doit permettre de dégager les choix convenables en explicitant les raisons pour lesquelles il en est ainsi ou pas. Elle est basée sur les explications des élèves et sur ce que l'enseignant a pu observer.

Les arguments des élèves dépendent largement des stratégies employées et des difficultés rencontrées. Voici quelques exemples d'arguments issus du travail de la classe citée ci-dessus.

« Il faut faire attention au vocabulaire, il faut se mettre d'accord sur les mots que l'on emploie sinon on n'est pas sûr que l'on parle de la même chose. »
« Il faut faire attention aux arêtes qui se collent, s'assemblent, les côtés qui se touchent ou de même longueur sinon ils ne peuvent pas se toucher. »

Troisième phase
Communication écrite

☐ Étape 1 : reprise avec communication écrite

Les couples de solides remis à chaque binôme sont modifiés ; la consigne et le déroulement sont les mêmes mais avec la rédaction d'un message écrit sur une feuille à l'exclusion de toute autre forme de communication.

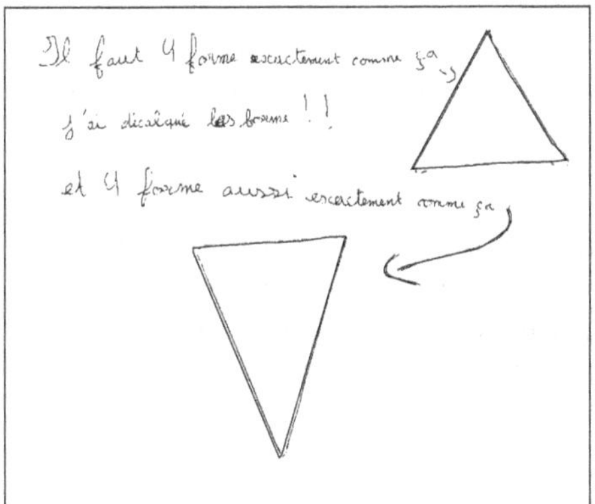

Exemple de production correcte
avec des faces décalquées

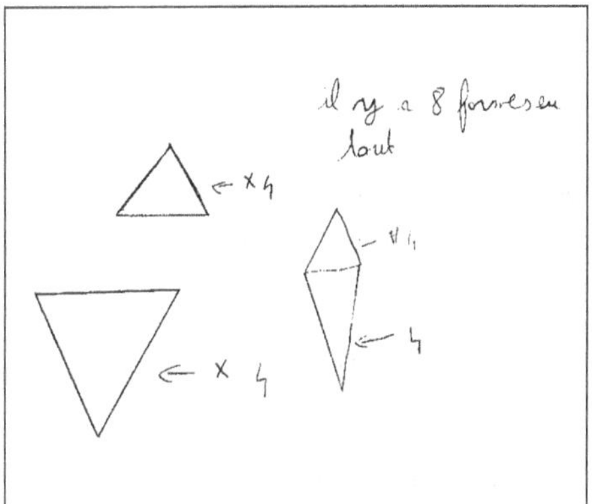

Exemple de production correcte
avec essai de perspective

☐ Étape 2 : mise en commun et institutionnalisation

La mise en commun est basée sur la discussion des messages qui ont permis d'habiller le solide et ceux qui n'ont pas permis de le faire. Les erreurs peuvent venir de messages erronés mais aussi d'une mauvaise interprétation d'un message correct. L'enjeu de cette mise en commun est la reprise de la situation : « Il faut essayer de déterminer quels messages permettent de réussir à tous les coups pour que la prochaine fois votre message fasse réussir. »

Les éléments importants sont listés et gardés comme trace écrite par exemple :
- « il faut dessiner les faces » ;
- « il faut dire combien il y a de faces de chaque forme » ;
- « il faut dire combien les faces ont de côtés » ;
- « on peut écrire le nom des faces que l'on connaît » ;
- « il faut écrire s'il y a des côtés plus grands que d'autres » ;

…

■ **Quatrième phase**
Reprise avec une petite feuille pour le message

Cette reprise est identique à la troisième phase mais avec une petite feuille pour le message ce qui élimine la possibilité de duplication des faces et ce qui amène les élèves à faire des schémas ou un texte.

La mise en commun permet d'affiner la trace écrite précédente.

3. Construire un solide (CE2)

> DESCRIPTION RAPIDE

Dans cette situation, les élèves doivent commander, à partir d'un catalogue, des polygones (appelés faces) pour construire un solide identique à un solide donné, caché dans un coin de la salle.

> OBJECTIFS

Amener les élèves à comprendre que la nature d'un solide est dépendante du nombre et de la nature de ses faces. Ils devront également se rendre compte qu'il y a des relations, notamment des contraintes de longueurs de côtés, entre les faces qui se touchent dans un solide (relations d'incidence).

> DURÉE

Deux séances de 55 minutes.

> VARIABLES DIDACTIQUES

Le choix du solide et le contenu du catalogue de faces parmi lesquelles les élèves doivent commander influent sur l'enjeu de la situation. Suivant la nature géométrique des polygones présents dans le catalogue, la commande peut se faire de façon purement perceptive ou nécessiter la prise en compte de critères géométriques comme les longueurs des côtés. Par exemple si les élèves ont à choisir entre un rectangle et un pentagone, le choix est perceptif alors que s'ils ont à choisir entre des triangles isocèles, isocèles rectangles et équilatéraux, ils doivent faire une analyse des propriétés géométriques des faces du solide. Nous choisissons de construire un catalogue qui oblige les élèves à faire des choix sur des critères géométriques.

Les solides successifs que nous proposons amènent à des choix géométriques de difficulté croissante.

La façon dont les élèves peuvent prendre des informations influe sur leurs procédures. S'ils ont à la fois le solide et le catalogue, ils peuvent procéder par superposition des faces du solide aux polygones et réussir par tâtonnements. Nous choisissons d'éloigner le solide et le catalogue afin d'obliger les élèves à anticiper. En effet, si les élèves ne disposent que du catalogue, le solide étant éloigné, ils doivent aller observer le solide et noter des informations nécessaires à la construction.

La possibilité de prendre des mesures est une variable sur laquelle il est possible de jouer. Si les mesures sont interdites, les élèves doivent mettre en jeu les relations d'incidence entre les faces du solide en faisant des hypothèses à partir des figures présentes dans le catalogue (en essayant de juxtaposer des côtés). En effet, si les élèves ont le choix entre deux rectangles qui sont perceptivement proches, seul celui dont un des côtés a une mesure compatible avec celles des autres faces peut appartenir au solide. Notre choix est donc d'interdire la prise de mesures pour obliger les élèves à anticiper sur les relations d'incidence entre les faces du solide.

> PROCÉDURES RENCONTRÉES ET VISÉES

Dans le cas où il n'y a pas de figures perceptivement proches, la prise d'informations auprès du solide peut se faire par le biais de schémas des faces (la prise d'empreinte étant impossible en raison de la taille de la feuille).

Parallèlement à la prise d'informations sur la nature des faces, le nombre de faces doit être mémorisé soit de façon numérique par l'ajout d'information du type « 4 x », soit directement par le dessin d'autant de faces que nécessaire.

> MATÉRIEL

- Un stock de faces (un exemplaire des fiches 1 et 2) par groupe de quatre.
- La boîte à outils sans la règle graduée et du ruban adhésif.
- Pour la première phase : le solide est un tronc de pyramide (code f) constitué de quatre trapèzes isocèles et de deux carrés. Quatre exemplaires sont cachés dans quatre lieux de la salle.
- Pour la deuxième phase : le solide est un prisme droit à base triangle isocèle constitué de deux triangles isocèles et de trois rectangles (code j), ou bien le prisme droit (code o) composé de trapèzes rectangles et de quatre rectangles différents. Quatre exemplaires sont cachés dans quatre lieux de la salle.

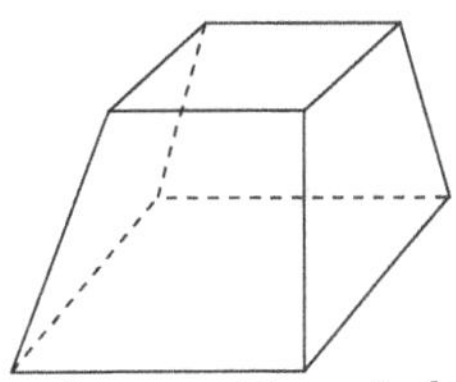

Tronc de pyramide, **code f**.

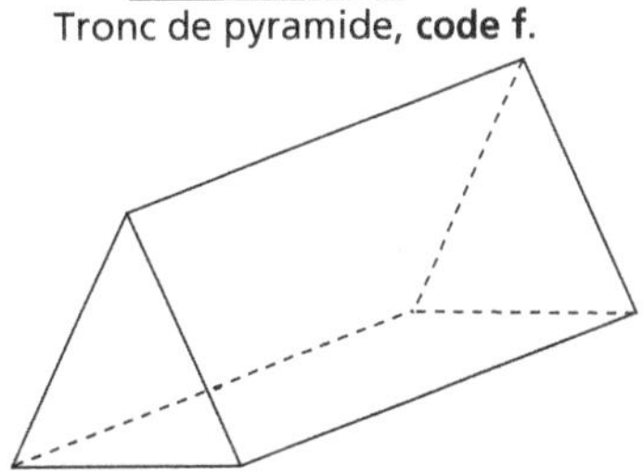

Prisme, base tr. isocèle, **code j**.

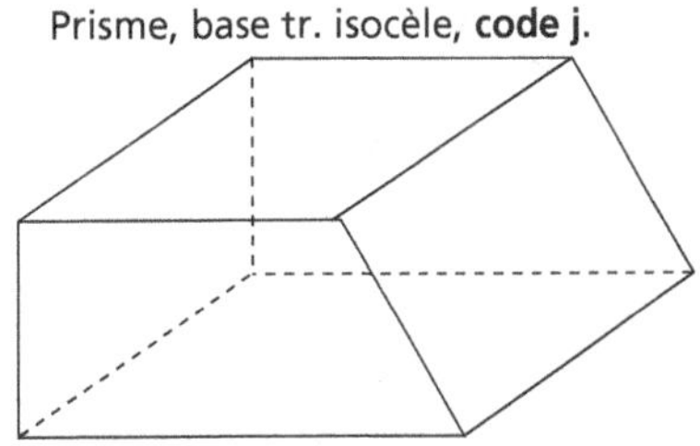

Prisme, base trapèze, **code o**.

Tous les solides de cette situation sont présents dans la valisette.

On distribue un quart de feuille pour la prise d'informations, un bon de commande et un catalogue par binôme ainsi qu'un bon de commande pour le groupe de quatre (ce bon de commande peut être agrandi pour faciliter la mise en commun et le différencier des bons de commande des binômes).

Un exemple de bon de commande pour les groupes de quatre

Bon de commande	
Groupe :	
Les faces qui me sont utiles	**Lettre qui correspond aux faces**

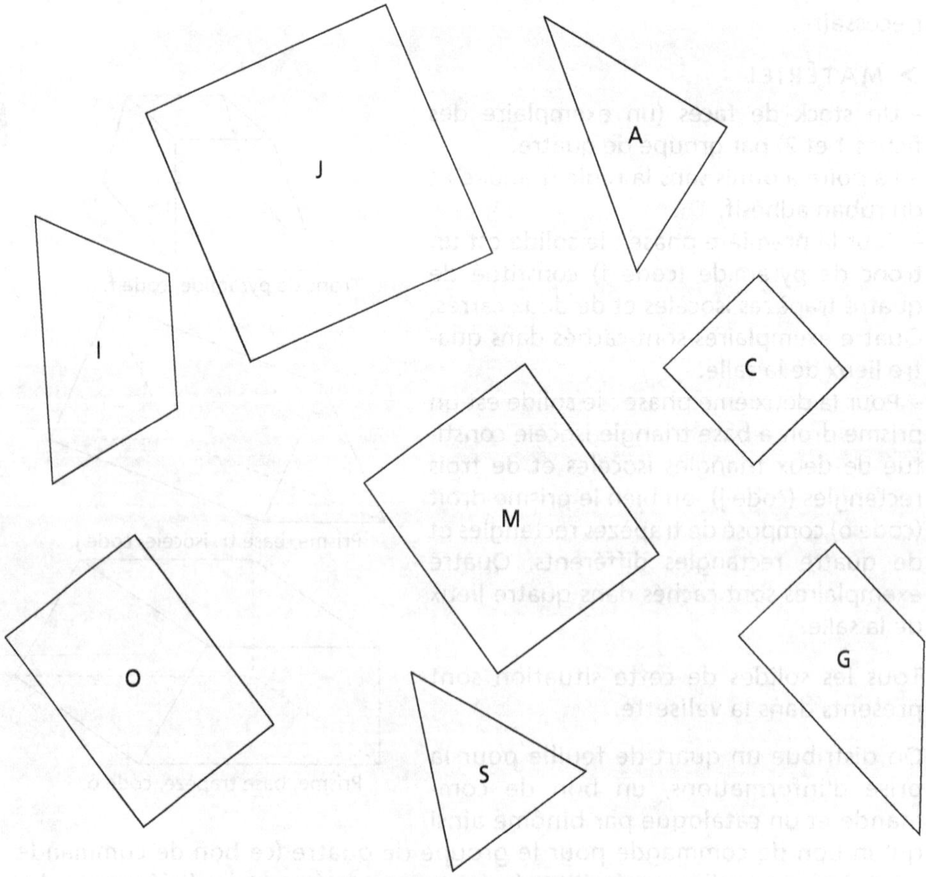

Le catalogue de faces (présentées dans les fiches 1 et 2)

DÉROULEMENT

Les élèves travaillent d'abord par deux. Les binômes sont ensuite appariés pour faire un premier travail de mise en commun par groupe de quatre élèves.

Première phase Commande de faces pour le premier solide

Dans cette première phase, le solide caché est le tronc de pyramide (code f).

☐ Étape 1 : prise d'informations et premier bon de commande

Consigne

« Par équipe de deux, vous devez remplir un bon de commande de faces pour réaliser le solide qui est caché. Un seul d'entre vous va aller voir le solide avec un quart de feuille pour ramener des informations. Vous n'avez droit qu'à un seul trajet. Vous devez remplir le bon de commande avec juste ce qu'il faut de faces. Vous avez un catalogue de faces à votre disposition, chacune d'elles est désignée par une lettre. Vous ne pouvez pas emmener le catalogue quand vous allez voir le solide. Quand vous aurez fait votre bon de commande par deux, vous vous mettrez d'accord par groupe de quatre. Nous ferons une mise en commun puis vous fabriquerez le solide par groupe de quatre. »

Un élève par binôme se déplace pour aller prendre des informations dans un des quatre endroits de la salle où sont cachés les solides. Les élèves remplissent le bon de commande. Pour favoriser les échanges, on peut obliger l'élève qui ne s'est pas déplacé à remplir le bon de commande.

☐ Étape 2 : mise en commun locale et nouvelle prise d'informations

Les binômes se regroupent par groupes de quatre et remplissent un nouveau bon de commande. En cas de désaccord persistant, on peut autoriser un élève du groupe à aller à nouveau prendre des informations sur le solide.

☐ Étape 3 : mise en commun en grand groupe

Le rôle de la mise en commun est d'anticiper sur la réalisation du solide : « Cette commande permettra-t-elle de confectionner le solide demandé ? Oui ou non, et pourquoi ? »

Les bons de commandes identiques doivent d'abord être regroupés puis on demande aux élèves d'anticiper sur la fabrication du solide, il faut dire si la commande permettra à coup sûr de réaliser le solide.

Dans cette première mise en commun, les arguments peuvent porter sur le nombre et la nature des faces.

☐ Étape 4 : fabrication du solide

À l'issue de la mise en commun, les groupes qui sont convaincus que leur commande est fausse peuvent la modifier. Les groupes qui pensent que leur commande est juste la testent. Les élèves découpent dans les fiches 1 et 2 les faces qu'ils ont commandées, puis ils les assemblent avec du ruban adhésif. On confronte les réalisations avec les hypothèses de la mise en commun.

■ Deuxième phase Reprise et institutionnalisation

☐ Étape 1 : reprise de la situation avec un solide nécessitant la prise en compte des relations d'incidence

Le déroulement est identique à celui de la première phase. Le solide choisi (le prisme droit à base triangle isocèle, code « j », ou le prisme droit à base trapèze rectangle, code « o ») permet une ambiguïté sur le choix des rectangles dans le catalogue, ce qui doit amener les élèves à argumenter sur les dimensions des rectangles pour satisfaire aux relations d'incidence entre les faces rectangles et triangles du solide.

☐ Étape 2 : institutionnalisation

Cette mise en commun permet de dégager une trace écrite qui récapitule ce qui a été appris durant la séance.

On peut par exemple demander aux élèves ce qu'ils ont appris durant cette situation. Voici un exemple de réponses.

Pour construire un solide il faut avoir :
– le bon nombre de faces de chaque forme ;
– choisir les bonnes formes de faces ;
– choisir des faces qui ont un côté de même longueur pour pouvoir les attacher.

☐ Étape 3 : prolongement

On peut donner les fiches de la page suivante aux élèves en leur demandant de colorier de la même couleur les côtés qui vont se toucher lorsque le solide sera construit (une couleur pour un couple de côtés qui se touchent). Comme exemple, on peut proposer un patron (cf. page suivante), sans insister particulièrement, cette notion devant être appréhendée au CM1. La validation se fait par comparaison avec le solide lui-même (solides j et h). L'exercice constitue une trace écrite de la séance.

Exemple avec des faces isolées

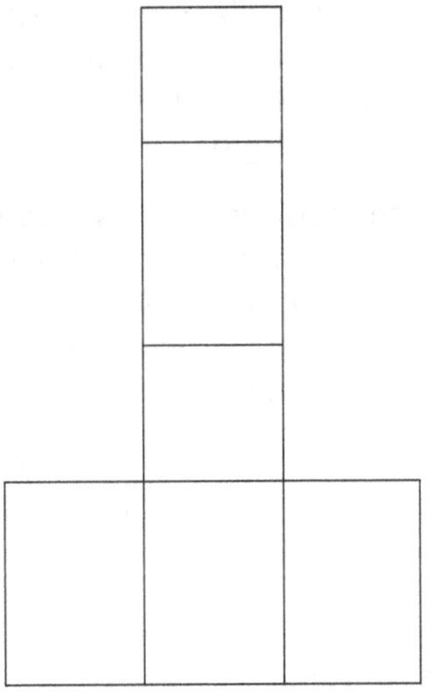

Exemple avec un patron

4. Représenter un solide 1 (CE2)

> DESCRIPTION RAPIDE

Chaque groupe doit réaliser un dessin qui permet à un autre groupe de retrouver leur solide parmi un lot.

> OBJECTIFS

Amener les élèves à réaliser une représentation graphique d'un solide. Pour cela, les élèves essayeront de trouver un moyen pour prendre en compte la nécessaire perte d'informations liée au passage du 3D au 2D[12].

> DURÉE

Une séance de 55 minutes.

12. La perte nécessaire d'informations est difficile à gérer. Cette situation constitue un premier pas concernant le passage du 3D au 2D, d'autres activités devront suivre (au CM2, mais également en 6e et 5e).

> VARIABLES DIDACTIQUES

Le choix du solide à représenter influe sur les stratégies, le solide doit être suffisamment complexe pour ne pas pouvoir être représenté en un seul dessin. De plus, pour que la situation ait du sens, il ne faut pas que les élèves connaissent le nom de ce solide.

Nous souhaitons que les élèves puissent, en ce début de cycle 3, manipuler des solides et ainsi se créer des images mentales. Nous laisserons donc le solide à disposition. Avec le matériel choisi, la maquette peut être opaque puisqu'elle est fabriquée par assemblage de faces ; mais on peut aussi la construire avec des « pailles », elle laisserait alors apparentes les arêtes du solide.

Enfin, **le choix du lot** dans lequel les élèves vont avoir à retrouver le solide influe sur le message. La quantité de solides est une première variable, mais les différences géométriques entre les solides sont déterminantes. Les solides peuvent avoir des faces toutes différentes ou des faces de même nature, voire identiques. Nous avons choisi en fonction de cela un lot de sept solides décrit plus loin.

Si on donne le lot de solides aux élèves durant la phase de fabrication du message, ils ont en fait à trouver des propriétés qui distinguent leur solide des autres au lieu de chercher à le décrire de la façon la plus complète possible. Nous ne donnerons pas le lot de solides pendant la recherche.

L'absence de l'instrument de mesure permet de centrer les élèves sur le schéma permettant de représenter le solide indépendamment des mesures précises des arêtes qui sont inutiles et risqueraient de parasiter la recherche du dessin adéquat.

> PROCÉDURES RENCONTRÉES ET VISÉES

Les dessins des élèves peuvent être de plusieurs natures :
– des dessins avec essais de perspective : les premiers représentent les faces, en respectant leur nature et leurs relations d'incidence. Puis, progressivement, les élèves seront amenés à représenter les éléments cachés comme les arêtes ou les faces. Mais l'utilisation des pointillés ou l'étude de la déformation des faces ne sont pas un enjeu d'apprentissage à cette étape ;
– des dessins descriptifs qui présentent les faces. Il peut s'agir de patrons, de dessins des faces séparées ou de dessins de faces avec leur nombre écrit à côté.
– des dessins mixtes faisant apparaître plusieurs vues ou des vues et des dessins de faces.

> MATÉRIEL

Dans une boîte fermée, un lot de sept solides décrit ci-dessous pour deux binômes. Il faut compter, pour 28 élèves, sept exemplaires de chaque solide en plus de celui déjà distribué.

Les élèves disposent de la boîte à outils sans instruments de mesure et d'une feuille A3.

Trois pyramides de même hauteur

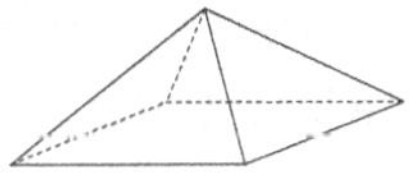

Pyramide à base rectangulaire et 4 triangles isocèles (**code a**).

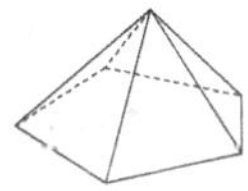

Pyramide à base pentagonale non régulière (code c).

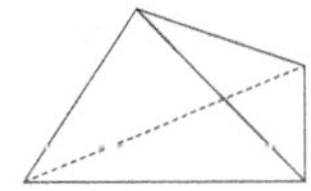

Pyramide à base triangle équilatéral et 3 triangles isocèles (**code d**).

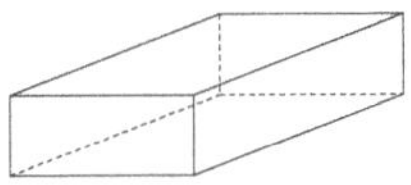

Pavé droit : prisme à base rectangle (code h).

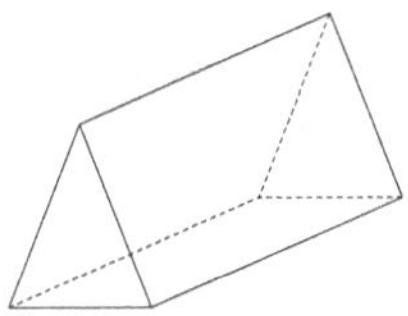

Prisme droit à base triangle isocèle (**code j**).

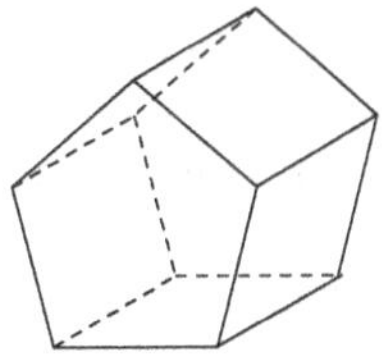

Prisme droit à base pentagonale régulière (**code m**).

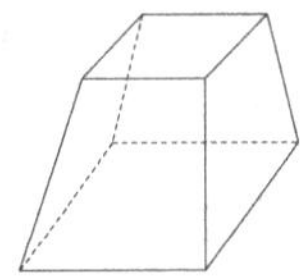

Tronc de pyramide : 2 carrés et 4 trapèzes (**code f**).

Trois prismes

En gras, les solides présents dans la valisette.

DÉROULEMENT

Les élèves sont répartis par deux puis chaque binôme est associé à un autre binôme. Ces derniers échangeront leurs messages.

Première phase Recherche et dessin

Étape 1 : dessin du solide

L'enseignant distribue à chaque couple de binômes deux solides distincts (deux de ceux représentés ci-dessus), chacun caché dans une boîte fermée. Le lot de solides ne sera donné qu'après la fabrication du message.

Il est possible de donner des solides plus ou moins simples à certains binômes, de façon à opérer une première différenciation.

Consigne

« Dans la boîte, vous avez un solide. Vous devez faire un dessin, sans utiliser d'écrits, pour qu'un autre groupe puisse retrouver dans un lot de solides quel solide vous aviez rien qu'en observant votre dessin. Faites un grand dessin pour que tout le monde puisse le voir quand nous mettrons en commun. »

Les élèves font leur dessin.

□ Étape 2 : échange des messages et recherche du solide

On échange les messages et on distribue les lots des sept solides.

Consigne
« Vous devez sortir du lot et poser sur votre table le solide que vous pensez reconnaître. »
Quand tous les groupes ont posé un solide sur la table, on procède à la validation.
« Les groupes émetteurs doivent dire s'il s'agit bien du solide qu'ils avaient dans leur boîte au départ. Si c'est le cas, on inscrit un V (validé) sur le message ; dans le cas contraire on inscrit un N. »

□ Étape 3 : mise en commun

L'enjeu de cette mise en commun est de faire débattre sur l'aspect généralisable des messages : c'est pourquoi la validation est préalable à la mise en commun.

L'enseignant affiche les sept dessins (pour 28 élèves) correspondant au premier solide, qui sont examinés un par un. On oriente le débat sur ce qui doit figurer sur le dessin pour réussir à tous les coups, puis de même pour les six autres dessins. Le but annoncé est la reprise de l'activité : « On va recommencer ce travail avec d'autres solides. Il faut donc essayer de trouver ce que l'on doit dessiner pour que les autres retrouvent à coup sûr le solide. »

On établit une liste de conditions pour qu'un dessin soit lisible ce qui doit permettre d'éviter les débats stériles entre les binômes qui peuvent être tentés de se rejeter la faute de l'échec (par exemple : « c'est le dessin qui est faux » ou bien « ils n'ont rien compris au dessin », etc.).

■ Deuxième phase
Reprises et institutionnalisation

L'activité est reprise en changeant les solides. La liste des conditions évolue alors au gré des essais des groupes.

On garde comme trace écrite la liste des conditions avec comme titre par exemple : « Pour réussir à représenter un solide par un dessin, on peut ou il faut… »

Les conditions attendues en ce début de cycle sont de représenter les faces sans qu'il y ait d'ambiguïté sur leur nature, leur nombre ou leurs relations d'incidence, et de représenter les éléments que l'on ne voit pas.

On peut donc obtenir des formulations du type :
– « Il faut bien dessiner les faces pour que l'on ne puisse pas les confondre » ;
– « Il faut faire le bon nombre de faces » ;
– « Il faut dessiner toutes les faces, même celles que l'on ne voit pas » ;
– « Il faut montrer ce qui s'attache avec quoi, on peut faire des flèches ou mettre des couleurs ».

On peut également, sur le cahier mémoire, coller les dessins des élèves.

5. Assemblons les faces (CM1)

> DESCRIPTION RAPIDE

Avant d'accéder à cette situation, les élèves doivent savoir comment construire un solide à partir de formes géométriques planes. Si ce n'est pas le cas, nous proposons la situation « Construire un solide » prévue au CE2. De plus, il est préférable d'avoir déjà fait la situation « Pareil, pas pareil 1 ? » du thème 4 (Comparaison) afin de faciliter les débats autour des patrons identiques.

Dans un premier temps, les élèves vont faire un dessin leur permettant de construire un solide qui leur est donné et qu'ils peuvent manipuler, puis un dessin d'un solide qui est placé à distance dans la salle. Dans les deux cas, les élèves disposent de gabarits des polygones qui constituent les faces du solide, ceci afin de limiter la complexité du travail de tracé. La mise en commun permettra de mettre en évidence les dessins efficaces et la notion de « patron ».

En prolongement et en entraînement, les élèves devront reconnaître les patrons d'un solide donné et également retrouver les solides qui correspondent à des patrons donnés.

> OBJECTIFS

Il s'agit d'amener les élèves à prendre conscience que :
- n'importe quel assemblage de figures planes ne permet pas toujours de construire un solide ;
- « un assemblage de figures planes constitué d'un seul tenant qui, une fois plié, permet de construire la maquette du solide » s'appelle un patron ;
- pour un polyèdre, le nombre et la nature des polygones constituant le patron sont identiques au nombre et à la nature des faces du solide ;
- qu'il existe plusieurs patrons possibles pour un solide, dont d'autres que ceux habituellement connus.

Les élèves doivent, pour finir, identifier un solide par ses patrons et construire ceux-ci.

> DURÉE

Deux séances de 55 minutes.

> VARIABLES DIDACTIQUES

Le choix du solide doit permettre d'éviter que les élèves en connaissent immédiatement un dessin efficace, tout en restant possible à fabriquer facilement.

La présence de gabarits des faces permet de centrer le travail sur l'anticipation et non sur les problèmes de construction à la règle des figures planes. De même, nous fournissons du ruban adhésif pour éviter le problème de la confection de languettes.

La taille de la feuille sur laquelle les élèves peuvent prendre des informations quand le solide est à distance influe sur la nature des informations prises. Si la feuille est grande, les élèves peuvent décalquer les faces, alors que si elle est petite ils doivent prendre des informations numériques et géométriques par des schémas. Nous choisissons une feuille suffisamment petite pour ne pas permettre de décalquer les faces.

> PROCÉDURES RENCONTRÉES ET VISÉES

Si le solide est disponible, une procédure possible est la confection d'empreintes des faces. En faisant « rouler » le solide sur la feuille de papier, les élèves peuvent ainsi dessiner des faces « attachées ». Le dessin peut être d'un seul tenant ou les faces peuvent être isolées.

Lorsqu'ils construisent le solide à l'aide des gabarits, les élèves produisent des assemblages d'un seul tenant ou en plusieurs morceaux.

Dans tous les cas, les erreurs peuvent provenir d'un nombre de faces incorrect, d'un manque d'anticipation sur le pliage ou de faces qui se superposent.

> MATÉRIEL

La boîte à outils complète est disponible.

Pour la première phase, nous travaillons avec la pyramide à base carrée et faces triangles équilatéraux (solide b présenté ci-dessous) ou la pyramide à base triangle d. Il faut disposer d'une pyramide par groupe de quatre.

Pour la deuxième phase, nous proposons de travailler avec le prisme à base pentagonale régulière l (deux bases pentagonales régulières et cinq rectangles identiques).

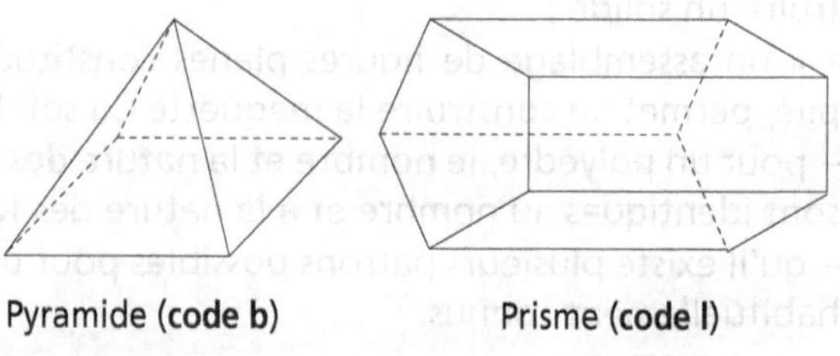

Pyramide (code b) Prisme (code l)

Quatre solides seront nécessaires, un à chaque coin de la salle. Les élèves disposent d'un quart de feuille pour prendre des informations.

Dans ces deux phases, les élèves devront disposer de gabarits des faces du solide.

Pour l'étape 1 de la troisième phase, les élèves auront une feuille présentant des assemblages qui sont des patrons du prisme l et des assemblages qui n'en sont pas (fiche 1).

Pour l'étape 2 de la troisième phase, les élèves ont une feuille représentant des patrons de solides variés (fiche 2) et au tableau l'enseignant dispose d'un jeu de maquettes de solides.

DÉROULEMENT

Les élèves travaillent individuellement à l'exception de la deuxième phase où les élèves sont en binômes : un élève va chercher les informations et l'autre dessine. Dans la première phase, les élèves sont regroupés par quatre autour d'un même solide (mais le travail est individuel).

Première phase
Reproduction d'un solide disponible

☐ Étape 1 : construction du patron

Consigne

« Vous avez un solide par groupe de quatre. Vous devez construire exactement le solide qui est devant vous, avec la feuille qui est à votre disposition. Pour ceci, vous devez déjà faire un dessin, celui que vous voulez, mais les gabarits peuvent vous être utiles. Quand le dessin sera réalisé, nous ferons une mise en commun avant de terminer la réalisation, du scotch sera ensuite mis à votre disposition. »

Les gabarits sont glissés dans le matériel disponible, les élèves savent donc qu'ils ont le droit de les utiliser. Le solide b (ou le d) est relativement simple et le dessin ne doit pas poser trop de problème.

☐ Étape 2 : mise en commun

On affiche toutes les productions au tableau. La mise en commun est organisée en deux temps : un premier temps où on demande aux élèves de regrouper les dessins identiques et un second temps où on classe les productions en fonction de ce que les élèves pensent de leur validité.

On est sûr que ça marche	On ne sait pas	On est sûr que ça ne marche pas

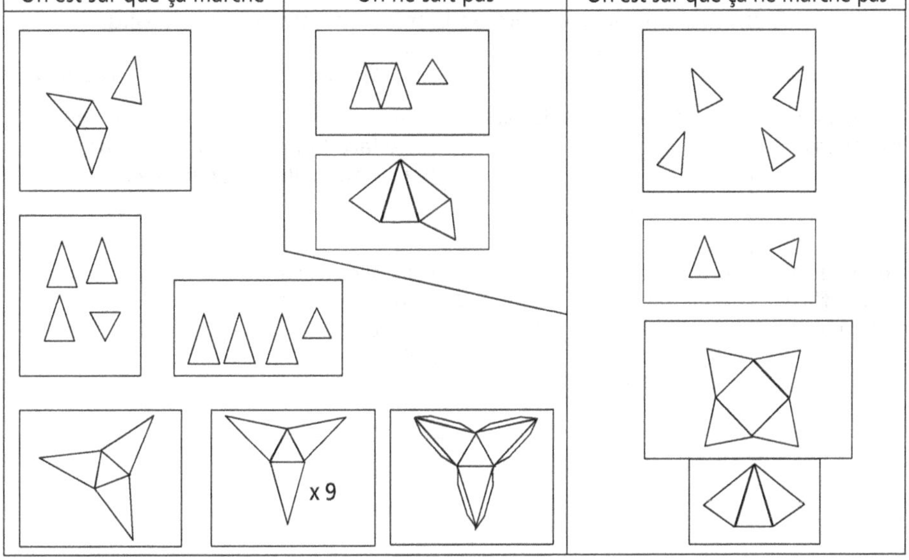

L'enseignant fait trois colonnes au tableau et réserve une place pour noter les arguments.

Le tableau de la page précédente est une transcription de ce qui a été observé dans une classe de CM1, les élèves avaient la pyramide code « d ».

Un dessin a été trouvé par neuf groupes et est indiqué « x 9 » sur le tableau, aucune autre production n'a pu être regroupée dans cette classe. Pour les élèves, la présence de languettes pour assembler le patron représente une différence notable tout comme le fait que le dessin dépasse de la feuille.

Les différents types d'arguments possibles lors du débat concernent :
- le nombre de faces : « il n'y a pas assez de faces » ou « il y a trop de faces » ;
- la nature des faces : « il n'y a pas de carré » ;
- les relations d'incidence avec pliages mentaux : « si tu plies comme ça (avec mouvement des mains) ça, ça va venir là… ». Cet argument permet de valider ou d'invalider ;
- les relations d'incidence avec notion de longueur : « cette face-là ne peut pas venir se coller à celle-là, car c'est trop long ».

☐ Étape 3 : validation pratique et bilan

Pour les productions qui ont été invalidées, les élèves sont invités à les corriger avant de les assembler. Les autres élèves reprennent les productions validées pour fabriquer leur solide.
Une fois la validation pratique réalisée, on fait le bilan.

Consigne
« Grâce à ce que vous avez dit pour classer les productions, vous allez construire une liste de conditions pour réussir l'activité. Les phrases vont commencer par "il faut…". »
Ainsi, « il a trop de faces » et « il manque des faces » deviennent « il faut que le dessin ait le même nombre de faces que le solide ».

Éléments importants lors de la mise en commun et du bilan

Arguments	Logique	Spatiaux	Contre-argument
Qui éliminent les dessins	Pas suffisamment de faces.	Quand tu plies, cette face-là se met par-dessus celle-là.	Le nombre de faces ne suffit pas car tu peux avoir six faces mais pas les bonnes.
Qui déterminent l'efficacité du dessin	Ce côté-là est de même longueur que celui-ci donc ils vont bien ensemble. 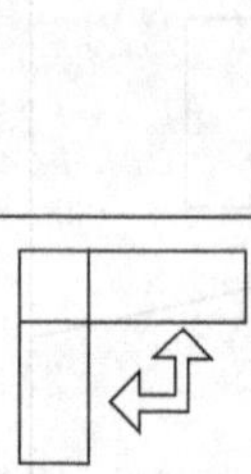	Si tu plies, cette face-là se met là et ça referme le solide.	Rien dans cette case ?

Deuxième phase
Reproduction d'un solide éloigné

Étape 1 : construction d'un patron

Consigne

« Vous allez recommencer le même travail mais cette fois le solide est éloigné de vous. Un élève par groupe va se déplacer avec un quart de feuille de papier pour prendre des informations et l'autre élève construira le dessin qui permet de réaliser le solide. »

La boîte à outils complète est disponible. Les solides sont répartis dans la salle pour éviter une trop grande concentration d'élèves et les élèves travaillent par deux.

Étape 2 : mise en commun et institutionnalisation

La mise en commun se déroule de la même façon que la précédente. Mais l'accent est mis sur l'efficacité du dessin afin de mettre en évidence que les dessins d'un seul tenant sont nettement plus efficaces au moment du pliage et du placement des bandelettes de scotch.

Le bilan de cette phase se conclut par l'institutionnalisation. Les élèves formulent une synthèse du type suivant.

Pour fabriquer (ou construire) un solide :
- il faut le même nombre de faces que le solide ;
- il faut des faces identiques à celles du solide ;
- quand on plie, il faut que les faces ne se superposent pas.

...

Institutionnalisation

Les assemblages d'un seul tenant qui permettent de construire un solide sont appelés des « patrons ».

Troisième phase
Entraînements

Étape 1 : déterminer si un assemblage est un patron d'un solide donné

Les élèves disposent d'assemblages comme ceux présentés dans la fiche 1. Le solide correspondant est posé près du tableau, ici le prisme à base pentagonale. Les élèves doivent entourer les assemblages qui sont des patrons. Ils n'ont pas le droit de découper et de plier la feuille.

Une mise en commun permet de revenir sur les erreurs. On peut avoir recours, en dernier lieu, au découpage et au pliage. Cette mise en commun peut se conclure par l'institutionnalisation du fait qu'un même solide peut avoir plusieurs patrons.

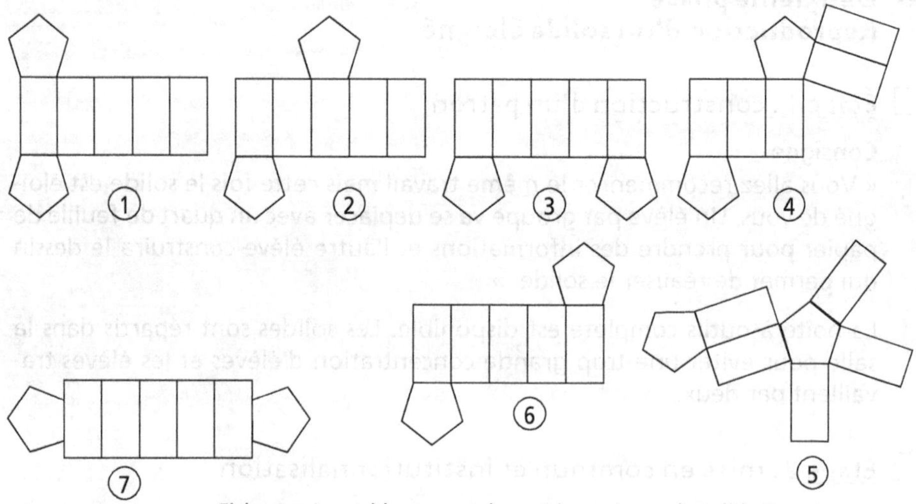

Fiche 1 – Assemblages : quels sont les patrons du solide ?

Les stratégies pour réussir ce type de travail sont de deux ordres :
– la reconstruction mentale de l'objet : les figures pour lesquelles il est difficile de se représenter mentalement le pliage sont les assemblages 4 et 5 ci-dessus ;
– La recherche d'arguments et de caractéristiques théoriques : il s'agit de dire que les deux faces pentagonales ne peuvent pas se situer du même côté d'un alignement de rectangles, comme c'est le cas pour les assemblages 3 et 7 ci-dessus.
Bien souvent, les élèves sont exclusivement dans la première stratégie et éprouvent des difficultés à aller au bout de ce pliage mental, alors qu'en faisant intervenir les deux stratégies conjointement la tâche est beaucoup plus simple.

☐ Étape 2 : retrouver le solide qui correspond à un patron donné

Les élèves disposent, sur une feuille, des patrons comme ceux décrits ci-après (fiche 2). Pour plus de facilité, ils sont numérotés. L'enseignant dispose devant le tableau les maquettes des solides qui correspondent en leur attribuant une lettre. Les élèves doivent écrire sur leur feuille la lettre du solide qui correspond à chaque patron (si cela est possible).

Une différenciation possible est de permettre à certains élèves de découper les patrons voire de se déplacer pour manipuler les solides.

La mise en commun permet de rectifier les productions.

☐ Étape 3 : prolongement

On peut mettre en place, en tant que problème ouvert, la recherche de l'exhaustivité des patrons d'un solide donné.

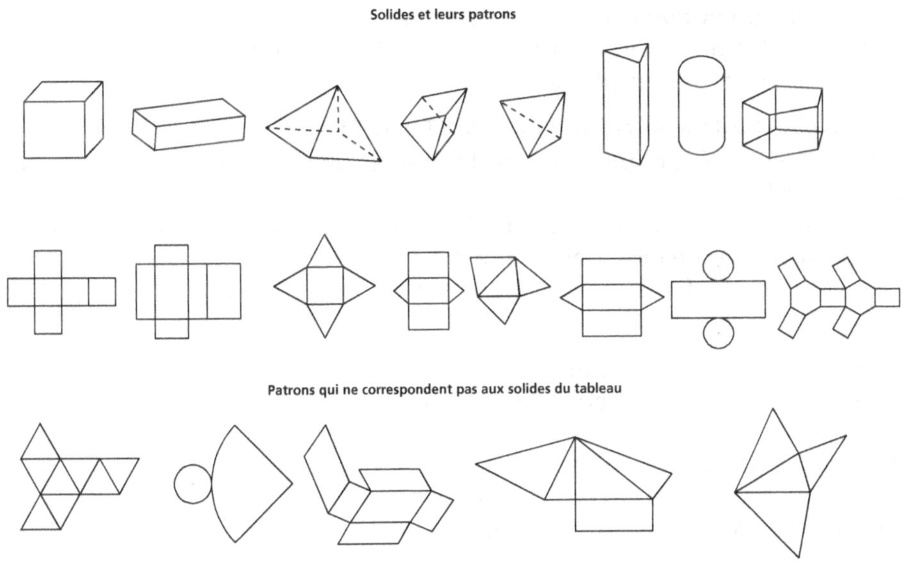

Fiche 2

6. Patron de solide (CM1)

> DESCRIPTION RAPIDE

Dans la première phase, les élèves doivent chercher un maximum de patrons différents du cube.

Dans la deuxième phase, ils doivent associer les patrons de solides divers et leur description en terme de faces, d'arêtes ou de sommets.

> OBJECTIFS

– Rendre les élèves capables d'anticiper si un assemblage de figures planes est un patron de solide et d'identifier les patrons usuels (dans ce travail, le cube est le solide privilégié).

– Amener les élèves à connaître les solides par leur nombre de faces, de sommets et d'arêtes, mais également par leur patron.

> DURÉE

Deux séances de 55 minutes.

> VARIABLES DIDACTIQUES

Le choix des solides

La nature des solides utilisés est une variable importante. Nous faisons le choix de travailler dans un premier temps avec le cube dans la mesure où il s'agit d'un objet usuel dont les élèves doivent connaître un patron. Pour la suite du travail, nous utiliserons des solides non usuels.

Le type de description à associer au patron
Cela peut être un dessin (patron) ou un texte. Il influe sur la difficulté de la tâche (dans la deuxième phase).

> PROCÉDURES RENCONTRÉES ET VISÉES

Les arguments développés dans les différentes phases de travail peuvent être de deux ordres :
– le nombre de faces et la nature des faces : « le patron n'a pas assez de faces », « le solide n'a pas de face triangulaire donc il ne peut pas aller avec ce patron » ;
– les positions des faces après pliage. Les élèves peuvent évoquer le pliage qu'ils ont fait mentalement, le mimer.

Pour déterminer si deux patrons sont identiques, les élèves peuvent reprendre les procédures de la situation « Pareil, pas pareil 1 ? » du thème 4 (Comparaison), et, en particulier, recourir au découpage des patrons (par exemple dans le cas ci-contre) pour pouvoir les superposer.

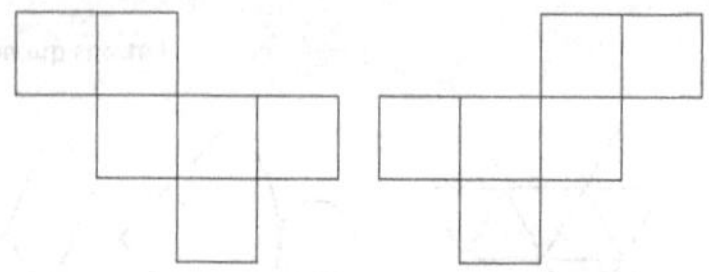

> MATÉRIEL

Pour la première phase
– Un gros cube pour présenter à la classe (code « g ») à fabriquer.
– Une feuille format A3 (fiche 1) par groupe représentant des assemblages de carrés, en laissant de la place pour que les élèves puissent écrire en dessous. Parmi les assemblages, il doit y avoir des patrons du cube et des assemblages qui n'en sont pas.

– Pour la fabrication des patrons du cube, prévoir des gabarits carrés ou distribuer des feuilles avec un quadrillage suffisamment grand.

– Pour les exercices d'entraînement, une feuille (fiche 2) contenant des assemblages de carrés à compléter pour obtenir des patrons de cube et des patrons de cube à retrouver dans une liste d'assemblages (fiche 3).

Pour la deuxième phase
Un jeu de cartes (donné dans la fiche 4). Quatre cartes correspondent à un même solide : deux en donnent un patron, deux autres en donnent une description par le nombre de ses faces, de ses arêtes, ou de ses sommets. Six solides sont ainsi décrits.

DÉROULEMENT

■ Première phase
Reconnaître et construire des patrons du cube

Dans cette phase, les élèves travaillent alternativement seul ou en binômes.

☐ Étape 1 : reconnaître des patrons du cube

Consigne

« Vous avez sur votre feuille des assemblages de carrés. Vous devez indiquer si ce sont des patrons du cube, c'est-à-dire si en pliant et en collant les faces on obtient un cube. Vous devez écrire vos arguments en dessous de chacun des assemblages. Nous mettrons ensuite en commun au tableau. Vous n'avez pas le droit de les découper. »

Les élèves travaillent par deux sur un agrandissement A3 de la fiche 1.

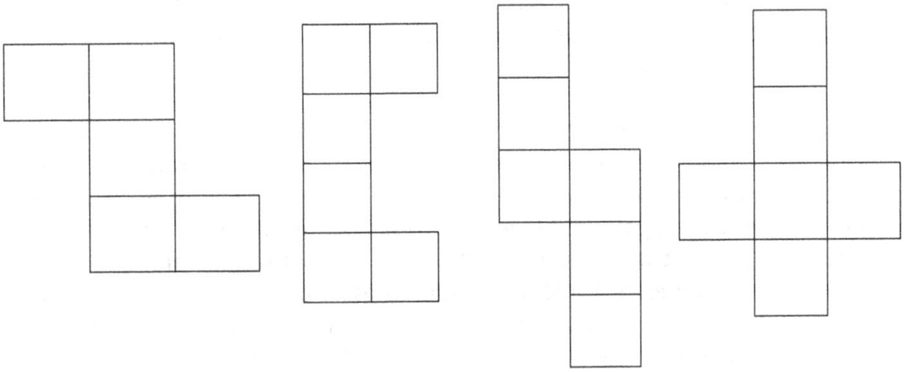

OUI-NON | OUI-NON | OUI-NON | OUI-NON

Fiche 1 – Peut-on réaliser un cube ?

☐ Étape 2 : mise en commun

Les feuilles A3 sont affichées et discutées. En cas de litige, on peut demander en dernier recours à certains élèves de découper et d'assembler. La mise en commun se termine par la rédaction d'un corrigé pour la classe avec les arguments reconnus par les élèves.
Exemple de réponses d'une classe de 21 élèves :

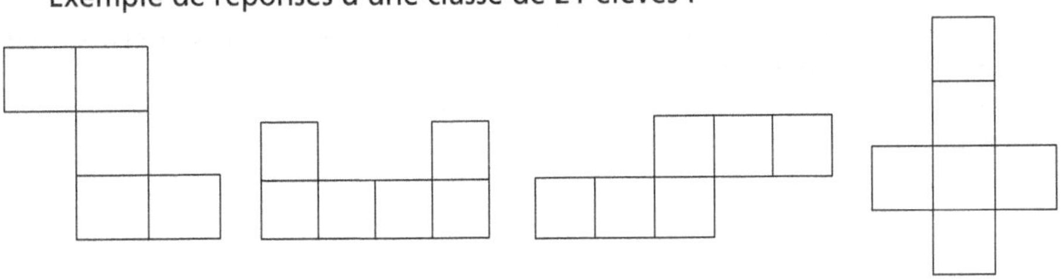

9 oui / 12 non | 5 oui / 16 non | 10 oui / 11 non | 21 oui

Des arguments donnés par les élèves de cette classe lors de la mise en commun sont : « pour le premier patron, il manque une face », « pour le deuxième, les faces sont du même côté donc elles vont se recouvrir », « le troisième fonctionne ».
Les élèves reconnaissent tous le patron en forme de « croix ».

☐ Étape 3 : trouver le plus de patrons de cube différents

L'enseignant distribue les gabarits carrés ou des feuilles avec un quadrillage suffisamment grand.

Consigne

« Maintenant, vous devez trouver le plus possible de patrons du cube, ils devront être différents de ceux que nous avons déjà trouvés. Vous faites les dessins des patrons sur votre feuille en vous aidant des carreaux ou des gabarits. Le travail est individuel, quand vous avez un patron, vous le découpez. »

Les élèves cherchent tous les patrons différents et les découpent : cela leur permet de vérifier si leur dessin correspond bien à un cube et les aide à identifier les patrons identiques en les superposant, éventuellement après des rotations ou un retournement.

☐ Étape 4 : mise en commun sur les patrons du cube

On construit collectivement une affiche pour la classe regroupant tous les patrons du cube. Les élèves viennent au tableau chacun à leur tour pour poser un nouveau patron. Le débat s'organise sur la question : « Est-ce que c'est bien un patron du cube et est-ce que nous ne l'avions pas déjà ? »

L'ordre de passage au tableau des élèves est important ; en faisant passer les élèves qui ont le moins de patrons différents en premier, on leur permet de poser un de leurs patrons sans empêcher les autres de poser le leur.

Le problème peut rester ouvert si on n'a pas trouvé tous les patrons différents du cube (il y en a onze). S'il manque effectivement des patrons, l'enseignant l'indique aux élèves : « ceux qui veulent continuer à chercher (quand ils ont un moment libre, à l'étude ou chez eux) le peuvent ».

☐ Étape 5 : prolongements et entraînement

Le travail avec les patrons du cube peut amener des problèmes ouverts qui sortent du champ de ce chapitre comme : « Trouver le pavage utilisant les onze patrons du cube ayant un périmètre minimum. »

Nous proposons deux activités d'entraînement : d'abord, compléter des assemblages pour en faire des patrons du cube (fiche 2) ; ensuite, reconnaître des patrons du cube (fiche 3). Ces activités peuvent également constituer une première évaluation.

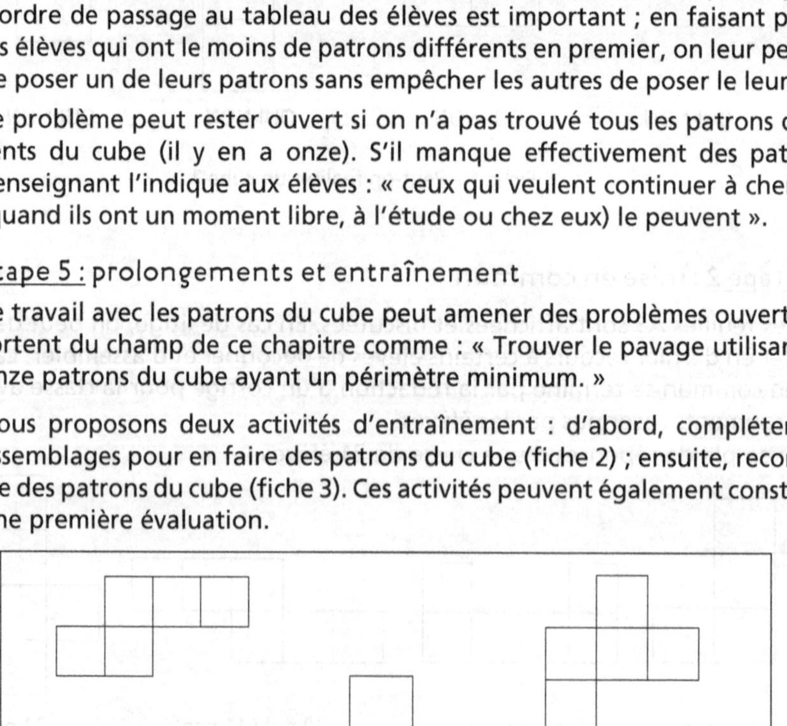

Fiche 2 – Compléter pour obtenir des patrons du cube.

Fiche 3 – Entoure les patrons du cube.

■ Deuxième phase
Assembler différentes caractérisations des solides

☐ Étape 1 : le rami des solides

Le jeu peut se jouer à deux ou trois joueurs.

On distribue cinq cartes à chaque joueur, le reste constitue la pioche.

Un joueur peut poser pour la première fois ses cartes s'il a deux cartes de la même famille.

À chaque tour, le joueur pioche une carte. S'il a déjà posé des cartes, il peut compléter ses familles ou celles de son adversaire. S'il ne peut pas poser de carte, il passe son tour.

Le gagnant est celui qui n'a plus de cartes en main (ou celui qui en a le moins si le jeu est arrêté avant la fin).

La fiche 4 ci-dessous est constituée de ces cartes.

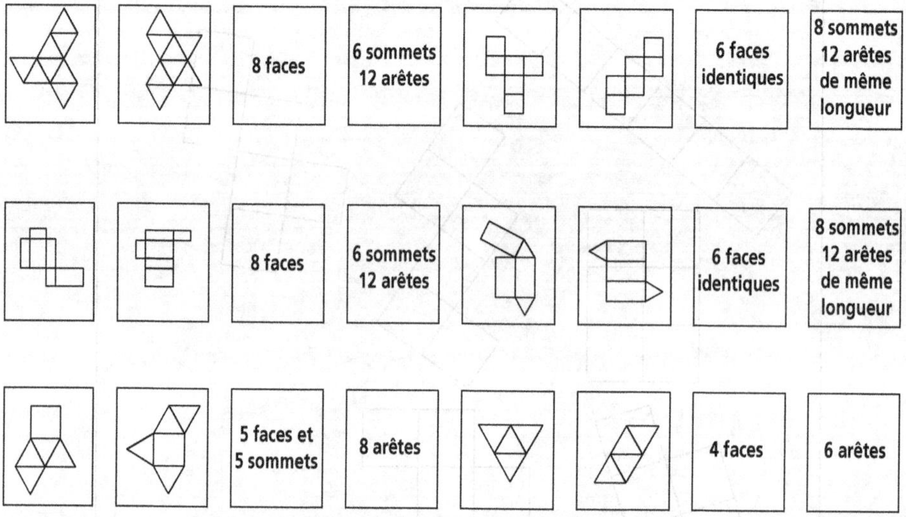

Fiche 4 – Jeu de cartes

☐ Étape 2 : memory des solides

Les cartes sont retournées faces écrites contre la table. On peut limiter le nombre de cartes.

Le jeu se joue de deux à quatre joueurs.

Un joueur retourne deux cartes. Si elles sont de la même famille, il les gagne et rejoue ; sinon il les retourne à nouveau et passe son tour. Le gagnant est celui qui a le plus de paires.

7. Cube tronqué (CM1)

> DESCRIPTION RAPIDE

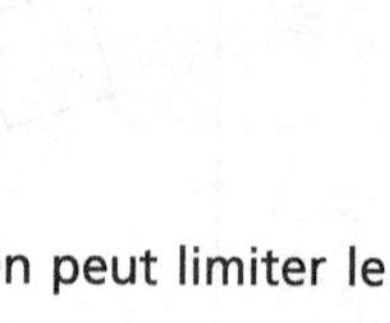

Les élèves doivent construire, dans un premier temps, des schémas correspondant au patron d'un solide non usuel : le cube tronqué (ci-contre). Les schémas font l'objet d'une mise en commun, les élèves doivent ensuite construire ce patron à l'aide de gabarits.

> OBJECTIFS

Amener les élèves à anticiper pour reconnaître si un assemblage de figures planes constitue ou non un patron. Ils doivent également reconnaître si deux patrons différents correspondent ou non à un même solide.

> DURÉE

Une séance de 55 minutes.

> VARIABLES DIDACTIQUES

La nature du solide

Le solide choisi permet de complexifier la réalisation du « patron ».

La nature du dessin demandé au départ

La confection préalable d'un schéma de construction incite les élèves à se centrer sur les relations d'incidence et les dispositions des faces entre elles.

La présence d'une aide pour les tracés

Le gabarit permet de réduire la durée et la difficulté des tracés ; de plus la qualité de ces tracés s'en trouve améliorée.

> PROCÉDURES RENCONTRÉES ET VISÉES

Nous distinguons deux aspects dans les productions des élèves :

– la conformité en terme de nombre de faces et de nature des faces ;

– les positions relatives des faces : les élèves peuvent faire des faces complètement ou partiellement séparées, des faces attachées par le sommet ou par des côtés qui ne sont pas de même mesure, un assemblage d'un seul tenant avec dans certains cas des faces qui se superposent dans le pliage.

Les élèves peuvent également faire des modes d'emploi en indiquant par des codages les faces qui vont ensemble comme dans les illustrations ci-contre.

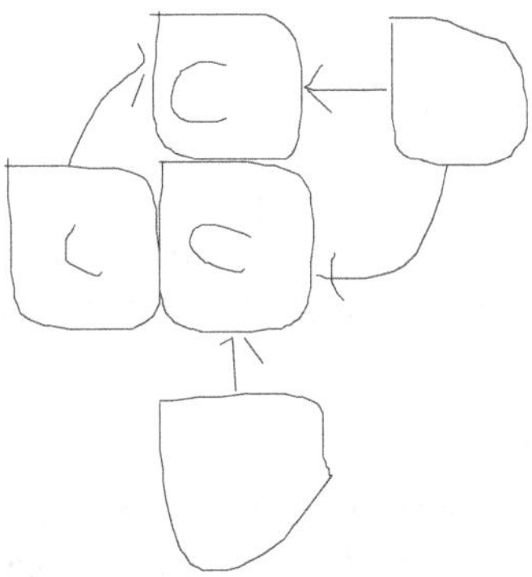

> MATÉRIEL

Quatre cubes tronqués disposés dans la salle (**code p**).

Pour la première phase, les élèves n'ont aucun matériel ; pour la deuxième phase, ils disposent de la boîte à outils complète et des gabarits des faces nécessaires représentés ci-contre. Prévoir du ruban adhésif et du bristol pour la construction car ces solides sont utilisés ensuite dans la situation « Boucher le trou 1 ».

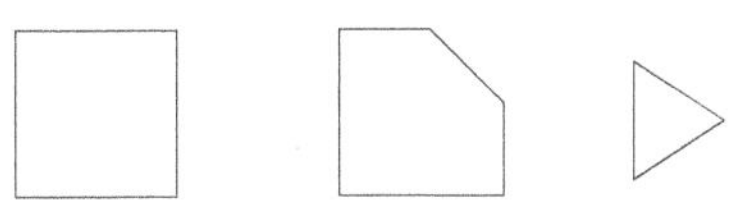

DÉROULEMENT

Dans la première phase, les élèves travaillent par binômes afin de limiter le nombre de schémas à mettre en débat alors que dans la deuxième phase les élèves construisent leur solide individuellement.

■ Première phase Élaboration d'un schéma

☐ Étape 1 : prise d'informations et construction de schémas

Consigne

« Vous devez faire le schéma du patron qui permet de fabriquer le solide que je montre ici. Une fois que vous aurez fait ce dessin, nous vérifierons que vos schémas sont bien ceux du patron puis, ensuite seulement, vous fabriquerez ce patron. Vous pouvez vous déplacer pour regarder les solides. »

L'enseignant fournit aux élèves les gabarits nécessaires pour le patron, ou bien il leur demande de les fabriquer, il les dessine alors au tableau.

☐ Étape 2 : mise en commun

L'enseignant partage le tableau en trois : une partie pour placer les schémas pour lesquels les élèves ont la certitude qu'ils permettent de fabriquer le solide ; une partie pour mettre les productions pour lesquelles ils ont la certitude qu'ils ne permettent pas de construire le solide ; une troisième partie pour mettre éventuellement les dessins qui posent problème.

De la place est réservée pour noter les arguments.

Cette première mise en commun devrait permettre de faire émerger des arguments du type : « il n'a pas le bon nombre de faces », « il n'a pas des faces de la bonne forme », « les faces ne sont pas collées », « on ne peut pas plier ». En revanche, ces arguments ne permettent pas toujours de faire émerger tous les patrons corrects.

Exemple de choix des élèves à l'issue de la première mise en commun

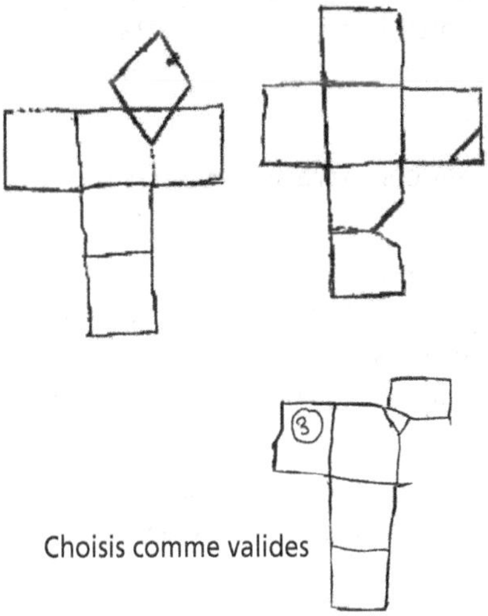

Choisis comme valides

Choisis comme non valides

☐ Étape 3 : validation

L'enseignant propose, si c'est nécessaire, une validation pratique : les élèves (ou lui-même) découpent les schémas, ou bien l'enseignant reproduit les dessins des élèves et les découpe. Cela permet d'éliminer les productions qui font débat et où les élèves n'ont pas pu trancher.

Cette validation permet de déplacer certaines productions d'une partie du tableau à une autre. Dans la suite du travail, les productions restent au tableau.

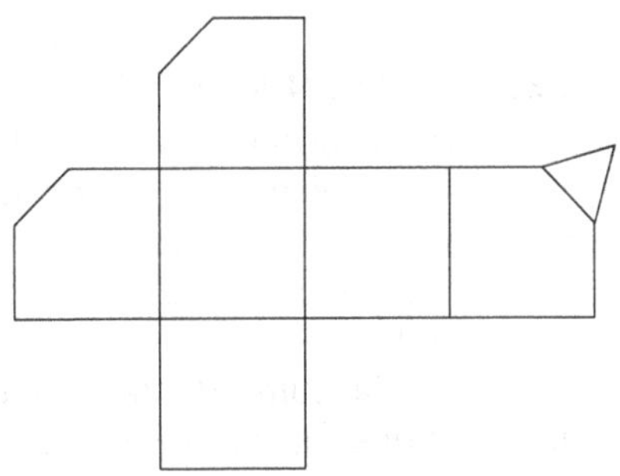

Exemple de patron correct

Deuxième phase Fabrication du cube tronqué

☐ Étape 1 : construction du patron

Consigne

« Vous devez construire un patron du solide, en utilisant les instruments de la boîte à outils et les gabarits que je vous ai fournis. Pour ceci, vous pouvez dessiner soit à partir de votre schéma si vous pensez qu'il est correct, soit à partir de celui d'un de vos camarades qui est affiché au tableau si vous pensez qu'il permet de fabriquer le solide.

Les élèves peuvent se déplacer pour regarder les patrons au tableau. Ils dessinent individuellement le patron du solide puis l'assemblent avec du ruban adhésif. Pour que les élèves puissent rectifier leur production avant la réalisation, une mise en commun rapide est possible avant l'assemblage.

☐ Étape 2 : validation et bilan

Les productions des élèves sont validées par comparaison avec les solides de départ.

La trace écrite est élaborée par les élèves à partir des arguments notés au tableau. Elle peut être déclenchée par les questions du type : « Comment faire pour réaliser un patron ? », « Comment savoir qu'un assemblage est bien un patron ? » Prévoir un maximum de productions de « cubes tronqués ».

Garder les « cubes tronqués » produits : ils sont utilisés dans la situation « Boucher le trou 1 ». Pour cela, utiliser du papier épais pour assurer une bonne rigidité.

8. Boucher le trou 1 (CM1)

> DESCRIPTION RAPIDE

La situation proposée consiste à faire réaliser, par les élèves, le patron d'un solide dont on ne connaît que l'empreinte (le « trou », c'est-à-dire le solide virtuel).

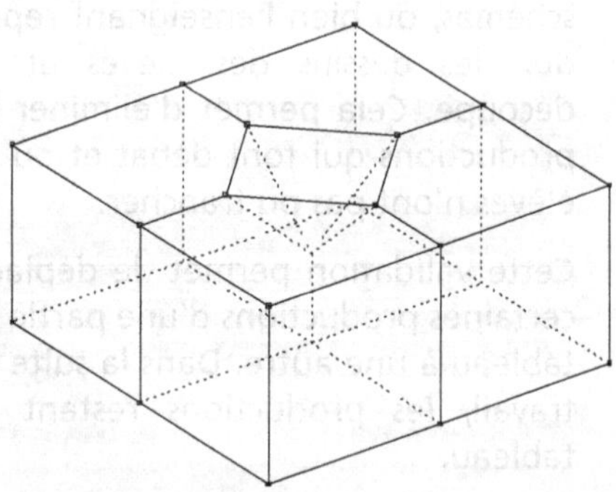

Pour cela, à la suite de la situation « Cube tronqué », on réunit quatre cubes tronqués pour former un nouveau solide comme ci-contre. Ensuite, les élèves doivent construire le solide permettant de « combler le vide » créé par la réunion des quatre solides précédents.

> OBJECTIFS

– Se construire des images mentales d'un solide virtuel (le « trou ») au cours d'un problème de recherche, sans aborder le problème de la construction des faces. Au cours de cette situation, les élèves ont l'occasion de rencontrer, une nouvelle fois, la notion de « patron ».

– Construire le patron d'une pyramide à base carrée : les faces triangles correspondent au gabarit « triangle ».

> DURÉE

Une séance de 55 minutes.

> VARIABLES DIDACTIQUES

La forme de l'empreinte qui peut être plus ou moins complexe modifie la difficulté pour réaliser le patron. La pyramide régulière à base carrée à trouver est assez simple et visible en creux dans l'assemblage : elle est orientée sommet en bas.

Le type de dessin demandé au départ
La possibilité de faire d'abord un dessin à « main levée » (un schéma) permet d'amener les élèves à analyser le problème, avant de confectionner le patron sous forme d'un dessin instrumenté précis. Ce type de dessin permet donc de centrer l'élève, dans un premier temps, sur les propriétés géométriques du patron (relations entre faces, relations d'incidence).

La présence d'une aide pour la construction des triangles
Un gabarit du triangle permet de restreindre la complexité de la construction géométrique effective des faces dans la deuxième phase. L'absence d'un gabarit du carré influe sur la manière de confectionner le patron de la pyramide.

> PROCÉDURES RENCONTRÉES ET VISÉES

Nous distinguons deux aspects dans les productions des élèves :
– la conformité en terme de nombre de faces et de la nature des faces ;
– les positions relatives des faces : faces complètement ou partiellement séparées, faces attachées par le sommet, assemblage d'un seul tenant avec dans certains cas des faces qui se superposent dans le pliage.

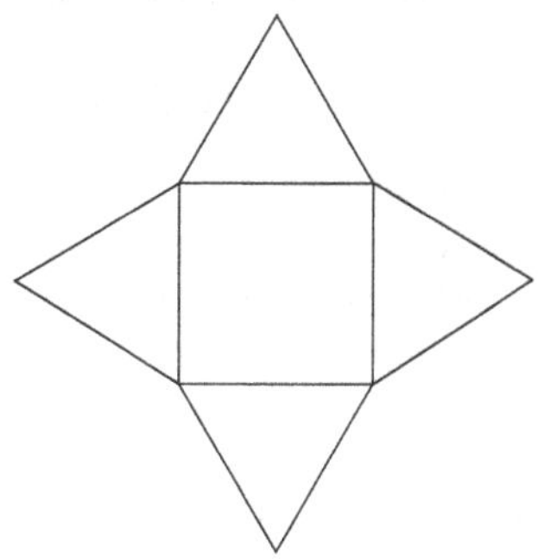
Patron en étoile de la pyramide

La plupart des patrons réalisés correspondent au patron en « étoile » ci-contre.

Les gabarits servent à construire les triangles, la construction géométrique de cette figure n'étant pas un enjeu de l'activité. Dans la deuxième phase, au moment de réaliser précisément le patron, la boîte à outils est disponible ; on espère qu'une partie du dessin sera instrumentée mais ce n'est pas certain.

Les élèves penseront-ils à construire d'abord un carré puis à placer le gabarit quatre fois autour ? En effet, ils peuvent disposer quatre fois de suite le gabarit du triangle pour former ainsi un carré virtuel central approximatif (cf. ci-contre).

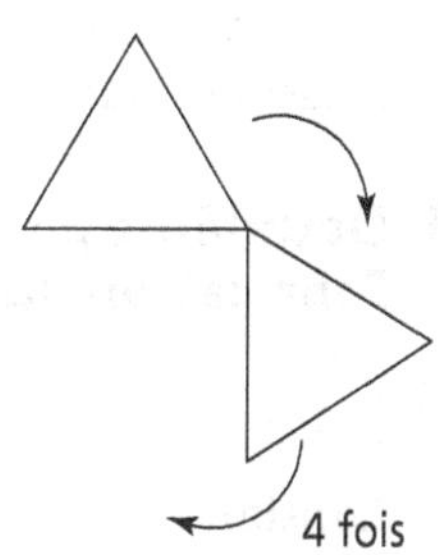

S'ils ne réalisent pas le patron correctement, la validation se faisant en « bouchant le trou », la justesse du tracé sera susceptible d'être prise en compte au cours de cette validation.

> MATÉRIEL

Les cubes tronqués (**code p**) qui peuvent être issus de la situation « Cube tronqué » sont rassemblés par quatre avec un élastique comme sur la figure de la page 516. On pourra, si possible, prévoir un assemblage pour un groupe de quatre.

La boîte à outils est supprimée, seuls du papier et un crayon sont disponibles lors de la première phase.

La boîte à outils est disponible avec un gabarit de faces (un triangle présent dans la valisette) lors de la deuxième phase. Les élèves disposent de ruban adhésif pour assembler les patrons.

DÉROULEMENT

Les élèves travaillent par binômes pour limiter le nombre de productions à traiter et favoriser les échanges lors de la première phase. En revanche, le travail est individuel lors de la deuxième phase.

En fonction du nombre de solides disponibles, les élèves peuvent être regroupés par quatre pour prendre des informations sur le même assemblage.

■ Première phase Construction du schéma

☐ Étape 1 : prise d'informations et schématisation

Consigne

« Vous allez faire le patron du solide qui manque au milieu de ces solides, celui qui permettrait de boucher le trou. D'abord vous devez réaliser un schéma du patron puis nous discuterons de ces schémas et vous fabriquerez ensuite le patron puis le solide. Le schéma se fait à main levée. »

☐ Étape 2 : mise en commun sur les schémas

L'enseignant organise le tableau en trois parties : « on est sûr que c'est un patron », « on est sûr que ce n'est pas un patron », « on ne sait pas ». De la place est réservée pour noter les arguments.

Les arguments qui apparaissent lors de la mise en commun peuvent être du type : nombre de faces non correct, nature des faces non correcte, faces non attachées, faces qui se superposent lors du pliage.

■ Deuxième phase Fabrication du patron et du solide

☐ Étape 1 : construction du patron

Consigne

« Vous devez maintenant fabriquer le patron en utilisant le gabarit des faces triangulaires. Vous pouvez utiliser le schéma que vous avez imaginé ou un autre si vous pensez qu'il permet de fabriquer le solide. »

Les élèves fabriquent les patrons individuellement, les assemblent avec du ruban adhésif. Ils peuvent ensuite essayer de boucher le trou.

☐ Étape 2 : mise en commun et institutionnalisation

Les élèves font le point sur les réalisations en lien avec ce qui a été dit pendant la première mise en commun. L'enseignant demande : « Est-ce que les schémas dont on était sûr permettent bien de construire un solide qui bouche le trou ? »

Il demande aussi aux élèves de reprendre leurs arguments pour dire quelles sont les caractéristiques d'un patron ou comment fabriquer un patron.

Le solide bouche-t-il correctement ou non le trou ? Le débat porte sur la réalisation effective du patron : comment les élèves ont-ils procédé ? Comment ont-ils réalisé le carré « central » ? On met en évidence que la réalisation instrumentée préalable du carré facilite la rigueur du tracé du patron.

Tous ces points constituent la trace écrite de la situation avec le collage des schémas valides.

Voici quelques exemples d'idées retrouvées dans les différentes institutionnalisations que nous avons pu observer.

Sur la tâche : « pour boucher le trou il faut un solide, une seule face ne suffit pas ».

Sur les patrons :
– « Le patron doit être d'un seul tenant, il a le même nombre de faces que le solide et les mêmes faces (même forme ou même nature) » ;
– « Les côtés qui se touchent dans un patron doivent être de la même longueur pour que l'on puisse le fermer » ;
– « Il ne doit pas y avoir trop de faces et ne pas en manquer : quand on assemble le solide il ne doit pas y avoir de trous ».

Sur le dessin instrumenté :
– « C'est plus simple de commencer par une figure "centrale" et de dessiner ensuite les faces attachées à cette figure » ;
– « Il faut bien respecter les mesures des côtés ».

9. Patron de pavé (CM2)

> DESCRIPTION RAPIDE

Il s'agit de reproduire à l'identique un pavé droit ; celui-ci est posé sur une table dans la classe et n'est donc pas directement à disposition des élèves.

> OBJECTIFS

– Construire, à l'aide des instruments, différents patrons d'un pavé dont les dimensions sont données.
– Mobiliser des compétences acquises dans les constructions de solides à l'aide des instruments, dans le domaine des mesures et dans la réalisation de patrons de solides.
– Se rendre compte que plusieurs patrons sont possibles pour un même solide.

> DURÉE

Une séance de 55 minutes.

> VARIABLES DIDACTIQUES

Les dimensions du pavé

Plus les dimensions sont grandes, plus les imprécisions sont visibles et plus la manipulation des outils de tracé demande de la précision. De même, le rapport entre les dimensions du pavé et la feuille sur laquelle travaille l'élève peut conduire à des difficultés : certains patrons peuvent ne pas tenir dans la feuille ou ne peuvent tenir que si on a anticipé le tracé de la première face. Nous proposons de prendre un parallélépipède de dimensions 6 cm x 9 cm x 14 cm qui nous apparaît comme un bon compromis.

La nature de la feuille de travail des élèves

Une feuille rectangulaire induit un certain positionnement des faces qui sont elles-mêmes rectangulaires. Nous choisissons de prendre une feuille dont les bords ont été découpés de façon irrégulière.

La dimension de la feuille pour la prise de note

Avec une petite feuille la prise du gabarit des faces est impossible ; c'est pour cette raison que nous choisissons un petit format.

Le nombre de trajets

Il peut également influer sur les stratégies. Dans le cas où le nombre de trajets est illimité, la prise des mesures une à une de toutes les arêtes est possible. Pour obliger les élèves à anticiper sur la nature des faces et à optimiser leur prise d'informations, nous choisissons d'autoriser au plus deux trajets.

> PROCÉDURES RENCONTRÉES ET VISÉES

Dans la prise de notes trois procédures apparaissent principalement :
- la prise de gabarits partiels de faces ;
- le schéma des faces avec ou sans mesures ;
- la prise des dimensions des arêtes des faces (toutes ou celles qui sont utiles seulement).

La procédure experte est la prise des trois dimensions mais rien n'oblige matériellement les élèves à se limiter à ces trois mesures, d'autant plus que la prise de mesures supplémentaire a aussi une valeur de vérification et de confirmation de la nature du solide.

> MATÉRIEL

- Plusieurs feuilles A3 vierges découpées de façon irrégulière.
- Une feuille A5 par groupe pour la prise d'informations.
- La boîte à outils complète par groupe.
- Quatre parallélépipèdes rectangles construits aux dimensions 6 cm x 9 cm x 14 cm (code i).

DÉROULEMENT

Les élèves sont par groupes de deux pour limiter le nombre de productions et favoriser les débats. Il y a quatre parallélépipèdes répartis dans la salle ou dans le couloir.

■ Première phase Confection du patron

☐ Étape 1 : position du problème

Consigne

« Je vous présente un pavé, aussi appelé "parallélépipède rectangle". Par groupe de deux, vous allez devoir en construire un à l'identique, c'est-à-dire qui aura la même forme et les mêmes dimensions. Vous pouvez venir l'observer et prendre des notes mais vous ne pouvez pas l'emporter à votre place. Vous utilisez les instruments que vous voulez. Vous ne pourrez vous déplacer que deux fois en tout pour chaque groupe. Quand vous aurez réalisé le patron et avant que vous ne le découpiez, nous ferons une première mise en commun. »

☐ Étape 2 : prise d'informations et construction

Les élèves se déplacent pour prendre les informations sur les solides et construisent le patron mais sans le découper ou l'assembler.

■ Deuxième phase Mise en commun autour des patrons

☐ Étape 1 : organisation des productions

Le tableau est partagé en trois parties : « on pense que c'est un patron du pavé », « on pense que ce n'est pas un patron du pavé », « on ne sait pas ». De la place est réservée pour noter les arguments.

☐ Étape 2 : classement des productions

Les productions sont présentées et classées une à une. Les arguments donnés sont notés au tableau. L'enjeu est de faire émerger des arguments utilisant :
- le nombre de faces et la nature des faces du solide ;
- les relations d'incidence entre les faces, les possibilités de plier, les longueurs incompatibles entre elles au pliage ;
- les propriétés des faces du solide (angles droits, longueurs égales).

Troisième phase
Validation pratique et institutionnalisation

☐ Étape 1 : construction des solides et validation

Les groupes, dont la production n'a pas été invalidée (qu'elle ait été jugée correcte ou qu'on ne se soit pas prononcé) lors de la mise en commun, découpent et assemblent.

Ceux dont la production a été jugée non correcte la modifient avant de la découper et de l'assembler.

Les élèves valident par comparaison avec les solides de l'enseignant.

☐ Étape 2 : bilan des résultats

On interroge les élèves sur les conclusions de la première mise en commun. Étaient-elles correctes ? Pourquoi ?

☐ Étape 3 : institutionnalisation

On fait le bilan des caractéristiques du patron du pavé (en se servant de ce qui avait été noté au tableau lors de la mise en commun).

On fait également le bilan des techniques mises en œuvre pour prendre les informations (par exemple, celles qui ont été listées dans la présentation des procédures visées au début de la situation). Ces techniques sont notées au tableau.

Quatrième phase
Prolongement

Pour ceux qui ont terminé rapidement ou pour prolonger le travail, on peut proposer l'activité suivante.

Consigne
« Réalisez deux pavés identiques qui devront rentrer exactement dans le grand pavé. »

La difficulté réside ici dans le fait qu'il ne faut pas diviser toutes les dimensions par deux, mais seulement une des trois.

Validation
Il existe trois solutions au problème. Il sera difficile de faire rentrer les deux pavés dans le grand (en effet, il est nécessaire que les dimensions soient légèrement plus petites que celles du grand pavé). En revanche, il est possible, en plaçant les deux pavés côte à côte, de comparer l'assemblage au grand pavé afin de valider les productions.

10. Boucher le trou 2 (CM2)

> DESCRIPTION RAPIDE

Quatre tétraèdres, posés l'un sur l'autre par les pointes, forment un grand tétraèdre avec un « trou » de forme octaédrique (cf. représentations 3D ci-contre). Il s'agit de construire le patron de ce solide « virtuel » afin de boucher le « trou ».

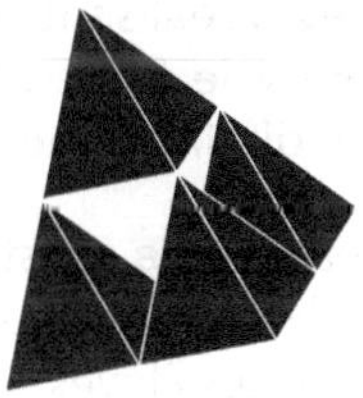

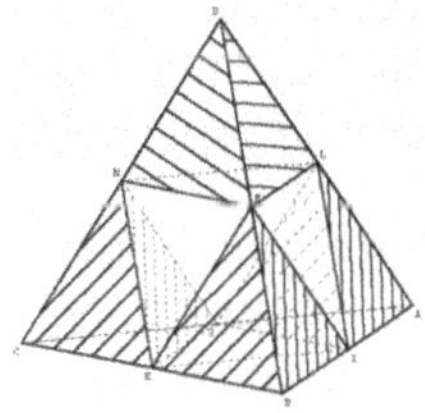

Cette situation est du même type que « Boucher le trou 1 » au CM1, mais avec un solide plus complexe. La situation se déroule en trois temps :
- les élèves font un schéma du patron qu'ils souhaitent réaliser ;
- la mise en commun sert à débattre de la validité des schémas proposés ;
- les élèves construisent correctement leur patron avec un gabarit de triangle et réalisent le solide qui doit boucher le trou.

> OBJECTIFS

Comme pour « Boucher le trou 1 », au cours d'un problème de recherche, les élèves se construisent des images mentales d'un solide virtuel (le « trou »). Mais le problème est ici plus complexe même si le problème de la construction des faces n'est toujours pas abordé. Au cours de cette situation, les élèves ont l'occasion de rencontrer, une dernière fois, la notion de « patron ».

> DURÉE

Une séance de 55 minutes.

> VARIABLES DIDACTIQUES

Le solide dont on cherche le patron
Il s'agit d'un solide non usuel, dont les élèves ne connaissent pas de patron a priori. Ce solide est « absent », les élèves le découvrent en creux, ils doivent imaginer sa forme. La position du solide manquant à l'intérieur du tétraèdre influe également sur la perception des élèves.

Le matériel à disposition pour le dessin du patron
Il est possible de donner aux élèves un gabarit des faces triangulaires ou du calque permettant de reproduire plus rapidement les faces du solide, sans que se pose le problème de la construction géométrique d'un triangle équilatéral.

> PROCÉDURES RENCONTRÉES ET VISÉES

Procédure 0 – Les élèves dessinent des faces séparées, ou des assemblages de faces qui ne peuvent pas se plier.

Procédure 1 – Les élèves comprennent « boucher le trou » par masquer les trous apparents du tétraèdre. Ils cherchent donc à placer deux faces de sorte que, visuellement, on ait l'impression que le solide est complet.

Procédure 2 – Les élèves construisent un tétraèdre. Les élèves voient un grand tétraèdre constitué de petits tétraèdres, il leur apparaît donc que le trou est aussi de cette nature.

Procédures 3 et 3' – Les élèves réalisent un patron d'octaèdre mais en oubliant une ou deux faces, souvent « le fond » (procédures 3 et 3' dans laquelle des faces se superposent ce qui diminue encore le nombre de faces réelles).

Procédure 4 – Les élèves réalisent la construction de deux pyramides à base carrée (ce qui donne, par accolement des deux faces carrées, le bon octaèdre mais ne répond pas à la consigne). Les élèves qui produisent ce travail ont sans doute perçu la forme du solide manquant ; en ouvrant le grand tétraèdre ils voient deux pyramides à base carrée manquantes, l'une en haut et l'autre en bas (même si en fait les pyramides sont placées suivant un plan oblique).

Procédure 5 – Les élèves obtiennent le patron correct : en comptant les faces et en réfléchissant sur les relations d'incidence. Ils peuvent s'aider plus ou moins de la maquette. Certains élèves peuvent découper des faces triangulaires et essayer de les placer dans la maquette pour ensuite les déplier sur la feuille.

Les dessins ci-dessous illustrent les différentes procédures.

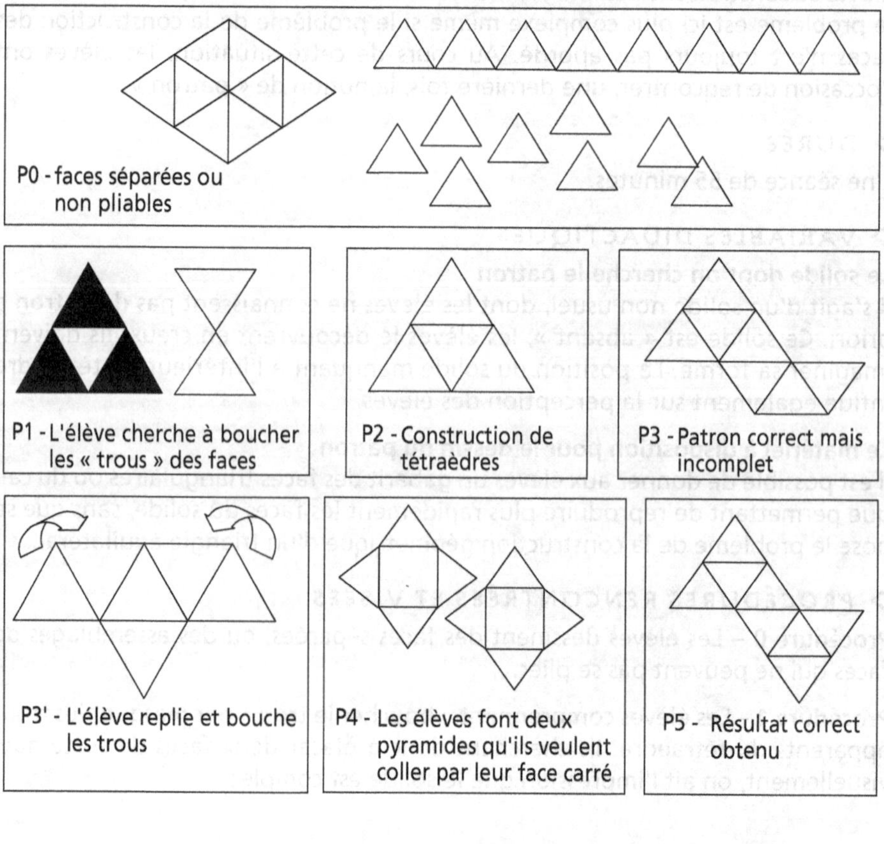

> MATÉRIEL

- Un exemplaire de la fiche 1 au format A4 ou A3 par groupe de deux.
- Au moins une feuille A3 vierge pour le schéma par groupe.
- Au moins une feuille A4 vierge (éventuellement cartonnée) par groupe.
- La boîte à outils complète.
- Du ruban adhésif.
- Un gabarit : un triangle équilatéral en carton dont les dimensions sont légèrement plus petites que celles des triangles équilatéraux qui constituent les tétraèdres.

DÉROULEMENT

Les élèves sont répartis par groupes de deux pour limiter le nombre de productions. Le maître peut faire construire les grands tétraèdres dans une première séance courte et proposer le travail de recherche de patrons dans une séance complète.

Première phase
Construction des tétraèdres

L'enjeu de cette phase est purement matériel. Si l'enseignant souhaite fabriquer le matériel lui-même, il le peut mais les élèves risquent d'être moins familiers avec ce dernier. Les élèves travaillent par deux.

Il s'agit à l'aide de la fiche 1 (cf. page suivante) de :
- découper les quatre tétraèdres et le fond ;
- assembler les quatre tétraèdres (les parties noircies sont encollées puis collées face sur face sur les deux faces blanches opposées) ;
- plier en deux le « fond » ;
- encoller les parties noircies du fond ;
- placer trois tétraèdres sur la première partie du « fond » ;
- replier le « fond » sur les tétraèdres déjà collés ;
- placer le quatrième tétraèdre sur la partie repliée du fond de sorte que les trois sommets de sa base soient sur les sommets des trois tétraèdres déjà collés.

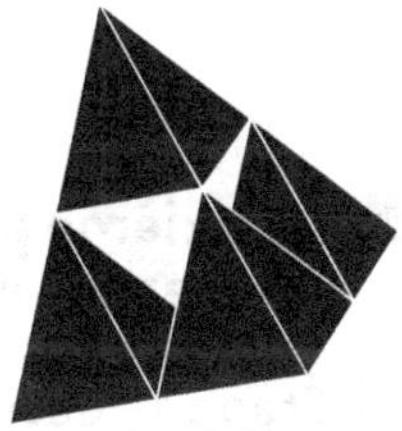

On obtient finalement un grand tétraèdre avec un trou comme sur le dessin 3D ci-dessus.

Fiche 1

Deuxième phase
Recherche du patron du solide manquant

☐ Étape 1 : dessins à main levée

Consigne

« Vous avez devant vous un solide. Il y a un trou au milieu. Vous devez, par groupe de deux, construire le patron du solide qui manque. Dans un premier temps, vous allez faire un schéma à main levée du patron. Une fois que vous aurez réalisé ce schéma, nous ferons une mise en commun pour déterminer ceux qui sont corrects. Après cette mise en commun, vous ferez le patron "au propre", vous le découperez et l'assemblerez. Ne vous occupez pas des languettes, je vous donnerai du ruban adhésif. »

Les schémas doivent être assez gros et dessinés au feutre pour être lisibles lors de la mise en commun.

Par groupe, les élèves se mettent d'accord sur le schéma.

☐ Étape 2 : mise en commun

L'enjeu de cette mise en commun est d'éliminer ce qui ne peut pas être un patron du solide :
- nombre de faces non correct ;
- assemblage pas d'un seul tenant ;
- nature des faces non correcte ;
- faces se superposant lors du pliage.

Les schémas sont affichés au tableau. On propose aux élèves de faire trois colonnes : « patrons corrects », « patrons incorrects », « on ne se sait pas ». Une place est réservée sur le tableau pour noter les arguments des élèves.

Les productions sont examinées une à une et mises dans l'une des colonnes. On peut demander aux élèves de signaler les productions identiques pour aller plus vite. Il est important que le groupe producteur du message donne son accord. Les arguments des élèves sont listés dans la colonne réservée à cet effet. Ils serviront à l'institutionnalisation.

Voici quelques exemples d'arguments d'élèves.

• Au sujet des productions qui ne sont pas conformes à la consigne (procédures 0 et 1), les élèves rappellent les règles :
– « Un patron, ça doit être attaché par un côté ou, si on coupe, les faces ne sont plus attachées au coin » ;
– « Il faut que ça fasse un solide, les deux triangles là ça ne se ferme pas »

• Au sujet des patrons qui ne contiennent pas le bon nombre de faces comme le tétraèdre (procédure 2) :
– « Il est trop petit, il faut l'agrandir » (les élèves ne voient que l'aspect occupation de l'espace et non l'aspect forme) ;
– « Il faut en mettre deux » (les élèves voient que la forme à obtenir peut être décomposée en deux pyramides mais ne tiennent pas compte des contraintes de la tâche : un seul patron) ;
– « Il faut rajouter des faces » (les élèves identifient que le nombre de faces doit être identique à celui du solide manquant).

• Au sujet des productions 3 où il manque des faces :
– « D'abord ça ne ferme pas alors ce n'est pas un solide et puis si tu le mets bien ça bouche mais si tu le tournes tu vois que ça ne bouche pas » ;
– « Il n'a pas huit faces » ;
– « Il a bien huit faces mais ces faces-là se collent sur les autres alors tu perds des faces, il faut en rajouter ».

☐ Étape 3 : vérification

Les schémas classés comme « non corrects » doivent être modifiés par les élèves avant de construire le patron en fonction des remarques faites par les autres groupes. Ceux classés dans « on ne sait pas » doivent être produits tels quels.

L'enseignant distribue aux élèves le gabarit ou le triangle à décalquer et une feuille blanche.

Les élèves construisent leur patron, le découpent et l'assemblent. Ils le mettent enfin dans le trou du tétraèdre. Si leur patron ne s'avère pas correct, les élèves peuvent le modifier ainsi que leur schéma.

Troisième phase Institutionnalisation

On fait le point sur le classement qui avait été effectué. Les schémas qui étaient dans « patrons corrects » ont-ils permis de construire le bon solide, ceux qui étaient dans « on ne sait pas » correspondent-ils finalement à des patrons corrects ? Quelles modifications ont été nécessaires a posteriori ?

On reprend ensuite les remarques faites au tableau pour faire dégager les caractéristiques du patron. On demande aux élèves : « Grâce à ce que vous avez donné comme arguments pour dire si les schémas étaient corrects ou non, vous allez faire la liste des points qui caractérisent le patron. »

On inscrit au tableau les formulations des élèves.

Après duplication des schémas, on les fait coller dans le cahier à titre d'illustrations. Les patrons non corrects auront été au préalable corrigés soit après la mise en commun, soit après l'assemblage.

Exemple de trace écrite
Pour obtenir le patron :
– on compte le nombre de faces du solide ;
– on reproduit la nature des faces du solide, ici ce sont des triangles équilatéraux ;
– les faces sont « attachées » par un côté ;
– quand on plie, les faces ne doivent pas se superposer ;
– il peut y avoir plusieurs patrons différents pour un même solide.

11. Représenter un solide 2 (CM2)

> DESCRIPTION RAPIDE

Les élèves ont un solide sur leur table, ils doivent faire un dessin qui permet à un autre groupe qui ne voit pas le solide de le fabriquer avec un matériel donné (composé de pailles et de sommets en plastique permettant de construire le squelette du polyèdre[13]).

---

13. « Solide à pailles », éd. Fernand Nathan par exemple.

> OBJECTIFS

– Amener les élèves à se rendre compte que, lors de la représentation plane d'objets géométriques 3D, il est nécessaire, d'une part, de perdre de l'information mais également, d'autre part, d'en conserver.
– Trouver un compromis entre la représentation sans adaptation des propriétés géométriques qu'ils connaissent et l'organisation de l'ensemble du dessin d'une manière compatible avec l'image mentale globale qu'ils ont de l'objet[14].

> DURÉE

Deux séances de 55 minutes.

> VARIABLES DIDACTIQUES

Les solides à représenter
Le choix de ces solides est une première variable, ils peuvent être plus ou moins complexes. Nous avons fait le choix de prendre des solides non usuels. Pour mettre en valeur le problème de perte d'informations, il est important que les solides comportent des éléments cachés quelles que soient les vues suivant lesquelles on les représente.

Le type de matériel mis à la disposition des élèves
Le matériel utilisé par les groupes récepteurs influe également de façon importante sur les messages. Le matériel composé de pailles et de sommets en plastique oriente la réflexion sur les arêtes, les sommets et la puissance des sommets. Si on souhaite utiliser des matériels d'assemblage de faces[15], les messages peuvent s'orienter vers des patrons.

> PROCÉDURES RENCONTRÉES ET VISÉES

Procédure 0 – Dessin des faces isolées.

Procédure 1 – Dessin d'un patron du solide.

Procédure 2 – Représentation des faces perçues exclusivement. L'élève ne représente pas les informations cachées.

Procédure 3 – Représentation de plusieurs vues du solide.

Procédure 4 – Essai de représentation de ce qui est caché (utilisation d'un code de tracé qui peut être les pointillés).

Procédure 5 – Codage du matériel. Les élèves anticipent sur la tâche de fabrication et proposent un listing du matériel à utiliser.

Procédure 6 – Essai de représentation de ce qui est caché avec un essai de déformation de certaines faces (pseudo-perspective).

Beaucoup d'élèves risquent d'utiliser plusieurs procédures sur le même dessin.

---

14. PARZYSZ B., « Le vu et le su dans l'évolution des dessins », *Espace graphique et graphisme d'espace*, La Pensée sauvage, Grenoble, 1993.
15. Nous pensons à *Plot* produit par l'IREM, à *Clixi* ou *Polydron* qui sont des jeux de construction constitués de faces emboîtables de différentes formes disponibles dans le commerce et dans les catalogues de matériel pédagogique (le plus souvent pour la maternelle).

Exemples de productions d'élèves illustrant les différentes procédures décrites ci-dessus (ces dessins sont issus d'une seule classe)

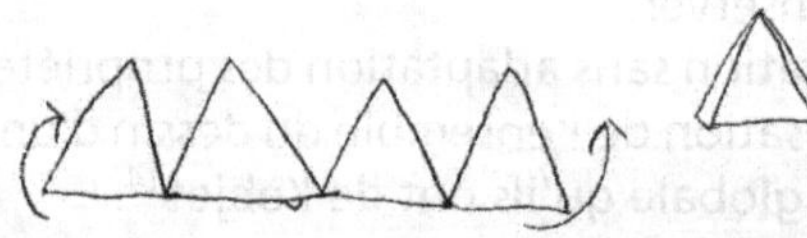

Variante de la procédure 0 : faces isolées ou mal reliées

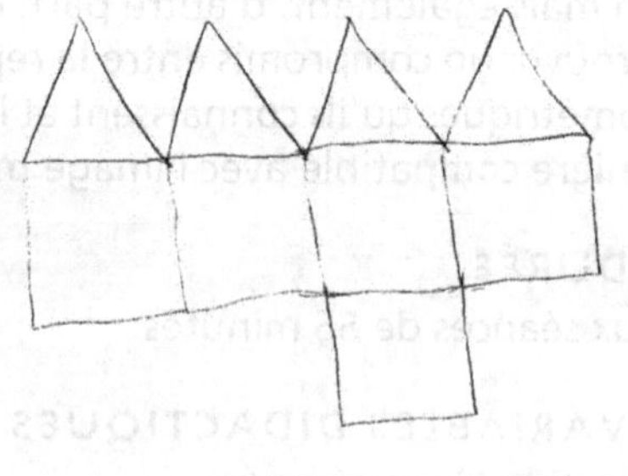

Procédure 1 : un patron

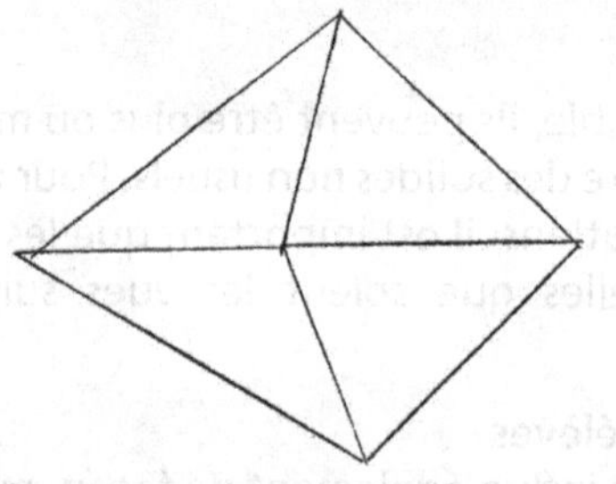

Procédure 2 : uniquement les faces visibles

Procédure 3 : plusieurs vues

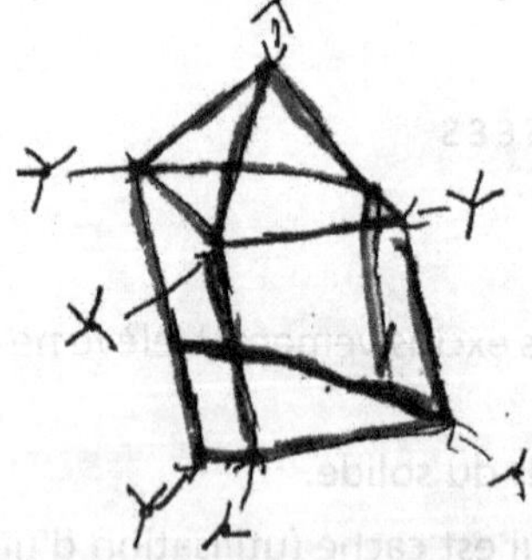

Procédure 4 : essai de représentation de ce qui est caché avec procédure 5 (indication du matériel)

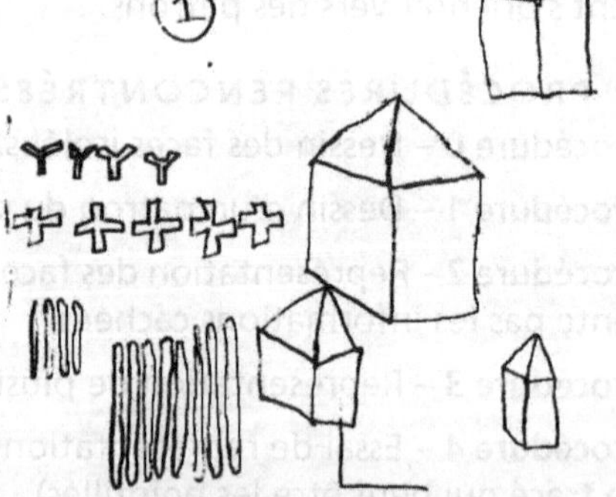

Procédure 5 : inventaire du matériel mais aussi procédure 3 (plusieurs vues)

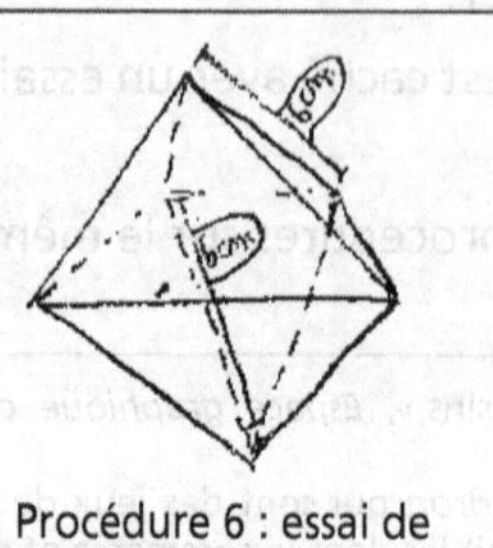

Procédure 6 : essai de perspective avec utilisation des pointillés

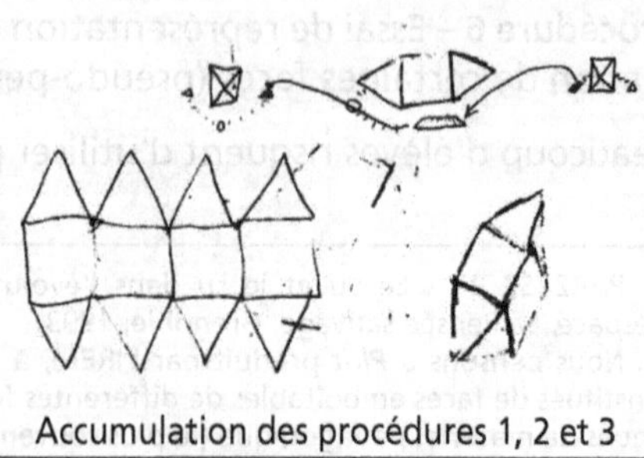

Accumulation des procédures 1, 2 et 3

> MATÉRIEL

Pour la deuxième phase, nous proposons le couple de solides (b ; e). « b » est une pyramide : une base carrée et quatre triangles équilatéraux, et « e » est un tétraèdre régulier avec quatre triangles équilatéraux.

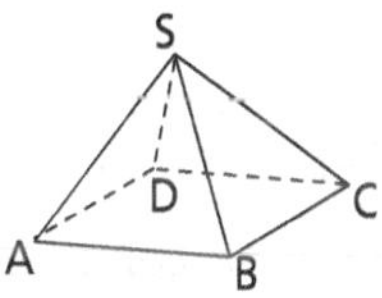

Solide **b**

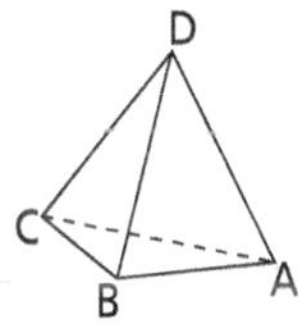

Solide **e**

Pour la troisième phase, nous proposons le couple de solides (w ; t). « w » est un assemblage d'un tétraèdre régulier et d'un prisme « régulier » à base triangulaire, la face triangulaire étant collée à une face du tétraèdre. « t » est un hexaèdre (irrégulier) constitué de six triangles équilatéraux.

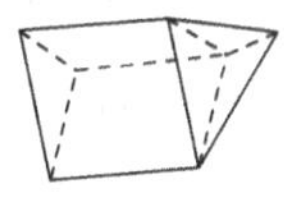
Solide **w**

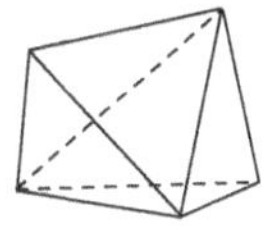
Solide **t**

D'autres solides sont possibles : l'octaèdre irrégulier, « s », constitué de quatre triangles équilatéraux et quatre triangles isocèles. Mais également, le cube et deux pyramides, de « v », constitué de quatre carrés et de huit triangles équilatéraux.

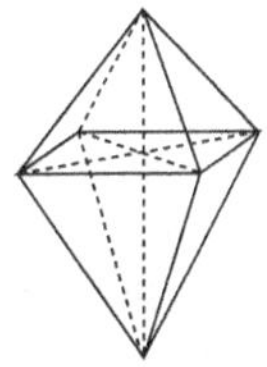
Solide **s**

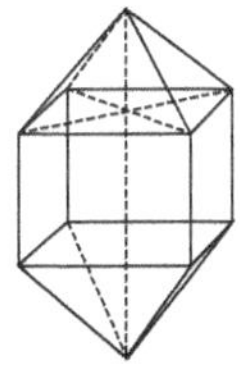
Solide **v**

Une boîte est proposée à chaque binôme dans laquelle se trouve le solide, ainsi les élèves des autres binômes ne le voient pas.

Le matériel est préparé pour que chaque groupe ait suffisamment de pailles différentes ainsi que des sommets de différentes puissances : une quinzaine de sommets de chaque puissance (3 ; 4 ; 5) et une trentaine de pailles de chaque longueur (3 cm, 6 cm, 8 cm) par exemple.

La boîte à outils et des feuilles blanches sont disponibles.

DÉROULEMENT

Les élèves sont répartis en binômes, l'enseignant a apparié des binômes entre eux. Pour plus d'efficacité dans les échanges des messages qu'ils vont devoir réaliser, les couples de binômes peuvent être disposés face à face. Si cette disposition est impossible, l'enseignant effectuera lui-même les échanges le moment venu.

■ Première phase
Familiarisation avec le matériel de construction

Cette phase est facultative. Il s'agit d'aider les élèves à se familiariser avec le matériel de construction. L'enseignant choisit un solide (qui est différent de ceux répertoriés ci-dessus), il le présente à la classe (un parallélépipède par exemple). Les élèves doivent le fabriquer avec le matériel. Une brève mise en commun doit permettre de dialoguer autour des difficultés rencontrées par les élèves.

Une autre possibilité est de présenter aux élèves un solide (par exemple une pyramide irrégulière) et de leur demander de faire une commande du matériel nécessaire à sa fabrication. La validation peut se faire par un débat collectif et en dernier recours par la construction du solide.

Les mises en commun peuvent s'orienter vers une réflexion sur ce qui peut être construit ou non avec ce matériel.

Les difficultés rencontrées sont liées à la découverte du matériel et à sa manipulation :
– les élèves peuvent se rendre compte qu'il faut prendre le bon sommet pour relier les tiges sinon il reste un embout vide (utilisation d'un sommet de puissance 4 pour le pavé par exemple). Il faut alors bien préciser qu'il ne doit rien rester de libre sur les sommets ;
– les élèves peuvent également se rendre compte que certaines tiges ne peuvent pas être appariées : si je prends une grande tige de 8 cm et deux tiges de 3 cm je ne peux pas former une face rectangulaire ;
– les élèves peuvent également se poser la question de la taille des solides obtenus en effet en fonction des tiges choisies, le pavé obtenu a des proportions et des tailles différentes, pour autant il s'agit bien du même solide que celui présenté par l'enseignant ;
– les élèves peuvent aussi remarquer que certains solides comme la pyramide à base hexagonale ne peuvent pas être fabriqués avec ce matériel car il n'y a pas de sommet de puissance 6. Le cylindre est également un solide non constructible avec des pailles.

■ Deuxième phase
Jeu de communication

☐ Étape 1 : dessin du solide

Les binômes reçoivent une boîte fermée contenant le solide.

Consigne

« Dans la boîte se trouve un solide. Vous devez faire un dessin qui permette à quelqu'un qui ne l'a pas vu de fabriquer le solide avec son matériel. Vous avez tous le même matériel mais pas le même solide, donc ne montrez pas votre solide aux autres. Une fois les dessins réalisés, vous échangerez les messages avec l'autre binôme avec lequel vous travaillez. Après réception du dessin, chaque binôme devra construire le solide avec le matériel. Nous validerons en comparant le solide fabriqué avec celui qui est caché. »

Les binômes réalisent les dessins.

☐ Étape 2 : échanges des dessins et validation

Les échanges de messages s'opèrent. Chaque binôme construit le solide d'après le message reçu. Une fois que les solides sont fabriqués, les élèves se mettent d'accord (groupes émetteurs et groupes récepteurs) sur la validation.

Durant cette étape, les dessins correspondent plutôt aux procédures 0, 1 et 2, mais cela n'entraîne que peu d'erreur, car les solides sont assez simples. Le plus souvent, les élèves qui se trompent sont ceux qui refabriquent le solide qu'ils avaient au départ.
Ci-dessous, est reproduit un tableau observé dans une classe de CM2, à l'issue de la validation.

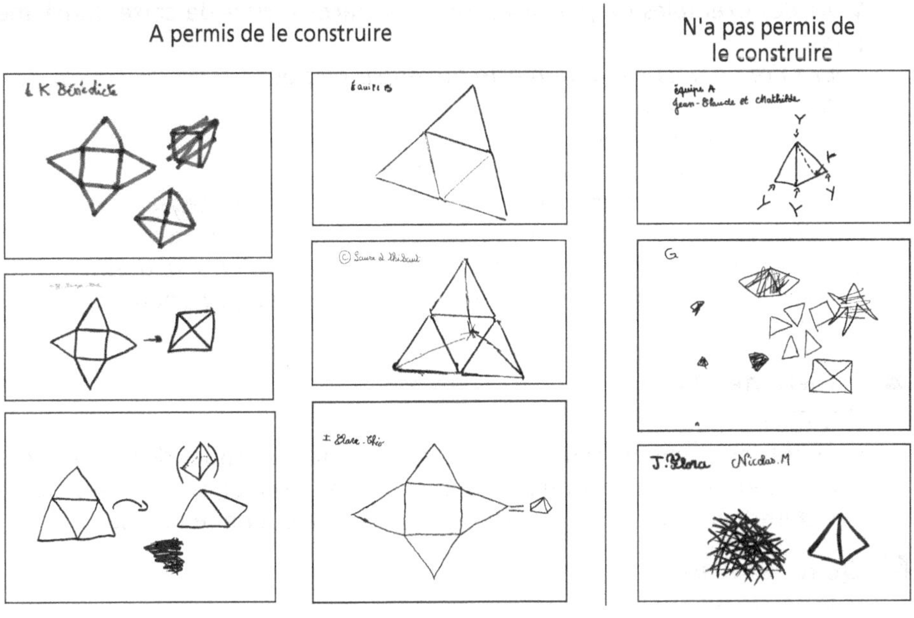

On remarque que des procédures qui nous semblent pertinentes dans le cas des solides simples, ne permettent pas toujours, au groupe récepteur, de réussir la tâche. Réciproquement, des dessins erronés aboutissent parfois à une production correcte, c'est pourquoi nous dissocions la mise en commun de la validation.

☐ Étape 3 : mise en commun

Dégagé de la validation des productions, l'enjeu de cette mise en commun est de mettre en évidence les techniques qui permettent de représenter un solide.

Les dessins sont affichés au tableau, on met d'un côté ceux qui ont permis de réaliser le bon solide, de l'autre ceux qui ne l'ont pas permis. On laisse une place au tableau pour noter les techniques que les élèves vont dégager. On explique alors clairement aux élèves l'enjeu de la mise en commun en mettant en perspective la reprise de l'activité.

Consigne

« Nous allons recommencer cette activité avec un nouveau solide mais avant cela, nous allons examiner vos dessins afin de trouver quelles méthodes permettent de réussir. Vous pouvez commencer vos phrases par "il faut..." ou "il ne faut pas...". »

Pour engager la discussion, on peut poser un certain nombre de questions :
– « Y a-t-il des dessins que vous ne comprenez pas ? » Les groupes émetteurs de ces messages viennent les expliquer ;

– « Y a-t-il des dessins qui se ressemblent ? » ;
– « Y a-t-il des dessins qui se ressemblent et qui ont permis de construire le solide dans certains cas, mais pas dans d'autres ? ».

À l'issue de cette mise en commun, on garde la trace écrite. Elle sera modifiée lors des reprises.

Voici des exemples de phrases issues des traces écrites de cette deuxième phase.
Pour faire un dessin qui permette de réussir on peut :
– dessiner le patron du solide ;
– faire un dessin du solide ;
– essayer de montrer ce qu'il y a derrière ;
– faire plusieurs dessins pour le montrer sous plusieurs vues ;
– utiliser plusieurs méthodes : le patron, les vues... (dans ce cas, on peut dans la phase suivante demander à ce qu'il n'y ait qu'un seul dessin) ;
– ajouter le dessin du matériel nécessaire (les élèves rajoutent parfois : mais c'est long).

■ Troisième phase Reprises

On peut faire une ou deux reprises en utilisant des solides dont une seule vue ne permet pas de montrer toutes les arêtes, pour ainsi inciter les élèves à se poser la question de la représentation de ce qui ne se voit pas...

■ Quatrième phase Institutionnalisation

À l'issue des mises en commun, la trace écrite a été modifiée. Elle doit permettre finalement de dégager, entre autres, les éléments suivants :
– une seule « vue » n'est pas suffisante (type vue de dessus) ;
– il faut trouver un moyen de dessiner les faces cachées (les pointillés sont un moyen expert qui peut apparaître, ou qui peut être présenté par l'enseignant, après que les élèves ont eu la possibilité d'exprimer leur questionnement) ;
– il faut déformer certaines faces pour les représenter.

Ce dernier point est important mais difficile, certains élèves de fin de cycle 3 n'ont pas totalement intériorisé cette nécessité, c'est au collège que cela se fera (en 5e et en 4e). C'est pourquoi il n'est pas encore possible de l'institutionnaliser vraiment.

Les formulations des élèves sont notées et gardées comme trace écrite avec leurs dessins (dupliqués pour que chaque élève en ait un).

Les solides du cycle 3

Le tableau suivant indique les codes désignant les solides du cycle 3, leurs caractéris-tiques (F, S, A)[16] et en donne une description succincte, ainsi que les situations dans lesquelles ils sont mis en œuvre.
Vous trouverez également une indication des quantités nécessaires pour chaque solide (pour une classe de 28 élèves).

Ensuite, sur chaque feuille de présentation des solides a été ajouté un dessin en perspective du solide concerné.

16. F comme Face, S comme Sommet et A comme Arête.

Type	Code	Description	F	S	A	Situations	Qté pour 28
Pyramides	**a**	Base rectangulaire et 4 triangles isocèles identiques 2 à 2	5	5	8	Deviner le solide (CE2) Habiller le solide (CE2) Représenter un solide 1 (CE2)	8 14 8
	b	Carré et 4 triangles équilatéraux identiques	5	5	8	Assemblons les faces (CM1) Représenter un solide 2 (CM2)	7 7
	c	Base pentagonale non régulière et 5 triangles non identiques	6	6	10	Deviner le solide (CE2) Représenter un solide 1 (CE2)	8 8
	d	Base triangle équilatéral et 3 triangles isocèles identiques	4	4	6	Deviner le solide (CE2) Habiller le solide (CE2) Représenter un solide 1 (CE2) Assemblons les faces (CM1)	8 3 8 7
	e	4 triangles équilatéraux (tétraèdre régulier)	4	4	6	Représenter un solide 2 (CM2)	7
Tronc de pyramide	**f**	2 bases carrées et 4 trapèzes isocèles identiques	6	8	12	Deviner le solide (CE2) Construire un solide (CE2) Représenter un solide 1 (CE2)	8 4 8
Prismes	**g**	Cube (un gros)	6	8	12	Patron de solide (CM1)	1
	h	Pavé droit (faces rectangulaires)	6	8	12	Deviner le solide (CE2) Représenter un solide 1 (CE2)	8 8
	i	Pavé droit de 6 cm x 9 cm x 14 cm	6	8	12	Patron de pavé (CM2)	4
	j	2 bases triangles isocèles + 2 rectangles + 1 rectangle	5	6	9	Deviner le solide (CE2) Habiller le solide (CE2) Construire un solide (CE2) Représenter un solide 1 (CE2)	8 3 4 8
	k	2 bases triangles équilatéraux et 3 carrés identiques	5	6	9		
	l	2 bases pentagonales régulières et 5 rectangles identiques	7	10	15	Représenter un solide 1 (CE2) Assemblons les faces (CM1)	8 4
	m	2 bases pentagonales régulières et 5 carrés identiques	7	10	15	Deviner le solide (CE2) Habiller le solide (CE2) Représenter un solide 1 (CE2)	8 2 8
	n	2 bases pentagonales irrégulières et 5 rectangles identiques	7	10	15		
	o	2 bases trapèzes rectangles et 4 rectangles différents	6	8	12	Construire un solide (CE2)	4

Type	Code	Description	F	S	A	Situations	Qté pour 28
Cube tronqué	**p**	Cube dont 1 sommet est sectionné à 1/2 arête	7	10	15	Cube tronqué (CM1) Boucher le trou 1 (CM1)	4 28
Solide complexe	**q**	Base hexagonale, 3 carrés, 3 triangles équilatéraux, et une base triangulaire équilatérale	8	9	15	Deviner le solide (CE2)	8
Octaèdre régulier	**r**	8 triangles équilatéraux	8	6	12	Habiller le solide (CE2)	3
Octaèdre irrégulier	**s**	4 triangles équilatéraux et 4 triangles isocèles	8	6	12	Représenter un solide 2 (CM2)	7
Hexaèdre (régulier)	**t**	6 triangles équilatéraux	6	8	12	Habiller le solide (CE2) Représenter un solide 2 (CM2)	3 7
Cube et 1 pyramide	**u**	1 cube surmonté d'une pyramide régulière (carré et 4 triangles équilatéraux, le b). Ils sont joints par le carré.	9	9	16	Habiller le solide (CE2)	3
Cube et 2 pyramides	**v**	Un cube surmonté par 2 pyramides régulières (le b) sur les 2 faces opposées. Ils sont joints par les carrés.	12	10	20	Représenter un solide 2 (CM2)	7
Tétraèdre et prisme	**w**	Un prisme à base triangulaire équilatérale (le k) surmonté par un tétraèdre régulier (le e), les 2 joints par le triangle.	7	7	12	Représenter un solide 2 (CM2)	7

F : nombre de faces S : nombre de sommets A : nombre d'arêtes
Qté pour 28 : quantité à fabriquer pour 28 élèves

Solide codé « a »
Pyramide de base rectangulaire
et 4 triangles isocèles
h = 7 cm

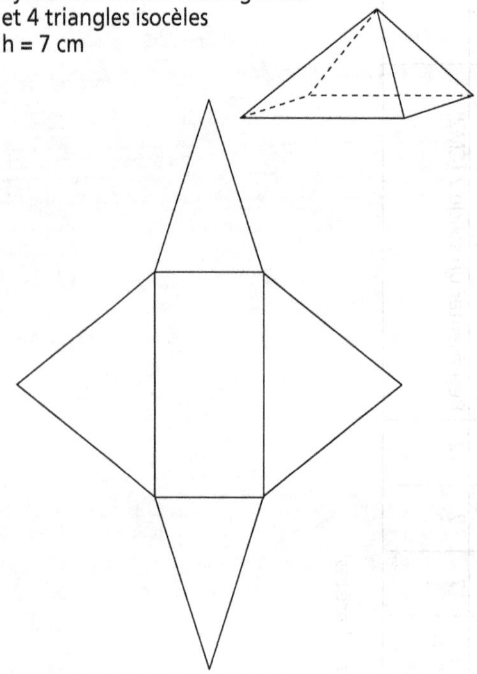

Solide codé « b »
Pyramide à base carrée
1 carré et 4 triangles
équilatéraux

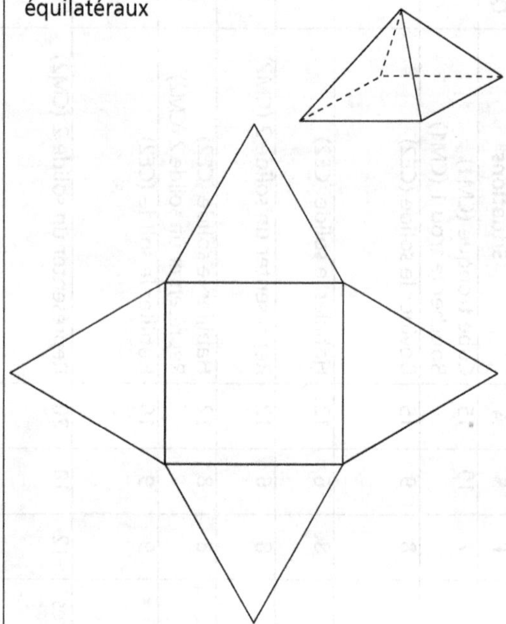

Solide codé « c »
Pyramide de base pentagonale
non régulière et 5 triangles
non identiques
hauteur = 7 cm, côté = 5 cm

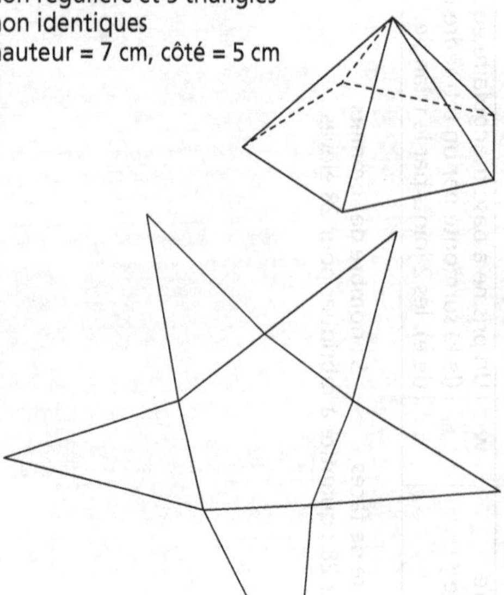

Solide codé « d »
Pyramide : base triangle équilatéral
et 3 triangles isocèles
h = 7 cm, c = 5 cm

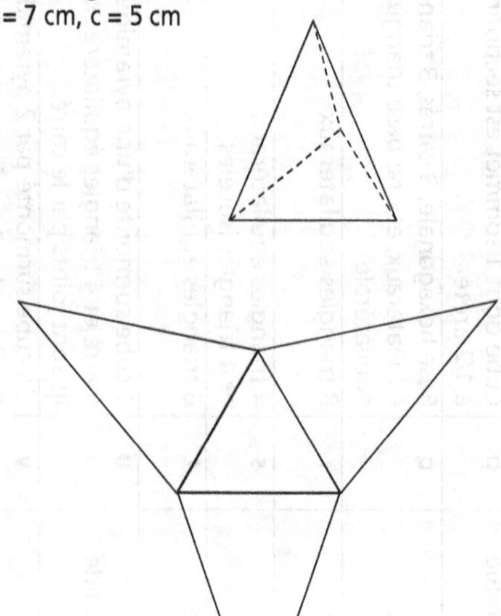

Solide codé « e »
Tétraède régulier

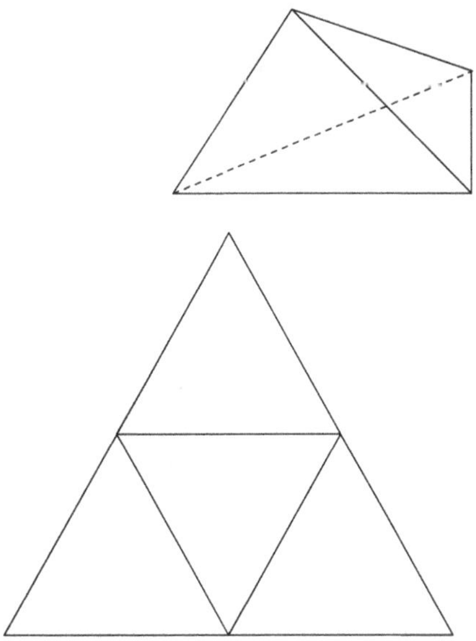

Solide codé « f »
Tronc de pyramide : 2 carrés
et 4 trapèzes

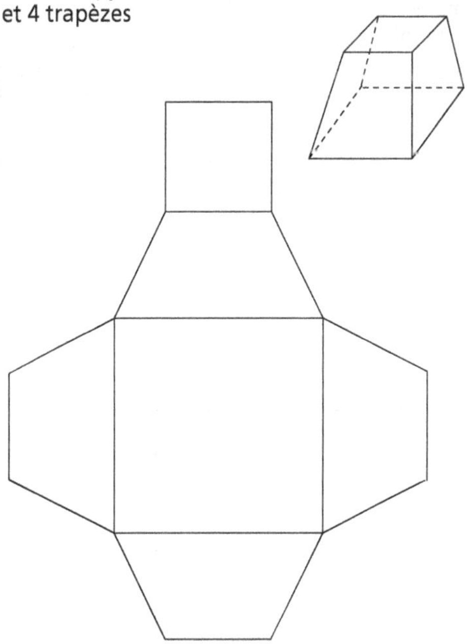

Solide codé « g »
Cube
c = 8,5 cm

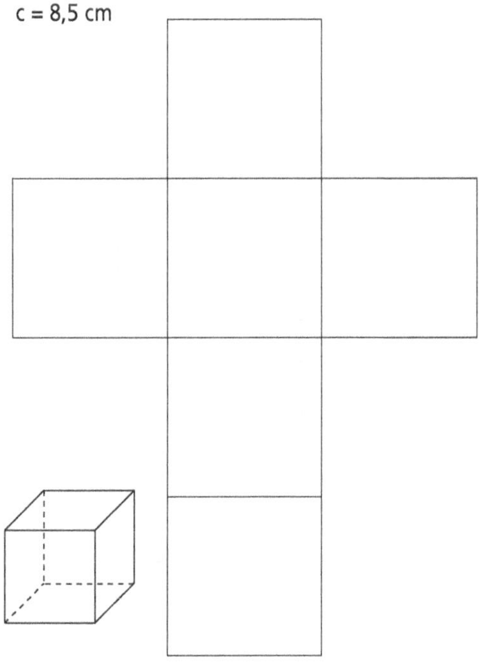

Solide codé « h »
Pavé droit avec
6 rectangles
h = 7 cm

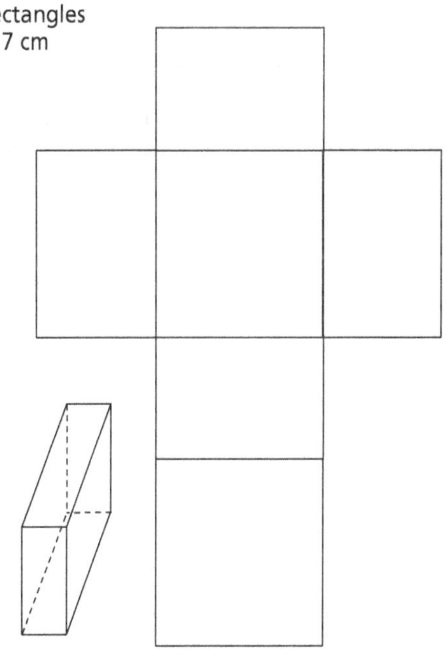

Solide codé « i »
Parallélépipède rectangle
6 cm × 9 cm × 14 cm
6 rectangles

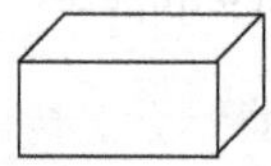

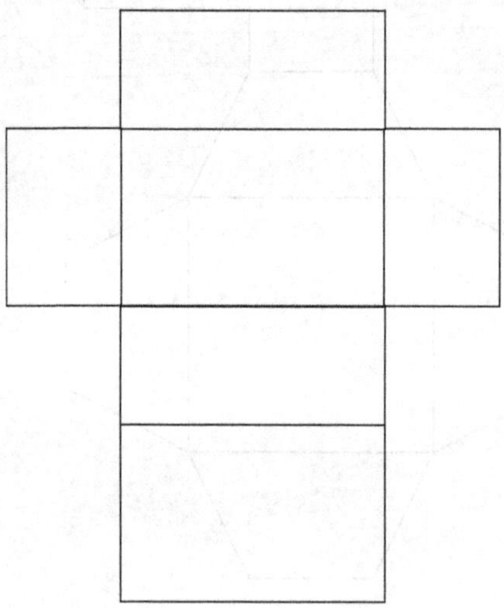

Solide codé « j »
Prisme : bases triangles isocèles
+ 2 rectangles + 1 rectangle
h = 7 cm

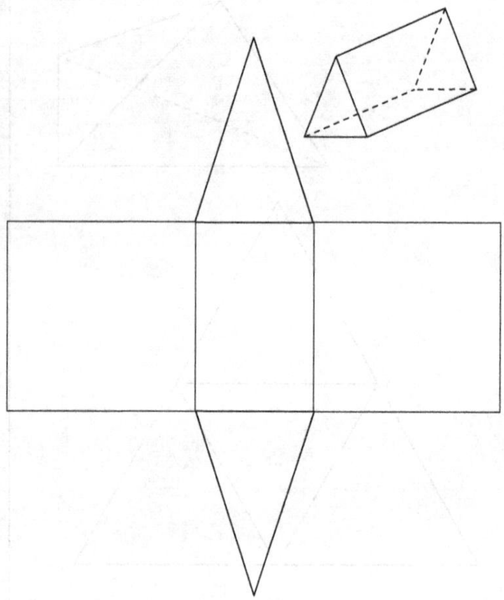

Solide codé « k »
Prisme : bases triangles équilatéraux
et 3 carrés identiques

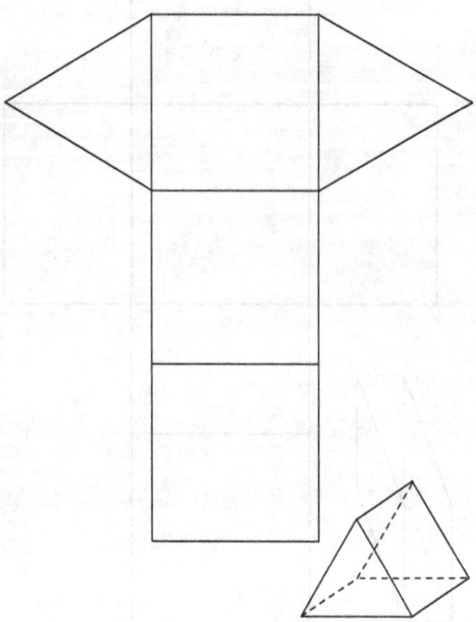

Solide codé « l »
Prisme : bases pentagonales régulières
et 5 rectangles superposables

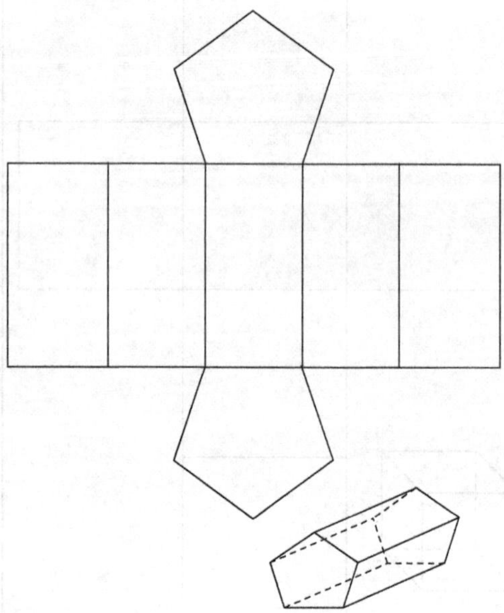

Solide codé « m »
Prisme : bases pentagonales régulières
et 5 carrés

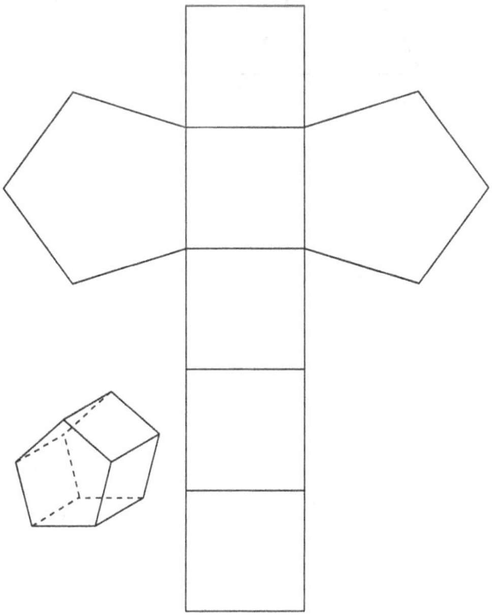

Solide codé « n »
Prisme : bases pentagonales irrégulières
et 5 rectangles identiques

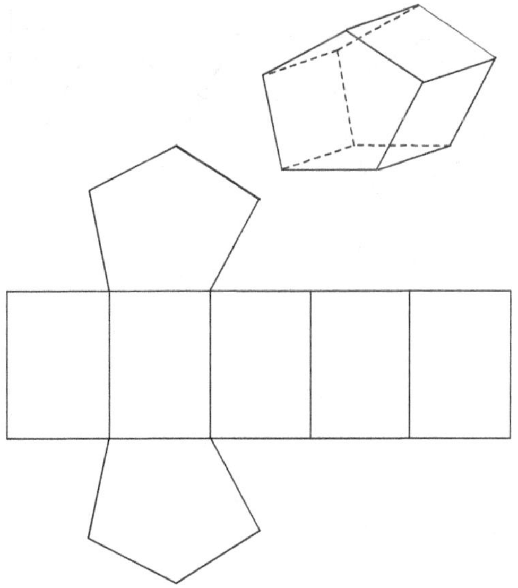

Solide codé « o »
Prisme : 2 trapèzes rectangles
et 4 rectangles différents

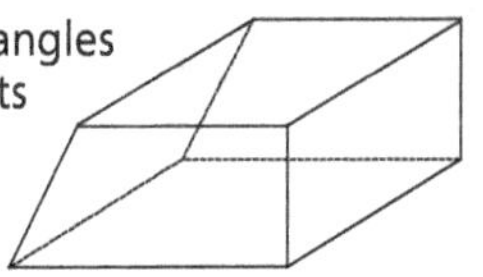

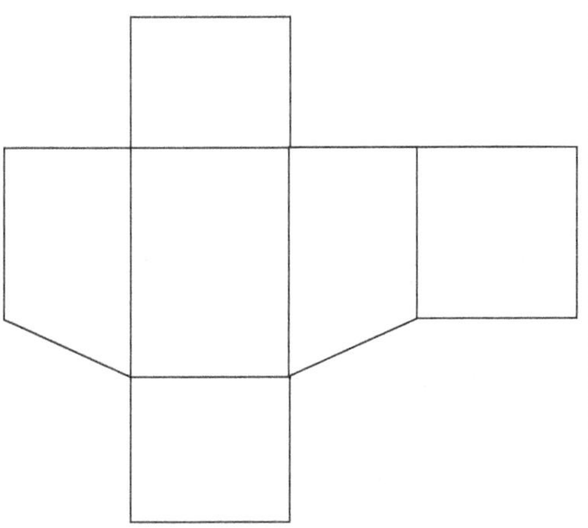

Solide codé « p »
Cube tronqué

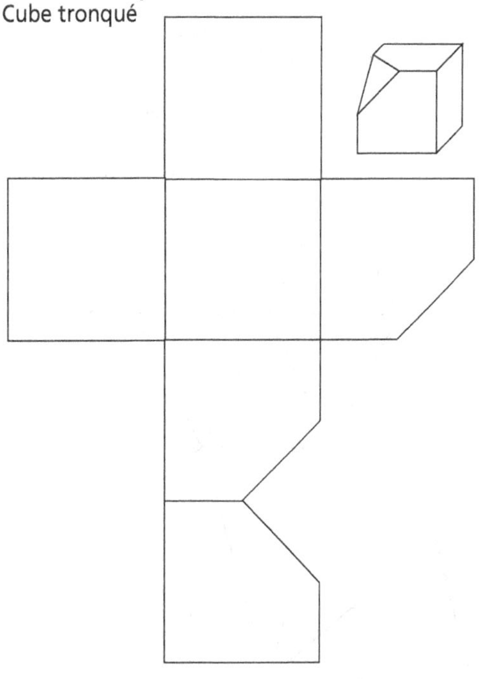

Solide codé « q »
Hexagone, 4 triangles équilatéraux
et 3 carrés

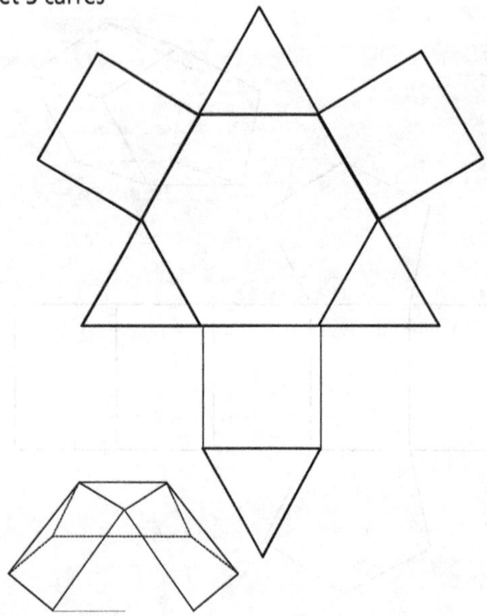

Solide codé « r »
Octaèdre
régulier

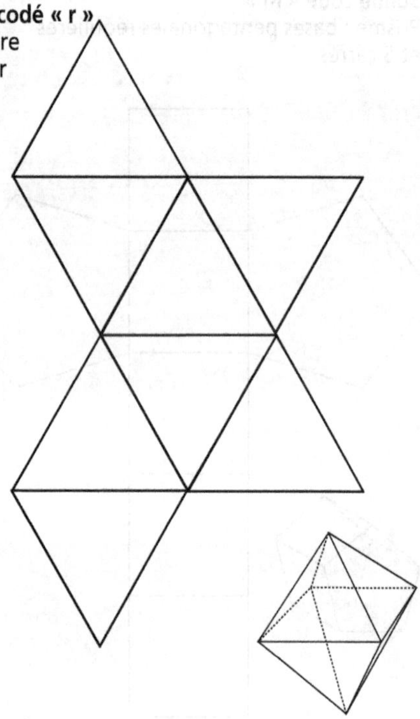

Solide codé « s »
Octaèdre irrégulier : 4 triangles
équilatéraux et 4 triangles isocèles

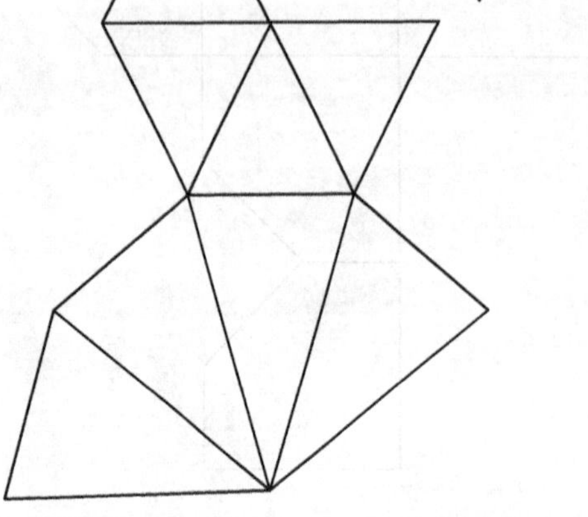

Solide codé « t »
Héxaèdre régulier : 6 triangles équilatéraux

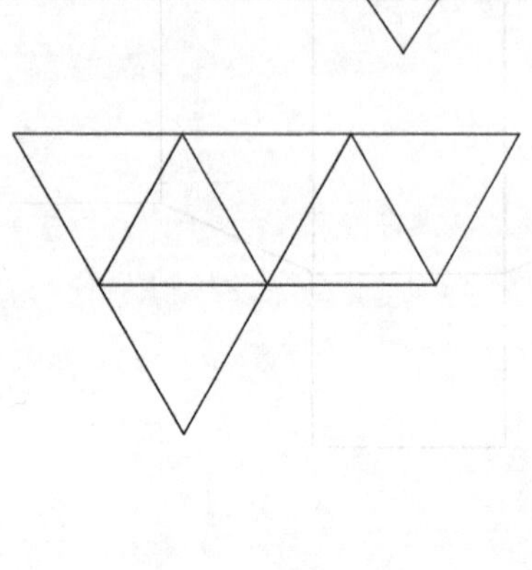

Solide codé « u »
Cube et une pyramide
c = 6 cm

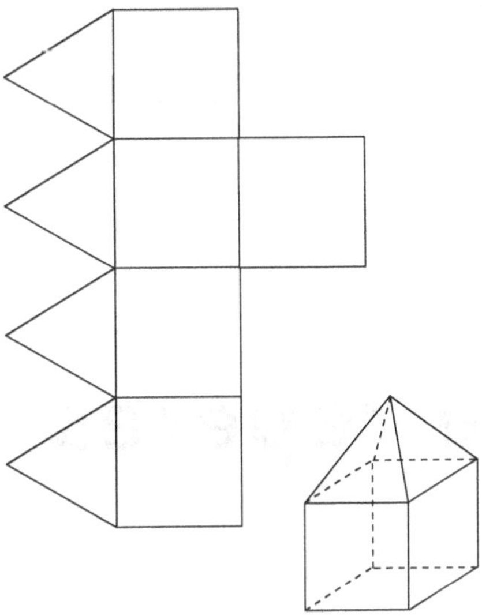

Solide codé « v »
Cube et 2 pyramides

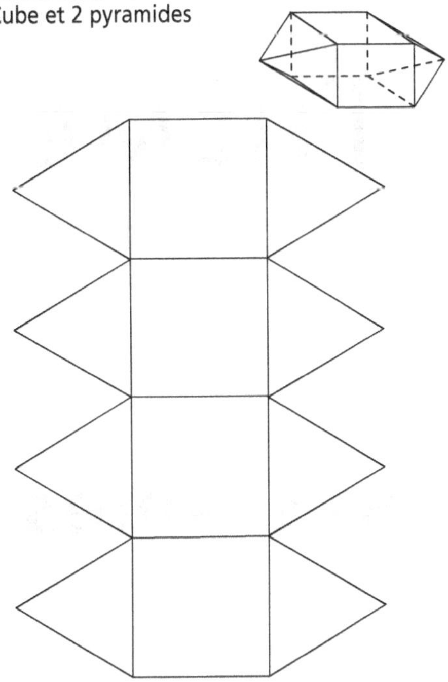

Solide codé « w »
Tétraèdre et prisme dont la base est
un triangle équilatéral

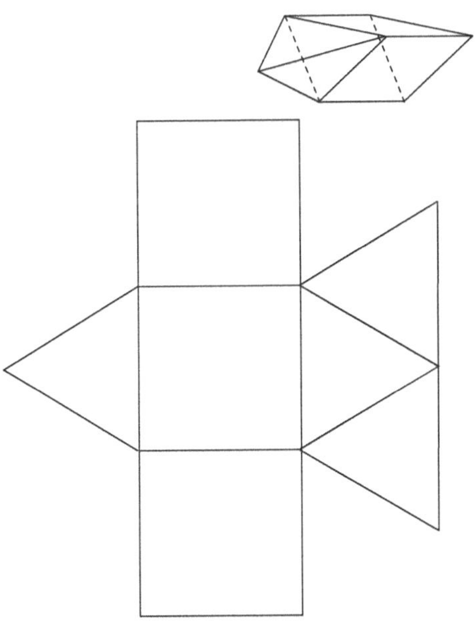

THÈME 7

Systèmes de repères

Aspects théoriques

Aspects historiques et mathématiques

Il est difficile de définir ce que sont les compétences relevant de ce qui est communément appelé « la structuration de l'espace ». Les compétences énoncées dans les Instructions Officielles font, pour la plupart, référence ou appel au repérage. Afin de nous éclairer sur la nature des compétences spatiales évoquées, nous chercherons à quels problèmes élémentaires de repérage sont confrontés les élèves et tout individu. Nous verrons que ces problèmes peuvent se poser dans différents espaces et que la nature de ceux-ci conditionne les actions qui y sont mises en œuvre. Nous chercherons à préciser les caractéristiques de ces espaces, puis à étudier les systèmes de repères et les procédures de repérage qu'il est possible de mettre en place.

1. L'APPRENTISSAGE DE L'ESPACE DANS LES PROGRAMMES DE L'ÉCOLE PRIMAIRE

Jusqu'aux Instructions Officielles de 1977, la maîtrise de l'espace n'apparaît pas explicitement comme un objectif d'enseignement à l'école élémentaire. L'apprentissage de l'usage de plans et de cartes apparaît et disparaît des objets d'enseignement selon les programmes successifs.

Depuis les Instructions Officielles de 1995, un des principaux objectifs de l'école primaire est le développement des compétences spatiales. Les instructions de 2002 le fixent comme un objectif prioritaire pour le cycle 2 : « La structuration de l'espace, amorcée à l'école maternelle, doit être développée tout au long de la scolarité. Elle doit retenir toute l'attention des enseignants du cycle 2 et constituer un objet de préoccupation permanent en liaison avec d'autres disciplines comme l'EPS ou la géographie. »[1]

Les connaissances relatives à l'espace concernent au cycle 2 :

- les positions relatives d'objets (par rapport à soi, à autrui ou d'objets entre eux), la description de déplacements ;
- l'utilisation de maquettes et de plans ;
- le repérage de cases ou de nœuds sur un quadrillage ;
- le vocabulaire concernant les positions relatives dans l'espace.

Au cycle 3 :

- le repérage de cases ou de points sur un quadrillage ;
- l'utilisation de plans et de cartes.

1. Instructions Officielles, 2002.

Cette affirmation, dans le programme officiel, de la nécessité pour l'enfant de construire ses relations à l'espace environnant est certainement due à l'impact des travaux de certains chercheurs (Marie-Germaine Pêcheux[2], René Berthelot et Marie-Hélène Salin[3]) qui ont dénoncé l'insuffisance de l'enseignement dans ce domaine et les déficits qui en découlent pour le futur professionnel ou plus généralement le futur citoyen.

2. STRUCTURATION DE L'ESPACE ET REPÉRAGE

Berthelot et Salin définissent les compétences spatiales comme celles « qui permettent à un sujet un contrôle convenable de ses relations à l'espace sensible. Ce contrôle se traduit par la possibilité de :
– reconnaître, décrire, fabriquer ou transformer des objets ;
– déplacer, trouver, communiquer la position d'objets ;
– reconnaître, décrire, construire ou transformer un espace de vie ou de déplacement »[4].

La plupart des actions citées ci-dessus obligent le sujet à s'orienter dans son environnement et à mettre en œuvre des repérages. Se repérer par rapport à des objets, repérer des objets entre eux amènent à l'identification des orientations intrinsèques de l'espace (axe vertical, plan horizontal) et à la construction de systèmes de repères qui permettent au sujet de se localiser ou de localiser des objets ou d'autres personnes de façon univoque. Ces actions sont généralement effectuées de manière implicite par l'enfant, puis celui-ci apprend à les décrire et à exprimer des relations de repérage à l'aide d'un vocabulaire adéquat ou de dessins. L'apprentissage de telles compétences se fait tout au long de l'école maternelle puis de l'école élémentaire, et doit se poursuivre ultérieurement.

La recherche des problèmes spatiaux auxquels peut être confronté un individu dans la vie courante, ou dans la vie scolaire, nous permet de mieux cerner la nature de ces compétences.

3. PROBLÈMES ÉLÉMENTAIRES DE REPÉRAGE

Essayons de lister quelques-uns des problèmes spatiaux élémentaires dans lesquels intervient le repérage.

Problèmes	Exemples
Décrire une position, un système de repères étant donné.	Sur une feuille quadrillée munie de deux axes gradués, donner les coordonnées d'un point.
Trouver une position à partir d'une description.	Dans la cour, retrouver un objet caché à partir d'indications données verbalement (« la balle est cachée sous le banc ») : les indications mentionnent le choix du ou des repère(s) (banc) et la position de l'objet par rapport à ce ou ces repères(s) (sous).

2. PÊCHEUX M.-G., « Le développement des rapports des enfants à l'espace », Nathan Université, 2003.
3. BERTHELOT R. et SALIN M.-H., « L'enseignement de l'espace et de la géométrie dans la scolarité obligatoire », Thèse, Université de Bordeaux, 1992.
4. *Ibid.*, p. 36.

Problèmes	Exemples
Décrire un trajet, un système de repères étant donné.	Indiquer un trajet dans le métro : le système de repères est donné par un terminus de la ligne (prendre la direction Nation, descendre à la 2e station).
Réaliser un trajet suivant des indications.	Se rendre en un lieu urbain, disposant d'un plan : le dessin légendé indique le nom des rues qui sont autant de repères, décrit des lieux…
Construire un système de repères en vue de décrire une position ou un trajet.	Indiquer la position d'un objet dans une pièce : il faut choisir un repère (porte, meuble…) et décrire la position de l'objet par rapport à ce repère. Décrire le trajet pour se rendre dans un lieu déterminé d'un espace semi-urbain : il faut choisir des repères et décrire les orientations successives du sujet par rapport à ces repères (« après la boulangerie, tu prends la première à droite »).

Nous voyons, par les exemples cités, qu'une première variable de ces problèmes correspond à l'espace dans lequel s'effectue le repérage : feuille quadrillée, couloir du métro, rue d'une ville, pièce d'une habitation, route, etc.

4. LES VARIABLES RELATIVES À L'ESPACE

On ne se repère pas de la même manière dans un désert et dans une ville, dans la cour et dans le couloir de l'école, dans une armoire et dans la feuille de papier. Nous allons voir en quoi les caractéristiques des différents espaces sont des variables didactiques importantes qui conditionnent les manières d'agir et de se repérer dans ces espaces. Nous allons étudier ces variables les unes après les autres : la dimension, la nature et la taille, la présence ou non de repères potentiels.

4.1 La dimension de l'espace

Le terme « dimension » est ici employé dans son sens mathématique. L'espace dans lequel est posé le problème peut être l'espace environnant ou celui d'une maquette (de dimension 3), mais ce peut être l'espace du sol, du tableau, de la feuille de papier, du quadrillage (de dimension 2), et aussi celui d'une route, d'une ligne de bus, d'une ligne du quadrillage (de dimension 1).

4.2 La « nature » de l'espace et ses orientations intrinsèques

• **Dans l'espace sensible qui nous entoure**, c'est-à-dire celui que l'on appréhende par les sens (la vue, le toucher), la verticale et l'horizontale sont des directions privilégiées. La verticalité est expérimentée par le sujet par sa propre posture, par ses expériences

d'équilibre, d'empilement ou de chute. Dans l'espace urbanisé, l'architecture définit des réseaux de verticales et d'horizontales.
Berthelot et Salin ont repris d'autres chercheurs une classification des espaces sensibles à trois dimensions déterminée par le niveau de conceptualisation nécessaire au contrôle des relations du sujet à ces espaces[5].

– Le **micro-espace** ou espace des interactions liées à la manipulation des petits objets : c'est le secteur de l'espace proche du sujet qui contient des objets accessibles à la manipulation et à la vision. Le sujet est extérieur à l'espace, centré sur sa propre perspective. Les actions dans cet espace ne nécessitent pas de conceptualisation. La nécessité d'une conceptualisation peut apparaître lors de la communication ou la lecture d'un plan de montage, dans le cas de la fabrication d'objets.

– Le **méso-espace** ou « espace des déplacements du sujet dans un domaine contrôlé par la vue, les objets sont fixes et mesurent entre 0,5 et 50 fois la taille du sujet »[6]. Dans le méso-espace, les objets fixes sont des points de référence pour le sujet (par exemple, les portes dans une pièce ou un couloir), qui s'oriente suivant son repère corporel. La coordination des différentes perspectives qu'a le sujet lorsqu'il se déplace aboutit à l'élaboration d'une représentation globale du méso-espace, obtenue par la juxtaposition ou l'ajustement des représentations partielles.

– Le **macro-espace** ou espace de type urbain (ou rural, ou maritime).
Dans le macro-espace, il est impossible pour le sujet d'avoir une vision globale de l'espace. Il doit se décentrer pour intégrer et coordonner des représentations fragmentaires. L'orientation dans cet espace ne peut pas se réaliser uniquement par rapport au repère corporel, elle doit être coordonnée à un système de repères extérieur au sujet dans lequel les directions sont invariantes quand le sujet se déplace (points cardinaux par exemple). Souvent les macro-espaces sont organisés comme des espaces à deux dimensions, et les représentations planes, comme des plans ou des cartes, suffisent pour s'y orienter, sauf lors d'un déplacement en montagne où l'on prend en compte l'altitude.

• **Dans la feuille de papier ou plan vertical** (sur un mur) ou tout document plan comportant des éléments qui l'orientent (comme des écrits ou la représentation d'objets ayant un haut et un bas), il existe un repérage conventionnel déterminant le haut, le bas, la droite, la gauche. Celui-ci est obtenu par projection du repère corporel.

• **Dans le cas d'une représentation plane de l'espace sensible** (photo, dessin, plan), le repérage peut se faire en lien avec cet espace représenté ; sa facilité dépend de la connaissance que le sujet a de cet espace.
Pour une **photo** ou une perspective, le repérage se fait souvent, comme dans le méso-espace représenté, par rapport à des objets, mais aussi suivant l'orientation conventionnelle de la feuille de papier support, ce qui peut créer des confusions de repérage.

---

5. BERTHELOT R. et SALIN M.-H., « L'enseignement de l'espace et de la géométrie dans la scolarité obligatoire », Thèse, Université de Bordeaux, 1992, pp. 99-105.
6. BROUSSEAU G., « Études de questions d'enseignement. Un exemple : la géométrie », Séminaire de didactique des mathématiques et de l'informatique, *LSD IMAG,* Université J. Fourier, 1983, Grenoble.

Sur l'image ci-contre sont représentés en perspective un bonhomme de neige et un sapin.
On peut dire que, dans l'espace évoqué par l'image, le bonhomme de neige est devant le sapin pour exprimer que celui-ci est dans un premier plan et le sapin dans un deuxième plan.
Dire que le bonhomme de neige est sous le sapin ou au-dessous du sapin n'a pas de sens dans l'espace sensible décrit mais donne la position du dessin du bonhomme par rapport à celui du sapin dans la feuille de papier.

Lors de l'utilisation d'un **plan** (représentant un méso ou un macro-espace), plusieurs systèmes de repérage sont mis en œuvre[7] :
- celui de l'espace réel ou celui de l'observateur dans l'espace réel (repère corporel) ;
- celui du plan orienté dans la feuille de papier et donnant une indication nord-sud ;
- celui que projette l'observateur par la représentation de sa position dans le plan.

Ainsi, si l'observateur doit réaliser un trajet dans une ville inconnue, il observe les repères qui sont devant lui ou à proximité (édifice connu, rue...). Il recherche ces repères sur le plan et essaie ainsi de situer sa propre position dans le plan. Il recherche la direction à prendre sur le plan par rapport à la représentation de sa position, puis en déduit la direction à suivre dans l'espace réel en mettant en congruence l'orientation du plan et celui de l'espace qui l'entoure.

Les espaces ont en général des orientations intrinsèques : verticales et horizontales dans l'espace qui nous entoure ou points cardinaux, verticales et horizontales dans la feuille de papier. Mais la plupart des repérages nécessitent de plus la référence à des objets ou à des lieux particuliers pris comme repères, encore faut-il que ces objets existent, ce qui n'est pas le cas en pleine mer ou dans le désert, ou même dans certains couloirs de nos écoles !

4.3 La présence ou non de repères potentiels ou de directions privilégiées

Cette variable paraît très importante dans les méso-espaces, elle influe beaucoup sur les repérages utilisés. Dans un espace comportant des repères potentiels, comme une cour d'école avec son bac à sable, son préau et son toboggan, une position peut être déterminée par rapport à ces objets fixes (à côté du bac à sable, sous le toboggan), tandis que dans un espace ne comportant que des éléments indifférenciés, comme un couloir d'école, succession de portes et de portemanteaux identiques, la position est souvent déterminée par rapport au sujet (la deuxième porte à droite) ou demande la recherche des éléments pouvant servir de repères fixes ou de directions (la porte la plus près de l'escalier du côté de la cour).

Dans un macro-espace, les directions données par les points cardinaux permettent de s'orienter. Mais des prises de repères interviennent aussi : dans un espace urbain, certains

---

7. BERTHELOT R. et SALIN M.-H., « L'enseignement de l'espace et de la géométrie dans la scolarité obligatoire », Thèse, Université de Bordeaux, 1992, p. 229.

édifices ou les rues avec leurs noms servent de repères ; dans l'espace du réseau routier, des villes servent de directions privilégiées.

Dans la feuille de papier, comme nous l'avons dit plus haut, l'orientation est définie conventionnellement. L'utilisation des directions privilégiées suffit souvent au repérage : écrire son nom en haut et à gauche.

Sur une ligne graduée ou dans un quadrillage, ou pour toute disposition en réseau, les éléments présents servent de repères. Le réseau privilégie des directions et un système de repérage par coordonnées (nombre ordinal), encore faut-il définir une « origine » : repérage des maisons dans une rue, repérage d'une boîte dans un alignement, d'une station dans le métro, repérage d'une case dans un échiquier… Ces types d'espaces semblent être de nature particulière, nature qui permet l'utilisation des nombres pour définir le repérage ; en référence à la géométrie analytique, nous les appellerons **espaces analytiques**[8].

5. LES PROCÉDURES ET MOYENS DE REPÉRAGE

Dans l'indication : « la balle est dans la cour sous le toboggan », le repérage se fait grâce à la prise d'un repère (le toboggan) et l'usage d'une direction fondamentale (la verticale) ; cette procédure ne met pas en jeu le sujet qui parle, ni sa position. On parle alors de repères objectifs.
Dans l'indication : « l'affiche est dans le couloir sur la deuxième porte à droite », le repérage met en jeu le sujet qui donne l'indication et le récepteur de son message ; le repérage se fait par rapport à leurs repères corporels supposés congruents. On parle de repères subjectifs.
Néanmoins, ces repérages se font par rapport à des repères choisis dans l'espace en fonction du problème posé. Un autre problème amènera peut-être à une prise de repères différente. Ces exemples montrent que les procédures et les moyens de repérage sont très divers, qu'ils dépendent pour beaucoup des caractéristiques des espaces précédemment citées.

5.1 Types de repérage

Suivant la nature de l'espace et la présence de repères potentiels, les procédures de repérage peuvent être diverses. Elles utilisent ce que Berthelot et Salin[9] appellent des « points de référence » et des directions. On peut classer les moyens de repérage en trois catégories.

■ Repérage relatif prenant en compte le point de vue de l'observateur (repères subjectifs)

Cette première catégorie correspond aux types d'espace dans lesquels est plongé le sujet (espace environnant à trois dimensions, notamment méso-espace).

---

8. Cf. partie théorique du thème 1, page 91.
9. BERTHELOT R. et SALIN M.-H., « L'enseignement de l'espace et de la géométrie dans la scolarité obligatoire », Thèse, Université de Bordeaux, 1992.

Elle peut se diviser en deux sous-catégories[10] :

• Le repère est placé **sur le sujet ou une autre personne** pour décrire une position ou un trajet : dans les locutions « devant moi », « tu avances tout droit, tu tournes à droite », les directions sont celles du repère corporel (haut-bas, devant-derrière, droite-gauche).

Dans le cas où le repère est placé sur le sujet, le repérage se fait par rapport à soi : « devant moi », « à ma droite ».

Dans le cas où le repère est placé sur une personne, le repérage se fait par décentration de son propre repère sur cette personne : « devant Myriam », « à la droite de Myriam ». Ce même type de projection est réalisé si le repère est placé sur un animal ou un objet orienté : « Ne reste pas devant la voiture ! »

• Le point de référence est **un objet fixe (non orienté)**, mais les directions sont données du point de vue de l'observateur : « à droite de l'arbre », « derrière la table ». Le repérage se fait comme si l'objet représentait notre image réfléchie dans un miroir.

Remarquons que la description par un observateur d'un espace comportant un objet orienté peut amener à des confusions de repérage.

Dans l'image ci-contre, le sapin est à droite et le bonhomme de neige à gauche (repérage dans la feuille de papier).
Peut-on dire que le sapin est à droite du bonhomme de neige (direction donnée du point de vue de l'observateur), à gauche du bonhomme de neige, ou à la gauche du bonhomme de neige (décentration sur le bonhomme de neige) ?

Repérage relatif se faisant indépendamment du point de vue de l'observateur (repères objectifs)

Dans un tel repérage, les objets choisis servent de points de référence temporaires, les directions sont définies indépendamment du point de vue de l'observateur :
– dans le métro : « en direction de porte d'Orléans, la deuxième station après Cité » ;
– dans la cour : « l'arbre le plus près de l'escalier », « au-dessus du bac à sable à 2 m de haut » ;
– dans la cour : « à 2 m du platane et à 3 m de l'érable » ;
– sur le réseau routier : « dans la direction de Besançon » ou « à 2 km vers le sud » ;
– dans un quadrillage, sur une feuille de papier : « à partir du point A, 2 carreaux à gauche et 3 en dessous ».

Ces moyens de repérage sont souvent utilisés dans le macro-espace et dans des espaces ayant des repères potentiels. Dans ces cas, les repères sont en général fixes.
Dans certains espaces, notamment ceux que l'on a précédemment qualifiés d'analytiques, les systèmes de repères peuvent être définis une fois pour toutes, c'est-à-dire pour tous les problèmes de repérage posés. On parle alors de repères absolus.

10. LURÇAT Liliane, « L'enfant et l'espace : le rôle du corps », coll. Pédagogie d'aujourd'hui, PUF, Paris, 1979 (épuisé).

■ Repérage absolu

Un point de référence, ainsi que des directions ou plusieurs points de référence, forment un système de repères pour tous les lieux ou trajets que l'on a à repérer. La position peut être alors déterminée par un ou plusieurs nombres :
– le numéro dans la rue ;
– le couple de coordonnées défini par rapport à un point origine dans un quadrillage et deux directions définies par les lignes du quadrillage.

Notons que ces systèmes se rapprochent de la notion théorique de repère.

Dans un problème donné, la procédure de repérage est aussi élaborée en fonction du moyen utilisé pour communiquer l'indication de repérage : par oral, en donnant une liste d'informations ; par écrit, en faisant un schéma ou un plan. Il nous reste encore à étudier ces aspects.

5.2 Moyens de communication du repérage

La communication peut être pour soi – c'est alors la mémorisation d'une localisation ou d'un trajet – ou bien adressée à une autre personne.

Une **communication orale ou écrite** peut être :
– une liste de repères : « tu passes devant la boulangerie, puis tu arrives au bureau de poste » ;
– l'expression des localisations par rapport à l'interlocuteur : « devant toi », ou à des objets de son point de vue : « à droite de la porte » ;
– le codage d'un déplacement par des ordres élémentaires : « tu vas tout droit, puis tu prends la deuxième à droite », ou ⇨ ⇧ ⇦ ;
– la donnée de coordonnées, un système de repères absolu étant défini.

Dans le cas de la réalisation **d'un schéma ou d'un plan**, il y a conservation des positions relatives et mise en évidence d'éléments de repérage qui permettent de mettre l'orientation de la représentation en congruence avec celle de l'espace. La communication peut aussi avoir comme support un plan existant.

Enfin, il apparaît dans ces procédures des notions mathématiques différentes : l'indication « la balle est sous le toboggan » ne met en jeu que des connaissances spatiales, tandis que « la balle est alignée avec les poteaux du préau » utilise une propriété géométrique, l'alignement.

5.3 Notions en jeu dans les procédures de repérage

Il nous semble, là encore, que suivant les types d'espaces et la présence de repères potentiels, on peut distinguer trois « niveaux » de résolution.

■ Procédures de type spatial

Elles font intervenir un vocabulaire de repérage lorsque la communication est orale, ou s'appuient sur la conservation des positions relatives lorsqu'on utilise un schéma :
– « derrière la table », « tu tournes à la deuxième à droite » ;
– « le cylindre est à droite et le cône à gauche ».

■ **Procédures de type analytique**

Ces procédures sont valables dans un espace organisé en réseau et utilisent souvent le nombre ordinal :
- coordonnées dans un quadrillage ;
- position ou abscisse sur une droite orientée.

■ **Procédures de type géométrique**

Elles font intervenir le plus souvent les alignements, les distances ou les angles :
- « à 2 m du platane et à 3 m de l'érable » ;
- « à 20 cm du sommet en haut à gauche de la feuille et à 3 cm du bord droit ».

Après ces considérations théoriques, nous nous interrogeons sur les procédures des élèves de l'école élémentaire dans ces problèmes de repérage.

5.4 Les procédures spontanées des élèves, les obstacles

Les travaux piagétiens nous amènent à penser que l'enfant au début du cycle 2 a une conception de l'espace marquée par son égocentrisme. Il repère convenablement les objets de son point de vue mais ne peut anticiper le fait que ce repérage dépend de la position de celui qui observe. Des travaux plus récents ont montré que des enfants de GS, lors d'activités de repérage de cases dans un quadrillage, ne prennent pas spontanément en compte les directions des lignes du quadrillage[11].

Dans la situation « Positions et plan » où les élèves ont à communiquer une position en élaborant un schéma d'un dispositif, il a été observé lors de nos expérimentations que les élèves de CE2 (voir schéma ci-contre) perçoivent bien qu'il y a un problème dû à la relativité des points de vue, mais ont du mal à trouver une solution pour orienter leur représentation. Ils se dessinent sous la forme d'un bonhomme ou marquent leur position par rapport au dispositif par une croix, c'est-à-dire qu'ils mettent le repère sur eux, ce qui ne permet pas au récepteur d'orienter le plan de manière adéquate.

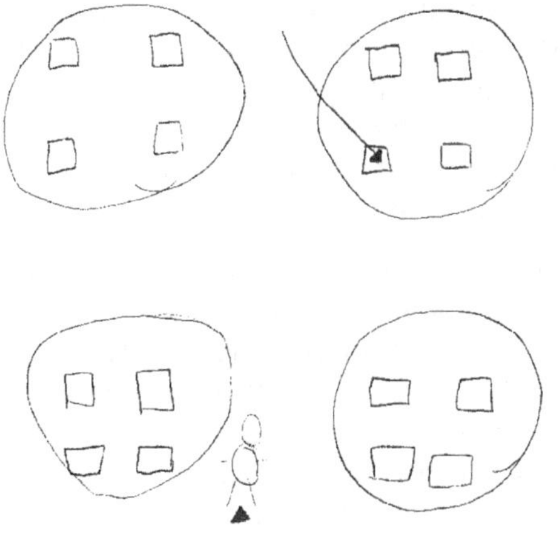

Dans le schéma ci-dessus, l'élève a représenté la position de l'objet en le repérant par rapport à lui.

Berthelot et Salin[12] citent une recherche de Weill-Fassina et Rachedi mettant en évidence la difficulté d'élèves de BEP Bâtiment à comprendre la nécessaire mise en congruence de l'orientation d'un plan avec celle de l'espace considéré. Eux-mêmes ont pu évaluer

11. ARGAUD Henri-Claude *et alii,* « Placer des jetons. Utiliser la structure en lignes et colonnes pour résoudre un problème d'énumération », *in Grand N*, spécial Maternelle, Structuration de l'espace, T. 2, p.45-59, IREM de Grenoble, Grenoble, 2001.
12. BERTHELOT R. et SALIN M.-H., « L'enseignement de l'espace et de la géométrie dans la scolarité obligatoire », Thèse, Université de Bordeaux, 1992, p. 22.

en 1992 les compétences d'une soixantaine d'élèves de CM2 : « Les trois-quarts de ces élèves ne maîtrisent pas convenablement l'utilisation d'un plan dans une activité fonctionnelle et 40 % d'entre eux sont même assez loin de la compréhension des propriétés spatiales en jeu dans une mise en œuvre correcte. »

Il apparaît que, pour un enfant, la prise en compte de son point de vue se constitue en obstacle à la construction d'un système de repères indépendant du point de vue de l'observateur.

Nos choix didactiques

En prenant en compte ce qui a été développé précédemment, on peut dire qu'il paraît important d'investir en classe **différents types d'espace**, où les caractéristiques du repérage et les procédures de résolution des problèmes élémentaires sont différentes.
On peut lister ces types d'espace :
- ligne orientée (une dimension) ;
- espace de la feuille de papier (deux dimensions) ;
- micro-espace (deux ou trois dimensions) ;
- méso-espace (en général trois dimensions) ;
- macro-espace (deux ou trois dimensions).

Nous proposerons donc **quelques situations reproductibles dans ces différents types d'espace**, et nous donnerons les références de quelques autres.
Il nous paraît également important d'amener les élèves à investir **différents types de repérage** et en particulier à se donner **les moyens de construire des systèmes de repères indépendants du point de vue de l'observateur** qui permettent une communication sur des localisations et des déplacements.

Les compétences spatiales se construisent tout au long de l'école primaire. De façon traditionnelle et préconisés par les Instructions Officielles, des apprentissages sont souvent menés de manière structurée tout au long du cycle 1 et du cycle 2.
Relève du cycle 2 l'apprentissage de la résolution des problèmes suivants :
- les problèmes de localisation ou de trajet dans un espace à une dimension[13] ;
- les problèmes posés dans un méso-espace qui amènent à une résolution de type spatial avec des procédures de repérage relatif à l'observateur, voire avec des procédures de repérage se faisant indépendamment du point de vue de l'observateur[14] ;
- les problèmes de localisation posés dans un espace quadrillé[15], les problèmes de déplacements sur un espace quadrillé[16].

Un travail sur les représentations est abordé : dessin de l'élève, photos et même plan.

13. Le lecteur pourra trouver des exemples de ces situations d'apprentissages (le jeu de l'ordre) dans le Cédérom : BRIAND J., LOUBET M., SALIN M.-H., « Apprentissages mathématiques en maternelle », coll. Hatier Pédagogie, Hatier, 2004.
14. Le lecteur pourra trouver des idées de situations dans BERTHELOT R. et SALIN M.-H., « L'enseignement de l'espace et de la géométrie dans la scolarité obligatoire », Thèse, Université de Bordeaux, 1992, pages 341 et 344.
15. ARGAUD H.-C., « Placer des jetons », *Grand N* spécial Maternelle, IREM de Grenoble, 2001.
16. *Le Jeu des pots de yaourts ou situation des quadrillages 2*, dans BERTHELOT R. et SALIN M.-H., « L'enseignement de l'espace et de la géométrie dans la scolarité obligatoire », Thèse, Université de Bordeaux, 1992, p. 43.

Au cycle 3 doivent être proposées des situations qui permettent de consolider les apprentissages antérieurs et d'étendre le champ des compétences déjà construites. Nous présentons dans ce qui suit quelques situations qui **se fondent sur des problèmes de localisation ou de communication d'une localisation, de construction de trajet ou de reproduction d'assemblages**. Elles se déroulent dans des espaces « reconstruits » à deux ou trois dimensions, c'est-à-dire qu'elles peuvent être mises en œuvre en classe dans des espaces réduits mais qui ont des caractéristiques méso, voire macro-spatiales. Elles amènent à utiliser des représentations de l'espace environnant (photos, plans, perspectives). Bien sûr, la mise en place de ces situations ne suffit pas à construire toutes les compétences relatives à un espace réel, c'est pour cela que nous donnons les références ou des idées d'autres situations qui complètent notre progression.

Repérage	Type spatial	Type analytique	Type géométrique	
Relatif à l'observateur	*Points de vue* (CE2) (micro-espace) *Labyrinthe* (CM2) (macro-espace évoqué)			
Relatif indépendant du point de vue de l'observateur	*Œilsurtout surveille* * (CE2) (méso-espace évoqué)	*Positions et plan* (CE2) (méso-espace) *Positions dans un quadrillage* (CE2)	*Où est le plot ?* * (CE2) *Faisceaux de traits* * (CM1) *Menhir* * (CM2)	Alignement
			Même distance à coup sûr * (CM1)	Distance
			Le trésor * (CM1) *Le trésor est dans la cour* * (CM1) (méso-espace) *Figures dans un cadre* (CM2)	Distance Alignement Parallélisme
			Attrape 1 * (CM1)	Comparaison
Absolu		*Points dans un quadrillage* (CM1) *Repérage dans un quadrillage* (CM1)		

Quand rien n'est précisé, les situations se déroulent dans l'espace de la feuille.
* Ces situations sont présentées dans les thèmes correspondant aux notions géométriques travaillées mais comme elles concernent notre sujet nous avons jugé bon de les inclure dans ce tableau.

Le « jeu des portes » de René Berthelot et Marie-Hélène Salin[17] pourra compléter au CE2 le travail dans l'espace réel (espace indifférencié du couloir de l'école).

Présentation rapide des situations

■ Espace à trois dimensions

Points de vue

La situation, inspirée de l'épreuve des trois montagnes de Piaget[18], permet de travailler la coordination des points de vue sur un micro-espace. Elle trouve sa place au début de CE2. Quatre solides sont disposés sur un support plan. Deux types de représentations sont utilisés : des photos du dispositif prises suivant différents points de vue et un plan. Les élèves disposent du plan du dispositif (qui reste visible de loin). Deux problèmes sont posés aux élèves :
– étant donné la position du photographe, dire quelle est la photo prise ;
– étant donné la photo, déterminer la position du photographe.

La situation de communication amène les élèves à décrire le dispositif de leur point de vue en utilisant les termes « devant », « derrière », « à gauche », « à droite ».

Positions et plan

Dans cette situation, les élèves sont amenés à produire le plan d'un dispositif pour communiquer la position d'un objet à un récepteur. L'espace construit est formé de cerceaux et de cartes carrées ; ce micro-espace est indifférencié, il est plongé dans le méso-espace du préau ou de la cour qui, lui, comporte quelques repères fixes potentiels (une porte, un radiateur, etc.). On oblige les élèves à se déplacer pour les différentes phases de la situation, ce qui fait qu'ils ne peuvent être pris comme repères potentiels.

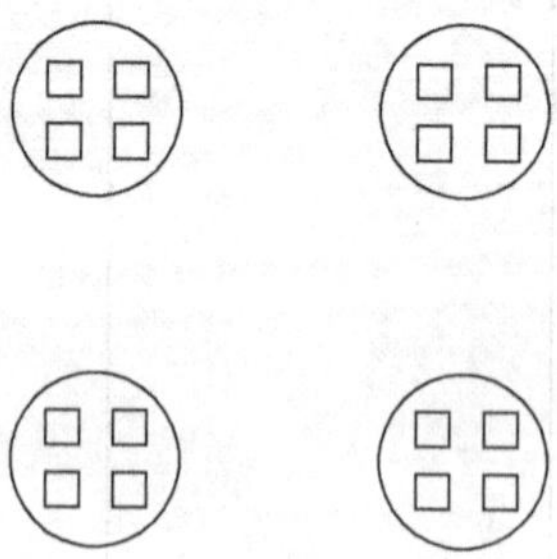

L'enjeu de la situation amène les élèves à comprendre la nécessité de prendre en compte des repères fixes et de les représenter sur le plan de façon à ce que celui-ci puisse être orienté convenablement par le récepteur.

17. BERTHELOT R. et SALIN M.-H., « L'enseignement de l'espace et de la géométrie dans la scolarité obligatoire », Thèse, Université de Bordeaux, 1992, p. 333.
18. PIAGET J., INHELDER B., « La représentation de l'espace chez l'enfant », PUF, 1947.

Un réinvestissement est prévu dans la situation « Positions dans un quadrillage » où un problème analogue est posé dans un dispositif quadrillé plongé dans le méso-espace de la classe.

Ces situations trouveront un prolongement judicieux dans le « jeu des portes » précédemment cité, qui amène les élèves à orienter convenablement le plan pour repérer une porte dans le couloir de l'école.
Ces situations peuvent être menées au CE2 ou au CM1.

Labyrinthe

Cette situation est disponible sur le site personnel : http://perso.wanadoo.fr/fabien-emprin, ainsi que sur le site compagnon du présent ouvrage : www.ermel-hatier.com.
Dans une première phase (Jeu du labyrinthe du Louvre), elle amène les élèves à se repérer dans l'espace fictif d'un labyrinthe. L'élève doit, pour réaliser un trajet en un minimum de coups, mettre en lien les informations donnant sa position sur un plan et les vues qu'il a de sa progression quand il est dans le labyrinthe. Le plan est fixe et le sujet doit projeter convenablement son orientation sur celui-ci et la réajuster au fur et à mesure de ses déplacements. Le plan peut être toujours disponible ou bien à disposition du sujet, mais celui-ci ne peut le voir simultanément avec son point de vue lorsqu'il est à l'intérieur et se déplace dans le labyrinthe.
Dans une deuxième phase (Perdu dans Châlons-en-Champagne), l'espace est celui d'une ville. L'élève, pour réaliser un déplacement, doit mettre en lien les informations données par un plan de la ville et des photos qui correspondent à ses points de vue lors du déplacement dans les rues.
Cette situation développe les compétences nécessaires à l'orientation d'après un plan dans une ville inconnue. Elle peut être complétée avec profit par une sortie amenant les élèves à résoudre des problèmes de ce type. Elle trouve sa place au CM1 ou au CM2.

Plan quadrillé

Points dans un quadrillage

Cette fois, le problème est posé dans un quadrillage tracé sur une feuille de papier. L'orientation de l'espace considéré est donc celui de la feuille de papier (haut/bas, droite/gauche). Les élèves ont à communiquer à d'autres, par l'intermédiaire d'un texte, la position de plusieurs points situés aux nœuds du quadrillage, afin que ces derniers puissent les localiser dans un plan quadrillé vierge. La situation amène les élèves à trouver un système de repères pour localiser ces points.

La situation permet de mettre en évidence les difficultés du repérage et les précautions à prendre pour construire un système de repères explicite. Elle trouve sa place au CM1.

Repérage dans un quadrillage

Ces situations plus classiques entraînent au repérage absolu sur quadrillage et à la reproduction de figures où l'on met généralement en œuvre un repérage relatif.
Ces situations trouvent leur place au CM1.

■ ESPACE DE LA FEUILLE

Figures dans un cadre

Les élèves sont encore confrontés à une situation de communication. Un dessin géométrique leur est donné dans un cadre rectangulaire dessiné dans l'espace de la feuille blanche. Ils doivent communiquer à d'autres élèves, par l'intermédiaire d'un texte, les informations qui permettent de reproduire la figure à l'identique avec la même position et orientation dans la feuille.
Les élèves vont devoir mettre en œuvre un mode de repérage spatial, utilisant l'orientation dans la feuille de papier (le haut, le bas, la droite, la gauche, l'horizontale, la verticale) et/ou géométrique, utilisant les distances aux sommets du cadre, à certains points déjà placés ou la reproduction d'angles.
Cette situation trouve sa place au CM2.

Progression et objectifs des situations

	Situations	Description rapide	Objectifs	Durée
CE2	**1. Points de vue**	Les élèves doivent repérer, à partir d'une photo d'un dispositif du micro-espace, la position de l'observateur qui a pris la photo, puis trouver la photo correspondant à un emplacement de l'observateur indiqué sur un plan.	– Utiliser, produire, mettre en relation différentes représentations planes (plans, schémas, photos). – Décrire les positions relatives du point de vue de l'observateur en utilisant un vocabulaire adéquat. – Mettre en relation la position d'un observateur et ce qu'il voit.	3 séances
CE2	**2. Positions et plan**	Les élèves émetteurs produisent le plan d'un dispositif du méso-espace pour communiquer la position d'un objet à des élèves récepteurs. Le problème posé est celui de la construction de repères fixes et externes au dispositif.	– Prendre conscience de la nécessité de représenter sur un plan des repères fixes de façon à le rendre « orientable » par un récepteur. – Reconnaître la position d'un objet, étant donné sa position sur un plan, en orientant le plan par rapport à l'espace.	2 séances
CE2	**3.Positions dans un quadrillage**	Les élèves émetteurs produisent le plan d'un dispositif placé sur un quadrillage pour communiquer la position d'un objet à des élèves récepteurs.	Les mêmes que ceux de la situation précédente dont elle constitue un réinvestissement.	1 séance
CM1	**4. Points dans un quadrillage**	Les élèves émetteurs produisent un message écrit pour communiquer la localisation de cinq points placés dans un quadrillage à des élèves récepteurs qui devront les placer dans une disposition identique sur un quadrillage vierge. Le problème posé est celui de la construction de moyens de repérage.	– Repérer un point par rapport à un autre : comptage des lignes ou des carreaux suivant les directions conventionnelles de la feuille de papier. – Construire un moyen absolu de repérage : un point donné comme origine et deux nombres comme coordonnées.	2 séances
CM1	**5. Repérage dans un quadrillage**	Les élèves repèrent des points dans un quadrillage à l'aide de leurs coordonnées et reproduisent des polygones tracés sur quadrillage.	– Utiliser des moyens de repérage relatif d'un point par rapport à un autre. – Utiliser des moyens de repérage absolu (coordonnées). La situation constitue un réinvestissement de la précédente.	1 séance

	Situations	Description rapide	Objectifs	Durée
	6. Labyrinthe « Jeu du labyrinthe du Louvre » et « Perdu dans Châlons-en-Champagne »	L'élève réalise un itinéraire dans un « macro-espace virtuel » sur ordinateur en un minimum de déplacements. Il dispose d'un plan de l'espace où est indiquée sa position, d'un dessin ou d'une photo qui correspond à ce qu'il voit quand il se déplace dans l'espace.	Mettre en lien les informations prises sur un plan concernant sa position et les vues de l'espace réel fournies, ceci pour comprendre sa position et son orientation dans l'espace et ainsi déterminer son déplacement.	2 séances
CM2	**7. Figures dans un cadre**	Les élèves émetteurs disposent du dessin d'une figure géométrique simple disposée dans un cadre rectangulaire. Ils produisent un message sous la forme d'un texte et/ou d'un schéma pour permettre à des élèves récepteurs de reproduire sur une feuille comportant le même cadre rectangulaire la même figure exactement au même endroit, avec la même orientation. Le problème posé est celui de la construction de moyens de repérage.	– Réinvestir les connaissances concernant les figures planes et certaines relations comme l'alignement, la distance, la perpendicularité ou le parallélisme. – Repérer des points par rapport à d'autres points ou à des droites.	2 séances

Situations

1. Points de vue (CE2)

> DESCRIPTION RAPIDE

Dans cette situation, différentes représentations d'une disposition d'objets du micro-espace sont mises en relation. Les différentes représentations sont des photos prises latéralement, des dessins d'élèves et un plan.
Les élèves doivent d'abord produire un plan du dispositif, puis repérer, à partir d'une photo, la position de l'observateur qui a pris la photo.
Ensuite, à partir d'un plan et d'un ensemble de photos, les élèves doivent repérer :
- soit l'endroit sur le plan d'où a été prise une photo ;
- soit la photo correspondant à un emplacement indiqué sur le plan.

> OBJECTIFS

• Produire des représentations d'objets ou d'un dispositif d'objets en conservant les positions relatives (schéma, plan).
• Lire différentes représentations planes (plan, photo) d'objets ou d'un dispositif, en particulier prendre de l'information sur l'orientation et les positions relatives des objets.
• Décrire les positions relatives d'objets de l'espace du point de vue de l'observateur (un objet est devant un autre, à droite d'un autre, peut en cacher un autre...).
• Mettre en relation la position d'un observateur et ce qu'il voit :
- anticiper sur le point de vue d'un observateur étant donné sa position ;
- identifier la position de l'observateur, étant donné son point de vue.
• Mettre en relation différentes représentations planes d'un même dispositif.

> DURÉE

Trois séances de 30 à 40 minutes.

> VARIABLES DIDACTIQUES

La nécessité de reproductibilité pour la situation amène au choix d'un dispositif formé de quatre objets, donc d'un dispositif du micro-espace.
Ce sont des solides qui peuvent être facilement construits et dont les tailles permettent à certains objets d'en cacher d'autres de certains points de vue. Ces objets ne sont pas trop gros de façon à ce que les élèves aient sur l'ensemble du dispositif, placé sur une table dans l'espace d'une salle de classe, assez de recul pour avoir un point de vue global. Ces objets sont un cône, un cylindre, un cube et un parallélépipède rectangle.
Certains ont des faces de même nature et de même dimension (cube et parallélépipède), d'autres ont des vues de côté indistinctes (cylindre et parallélépipède), ce qui peut poser problème dans la lecture des représentations.

Le cylindre et le cône ont leur diamètre et leur hauteur de même mesure, ce qui, dans certaines vues, permet à l'un de cacher l'autre.

> PROCÉDURES RENCONTRÉES ET VISÉES

Certaines difficultés peuvent apparaître dans la lecture des photos car les élèves sont généralement centrés sur ce qu'ils savent des objets plus que sur ce qu'ils voient. Ils recherchent donc une vue caractéristique de l'objet (face « rectangulaire » pour un parallélépipède rectangle) ou ont du mal à comprendre que certains objets sont cachés par d'autres sur la représentation.

Les élèves disposent en général d'un vocabulaire spatial assez pauvre. Ils utilisent les mots « à côté », « de ce côté », « vers » qui ne donnent pas d'information sur l'orientation. Les locutions « à droite », « à gauche » sont utilisées, avec quelques inversions. Les élèves ont souvent du mal à exprimer les positions dans l'axe « devant/derrière ». Les termes « au-dessus » et « au-dessous » sont utilisés pour exprimer des positions sur cet axe, comme si le repérage se faisait dans la feuille de papier.

Ils peuvent ainsi, dans une situation qui le nécessite, apprendre et mettre en œuvre un vocabulaire précis.

Pour la production d'un plan du dispositif, la plupart ont encore des difficultés à représenter des objets ; certains vont privilégier une vue de côté ou une forme qui caractérise l'objet (triangle pour le cône, rectangle pour le pavé...), d'autres fournissent une vue de dessus ou un aspect de dessus (point pour le cône, disque pour le cylindre...). Au sujet du respect des positions relatives, on peut s'attendre à divers types de productions :

– objets « en vrac » ou en ligne sans positions relatives exprimées ;

– positions relatives exprimées mais avec des erreurs : orientation du pavé, inversion de deux objets, alignement de trois objets...

Certains ne vont pas encore se représenter le point de vue d'une personne placée à un autre endroit qu'eux. Des difficultés peuvent apparaître dans la mise en lien de la position d'un observateur avec son point de vue. La confrontation à plusieurs, lors de la résolution des problèmes posés, oblige à une décentration et à une explicitation des points de vue de chacun.

Enfin, il nous apparaît nécessaire d'amener les élèves à mettre en relation différentes représentations d'un même dispositif : un plan (qui permet d'évoquer les positions relatives des objets et la position de l'observateur) et les photos du dispositif, comme on est amené à le faire dans tout exercice d'orientation. Par exemple, dans l'étape 2 de la troisième phase, les élèves doivent anticiper la position de l'observateur photographe en se référant au plan. Dans la quatrième phase, il s'agit d'anticiper ce que voit un observateur dont la position est donnée sur le plan. Quand les élèves doivent imaginer ce qui est vu d'une position, il apparaît fréquemment qu'ils repèrent l'objet qui est face à cette position puis situent les autres par rapport à celui-ci, plutôt que de prendre en compte plusieurs objets simultanément. Il y a donc souvent centration sur un unique objet.

Première phase
Réalisation du plan du dispositif

> MATÉRIEL

Le dispositif est formé de quatre solides. Les solides sont fabriqués par l'enseignant selon les indications suivantes :
- un cône, diamètre de la base 5 cm, hauteur 10 cm ;
- un cylindre, diamètre de la base 5 cm, hauteur 10 cm ;
- un pavé de 5 cm x 5 cm x 10 cm ;
- un cube de 5 cm d'arête.

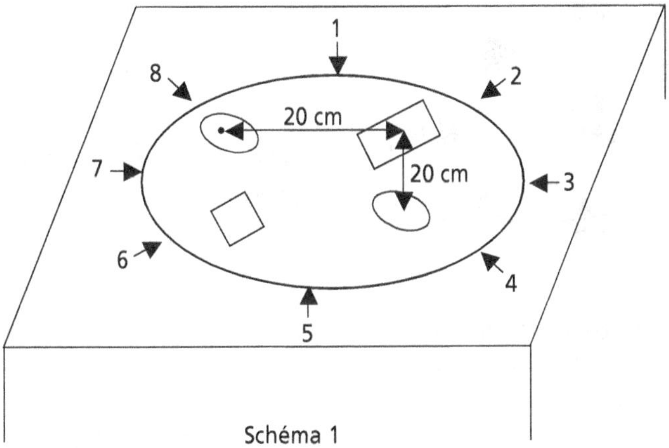

Schéma 1

Ces objets sont posés sur une plaque en carton circulaire de 50 cm de diamètre comme l'indique le schéma 1 ci-dessus (la représentation du cône est distinguée de celle du cylindre par un point).

Les flèches, numérotées de 1 à 8, indiquent les endroits d'où ont été prises les photos.
- Le schéma 2 qui est le plan du dispositif (vue du dessus, voir ci-contre) est dessiné sur la fiche 1. Il pourra être agrandi pour être présenté collectivement aux élèves.
- Chaque élève dispose d'une feuille blanche de format A4.

Le dispositif matériel est placé dans la classe sur une table (voir schéma 1). L'enseignant présente les quatre objets et écrit leurs noms au tableau.

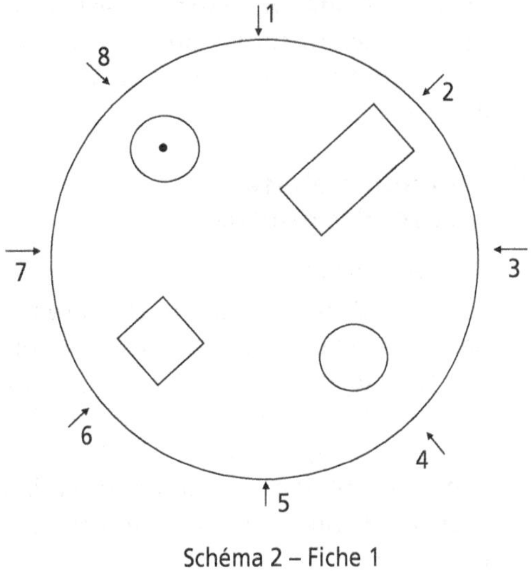

Schéma 2 – Fiche 1

Consigne

« Les quatre objets sont placés à des endroits précis. Pour les activités suivantes, nous aurons besoin de les replacer au même endroit. Pour mémoriser ces positions, chacun va maintenant réaliser un plan de ce dispositif. Il est inutile de représenter les flèches. »

Chacun réalise un plan sur la feuille blanche avec un feutre.

Exemples de productions d'élèves

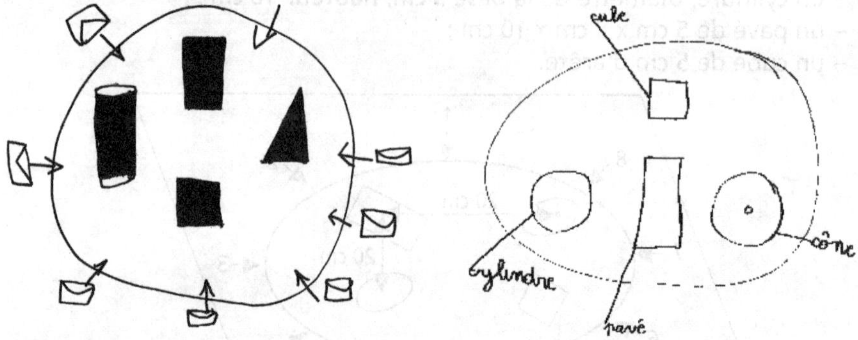

Celle de gauche comporte une inversion ; dans celle de droite, trois objets paraissent alignés alors qu'ils ne le sont pas en réalité.

Les élèves disent : « C'est comme en vrai en plus petit », « J'ai regardé comment c'était positionné », « J'ai mis le carré à gauche, le rectangle à droite et le chapeau derrière au milieu ».

Mise en commun

Le maître présente au tableau différents types de productions. On discute de leur validité en relation avec le dispositif matériel. Les élèves rappellent ce qu'ils savent sur les propriétés des plans. Ils se mettent d'accord sur les représentations des solides en vue de dessus. Le plan agrandi (fiche 1) est montré aux élèves.

Deuxième phase
Lecture des photos

> MATÉRIEL

Le même dispositif que pour la première phase est placé dans la classe un peu à l'écart pour permettre le travail d'un groupe autour de celui-ci alors que les autres élèves font à leur place des exercices en autonomie.

– Un jeu de huit photos (fiches 2 et 3), photos sur lesquelles sont indiquées les lettres G, R, E, N, O, B, L et A correspondant aux positions 1, 2, 3, 4, 5, 6, 7 et 8, ceci n'étant évidemment pas indiqué aux élèves.

– Un jeu de huit photos agrandies au format A3 si possible à usage collectif (fiches 2 et 3).

– Pour l'enseignant, les deux photos L et R, agrandies aux formats A3 (pour présenter au tableau).

Photo L

Photo R

Le dispositif matériel est placé devant les élèves de telle façon que le plan horizontal sur lequel sont placés les objets soit à la hauteur de leurs yeux.
Chacune des huit photos (jeu de huit photos non agrandies) est placée à l'envers sur la table (ou dans une enveloppe) sur les emplacements fléchés (fiche 1).

☐ Étape 1 : présentation des photos

L'enseignant dispose des deux photos agrandies (la photo L et la photo R).

L'enseignant présente ces deux photos au tableau. Il demande aux élèves ce que représentent ces photos et pourquoi elles sont différentes.
Il s'agit de faire comprendre que ce sont des photos du dispositif (on y reconnaît les objets présents) et que ce que l'on voit des objets ainsi que les positions relatives des objets dépendent de l'endroit d'où on a pris la photo.
Sur la photo R, on ne voit que trois objets (on peut faire des hypothèses mais on verra plus tard quels objets), un des objets est sans doute caché.
L'enseignant prend garde à ce que les élèves utilisent un vocabulaire correct pour exprimer les positions relatives sur les photos (à gauche, à droite, devant ou dans un premier plan, derrière).

Si l'enseignant voit que certains élèves ne parviennent pas à s'approprier la situation, il fait alors mimer la prise d'une photo dans une position puis dans une autre position, et demande si les deux photos prises vont être pareilles.
Certains élèves recherchent des indices dans le fond de la photo. On explique que ces photos ont été prises dans un autre endroit mais que l'on a photographié les mêmes objets dans la même disposition.

☐ Étape 2 : recherche des emplacements d'où ont été prises les photos

Dans cette étape, il est nécessaire que les élèves puissent tourner autour du dispositif. Les élèves travaillent autour du dispositif successivement par groupes de quatre sous l'observation et la conduite du maître.

L'enseignant donne au groupe les photos L et R en se tenant assez loin du support.

Consigne

« Je vous donne deux photos qui ont été prises par un photographe depuis l'un de ces huit endroits ; il faut vous mettre d'accord sur l'endroit d'où a été prise chacune des deux photos. Quand vous serez d'accord, vous placerez la photo sur la flèche à cet endroit. »

Quand les élèves ont terminé, ils valident leur solution en comparant la photo retournée (ou placée dans l'enveloppe) avec la photo dont ils disposaient. On discute alors de ce que l'on voit sur la photo, notamment sur la photo R.

Exemples de conduites observées

Les élèves pouvant tourner autour du dispositif et confronter la représentation à la réalité de ce qu'ils voient, cette activité ne pose pas trop de difficulté à la plupart des groupes.

La principale erreur est le choix pour la photo R de la position 6 ; elle semble davantage due à une centration sur l'objet central que les élèves reconnaissent comme le cube qu'à une inversion droite/gauche. C'est le contrôle des objets situés à droite et à gauche sur le dispositif ou sur la photo B retournée qui provoque une remise en cause.

Remarques d'élèves :

– « J'ai vu que le cube était devant » ;

– « J'ai vu le carré, mais c'était pas lui, parce qu'on croit que c'est le carré parce qu'on le voit de face » ;

– « En fait, j'ai vu que si c'était comme ça (position 6), le cône serait à gauche, donc c'était là (position 2) parce qu'il était à droite ».

Certains croient que sur cette photo R ne figurent que trois solides, dont le cube (le photographe a enlevé un objet, ou s'est placé entre le cube et le pavé !) ; il est important de rappeler que les quatre objets sont sur la photo, de montrer les objets, et les faces des objets vues sur la photo.

■ Troisième phase
Recherche sur le plan d'un emplacement correspondant à une photo

> MATÉRIEL

Le dispositif est identique à celui des première et deuxième phases.

– Un plan individuel du dispositif par élève (fiche 1) correspondant à la vue de dessus ; les positions des prises de photos sont donc repérées par des codes chiffrés, de 1 à 8.

– Un jeu de huit photos agrandies au format A3 si possible à usage collectif (fiches 2 et 3).

– Un jeu de huit photos par groupe de quatre élèves (fiches 2 et 3).

– Une feuille A5 blanche par élève.

– Une feuille A4 blanche par groupe de quatre.

Cette recherche est menée avec la classe entière, elle se fait dans une deuxième séance.

Le dispositif matériel avec les flèches numérotées (comme sur le schéma 1) est présenté aux élèves.
L'enseignant distribue les plans individuels (fiche 1). Collectivement, on décode les éléments : « là se trouve le cylindre, là le cône, les objets sont représentés en vue de dessus, on distingue la représentation du cône par un point figurant son sommet... ». Le plan est mis en relation avec le dispositif matériel présent. On note que les flèches indiquant les positions sont numérotées comme dans le dispositif réel.

Puis le dispositif matériel est placé au fond de la salle, peu visible pour les élèves (il peut servir de recours pour des élèves qui ont des difficultés).
L'enseignant explique que l'on va résoudre le même type de problème que précédemment mais en utilisant cette fois seulement le plan du dispositif.

L'enseignant dispose de la photo G agrandie (format A3) et d'un exemplaire de cette photo pour chaque groupe de quatre élèves.

Photo G

- **Recherche individuelle**

La photo G agrandie est affichée au tableau (la photo G est la photo correspondant à la position 1).

Chaque élève dispose d'une feuille de format A5 pour noter sa réponse.

Consigne
« Cherchez le numéro de l'emplacement d'où a été prise la photo affichée au tableau, notez-le sur votre feuille. »

Chaque élève recherche individuellement et marque le numéro sur sa feuille.

- **Recherche par groupes de quatre**

Les groupes sont constitués de quatre enfants qui n'ont pas tous trouvé la même position. La photo G est donnée à chaque groupe.

Chaque groupe dispose d'une feuille A4 pour noter sa réponse.

Les élèves notent tout d'abord sur la feuille de groupe leurs quatre réponses individuelles.
Puis ils se mettent d'accord sur le numéro de l'emplacement et expliquent les raisons de leur choix. Ils doivent expliquer pourquoi ils ont rejeté certaines propositions issues d'élèves du groupe et pourquoi ils ont choisi telle position.
Ils notent leur réponse et les explications sur la feuille de groupe.

Les arguments qui permettent de justifier le refus de certaines propositions sont intéressants car ils vont s'appuyer sur la description de certains points de vue (ce que l'on voit de certaines positions), en comparaison de la description de la photo G.

• Mise en commun

Les résultats et les explications sont recensés. On discute de la valeur de certaines explications :

– arguments du type : « on a choisi telle position à la majorité » ;

– arguments qui explicitent des points de vue : arguments partiels se centrant sur un objet, arguments décrivant les positions relatives des objets.

Exemples d'arguments de groupes

« C'est le n° 8, parce qu'on a tous pensé au n° 8. »

« Ce n'est pas le n° 1, car la 1 ne passe nulle part. »

« La n° 2 n'est pas juste parce qu'on ne voit pas les quatre objets. »

« J'ai vu que le cylindre était loin. »

« Si l'on regardait de la flèche n° 8, on verrait le cylindre derrière le cône. »

On se met d'accord pour l'emplacement n° 1.

Si besoin, les élèves qui sont en grande difficulté peuvent avoir recours au dispositif matériel.

■ Quatrième phase
Recherche d'une photo correspondant à un emplacement donné sur le plan

> MATÉRIEL

Le dispositif est identique à celui des phases précédentes.

– Un plan individuel du dispositif par élève (fiche 1) correspondant à la vue de dessus.

– Un jeu de huit photos agrandies au format A3 si possible, à usage collectif (fiches 2 et 3).

– Un jeu de huit photos par groupe de quatre élèves pour l'étape 1 (fiches 2 et 3).

– Un jeu de huit photos par élève pour l'étape 2.

– Deux feuilles A4 blanches par élève.

– Une feuille A5 blanche par groupe de quatre.

Cette recherche est menée avec la classe entière, elle se fait dans une troisième séance.

☐ Étape 1 : travail par groupe

Chaque élève dispose d'un plan du dispositif.

• Recherche individuelle

Consigne
« Le photographe se place à l'emplacement n° 3. Décrivez ce que l'on voit sur la photo qu'il a prise de cet endroit. Vous pouvez aussi faire un dessin. »

Les élèves écrivent leur description ou font un dessin sur une feuille individuelle.

• Recherche par groupes de quatre
Chaque groupe dispose d'une feuille de format A5.

Premier temps

Consigne
« Vous prendrez tous connaissance des descriptions ou des dessins des élèves de votre groupe, puis vous vous mettrez d'accord pour réaliser une description de la photo. »
Les élèves réalisent la description sur la feuille de groupe.

Deuxième temps
L'enseignant donne à chaque groupe un jeu des huit photos.

Consigne
« Mettez-vous d'accord maintenant sur la photo qui correspond à la position n° 3 et vous inscrirez la lettre correspondant à cette photo sur la feuille de groupe. Vous écrirez aussi les raisons de votre choix. »

• Mise en commun
Les résultats et les explications sont recensés. On discute de la valeur de certaines explications. On se met d'accord pour la photo E. Si besoin, les élèves qui sont en grande difficulté peuvent avoir recours au dispositif.

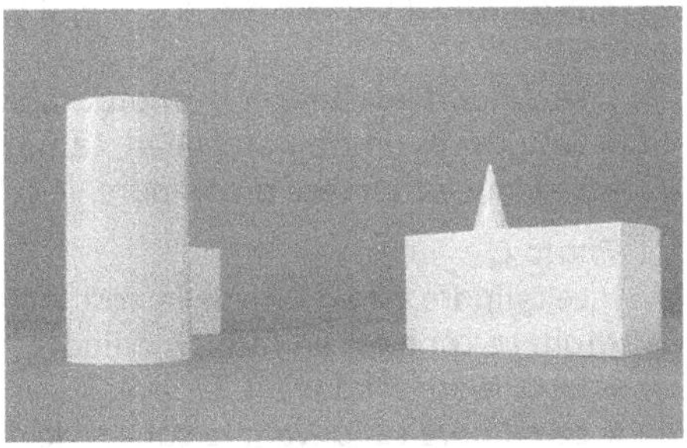
Photo E

Quelques formulations des élèves sur ce que l'on voit de l'emplacement n° 3
« Le cylindre est devant le cube et le pavé est devant le cône. »
« À gauche, on voit le cylindre et derrière on voit le cube. À droite, on voit le pavé devant le cône. »
« Le cylindre serait à gauche et en dessous du cube, le cône est à droite de la figure et au-dessus du pavé. »
« Le cylindre est à gauche du pavé et le cube est à gauche du cône. Le cube est derrière le cylindre et le pavé est devant le cône. »

☐ Étape 2 : travail individuel

Chaque élève dispose d'un plan du dispositif.

• **Recherche individuelle**

Consigne

« Le photographe se place à l'emplacement n° 4. Décrivez la photo qu'il a prise de cet emplacement. Vous pouvez aussi faire un dessin. »

Chaque élève écrit sa description ou fait un dessin sur une feuille individuelle.

Puis l'enseignant donne à chaque élève un jeu des huit photos.

Consigne

« Parmi ces photos, quelle est celle qui a été prise de l'emplacement n° 4 ? »

Chaque enfant répond sur la feuille individuelle.

• **Mise en commun**

L'enseignant recense les résultats et les descriptions. On se met d'accord pour la photo N.

Les erreurs proviennent surtout d'une centration sur un seul objet (ici le cylindre) et les réponses données sont celles correspondant à des points de vue voisins (O, voire E).

On peut s'attendre aussi à des inversions droite/gauche (confusion avec A).

Photo N

Exemples d'explications d'élèves

Photo N

« À gauche il y a le cube, à droite il y a le pavé, au milieu le cylindre est devant le cône. »

« Le cylindre est devant le photographe. »

« Si tu traces un trait au milieu, ça transpercera le cône et le cylindre. »

« Le cône est en face du cylindre, le cylindre est plus proche de moi que le cube. »

Photo O

« Le cylindre est en face de la position 4. Le cube est du côté gauche, le pavé du côté droit. Le cône est en face du cylindre. »

« Le cylindre est devant le pavé. »

« Le cylindre est devant le cube et le cône est derrière le pavé. » (hésitation entre E et O)

D'autres témoignent encore de difficultés à anticiper un point de vue (ce qui est écrit semble correspondre à une description du plan) :

« Le cylindre est en face de la position 4. Le cône est en face du cylindre et en face de la position 2. Le cube est du côté gauche et en face de la position 6. Le pavé est à droite du cylindre et en face de la position 2. »

Activités d'accompagnement

Ici ne figurent que des idées d'activités. Elles se situent dans des espaces plus grands (méso-espace).

Accompagnement 1

Des photos ont été prises de divers endroits de la cour ou du terrain de sport ; ces endroits sont marqués au sol par des étiquettes numérotées (on peut aussi pour chaque endroit coder des directions de prise de vue différentes). Étant donné une photo, il s'agit de retrouver (de manière effective en se déplaçant) l'endroit (voire la direction) d'où a été prise la photo (et de donner le numéro du lieu). Inversement, étant donné le numéro du lieu, il s'agit de retrouver la bonne photo.

Accompagnement 2

Sur une photo montrant un point de vue de la cour ou d'un terrain plus vaste est indiqué l'emplacement d'un « trésor ». Un élève dispose de la photo, il doit fournir des informations orales à un autre élève qui n'a pas vu la photo pour lui indiquer où est caché le trésor. Il y a nécessité de prendre en compte le point de vue du photographe et le point de vue du récepteur, qui peuvent être différents.

Accompagnement 3

Au centre de l'espace de la cour sont disposées des boîtes toutes identiques. Dans une des boîtes est caché, à l'insu de certains élèves, un « trésor ». Deux élèves d'une même équipe sont placés de part et d'autre de l'ensemble des boîtes (les boîtes sont entre eux). Un élève qui sait où est le trésor l'indique oralement à l'autre, qui ne connaît pas son emplacement. Il est donc obligé d'adopter le point de vue de l'autre.

2. Positions et plan (CE2)

> DESCRIPTION RAPIDE

Dans cette situation, un élève émetteur est amené à produire le plan d'un dispositif pour communiquer la position d'un objet à un élève récepteur. La séquence doit amener l'élève à prendre conscience de la nécessité de représenter des repères extérieurs au dispositif de façon à rendre le plan exploitable (« orientable ») par le récepteur.

Nous nous intéressons à la conservation des positions relatives d'objets par le plan (c'est-à-dire que les positions relatives des objets représentés dans le plan sont comme dans l'espace réel), et non à la conservation des rapports de longueurs. Le problème posé à l'élève est celui de la construction de repères.

> OBJECTIFS

– Trouver des moyens pour communiquer des positions d'objets dans un méso-espace en prenant en compte les positions relatives des objets entre eux et par rapport à des repères fixes externes au dispositif.

– Reconnaître la position d'un objet dans un méso-espace, étant donné sa position sur un plan manipulable.

– Mettre en congruence un plan et un espace (orienter le plan par rapport à l'espace).

> DURÉE

Deux séances ou une séance longue avec une pause d'une durée totale d'une heure et quinze minutes.

> VARIABLES DIDACTIQUES

Le choix de l'espace est particulièrement important. En effet, la nécessité de reproductibilité pour la situation entraîne le choix d'un micro-espace construit ne comportant pas de repères significatifs, composé de seize (quatre groupes de 4) fiches carrées disposées de façon symétrique ; chaque groupe de quatre fiches peut être placé dans un cerceau comme indiqué ci-contre.

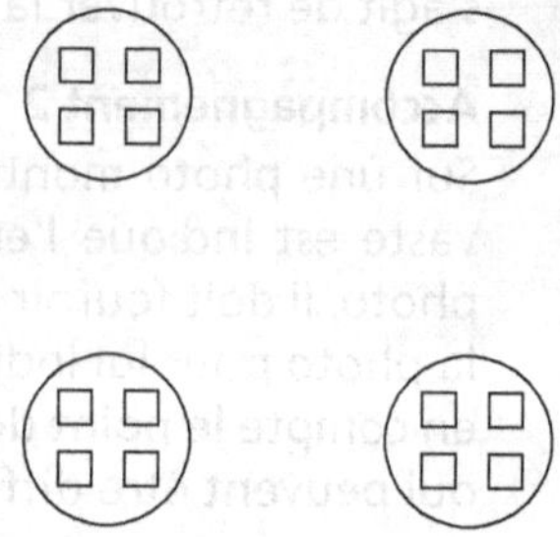

Le dispositif peut être installé soit dans une salle vide – dans ce cas, les élèves vont s'asseoir par terre selon une disposition en forme de carré afin de ne pas créer une orientation potentielle du dispositif –, soit dans la salle de classe dans laquelle les tables seront disposées sous forme d'un carré autour de ce dispositif.
Ainsi, ce micro-espace est plongé dans un méso-espace qui, lui, comporte des repères significatifs fixes (fenêtre, porte, meuble...).

> PROCÉDURES OBSERVÉES ET VISÉES

Les élèves sont naturellement centrés sur leur propre point de vue. Ils ont du mal à anticiper le point de vue d'un autre, ce qui les empêche de prendre conscience de la nécessité de :
– donner des repères fixes pour communiquer une position ;
– orienter les représentations qu'ils construisent ou qu'ils utilisent pour qu'il y ait congruence avec l'orientation de l'espace qui les entoure.

Le choix de la situation et du dispositif entraîne la mise en échec des représentations qui ne comportent pas d'éléments permettant de les orienter par rapport à l'espace du lieu : dessin des cerceaux et des cartes uniquement, orientation du dessin dans la feuille (par la mention haut/bas par exemple ou par la présence d'un écrit), présence d'un repère relatif non pérenne (représentation de la position des élèves ou de l'auteur du dessin). On attend que les élèves comprennent la nécessité de représenter un objet extérieur au dispositif présent dans la salle ou le préau, qui sert de repère fixe et permet d'orienter le dessin de manière congruente par rapport à l'espace réel.

Le choix du scénario

La situation choisie aurait pu être la suivante : un ou plusieurs élèves « sortent » ; l'enseignant cache un objet sous l'une des fiches carrées. Les autres élèves réalisent, individuellement ou par groupe, un plan du dispositif qui permet aux élèves « sortis » de le retrouver.
Ce scénario présente l'inconvénient de la dissymétrie des rôles :
– les élèves « sortis » ne rédigent pas de messages, eux seuls jouent le rôle de récepteurs ;

– tous les messages rédigés ne peuvent être exploités, car le jeu est terminé quand on a trouvé le trésor ;
– la mise en commun porte sur des messages inconnus de certains.
Le scénario choisi est plus complexe mais permet à tous de jouer le rôle d'émetteur et de récepteur, et de travailler sur des messages communs ; il comporte donc plusieurs « objets cachés ».

Scénario choisi

Les « objets cachés » sont des fiches numérotées de 1 à 16. Les fiches numérotées seront cachées dans un ordre quelconque sous les fiches carrées. À chaque élève est attribué un numéro. Sa tâche est de faire retrouver où est caché son numéro.

Étape 1
Dans l'espace choisi, le maître dispose les fiches numérotées sur les fiches carrées. À chaque élève est attribué un numéro. Chacun doit réaliser un plan permettant à un autre élève de trouver l'endroit où est la fiche numérotée correspondant à son numéro dans le dispositif ; pour permettre un travail de groupe, on attribue à trois ou quatre élèves le même numéro.

Étape 2
Les élèves ayant le même numéro sont regroupés. Après confrontation des productions individuelles, ils doivent réaliser un plan pour le groupe. Les productions des groupes sont dupliquées.

Étape 3
Les fiches numérotées sont cachées sous les fiches carrées et ne sont ainsi plus visibles. Les groupes reçoivent une première production (adéquate, permettant de retrouver où est caché le numéro du groupe émetteur). Dans chaque groupe, les élèves doivent se mettre d'accord sur l'endroit où est caché ce numéro et désignent cet endroit à l'aide d'un signet au nom du groupe.

Étape 4
Validation. Mise en commun.

Étape 5
Reprise avec une autre production (inadéquate ou incomplète, ne permettant pas de retrouver où est caché le numéro du groupe émetteur).

Étape 6
Synthèse permettant de mettre en évidence les caractéristiques d'un plan.

Étape 7
Examen collectif des autres productions pour déterminer si elles ont ou non les caractéristiques voulues.

> MATÉRIEL

– Quatre cerceaux (ou quatre tapis ou quatre feuilles carrées) de même couleur pour les rendre indiscernables.
– Seize fiches en papier assez épais (de format 10 cm × 10 cm) appelées fiches carrées. Les fiches peuvent être choisies de quatre couleurs différentes (quatre

fiches de quatre couleurs différentes dans chacun des cerceaux), ce qui permet de les nommer et peut faciliter les échanges dans les groupes au cours de l'étape 3 et ainsi éviter que les élèves ne se déplacent vers l'emplacement choisi.
– Seize fiches de papier (de format 10 cm × 10 cm) numérotées de 1 à 16 et appelées fiches numérotées.
– Des étiquettes nominatives, une par élève, appelées étiquettes numérotées, sur lesquelles figure un numéro entre 1 et 16 (le numéro est écrit à l'intérieur d'un papier plié), le nom de l'élève (à l'extérieur). Chaque élève reçoit la sienne à l'étape 1. Les élèves ayant le même numéro sont répertoriés sur une liste réalisée et à disposition de l'enseignant seulement, ils sont regroupés à l'étape 2 à l'appel de l'enseignant. Pour une classe de 27 élèves on a par exemple : quatre numéros 1 ; quatre numéros 5 ; quatre numéros 9 ; quatre numéros 13 ; quatre numéros 2 ; quatre numéros 15 et trois numéros 8.
– Des feuilles carrées de format 21 cm × 21 cm pour les productions. Prévoir une feuille par élève pour l'étape 1 et une feuille par groupe pour l'étape 2. (Les feuilles sont carrées pour éviter toute orientation induite.)
– Des feuilles de format 1/8 de A4 (deux par groupe) appelées étiquettes vierges, qui serviront de signets dans l'étape 3.
– Des feutres noirs pour « repasser » les productions des élèves à l'étape 3 en vue de les photocopier.

DÉROULEMENT

Le travail va se faire en groupe de quatre (ou de trois). L'enseignant constitue les groupes en attribuant aux élèves d'un même groupe le même numéro. Il peut choisir de faire des groupes plus ou moins homogènes, la difficulté étant que la prise d'information sur les compétences des élèves se réalise à l'étape 1 alors que les groupes sont déjà constitués. Tous les numéros ne sont pas forcément attribués.

☐ Étape 1 : mise en place et travail individuel

L'enseignant dispose au sol les cerceaux et les fiches numérotées de la façon suivante :
– les centres des cerceaux forment un carré dont les côtés sont parallèles aux murs ;
– les fiches numérotées sont placées de façon à ne privilégier aucune orientation.

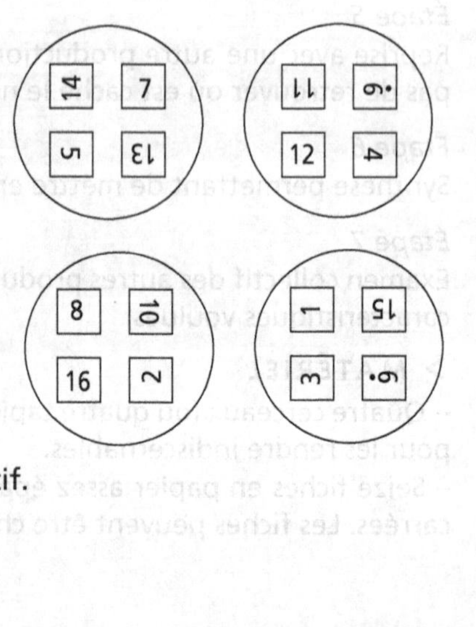

L'enseignant a affecté à chaque élève un numéro qu'il a pris en note. Les élèves ayant un même numéro sont placés en des endroits différents autour du dispositif.

Les élèves s'assoient (comme le scénario le décrit) autour du dispositif. Ils ne doivent pas toucher le dispositif, ni pénétrer à l'intérieur de celui-ci.
Chaque élève a apporté une pochette cartonnée (support d'écriture), un crayon et une gomme.

L'enseignant distribue à chacun son étiquette numérotée de façon à ce que le numéro reste secret pour les autres élèves.

Consigne
« Vous allez tout d'abord regarder votre numéro sur le petit papier que je vous donne sans que les autres le voient. Puis vous repérez l'endroit où se trouve ce numéro dans les cerceaux. Cachez bien votre numéro, ne dites rien, ne montrez rien ! Tout à l'heure les fiches numérotées des cerceaux seront cachées. »
L'enseignant montre comment elles seront cachées, en plaçant quelques fiches carrées sur des fiches numérotées. Il les enlève ensuite.
L'enseignant continue en montrant les feuilles (21 cm × 21 cm) : « Vous devez réaliser un schéma, un dessin, qui doit permettre à un autre élève de trouver facilement où est caché votre numéro. Sur ce schéma ne doivent figurer aucun numéro, aucun texte, ni aucune couleur. Vous allez réaliser ce schéma sur cette feuille. »
L'enseignant distribue les feuilles carrées 21 cm × 21 cm.
Un échange autour du mot « schéma » sera probablement nécessaire.
« Il ne faut dessiner que ce qui semble utile pour qu'un autre groupe puisse trouver facilement où est caché votre numéro. »

Chaque élève réalise un schéma.

Exemples de productions d'élèves
Certains représentent des éléments extérieurs au dispositif, comme dans les dessins ci-dessous.

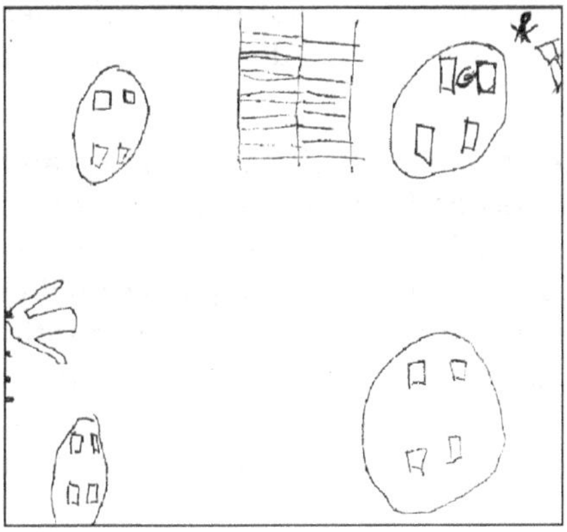

D'autres se réfèrent par rapport à leur propre position ou ne dessinent aucun repèr e.

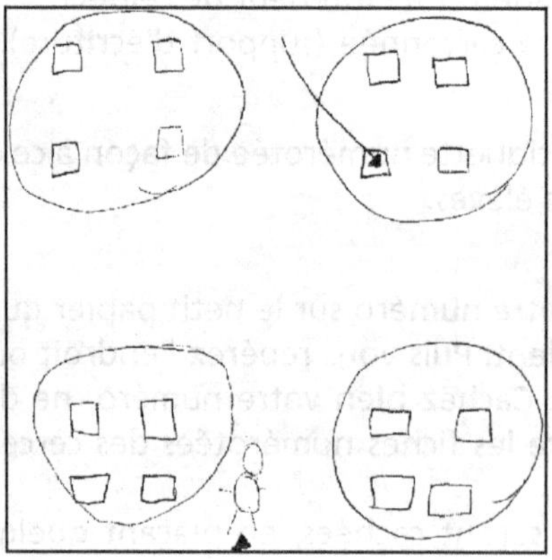

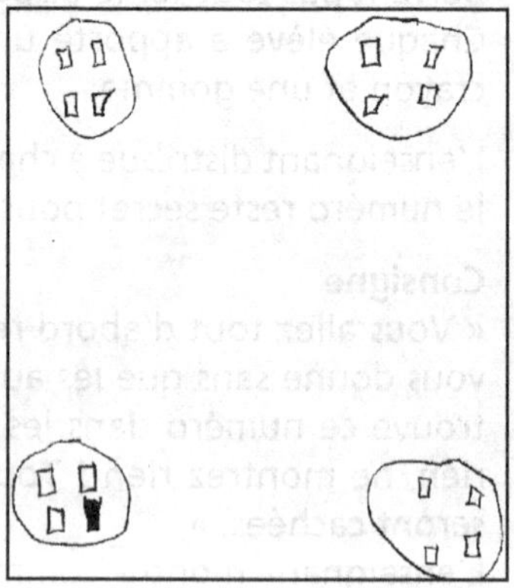

☐ Étape 2 : travail de groupe

L'enseignant constitue les groupes en rassemblant les élèves qui ont le même numéro, à l'aide de sa liste initiale, sans divulguer le numéro. Les groupes sont placés autour du dispositif. Les élèves ne pourront plus se déplacer. Le fait que les élèves n'ont pas été placés au même endroit pour le travail individuel va les aider lors de la confrontation à prendre conscience de la nécessité d'orienter le plan et peut-être d'utiliser des repères fixes.

Consigne

« Tous ceux qui sont dans le même groupe ont le même numéro. Vous devez tout d'abord confronter vos productions puis vous mettre d'accord pour réaliser un seul schéma pour votre groupe sur une nouvelle feuille que je vais vous remettre *(feuille carrée 21 cm x 21 cm)*. Je vous rappelle que vous devez réaliser un schéma pour que les autres puissent trouver facilement où est caché votre numéro, que sur ce schéma ne doivent figurer aucun numéro, aucun texte, aucune couleur. »

Une fois que les élèves d'un groupe ont fini, l'enseignant leur demande de repasser au feutre noir leur dessin (ceci de façon à ce que les photocopies de ces productions soient lisibles) et d'écrire leur nom au dos de la feuille. Il photocopie les rectos des productions en autant d'exemplaires qu'il y a de groupes, puis il choisit une production qui permet de trouver la position de la fiche numérotée pour l'étape 3 et une qui ne le permet pas pour l'étape 5.
Une fois que tous les groupes ont terminé, l'enseignant cache les fiches numérotées sous les fiches carrées.

☐ Étape 3 : décodage d'un message valide

Les groupes sont les mêmes qu'à l'étape 2. L'enseignant veille à ce qu'ils se placent autour du dispositif à un autre endroit que dans l'étape 2 (pour qu'il ne puisse être fait référence à leur position lorsqu'ils ont produit le schéma). Ils ne doivent pas se déplacer afin d'éviter qu'un grand nombre d'élèves ne se retrouvent autour du même cerceau. Les emplacements peuvent être identifiés par la couleur des fiches, ceci permet aux élèves d'échanger de leur place sans avoir à montrer.

L'enseignant distribue à chaque groupe un exemplaire de la production qu'il a choisie à la fin de l'étape précédente et qui doit permettre de retrouver la fiche numérotée.

Consigne

« Vous devez à l'aide du schéma que je vous donne trouver l'endroit où est caché le numéro de … (ici l'enseignant cite le prénom des élèves auteurs de la production). Vous (s'adressant aux auteurs), vous ne dîtes rien pendant que les autres cherchent.
Deux cas peuvent arriver à la fin de ce travail :
– soit vous pensez que ce n'est pas possible de trouver où est caché leur numéro avec le dessin réalisé par vos camarades et, dans ce cas, vous dites pourquoi ;
– soit vous pensez avoir trouvé où il est caché et dans ce cas sur cette étiquette (l'enseignant montre une étiquette vierge) vous mettrez vos noms et tout à l'heure, quand je vous l'indiquerai, vous la poserez sur la fiche choisie. »

Le groupe auteur observe sans rien dire.

Exemple de production choisie pour l'étape 3

Exemple de production choisie pour l'étape 5

☐ Étape 4 : validation et mise en commun

L'enseignant demande : « Quels sont les groupes qui pensent qu'il n'est pas possible de trouver où est caché le numéro de … *(prénoms des auteurs)* ? »

Une fois ce recensement effectué, l'enseignant donne la parole à ces groupes qui doivent expliquer pourquoi ils pensent que ce n'est pas possible. Aucun débat n'est engagé.

Ensuite, il demande : « Quels sont les groupes qui pensent avoir trouvé où est caché le numéro de … ? Un représentant de chaque groupe va mettre l'étiquette de son groupe sur la fiche choisie. »
Chaque groupe est ensuite invité à expliquer pourquoi il pense avoir raison.
Ces explications terminées, l'enseignant soulève les fiches choisies par les groupes en commençant bien sûr par les emplacements faux. Il demande au groupe émetteur son numéro pour valider les propositions de chacun.
Un échange a lieu pour essayer de dégager les causes des échecs.

☐ Étape 5 : décodage d'un message non valide

Le scénario est le même que pour l'étape précédente avec un dessin ne permettant pas (a priori) de trouver le bon emplacement.
Ce travail peut également être fait individuellement : il faut alors plus de photocopies des productions et donner une étiquette vierge à chaque élève.

Le temps de validation des productions (et notamment l'exploitation d'au moins un plan non valide) est le moment important où les élèves prennent conscience du fait que les schémas qui ne contiennent pas de repères extérieurs fixes ne peuvent être exploités convenablement par un lecteur qui ne dispose d'aucune autre information. Cette prise de conscience a pu débuter pour certains lors de l'étape 2. Dans le déroulement choisi, le fait d'exploiter d'abord un plan valide doit permettre de donner des arguments de non-validité pour les productions insuffisantes.

☐ Étape 6 : institutionnalisation

L'enseignant fait le bilan de ce qu'il faut faire pour réaliser un schéma qui permette de réussir la tâche.
« Pour qu'un schéma permette de trouver la fiche il faut :
– que sur ce schéma soient représentés des éléments fixes : mur, fenêtre, porte, meuble… ;
– que ces éléments soient bien représentés pour qu'on les reconnaisse ;
– que ces éléments soient placés les uns par rapport aux autres comme dans la réalité.

De tels schémas sont appelés des plans. »

☐ Étape 7 : exploitation des autres productions

On procède production par production. Pour chacune d'elles, l'enseignant demande s'il s'agit d'un plan (au sens où il vient d'être défini) et s'il est possible de trouver où est caché le numéro du groupe émetteur. Une fois que chaque groupe s'est prononcé sur l'emplacement du numéro, on valide en soulevant les fiches désignées par les groupes et on compare le numéro trouvé au numéro du groupe émetteur.

Activités d'accompagnement

Ici ne figurent que des idées d'activités.

Accompagnement 1
On présente aux élèves le plan d'un lieu qu'ils connaissent (la classe, le préau, l'école) et chacun doit dire ce qu'il reconnaît. Cette activité permet de pointer les conventions d'un plan : représentation des portes, des fenêtres, des murs, des escaliers…

Accompagnement 2
On donne aux élèves des plans de la salle de classe qui contiennent des erreurs en précisant : « Ces plans représentent la salle de classe, les fenêtres, les portes, le tableau, le tableau du maître et l'armoire, mais dans chaque (certains) plan(s) il y a des erreurs, à vous de les trouver. »

Erreurs possibles : certains référents (portes, fenêtres, etc.) dessinés incorrectement (les emplacements sont inversés, ce qui incite à une orientation erronée du plan), des éléments particulièrement significatifs (le bureau, l'armoire, etc.) dessinés aux mauvais endroits…

Accompagnement 3
Les élèves doivent trouver un trésor caché à partir d'un plan. Cette activité peut se passer dans un espace limité et fabriqué : par exemple la cour dans laquelle on place des bancs et des plots, sous l'un d'eux est placé le trésor ou un numéro que les élèves doivent trouver.
Par exemple : un numéro est indiqué sur le plan, il faut le retrouver dans l'espace réel représenté. Ce numéro est caché dans une enveloppe particulière à retrouver parmi un ensemble d'enveloppes placées à différents endroits.

3. Positions dans un quadrillage (CE2)

Les objectifs sont les mêmes que ceux de la situation « Positions et plan ».

> DESCRIPTION RAPIDE

Un élève émetteur est amené à produire le plan d'un dispositif formé de seize gobelets disposés dans un quadrillage pour communiquer à un élève récepteur la position d'un objet caché sous un des gobelets.

> DURÉE

Une séance de 40 minutes.

> MATÉRIEL

- Un quadrillage 4 × 4 avec des cases de 10 à 15 cm de côté dessiné au sol.
- Seize gobelets identiques et opaques (un par case du quadrillage-sol) et un jeton.
- Une feuille pour chaque élève sur laquelle figure un quadrillage 4 × 4 (seize cases de 1 cm de côté) dessiné au centre de la feuille ; la feuille support ne doit pas induire d'orientation par rapport au dispositif (on peut tourner le quadrillage de 45°, ainsi les côtés du carré ne seront pas parallèles aux bords de la feuille ou la feuille peut-être carrée).

DÉROULEMENT

Les élèves sont répartis autour du quadrillage au sol. Chacun dispose d'une feuille sur laquelle figure le dessin du quadrillage 4×4.

Consigne

« Un élève va sortir. Je poserai le jeton sur un des gobelets et vous devrez dessiner sur la feuille des indications, sans faire de phrases, qui permettent de retrouver rapidement l'endroit où est le jeton. Puis nous cacherons le jeton sous ce gobelet et, à l'aide des indications, votre camarade devra retrouver sous quel gobelet se trouve le jeton. Il ne devra soulever qu'un seul gobelet. Les gagnants seront ceux d'entre vous qui auront produit un schéma lui permettant de trouver le bon gobelet. »

L'enseignant fait sortir un élève qui a représenté spontanément des repères extérieurs sur son plan lors de la situation « Positions et plan », et les autres élèves réalisent leur tâche.

Puis le maître choisit :

– des productions ne permettant pas de retrouver le bon gobelet, une production pour chacun des types d'erreurs suivants (s'ils existent) : erreur de repérage dans le quadrillage (peu probable), absence de repères extérieurs ou insuffisance des repères extérieurs ;

– une production permettant de trouver le bon gobelet.

Il cache (ou fait cacher par un élève) le jeton sous le gobelet et fait entrer l'élève sorti auparavant.

L'enseignant lui confie d'abord les productions qui ne permettent pas de trouver le bon gobelet puis une production le permettant.

Lors d'une mise en commun, sont analysées les productions utilisées puis d'autres productions.

Pour clore la mise en commun, l'enseignant revient sur la synthèse de la situation « Positions et plan ».

Exemples de productions d'élèves

Productions ne permettant pas de trouver le jeton

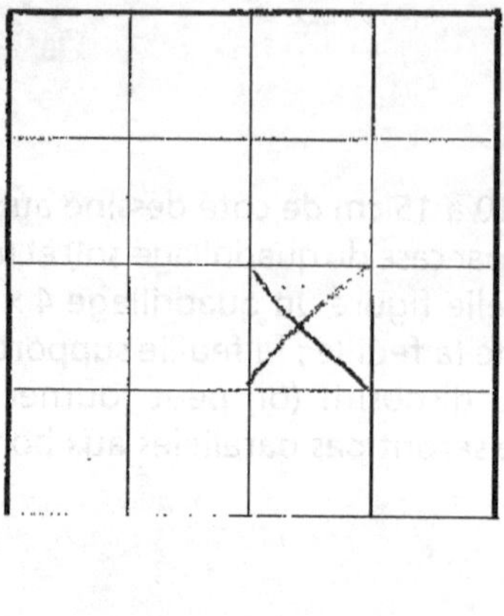

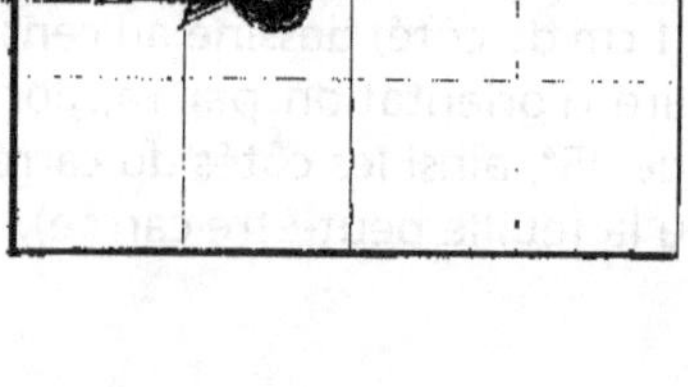

Production permettant de trouver le jeton

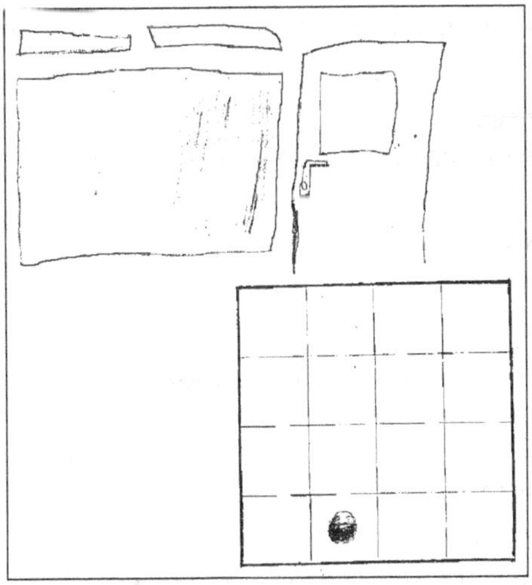

4. Points dans un quadrillage (CM1)

> DESCRIPTION RAPIDE

Cinq points étant placés sur un quadrillage, les élèves émetteurs doivent communiquer la localisation de ces cinq points à des élèves récepteurs qui devront les placer sur un quadrillage vierge.

> OBJECTIFS

Dans un espace quadrillé placé sur une feuille de papier :

– construire un moyen de repérage relatif d'un point par rapport à un autre : comptage des lignes ou des carreaux suivant les directions conventionnelles de la feuille de papier (directions horizontale et verticale ; vers le haut ou le bas, la droite ou la gauche) ;

– construire un moyen absolu de repérage : un point donné comme origine, deux nombres comme coordonnées.

> DURÉE

Deux séances de 40 minutes.

> VARIABLES DIDACTIQUES

Le choix de l'espace

Le problème est posé dans un espace quadrillé dans une feuille de papier.

Le support est orienté par la présence d'un écrit pour éviter des difficultés importantes dans la communication de l'orientation du repère choisi ; la communication peut se faire avec un vocabulaire de repérage dans la feuille de papier (haut/bas, droite/gauche).

Le nombre de points placés
Le fait d'avoir à communiquer la position de plusieurs points doit amener à l'utilisation d'un repère absolu (mais en fait les deux systèmes de repérage sont efficaces).

Les instruments autorisés
Le double décimètre est interdit pour obliger les élèves à se repérer par rapport au quadrillage.

> PROCÉDURES OBSERVÉES ET VISÉES

Elles peuvent utiliser l'orientation de la feuille de papier.

Le repérage peut être :
– absolu : le premier point est repéré par rapport aux bords du quadrillage, les autres sont repérés de la même manière ;
– relatif : le premier point est repéré par rapport aux bords du quadrillage, les autres sont repérés par rapport à un point déjà placé.

Le repérage peut s'exprimer :
– comme un déplacement (3 vers la droite, 2 vers le bas) ;
– en nombre de colonnes et de lignes comptées à partir d'une colonne et d'une ligne origines (3e colonne, 5e ligne) ;
– par un couple de nombres, deux axes gradués ayant été définis.

> MATÉRIEL

– Une feuille quadrillée avec les cinq points placés (quatre types de modèles : A (fiche 1) et B (fiche 2) dans un premier temps ; puis A' (fiche 3) et B' (fiche 4) dans un second temps) par groupe de deux.
– Un quart de feuille A4 pour le message par groupe de deux.
– Deux feuilles quadrillées vierges par groupe de deux (fiche 5).
– Quelques calques des quatre modèles avec les cinq points (fiches 1, 2, 3 et 4).
– Un transparent du modèle A, un transparent du modèle B.
– Le double-décimètre est interdit.

DÉROULEMENT

Le travail se fait par groupe de deux. La classe est partagée en groupes A et en groupes B. Chaque groupe A est associé à un groupe B. Les groupes A (A1, A2, A3…) reçoivent le modèle A, les groupes B (B1, B2, B3…) le modèle B.

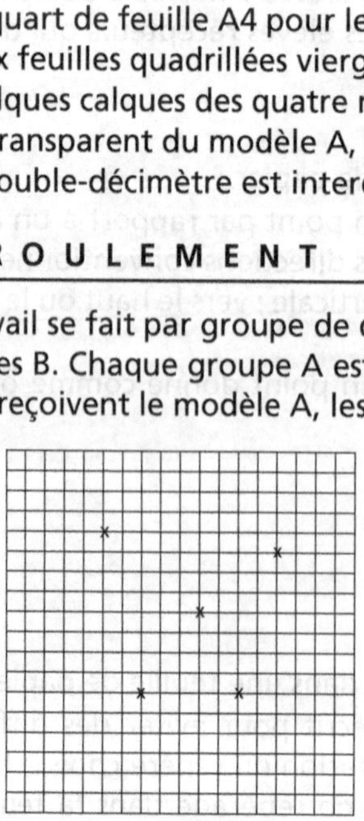

Fiche 1 – Modèle A

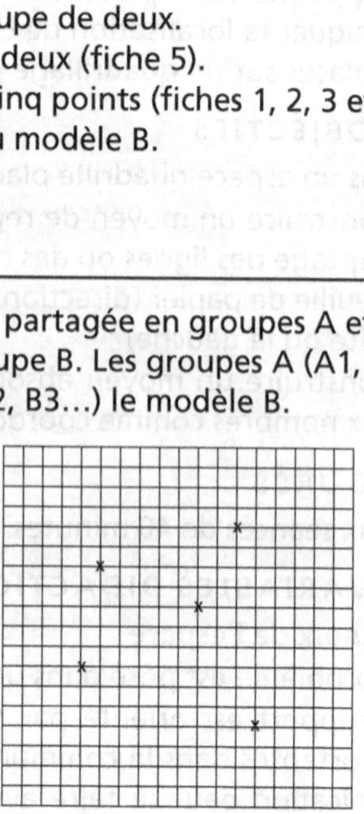

Fiche 2 – Modèle B

Première phase

Étape 1 : émission des messages

L'enseignant montre une feuille quadrillée comportant les cinq points et la feuille quadrillée vierge.

Consigne

« Vous devez faire un message pour indiquer où il faut placer les cinq points dans le quadrillage. À l'aide des seules informations contenues dans votre message, votre équipe associée devra placer les cinq points dans un quadrillage vierge exactement au même endroit que sur votre modèle. On vérifiera ensuite à l'aide d'un calque que les cinq points sont **exactement** au même endroit. »

Chaque groupe dispose d'un quart de feuille A4 pour rédiger le message. Les élèves y notent leurs noms : « Élèves émetteurs : ... ».

Étape 2 : échange des messages et placement des points

Les messages sont échangés entre un groupe A et un groupe B associés.
Les groupes récepteurs notent leurs noms sur la feuille message : « Élèves récepteurs : ... ». Ils disposent d'une feuille quadrillée vierge sur laquelle ils placent les cinq points.
S'il leur semble que le message est incomplet ou non compréhensible, ils notent leurs arguments ou leurs questions au dos de la feuille message. L'enseignant peut mettre en place un aller et retour de message pour permettre au groupe émetteur de répondre à la demande d'informations du groupe récepteur.

Puis il donne les calques pour la validation des placements.

Exemples de procédures observées

Repérage de type absolu :
- repérage des points en prenant comme origine le point en haut à gauche dans le quadrillage et localisation des points en utilisant des flèches : « on part du premier carreau en haut le plus à gauche →→→→→→ × » ;
- idem mais en comptant lignes et colonnes ;
- idem mais en comptant les carreaux « verticalement » et « horizontalement » ;
- repérage avec coordonnées : l'origine est souvent choisie en haut à gauche, les deux axes sont gradués avec des lettres et des chiffres ou uniquement avec des chiffres.

Repérage de type relatif :
- les élèves décrivent un chemin qui va de point en point pour les placer ;
- ils utilisent le vocabulaire de repérage dans la feuille de papier : « descendre, monter, aller vers la droite, aller vers la gauche, aller en diagonale ».

Étape 3 : recensement des échecs et confrontation par équipe de quatre

On recense rapidement les échecs de localisation. Deux groupes A et B associés se réunissent pour trouver l'origine des erreurs de localisation ou pour confronter leurs méthodes de repérage.

Observations faites dans les classes

Le plus souvent, aucun des messages n'amène à la réussite du fait des erreurs ou lacunes du message ou des erreurs de décodage :

– décalage d'une ligne due à la numérotation (commençant à 0 ou à 1) ;
– confusion ligne/colonne, verticale/horizontale, droite/gauche... ;
– absence d'indication des directions ;
– comptage des lignes ou des carreaux ;
– placement des points sur les intersections des lignes ou à l'intérieur des carreaux.

Les élèves identifient bien les erreurs : absence de désignation d'une origine (« on ne sait pas de quel point il faut partir »), absence de désignation ou désignation erronée des directions, comptage des lignes ou des carreaux qui entraîne une ambiguïté...

La première séance peut s'arrêter ici pour permettre au maître de choisir quelques productions (au moins une production utilisant un repérage relatif et une autre utilisant un repérage absolu) qui seront photocopiées sur transparents pour servir de base à la mise en commun.

☐ Étape 4 : mise en commun

Elle peut commencer par un recensement des réussites et des échecs et des causes inventoriées par chaque groupe. L'enseignant pourra revenir sur certaines erreurs des émetteurs ou certaines indications qui ont été mal décodées par les récepteurs.

Puis il procède à la lecture et au décodage collectif des deux ou trois messages choisis. Chaque groupe de deux peut disposer d'une nouvelle grille vierge pour décoder les messages.

La synthèse porte sur :

• le recensement des différentes méthodes de repérage utilisées à partir des productions photocopiées sur transparents :
– celles qui permettent de repérer chaque point à partir du point précédemment placé,
– celles qui permettent de repérer tous les points à partir d'un même point ;

• la mise en évidence des conditions nécessaires à un bon repérage :
– préciser l'origine (d'où on part),
– préciser les directions (on va de gauche à droite...), valables pour la numérotation des lignes (repérage absolu) ou les déplacements (repérage relatif). On peut étudier le vocabulaire de repérage utilisé (direction dans la feuille de papier),
– préciser si l'on se réfère aux lignes ou aux carreaux.

Exemples de messages

Pour le groupe B5, l'origine est donnée précisément. Le repérage est de type absolu.
À partir de cette origine, le récepteur doit effectuer un trajet dont les directions et le nombre de « pas » sont donnés.

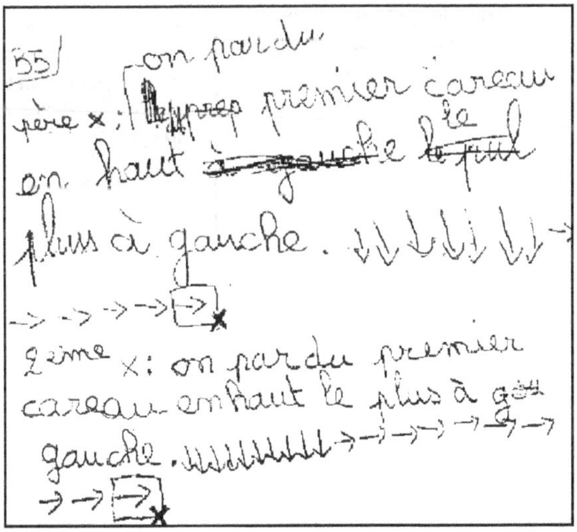
B5/ 1ère x : on par du premier carreau en haut le plus à gauche. ↓↓↓↓↓↓↓↓ → → → → → x

2ème x : on par du premier carreau en haut le plus à gauche. ↓↓↓↓↓↓↓↓ → → → → → → → → → x

Pour le groupe A2, l'origine n'est pas définie. Le récepteur doit effectuer un trajet dont les directions suivent celles de la feuille (monter, descendre) et la longueur est donnée en nombre de lignes. Les termes « avancer » et « reculer » signifient des déplacements sur l'horizontale vers la droite ou la gauche. Le repérage est de type relatif.

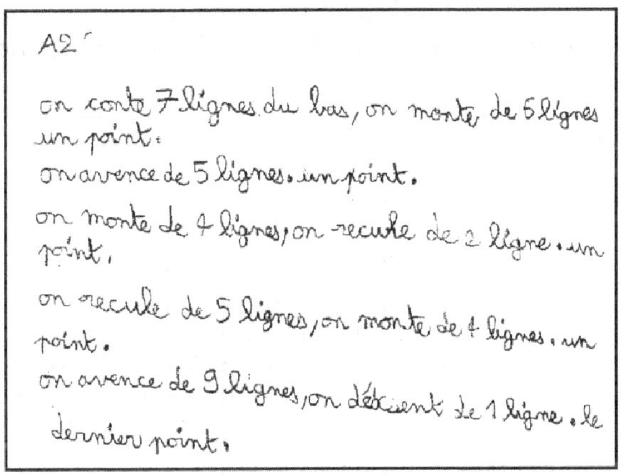
A2

on conte 7 lignes du bas, on monte de 5 lignes un point.

on avence de 5 lignes. un point.

on monte de 4 lignes, on recule de 2 ligne. un point.

on recule de 5 lignes, on monte de 4 lignes. un point.

on avence de 9 lignes, on décent de 1 ligne. le dernier point.

Pour le groupe A3, le repérage est absolu mais l'origine est mal définie.

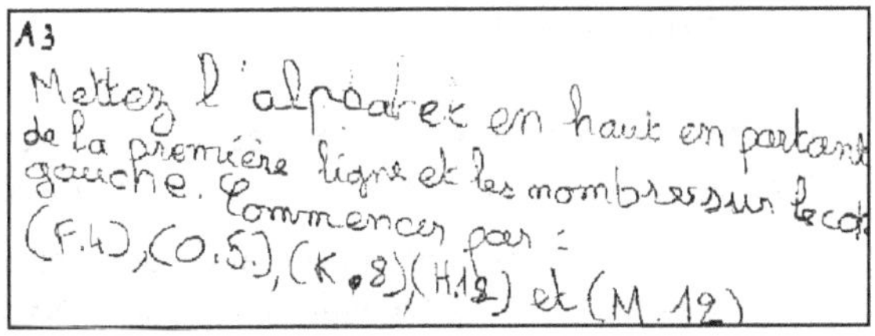
A3

Mettez l'alpabet en haut en partant de la première ligne et les nombres sur le cô gauche. Commencer par :
(F.4), (O.5), (K.8), (H.12) et (M.12)

Le message du groupe B3 a permis de placer convenablement les points. Le repérage est de type absolu.

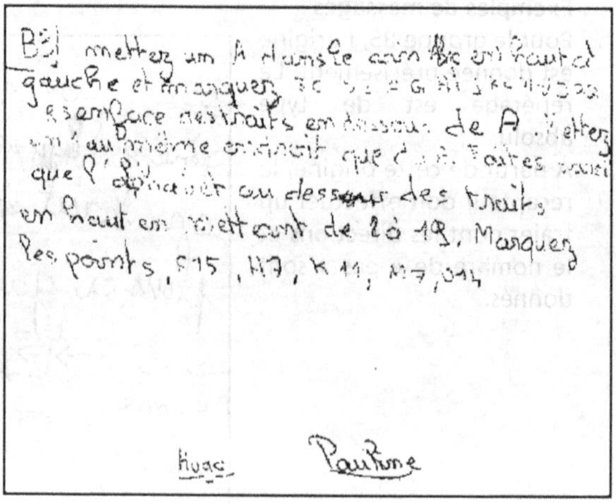

Deuxième phase

Étape 1 : reprise avec d'autres points

Le jeu est repris avec la même organisation que dans les étapes 1 et 2 mais avec des supports différents de deux types notés A' et B' (fiches 3 et 4).

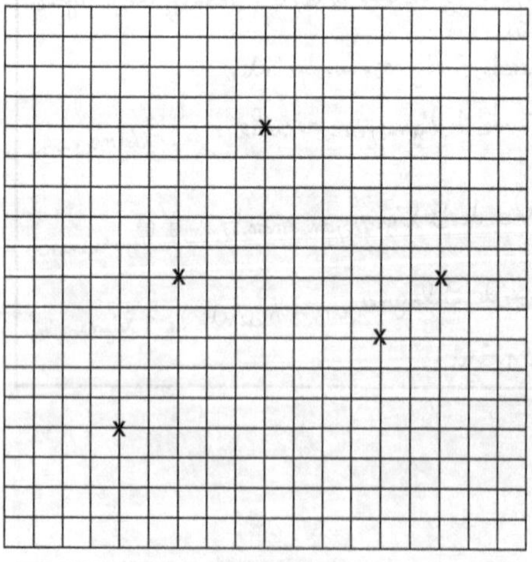

Fiche 3 – Modèle A'

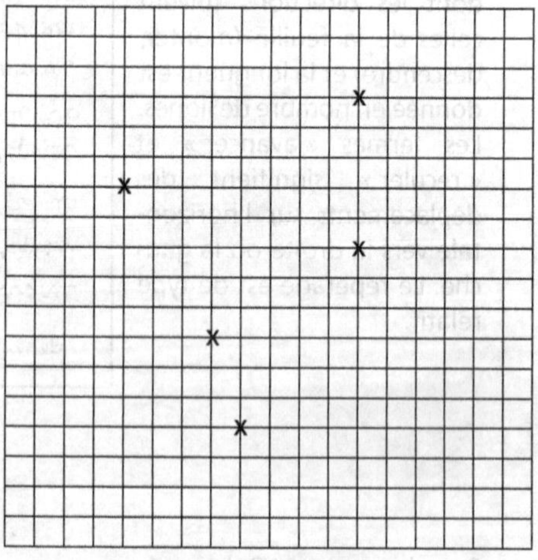

Fiche 4 – Modèle B'

On s'attend à ce que les groupes réinvestissent ce qui a été mis en évidence lors de la mise en commun précédente et avoir ainsi plus de réussites.

Dans les classes observées, on voit apparaître les phénomènes suivants :
- l'influence forte des exemples montrés (choix de la première méthode exposée par exemple) ;
- peu d'utilisation des repérages de type absolu.

☐ Étape 2 : mise en commun et synthèse

Les différentes méthodes de repérage utilisées sont recensées.
On peut conclure et noter que :
– les méthodes efficaces de repérage dans le cas où on a à placer beaucoup de points sont celles qui se réfèrent à un même repère (de type absolu) ;
– la graduation préalable des axes apporte plus d'efficacité ;
– pour repérer un point il faut deux nombres (appelés coordonnées), un point origine étant fixé.

5. Repérage dans un quadrillage (CM1)

> DESCRIPTION RAPIDE

Cette situation d'entraînement fait suite à la situation « Points dans un quadrillage ».
Les élèves ont à repérer des points dans un quadrillage à l'aide de leurs coordonnées et à reproduire des polygones tracés sur quadrillage.

> OBJECTIFS

Dans un espace quadrillé placé sur une feuille de papier :
– utiliser des moyens de repérage relatif d'un point par rapport à un autre : comptage des lignes ou des carreaux suivant les directions conventionnelles de la feuille de papier (directions horizontale et verticale, sens vers le haut ou le bas, la droite ou la gauche) pour reproduire une disposition de points ou une figure ;
– utiliser des moyens de repérage absolu (coordonnées) pour localiser des points.

> DURÉE

Une séance de 40 minutes.

> MATÉRIEL

– Un exemplaire des fiches 1 et 2 et des fiches 3, 4 et 5 par élève.

– Quelques calques des fiches 3, 4 et 5 pour la classe.
– Un transparent ou un agrandissement de la fiche 3 pour la classe.
– Une règle par élève.

DÉROULEMENT

■ Première phase
Repérage de points

Les élèves travaillent individuellement sur les fiches 1 et 2.
Puis les deux élèves d'un même groupe échangent et vérifient leurs productions.
Si besoin, les coordonnées trouvées sont vérifiées collectivement.

La synthèse amène à formuler : en numérotant les lignes du quadrillage (horizontale et verticale), on peut repérer chaque point placé à un nœud du quadrillage par deux nombres, ou lettre et nombre, qui s'appellent les coordonnées du point par rapport à cette numérotation.

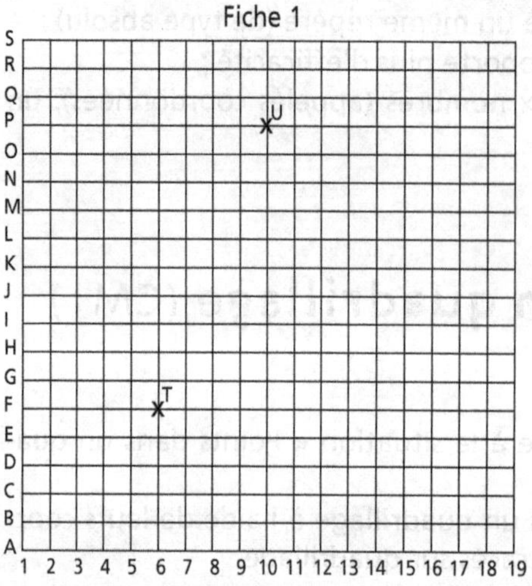

Le point T a pour coordonnées (,).

Le point U a pour coordonnées (,).

Place le point W qui a pour coordonnées (I, 17).
Place le point Y qui a pour coordonnées (K, 13).

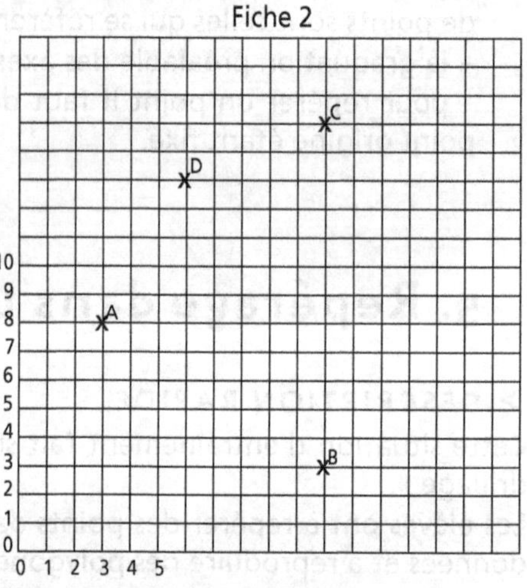

Le point A a pour coordonnées (3, 8).
Le point B a pour coordonnées (11, 3).
Le point C a pour coordonnées (,).
Le point D a pour coordonnées (,).
Le point E a pour coordonnées (14, 14). Place-le.
Le point F a pour coordonnées (16, 9). Place-le.

■ Deuxième phase
Reproductions sur quadrillage

☐ Étape 1 : réalisation individuelle

Les élèves reproduisent individuellement les deux figures de la fiche 3. Les figures sont des triangles dont les sommets sont sur des nœuds du quadrillage et dont les côtés sont « obliques ».

Un contrôle à deux peut se faire ensuite. Si besoin, on fournit un calque avec les modèles des triangles ABC et DEF pour valider.

Le maître repère au moins deux élèves, l'un utilisant une procédure peu valide de reproduction des segments (par exemple par comptage des carreaux traversés), l'autre qui utilise une méthode valide pour repérer l'extrémité du segment par rapport au point donné.

☐ Étape 2 : mise en commun

Le maître affiche la fiche 3 agrandie au tableau ou la projette à l'aide du rétroprojecteur. Deux élèves ayant des méthodes différentes viennent successivement faire les reproductions au tableau.

Reproduis les triangles.

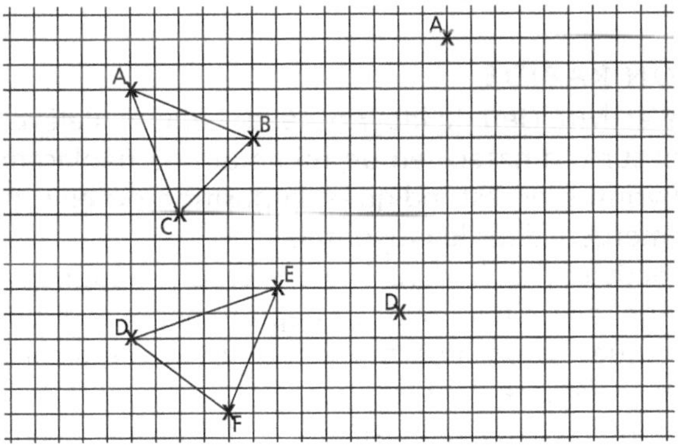

Fiche 3

Le maître met en évidence que la méthode qui consiste à repérer une extrémité du segment par rapport à l'autre, par ses coordonnées relatives suivant l'horizontale et la verticale (par exemple pour placer B par rapport à A : 5 carreaux vers la droite, 2 vers le bas), est valable pour tous les segments, qu'elle est la seule valide pour la reproduction des segments « obliques » (qui ne suivent ni les lignes, ni les diagonales du quadrillage).

Pour reproduire un polygone à partir d'un de ses sommets, on peut donc repérer tous ses sommets puis tracer les côtés.

☐ Étape 3 : entraînement

D'autres reproductions sont proposées en travail individuel (fiches 4 et 5).

Reproduis la figure.

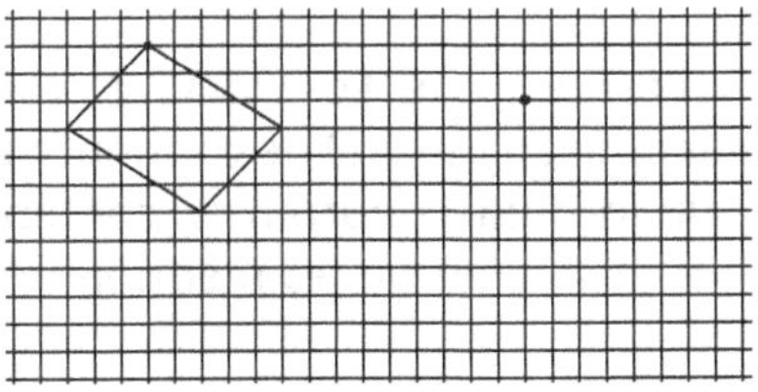

Fiche 4

Reproduis les quatres figures dans le quadrillage ci-dessous.

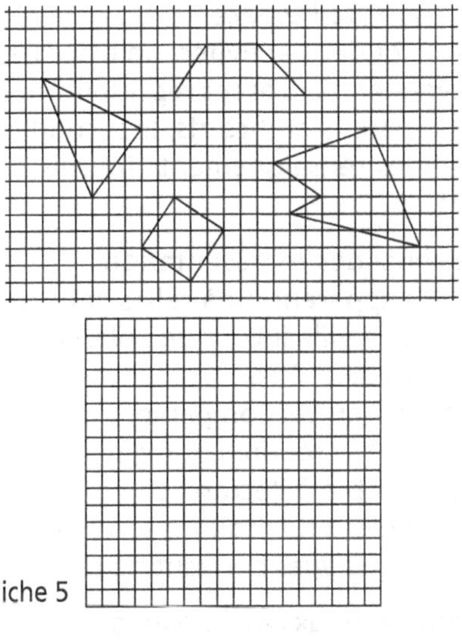

Fiche 5

6. Labyrinthe (CM2)

> DESCRIPTION RAPIDE

Dans la première activité (Jeu du labyrinthe du Louvre), l'élève doit sortir d'un labyrinthe virtuel sur ordinateur en un minimum de déplacements. Il dispose d'un plan du labyrinthe où est indiquée sa position ou bien de la vue qu'il a quand il est « immergé » dans le labyrinthe.

Dans la seconde activité (Perdu dans Châlons-en-Champagne), l'élève doit réaliser un trajet virtuel en un minimum de déplacements. Il dispose d'un plan de la ville où est indiquée sa position ou bien de photos qui correspondent à ce qu'il voit quand il se déplace dans les rues.

Les deux sites web interactifs (Jeu du labyrinthe du Louvre et Perdu dans Châlons-en-Champagne) sont téléchargeables sur le site : http://perso.wanadoo.fr/fabien-emprin, et sur le site compagnon du présent ouvrage : www.ermel-hatier.com. Les renseignements pour maîtriser le téléchargement, l'extraction et la mise en route du logiciel sont indiqués sur le site.

> OBJECTIFS

Cette activité correspond à l'objectif suivant : utiliser une carte ou un plan pour situer un objet, anticiper ou réaliser un déplacement.

Plus précisément, il s'agit d'amener l'élève à mettre en lien les informations concernant sa position prise sur un plan et les vues données dans l'espace réel, pour comprendre sa position et son orientation dans l'espace et ainsi déterminer son déplacement.

> DURÉE

Deux séances de 40 minutes.

> VARIABLES DIDACTIQUES

Le choix de l'espace

Dans les deux activités, un macro-espace virtuel est proposé. Les élèves doivent l'évoquer d'après ses représentations. Le premier (le labyrinthe) ne contient pas de repères significatifs, le second (espace urbain inconnu) pourrait en contenir mais les renseignements fournis par les photos et le plan ne les mentionnent pas.

Le choix des représentations

Elles s'apparentent à celles habituellement utilisées lorsque l'on a à se déplacer dans une ville inconnue : plan et vues.

Le plan peut être :

– donné en version papier : dans ce cas, les élèves peuvent en modifier l'orientation et la rendre conforme à celle de l'espace réel ;

– affichable à l'écran : son orientation est donc fixe et il est alors plus difficile pour l'élève de projeter son orientation sur celui-ci. D'autre part, dans ce cas, le plan et les vues peuvent ne pas être visibles simultanément.

Dans ces deux cas, le plan peut être accessible à l'élève en permanence (ou à la demande) ou seulement temporairement pour qu'il y prenne des informations.

Les photos de la ville présentent plus d'informations parasites que les vues dans le labyrinthe modélisé.

> PROCÉDURES OBSERVÉES ET VISÉES

Concernant l'usage du plan, quand il est à disposition, les élèves peuvent le tourner au fur et à mesure des rotations dans le labyrinthe et rester ainsi dans la bonne orientation.

Lorsqu'il y a prise d'informations sur le plan, certains élèves tracent un système de flèches symbolisant les déplacements à faire, d'autres essaient de représenter le parcours.

Sans contrainte, la plupart des élèves utilisent l'alternance entre affichage du plan et des vues dans le labyrinthe, ils mémorisent des parties plus ou moins grandes de leur parcours.

Pour mémoriser le parcours, certains élèves tentent de se souvenir des nombres de pas et des virages à prendre mais d'autres comprennent rapidement qu'il suffit de mémoriser les éléments caractéristiques du parcours : « à gauche puis tout droit jusqu'à ce que je ne puisse plus continuer, là à droite, je passe deux intersections et à la deuxième à droite... ». Le repérage se fait par rapport au sujet. C'est ce type de procédures qui est visé puisqu'elle évite de mémoriser des informations inutiles.

Les procédures ne varient que peu entre les deux logiciels même si le plan de Châlons-en-Champagne est plus complexe.

> MATÉRIEL

Quelle que soit la variante (« Jeu du labyrinthe du Louvre » ou « Perdu dans Châlons-en-Champagne »), les élèves disposent d'un plan (fiches 1 et 3) en version papier qui leur sera éventuellement enlevé lorsqu'ils iront sur les ordinateurs.

Exemples pour « Jeu du labyrinthe du Louvre » :

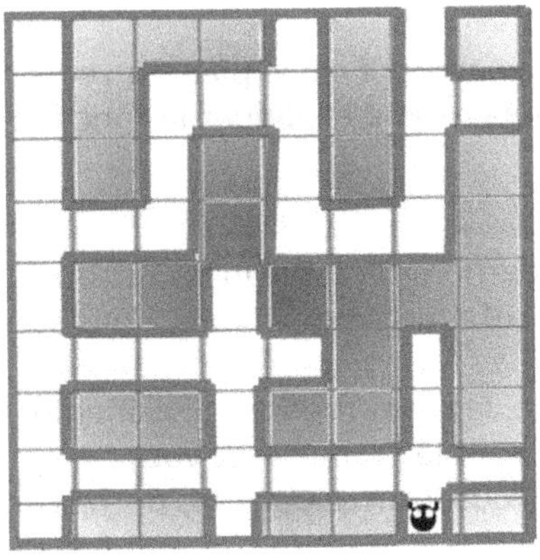

Fiche 1

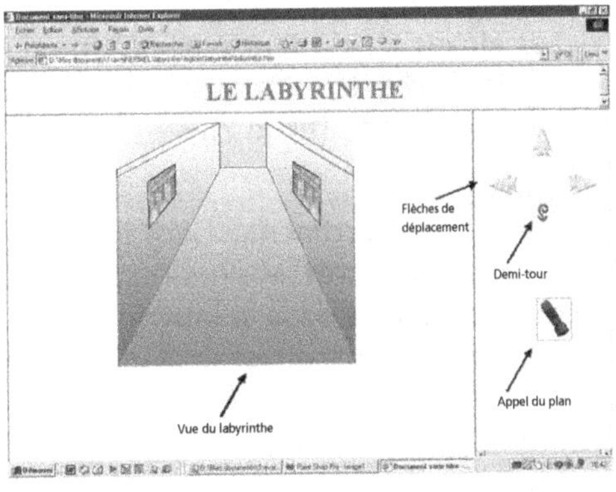

Fiche 2

On photocopie également pour chaque élève une photo d'écran qui permet d'expliquer le fonctionnement du site (fiches 2 et 4).

L'usage de casques permet d'entendre les indications sonores qui indiquent que les déplacements demandés ont bien été réalisés.
En fonction de la variante choisie, une petite feuille de papier peut être nécessaire pour la prise d'informations.

Exemples pour « Perdu dans Châlons-en-Champagne » :

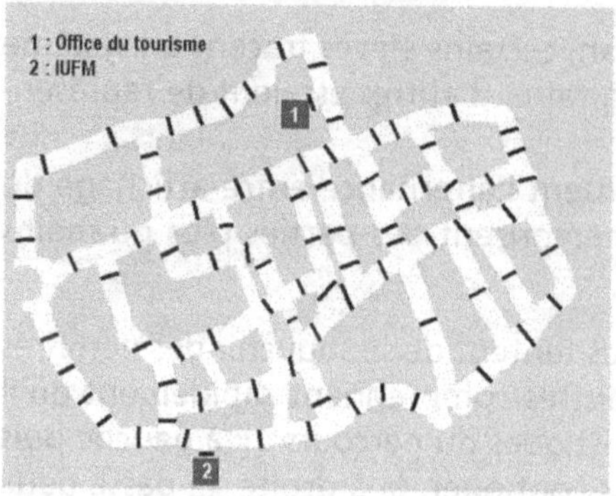

Fiche 3

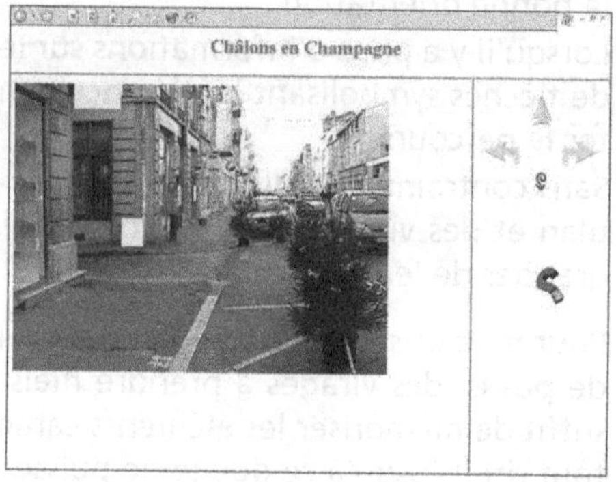

Fiche 4

DÉROULEMENT

En fonction du nombre d'ordinateurs disponibles, on peut faire travailler les élèves par deux ou individuellement. Dans tous les cas, l'enjeu est de mettre le logiciel au centre d'une réflexion. La réflexion commence sur table puis les élèves vont sur ordinateur, et la séance se termine par une mise en commun sans ordinateur.

Première phase
Jeu du labyrinthe du Louvre

☐ Étape 1 : anticipation de la tâche à réaliser

Les élèves sont à leur place (donc sans ordinateur) avec le plan en version papier (fiche 1) et l'impression d'écran qui permet d'expliquer le fonctionnement du site (fiche 2).

Consigne

« Vous vous promenez dans le Louvre et derrière un tableau vous trouvez un passage secret. Malheureusement, il se referme derrière vous. Vous êtes donc enfermés dans le labyrinthe.
Sur le mur vous trouvez le plan du labyrinthe. Je vous propose trois variantes :
– *variante 1 :* vous le décrochez du mur et vous le prenez avec vous ;
– *variante 2 :* il est gravé dans le mur mais vous trouvez dans vos poches un morceau de papier. Vous pouvez donc prendre en note quelques informations avant de partir dans le labyrinthe ;
– *variante 3 :* c'est Belphégor qui l'a fait apparaître. Vous pourrez l'appeler quand vous serez perdus mais attention n'en abusez pas car quand vous l'appelez cela vous comptera un déplacement.

Vous devez sortir du labyrinthe en faisant le moins de déplacements possible ! »
Pour les variantes 2 et 3, l'enseignant ramassera le plan.
L'enseignant demande aux élèves dans chaque variante (traitée l'une derrière l'autre) d'observer le labyrinthe et de poser des questions.
La fiche 2 est utilisée pour expliquer le fonctionnement du jeu. Il est important de préciser qu'il faut utiliser le bouton « Appel du plan » pour passer du plan au labyrinthe et qu'on ne peut se déplacer que quand on est dans le labyrinthe.

☐ Étape 2 : travail sur ordinateur

Les élèves vont sur les postes et se déplacent dans le labyrinthe virtuel. Quand ils ont fini, l'enseignant peut, si l'équipement informatique le permet, imprimer le bilan de leurs déplacements (voir pour un exemple, ci-contre) ou leur faire noter le nombre de coups réalisés.

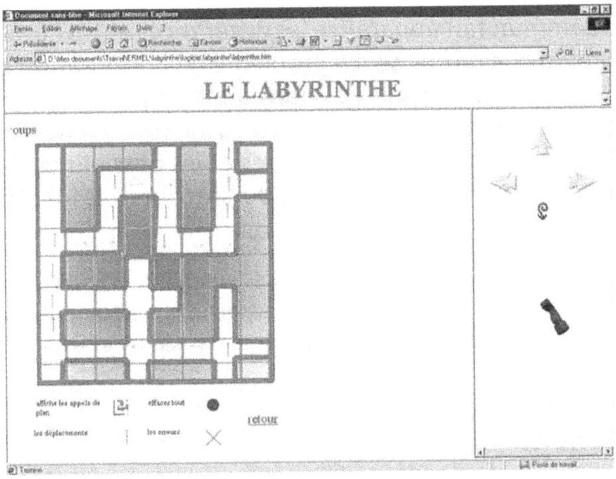

☐ Étape 3 : mise en commun et institutionnalisation

Il s'agit de faire émerger les difficultés rencontrées. Elles sont notées au tableau :
- tenir compte du plan pour ne pas se déplacer dans le labyrinthe à vue ;
- mémoriser les orientations ou le bon nombre de pas ;
- orienter correctement le plan.

Pour aider les élèves, on peut leur demander de se remémorer le déroulement du jeu en s'appuyant éventuellement sur l'impression de leur parcours.

On recherche les procédures efficaces. Elles sont notées sur le cahier mémoire, le plan imprimé à l'issue de l'activité est collé dans le cahier ainsi que les documents utilisés dans la première étape.

Résultats observés

Sur un groupe observé, 5 élèves sur 22 abandonnent lors du premier essai ; quelques-uns réussissent avec un nombre de coups très élevés (plus de 200) ; 8 réussissent à sortir en une trentaine de coups. Les scores s'améliorent nettement au deuxième essai. Pendant une partie, la plupart des élèves améliorent leur stratégie au fur et à mesure de l'avancée du jeu. La démarche d'anticipation des actions à partir du plan est explicitée par certains : « J'ai regardé sur le plan les intersections, c'est à gauche et puis tout droit jusqu'à un mur, là c'est à gauche… »

Deuxième phase
Perdu dans Châlons-en-Champagne

Cette reprise se déroule de façon identique à la première phase (avec les fiches 3 et 4).

Remarque : quand le logiciel est lancé, le point de départ dans la ville est déterminé au hasard. Il est donc nécessaire de se rendre d'abord au point 1 (départ : « Office de tourisme »), pour ensuite chercher à se rendre au point 2 (arrivée : « IUFM »).

La mise en commun fait apparaître les différences entre l'espace urbain évoqué et le labyrinthe modélisé. Le problème de l'orientation dans le plan est souvent évoqué : « on ne sait pas dans quel sens on va ». La synthèse peut faire apparaître les stratégies pour retrouver son orientation : avancer en regardant sur le plan et analyser les vues et les possibilités de déplacement, repérer des éléments caractéristiques du parcours, les identifier sur le plan.

Résultats observés

Dans les classes observées, il ne se dégage pas vraiment de corrélation entre les réussites au premier logiciel et au second. En revanche, il y a toujours une nette amélioration des performances entre le premier et le deuxième essai.

Troisième phase
Prolongement

Une variante de communication entre les élèves est envisageable.

Avec le plan et le logiciel, il est demandé aux élèves (ils travaillent individuellement ou par deux) de confectionner un message de telle façon que celui qui le reçoit puisse, en le lisant, aller à un endroit précis.

Consigne

« Écrivez un message indiquant à un camarade comment rejoindre tel endroit. »

L'élève qui reçoit le message a la possibilité de le tester avec le logiciel.
Cette variante est compatible avec les possibilités techniques du logiciel proposé.

Cela permettrait de mettre à jour les différents types d'orientation :
– absolue : « troisième à gauche, puis deuxième à droite… » ;
– relative : « à gauche après le magasin "machin"… ».

7. Figures dans un cadre (CM2)

> DESCRIPTION RAPIDE

Les élèves disposent d'une feuille (le modèle) sur laquelle est dessinée une figure géométrique simple disposée dans un cadre rectangulaire. Ils doivent réaliser un message sous la forme d'un texte et/ou d'un schéma qui permette à d'autres élèves de reproduire sur une feuille comportant le même cadre rectangulaire la même figure exactement au même endroit, avec la même orientation.

Tous les élèves, en tant qu'émetteurs, ne disposent pas du même modèle.

Tous les élèves, en tant que récepteurs, reçoivent les messages correspondant aux différents modèles, sauf celui pour lequel ils ont été émetteurs, et réalisent d'après ceux-ci les constructions des figures. L'ensemble des figures représente un dessin figuratif.

> OBJECTIFS

Cette situation de synthèse permet de réinvestir les connaissances concernant les figures planes et certaines relations comme l'alignement, la distance, la perpendicularité ou le parallélisme. Elle permet également d'étendre les compétences de repérage acquises dans le cas particulier des quadrillages (nécessité de donner des repères fixes pour orienter la feuille de papier, de définir une origine, des directions, un ordre dans les coordonnées…).

> DURÉE

Deux séances de 40 minutes.

> VARIABLES DIDACTIQUES

Le choix de l'espace

L'espace travaillé est celui de la feuille de papier. Elle est dotée de directions conventionnelles (directions horizontale et verticale ; sens vers le haut ou le bas, la droite ou la gauche).

Le cadre rectangulaire permet de définir des systèmes de repères : par rapport aux sommets ou aux côtés. Les types de repérage peuvent être :

– analytiques : des axes gradués ou un quadrillage peuvent être définis et les points repérés par leurs coordonnées ;

– géométriques : un point peut être repéré par ses distances à deux autres points, par ses distances aux côtés du cadre ou comme intersection d'une perpendiculaire à un côté et d'une autre droite, etc.

Le choix des figures

La nature des figures proposées et les indications sur ces figures (par exemple la présence du centre des cercles) influent sur les messages des élèves. La position des sommets des figures sur des coordonnées entières ou non permet de simplifier la tâche.

Dans un premier temps, les figures choisies sont des cercles et des triangles, les centres des cercles étant indiqués, puis, dans un deuxième temps, des carrés et des rectangles.

Les figures sont placées dans des positions non prototypiques : triangle sommet vers le bas, carrés et rectangles avec des côtés non parallèles aux bords du cadre. Ce choix disqualifie la prise de distances des côtés de la figure aux bords du cadre.

> PROCÉDURES VISÉES

On attend des élèves qu'ils trouvent un moyen de communiquer l'orientation de la feuille et leur démarche de prise de mesures.

Les élèves peuvent réaliser soit un texte et utiliser du vocabulaire spatial ou géométrique, soit un schéma. Mais la dimension de la feuille message (un quart de A4) leur interdit de reproduire l'ensemble du modèle.

L'enjeu est que les élèves se rendent compte que certaines procédures sont plus fiables que d'autres : par exemple communiquer la position du centre du cercle et son rayon plutôt que les distances du cadre au cercle, ou communiquer les coordonnées des sommets des triangles, des carrés et du rectangle par rapport à des axes définis par le cadre plutôt que les distances des côtés au cadre.

> MATÉRIEL

La classe comporte deux ou trois équipes de 8 à 16 élèves, composées chacune de quatre groupes.

Pour la première phase

Pour une équipe, il faut les fiches 1 et 2 agrandies au format A3 et découpées. Chacun des quatre groupes reçoit une des figures modèles (1, 2, 3 ou 4).

Pour chaque groupe, il faut la « boîte à outils » complète et trois quarts de feuille A4 pour les messages (à chaque groupe peut être attribuée une couleur de feuille).

Quelques exemplaires de la figure 5 (fiche 5) agrandie de A4 en A3 sur calques ou transparents pour la validation.

Pour la deuxième phase

Pour une équipe, il faut les fiches 3 et 4 agrandies au format A3 et découpées. Chacun des quatre groupes reçoit une des figures modèles (6, 7, 8 ou 9).

Pour chaque groupe, il faut la boîte à outils complète et trois quarts de feuille A4 pour les messages (à chaque groupe peut être attribuée une couleur de feuille).

Quelques exemplaires de la figure 10 (fiche 5) agrandie de A4 en A3 sur calques ou transparents pour la validation.

DÉROULEMENT

Les élèves sont répartis en groupes puis en équipes de façon à ce qu'il y ait un nombre de groupes divisible par 4. Une équipe sera constituée de quatre groupes, c'est dans cette équipe que seront échangés les messages. Par exemple dans une classe de 28 élèves, on fait huit groupes : quatre groupes de 4 et quatre groupes de 3. Chaque équipe peut être constituée par deux groupes de 4 et deux groupes de 3.

Première phase
Premier jeu de communication

Étape 1 : élaboration des messages

Les équipes et les groupes sont constitués. Chaque groupe reçoit une figure modèle et trois quarts de feuille A4.

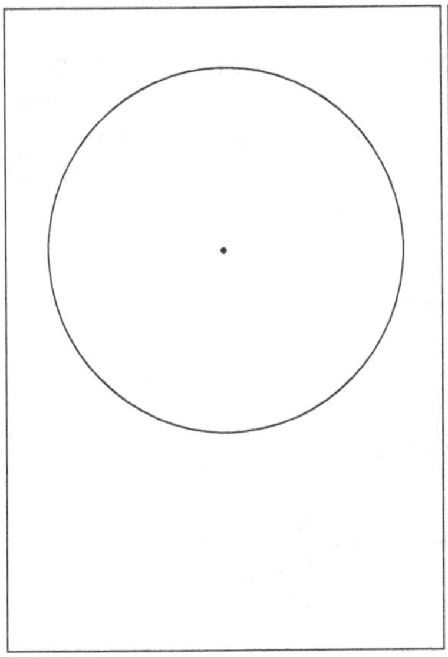

Figure 1

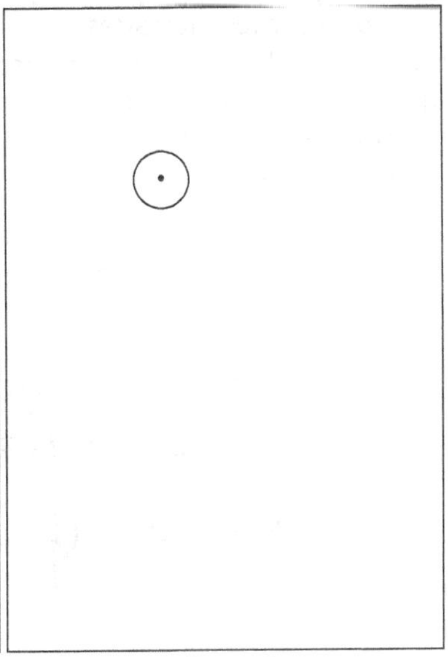

Figure 2

Fiche 1

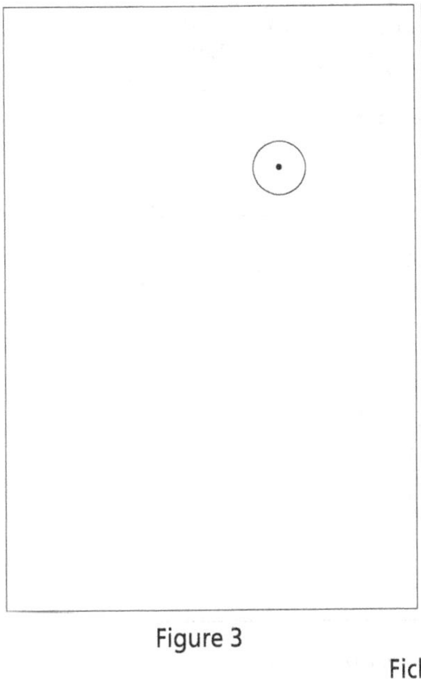

Figure 3

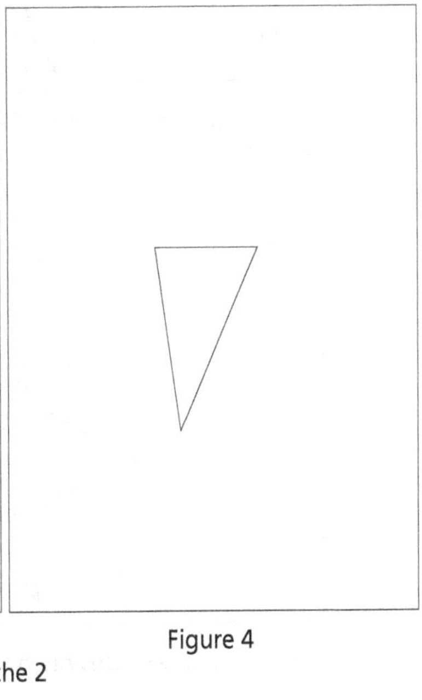

Figure 4

Fiche 2

Consigne

« Vous êtes répartis en équipes, constituées de quatre groupes. Chaque groupe a un modèle. Ce modèle comporte un cadre rectangulaire et une figure. Dans chaque groupe, vous allez réaliser un message qui permettra aux autres groupes de votre équipe de refaire la figure exactement au même endroit par rapport au cadre. Vous recopierez ce message en trois exemplaires pour les trois autres groupes sur les petites feuilles. Vous noterez vos noms sur les messages.

Ensuite, nous échangerons les messages au sein de chaque équipe. Chaque groupe va donc recevoir trois messages. Chaque groupe va faire, sur sa feuille modèle, les trois dessins qui correspondent à ces trois messages. Une fois les constructions réalisées, nous les validerons en utilisant un calque. »

Par groupes, les élèves réalisent leur message et le recopient.

Exemples de productions de groupes

La plupart des élèves font des schémas codés.

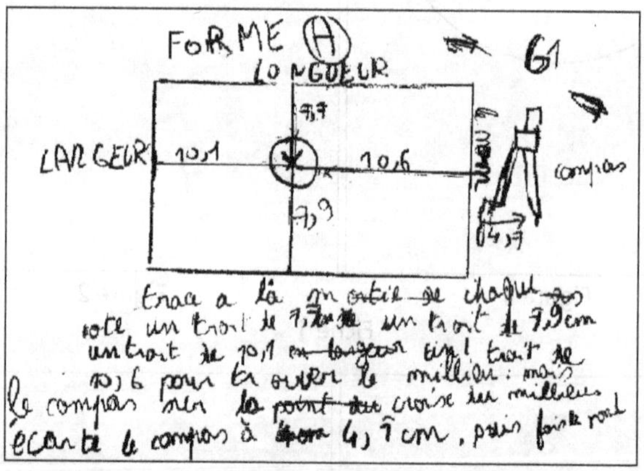

Schéma utilisant les propriétés du cercle (centre et rayon)

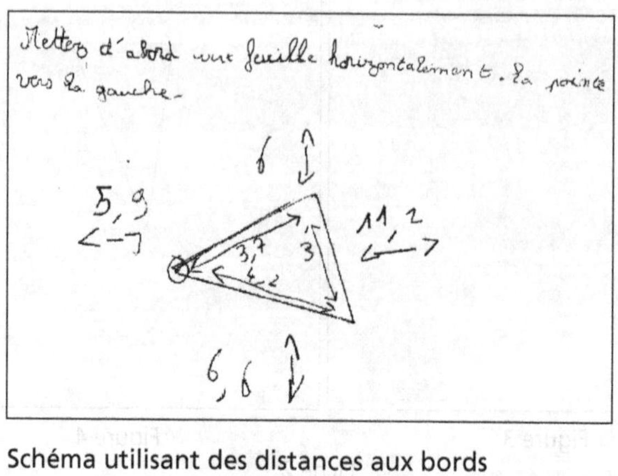

Schéma utilisant des distances aux bords

☐ Étape 2 : échange et interprétation des messages

Les messages sont échangés au sein d'une même équipe. Chaque groupe donne un des messages à chacun des trois autres groupes et chaque groupe reçoit trois messages différents (de trois couleurs différentes).

S'il lui semble que le message est incomplet ou non compréhensible, le groupe récepteur note ses arguments ou ses questions au dos de la feuille message. On peut mettre en place un aller et retour de message pour permettre au groupe émetteur de répondre à la demande d'informations du groupe récepteur.

Chaque groupe réalise les constructions correspondant aux trois messages sur sa feuille modèle.

Les premiers messages sont en général incomplets et les récepteurs font des demandes.

Voici quelques exemples : « Tracer le rond à 5 cm du cadre sur le côté droit. Tracer le rond à 9 cm de la hauteur. Tracer le rond à 11 cm et 5 mm de la gauche. Tracer un rond 1 cm sur 1 cm. Faire une croix au centre du rond ».

Question d'un groupe récepteur : « On ne sait pas si c'est vers le haut ou vers le bas ? » Réponse : « À 9 cm du haut et à 5 cm de la droite et à 11,5 du bas et à 10,5 de la gauche. »

Question d'un autre groupe récepteur : « Le rond fait 5 cm ou 1 cm ? » Réponse : « Il fait 2 cm en tout, mais le tracer à 5 cm de la droite. »

De manière générale, l'expression est peu géométrique.

☐ Étape 3 : validation et mise en commun

La validation se fait par utilisation du calque ou du transparent de la figure 5 (fiche 5). On invite les élèves à rechercher les erreurs, en particulier les erreurs d'orientation de la feuille qui sont facilement vérifiables grâce au déplacement ou au retournement du calque.

Exemples d'erreurs d'élèves

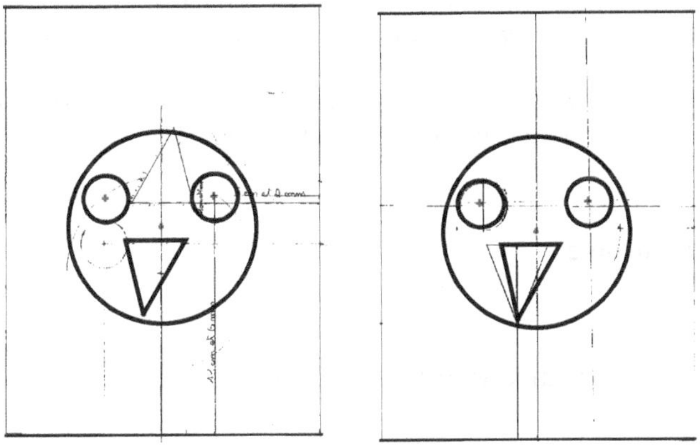

Problèmes d'orientation — Problèmes d'imprécision

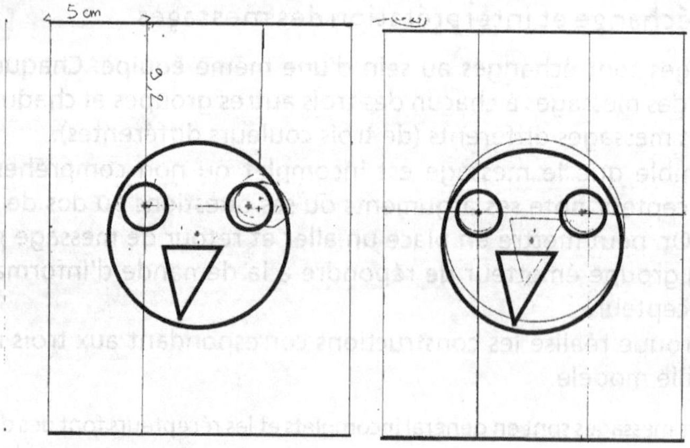

Dessin inachevé et tracés à la main

Résultat proche

Le dessin correct est en gras.
En général, peu de productions sont correctes.

Lors de la mise en commun, on peut revenir sur certains messages en critiquant les informations données ou l'expression imprécise ou peu géométrique. La mise en commun doit permettre d'établir une première liste d'informations nécessaires à la communication d'une figure. Cette liste doit servir de base pour la reprise de la deuxième phase. Les messages, éventuellement corrigés, peuvent être recopiés sur des feuilles A3 et affichés.
Le bilan peut se faire sous la forme d'une liste intitulée : « Pour réaliser un bon message, il faut... »

Dans une classe, la mise en commun s'est appuyée sur l'étude collective de textes d'élèves, par exemple :
« La figure que vous allez exploiter est un rond. En vertical du haut de la feuille, 9,1 cm, puis en vertical du bas de la feuille, 11,6 cm. En horizontal de la droite, 5,3 cm puis en horizontal de la gauche, 10,4 cm. Quand vous avez trouvé la croix, vous l'entourez. »
Ce texte a permis de revenir sur le vocabulaire lié au cercle : centre, rayon, et sur le fait que, pour tracer un cercle, il faut connaître l'emplacement de son centre et son rayon.

Deuxième phase Reprise

Reprise

La reprise se fait à l'identique de la première phase en utilisant les fiches 3, 4 et 5 (figure 10). Elle permet de réinvestir ce qui a été vu et de meilleures réussites.

Institutionnalisation

La liste des contraintes amendée et complétée lors de la mise en commun constitue la trace écrite.

On peut mettre en évidence :
– la nécessité d'orienter la feuille (« où est le haut ? »), et de donner une origine (« en partant de l'angle en haut à gauche… ») et une direction (« On part de quel côté ? ») ;
– la nécessité de se mettre d'accord sur le vocabulaire géométrique employé (diamètre, cercle, centre…). La notion de perpendiculaire est peu utilisée. Les élèves utilisent de préférence du vocabulaire spatial (« horizontale » ou « verticale ») ou disent « droit », « en face » ;
– le fait qu'un cercle est défini par son centre et son rayon, d'où l'intérêt de repérer le centre du cercle par rapport aux sommets du cadre ou à ses bords et de donner son rayon plutôt que de repérer le cercle lui-même ;
– le fait qu'un triangle est défini par la donnée de ses trois sommets, d'où l'intérêt de repérer chacun des trois sommets. Souvent, pour les élèves, trois points déterminent trois triangles différents par analogie avec le cercle (par exemple : les élèves donnent un point et la « hauteur »). La mesure des côtés du triangle semble une donnée nécessaire à sa construction pour un tiers des élèves.

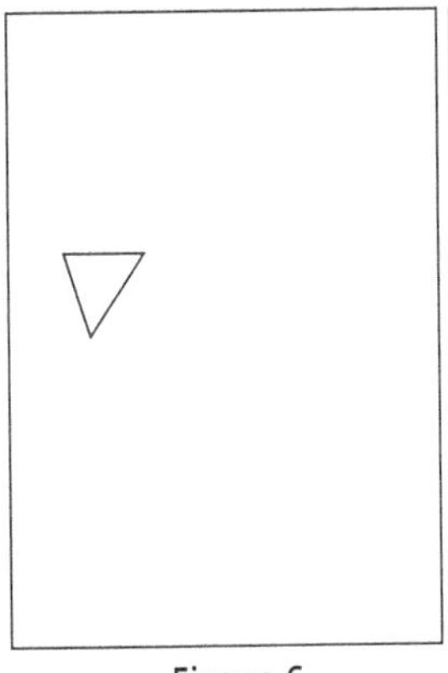

Figure 6

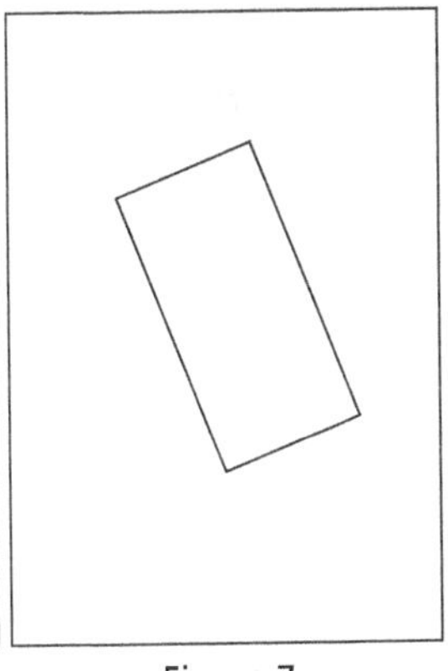

Figure 7

Fiche 3

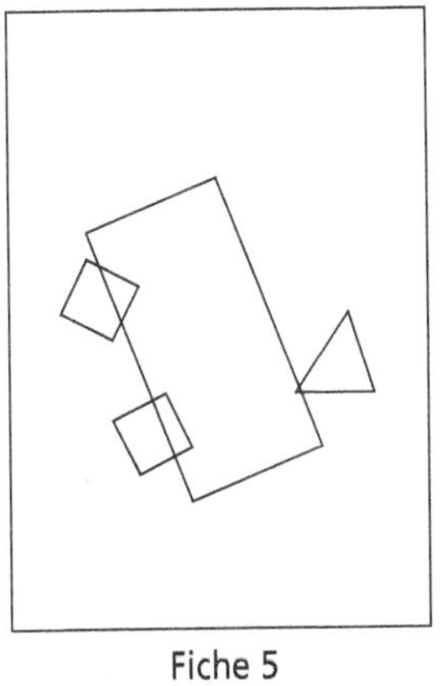

Fiche 5

Figure 10 (camion)

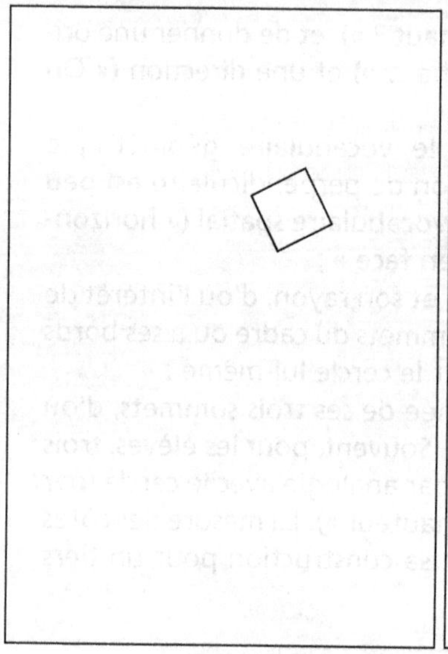

Figure 8

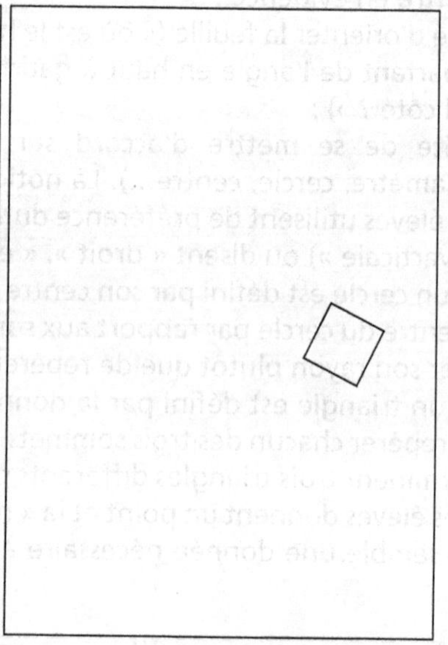

Figure 9

Fiche 4

Et après...
Un regard vers le collège

Au collège, la géométrie occupe, dans le temps consacré aux mathématiques, une place beaucoup plus importante qu'à l'école élémentaire. Alors que l'ensemble géométrie-mesure occupe souvent moins d'un tiers des activités mathématiques proposées dans les manuels du cycle 3, au collège elle en occupe plus de la moitié, avec une nette domination de la part de la géométrie.

Au-delà de cet aspect quantitatif, une évolution plus sensible intervient au collège. D'une approche où les relations et les propriétés géométriques sont essentiellement traitées et contrôlées par la perception et en recourant à des instruments, la réflexion de l'élève devra évoluer vers une approche déductive où les raisonnements et les preuves s'appuient sur des théorèmes. Cette évolution qui est marquée par l'initiation à la démonstration s'accompagne d'une approche plus conceptualisée de la géométrie. Le dessin devient figure : il n'est plus l'objet visé mais, désormais, le support du raisonnement.

La classe de sixième occupe une place un peu particulière vers cet accès à une géométrie plus « abstraite ». En effet, une grande partie des objets et des relations étudiés en sixième ont déjà fait l'objet de premiers apprentissages à l'école primaire, les nouveautés concernant le cerf-volant, la médiatrice d'un segment ou la bissectrice d'un angle. L'étude des figures planes est enrichie par la prise en compte de nouvelles propriétés relatives aux angles et aux diagonales. Concernant les solides, la représentation en perspective pour le parallélépipède rectangle fait l'objet d'une étude approfondie. La symétrie orthogonale par rapport à une droite est envisagée comme transformation géométrique.

L'usage du langage géométrique devient plus exigeant : vocabulaire enrichi, formulations plus complexes, utilisation de lettres (désignation de points, de segments, de droites...). Un seul instrument nouveau est introduit : le rapporteur.

L'évolution la plus notable vers la « théorisation » de la géométrie se manifeste de plusieurs manières. D'une part, les idées de définition et de propriété caractéristique permettent une approche plus théorique des figures et la mise en évidence des inclusions difficiles à concevoir pour certains élèves, comme le fait qu'un carré est aussi un rectangle ou un losange. D'autre part, le recours aux définitions et aux propriétés permet de justifier de nouveaux procédés de construction, à la règle et au compas, par exemple pour les tracés de parallèles ou de perpendiculaires. Enfin, une initiation à la déduction, basée sur ces définitions et ces propriétés, peut véritablement débuter et marquera ensuite une évolution significative de la pensée géométrique des élèves.

Pour la géométrie, plus peut-être que pour d'autres domaines, le passage de l'école au collège, en classe de sixième, s'accompagne d'une continuité assez marquée en ce qui concerne les objets étudiés et d'une première rupture caractérisée par cette approche plus « théorique » qui n'est possible que sur la base des expériences et des connaissances engrangées à l'école primaire.

■ Bibliographie

Actes du 8e colloque Inter-IREM Épistémologie et histoire des mathématiques : « La figure et l'espace ». IREM de Lyon, 1991.

AMIGUES R., ZERBATO-POUDOU M.-T., « Comment l'enfant devient élève ». Retz, Paris, 2000.

APMEP, « Jeux 5 ». Brochure n° 119, 1998. « Jeux 6 ». Brochure n° 144, 2002. « Jeux 7 », Brochure n° 169, 2005. Sous la direction de J. FROMENTIN, coordination : N. TOUSSAINT.

ARGAUD H.-C. *et alii,* « Placer des jetons. Utiliser la structure en lignes et colonnes pour résoudre un problème d'énumération », *Grand N*, spécial Maternelle. IREM de Grenoble, Grenoble, 2001.

ARGAUD H.-C., « Problèmes et milieux a-didactiques, pour un processus d'apprentissage en géométrie plane à l'école élémentaire, dans les environnements papier-crayon et Cabri-géomètre ». Thèse, Université Joseph Fourier, Grenoble, 1998.

ARSAC G., « L'axiomatique de Hilbert et l'enseignement de la géométrie au collège et au lycée ». Aléas, Lyon, 1998.

ARSAC G., « Les limites d'un enseignement déductif de la géométrie », *Petit x,* n° 47, pp. 5-31. IREM de Grenoble, 1998.

ARSAC G., MANTE M., *et al*, « Initiation au raisonnement déductif au collège ». IREM de Lyon, P.U. de Lyon, 1992.

ARSAC G., MANTE M., « Situations d'initiation au raisonnement déductif », *Educational studies in Mathematics,* vol. 33 - n° 1. Kluwer Academic Publishers, 1997.

ARTIGUE M., « À propos des conceptions du cercle. Présentation de situations de classes privilégiant certaines de ces conceptions (CE2 et CM) », *Grand N*, n° 27. IREM de Grenoble, Grenoble, 1982.

BALACHEFF N., « Processus de preuve et situations de validation », *Educational Studies in Mathematics,* n° 18, pp. 147-176, 1987.

BALACHEFF N., « Une étude du processus de preuve en mathématiques chez les élèves de collège ». Thèse, Université Joseph Fourier, Grenoble, 1988.

BARBIN É., « Les éléments de géometrie de Clairaut : une géométrie problématisée », *Repères IREM,* n° 4. Topiques Éditions, 1991.

BARBIN É., « Quelles conceptions épistémologiques de la démonstration pour quels apprentissages ? », *Repères IREM*, n° 12, 1993.

BERTHELOT R., SALIN M.-H., « Conditions didactiques de l'apprentissage des plans et cartes », *Espaces Graphiques et graphismes d'espaces.* La Pensée Sauvage, Grenoble, 1993.

BERTHELOT R., SALIN M.-H., « L'enseignement de la géométrie à l'école primaire », *Grand N,* n° 53, pp. 39-56. IREM de Grenoble, 1994.

Berthelot R., Salin M.-H., « L'enseignement de la géométrie au début du collège », *Petit x*, n° 56, pp. 5-34. IREM de Grenoble, 2000.

Berthelot R., Salin M.-H., « L'enseignement de l'espace à l'école primaire », *Grand N*, n° 65, pp. 37-59. IREM de Grenoble, 1999.

Berthelot R., Salin M.-H., « L'enseignement de l'espace et de la géométrie dans la scolarité obligatoire ». Thèse, Université de Bordeaux 1, 1992.

Berthelot R., Salin M.-H., « Savoirs et connaissances dans l'enseignement de la géométrie », in *Différents types de savoirs et leur articulation*, pp. 187-204. La Pensée Sauvage, Grenoble, 1995.

Berthelot R., Salin M.-H., « Jeux de formes, formes de jeux ». IREM de Besançon, 1984.

Bia J., Maréchal C., Peltier M.-L., « Le Nouvel Objectif Calcul », CM2. Hatier, Paris, 1996.

Bkouche R., « Enseigner la géométrie, pourquoi ? », *Repère*, n° 1, 1990.

Bkouche R., Lehmann D., « Les problèmes des parallèles et les géométries non euclidiennes », *Initiation à la géométrie*. P.U.F, Paris, 1988.

Boi L., « Le problème mathématique de l'espace. Une quête de l'intelligible ». Springer Verlag, Heidelberg, 1995.

Briand J., Loubet M., Salin M.-H., « Apprentissages mathématiques en maternelle », coll. Hatier Pédagogie. Hatier, Paris, 2004.

Brousseau G., « Études de questions d'enseignement. Un exemple : la géométrie », Séminaire de didactique des mathématiques et de l'informatique, *LSD IMAG*. Université J. Fourier, 1983, Grenoble.

Brousseau G., « Fondements et méthodes de la didactique des mathématiques », *Recherches en Didactique des Mathématiques*, 7/2, 1990.

Brousseau G., Brousseau N., « Rationnels et décimaux dans la scolarité obligatoire ». IREM de Bordeaux, 1987.

Caveing M., « La figure et le nombre : recherches sur les premières mathématiques des Grecs ». Presses Universitaires du Septentrion, Villeneuve-d'Ascq, 1997.

Chevallard Y., « Autour de l'enseignement de la géométrie au collège », *Petit x*, n° 27. IREM de Grenoble, 1991. Les deuxième et troisième parties sont dans *Petit x* n° 29 et *Petit x* n° 33.

Colmez F., Parzysz B., « Le VU et le SU dans l'évolution de dessins de pyramides du CE2 à la seconde », *Espaces graphiques et graphismes d'espace*, Recherche en Didactique des Mathématiques, coordonné par A. Bessot et P. Verillon. La Pensée sauvage, Grenoble, 1993.

CREM, « L'enseignement des sciences mathématiques », rapport sous la direction de J.-P. Kahane. Odile Jacob - Centre National de Documentation Pédagogique, Paris, 2002.

Denis M., « Image et cognition ». P.U.F., Paris, 1989.

Douaire J. (coordonné par), « Argumentation et disciplines scolaires ». INRP, 2004.

DOUAIRE J., ARGAUD H.-C., DUSSUC M.-P., HUBERT C., *Gestion des mises en commun par des maîtres débutants*, « Faire des maths en classe ? Didactique et analyse de pratiques enseignantes », pp. 53-69, coordonné par J. COLOMB, J. DOUAIRE, R. NOIRFALISE, ADIREM/ INRP, Paris, 2003.

DUSSUC M.-P., « Du constat graphique à l'évidence géométrique : étude de démarches d'élèves de CM2 et de 5e », mémoire de DEA. Université Lyon I, 1994.

DUVAL R., « Les différents fonctionnements d'une figure dans une démarche géométrique », *Repères IREM*, n° 17, 121-138. Topiques éditions, 1994.

DUVAL R., « Sémiosis et pensée humaine ». Peter Lang, 1995.

DUVAL R., « Argumenter, démontrer, expliquer : continuité ou rupture cognitive », *Petit x*, n° 31, 1992-1993. Irem de Grenoble.

ERMEL, « Apprentissages numériques et résolution de problèmes » (CE2 : 1995, CM1 : 1997, CM2 : 1999). Hatier, Paris, 1999.

ERMEL, « Cycle Moyen », tome 3. SERMAP-HATIER, Paris, 1982.

ERMEL, « Vrai ? Faux ? ...On en débat ! De l'argumentation vers la preuve en mathématiques au cycle 3 », coordination J. DOUAIRE et C. HUBERT. INRP, Paris, 1999.

FLORIS R., « La géométrie traite-t-elle des illusions d'optique ? Quatre élèves aux prises avec le triangle aplati », *Petit x*, n° 39. IREM de Grenoble, 1995.

FREUDENTHAL H., KESSLER R. C., « Didactical Phenomenology of Mathematical Structures ». Kluwer. Academic Publishers, 1983.

GOBERT S., « Questions de didactique liées aux rapports entre la géométrie et l'espace sensible dans le cadre de l'enseignement élémentaire ». Thèse, Université Denis Diderot, Paris 7, 2001.

GONSETH F., « La géométrie et le problème de l'espace ». Éditions du Griffon, Lausanne, 1945-1955.

GRENIER D., « Construction et étude d'un processus d'enseignement sur la symétrie orthogonale : éléments d'analyse de la théorie des situations », *Recherches en Didactique des Mathématiques*, 10/1, 1990.

GOLDER C., « Argumenter : de la justification à la négociation », *Archives de Psychologie*, Vol. 60, n° 232, pp. 3-24. Éd. Médecine et Hygiène, Genève, 1992.

GOLDER C., « *Le développement des discours argumentatifs* ». Delachaux et Niestlé, Genève, 1996.

GRIZE J.-B., « De la logique à l'argumentation ». Droz, Genève, 1982.

GRIZE J.-B., « Logique et langage ». Ophrys, Paris, 1990.

HOUDEMENT C., KUSNIAK A., « Formation des maîtres et paradigmes géométriques », *Recherche en didactique des mathématiques*, 20/1, 2000.

HOUDEMENT C., KUSNIAK A., « Entre géométrie et mesure : le jeu de l'approximation », *Actes de la 11e École d'été de Didactique des Mathématiques.* La Pensée Sauvage, Grenoble, 2001.

KLEIN F., « Le programme d'Erlangen ». Gauthiers-Villars, 1969.

KRUMMBEUER G., *The ethnography of argumentation* in « The emergence of mathematics meaning : interaction in classroom cultures », H. BAUERSFELD & P. COBB (eds), N. J. HIISDALE, Lawrence ERLBAUM, 1995.

LABORDE C., « L'enseignement de la géométrie », *Recherches en didactique des mathématiques*, vol. 9/3. La Pensée sauvage, Grenoble, 1990.

LABORDE C., CAPPONI B., « Cabri-géomètre constituant d'un milieu pour l'apprentissage de la notion de figure géométrique », *R.D.M.*, Vol. 14/1-2. La Pensée Sauvage, Grenoble, 1994.

LAHIRE B., « Culture écrite et inégalités scolaires. Sociologie de l'échec à l'école primaire ». Presses Universitaires, Lyon, 1993.

LEYSSENNE P., « La première année d'arithmétique – Cours Moyen (9 à 11 ans) ». Armand Colin, Paris, 1899.

LYONS M. et R., « Architek ». Mondia, 1991.

MARGOLINAS C., « De l'importance du vrai et du faux ». La Pensée Sauvage, Grenoble, 1993.

MATHÉ A.-C., « Analyse d'une situation d'argumentation en géométrie des solides en classe de CM1-CM2 », *Grand N*, n° 74, pp. 33-50.

MEEUS J., TORBIJN P.-J., « Polycubes ». CEDIC, 1977 (épuisé).

MEN, « Complément aux programmes et instructions du 13 mai 1985 », 1986.

MEN, « Documents d'application des programmes, Mathématiques, Cycle des approfondissements », CNDP, Paris, 2002.

MEN, « Programmes de l'école primaire », CNDP- Savoir Livre, Paris, 1995.

MEN, « Programmes de mathématiques de l'enseignement élémentaire », 1970.

MEN, « Qu'apprend-on à l'école élémentaire ? Les nouveaux programmes ». CNDP, Paris, 2002.

MEYERSON I., « Écrits 1920-1983. Pour une psychologie historique ». P.U.F., Paris, 1987.

MESQUITA A. L., « Sur une situation d'éveil à la déduction en géométrie », *Educational Studies in Mathematics*, vol. 20 - n°1. Springer Netherlands, 1989.

NOIRFALISE R., « Figures prégnantes en géométrie », *Repère IREM*, n° 2.

NOIRFALISE R., « Contribution à l'étude didactique de la démonstration », RDM, n° 13/3, 1993.

Parsysz B., « Espace, géométrie et dessin. Une ingénierie didactique pour l'apprentissage, l'enseignement et l'utilisation de la perspective parallèle au lycée », *Recherche en didactique des mathématiques*, 11/2-3, 1991.

Parsysz B., « Représentations planes et enseignement de la géométrie de l'espace au lycée : contribution à l'étude de la relation voir/savoir », Thèse de doctorat. Paris 7, 1989.

Parsysz B., « Voir et savoir ». *Bulletin APMEP*, n° 364, 1988.

Pêcheux M.-G., « Le développement des rapports des enfants à l'espace ». Nathan, Paris, 2003.

Perelman C., Olbrechts-Tyteca L., « Traité de l'argumentation ». P.U.F., Paris, 1970.

Piajet J., « La représentation de l'espace chez l'enfant ». PUF, 1947.

Piajet J., « Le jugement et le raisonnement chez l'enfant ». Delachaux et Niestlé, 1924, 1993.

Piajet J., Inhelder B., « La représentation de l'espace chez l'enfant ». P.U.F., Paris, 1947.

Piajet J., Garcia R., « Vers une logique des significations ». Éd. Murionde, Genève, 1987.

Pluvinage F., « La nature des objets mathématiques dans le raisonnement ». *Annales de Didactique et de Sciences Cognitives,* Vol. 6, pp. 125-138. IREM de Strasbourg, 1998.

Porcheron J.-L., « Comparaison d'objets géométriques au cycle 3 de l'école élémentaire », *Repères IREM*, n° 58, 2005.

Rabardel P., « Les Hommes et les Technologies, approche cognitive des instruments contemporains ». Armand Colin, Paris, 1995.

Ratsimba-Rajohn H., « Étude didactique de l'introduction ostensive des objets mathématiques ». Mémoire de DEA, 1977.

Rauscher J.-C., « L'hétérogénéité des profs face à des élèves hétérogènes – cas de l'enseignement de la géométrie en début de collège ». Thèse, Strasbourg, 1993.

Rouche N., « Formes et Mouvements ». CREM, 1997.

Schattschneider D., Walker W., « M.C. Escher Kaleidocycles ». Taschen, 1977.

Toulmin S., « The uses of argument ». Cambridge University Press, Cambridge, 1958. Traduction française : « Les Usages de l'Argumentation ». P.U.F., Paris, 1993.

Van Hiele, P. M., « Structure and Insight : a theory of mathematics education ». Orlando Academic Press, 1986.

Vergnaud G., « La théorie des champs conceptuels », *Recherche en didactique des mathématiques*, 10/2-3, 1990.

Vygotski L., « Pensée et langage ». Éditions sociales, 1985.

Crédits

Dans le présent ouvrage, nous faisons plusieurs fois référence au logiciel Cabri.

Cabri est une marque déposée. Les logiciels Cabri II Plus® et Cabri 3D® sont développés, maintenus et commercialisés par Cabrilog SAS, Grenoble, France, www.cabri.com